交通运输部科技项目 2012-329-284-300
“我国航海高职人才培养模式改革及评价体系研究”成果

航海类主干专业建设实务
——高职评估、专标与课标

主　编　孙欣欣　胡一民
副主编　柴勤芳　沈苏海　韩加卓

大连海事大学出版社

图书在版编目(CIP)数据

航海类主干专业建设实务：高职评估、专标与课标／孙欣欣，胡一民主编．—大连：大连海事大学出版社，2015.5

ISBN 978-7-5632-3169-0

Ⅰ.①航…　Ⅱ.①孙…　②胡…　Ⅲ.①高等职业教育—航海学—学科建设—研究—中国　Ⅳ.①U675-4

中国版本图书馆 CIP 数据核字(2015)第 095714 号

大连海事大学出版社出版

地址:大连市凌海路1号　邮编:116026　电话:0411-84728394　传真:0411-84727996

http://www.dmupress.com　E-mail:cbs@dmupress.com

大连住友彩色印刷有限公司印装　　大连海事大学出版社发行

2015 年 5 月第 1 版　　2015 年 5 月第 1 次印刷

幅面尺寸:185 mm×260 mm　　印张:33.25

字数:817 千　　印数:1～500 册

出版人:徐华东

责任编辑:李继凯　　责任校对:任芳芳　杨玮璐　刘长影

封面设计:王　艳　　版式设计:解瑶瑶

ISBN 978-7-5632-3169-0　　定价:85.00 元

内容提要

本书是交通运输部科技项目“我国航海高职人才培养模式改革及评价体系研究”成果之一，内容包括航海技术、轮机工程技术、船舶电子电气技术三个专业的教学标准、课程标准，以及专业建设评价的实用性方式方法，可作为高职高专院校航海类专业建设和人才培养工作的参考资料。

承担单位:全国交通运输职业教育教学指导委员会

合作单位:上海海事职业技术学院

浙江交通职业技术学院

南通航运职业技术学院

青岛远洋船员职业学院

项目总负责人:孙欣欣

总课题组成员:胡一民、柴勤芳、施祝斌、周明顺

沈苏海、孙　琦、季永青、肖建农

胡月祥

第一子课题组成员(第一篇):胡一民*、杨千菊、孙欣欣、曹　勇、

肖建农、沈苏海、韩加卓、马鹤虎、

吴剑锋、胡甚平

第二子课题组成员(第二篇):柴勤芳*、季永青、李德雄、汤国杰、

方银龙、方　诚、江建华、李子强

第三子课题组成员(第三篇):沈苏海*、施祝斌、乔红宇、朱永强、

袁　健、胡明华、崔向东、孙金彪、

蒋更红、顾瞿飞

第四子课题组成员(第四篇):韩加卓*、高兴斌、殷志飞、孙　明、

蒋德志、曹海滨、高　峰、袁金泉、

昝宪生、卢冠钟

注:标*者为子课题负责人。

前　言

职业教育是我国教育体系的重要组成部分。近年来，航海高等职业教育快速发展，培养了大批水上运输技能型人才，为提高海员素质、推动经济社会发展和促进就业做出了重要贡献。加快发展现代职业教育，是党中央、国务院做出的重大战略部署。为贯彻落实国务院《关于加快发展现代职业教育的决定》精神，结合高职航海类专业履行《STCW 公约马尼拉修正案》的实际需要，根据全国交通行业职业教育教学指导委员会（简称“行指委”）的要求，“我国航海高职人才培养模式改革及评价体系研究”课题组整合完善了部分成果，汇编成本书。本书可作为高职高专院校航海类专业建设和人才培养工作的参考资料。

“我国航海高职人才培养模式改革及评价体系研究”是由交通运输部科技司 2012 年下达的课题。课题针对传统航海高职教育“课证融通”不足、“教学软硬条件”缺乏规范性指标、“教学评价”专业特性得不到体现等问题进行重点研究，以国际公约和我国教育行政部门及海事主管机关相关规定为准绳，根据航海高职教育的现实状况，对履约新课程体系、专业评价体系重新构建。课题在“十一五”期间交通教指委“航海技术专业教学标准与课程标准”和“高职航海技术专业人才培养规范与评估标准研究”两个 A 类课题基础上进行深化研究，并结合《STCW 公约马尼拉修正案》以及教育部、交通运输部颁发的《教育部　交通运输部关于进一步提高航海教育质量的若干意见》（教高〔2012〕3 号）开展针对性研究。

课题组基于对航运企事业单位的广泛调研以及两轮高职院校人才培养工作评估经验的积累，利用“校企一体化”或“校企合作”机制的优势，从问题入手，聚焦航海高职教育人才培养新模式实施的基础，重心置于解决高职航海类主干专业普适性教学标准和课程标准。课题组还提出结合现行高职评估方法并高度融入航海高职教育特质的专业评价指标。课题研究坚持理论分析与实践研究相结合、研究与推广应用相结合的原则，本书的出版就是实证。

高职高专院校航海类专业建设要密切关注产学研合作，培养服务区域发展的技术技能人才，重点服务航运企业。教学模式和内容设置要体现“文化素质＋职业技能”，本书在此方面做了有益的尝试。对于存在的问题和不足之处，欢迎读者指正。感谢以各种形式对本书出版给予帮助的同仁。

编　者

2015 年 2 月于上海

目 录

第一篇 高职航海类专业评价体系研究

第二篇　航海技术专业教学标准与课程标准

第三篇　轮机工程技术专业教学标准与课程标准

第四篇　船舶电子电气技术专业教学标准与课程标准

第一篇
高职航海类专业评价体系研究

第一篇

[illegible]

引　言

高等职业教育航海类专业建设评价是一项复杂的系统工程，目前最主要的评价方式是已经开展了两轮、五年一个轮回的高职高专人才培养评估。船员教育和培训质量管理体系的建立运行，并取得国家海事主管机关颁发的证书，是兴办航海类专业所必须持有的资质，五年一次的换证审核及期间一次中间审核，也是衡量航海教育是否满足海事主管机关要求的复合型性评价。另外，我国教育行政部门及各省、自治区和直辖市教育行政部门设立的专项建设与评价活动，丰富了高职人才培养与专业建设评价的手段，如国家和省部级示范性高职院校建设与验收、中央财政资助高职专业建设项目与验收、高职特色专业建设与验收等等，实践证明已经取得了很好的提升人才培养质量的效果，其中许多评价要素具有高职人才培养评估的普适性。但这些专项活动的选拔性评优特点，限制了其推广应用面。因此，要做到针对性、规范性和适用性的综合体现，必须对现行高等职业教育航海类专业建设评价体系进行探索研究，设计针对性强、能客观反映航海教育特质、具有推广价值的航海类专业建设评价体系。

航海类高职院校作为我国航海人才培养的主体，经“九五”至“十二五”期间的发展，规模已居我国各类航海学历教育首位，如何提升教育质量已经成为今后一段时期的首要任务。对高职航海教育实施科学评价，是严格过程控制、提升教育质量的有效手段。相对《STCW 公约马尼拉修正案》对海员培训的要求和国内外航运企业对海员综合素质的期望，目前我国航海高职院校无论是人才培养模式还是人才培养质量都存在较大的差距。如何改革航海人才培养模式，提高海员培养质量，适应航运生产发展和技术进步的需要，是航海教育面临的新课题。本课题研究旨在创新航海高职人才培养模式，设计课程教学标准，改革航海实践性教学方法，探索航海教育质量评价体系，从而提升专业建设水平、提高航海人才培养质量，推进履行《STCW 公约马尼拉修正案》的进程，以具体措施落实《教育部　交通运输部关于进一步提高航海教育质量的若干意见》，使航海高职院校能培养出具有国际竞争力的高素质航海类专门人才。

本项目研究所定义的“高职航海类专业”特指航海技术、轮机工程技术、船舶电子电气技术三个专业。

第一章　教育评价基本要素

一、评价的功能及程序

评价是人类社会中的一项经常性的、极为重要的认识活动。评价是为了决策,综合评价是科学决策的前提,是科学决策中的一项基础性工作。对一个事物的评价通常要涉及多个因素或者指标,因此评价是在多因素作用下的一种综合判断。一般来讲,构成评价问题的要素有以下几个方面:评价目的、被评价对象、评价者、评价指标、权重系数、综合评价模型、评价结果。

(一)评价的功能

评价工作在管理决策中有着不可或缺的重要作用。概括起来说,评价具有以下基本功能:

1. 鉴定功能

鉴定是指对工作和结果的鉴别与评定。用评价标准判断被评对象达到目标的程度,就是用标准与对象比较,以标准鉴别对象的过程。根据不同的需要,可采用不同的形式体现这种功能,如评语、评定、认定、鉴定。通过鉴定,辨别真伪、区分优劣、分等定级,为认可、选拔、评优、管理决策服务。鉴定功能是评价的基本功能,其他功能是在科学鉴定的基础上实现的,只有认识对象才能改变对象。"鉴定"首先是"鉴",即仔细审查评价的对象,然后才是"定"结论,科学的鉴定应该在事实判断之后才做价值判断。

2. 导向功能

通过评价可以引导管理决策按正确方向进行。一般来说,导向的功能主要表现为以下方面:一是对评价对象在今后发展中应注意的方面加以引导;二是对管理评价对象的机构以及其中的工作人员今后如何努力指明方向;三是对社会的需求以及舆论进行引导;四是对研究者的研究方向加以指点,当评价指出某些有待改进的方面时,研究者便会集中精力去探讨如何改进。

3. 调控功能

各领域的管理都有控制作用,在其运行过程中,根据反馈信息不断调整行为,以期实现预定的目标,评价工作用科学方法系统地搜集信息,对之加以分析,做出肯定或否定的评判,对优点提出加以强化,对缺点提出加以改进,以期提高管理的水平。当然,评价本身不是调控,而是为有关方面提供调控的依据。

4. 激励功能

通过评价能激发受评者的积极性,产生努力学习、认真工作、奋起直追的效果。评价的激励机制受四个方面的影响:一是评价本身含有目标,受评者必然为达标而积极工作。二是评价有结论,肯定的评价使受评者受到鼓舞,享受到成功后的喜悦,增强信心;如果是否定的评价,也可从中吸取教训,找到差距,改进工作。三是评价有"压力",多数评价不是单一的对象,评价后自然有横向的比较。在相似的条件下,为什么有的得到好评,而有的却不能,必然引起思考,激发竞争的热情,“压力”变“动力”。四是评价关系到受评者的利益,可能影响到受评者的声誉或者待遇,这种与功过得失有关的事件受评者不能不认真对待。评价过程往往在较深的层次上影响人们的工作动力,激励人们自我发展、自我完善。

5. 教育功能

评价过程也是对受评者进行思想品德教育的过程。激励功能体现了德育的作用,不过它侧重激发受评者上进的动机,使其行为有了动力。教育功能包括更为广泛的思想品德教育内容。通过评价,参评人员在世界观、方法论、学术观等方面受到现实的教育,从而进一步搞好本职工作,做更多的奉献。

6. 探讨功能

通过评价,人们得到对管理的效果及规律性研究的资料或数据。从前不太注重定性与定量在研究中的互相配合与彼此促进,对于评价在研究方面的作用未免忽视了,而实际上,许多理论特别是教育理论都是从评价实践中产生的,评价的探讨功能,是应该得到高度重视的。

(二)评价的程序

从操作程序上来讲,综合评价一般要经过以下几个程序。

1. 确定评价对象

评价对象可以是人、是物、是事,也可以是它们的组合,只有明确了评价对象,才能够有效地选择评价的内容、方式及方法。

2. 明确评价目标

评价目标的明确是评价的基本工作,它是评价工作的根本性指导方针。对评价对象开展综合评价,首先要明确为什么要评价,评价对象的哪一方面,评价的精准度要求如何,根据评价目标的不同,所要考虑的因素也有很大的不同。

3. 组织评价小组

评价小组常常由评价所需要的技术专家、管理专家和评价专家组成。参加评价工作的专家资格、组成以及工作方式等都要满足评价目标及评价对象的要求,以保证评价结论的有效性和权威性。

4. 确定评价指标体系

评价指标是根据评价的对象和目的,能够精确地反映评价对象某一方面情况的特征依据。每个评价指标都从不同方面刻画对象所具有的某种特征,而指标体系就是由一系列相互联系的指标所构成的系统,它能够根据评价对象及目的,综合反映出其各方面的情况。在确定指标体系时,一般采用 OBS 目标分解法,从总的目标出发,逐级发展出子目标,最终确定各专项指标。

5. 选择或设计评价方法

评价方法因评价对象及评价目的的不同而有所不同,总体来讲,就是要选择得到普遍认可的、成熟的评价方法,并注意其与评价指标、评价数据及评价目的的匹配性。

6. 选择或建立评价模型

评价的关键就是要从众多的评价模型中选择一项恰当的评价模型。其中任何一种综合评价方法,都要根据一定的权重对各单项指标评判结果进行综合,权重系数的改变会给评判结果带来变化。

7. 分析评价结果

评价工作是一项主观性很强的工作，它不可避免地要受到评价者个人价值观的影响。因此要在评价过程中坚持客观的原则，提高评价方法的科学性，尽量选取可定量化、客观的数据，以保证评价结果的有效性。同时，应正确认识评价方法，公正看待评价结果。评价结果只具有相对意义，只能作为认识评价对象、分析评价对象的参考。

二、评价体系

评价体系归根结底是一种工具。教育是一个复杂的系统，高职教育又有其特点，要构建适用于这一任务对象的评价体系，需要多层次、多方面的思考。

（一）评价体系是教育测量的工具

任何评价都是一种价值判断活动，但是这种价值判断活动应该建立在准确的事实判断基础之上。所以评价者首先应对教育现象进行事实判断，进行事实判断的主要操作活动就是教育测量。所谓测量就是根据一定的法则，对客观事物进行数量化的测定。测量的工具叫作“量表”。从本质上说，“高职航海类专业建设评价体系”的评价指标体系首先就是一个测量的量表，作为一个良好的量表，应当有较高的信度、效度，有适当的难度和较高的区分度。

（二）评价体系是教育评价的工具

“高职航海类专业建设评价体系”属于教育评价的范畴。教育评价是根据一定的教育目标，系统地收集定量的和定性的事实资料，对教育现象给予价值判断，并为教育决策提供依据，为改进教育服务的过程。

为了进行教育评价，我们就要构建教育评价指标体系。教育评价以一定的教育目的作为准绳，一般说来教育目标往往具有一定程度的原则性、抽象性和概括性，所以必须把它分解为教育评价指标，所谓教育评价指标就是具体的、可测量的、行为化的和可操作的教育目标。一般的评价体系最低一级指标都必须分解到可以计量、可以操作的程度。但是不少教育现象是很难量化的，有些量化的东西又未必能够反映本质，所以应该允许某些指标有主观评定鉴别。例如对教师教学能力的评价，“职称”、“学历”等都是可以明确指认的东西，但是“职称”、“学历”并不必然与能力成正比。所以对教师“理论与实践性教学能力”高低的评价，应允许把“专家听课”和“专家与教师交谈”作为评定的方法之一。

教育评价不是简单的测量，不是纯粹的客观的事实判断，所以带有主观导向性。教育评价有五个基本的功能：选拔功能、导向功能、激励功能、改进功能和鉴别功能。应当根据我们对这些功能的选择，对评价指标进行设计。设计“高职航海类专业建设评价体系”的目的，是着重发挥它的导向功能、激励功能和改进功能。明确了这个评价目的之后，我们就可以根据评价目的对评价指标项目进行选择，根据评价目的对评价指标项目权重进行分配，一些关键的指标甚至可以达到“一票否决”的程度。例如人才培养的规格是由课程设置决定的，所谓“教育思想观念的转变”在很大程度上体现在课程设置上，为了正确的导向示范性专业的建设，“课程结构和教学内容改革”就被置于比较重要的地位并赋予较大的权重。同理，高职教育直接与产业、行业相关联，必须十分强调人才培养的社会适用性。这样也就将毕业生的就业率摆在极其重要的位置上，成为评价该专业办学“质量与效益”的关键的指标。

（三）评价体系是针对高职航海类专业建设

教育是一个很大的概念，仅就学校教育而言就有不同的类型和层次。在构建“高职航海类专业建设评价体系”的时候，必须充分考虑“高职航海类专业”的特殊性。

高职航海类专业人才培养目标的特殊性，导致其在人才培养的规格、课程设置、教学过程、质量检验、学生管理等一系列方面存在差异。例如在教学过程中强调学生对技术技能的掌握，所以实践性教学占有重要的地位等等。上述由高职航海类专业人才培养目标导出的种种特点，都必须在评价体系中有所反映。例如，对是否有兼职教师、对兼职教师是否有明确的管理要求，在高职航海类专业建设中是极其重要的评价指标，因为它可以反映“行业背景”、“行业专家参与”、“校企之间产学研关系”等体现高职教育本质特征的东西。

三、构建专业建设评价体系的原则

构建评价体系是为了对高职航海类专业建设的状况进行评价，然而评价体系本身同样需要在实践中接受检验，需要在实践中充实、修正和提高。

专业建设评价体系的设计要遵循以下五个指导原则。

（一）评价体系的客观性

在构建专业建设评价体系的过程中，采取的评价标准要一致，尽量采用可量化的指标，同时选取的评价方法要符合评价目标及评价对象的要求，保证其可操作性，以此来保证评价体系的客观性。专业建设本身具有复杂性，很多评价因素难以量化，因此，在构建评价指标体系的过程中，可以根据实际情况采取定量与定性相结合的方法。同时，评价时对各指标所占的权重以及不同的评价主体所分配权重的确定以及对调查所获得的数据的分析都要采用科学、合理的方法，以保证结果的有效性。

（二）评价体系的科学性

在专业评价体系的构建过程中，应该任务绩效与情境绩效并重，定量与定性相结合，制定出科学的评价指标。建立的指标体系中，各项指标要内涵明确，各指标之间要做到相互独立，没有重叠，并且可以真实反映航海类专业特色。

（三）评价体系的全面性

在保证评价体系客观性、科学性的基础上，也要保证评价指标的全面性，这样评价结果才能从根本上客观全面的反映专业建设的真实情况。专业评价指标体系要全面、真实、客观地反映高职航海类专业的本质特征和“以评促建”的目标，因此要全面考虑对专业建设有重要影响的因素，并且要将所有重要的利益相关因素考虑进去。同时，评价指标中不应只包含可以量化的硬性指标，更应重视不可量化的软指标。这样才能从更广泛的视角来认识评价对象，尤其重要的是把评价对象当作一个有机的整体、一个互动的动态系统去评价，从而保证评价体系的全面性。

(四)评价体系的可操作性

专业评价是一个复杂的系统工程,因此在建立评价指标体系的过程中,评价指标的操作可行性就是一个十分重要的考量因素。只有达到了可操作,才能保证评价的客观性和科学性,同时提高评价者的工作效率,从而得到科学、有效的综合评价结果。因此,可操作性原则就要求各项评价指标使用可操作性的语言进行定义,指标所要求提供的信息可实地获得,并且具有实际的意义,评价的过程是易于理解和操作的。

(五)评价体系的诊断性

专业评价的根本目的是为了促进高职航海类专业的建设,以提高人才的培养质量。评价最重要的意图不是为了证明而是为了诊断和改进,学校应该根据评价得出的结论,分析原因,寻找专业自身建设的强弱点,进而可以更好地促进专业建设。因此,专业评价指标应该具有导向性,即通过专业评价,不仅能评价出该专业在建设方面的情况,更重要的是通过专业评价找出学校在专业建设上的不足之处,从而指出专业正确的发展方向。

四、专业建设项目评价指标体系的设计方法

在进行专业评价的过程中,首先要做的就是明确专业评价目的,评价是为了改进。客观、全面、科学的评价指标体系的建立是保证客观、科学、全面、有效地进行评价的基础,也是充分发挥评价功能的前提条件。同时,明确专业评价指标体系的构建原则也是建立专业评价指标体系的首要步骤。专业评价指标的选取一般应符合以下五个原则。

(一)目标一致性原则

专业评价指标体系是对专业评价目标的具体化、明细化和可操作化,是对评价目标进行逐层分解而获得的结果,必须和专业的评价目标相一致。具体地说,所有评价指标的综合就是专业评价目标。若是综合的结果不能覆盖评价目标,那就说明指标体系设计不完全,遗漏了重要指标。如果综合的结果超过了评价目标,那就说明评价指标中有多余或是重复的。

(二)导向性原则

评价指标体系的设计就是为了“以评促建”,保证专业能够更好地建设。因此,评价指标要充分体现专业建设的理念。在教师队伍、课程体系及教学计划上具备前沿的教育理念和改革的勇气,体现出专业特色,满足社会对人才的多样需求;评价指标是专业建设目标的具体化,因此在设计专业评价指标体系时,不能偏离教育部提出的专业建设目标。要使专业的师资队伍和管理层明确自己所在专业的建设方向。因此,在设计评价指标时,要符合国家和社会对人才培养的需求。

(三)整体性原则

专业评价指标体系本身也是一个系统,这个系统有其自身的结构,因此,系统的结构性就要求指标体系要层次分明、逻辑严密、组成一个联系紧密的有机整体。整体性原则要求我们在设计专业评价指标体系时,应当从评价目标的整体性出发来选取、设计评价指标,同时分析各

个指标在整体中的地位和作用,从而最终确定其所处的层次和位置。评价目标本身是抽象的,需要进行多个层次的分解,进行分解的次数越多,需要具体化的环节也就越多,从而需要的评价指标也会越多,从而评价的难度也就增加。这就需要运用整体性原则对专业评价指标体系进行审视。

(四)可操作性原则

可操作性原则是指专业评价指标体系中最低一个层次的指标必须是可以直接观测到的,可以获得直观数据的,是具体的、明晰的、可以操作的。它必须是能够用数据或者精确的语言具体、明确地表述出来的。

(五)独立性和可比性原则

独立性是指同一层次的各指标之间是相互独立的,没有相关性。每个指标都表达一个独立的部分,各个指标之间没有重叠、交叉或包含关系,否则就会导致评价指标的混乱,直接影响专业评价结果的客观性、科学性和有效性。专业评价是一个复杂的系统工程,涉及的变量纷繁复杂,各变量之间也有复杂的关系,因此要做到同一层次的所有指标完全相互独立是不可能的。因此,只要各层次指标之间没有较强相关性就可以了。

可比性原则要求评价指标体系中的每一个指标必须能够反映专业的共同内涵属性,反映专业共有的特征。只有本质内涵一致,才能去客观地比较专业与评价标准在程度上的差距。可比性原则同时要求在设计评价指标体系时每个指标都要有相应的评价尺度。

五、应用专业剖析手段进行评价的几个要点

(一)突出以就业为导向的专业课程建设思想在评估中的作用

在确定各项质量标准和评估指标等级的内涵时,始终贯彻这一基本原则,以此引领专业课程改革的方向。

(二)定量与定性相结合

在界定评估等级标准内涵时,参照教育部高职高专人才培养方案,将易于量化项目给予明确的数量要求,同时控制定量项目范围,以防止因过多定量而导致问题简单化;对不宜量化的项目则通过文字表述给出定性标准,并采取增加观测点的方法,力求避免概括性描述产生的问题界定模糊。

(三)坚持“高标准、严要求”的基点

当前我国高职教育发展不均衡,大部分专业仍维持较低水平,但在制定专业质量评估标准过程中并未因此而降低标准,而是立足于发挥质量标准的积极导向作用,通过专业评估树立优秀典型,推动高职专业整体规范化建设,激励专业人才培养质量提升,尽快显示出高职专业特色。

(四)体现课程在专业中的核心地位

专业的本质是一系列实现某一培养目标的、具有一定逻辑关系的课程的组合。因此，指标体系始终围绕课程筛选、确定质量标准的各个项目，在专业设置和培养目标、课程体系和结构、科目课程等相关项目界定时尽可能分解、细化。课程实施的重要保证是教学管理制度和运行机制、师资队伍、教学环境、产学合作等，这些项目也作为专业质量标准不可或缺的重要组成部分。

(五)体现技术应用型专业教育的特征，区别于普通高等教育的学科性专业质量标准

在深入研究技术应用型人才培养特点的基础上，按照技术应用型教育的要求制定高职高专专业质量标准，界定各一级指标和二级指标的内涵。如：课程体系引入职业资格证书或技术等级证书；教学环节采用面向问题和任务的教学方式；增加实践教学比重；多安排专业核心能力训练等等。

(六)着眼于高职专业的改革创新，鼓励专业主动进取、发挥优势、办出特色

在我国高职教育发展走过了学习借鉴国外高职教育模式阶段之后，要持续健康地发展，必须鼓励高职院校结合我国政治、经济形势的发展不断改革和创新，建立具有中国特色的高职教育模式。我国目前区域经济发展存在较大差异，要坚持高职专业为地方经济建设服务的方针，各专业就必然拥有自身的特色，因此，在高职专业质量标准中特别开辟了“专业特色”项目，强调高职专业建设要重视社会经济发展导致专业人才培养目标内涵的扩展，坚持以课程改革为核心，在专业建设观念和思路、人才培养模式、课程体系、科目课程、产学研结合、教学管理等方面不断突破和创新，切忌格式化和盲目借鉴。

第二章　基于首轮高职评估指标的航海专业评价体系研究

一、高职航海类专业评价指标在首轮评估中的应用性研究

我国高等职业教育体系的建立和迅速崛起，丰富了高等教育体系结构，同时完善了职业教育体系框架，促进了中国特色社会主义现代教育体系的形成。为了促进高职教育事业健康持续发展，教育部实施了五年一轮次的人才培养水平评估工作，对促进高职航海技术专业规范起到了重要作用。

2004—2008年实施的第一轮高职人才培养水平评估工作中，全国交通系统接受评估的航海类院校17所，70%评估结论获优。本课题主要承担单位在“十一五”期间曾以航海技术专业为研究对象，把高职教育普适规律与航海技术专业特色相结合，在尽可能大的范围遵循通用性指标的思路指导下，修正或补充部分指标，既顺应了教育部门指标，又达到了使其更准确地评价航海类专业人才培养过程的目标；并在全国交通运输行业职业教育教学指导委员会（交通行指委）航海类专业指导委员会（航海专指委）向各地教育评价机构推荐航海类评估专家之际，在专业剖析中实践航海特质明显的改良型指标，对于探索和完善专业特色鲜明的航海高职人才培养评价体系具有积极意义。

2008年起，全国高职高专开展的第二轮人才培养工作评估定位为“合格”评估，通过上传的状态数据平台分析，结合专家现场评估，已经摒弃了各校争先评优的理念。但是课题组当时研究有关“高职航海技术专业建设评优指标内涵与权重”（参见附件一）所取得的成果，对于交通行业内示范性院校遴选、专项建设项目申报以及其他专业评优活动的开展，仍不失为一种有效的筛选“工具”，使用者可以结合实际情况适当调整，具有较好的实用价值。

二、高职航海类专业评价指标内涵特色

2004—2008年在全国范围内展开的首轮评估使用的“高职高专院校人才培养工作水平评估指标等级标准及内涵”通用性强，评估的对象是整个学校。为了使不同类型高职院校按照通用型指标体系评估得出的结论具有水平的可比性，课题组曾从“专业设置”着手，保持通用模式的“专业建设”“专业改革”构架，改良“质量管理”“人才质量”内涵，细化了与专业有关的一切工作，使评估过程和评价结论更具针对性。

课题研究曾把高职航海技术专业人才培养规范分为三级指标体系，以专业设置、专业建设、专业改革、人才培养质量管理、人才培养成果5大项为一级指标，15项二级指标，39项观测点（即三级指标）。指标体系从结构与排列顺序上与高职通用型指标体系相吻合。

强调航海的针对性、突出指标的操作性、注重排列的过程性、整合建设资料的规范性，在三

级指标中融入航海教育各项要素，是课题研究阶段性努力的方向。

(一)专业设置

1. 专业设置依据与培养目标

从专业设置背景和专业培养目标观测，研究国家、地区经济发展及水运发展，判断人才缺口。基于学院基础，依托航运企业和社会需求；依据教育、海事规范制定目标，达到 STCW 公约操作级水平，通过甲类三副适任考试，并符合国家教育部门高等职业学业要求。

2. 专业运行与质量标准

航运企业专家参与方案制定，突出基本素质和职业能力培养主线；实行双证制，将双证教学计划列入方案；按船员教育培训质量标准和教育部"水平评估指标"要求建立专业质量标准；船员教育培训质量体系不断完善。做到运行、评估、反馈、调整、再运行的闭合质量循环。

(二)专业建设

1. 师资队伍建设

教师与航运企业交流密切，航企人员经常来校讲课；客座教师每个专业至少 2 名；专业有教学带头人；双师素质教师大于 80%；来自企业兼课教师 20% ~25%；40 岁以下具有研究生学历的教师大于 80%；实训和实验指导教师满足教学要求。

2. 实验、实训基地(设施)建设

拥有保证课程实施、毕业航行实习和海事主管机关评估的航海训练设备设施；拥有能满足航海专业学生实训的船舶和以船舶驾驶人员为主的兼职指导教师队伍。

3. 教材建设

使用交通运输部高职高专航海类专业统编教材，在航海专指委规划下，参与统编教材编写；把 Model Course 教材作为参考资料；鼓励教师翻译资料、编写讲义充实教材。

(三)专业改革

1. 课程体系、结构和内容

针对甲类三副岗位就业为导向的课程体系改革；确保公共课程和课时；文化基础课以够用为度；实践和理论 1:1 左右；在"航行、操船与人员管理、船舶结构设备、通信"四大功能模块下，设置职业基础课和职业技能课；实现职业课程综合化。

2. 教学方法、考试模式

体现学生为本，学生参与互动教学；应用多媒体技术、模拟器等现代化教学手段课程占本专业开设课程大于 50%；"双语"教学课程占专业课比例大于 10%；检验学习效果方法多样化，航海英语口语实行面试，航海学等课程实行评估与笔试相结合。

3. 实践教育环节

船员评估项目考核，强化过程测试；凡船员考证课程，航海专业都进行实践能力检验；海员安全、专业培训的一次通过率大于 90%；GMDSS 通用操作员技能达到海事局和航运企业要求。

4. 产、学、研结合

体现为航运企业和船长积极参与，校企双方合作；航运企业在培养方案、教学内容、实训环节、就业服务等方面发挥作用；建立起稳定的航海实训基地；毕业生质量符合用人单位要求，适合船舶驾驶岗位。

5. 学习与教育观念转变

管理干部和在航海类专业任课的教师（包括兼职教师）树立了高职教育的人才观、质量观、教学观，坚持以就业为导向，推进专业建设和改革，效果显著。

（四）人才培养质量管理

1. 管理组织、队伍与制度

建立系部办公会议事制；教学、实验、实习、考试文书资料健全、规范，保管良好；采用网络、计算机等现代化管理技术；船员教育培训质量体系运行符合主管机关要求；有关教学、学生、就业服务机制运行正常；专职管理人员到位；管理队伍数量和结构适当，系部专职管理人员与专任教师之比例约为1:4；教师积极参与管理活动。

2. 就业服务与指导

建立就业信息发布机制，举办企业学生双向见面活动，举办大型航企人事联谊活动，开辟稳定的企业就业渠道；学生择业观转变，稳定了航海职业观，加强了学生参加船员考证的学习自觉性，提高了考证率；提高了就业率。

3. 教学质量检查机制

系部主任、教研室主任和专业带头人经常听课，航海类专业教师相互听课，互帮、互学形成风气；完成教师考核要求的听课指标；认真听取督导员意见，严格按教学检查制度程序反馈并整改；召开学生座谈会，了解学生思想、情绪和要求，做到言路畅通；褒扬优秀教师；改进教学和管理的不足，提高教学质量。

（五）人才培养成果

1. 知识、能力、素质

学生动手能力强，满足船舶驾驶和甲板岗位技能要求；现场抽查职业技能优良率大于60%。

2. 就业情况

航海类专业毕业生当年就业率大于95%；经抽样调查，用人单位对近2年毕业生综合评价的称职率大于90%，优良率大于40%。

三、高职航海类专业人才培养评估结论依据

“高职航海类专业人才培养规范指标”（参见附件一）方案中，15项二级指标等级总和是专业评估最后结论的依据；39项观测点（三级指标）是各项二级指标赋分的基础。

(一)等级与赋分

等级与赋分

	等级	分值
A	优秀	4.5～5分
B	良好	3.5～4.4分
C	合格	3～3.4分
D	基本合格	2.5～2.9分
E	不合格	≤2.4分

(二)二、三级指标赋分原则

评分者在准确掌握航海技术专业情况的基础上，经过科学分析，先就观测点达到相应标准的程度赋分，接着将观测点的赋分乘以该观测点的权重系数得出加权分值，再将观测点的加权分值相加得出该二级指标的加权分值，并按四舍五入原则赋分，确定等级。

高职航海技术专业建设评优指标内涵与权重一览表局部见下表，以二级指标1.2为例，三个观测点的权重分别为0.6、0.2、0.2。

内涵与权重一览表局部

1.2专业运行与质量标准	.1人才培养方案设计0.6	航运企业专家参与方案制定；可行性论证报告审批程序严谨；发挥学院优势，体现继承性和前瞻性	内容全面系统，突出基本素质和职业能力培养主线；课程体系体现出理论与实践结合，相互渗透；实行了双证制，将双证教学计划列入方案；体现航海高职教育特色
	.2专业质量标准0.2	按船员教育培训质量标准和教育部“水平评估指标”要求建立专业质量标准	质量标准明确，可操作、可检测、能实现；专业课程设置其知识、技能、素质结构、职业证书等质量指标能满足航海技术专业岗位要求
	.3专业运行与调整0.2	每年进行市场调研；根据反馈信息调整方案；船员教育培训质量体系不断完善	做到运行、评估、反馈、调整、再运行的质量循环闭合。通过教育主管部门、海事局及学院的各级检查

①如果对此二级指标的总体印象是“优秀”，对三个观测点赋分也都是“优秀”，那么总体印象与具体赋分的结果应该一致：

4.5×0.6+4.6×0.2+4.8×0.2=4.58(优秀)

但是如果在三个观测点中有一项较弱：

4.5×0.6+4.0×0.2+4.8×0.2=4.46(良好)，这样就有可能与原来的总体印象不一致。

②如果对此二级指标的总体印象是“良好”，对三个观测点赋分也都是“良好”，那么总体印象与具体赋分的结果应该一致：

4.3×0.6+4.3×0.2+4.3×0.2=4.30(良好)

但是如果在三个观测点中有一项较强：

$4.8\times0.6+4.3\times0.2+4.3\times0.2=4.60$（优秀），这样就可能与原来的总体印象不一致。

（三）结论等级

本方案的15项二级指标中，重要指标8项（黑体字）。在上述二、三级赋分的基础上，给出最终等级结论。

1. 优秀

同时满足：

· 全部评估指标中 $A>12, C\leq2, D=0$；

· 重要指标中 $A>7, C\leq1$。

2. 良好

同时满足：

· 全部评估指标中 $A+B>12$，其中 $A>6, D\leq1$；

· 重要指标中 $A+B>7$，其中 $A>4, D=0$；

· 不满足优秀条件，但 $C=0, D=0$。

3. 合格

同时满足：

· 全部评估指标中 $D<3$；

· 重要指标中 $D<1$。

4. 不合格

未达到合格标准的。

首轮高职评估中航海改良型指标还对航海技术专业双师型教师、适任证书考前评估设备、合格证培训项目设备等设计了评价指标，在当时条件下有效地协助各地教育行政部门顺利完成了对高职院校航海类专业的人才培养工作的评估。

第三章 航海专业特质指标与数据采集平台互补研究

一、评估与院校自我约束、自我发展

始于2009年的第二轮高等职业院校人才培养工作评估按照“以服务为宗旨,以就业为导向,走产学结合发展道路”的办学要求,落实《教育部关于全面提高高等职业教育教学质量的若干意见》(教高〔2006〕16号)(以下简称《若干意见》),保证高等职业教育基本教学质量,促进院校形成“自我约束、自我发展”的机制。因此,在实施过程中强调评与被评双方平等交流,共同发现问题、分析问题,共同探讨问题的解决办法,把工作重心放在内涵建设上。

提出了三个“符合度”,即学校培养目标和质量标准符合社会、学生需要和国家规定的程度;学校实际工作状态符合学校确定的培养目标和质量标准的程度;学校人才培养结果(毕业生)符合学校确定的培养目标和质量标准的程度。把握好三个“符合度”,有助于实现学校办学模式和人才培养模式的多样化,防止千校一面的趋同倾向。航海类专业作为特殊门类的专业,评价指标体系应体现其特质。

适逢交通运输部颁发《关于加快实施船员队伍发展十大措施》之际,高职航海类专业的评估结合十大措施的要求,以及教育部和交通运输部(简称两部委)后续颁发的《若干意见》精神是高职航海专业评价指标设计的指导思想。

第二轮评估结论区别于第一次评估的优秀、良好、合格、不合格四等的做法,仅仅设置“通过”“暂缓通过”“不通过”,是以判断院校办学的符合性为目的的教育评价工作,扭转了首轮评估成为评优活动的局面,是对接受评估的院校形成“自我约束、自我发展”的机制,根据专业的特性拓展发展空间有效的方法。

二、数据采集平台在评估中的核心地位

2008年4月教育部颁发了《高等职业院校人才培养工作评估方案》(教高〔2008〕5号),这标志着我国独立设置的高等职业院校的人才培养工作评估跨入了一个新的阶段。新的评估方案从评估的目的和意义、指导思想、基本任务等方面引导高职院校按照高等职业教育发展的方向进行改革和实践。同年起,独立设置的高等职业院校每学年度需填报“高等职业院校人才培养工作状态数据采集平台”,教育部要求各院校围绕影响人才培养质量的关键因素,通过对“高等职业院校人才培养工作状态数据采集平台”数据的分析,辅以现场有重点的考查,全面了解学校实际情况,对人才培养工作的主要方面做出分析和评价,提出改进工作的意见和建议,引导学校对工学结合改革的投入,使不断提高人才培养质量成为学校的自觉行动。

数据采集平台具有两大主要功能:一是反映现状,满足评估工作的需要,满足高职院校的需要,满足教育行政部门的需要,满足学生家长的需要;二是分析与开发,为教育行政部门决策

提供更可靠的依据。数据采集平台体现了数据采集的原始性、即时性、公开性和独立性，满足了高职院校、教育行政部门、高职教育评估工作机构及社会各方面的需要。数据采集平台的应用有力促进了高等职业教育教学管理制度化、规范化和标准化，已经成为当前高职教育质量监控的重要手段和实施规范管理的重要手段。

首轮评估到第二轮评估的最重要变化在于，由原来的单纯的现场考查提升为“平台数据分析为主，现场考查为辅”，状态数据采集平台处于整个评估工作的核心位置。

状态数据采集平台涵盖了反映学校人才培养工作质量的主要信息，平台不仅是评估的重要载体，也是整个教育质量监控的有效手段，运用平台的优势包括：

①教育部门可以通过了解各学校的发展状况，实现日常监管的目的，还可运用平台直接遴选专项建设项目，能极大地提高工作效率；

②随着平台资源的共享，用人单位和学生家长等利益相关方可以通过平台了解学校，对学校办学质量做出判断，从而增强社会对教育事业的关注和参与度；

③学校通过平台可以掌握办学动态，通过历年数据比对分析变化趋势，通过介入实现质量量化控制。

三、数据采集平台与传统数据管理模式的相通性

从数据管理意义角度审视，状态数据采集平台与学校传统的数据管理工作有一定相通之处。譬如，遵从“数据—信息—知识—智慧”的发展链条，将客观信息作为领导决策的基础和依据，应用“采集—分析—利用”的管理流程，对数据恪守真实性、原始性的原则。与多数学校传统的数据管理相比较，状态数据采集平台还有其鲜明的特点，表现为以下几方面：

（一）教育行政推行数据管理的优势

数据管理是学校的一项基础性工作，实时的数据采集、统计、分析和应用能客观反映学校的管理水平。实践中，各校数据管理自成体系，管理方式相异点较大，管理水平参差不齐，给教育行政部门对院校的综合评价带来困难。而数据采集平台的推出，统一了各院校相异的数据管理模式，跨越式提升了全国高职院校数据管理的规范化水平。教育行政介入数据管理的优势在于：

①院校各自为政的数据管理缺乏推进的原动力，还存在指标、技术、资金等方面的困难。而教育行政的介入，整合了数据资源、信息资源、规范化资源，并且在行政干预下高效运行。

②教育行政部门集中教育人才、管理人才、信息人才，集中了技术的优势，使数据采集平台的技术更新成为常态化工作，适应了高职教育改革与发展的需要。

（二）模块化管理的专业优势

数据采集平台广泛应用之前，多数院校没有形成专门的数据管理系统，各类数据分散于不同的职能部门，学校或其他部门需要时到相关部门索取，但是当源头数据发生改变时，相关数据的更改成为非常复杂的事情。数据采集平台则将分散于各个职能部门的数据孤岛集中于状态数据平台中，年度递交的数据不能再做改动，确保了数据的严肃性和权威性。

状态数据采集平台设计采用了模块化形式，不同职能部门的专业优势凸显，一个大类的数据管理可落实到一个牵头的职能部门，其他部门给予配合。

譬如：

①基本信息：含机构设置、当年招生计划、当年招生方式以及在校生等信息，由院校办统计员负责，教务处和招生就业中心等部门配合；

②院校领导：由党委工作部负责填写；

③办学基本条件：含占地建筑面积、馆藏图书资料、教室/机房、校园网、固定资产等信息，由资产管理处负责，图书馆、信息中心等部门配合；

④实践教学条件：含校内实践基地、校外实习实训基地、职业技能鉴定机构等信息，由教务处负责，各系部和继续教育部配合；

⑤办学经费：含经费收入、经费支出等信息，由财务处负责完成；

⑥师资队伍：含校内专任教师、校内兼课人员、校外兼职教师、校外兼课教师等信息，由教务处负责，各系部配合；

⑦专业：含专业设置、课程设置、职业资格证书与社会培训、顶岗实习、产学合作、招生就业情况等信息，由教务处负责，各系部和招生就业中心配合；

⑧教学管理与教学研究：教学与学生管理文件、专职教学管理人员基本情况、专职学生管理人员基本情况、专职招生就业指导人员基本情况、专职督导人员基本情况、专职教学研究人员基本情况、评教情况、奖助学情况、重大制度创新等信息，由科研处（发展规划处）负责，教务处、学工处、招生就业中心和各系部配合；

⑨社会评价：含招生情况、就业率、社会捐赠情况、就业单位与联系人、应届毕业生信息、质量工程、获奖情况等信息，由招生就业中心负责，教务处、科研处、学工处和各系部配合；

⑩学生信息（扩展）：辍学情况、学生社团、红十字会、志愿者（义务/社工活动）等信息，由学工处负责，各系部配合完成。

四、数据采集平台与航海类专业的异同

科学的评价指标体系不仅要有定性的质的规定，还应有定量的量化考核标准，实现定性和定量的综合评价，才能在实践中对人才培养方案进行科学有效的评价，更好地保障人才培养质量。如何科学确定量化考核标准，数据采集平台里涉及人才培养关键要素的数据采集信息，为考核标准的确立提供了可靠的依据。数据采集平台中涉及人才培养关键要素的信息是指那些能充分体现高职教育的职业性、实践性、开放性、社会性、高等性特征的数据信息。例如："2011 数据采集平台"共有 679 个数据采集项和 140 个数据汇总项，其中师资队伍类数据采集项 189 个，专业类数据采集项 145 个。"2011 数据采集平台"表单及数据项分类计数一览表如下所示：

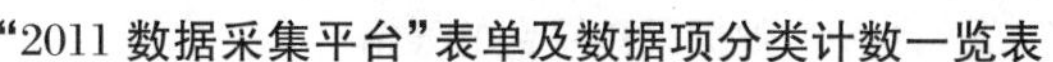

"2011 数据采集平台"表单及数据项分类计数一览表

序号	表单大类名称	分类表单计数	分类表单明细		分类指标项计数	分类指标项明细	
			采集表	汇总表		采集项	汇总项
1	基本信息	6	6		65	65	
2	院校领导	2	2		21	21	
3	基本办学条件	6	6		34	34	
4	实践教学条件	3	3		46	46	
5	办学经费	2	2		38	38	
6	师资队伍	10	6	4	189	153	36
7	专业	8	7	1	145	135	10
8	教学管理与教学研究	8	8		112	112	
9	社会评价	10	9	1	79	75	4

1. 数据采集平台的功用

数据采集平台在确定专业建设评价体系的时候,往往涉及多项参考指标。例如,在确立课程体系指标考核标准时,既要考虑理论教学和实践教学的安排情况,还要考量专业核心课程"是否校企合作开发课程""是否符合专业的职业资格证书获取情况"等与职业岗位相关的因素。根据各要素在人才培养中发挥作用的大小,赋予相应的分值和权重。这样就建构了一个既有定性又有定量的综合性评价指标体系,依据这个评价指标和考核标准就可以对专业建设评价体系进行综合评价后给分、累计,质量的优劣可以通过得分多少直观反映出来,从而及时查找问题,采取有效的整改措施,加强对人才培养方案的修订和完善。

2. 数据采集平台的指标布局

人才培养数据采集平台的表格非常全面地体现出学校的办学状况,也反映出一个学校专业建设的情况。数据采集平台的表格分布情况如下:

数据采集平台的表格分布

A1 院校基本信息
A2 院校领导
A3 基本办学条件
A4.1 校内实践基地
A4.2 校外实习实训基地
A4.3 职业技能鉴定机构
A5.1 经费收入
A5.2 经费支出
A6.1.1 校内专任教师基本情况
A6.1.2.1 校内专任教师授课情况
A6.1.3 校内专任教师其他情况
A6.2.1 校内兼课人员基本情况
A6.2.2.1 校内兼课人员授课情况
A6.2.3 校内兼课人员其他情况
A6.3.1 校外兼职教师基本情况
A6.3.2.1 校外兼职教师授课情况
A6.4.1 校外兼课教师基本情况
A6.4.2.1 校外兼课教师授课情况

A7.1.1 开设专业
A7.1.2 专业带头人
A7.2 课程设置
A7.3.1 职业资格证书
A7.3.2 应届毕业生获证及培训情况
A7.4 顶岗实习
A7.5 产学合作
A7.6.1 招生
A7.6.2 应届毕业生就业情况
A7.6.3 上届毕业生就业情况
A8.1 教学与学生管理文件
A8.2 专职教学管理人员基本情况
A8.3 专职学生管理人员基本情况
A8.4 专职招生就业指导人员基本情况
A8.5 专职督导人员基本情况
A8.6 专职教学研究人员基本情况
A8.7 评教情况
A8.8 奖助学情况
A8.9 重大制度创新
A9.3 社会捐赠情况
A9.4 就业单位与联系人
A9.5 应届毕业生信息

A9.6 质量工程
A9.7.1 学生获奖情况
A9.7.2 学校获奖情况
A9.7.3 学生社团红十字会获奖情况
A10.1.1 辍学学生明细
A10.2 学生社团
A10.3 红十字会
A10.4 志愿者（义工社工）活动

3. 部分人才培养重点指标与航海特质的异同点

数据采集平台中很多表格指标设计普适各类专业，一定程度上能反映出高职航海类专业的建设情况。从 2008 年全国高职院校开始应用数据采集平台实施人才培养工作管理评价以来，航海类高职院校普遍感到数据采集平台指标性项目存在欠缺。在系统认同的大前提下，应适度改良或补充能反映航海高职教育特质的指标。

部分人才培养重点指标与航海特质的异同点举例如下：

(1) 校内专任教师基本情况

*所属系部：请选择
*姓名：请输入姓名　　教工号：
性别：　　*出生日期：
学历[26]：　　学位[68]：
专业领域[69]：　　专业特长[70]：
有无高校教师资格证：

行业、企业一线工作时间
历年(年)：　　本学年（天）：

专业技术职务(最高)[71]
等级：　　名称：
发证单位：　　获取日期(年月)：

职业资格等级[72]
等级：　　名称：
发证单位：　　获取日期(年月)：

是否为骨干教师[73]：　　是否为双师素质教师[74]：
教学名师[75]：

校内专任教师基本情况信息模板

（注：下述★体现数据采集指标对航海类专业的适用性；▲则表示数据采集指标在航海类专业使用中的不同之处，需进行改良和补充）

★校内专任教师的其他情况包括培训进修、挂职锻炼、社会兼职、获奖项目（包括行政性奖励）、获技术专利（技术发明）项目、主持在研课题、公开出版著作与公开发表论文等。教师是专业建设的基本力量，教师的发展状况与取得的成绩是构成航海类专业建设的一个重要因素。

▲因为航海类专业的特殊性，对来自企业的教师有较高要求，在6.3的所有表格中，航海类专业特色未能完全体现出来，需通过实验、实习、质询文字栏描述来体现航海教师想反映的指标。在专业建设评估中定量结合定性是十分必要的，评估专家可通过细致查阅资料，并结合观察，给出客观公允的判断。

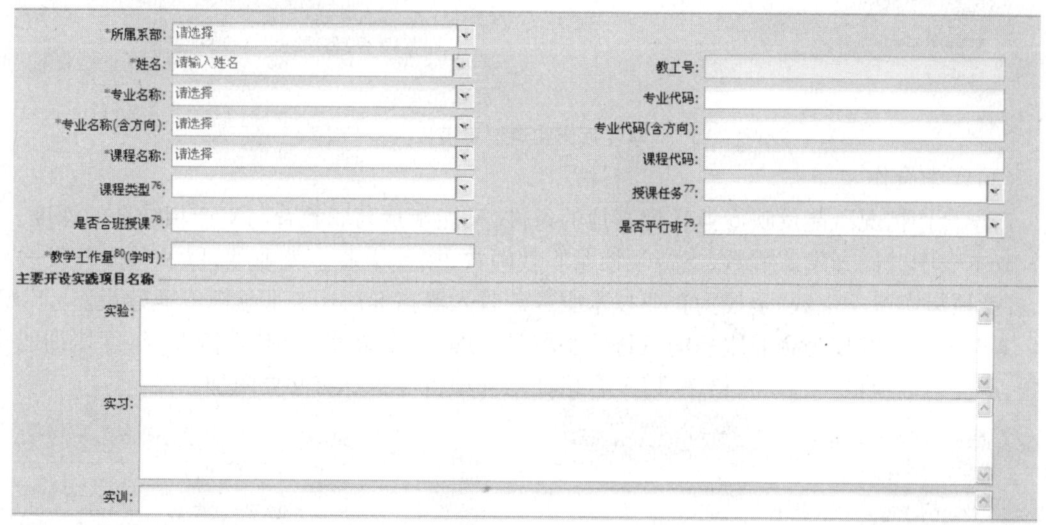

兼职教师信息模板

（2）学生顶岗实习

高职航海类专业学生上船实习的时间是有明确要求的，上船实习或者顶岗是学生成为一名合格的海员不可缺少的一课。

★本表中企业录用率以及顶岗实习对口率与现行实习生预分配制度较为吻合。

▲船舶是航海类专业实习实训的平台，船舶作为实训基地的表征参数与陆岸实训基地差异很大，在使用本表时应附加合适的指标。

顶岗实习

*专业名称:	请选择	专业代码:	
*专业名称(含方向):	请选择	专业代码(含方向):	
毕业生总数(人):			

应届毕业生顶岗实习情况

顶岗实习毕业生总数(人):		企业录用顶岗实习毕业生数(人):	
企业录用率(%):			
顶岗实习对口毕业生数(人):		顶岗实习对口率[110](%):	

顶岗实习与保险情况

顶岗实习单位总数(个):		顶岗实习学生总数(人):	
参加保险学生数(人):		保险险种名称[111](保险费出资方):	

学生顶岗实习信息模板

(3)产学合作

产学合作情况既能反映专业实训基地的条件,又能衡量高职教育与生产相结合的深度。

★本表中共同开发课程数、支持学校兼职教师数、接受毕业生就业数,以及共同开发教材数、接受顶岗实习学生数、学校为企业技术服务年收入等指标适用高职航海专业建设。

▲航海高职院校为企业服务的最重要手段是开展“船员教育培训”。因此,年度培训船员人数,适任培训项目/人数/合格率,以及合格证培训项目等指标有必要附加。

.5 产学合作

*专业名称:	请选择	专业代码:	
*专业名称(含方向):	请选择	专业代码(含方向):	
产学合作企业总数(个):		订单培养数(人):	
共同开发课程数(门):		共同开发教材数(种):	
支持学校兼职教师数(人):		接受顶岗实习学生数(人):	
对学校捐赠设备总值(万元):		对学校准捐赠设备总值(万元):	
接受毕业生就业数(人):		学校为企业技术服务年收入(万元):	
学校为企业年培训员工数(人天[24]):			

主要合作企业

企业一

企业名称:		合作开始日期(年月):	

企业二

企业名称:		合作开始日期(年月):	

产学合作信息模板

(4)制度保障

★制度保障是航海类专业建设的基本保障,数据采集平台上关于教学管理与教学研究有一套完整的体系,第八部分全部是与之相关的制度、人员等信息的采集,集中地反映了确保人才培养质量的制度要求。

▲8.1 部分应补充培训文件。

教学管理与教学研究
- 8.1 教学与学生管理文件
- 8.2 专职教学管理人员基本情况
- 8.3 专职学生管理人员基本情况
- 8.4 专职招生就业指导人员基本情况
- 8.5 专职督导人员基本情况
- 8.6 专职教学研究人员基本情况
- 8.7 评教情况
- 8.8 奖助学情况
- 8.9 重大制度创新

制度保障信息一览

(5)教学管理

本项的实质是教学评价,通过教学督导、教学同行、学生评价来实施。

★评教客体覆盖面、学生参与评教比例、社会参与评教的比例适用对航海高职的评价。

▲应增加具有航运企业或船舶管理或技术经历的人数占专职教学管理人数的比例。

8 教学管理

	项目名称	数值	全国(省)平均数
1	新增文件数量占已制定的文件总数比例(%)		
2	评教客体覆盖面(%)		
3	学生参与评教比例(%)		
4	同行参与评教比例(%)		
5	社会参与评教的比例(%)		
6	具有本科及以上学历的专职教学管理人数占专职教学管理人员总数比例(%)		
7	专职督导人员平均周工作时间(小时)	非数字	

教学管理信息模板

(6)课程建设

课程是专业之本,课程建设的好坏直接影响专业建设的优劣。

★A、B、C 三类课程的划分很有必要,适用于航海高职课程性质划分。

▲单有专任教师授课情况还不能完整反映航海类教育的现实情况,来自企业的工程技术人员担任 B、C 类课程的比例,往往是大型国有航运企业衡量人才培养质量的标杆。

课程建设	专业开设课程情况	开设课程总数（门）		0	
		其中（门）	A类课程数		
			B类课程数		
			C类课程数		
	专任教师授课情况	授课课程总数（门）			
		其中（门）	A类课程数		
			B类课程数		
			C类课程数		
	精品课程情况	国家级（门）			
		省部级（门）			
		比例（%）			
毕业生获得符合专业面向的职业资格证书率（%）					
中级及以上职业资格证书种类数/职业资格证书种类总数（%）					

课程建设信息模板

(7)人才培养质量

专业建设的最终结果体现在人才培养的质量上，在校期间取得的成绩仅仅是衡量质量的一个方面，双证获取越来越被社会、企业和家庭认可。

★专业相关的社会技术培训指标非常适合对航海类专业建设成效的记录。

▲航海类专业对学生获证要求更高，体现在适任证书、合格证书等，平台有关职业资格“初”“中”“高”的分类不尽明确，譬如技术初级与技工中级的等级如何比较。船舶操作级岗位证书均为技术级，这些在应届毕业生获证情况中能得到体现。

应届毕业生获证及社会技术培训情况

*专业名称：请选择　　专业代码：

*专业名称(含方向)：请选择　　专业代码(含方向)：

*毕业生总数：

应届毕业生在校期间获取的符合专业面向职业资格证书情况

初级(人数)：　　初级(所占比例)：

中级(人数)：　　中级(所占比例)：

高级(人数)：　　高级(所占比例)：

无等级(人数)：　　无等级(所占比例)：

中高级证书获得率：

专业相关的社会技术培训[109]总数(人天[24])：

应届毕业生获双证信息模板

(8)人才质量的跟踪

★人才质量往往在跟踪数年后，当获得充足样本量的学生在航运公司船舶工作的信息反馈时，才能真正意义上得出，因此社会和企业的评价尤其重要。

▲衡量航海类专业毕业生的质量优劣很重要的社会或企业评价指标是：三副/三管轮岗位任职率、职务提升率和安全生产合格率。

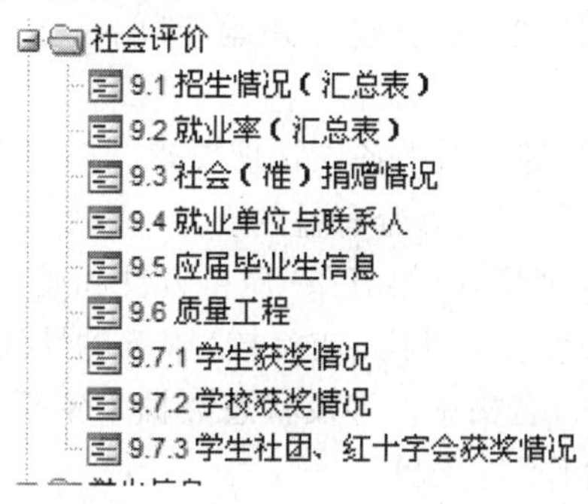

毕业生社会评价信息一览

五、数据采集平台与航海教育和培训质量管理体系的关联

“船员教育和培训质量管理体系”（简称为“质量体系”）是高职航海教育实施教学质量过程控制的有效手段，也是兴办航海教育必须取得的资质。自 1998 年我国首次开展船员教育和培训质量管理体系审核以来十余年间，逾百家船员教育和培训机构、十余家考试评估和发证机构建立并按船员教育和培训质量管理体系运行管理，通过审核获得“质量体系证书”和考试发证的许可。

(一)船员教育和培训质量管理体系的要求

1. 总要求

按照相关标准的要求建立质量体系并形成文件，确保船员教育和培训符合规定的质量要求和管理模式，使船员教育和培训工作在质量体系的连续控制之下进行，以达到既定的目标。

2. 文件要求

形成文件的质量方针和质量目标，形成“质量手册”“程序文件”，编制为确保过程的有效策划、运作和控制所需的文件以及必需的质量记录。

3. 岗位控制要求

受控岗位包括教学和学生管理人员，招生、设备、图书、文书、档案管理等人员，教师和实验人员，负责质量体系建立、运行的人员，质量体系内部审核人员。

4. 对高层管理的要求

根据本单位的情况进行质量策划，包括体系建立与实施的计划、确定质量方针、质量目标和体系框架、体系范围（受控部门）等。为质量体系的建立与实施配置资源。确定管理者代表，确定各部门职责和主要接口方式。

5. 对中层管理者的要求

参与质量策划、贯彻质量方针、分解质量目标，组织编写本部门职责范围的体系文件，指定专人参与体系文件的编写记录和整理，明晰本部门与相关部门的工作接口，明确工作流程。

（二）质量管理体系与现行教育评价的关联

状态数据采集平台是现行高职教育专业建设评价的主要手段之一，平台不仅是评估的重要载体，也是整个教育质量监控的有效手段。航海教育因其区别于绝大多数高职专业的特殊性，严格按照国家海事主管机关颁发规定，建立并运行“船员教育和培训质量管理体系”是高职航海教育不二的选择。

分析船员教育和培训质量管理体系中各项管理要素，整合其中与现行教育评价体系关联点，对于提高教育与培训质量和效率是十分有益的。

①《船员教育和培训质量管理规则》第五条“质量方针和质量目标”要求教育培训机构（或院校）确立质量方针和质量目标，公布机构（或院校）服务的性质与质量承诺并在质量目标中明确航海学历教育（或船员培训）合格率。涉及状态数据采集平台“7.3 职业资格证书与社会培训，7.4 顶岗实习，7.5 产学合作”等条目。

②《船员教育和培训质量管理规则》第六条“职责、权限与沟通”确定了教育质量相关岗位人员范围。涉及状态数据采集平台“2 院校领导；6 师资队伍；8.2 专职教学管理人员基本情况，8.3 专职学生管理人员基本情况，8.4 专职招生就业人员基本情况，8.5 专职督导人员基本情况，8.6 专职教学研究人员基本情况”等条目。

③《船员教育和培训质量管理规则》第七条“教学和培训计划”规定了编制和评审的程序，并明确要求熟悉生产具有船舶生产岗位管理级证书的船员参与。涉及状态数据采集平台“6.3 校外兼职教师，7.5 产学合作”等条目。

④《船员教育和培训质量管理规则》第八条“招生与学员管理”要求对招生、学籍管理、学员日常管理、档案管理、证书发放的全过程进行控制并建立文件化程序。涉及状态数据采集平台“8.1 教学与学生管理文件，8.3 专职学生管理人员基本情况，8.4 专职招生就业人员基本情况，7.1 专业设置”等条目。

⑤《船员教育和培训质量管理规则》第九条“教学与管理人员”要求具有履行其岗位职责的水平和能力。涉及状态数据采集平台“6.1 校内专任教师，6.2 校内兼课人员，6.3 校外兼职

教师,6.4 校外兼课教师,8.2 专职教学管理人员基本情况”等条目。

⑥《船员教育和培训质量管理规则》第十条“场地设施和设备”要求保证教学和培训所需的场地、设施和设备、教材和图书资料符合规定要求并保持可用状态。涉及状态数据采集平台“3 基本办学条件,4 实践教学条件”等条目。

⑦《船员教育和培训质量管理规则》第十一条“教学和训练的实施”要求船员教育和培训机构应建立文件化程序,对教学人员的确定、教学准备、教学实施、教学进度与调课控制、实践性教学的安全保障与节能环保、考试管理等过程进行控制。涉及状态数据采集平台“8.1 教学与学生管理文件”。

⑧《船员教育和培训质量管理规则》第十二条“教学与训练的检查与评估”要求对教学和训练环节的检查、教学和训练质量的评估、检查和评估结果的处置等过程进行控制。涉及状态数据采集平台“8.1 教学与学生管理文件,8.7 评教情况”等条目。

(三)数据采集平台航海特质体现不足之处

①航海专业教师专业教学经历和相应的船上任职资历在状态数据采集平台上不能有效地反映;

②以质量方针和质量目标形式向社会承诺的航海教学质量在状态数据采集平台上不能充分地反映;

③状态数据采集平台衡量实训规模的指标譬如工位数、场地面积等,难以衡量航海实训基地船舶情况;

④状态数据采集平台有关校外实训基地接受毕业生人数、半年顶岗人数等指标缺乏实质意义,并缺乏可操作性;

⑤两部委关于“提高航海教育质量若干意见”在状态数据采集平台各条目中还难以系统性体现。

(四)质量管理体系审核补充航海类专业评价

高职高专人才培养工作评估与船员教育培训质量体系虽分属不同的体系,但是有相当高的关联度,其目的都是为了提升教学质量。因此打破藩篱,将两者有机融合,做到高职航海类专业人才培养评估工作与船员教育和培训质量管理体系相结合,船员教育和培训质量管理体系审核把高职航海类专业人才培养评估指标(状态数据采集平台)作为一个重要部分,以质量管理体系审核来补充高职航海类专业评价的不足,使高职航海类专业人才培养评估工作进一步体现在特殊专业评价中的针对性。

第四章　航海类专业建设评价主要手段

一、第三方对航海高职社会需求与培养质量评价

由教育界、产业界、专职评价机构以及关心支持职业教育的人士组成第三方机构参与职业教育评估，可以做到客观公正，有利于推动职业教育的健康发展。

第三方评价的指标主要围绕学校教育的成果，对航海类专业而言即航运单位对毕业生的素质、能力、潜力等总体性综合评价。

1. 就业竞争力

指标包括毕业半年后的就业率、毕业半年后的平均月收入、毕业时掌握的基本工作能力、就业现状满意度以及竞争力校内排序。也可将邻近省份高职院校同类专业的就业竞争力通过航运企业、海事机关、职业教育界的调查统计进行排序。就业竞争力计算仅局限当年类比，与往届不具可比性。

2. 就业质量

衡量航海类专业的就业质量指标包括船员职业稳定度、船员岗位的吻合度、航运企业离职率以及平均月收入。

华东地区某校2012届航海类专业毕业生半年后从事工作与专业相关的人数百分比与2011届相比有所下降，客观反映出2012年航运业的不景气状况以及对人才需求的下降。第三方评价结果引起了举办者的高度警觉，并及时修正了2013年招生指标，做出了进一步控制招生数的决策。

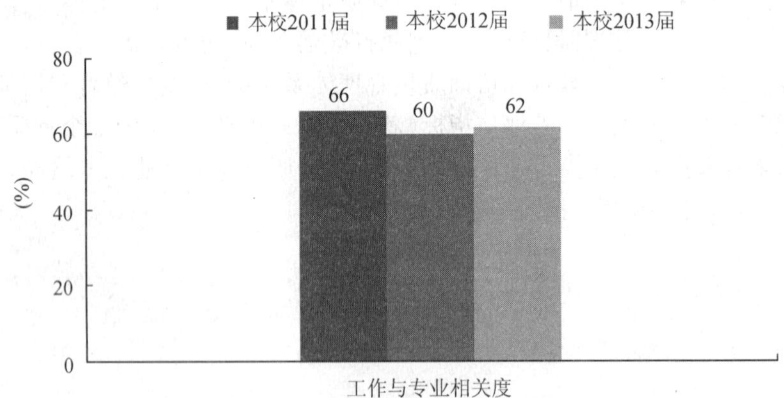

2011～2013届毕业生工作与专业相关的人数百分比

该校2012届航海类专业毕业生毕业半年后的月收入与2011届相比以及与2012年全国高职相比均有所提高，体现了专业人才技术含量的社会认可度，可以预测专业在今后几年的招

生质量不会下降的趋势。

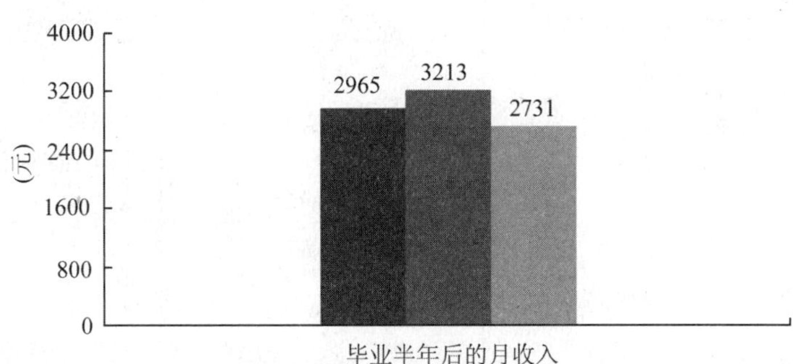

某校 2011、2012 与全国高职 2012 届毕业生毕业半年后的月收入

3. 就业特色与优势

就业特色反映航海类专业人才培养的优势所在。一般而言,大型航运企业兴办的海事职业院校的航海类专业毕业生相对集中在大型航运企业工作,而地方交通高职院校的航海类专业毕业生就业面相对分散,往往以中小型企业居多。就此做出 A 优于 B,或 B 胜于 A 的结论实属主观臆断,把进入大企业作为办学成功标志的理念已经过时。但是当一所企业院校的兴办者舍弃子弟学校,而到地方交通高职院校招收意中人才的情况发生时,往往说明被舍弃学校的特色与优势殆尽,教育质量已经不再被兴办者认可,同时意味着地方交通高职院校可以通过特色办学凸显航海人才培养优势。

4. 服务、服从意识

航运业是交通运输行业的子属,交通运输行业是介于第二产业和第三产业之间的比较特殊的产业,虽然如此但其服务业的特征还是比较明显的,因此,服务客户理应是海员职业的职责。

航海高职院校毕业生在与企业利益相关的人或企业的交往中体现的为其提供服务的欲望和意识,以及船员岗位结构与工作性质所决定的服从意识是航海类专业人才培养环境中不可或缺的元素。通过第三方评价获取航运企业对航海高职院校毕业生服务、服从意识的满意度,对于院校更新教育理念、改进教学方式、提升毕业生职业素养具有建设性意义。

5. 价值观和能力的提升

学校帮助毕业生在价值观方面的提升,由被调查的毕业生回答学校帮助自己在哪些方面得到明显提升,指标细分为:人生的乐观态度、上进精神、包容精神、关注社会、参与公益、社会公德、遵纪守法、健康卫生等方面。这些选项具有普遍的价值意义。

基于 SCANS 标准的中国用人单位对大学毕业生基本工作能力需求模型,将 35 项基本工作能力分为五大类能力,即理解与交流能力、科学思维能力、管理能力、应用分析能力、动手能力(如下图所示)。

邀请第三方对航海类高职毕业生在学期间能力提升的评价可以将上述五大类能力结合船舶驾驶台资源管理及船舶机舱资源管理相关能力目标,使该项目评价更具针对性。

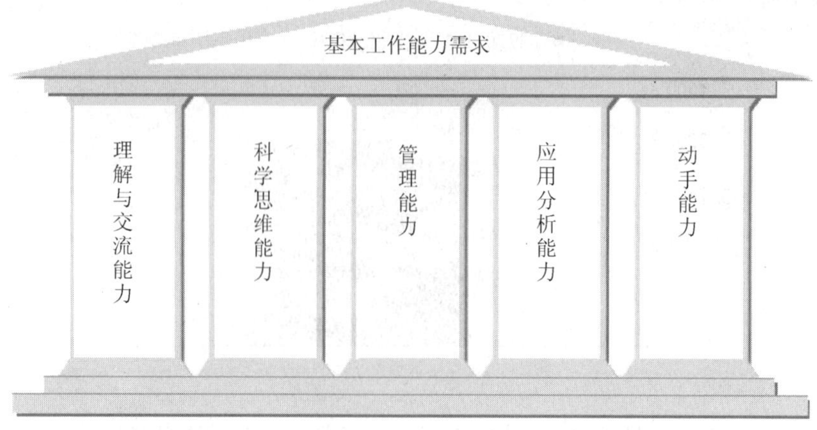

五大类能力

二、航海类专业质量管理审核

航海高职院校作为教育培训机构依据海船员〔2012〕257 号文件《中华人民共和国船员教育和培训质量管理规则》开展质量管理活动，通过审核后获得国家海事主管机关颁发的“船员教育和培训质量管理体系证书”，是航海类专业办学的资质。航海类专业在院校所有受控部门中处于质量监控的重要部门，针对航海类专业的质量管理审核应有针对性。结合学校的教育教学检查工作，每年度至少安排两次以上内部审核。学校每年进行的管理者评审以及所形成的管理者评审报告能客观反映出航海类专业年度质量情况，采取纠正和预防措施对不符合要求或潜在问题进行改进，防止问题再发生或避免问题发生，使质量在受控条件下提高。

对航海类专业开展的审核应遵循海船员〔2012〕257 号文件《中华人民共和国船员教育和培训质量管理规则》的各项规定，并结合航海职业教育教学管理特点进行。

1. 明确质量方针和质量目标

受控的航海类特定专业对质量目标实现的质量承诺，质量目标与用人单位的期望和需要吻合。

2. 明晰工作职责与权限

受控的航海类特定专业应采取措施，确保管理人员、专任教师、兼职教师、教学辅助人员以及学员能理解质量方针并坚持贯彻执行。明晰组织机构图中本部门所处位置以及与相关部门的关系，明确工作节点，在职责与权限中正确表述。明晰专任教师、兼职教师、教学辅助人员的岗位职责、任职条件和聘用规定。明晰诸如专业教师上船实践计划、实施与考核等质量记录。

3. 专业人才培养方案编制

航海类专业人才培养方案是制订教学实施计划和课程教学标准的依据。

4. 船员培训项目教学计划和教学大纲的控制

作为船员教育培训机构内的教学实施部门，无论航海技术、轮机工程技术还是船舶电子电气技术专业，都应做好船员培训项目教学计划和教学大纲的编制、开发与管理工作，以控制和验证教学计划、教学大纲满足 STCW 公约和主管机关有关适任标准等方面的要求。教学计划和大纲的编制必须充分考虑教育手段、师资力量、教学设备条件等相关资源，以确保船员教育和培训的方针、目标得以实现。相关专业控制的船员教育和培训项目教学计划/教学大纲文件化程序的内容应包括部门/人员职责(指派适任人员),并明确工作接口。制订教学计划和教学大纲时应考虑的因素包括(但不限于):

· 教育与培训主管部门要求;

· 委托培养合同要求,船员的市场调查统计分析、对以往课程的反馈意见、本机构能力等;

· 教学计划:形成文件,标明符合性、适用性、理论和实践课程的比例、教学时数、要达到的目标等;

· 教学大纲:形成文件,明确教师和学生资格要求、设备条件、课时、后续课程等;

· 评审:教学计划和教学大纲在制订和实施前应组织专门人员评审,其中应有教学研究人员、教师、相应资格的高级船员、委培单位人员等参加评审;

· 发布与更改。

5. 专业教学活动质量控制

航海类专业影响教学质量的各环节应始终处于受控状态并受到连续的检查。教学和训练过程的管理至少应包括:教学准备与活动、教学环境、教学方法、教学设备、课程作业和考试等环节。航海类专业教学活动质量评价依据由审核员根据海船员〔2012〕257 号文件要求的理解做出符合与否判断,项目如下表所述:

航海类专业教学活动质量评价项目

序号	教学活动质量评价项目	符合与否	序号	教学活动质量评价项目	符合与否
1	专任教师确认		8	教学场所	
2	教练员的确认		9	课程作业	
3	教材的选用与批准		10	实施计划	
4	网络资源使用		11	教学进度控制	
5	授课人员备课		12	实践性教学安全保障	
6	教案准备		13	教学方法	
7	教学设备		14	课程考核及试卷形成	

6. 专业教学资源控制

专业教学资源主要指场地与设施设备。明确保管专业教学设备的负责人员,对航海新技术装备的管理使用者进行培训,编制设备的操作程序以及建立设备维护、定期保养、安全使用和防污染等方面的规章制度。做好场地与设施设备的使用记录,做好消耗品的使用记录。

7. 专业对学员(学生)的管理

对参加教育和培训的学员实施二级学员(学生)管理的院校,质量管理审核必须重点审核学员管理全过程。专业(或系部)系统性保存学员注册、日常管理、成绩档案和结业等全过程资料。航海类专业学生或船员培训学员在健康状况、知识、技能等方面必须符合 STCW 公约以及《中华人民共和国海船船员适任考试和发证规则》的规定。实施二级学员(学生)管理的院校的航海类专业,有责任使学员在接受教育和培训后达到取得相应的适任证书或培训合格证的水平。

三、院校教育质量年度报告

为贯彻落实全国教育规划纲要关于“建立高等学校质量年度报告发布制度”的要求，教育部职成教司每年度发文要求各省、自治区、直辖市教育厅（教委）和新疆生产建设兵团教育局组织各院校做好此项工作，按时上报教育质量年度报告。

高等职业教育质量年度报告至少包含：学生发展、教育教学改革与成效、主办方履责、服务地方、问题与展望等部分，突出航海类专业的质量建设。质量年度报告架构参见附件二。

四、专业人才培养自我评价

专业人才培养自我评价浓缩了专业人才培养工作所需表述的主要内容，通过自评报告概括专业人才培养的全貌。剖析航海类专业应把握住专业建设中的重点观察点（参见附件三）。

航海类专业教学管理既要遵循高职教学管理的普遍规律，同时又要把握航海类专业的特殊性。教学管理评价可分为两部分：第一，教学文件规范性建设；第二，教学管理过程控制与效率。教学文件规范性建设源文件包括专业人才培养方案、课程教学标准、船员教育和培训质量管理体系文件、高职高专人才培养指标体系等。教学管理过程控制与效率控制主要应用状态数据采集平台、船员教育和培训质量管理运行机制以及高职高专人才培养评估等手段实现。

（一）专业人才培养方案和课程标准的制定

航海类专业人才培养方案的制定主要基于三个条件：第一，深入行业企业调研，了解行业企业现状及发展前景、企业岗位设置、人员配置、岗位能力要求及专业人才需求以及企业对学校开设的专业是否符合或满足企业实际工作的需要等资讯；第二，符合国家有关高职教育的各项政策法规；第三，符合国家海事主管机关有关航海教育培训的各项规定。

1. 方案与课标制定的原则

专业人才培养方案的制定应遵循交通运输职业教育规律和交通运输行业技术技能人才成长规律，增强航海技术人才培养的针对性和有用性，提高教育教学质量。

专业人才培养方案要体现出科学性，尤其是课程分类与衔接的科学与严谨。另则，即规范性，用大家都认同的方式来描述清楚，把专业的培养目标、服务对象、开设的主要课程等都说清楚，规范还包括各类术语的规范。专业人才培养方案与课程标准要主动适应生产发展与技术进步，同时应考虑到人才培养周期性长的特点。

专业人才培养方案的制定不能脱离当时的宏观职业教育形势发展。譬如，当前高职高专有6种招生方式，包括普通高考、单考单招、综合评价招生、对口招生、技能拔尖人才免试入学和五年一贯制。如固守高中毕业生生源的思维设计人才培养方案和课程教学标准，就会在实施过程中陷入困境。因此专业课程教学方法、文化课的设置都会应时而变化。再者，要设计高职毕业生升学通道，处理好高职与本科的相关专业衔接，既满足学生提升学历的愿望，又能尽快培养出更高层次的航海类专才。

2. 深入调研与科学决策

专业人才培养方案的制定其实是一项教育决策，只有基于科学方法、充足样本、合理设计、认真统计、精细分析的调查研究，才能做出正确的决策。

全国交通运输行业要求全系统各专业在编制专业目录调整方案工作中提出的调研内容，对专业人才培养方案的制定具有借鉴作用。调研对象分为行业企业及高职院校两块。第一，面向行业企业的调研内容包括：企业的基本情况、适合高职生的主要工作岗位、各主要岗位的工作任务、各主要岗位的职业能力要求、高职毕业生岗位适应情况、企业对专业设置的意见和建议等。第二，面向高职院校的调研内容包括专业人才培养目标、就业面向的主岗位及岗位群、本专业知识与能力要求、专业主要教学内容及实践教学设置、实践教学条件和主要的实训项目、职业资格证书要求、毕业生就业情况等。

3. 人才培养方案编撰

"人才培养方案"是高职航海类专业教育的纲领性文件，应在深入细致调研的基础上组织专门人员编撰，针对性的调研分析结论应当在方案中得到体现。高职航海类专业人才培养方案应包含的内容有：

①专业基本信息：专业名称、专业代码、招生对象、学制、教育类型与学历层次；

②人才培养目标及规格；

③就业岗位：培养目标、人才规格（含职业知识、职业能力、职业素质）、职业面向、职业资格证书要求；

④职业素质与能力分析：职业基本素质、职业基本能力、职业核心能力、职业拓展能力；

⑤课程体系设计；

⑥课程教学内容与要求：通适教育课程、专业平台课程、专业职能课程、专业拓展课程、专项实训；

⑦教学进程表：教学进程编制说明；

⑧继续专业学习深造建议。

就业岗位查询国家《职业分类大典》，职业资格证书包括国家通用证书以及省部级职业证书。

4. 人才培养方案专家评议

"人才培养方案"应组织专家进行评审，评审人员包括教学研究人员、教师、相应资格的高级船员、委培单位人员等。专家评议的指标项目力求简洁明了，不同角色的专家可从不同视角审视方案中需改进的问题，企业专家着重从方案是否能满足生产岗位任职技能需要角度提出问题；教师则主要从教学规律角度审视；教学研究人员则肩负全面审视的责任，并对方案在现代高职教育理念体现、相较其他院校同类专业的突出点等方面进行点评。人才培养方案专家评议表参见附件四。

（二）人才培养资源控制

高职航海类专业人才培养资源控制包括对专业（以下均为专业）现有资源（含自有和租赁）、建设中资源的控制。

分类控制指标为：

①校内实践基地，控制内容包括该基地：固定资产、设备总值、当年新增设备值、设备总数、大型设备数（单价 5 万元以上）、建筑面积、对应实训项目名称、学年校内使用率（人时）、学年社会使用率（人时）、原材料（耗材）费用、设备维护费用。

②校外实训基地,控制内容包括该基地:“依托单位”“实训项目”“接待学生量”“接受应届毕业生就业数”。

办学经费来源及支出是高职人才培养的重要资源项目,鉴于该项目以校级为单位评价,系部或专业一般不作控制要求。

(三)人才培养质量管理

以专业(或系部)为单元的人才培养质量控制是学校教育质量体系中的一个环节。目前,我国航海高职院校专业(或系部)与人才培养相关的质量管理活动主要有“船员教育培训质量管理”“高职高专人才培养工作评估”。这两大质量管理活动形式上完全独立,但是本质上具有同一性。学校建立的各项教育管理制度应尽可能纳入其中,以避免管理中的“两张皮”现象。航海类专业(或系部)建立的人才培养质量管理制度,可依托某一体系的架构,将本位制度或规定分属体系某子目录,这样处理使部门管理既符合教育行政部门或海事主管机关的体系要求,又能针对性解决本部门人才培养质量管理中的实际问题。

专业(或系部)开展人才培养质量管理主要工作集中在教学安排和实训教学落实上,专业教学管理质量核验记录明细表参见附件五。

第五章　创建航海类专业建设评价体系

一、创建航海类专业建设评价体系指导思想

(一)体现高职航海类专业建设针对性评价要素

本项目研究所形成的“航海类专业建设评价体系”是基于现行多门类人才培养评估、质量体系审核、教育质量年度报告等评价活动的内涵丰富与补充,是现行教育评估架构下的改良措施。“航海类专业建设评价体系”的研究成果不是“另起炉灶”对高职航海类专业新辟出一种门类的评价活动,因此,研究成果保有现行高职教育评估核心价值,同时体现对高职航海类专业建设针对性要件做出合适评价的特点。

(二)促进航海类专业培养出高素质专门人才

航海类专业建设评价体系模式创新是为了在现行高职人才培养工作评估大框架下,探索航海教育质量评价特性,更有针对性地对高职航海类专业建设成果做出客观、公正的评价,从而提升专业建设水平、提高航海人才培养质量,推进履行 STCW 公约马尼拉修正案的进程。也是落实《教育部交通运输部关于进一步提高航海教育质量的若干意见》的具体行动,促使航海高职院校培养出具有国际竞争力的高素质航海类专门人才。

(三)在同类院校中具有推广应用价值

本项成果在同类院校航海类专业教育评价活动中得到广泛的推广应用,是课题研究的期望目标。成果的推广应用始终是教育科研的重要环节,是实现教育科研转化为生产力的主要手段,也是实现教育科研价值的重要途径。本项目研究过程即突破以规划管理完成结题为目标的藩篱,注重研究成果的推广应用,达到成果转化应用的目的。

二、航海类专业评价体系架构

高职航海类专业评价主要指来自外部对客体办学质量的评价,评价由四大模块组合构成:第一,高职高专人才培养数据采集平台;第二,高职高专人才培养工作专家现场评估;第三,船员教育培训质量体系审核;第四,各专项检查与评估。

因各类评价的周期不同,譬如数据采集平台每年汇拢一次数据,高职高专人才培养工作专家现场评估每五年开展一轮;船员教育培训质量体系换证审核也是每五年一个周期,而各项专项评估时间则没有一定规律。所以对高职航海类专业的评价结论可以分为两档:第一,各类评价活动形成的结论,由评价主体依据规范实施后续管理;第二,以五年为一周期,综合上述评价

活动结论给出综合结论，由行指委实施评价数据和资料管理，为教育行政部门、行业及其他相关部门提供决策和统计依据。

（一）评价体系架构

①以高职人才培养数据采集平台为基础，每年数据采集过程中对部分栏目附加航海特质指标。数据采集平台汇拢的丰富资料可作为其他各类评价活动的信息来源。

②各专项检查或评估的开展由项目来源部门决定，一般没有周期性规律。这类项目的检查评估活动较多，譬如：重点专业建设、示范性实训基地建设、教学资源库建设、高职特色专业建设等等。这类检查评估的信息来源，部分由数据采集平台支持，另有相当部分则按照项目指标产生。

③高职人才培养工作专家评估。分别起始于2004年和2009年的两轮评估活动均为五年一轮次，被评估院校每年汇总递交省级教育行政部门的人才培养采集数据是专家组进驻院校开展评估活动的主要依据。另外通过听课、访谈、专业剖析等方法补充历年采集数据的不足。“十二五”以来，国家教育部要求省级以上（含省级）示范性院校递交《人才培养质量年度报告》，使这类院校及相关专业的质量评价活动常态化。

④由国家海事主管机关主导的“船员教育培训质量体系换证审核”是航海类高职院校最重要的质量评价活动之一，每五年进行一次。其间每两年半插入中间审核，各单位每年至少两次内部审核，视情况还可申请附加审核。根据传统做法，海事主管机关开展的质量评价活动遵循独立的体系，很少参考相对科学、严谨、成熟且指标项目丰富的教育系统数据信息，这确实是一种资源浪费，也可能对结论的准确性产生负面影响。

⑤本项研究的核心即在上述评价架构之下，由各航海高职院校相关专业以本章介绍的方法进行自评，形成《航海类专业建设质量报告》，专业建设质量报告是基于年度质量报告（参见附件二）做出的五年期报告。

（二）评价结果与用途

①基于上述各种质量评价活动形成了《航海类专业建设质量报告》，根据客观数据折合综合评分，用以检验专业建设质量。

②充分发挥航海类专业指导委员会（简称“航海专指委”）对航海高职院校专业建设评价中的作用，要求各相关院校递交五年一轮次的《航海类专业建设质量报告》，在航海专指委网页公布。

③综合评价结果具有相对比较意义，主要比较限定因素是“相近经济发展区域”。

④评价结果在实用统计领域也有广泛用途，现实中我国航海教育各类统计方法存在较大问题，统计的主体和客体在科学、严谨、责任、效率等方面需进一步提高。

⑤评价结果对院校主办者的警示，对于社会公共教育资源流失或变相进入生产经营领域的情况能及时发现并予以阻止。

⑥评价结果可以促进航海高职院校专业建设与发展。譬如，一所高职院校如若干年没有获得专项建设项目则应给予黄牌；再譬如，院校所在省市航运业呈发展态势，而院校人才培养却与之相反，则应查明原委，予以纠正。

⑦评价结果还可供各类评优遴选活动做参考。

三、基于数据采集平台的航海类专业评价模板

数据采集平台在反映现状,满足评估工作的需要,满足高职院校的需要,满足教育行政部门的需要,满足学生家长的需要的同时,预留开发提升空间,可为不同专业门类研发针对性更强的扩展平台提供基础。

本项研究的核心创新点即在于以数据采集平台为基础,设计开发融入能体现高职航海类专业特质的评价指标,在符合教学管理制度化、规范化和标准化的同时,使扩展平台满足航海类专业建设评价的特殊要求。

(一)相关大类指标补充与完善

数据采集平台原始表单大类名称共9类,涉及专业建设评价需补充或完善的7类。“补充指标”是在相关大类之下分类表之中补充新“指标”。“完善指标”是对相关大类之下分类表之中原始“指标”需调整的部分进行完善后再使用。

基于数据采集平台结构的补充与完善指标

序号	原始表单大类名称	涉及扩展	补充明细		
			补充指标	完善指标	概念延伸
1	基本信息				
2	院校领导				
3	基本办学条件	√	3	1	1
4	实践教学条件	√	1	2	1
5	办学经费	√	3		
6	师资队伍	√	8	1	删2
7	专业	√	6	5	
8	教学管理与教学研究	√			
9	社会评价	√			

(二)大类分项扩展或完善指标

(补充指标用“★”导引;完善指标用“◆”导引)

1. 基本信息(略)

2. 院校领导(略)

3. 基本办学条件

(1)数据平台3.1“学校产权校舍建筑面积”

原解为:是指学校拥有产权,已交付使用的校舍建筑面积。不包括尚未竣工的在建工程或已竣工未交付使用校舍、租借用校舍、临时搭建棚舍的建筑面积。

◆ 对学校虽拥有产权,但实质长期出租的部分,评价中应予以剔除。

(2)数据平台3.1“实验室、实习场所包括教学实验用房”

原解为:(公共基础课、专业基础课、专业课所需的各种实验室、计算机房、语音室及附属用房);实习实训用房(包括工程训练中心);自选科研项目及学生科技创新用房。艺术院校的实验室习惯称实习及附属用房,其内容包括大型观摩、排练、实习演出、展览陈列、摄影棚、洗印车间等用房。

★ 航海院校船舶实习舱位。

(3)数据平台3.2馆藏图书资料"外文纸质专业期刊"

★ 外文纸质航海类专业期刊。

(4)数据平台3.2馆藏图书资料"纸质图书新增"

★ 其中新增航海纸质图书。

4. 实践教学条件

(1)数据平台4.1校内实践基地"设备总值""当年新增设备值""设备维护费用"

◆"设备总值""当年新增设备值""设备维护费用"三栏中,均应体现出大型船舶操纵模拟器、轮机模拟器、自有实习实训船等特高价值设备的情况。强制性要求必须在数据采集平台11"说明栏"中陈述。

(2)数据平台4.2校外实习实训基地

◆每个基地占一行数据,对大型航运公司而言,建议细分至专业公司,譬如中海集运上海分公司。对单船小公司而言,船舶就是一个基地。

(3)数据平台4.3职业技能鉴定机构

★ 增"相关专业"纵栏,因为工种证书与专业有关,数据支撑专业建设成果。

◆许可证开列的船员培训项目名称,即可作为职业技能鉴定站(所)名称。

5. 办学经费

(1)数据平台5.1经费收入

★ 增"培训收入"纵栏,因为开展社会培训,尤其是船员培训的收入,可以作为衡量专业服务能力的重要依据。

★ 增"政策允许赤字"纵栏,企业院校允许赤字视为经费收入,当以发生额为准。

(2)数据平台5.2经费支出

★ 增"工资支出"纵栏,因非经费单位工资支出通常占学校总支出50%以上,目前把工资支出都归入"其他"栏显然不合理。

6. 师资队伍

(1)数据平台6.1.1校内专任教师基本情况

★ 增"是否审核员"纵栏。

★ 增"是否评估员"纵栏。

(2)数据平台6.1.1校内专任教师授课情况

★ 增"是否支教班"纵栏,国家鼓励沿海地区教学支持西部和内地欠发达地区。

(3)数据平台6.1.3校内专任教师其他情况

★ 增"船员培训授课"纵栏,之下设子目"课程名称""培训项目""课时"。

★ 增"船员素质培训授课"纵栏,之下设子目"课程名称""培训项目""课时""是否自主研发"。

(4)数据平台6.2.1校内专兼课人员基本情况

◆ 修改"'专业技术职务'是指教师获得人事部门……"为"'专业技术职务'是指教师获得人事部门、人力资源和社会保障部门,以及国家海事主管机关……"。

(5)数据平台6.3.1校外兼职教师基本情况

◆ 删除"教学进修"纵栏。

★ 增"是否审核员"纵栏。

★ 增"是否评估员"纵栏。

★ 建议增6.3.3校外兼职教师其他情况表,包括"船员培训授课""科研项目开发""产学项目开发""教学资料编写"等。

(6)数据平台6.4.1校外兼课教师基本情况

◆ 删除"教学进修"纵栏。

7. 专业

(1)数据平台7.1.1开设专业

◆ "专业带头人"纵栏子目"是/否",应改为"国家级/省级/校级"。

(2)数据平台7.1.2专业带头人

◆ "工作单位名称"纵栏,应改为"工作单位/部门"。

★ 增"职业资格"纵栏,能反映船员职业资格的情况。

(3)数据平台7.2课程设置

★ 增"资源共享课程"纵栏,选项"国家级/省级"。

(4)数据平台7.3.1职业资格证书

◆ 学生获得职业资格证书应拆分为两栏:其一,教学计划(或教学标准)规定获得(应获数/已获数);其二,教学计划(或教学标准)规定之外的相关证书。

(5)数据平台7.3.2应届毕业生获证及社会技术培训情况

★ 增"船员合格证培训""其他适任培训"纵栏,客观反映航海类专业毕业生获"油安、油化/LPG/LNG"以及"值班水手/机工"情况。

(6)数据平台7.4顶岗实习

◆ 航海类专业毕业实习阶段不存在"顶岗",7.4表中8处"顶岗"一律改为"上船实习"。7.4"顶岗实习"改为"上船实习"。

(7)数据平台7.5产学合作

◆ 把序号7.5降为7.5.1产学合作。

★ 增7.5.2表"教师参与度",以个人为主体设子目"培训服务""技术/咨询服务"。

★ 增7.5.3表"产学创新",以专业为主体设"开发船员(师资)培训项目(名称/对象/效益)""主办(协办)产教学会议(论坛)(名称/对象/时间)""技术/咨询服务(名称/是否合同/效益)"。

(8)招生就业情况一览

★ 增7.6.3表,毕业生"任职数""任职率""转行数""转行率"。

(三)改良版应用

1. 数据采集频次

改良版即"基于航海高职教学特性的数据采集平台(改良)指标"(参见附件六)。每年度按当地教育行政部门规定递交“高职高专人才培养数据采集平台”同时按附件六指标制作一份改良版数据。

2. 操作流程

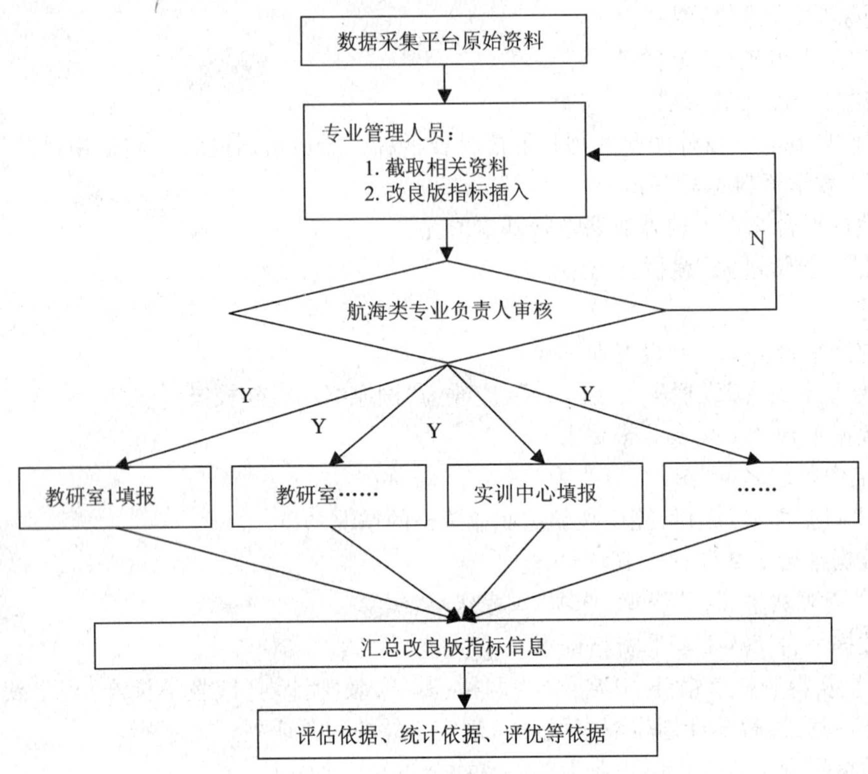

改良版操作流程图

3. 改良版应用

按附件六指标改良版采集的数据是航海类专业建设的一份基础性原始资料，具有原始性和连续性。与普适性数据采集平台相比较能反映出航海类专业的特殊性，可作为“船员教育培训质量管理体系审核”“高职高专人才培养工作评估”以及各类选拔性评优活动的基础材料，也可为《中国航运发展报告》《中国海员年报》以及交通运输部门的相关统计提供参考。改良版以改良指标定性分析法，用以及时发现相关指标与国际公约或海事主管机关规定或行业通常要求相异点。

四、高职航海类专业组合性评价

三类评估附加专项，“人才培养数据采集（附质量报告以及每年由第三方评估的报告）”“人才培养工作专家评估”“船员教育培训质量体系审核”“其他专项评估”权重为4:3:2:1。计算方法如下：

1. 人才培养数据采集

①通过“仪表盘”控制“基本办学指标”。仪表盘反映出“生师比”“具有研究生学历的教师占专任教师的比例（航海技术专业双师型教师建议性要求参见附件七）”“生均教学行政用房”“生均教学科研仪器设备值”“生均图书”。

生师比
19.74

具有研究生学历的教师占专任教师的比例
60.83%

生均教学行政用房
13.44

生均教学科研仪器设备值
6290.17

生均图书
78.79

基本办学指标得分

指标	分值		
	绿	黄	红
生师比	10	4	0
具有研究生学历的教师占专任教师的比例	4	2	0
生均教学行政用房	8	4	0
生均教学科研仪器设备值	16	6	0
生均图书	8	4	0
小计	46	20	0

以上述仪表盘反映为例：

生师比(黄)→4 分；

具有研究生学历的教师占专任教师的比例(绿)→4 分；

生均教学行政用房(绿)→8 分;

生均教学科研仪器设备值(绿)→16 分;

生均图书(绿)→8 分;

小计:40 分。

②通过“人才培养数据采集”还可以设计其他重要指标的分值,譬如“人才培养数据采集表”结合第三方评价(麦可思等专业教育评价)对“航海类专业生数占总生数比例”赋分(航海类院校相关专业生数高比例具有相对专业办学优势)。

航海类专业生数占总生数比例得分

	得分
航海类专业 H	H > 50% → 10 分
	30% <H < 50% → 6 分
	H < 30% → 2 分

如某校此项指标获得 6 分,则上述两项累计 46 分。

③改良指标分值由附件七各表注给出,重点补充航海类专业相关实训船舶、模拟设备、航海双师(适任证书)、评估员资质、质量审核员资质,以及毕业生就业率、一年后任职率、转行率等指标。

譬如某校航海专业自有实习船 1 艘 +5 分,大型船舶驾驶模拟器 2 台 +4 分,学生分赴校外船舶实习 12 艘 +12 分,许可证船员培训项目 18 项 +18 分,校内专任教师累计 +20 分,校外兼职教师累计 +5 分,专业带头人 +2 分,应届毕业生适任证书获取率 +10 分,应届毕业生特殊证书获取率 +6 分,上届毕业生岗位任职率 +6 分,上届毕业生转行率 +2 分,小计 90 分,则②+③=46+90=136 分,为当年数据采集平台附加改良指标得分,每年做一次,取五年平均分。其在组合评价中的权重约定为 0.4。

2. 人才培养工作专家评估

人才培养工作专家评估赋分可以在专业剖析时,建议评估专家应用附件一“高职航海技术专业建设评优指标内涵与权重一览表”进行精算,其在组合评价中的权重约定为 0.3。如评估专家不接受建议,则可依据其专业剖析给出的定性分析结论套分,优—90,良—80,合格—70,基本合格—60,不合格—50,在组合评价中的权重也是 0.3。评估周期为五年。

3. 船员教育培训质量体系审核

考虑以简易的量化法为“船员教育培训质量体系审核”赋分,即以 100 为满分,文件审核每一不符合项扣 1 分,现场审核每一不符合项扣 3 分,简易整改意见每一项扣 0.5 分,计算出总分,其在组合评价中的权重约定为 0.2。船员教育培训质量体系换证审核周期为五年。

4. 其他专项评估

接受各类其他专项评估越多,说明专业参与各类评优项目越多,亦即显示专业有较强的活力。简易赋分值如下表所示:

简易赋分值

级别	选拔性评估		通过性评估
	优	良	合格
国家级综合性	30	15	16
国家级单项	12	8	10
省部级综合性	15	10	12
省部级单项	8	4	5
行业单项	5	2	3
其他单项	5	2	3

其在组合评价中的权重约定为0.1。

五、组合性评价

1. 组合评价的主客体

(1)自评模式

航海类专业是评价的主体,专业建设各项指标或相关执行人是评价的客体,在教育教学实践中某些评价处于常态化,而又有某些评价则可能是阶段性的或有一定周期的。自评主要基于数据采集平台汇总及基于航海高职教学特性的数据采集平台(改良)指标做出。自评的主体有责任妥为保管评价产生的客观数据。

(2)他评形式

人才培养工作专家评估、船员教育培训质量体系审核均属于他评形式,各院校航海类由自评时的主体转换为评估的客体。客体应将自评所产生的客观数据递交他评主体;另则主体在对客体评估时不断产生新的评估数据。根据本课题研究有关组合评价的设计,评价客体有必要将评价主体所做出的定性评价转换为可量化的指标。

2. 五年轮次的组合评价赋分

(1)参评院校的角色

参评院校建立起本校航海类专业参与组合评估的工作机制,配有专人(或兼职)负责数据采集、改良型评价赋分、专家评估及质量体系外审等量化分值转化,并负责按时(五年一次,以通知为准)上报航海专指委。

(2)航海专指委的作用

航海类专业指导委员会组织专家网上分析各院校上报的组合评价自评分,依据《年度数据采集汇总表》《××院校年度质量报告》《麦可思年度分析报告》《船员教育培训质量体系审核报告(含不符合项报告)》《人才培养专家评估报告》以及各专项评估结论等资料,结合自评分赋分,取三位或以上专家赋分平均值,必要时进行会议评审。自评与专家赋分权重见下表。

自评与专家赋分比例

评价项目	自评得分×60%	专家赋分×40%
数据采集平台五年均值×40%(已附加航海改良指标)		
人才培养工作专家评估折算值×30%		
船员教育培训质量体系审核折算值×20%		
专项评估折算值×10%		
合计		

3. 组合性评价意义

①航海专指委对有关院校参评专业组合评价获得的量化分值进行排列,纵观数据能反映个体在参评群体中所处的位置。

②航海专指委通过收集各校的《年度数据采集汇总表》获得高职航海类专业在校生数、新生数、校园面积、专任教师人数等各类信息,可为教育部门、交通运输部门、航运企业、图书出版企业等单位提供参考。

③社会及考生家长能根据组合评价数据选择优质院校,促使形成良性的办学竞争机制。

④为航运企业挑选人才提供参考。

六、研究结论性梳理

①本课题梳理了现行高职高专人才培养评估、状态数据采集平台、船员教育和培训质量体系审核、高职教育质量年度报告等评价活动之间的关系。认为教育行政部门和海事主管机关主导的,与高职航海类专业人才培养相关的各类质量评价活动,必须融入航海类专业建设与教学管理的各环节,作为评价高职航海类专业建设质量的强制性措施。根据上述各项评价活动的不同要求以及在航海教育方面针对性不足的情况,逐项完善了补充观察点,使教育行政部门和海事主管机关主导的各项质量评价活动在高职航海类专业建设中能发挥更有效的促进作用。

②本课题研究在细致分析船员教育和培训质量管理体系中各项管理要素的基础上,整合其中与现行教育评价体系关联点,并以文字描述和表式对照的形式完善了教育评价和质量审核活动。

③本课题研究侧重现行高职高专人才培养评估中的专业剖析工作,尤其把“专业建设”工作列为重中之重,按“1. 专业定位与人才培养模式”“2. 人才培养目标与培养模式改革”“3. 教学改革和人才培养成效”大类,进一步细化为“1.1 专业需求分析,1.2 专业设置与职业面向定位;2.1 职业岗位能力分析,2.2 培养目标,2.3 培养方式改革,2.4 完善实践教学条件,2.5 教材与教学资源建设;3.1 教学方法与手段改革,3.2 实践教学体系改革,3.3 人才综合素质提升”等指标,每一项对应航海类专业的特殊要求,对于规范高职航海类专业建设过程具有应用价值。

④本课题研究以高职学历教育主干课程为基准,衔接船员适任培训课程,设置不同课程专任教师和实习指导教师岗位,提出对应学历、海龄、船员职务、校龄、评估资质、船员合格证或特殊培训项目的要求。高职学历教育主干课程基准依据适任考试科目,主干课程名称则将高职

教学规律与船员适任考试科目相结合，体现传承与发展的交融，便于高职院校实践。并对主干课程专任教师在评估资质、船员合格证或特殊培训项目的课程发展方面做出一一对应设计。

⑤本课题研究在“十一五”本课题组成员曾获得的相似课题研究成果基础上，对《高职航海技术专业建设评优指标内涵与权重》进行了完善，对于交通行业内示范性院校遴选、专项建设项目申报以及其他专业评优活动的开展等评选活动，提供了可量化操作的筛选“工具”，具有现实使用价值。

结语

通过基于《年度人才培养数据采集汇总表》《××院校年度质量报告》《麦可思年度分析报告》《船员教育培训质量体系审核报告（含不符合项报告）》《人才培养专家评估报告》以及各专项评估的航海类专业建设评价，航海专指委对各校（或专业）自评和专家评价赋分分别以60%和40%的权重，获得了各校最终分值。经本项目研究成果的实验性应用，能够对航海类专业建设中存在的问题进行有效的识别和诊断，为采取切实可行的措施加以调控提供了依据，为政府及相关部门航海高职教育决策提供了参考依据，对于规范教育统计以及质量监控具有积极的意义。本项目研究的思路、技术手段、指标设计、操作方法具有显著的创新性。为推进高职航海类专业教学改革、加强内涵建设、加速履约进程、提升教学质量、实现科学规范管理提供了有效的方法。

附件一　高职航海技术专业建设评优指标内涵与权重一览表

评价方面	评价项目	观测点及权重	过　程	达到目标	管理规范
1. 专业设置	1.1 专业设置依据与培养目标	.1 专业设置背景0.4	研究国家、地区经济发展及水运发展，判断人才缺口	基于学院基础，依托航运企业设置的航海技术专业具有社会需求性，人才就业前景良好	新专业设置调研和可行性论证报告
		.2 专业培养目标0.6	航运企业抽样调查，基于技术、人事、船员的反馈，并依据教育、海事规范制订目标	德智体全面发展，达到 STCW 公约操作级水平，通过甲类三副考试，并符合国家教育部门高职学业要求	教学计划、课程大纲、实习、实训大纲和计划
	1.2 专业运行与质量标准	.1 人才培养方案设计0.6	航运企业专家参与方案制定；可行性论证报告审批程序严谨；发挥学院优势，体现继承性和前瞻性	内容全面系统，突出基本素质和职业能力培养主线；课程体系体现出理论与实践结合，相互渗透；实行了双证制，将双证教学计划列入方案；体现航海高职教育特色	①社会（企业）调研报告 ②企业专家参与，组织评审资料
		.2 专业质量标准0.2	按船员教育培训质量标准和教育部“水平评估指标”要求建立专业质量标准	质量标准明确，可操作、可检测、能实现；专业课程设置其知识、技能、素质结构、职业证书等质量指标能满足航海技术专业岗位要求	①教学实施进度计划 ②教材、讲义、实验指导书、课件等教学资料
		.3 专业运行与调整0.2	每年市场调研；根据反馈信息调整方案；船员教育培训质量体系不断完善	做到运行、评估、反馈、调整、再运行的质量循环闭合。通过教育主管部门、海事局及学院的各级检查	①经常性调研报告和问卷资料分析 ②调整方案与落实措施表征 ③相关成果资料

评价方面	评价项目	观测点及权重	过　程	达到目标	管理规范
2. 专业建设	2.1 师资队伍建设	.1 规划实施0.2	制订航海技术专业师资建设5年规划和年度计划;规划落实和计划实施工作有布置、有检查、有总结	师资建设按计划进行;引进和培养双管齐下,效果良好;教师学历、职业证书、船员证书不断提高	①专业师资建设规划 ②师资建设年度计划和落实工作总结(可以在系部年度师资建设总结中体现) ③各项政策措施和师资专项建设汇报
		.2 队伍结构0.3	教师与航运企业交流密切;航企人员经常来校讲课(记录完整);客座教师制度密切校企关系	高级职称大于50%(每个专业至少2名);专业有教学带头人;双师素质教师大于80%;来自企业兼课教师占20%~25%;40岁以下教师研究生学历大于80%;实训和实验指导教师满足教学要求	①专业高职名册,占专业教师比例 ②带头人年度计划总结 ③专业双师教师一览表 ④研究生一览表 ⑤实训和实验指导教师一览表
		.3 师德0.1	专业师德建设活动活跃,有主题、有记录;党员发挥先锋模范作用	师德考核全部合格;学生满意度较高;有教师被评为各类先进或标兵	①师德建设规划、制度和专题学习交流记录 ②年度考核汇总,学生满意度高文字摘录 ③各类先进或标兵奖状、事迹
		.4 论著0.1	按教师考核和部门考核要求	符合学院教师考核和部门考核要求	论文著述统计表
		.5 科研0.1	按教师考核和部门考核要求	符合学院教师考核和部门考核要求	教育科研及获奖情况统计表
		.6 师资建设投入0.2	专业教师学习风气浓,进修项目与专业建设关系密切	3年中参加各类进修的教师大于60%;本专业教师使用学院设立师资建设专项经费达到全校教师人均水平	专业年度师资建设经费投入统计

评价方面	评价项目	观测点及权重	过　程	达到目标	管理规范
2. 专业建设		.1 规划 0.1	不断完善规划制度	建立了建设、管理、运行机制	建设规划、管理制度和运行情况
	2.2 实验、实训基地（设施）建设	.2 本专业校内实验、实训基地 0.6	参见研究报告	有航海英语听力会话、海上搜救与海事案例分析、航次计划与航线设计、气象传真天气图、货物积载与系固、测罗经差、使用航海仪器、船舶定位和海图作业评估设备	①实验、实训基地简介 ②操作与管理制度 ③学生使用情况记录，实验实训报告
		.3 本专业校外实训基地 0.3	认真实施培养方案“毕业航行实习”，建立实习船舶为主的本专业校外实习基地	拥有能满足航海专业学生实训的船舶；拥有船舶驾驶人员为主的兼职指导教师队伍	①实训基地协议，来自企业的指导教师名册 ②操作与管理制度 ③学生使用情况记录，实验实训报告
	2.3 教材建设	.1 规划实施0.4	在航海分指委规划下，参与统编教材编写	实现了预期目标，促进了教学内容和课程体系改革	教材建设计划和建设成果
		.2 教材选用0.6	水上专业船员考证课程选用高职教材；考证书籍和 Model Course 作为参考书发放	使用近 5 年内出版的高职规划教材（没有合适教材情况下，采用自编教材）大于 90%	①专业教材使用情况一览表 ②全套教材样本 ③Model Course
3. 专业改革	3.1 课程体系、结构和内容	.1 课程体系 0.3	针对甲类三副岗位就业为导向的课程体系改革；确保公共课程和课时；文化基础课够用为度；实践和理论 1:1 左右。	教学课程和实践课程两大部分形成体系，比例接近 1:1；职业基础课，职业技能课与船员适任证书考试对应；课程之间接口与边界清楚；根据专业特点，以开设讲座替代选修课	①课程体系改革立项研究、实施、结题报告与成果 ②专业课时安排（除水上专业之外，周课时控制在 24 课时左右），讲座记录

评价方面	评价项目	观测点及权重	过　程	达到目标	管理规范
3. 专业改革	3.1 课程体系、结构和内容	.2 课程结构 0.3	按 STCW 公约要求，参考 Model Course 样式调整课程结构	在“航行、操船与人员管理、船舶结构设备、通信”四大功能模块下，设置职业基础课和职业技能课；实现职业课程综合化	能体现课程结构的资料及说明
		.3 教学内容 0.4	根据航运、船型、设备、法规、制度等更新变化，调整、充实教学内容	形成了符合船舶生产岗位技能要求，实用性强，具有最新航海技术含量的课程教学内容	有关课程改革研究与实施经验交流、论文、教材、教案等成果资料
	3.2 教学方法、考试模式	.1 教学方法和手段 0.7	常开展教法学习交流；教师积极参加各项教学评比交流活动；撰写教改论文；参与教改项目；教学资料完备	体现学生为本，学生参与互动教学；应用多媒体技术、模拟器等现代化教学手段课程占本专业开设课程大于 50%；“双语”教学课程占专业课比例大于 10%；理论与实践结合，学生反映良好	①教研活动和专题学习记录 ②反映教学方法改革的专项资料（如论文、课题、评比、录象等）
		.2 考试模式 0.3	积极尝试新方法，从内容到形式不断进步，有利于促进学生提高学习自觉性	检验学习效果方法多样化，航海英语口语实行面试，航海学等课程评估与笔试相结合；所有考试课程建立了试题库（电子文档个人保管，或统一模式递交教务处）	①试题库 ②学生试卷卷宗（5 年） ③改革考试方法和落实情况的文字资料
	3.3 实践教育环节	.1 培训 0.6	建立校内外实训、实习基地；有实习船或仿真模拟设备；严格按培养方案和教学计划实施；纳入计划，有记录	课程实验由专任双师或企业技术人员任教；学生能有充分时间动手，实现培养方案设计的航海技能目标，有实验报告或实习报告	①实训基地管理制度，操作规程 ②实验、实训指导书，教师教案（可以是电子版）
		.2 考核 0.4	重点船员评估项目考核，强化过程测试；凡船员考证课程，航海专业都进行实践能力检验	海员安全、专业培训的一次通过率大于 90%；GMDSS 通用操作员技能达到海事局和航运企业要求	①技能鉴定站或培训考试点制度、工作计划和总结 ②培训人员名册及成绩汇总，合格率分析

评价方面	评价项目	观测点及权重	过　程	达到目标	管理规范
3. 专业改革	3.4 产学研结合	.1 产学研结合机制与状态 0.5	有专业指导委员会并开展工作;聘请航企和船舶专家任教;重视航运新技术充实教学内容;推进校外实训基地和实习船建设;参与产学研课题研究	体现出航运企业和船长积极参与,校企双方合作;航运企业在培养方案、教学内容、实训环节、就业服务等方面发挥作用;建立起稳定的航海实训基地;毕业生质量符合用人单位要求,适应船舶驾驶岗位	①专家委员会名册,活动记录 ②人才培养方案中产学研结合的特征 ③人才培养过程中企业专家任教的特征 ④学生在企业提供实训基地实习的特征 ⑤用人单位对毕业生的评价
		.2 教师参与企业科研及培训状态 0.5	有专业教师参与生产、培训、就业有关的科研活动;能比较全面地开出船员培训项目;教育培训对企业有不可替代作用	有 60% 或以上航海专业教师参与校企科研、生产或培训活动;航海专业教师参与的科研、生产或培训活动受到企业、船员好评;通过上述活动,专业创新能力得到提高,进一步推进了航海教学改革	①参与校企科研、生产或培训活动的特征 ②产学研成果(对教学和生产相互影响)描述
	3.5 学习与教育观念转变	.1 重视教育思想学习研究 1	管理干部和在本专业任课的教师(包括兼职教师)重视学习、调查、研究,经常开展教育思想观念学习与研究。以理论指导实践	管理干部和在本专业任课的教师(包括兼职教师)树立了高职教育的人才观、质量观、教学观,坚持以就业为导向,推进专业建设和改革,效果显著	①系部开展专题学习活动会议记录 ②教研室(或专业)开展专题学习、研究(包括调研)活动记录 ③有关本专业教育改革的实践性、研究性课题成果(或论文)

评价方面	评价项目	观测点及权重	过　程	达到目标	管理规范
4. 人才培养质量管理	4.1 管理组织、队伍与制度	.1 管理制度 0.5	各类管理制度执行情况良好；船员教育培训质量体系运行情况良好	建立办公会议事制；教学、实验、实习、考试文书资料健全、规范，保管良好；采用网络、计算机等现代化管理技术；船员教育培训质量体系运行符合主管机关要求	①质量管理文件资料 ②行政管理文件、会议记录 ③系部有关管理制度
		.2 管理机构 0.5	设立教研室、实验室主任、学生干事、教学秘书等岗位	专业有关教学、学生、就业服务机制运行正常；专职管理人员到位；管理队伍数量和结构适当；教师积极参与	①教学、学生、就业服务机构运行情况 ②单项工作年度总结（可摘自部门总结）
	4.2 就业服务与指导	.1 就业服务 0.6	积极开拓就业市场，建立并不断扩大就业信息网	建立就业信息发布机制；举办企业学生双向见面活动；举办大型航企人事联谊活动；开辟稳定的企业就业渠道；学生满意度高	①就业服务年度工作计划 ②就业服务工作实施情况经验汇总
		.2 就业指导 0.4	就业专家、系主任、老海员对学生进行职业道德、行业规范、就业理想教育	学生择业观转变，稳定了航海职业观；加强了学生参加船员考证的学习自觉性，提高了考证率；提高了就业率	①就业导向教育情况 ②择业、创业的典型事例
	4.3 教学质量检查机制	.1 听评课机制 0.3	系部主任、教研室主任和专业带头人经常听课，并做评议；教研室同行互相听评课	航海技术专业教师相互听课，互帮、互学形成风气；完成教师考核要求的听课指标	①教师听课记录本 ②听课评议表
		.2 督导员意见反馈 0.2	严格按教学检查制度程序反馈	达到推广先进教法、改进传统教法、改进教学不足的目的	反馈意见汇总表
		.3 学生意见 0.5	严格按教学检查制度程序实施	了解学生思想、情绪和要求，做到言路畅通；褒扬优秀教师；改进教学和管理的不足，提高教学质量	①座谈会记录 ②学生评教表

评价方面	评价项目	观测点及权重	过　程	达到目标	管理规范
5.人才培养成果	5.1知识、能力、素质	.1 知识 0.3	认真实施航海技术专业人才培养方案，坚持培养目标确定的毕业生知识结构不放松	近3年学生考试成绩呈正态分布，现场抽测优良率大于60%；学生运用所学知识分析问题能力强，随机命题讨论体现出学生的才能（包括马列主义等公共课程）	①近3年各门课程成绩单、成绩统计分析资料和试卷 ②试题库 ③教师学期教学情况分析表
		.2 能力 0.5	根据航海技术专业人才培养方案，重点加强岗位能力训练	学生动手能力强，满足船舶驾驶和甲板岗位技能要求；现场抽查职业技能优良率大于60%	①近3年学生实验报告、实习报告 ②课程与毕业设计成果
		.3 素质 0.2	积极鼓励学生参加职业训练、社会实践、文娱体育和公益事业活动	毕业生全部获得毕业资格证书；船员考证通过率呈上升趋势；绝大多数学生符合《大学生体质健康标准》要求，身心健康	①近3年学生素质教育开展情况总结 ②毕业体检情况一览表（或分析） ③船员考证分析
	5.2 社会声誉	.1 社会（或企业）对毕业生的评价 0.2	分析实习报告船方评语；航运企业抽样调查、召开人力资源座谈会	经抽样调查，用人单位对近2年毕业生综合评价的称职率大于90%，优良率大于40%	①样本班近2年毕业生跟踪调查报告 ②用人单位评价原始资料 ③实习报告船方评价摘录
		.2 毕业生当年就业率 0.7	根据学院招生就业办公室资料	航海技术专业毕业生当年就业率大于95%	毕业生名册，就业单位统计
		.3 录取新生报到率 0.1	根据学院招生就业办公室资料	近3年，航海技术专业录取新生平均报到率大于90%	近3年招生计划、录取资料、各年度新生编班名单

附件二　专业教育质量年度报告结构

一级目录	二级目录	三级目录
办学基本信息	系部设置	
	专业建设与特色	专业结构
		精品与特色
	课程建设与质量	课程设置
		精品课程
		教材建设
	教育教学改革与成效	（视实际成效）
	在校生结构与规模	
	师资队伍建设	教师整体情况
		双师素质分析
		职称、学历结构分析
	办学条件保障	
	办学经费及效率	
	举办方履责	
生源分析	招生与报到	
	生源分布地区与数量	
培养过程质量	课堂教学	在校生满意度
		毕业生评价
	实习与实践	
	教学质量监控	
	学生活动	
	学生服务	入学与就业指导
		半军事化管理
		学生心理辅导
		学生资助与奖学金
培养结构质量	毕业生就业率	
	毕业生获职业资格证率	
	对本地经济的人才贡献	
	对主要行业的人才贡献	
	学生参加各类竞赛获奖	
社会服务	社会人才培养服务	
	行业服务	船员培训等
	横向技术服务	
校企合作典型案例		

附件三　航海类专业建设重点观测点

一级指标	二级指标	观察点	航海类专业特殊观察点
1. 专业定位与人才培养模式	(1)专业需求分析		分析航运市场现状、景气指数、预测船员劳动力市场走势,以及根据《中国船员年度报告》统计资料确定专业招生计划
	(2)专业设置与专业面向定位		社会需求、办学资源,国际性、国防性、技术性;面向航企、面向船舶
2. 人才培养目标与培养模式改革	(1)专业岗位能力分析	素质要求	独立性、团队性;强健的体魄、服从意识、安全意识、良好的心理素质
		知识结构	具有高职教育文化知识、掌握专业基础知识以及岗位工作和职业发展必备的知识
		能力结构	具有外语能力和娴熟的专业技能;具有良好的自学能力以及较强的环境适应能力和应对突发事件的应变能力
	(2)培养目标		德、智、体、美全面发展,适应国内外航运事业发展需要、符合 STCW 公约和我国船员适任标准要求,能胜任船舶操作级船员岗位工作
	(3)培养方式改革	项目驱动	以船员适任功能模块,以及 STCW 公约马尼拉修正案有关防污染、防海盗等强化要求为任务设计培养方案,改进教学方法
		深度融合	航运企业参与度,体现在制度设计、教学技术人员互动、实训资源支持、技术服务、接纳毕业生等
		课程体系建设	生产技术人员参与设计、国际公约和国家规定的符合度、航运生产技术先进性的体现、岗位的适用性、人才发展空间
	(4)完善实践教学条件		海员培养设施设备的基础条件、合格证评估配套设施设备涵盖项目数、国内外先进的设施设备建设与发展规划
	(5)教材与教学资源建设		航海高职规划教材选用、校本补充教材使用、教材编撰参与度、网络资源共享建设、精品课程建设

一级指标	二级指标	观察点	航海类专业特殊观察点
3. 教学改革和人才培养成效	(1)教学方法与手段改革	先进手段与传统方法结合	A、B、C 三类课程比例合适,B 类课程主体性体现,课程教学比武成绩,应用多媒体技术制作课件,优秀传统教学方法的传承
		学生为本	为学生走上工作岗位做准备、帮助学生提高文化水平、帮助学生提高技能水平
		案例教学	以海事案例教学为重要内容,植入专业课程知识点
	(2)实践教学体系改革	实践教学内容改革	按履约要求及时更新航海类专业实践教学的各项内容
		实践教学管理	规范船上实训大纲、实训报告、实训考核;顶岗实习安全、保险,教师上船指导,船员带教等机制
	(3)人才综合素质提升		掌握科学文化与专业知识、岗位技能;具备健康的身体与心理素质、良好的服从意识和团队精神、人际交往能力
4. 专业发展	(1)专业发展规划	规划亮点	质量发展、服务社会与企业、省部级专项建设工程、船员培训、文化建设
		教育投入	兴办者对航海教育经费的投入随着国家教育投入的增长而稳步提高
	(2)专业发展规划实施	师资队伍建设	机制创新、师资队伍结构优化;定期安排专业教师上船任职,教师船员适任证书持续有效;聘请航海实践的船长、轮机长担任专、兼职教师
		实践教学条件改善	学校办学经费投入航海类专业比重高于其他专业;航海类专业经费投入稳步增长;新增教育经费重点投入到航海类专业;配备数量充足、种类齐全和适应航海新技术发展需要的实践教学设施设备;校企合作企业增设船舶实习舱位满足学生上船实习条件
		人才培养模式创新	学校明确航海类专业毕业生教学质量;航海实践教学学分大于 30% 总学分;制定航海类专业英语教学大纲,应用航海类专业英语水平测试体系(若建有)
		毕业生就业	航海类专业毕业生上船就业;加强与航运企业和海员外派服务机构合作,扩大就业面
		文化建设	营造校园航海文化氛围;开展航海文化教育活动

附件四　人才培养方案专家评议

<table>
<tr><td>专业编号</td><td colspan="3"></td><td>专业名称</td><td>××××专业</td></tr>
<tr><td colspan="2">项　目</td><td>合格</td><td>基本合格</td><td>不合格</td><td>评审意见</td></tr>
<tr><td rowspan="14">调研
报告</td><td colspan="4">1. 调研方法与范围</td><td rowspan="14"></td></tr>
<tr><td>(1)方法科学性</td><td colspan="3" rowspan="3"></td></tr>
<tr><td>(2)样本代表性</td></tr>
<tr><td>(3)样本的数量</td></tr>
<tr><td colspan="4">2. 调研内容分析</td></tr>
<tr><td>(1)与职业活动的相关性</td><td colspan="3" rowspan="2"></td></tr>
<tr><td>(2)有新的发现</td></tr>
<tr><td colspan="4">3. 工作任务与职业分析</td></tr>
<tr><td>(1)完整</td><td colspan="3" rowspan="3"></td></tr>
<tr><td>(2)准确</td></tr>
<tr><td>(3)规范</td></tr>
<tr><td colspan="4">4. 调研结论在人才培养方案中的体现</td></tr>
<tr><td rowspan="17">标准
文本</td><td colspan="4">1. 培养目标</td><td rowspan="17"></td></tr>
<tr><td colspan="4">2. 职业范围</td></tr>
<tr><td colspan="4">3. 人才规格符合岗位(群)要求</td></tr>
<tr><td colspan="4">4. 课程结构及要求</td></tr>
<tr><td>(1)课程设置及结构的合理性</td><td colspan="3" rowspan="3"></td></tr>
<tr><td>(2)专业核心课程对应工作任务/职业能力</td></tr>
<tr><td>(3)教学内容和要求</td></tr>
<tr><td colspan="4">5. 教学组织与实施</td></tr>
<tr><td>(1)教学时间安排</td><td colspan="3" rowspan="4"></td></tr>
<tr><td>(2)教学实施</td></tr>
<tr><td>(3)实训实习环境</td></tr>
<tr><td>(4)专业师资</td></tr>
<tr><td colspan="4">6. 教学评价</td></tr>
<tr><td colspan="4">7. 各部分内容表述</td></tr>
<tr><td>(1)清晰度</td><td colspan="3" rowspan="3"></td></tr>
<tr><td>(2)准确度</td></tr>
<tr><td>(3)详略得当</td></tr>
<tr><td>创新及
特点</td><td colspan="4">现代高职教育理念体现、相较其他院校同类专业的突出点等</td><td></td></tr>
</table>

附件五　专业教学质量核验明细

	记录项目		记录项目
1	教学手册	32	学生实验(实习)安全教育记录
2	专业人才培养方案(课程教学标准)评审委托书	33	防污染记录表
3	专业人才培养方案评审表	34	实验(实习)室使用记录
4	专业人才培养方案评审汇总表	35	学期生产实习教学授课计划
5	课程教学标准评审表	36	生产实习课日教案
6	课程教学标准评审汇总表	37	生产实习教学日志
7	专业人才培养方案(课程教学标准)批准书	38	学员实操报告
8	修订专业人才培养方案(课程教学标准)审核表	39	教材编写计划
9	教学进度计划表	40	自编教材申请表
10	课程表	41	编写教材任务通知书
11	教学进度调整审批表	42	订购教材申请单
12	第____学年第____学期教学实施计划	43	发放学生教材申请单
13	第____学年第____学期授课任务通知书	44	教育科研项目申请书
14	教学巡视表	45	教育科研成果评审证书
15	教案(抽查)检查情况记录表	46	各班教室安排
16	听课计划表	47	(　　)系(　　)届毕业生毕业实习指导记录表
17	课堂教学评估表	48	事故处理报告
18	实训教学评议表	49	兼职、兼课教师授课任务通知书
19	听课反馈意见表	50	专业教学标准(课程教学标准)评审委托书
20	学生座谈会记录表	51	专业教学标准评审表
21	教研室学期工作计划	52	专业教学标准评审汇总表
22	第____学年第____学期期中教学检查表	53	专业教学标准课程教学标准批准通知
23	系(部)期中质量检查小结	54	修订专业教学标准(课程教学标准)审核表
24	教研室期中质量检查小结	55	教学手册
25	考试命题通知	56	教师岗位工作年度考核表
26	考试卷印制流程单	57	教师工作量考核表
27	试卷命题审核表	58	新教师指导计划
28	学生考试资格审查表	59	新教师试讲意见表
29	第____学年第____学期期末教学工作总结	60	兼职、兼课教师聘任报告
30	第____学年第____学期实验(实习)计划	61	新教师(实习期满)业务考核表
31	学生实习指导记录	62	教师业务进修计划

附件六　基于航海高职教学特性的数据采集平台(改良)指标

校内实践基地

实践基地名称	面向专业		设备值(万元)					设备数(台/套)			
	总数(个)	主要专业	设备总值	当年新增设备值	自主研制设备值	社会捐赠设备值	社会准捐赠设备值[57]	设备总数	大型设备数	自有教学实习船	超大型设备数(驾驶/机舱模拟器)

注:自有教学实习船 1 艘 +5 分;大型驾驶/机舱模拟器各 +2 分

校外实习实训基地

基地名称(可以船舶为单位)	依托单位	面向专业		实习实训项目		接待学生量(人次)	其中接受上船毕业实习学生数(人)	是否有住宿条件	基地是否发放学生实习补贴	学校向基地支付专项实习经费(元/生)	学校派指导教师/学生管理人员(人次)	接收应届毕业生就业数(人)
		总数(个)	主要专业	总数(个)	主要项目							

注:1 艘校外船舶实习基地 +1 分

职业鉴定机构

职业技能鉴定站(所)全称	相关专业	鉴定内容		建立单位		鉴定数(人次)	
		工种/证书名称	等级	级别	部门	社会	在校生

注:1 项船员培训项目(视为职业技能鉴定站所) +1 分

经费收入(略)

增“培训收入”纵栏。

增“政策允许赤字”纵栏。

经费支出(略)

增“工资性支出”纵栏。

校内专任教师基本情况

姓名	学历[26]	学位[68]	有无高校教师资格证	船舶工作时间		专业技术职务(最高)				职业资格证书			
				历年(年)	本学年(天)	等级	名称	发证单位	获取日期(年月)	船员适任职务	是否审核员	是否评估员	其他技术职务

注:1 张管理级适任证书 +0.6 分,操作级 +0.4 分;1 张审核员证书 +0.5 分;1 张评估员证书 +0.5 分

校内专任教师授课情况

姓名	专业代码	课程代码	课程名称	课程类型[76]	授课任务[77]	是否合班授课[78]	是否平行班[79]	教学工作量[80](学时)	主要开设船员培训项目名称		
									适任	合格证	特殊

校外兼职教师基本情况

姓名	学历	学位	有无评估员资格证	船舶工作时间		专业技术职务(最高)				职业资格证书			
				历年(年)	本学年(天)	等级	名称	发证单位	获取日期(年月)	等级	名称	发证单位	获取日期(年月)

注:1 张评估员证书 +0.4 分

校外兼课教师授课情况

姓名	专业代码	课程代码	课程名称	课程类型	授课任务	教学工作量(学时)	主要开设实践项目名称		
							实验	上船实习	实训

专业带头人

专业代码	姓名	学历	本岗位工作年限(年)	专业技术职务和(或)船员职务			当年专业建设主要项目		
				等级	名称	获取日期(年月)	项目名称	应用情况	产生效益

注:专业带头人持船长/轮机长证书各 +1 分

课程设置

课程代码	课程名称	课程类型	课程性质	教学计划规定课时数(学时)	实践课程		对应船员培训项目	对应评估项目	授课年级	主要实训设备	是否校企合作开发课程	考试/考核主要方法
					课时数	比例(%)						

应届毕业生获证情况

专业代码	专业毕业生总数(人)	应届毕业生在校期间获取的符合专业面向职业资格证书情况								
		获得证书的毕业生								获得证书率(%)
		适任证书		合格证书		特殊证书		其他		
		人数(人)	比例(%)	人数(人)	比例(%)	人数(人)	比例(%)	人数(人)	比例(%)	

注:应届毕业生适任证书获取率 $C>90\%$ 得 16 分,$80\%<C\leqslant90\%$ 得 10 分,$70\%<C\leqslant80\%$ 得 6 分,$60\%<C\leqslant70\%$ 得 2 分

应届毕业生特殊证书获取率 $C>20\%$ 得 8 分,$10\%<C\leqslant20\%$ 得 6 分,$5\%<C\leqslant10\%$ 得 2 分

上届毕业生就业情况

专业名称	毕业生数(人)	毕业生就业情况						毕业生用人单位满意情况					
		12 月 31 日就业		任职		转行		满意或基本满意		一般满意		不满意	
		就业数(人)	就业率(%)	任职数(人)	任职率(%)	转行数(人)	转行率(%)	人数(人)	比例(%)	人数(人)	比例(%)	人数(人)	比例(%)

注:上届毕业生任职率 $P>50\%$ 得 10 分,$40\%<P\leqslant50\%$ 得 8 分,$30\%<P\leqslant40\%$ 得 6 分,$20\%<P\leqslant30\%$ 得 4 分,$10\%<P\leqslant20\%$ 得 2 分

上届毕业生转行率 $R<10\%$ 得 10 分,$10\leqslant R<20\%$ 得 2 分

附件七 航海技术专业双师型教师建议性要求

船员适任考试课程	高职主干课程	教学岗位	教师资格	海龄	船员职务	专业课程授课拓展	船员适任、船员培训合格证评估拓展
航海学	航海学	专任教师	高教	≥3	二副及以上	航海新技术、船舶交通管理、航运地理	电子海图显示与信息系统、航次计划、航线设计
		实验员	高教或职教	≥2	三副及以上	航行实习	协助专任教师
	航海仪器	专任教师	高教	≥1		电子海图显示与信息系统、电子定位和导航系统	航海仪器使用;雷达操作与应用
		实验员	高教或职教	≥1			协助专任教师
	航海气象与海洋学	专任教师	高教	≥1		船舶气象信息的获取和应用、船舶气象导航	气象传真图分析
		实验员	高教或职教	≥2	三副及以上	航行实习	协助专任教师
船舶操纵与避碰	船舶操纵	专任教师	高教	≥5	大副及以上	驾驶台资源管理、航运企业文化、海员心理学、驾驶员综合业务训练	船舶操纵与避碰、驾驶台资源管理、精通快速救助艇、大型船舶操纵特殊培训、高速船船员特殊培训
		实验员	高教或职教	≥2	三副及以上	航行实习、驾驶员综合业务训练	协助专任教师
	船舶避碰	专任教师	高教	≥5	大副及以上	驾驶台资源管理、航运企业文化、海员心理学、驾驶员综合业务训练	船舶操纵与避碰驾驶台资源管理
		实验员	高教或职教	≥2	三副及以上	航行实习、驾驶员综合业务训练	协助专任教师

船员适任考试课程	高职主干课程	教学岗位	教师资格	海龄	船员职务	专业课程授课拓展	船员适任、船员培训合格证评估拓展
航海英语	航海英语	专任教师	高教	≥1		国际礼仪、航运地理	航海英语听力与会话
船舶管理	船舶管理	专任教师	高教	≥5	大副及以上	航运业务与海商法、海洋与海洋环境保护、驾驶台资源管理、航运经济	船舶保安员
船舶结构与货运	船舶结构	专任教师	高教	≥5	大副及以上	防污染技术、驾驶台资源管理、水手工艺	高级消防、货物积载与系固、油船和化学品船货物操作基本培训、油船货物操作高级培训、化学品船货物操作高级培训、液化气船货物操作高级培训、船舶装载散装固体危险和有害物质作业船员特殊培训、船舶装载包装危险和有害物质作业船员特殊培训
		实验员	高教或职教	≥1	水手长及以上	航行实习	协助专任教师
	船舶货物运输	专任教师	高教	≥5	大副及以上	特殊货物运输、包装危险货物运输、业务与海商法	货物积载与系固、油船和化学品船货物操作基本培训、油船货物操作高级培训、化学品船货物操作高级培训、液化气船货物操作高级培训、船舶装载散装固体危险和有害物质作业船员特殊培训、船舶装载包装危险和有害物质作业船员特殊培训
		实验员	高教或职教	≥5	水手长及以上	航行实习	协助专任教师
GMDSS英语阅读	GMDSS英语阅读	专任教师	高教	≥1		船舶信号	通信英语听力与会话

船员适任考试课程	高职主干课程	教学岗位	教师资格	海龄	船员职务	专业课程授课拓展	船员适任、船员培训合格证评估拓展
GMDSS综合业务	GMDSS综合业务	专任教师	高教	≥5	≥二级无线电子员		GMDSS 设备操作与维护、GMDSS 设备操作
		实验员	高教或职教	≥3	≥通用操作员	航行实习	键盘操作
值班水手业务	值班水手业务	专任教师	高教或职教	≥5	≥水手长	水手工艺/航行实习	基本安全、精通救生艇筏和救助艇、精通快速救助艇、高级消防
高级值班水手业务	高级值班水手业务	专任教师	高教或职教	≥5	≥水手长	水手工艺/航行实习	基本安全、精通救生艇筏和救助艇、精通快速救助艇、高级消防
高级值班水手英语	高级值班水手英语	专任教师	高教	≥1			

第二篇
航海技术专业教学标准与课程标准

第一章　航海技术专业教学标准

专业名称:航海技术

专业代码:520401

招生对象:普通高中毕业生/中职学校毕业生

学制与学历:三年专科

一、培养目标

培养德、智、体、美全面发展,适应国内外航运事业发展需要、具有良好职业道德和可持续发展能力,符合 STCW 公约和中华人民共和国海船船员适任标准要求,能胜任现代化船舶驾驶与管理的操作级船员。

二、人才规格

1. 知识要求

①掌握基本安全、精通救生艇筏和救助艇、精通急救、高级消防、保安意识和负有指定保安职责船员等相关专业知识。

②掌握船用气象仪器的使用方法,具有气象、水文、天气图、天气报告及气象传真图的基本知识。

③掌握磁罗经、陀螺罗经、计程仪、测深仪、GPS/DGPS 系统、雷达、ECDIS、AIS、VDR 等航海仪器使用方法及维修保养知识。

④掌握航迹推算与陆标定位、天文定位、测罗经差、航线设计等方法与原理,具有潮汐与潮流、航标、船舶交通管理、不同水域航线与航行方法的相关知识。

⑤掌握在各种水域环境下的船舶操纵知识,掌握航行值班中应遵守的原则和驾驶台协调工作程序,具备驾驶台资源管理的相关知识。具备船舶搁浅、船舶碰撞、船舶火灾时的应急操船和应急拖带等知识。

⑥掌握船舶结构组成、船舶稳性、吃水差、强度、抗沉性等相关知识,具备杂货船(包括危险货物、货物单元等)、集装箱船、固体散货船与散粮船、油轮、化学品船、液化气船等的安全运输基础知识。

⑦掌握船舶安全作业、船舶人员管理及防止海洋污染等方面的国际国内相关法规和规定。

⑧掌握船舶结构与设备、航海仪器、航海气象、船舶操纵与避碰、国际公约等航海专业词汇、术语,能使用航海专业英语进行船与船、船与岸间的沟通交流。

⑨掌握 GMDSS 综合业务与电台管理知识,具备使用 GMDSS 设备及对外通信的能力。

2. 职业能力要求

①具有海船船员个人安全求生能力、艇筏操作能力、船舶消防能力、精通急救能力、水手值班等海员基础能力。

②具有绳结编制,尼龙绳、钢丝绳插接,高空与舷外作业,船舶靠泊撇缆和带缆,正确操舵等船舶值班水手操作能力。

③能读懂英文原版 GMDSS 设备操作使用说明书,书写有关船舶遇险、紧急情况、安全通信等英文函电及船舶常用通信业务函电,会正确使用 GMDSS 设备进行船与船、船与岸之间无线电通信。

④能运用天气报告及气象传真图预测航区天气情况,能够操作并维护磁罗经、陀螺罗经、雷达、电子海图显示与信息系统等航海仪器,能根据航海图书资料进行航线设计,会合理使用各种船舶操纵设备完成各种环境下的船舶操纵,能识读货物积载图并正确管理船舶货物,会用航海专业英语进行沟通和交流。

3. 素质要求

①热爱祖国,具有正确的人生观、价值观和法制意识;

②具有良好的敬业精神、团队精神和服从意识;

③具有强烈的环保和安全意识;

④具有一定的外语应用能力和人际沟通能力;

⑤具有一定的组织管理和对突发事故的应急应变能力;

⑥具有在恶劣海况下坚持工作的毅力和意志;

⑦具有良好的航海心理素质和强健体魄。

三、就业面向与职业资格证书

1. 就业面向

序号	就业面向	初始岗位	发展岗位
1	国内外远洋运输公司、劳务外派公司	无限航区 3000 总吨及以上船舶三副	无限航区 3000 总吨及以上船舶大副、船长
2	国内海运公司、港务集团	沿海航区船舶三副、安全管理人员	沿海航区船舶大副、船长,航运公司海务、指导船长
3	海事机构、船员培训机构	船员教育、培训、管理人员	船员教育与培训机构教师、海事执法管理人员

2. 职业资格证书要求

序号	职业资格证书名称	颁发单位	等级	备注
1	无限航区 3000 总吨及以上船舶三副适任证书	中国交通运输部海事局	A 类一等	2 选 1
2	沿海航区 3000 总吨及以上船舶三副适任证书		B 类一等	
3	GMDSS 通用操作员适任证书			必考
4	值班水手适任证书			
5	基本安全培训合格证(Z01) 精通救生艇筏和救助艇培训合格证(Z02) 高级消防培训合格证(Z04) 精通急救培训合格证(Z05) 保安意识培训合格证(Z07) 负有指定保安职责船员培训合格证(Z08)			

四、课程体系与课程要求

1. 岗位职业能力分析

针对航海技术专业学生主要就业岗位的典型工作任务进行职业能力分析，得到航海技术专业岗位职业能力分析表如下：

航海技术专业岗位职业能力分析表

工作岗位	工作任务	职业能力要求	对应课程	实训项目
船舶操作级驾驶员	船舶航行值班	会用船用气象仪器观测气象、水文要素，能识读天气图、天气报告及气象传真图，能运用天气报告及气象传真图预测航区天气情况	航海学（气象）	
		能够操作并维护磁罗经、陀螺罗经、计程仪、测深仪、自动舵、GPS/DGPS 系统、雷达、ECDIS、AIS、VDR 等航海仪器，并能分析和排除航海仪器常见故障	航海学（航海仪器操作与维护）	航海仪器的使用、ECDIS 电子海图系统、雷达操作与应用
		掌握各种定位与导航的方法，能根据给定参数进行船舶定位、航向修正和航线设计，确保船舶沿计划航线航行	航海学（地文、天文）	航线设计
		能根据不同情况合理使用各种船舶操纵设备完成各种环境下船舶操纵，充分利用驾驶台资源安全管理船舶，正确判断船舶碰撞危险，并采取有效措施进行避碰	船舶操纵与避碰	船舶操纵、避碰与驾驶台资源管理

工作岗位	工作任务	职业能力要求	对应课程	实训项目
船舶操作级驾驶员	货物操作和积载	能识别船舶及货物包装主要标志，辨识货物积载与系固方法，识读货物积载图；在不同情况下正确管理船舶货物	船舶结构与货运	货物积载与系固
	船舶作业和人员管理	能正确运用船舶安全作业、船舶人员管理及防止海洋污染等方面的国际国内相关法规和规定，进行船舶安全管理	船舶管理	
	交流沟通	能正确使用航海专业英语进行船与船、船与岸间的沟通交流，使用 VHF 等工具向 VTS 中心报告与交流船舶航行情况，用英语与引航站交流	航海英语	航海英语听力与会话
	无线电通信	能读懂英文原版 GMDSS 设备操作使用说明书，书写有关船舶遇险、紧急情况、安全通信等英文函电及船舶常用通信业务函电；会正确使用 GMDSS 设备	GMDSS 英语阅读	通信英语听力与会话
			GMDSS 综合业务	GMDSS 设备操作
				键盘操作

2. 课程体系

以满足 STCW 公约、《中华人民共和国海船船员适任考试和发证规则》（以下简称《11 规则》）对 3000 总吨以上船舶三副岗位适任能力要求为依据，通过对海船船员自身及航运企业对海船船员职业能力及素质现状的调研分析和船舶三副岗位职业能力分析，构建课程体系，如下图所示。

课程体系由公共课程、专业平台课程、专业核心课程、实训课程、拓展课程及素质活动六大部分组成，公共课程和素质活动主要培养学生文化基础素质及信息获取与处理、交流与沟通、自主学习与提高、团队合作等职业核心能力，满足学生的可持续发展需要；专业平台课程主要培养海船船员个人安全求生能力、艇筏操作能力、船舶消防能力、精通急救能力、水手值班等海员基础能力；专业核心课程和专项课程主要培养学生专业技能，使其能够满足 3000 总吨及以上船舶三副岗位适任能力要求；专业拓展课程拓宽学生知识面，培养学生质量管理意识、安全与环境保护意识及航运业务管理能力。

课程体系中，专业核心课程和实训课程均由交通运输部海事局组织考试，相应成绩合格后作为颁发海船船员培训合格证书和适任考试合格证书的依据之一。

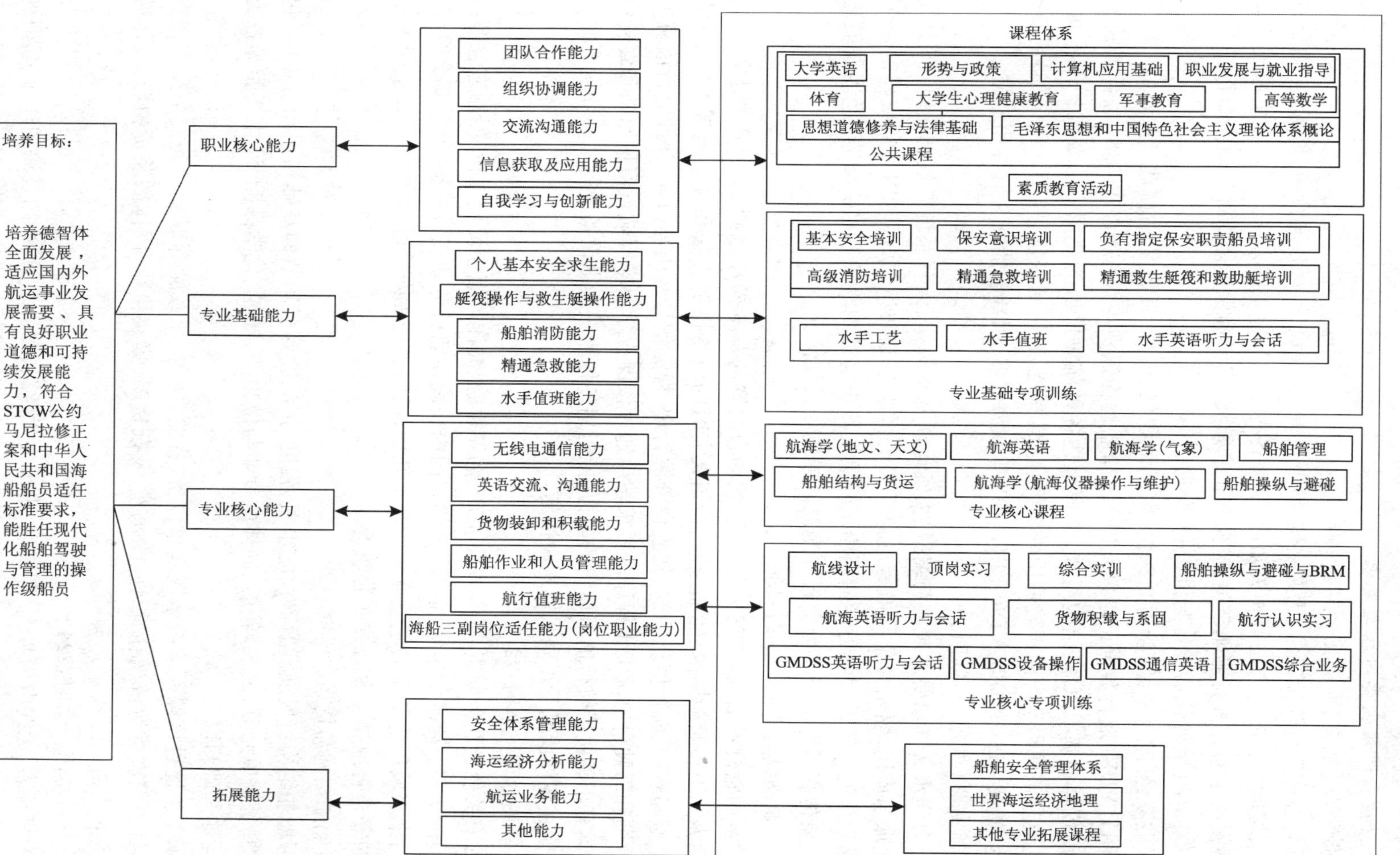
培养目标：
培养德智体全面发展，适应国内外航运事业发展需要、具有良好职业道德和可持续发展能力，符合STCW公约马尼拉修正案和中华人民共和国海船船员适任标准要求，能胜任现代化船舶驾驶与管理的操作级船员
职业核心能力
专业基础能力
专业核心能力
拓展能力
团队合作能力
组织协调能力
交流沟通能力
信息获取及应用能力
自我学习与创新能力
个人基本安全求生能力
艇筏操作与救生艇操作能力
船舶消防能力
精通急救能力
水手值班能力
无线电通信能力
英语交流、沟通能力
货物装卸和积载能力
船舶作业和人员管理能力
航行值班能力
海船三副岗位适任能力(岗位职业能力)
安全体系管理能力
海运经济分析能力
航运业务能力
其他能力
课程体系
大学英语
形势与政策
计算机应用基础
职业发展与就业指导
体育
大学生心理健康教育
军事教育
高等数学
思想道德修养与法律基础
毛泽东思想和中国特色社会主义理论体系概论
公共课程
素质教育活动
基本安全培训
保安意识培训
负有指定保安职责船员培训
高级消防培训
精通急救培训
精通救生艇筏和救助艇培训
水手工艺
水手值班
水手英语听力与会话
专业基础专项训练
航海学(地文、天文)
航海英语
航海学(气象)
船舶管理
船舶结构与货运
航海学(航海仪器操作与维护)
船舶操纵与避碰
专业核心课程
航线设计
顶岗实习
综合实训
船舶操纵与避碰与BRM
航海英语听力与会话
货物积载与系固
航行认识实习
GMDSS英语听力与会话
GMDSS设备操作
GMDSS通信英语
GMDSS综合业务
专业核心专项训练
船舶安全管理体系
世界海运经济地理
其他专业拓展课程

课程体系结构图

3. 专业核心课程主要内容与要求

(1)航海学(地文、天文)　学时:160

学习航迹推算与陆标定位、天文定位、测罗经差、航线设计、潮汐与潮流、航标、船舶交通管理、不同水域航线与航行方法等相关知识,掌握各种定位与导航的方法。要求学生通过该课程学习能根据给定参数进行船舶定位、航向修正和航线设计,确保船舶沿计划航线航行。

(2)航海学(航海仪器操作与维护)　学时:184

学习磁罗经、陀螺罗经、船用测深仪、船用计程仪、船用 GPS、船用雷达、船载 AIS、ECDIS(电子海图)、VDR(航行数据记录仪)、LRIT(船舶远程识别与跟踪系统)、IBS(综合驾驶台系统)等航海仪器的基本原理、结构组成,掌握上述各种航海仪器的使用方法及维护保养知识。要求学生通过该课程学习能正确使用磁罗经、陀螺罗经、船用测深仪、船用计程仪、船用 GPS、船用雷达、船载 AIS、ECDIS、VDR、LRIT、IBS 等航海仪器,引导船舶安全航行和定位。

(3)航海学(气象)　学时:64

学习海洋水文气象要素观测与编报、大气运动基本规律、天气系统特性与避险、海上气象信息的获取与应用、船舶气象导航等气象学和海洋学基础知识,掌握船用气象仪器的使用方法。要求学生通过该课程学习能使用船用气象仪器正确观测气象和水文要素,运用船舶天气报告和气象传真图等实况观测资料预测航区或航线天气情况。

(4)船舶操纵与避碰　学时:136

学习常用轮机术语、船舶辅机常识、船舶动力装置的基本操作原则,学习各种水域环境下的船舶操纵知识和船舶搁浅、船舶碰撞、船舶火灾时的应急操船方法和应急拖带等知识;学习国际海上避碰规则、航行值班原则、驾驶台资源管理、视觉信号运用等内容,掌握航行值班中应遵守的原则和驾驶台协调工作程序。要求学生通过该课程学习掌握航行值班原则和驾驶台工作程序,具有正确履行航行值班职责的能力,能运用各种船舶操纵设备进行各种环境下的船舶操纵,并能在各种情况下正确采取避碰措施。

(5)船舶管理　学时:72

学习有关船员职务职责、船舶安全生产、船舶检验、海洋与海洋环境保护、船舶应急等国际公约和国内法规。要求学生掌握国际公约与国内法规在船员劳动权益保护、船舶安全管理、防止船舶污染水域环境及船舶应急方面的基本知识,能够胜任无限航区 3000 总吨以上船舶三副岗位船舶安全管理和防污染方面的职责。

(6)船舶结构与货运　学时:128

学习船舶结构组成、船舶稳性、吃水差、强度、抗沉性等船舶结构基础知识和杂货船(包括危险货物、货物单元等)、集装箱船、固体散货船与散粮船、油轮、化学品船、液化气船等各类船舶安全运输基础知识。

要求学生通过该课程学习掌握起重设备、货舱、舱盖、压载舱等船舶设备安全操作检查要领,能够计算航次货运量、船舶稳性、吃水差,及杂货船、集装箱船、固体散装货物船、液体散装船等船型的货物积配载。

(7)航海英语　学时:224

学习灯标表、无线电信号表、潮汐表、世界大洋航路、海员手册、海图及海图作业、航海通告与航行警告、航海仪器、航海气象、船舶操纵与避碰、船舶结构与货运、国际海事公约、船舶安全管理等内容的专业英语知识。要求学生通过本课程学习能读懂英文航海出版物、气象电文、航海仪器操作使用说明书、国际公约和 ISM 规则，能用英文填写航海日志，拟写有关英文报告。

（8）GMDSS 英语阅读　学时：56

学习 GMDSS 基础知识及通信系统、海上安全信息播发系统、定位与寻位系统、英版相关公约规则、船舶常用英文函电业务、无线电台日志的记载、规定和要求等专业英语知识。要求学生通过本课程学习能够理解英文原版 GMDSS 相关公约和无线电通信规则，读懂英文原版各种 GMDSS 设备操作使用说明书，书写有关遇险、紧急、安全通信英文函电及船舶常用通信业务函电。

（9）GMDSS 综合业务　学时：96

学习 GMDSS 系统的基本概念和组成、海区划分、设备配置、设备维护要求、无线电通信基础、GMDSS 各种通信设备基本组成和工作原理，设备适用范围及特点、船舶电台识别和管理规定，遇险、紧急、安全、常规通信业务操作规程，无线电通信资料使用，PSC/FSC 检查程序等内容。要求学生通过本课程学习掌握各种通信系统的作用、适用范围、基本工作原理和操作规程，能够胜任船舶海上无线电通信工作。

4. 课程方案及教学进程

航海技术专业课程方案表

课程类别	序号	课程	总学时数	基准学时					
				第一学年		第二学年		第三学年	
公共课程	1	思想道德修养与法律基础	48	24	24				
	2	毛泽东思想和中国特色社会主义理论体系概论	64	24	40				
	3	计算机应用基础	40	24	16				
	4	体育	96	24	32	24	16		
	5	大学生心理健康教育	32	16	16				
	6	军事教育	64	64					
	7	大学英语	64	64					
	8	职业发展与就业指导	40	40					
	9	形势与政策	16	16					
	10	高等数学	64	64					
专业平台课程	1	基本安全培训	99	99					
	2	保安意识培训	7	7					
	3	负有指定保安职责船员培训	18	18					
	4	精通救生艇筏和救助艇培训	30		30				
	5	精通急救培训	35		35				
	6	高级消防培训	42		42				
	7	水手工艺	128					128	
	8	水手值班	32					32	
	9	水手英语听力与会话	32					32	

课程类别	序号	课程	总学时数	基准学时					
				第一学年		第二学年		第三学年	
专业核心课程	1	航海学(地文、天文)	160			80	80		
	2	航海学(航海仪器操作与维护)	184			92	92		
	3	航海学(气象)	64		64				
	4	船舶操纵与避碰	136			72	64		
	5	船舶管理	72		72				
	6	船舶结构与货运	128			48	80		
	7	航海英语	224		64	64	96		
专项训练课程	1	GMDSS 英语阅读	56			56			
	2	GMDSS 综合业务	96			96			
	3	GMDSS 英语听力与会话	24			24			
	4	GMDSS 设备操作	128			128			
	5	航线设计	48					48	
	6	船舶操纵、避碰与 BRM	40					40	
	7	货物积载与系固	32					32	
	8	航海英语听力与会话	40					40	
	9	综合实训						2 周	
	10	航行认识实习	32		32				
	11	毕业顶岗实习	480						480
专业拓展课程	1	限选课(船舶安全管理体系)	32	32					
	2	限选课(世界海运经济地理)	32	32					
	3	任选课 1	32	32					
	4	任选课 2	32		32				
	5	任选课 3	32				32		

航海技术专业教学进程计划表(供参考)

课程类别		序号	课程名称	考试学期	学时	学时分配		学分	各学期学分分配					
						理论教学	实践教学		第一学年		第二学年		第三学年	
									1	2	3	4	5	6
公共课	必修课	1	思想道德修养与法律基础	1	48	48		3	1.5	1.5				
		2	毛泽东思想和中国特色社会主义理论体系概论	2	64	48	16	4	1.5	2.5				
		3	计算机应用基础	2	40	24	16	2.5	1.5	1				
		4	体育	1	96	8	88	6	1.5	2	1.5	1		
		5	大学生心理健康教育		32	24	8	2	1	1				
		6	军事教育		64	24	40	4	4					
		7	大学英语	1	64	64		4	4					
		8	高等数学	1	64	64		4	4					
		9	形势与政策		16	16		1	√	√	√	√		
		10	职业发展与就业指导		40	40		2.5	√	√	√	√	√	
			小计		528	360	168	33	19	8	1.5	1		
	选修课	11	公共选修课		64	64		4		√	√	√		
			小计		64	64		4						
			公共课小计		592	424	168	37	19	12	1.5	1		
专业平台课	必修课	1	基本安全培训		99	66	33	6	6					
		2	保安意识培训		7	7		0.5	0.5					
		3	负有指定保安职责船员培训		18	18		1.5	1.5					
		4	精通救生艇筏和救助艇培训		30		30	2		2				
		5	精通急救培训		35		35	2		2				
		6	高级消防培训		42		42	2.5		2.5				
		7	水手工艺		128		128	8					8	
		8	水手值班		32		32	2					2	
		9	水手英语听力与会话		32		32	2					2	
			专业平台课小计		423	91	332	26.5	8	6.5			12	

课程类别		序号	课程名称	考试学期	学时	学时分配		学分	各学期学分分配					
						理论教学	实践教学		第一学年		第二学年		第三学年	
									1	2	3	4	5	6
专业核心课	必修课	1	航海学(地文、天文)	3~4	160	136	24	10			5	5		
		2	航海学(航海仪器操作与维护)	4	184	92	92	11.5				6	5.5	
		3	航海学(气象)	2	64	52	12	4		4				
		4	船舶操纵与避碰	3~4	136	120	16	8.5			4.5	4		
		5	船舶管理	2	72	72		4.5		4.5				
		6	船舶结构与货运	3~4	128	120	8	8			3	5		
		7	航海英语	1~4	224	224		14		4	4	6		
			小计		968	816	152	60.5		12.5	16.5	26	5.5	
专业拓展课	必修课	8	船舶安全管理体系		32	32		2	2					
		9	世界海运经济地理		32	32		2	2					
		10	任选 1		32	32		2	2					
		11	任选 2		32	32		2		2				
		12	任选 3		32	32		2				2		
			小计		160	160		10	6	2		2		
			专业课小计		1551	1067	484	97	14	21	16.5	28	17.5	
课程总学时、学分					2143	1491	652	134	33	29	18	29	17.5	
专项训练课程		1	社会实践		64		64	4	√	√	√	√	√	
		2	GMDSS 英语阅读		56	56		3.5			3.5			
		3	GMDSS 综合业务		96	96		6			6			
		4	GMDSS 英语听力与会话		24		24	1.5			1.5			
		5	GMDSS 设备操作		96		96	6			6			
		6	航线设计		48		48	3					3	
		7	船舶操纵、避碰与 BRM		40		40	2.5					2.5	
		8	货物积载与系固		32		32	2					2	
		9	航海英语听力与会话		48		48	3					3	
		10	航行认识实习		32		32	2		2				
		11	毕业顶岗实习		480		480	30						30
		12	综合实训		64		64	4					4	
			小计		1080	152	928	67.5	0	2	17	0	14.5	30
总学时、总学分					3223	1643	1580	201.5	33	31	35	29	32	30

五、专业办学基本条件和教学建议

1. 专业教学团队

建立一支专兼结合的“双师”结构教学团队，有实践经验的专兼职专业教师占专业教师的60%以上。专任教师应具有高校教师资格证书，同时满足交通运输部海事局规定的相关职业资格要求。

各课程专任教师具体要求如下：

序号	课程	专任教师基本条件
1	基本安全	①具有航海技术专业大专以上学历的操作级及以上海船船员适任证书或具有12个月以上海上服务资历的航海类专业教师 ②承担“基本急救”课程的教师应有一定的医务实践和经验，并有一定的专业教育背景
2	专业核心课程及专项训练课程	①航海英语教师须满足：具备英语专业本科及以上学历并具有中级及以上职称，海上资历不少于6个月；或具有不少于1年无限航区船舶三副资历，且具有不少于1年专业英语教学经验 ②航海学(3)(气象)教师须满足：相关专业本科及以上学历，且具有不少于1年的教学经验和不少于6个月的海上资历 ③其他课程教师须满足：具有不少于18个月无限航区船舶三副资历，且具有不少于2年教学经验；或具有航海技术专业中级及以上专业技术职称，并具有不少于1年的无限航区三副资历 ④专项训练课程教师应具有不少于18个月的无限航区船舶三副海上资历
3	GMDSS综合业务、英语阅读、设备操作、英语听力与会话	通信、电子类相关专业毕业生，并具有本科及以上学历，初级以上职称，且具有不少于6个月的GMDSS系统知识与操作教学实习经历或具有不少于3个月的海上通信实习经历，并通过GMDSS通用操作员考试和评估；或者持有一等、二等船舶电子员证书，且具有不少于6个月的GMDSS系统知识与操作教学实习经历；或者航海专业本科及以上学历并具有无限航区海上大副以上的任职资格和GMDSS通用操作员有效证书，且具有不少于6个月的GMDSS系统知识与操作教学实习经历
4	水手业务、水手英语及水手值班	具有不少于6个月的船舶三副及以上资历，并具有1年及以上的教学经历；或具有不少于5年的海船水手长资历，并具有2年及以上教学经历
5	精通救生艇筏和救助艇	①具有不少于1年的无限航区船舶大副及以上海上资历，并具有航海技术专业大专以上学历；或具有不少于1年海上资历的航海类专业教师 ②具有救生艇筏和救助艇操纵、海上搜寻和救助等方面的理论知识和实践经验

序号	课程	专任教师基本条件
6	高级消防	①具有不少于1年的无限航区管理级船员海上资历,并具有航海专业大专以上学历;或具有不少于1年海上资历的航海类专业教师 ②具有包括通晓船舶稳性在内的良好船舶知识以及一定的防火安全实践经验和消防技术
7	精通急救	①理论教师须满足:具有医科类院校大专及以上学历,并具有主治医师及以上职称的内、外科医生 ②专项训练教师应具有中专及以上学历、护士长及以上职称
8	船舶和公司保安培训	①具有不少于1年的无限航区管理级船员海上资历,并具有航海技术专业大专以上学历;或具有不少于1年海上资历的航海类专业教师 ②具有船舶保安员或公司保安员证书,或经过保安员师资培训
9	ECDIS 操作与应用	教师须经过主管机关组织的师资培训,并满足下列条件之一: ①具有无限航区船舶二副及以上任职资历 ②从事航海技术专业教学,具有中级及以上教师职称
10	船舶操纵、避碰与BRM	教员须经过主管机关组织的师资培训,并满足下列条件之一: ①具有不少于2年的无限航区船长或大副海上服务资历 ②具有副高及以上职称,并具有不少于1年海上服务资历的航海类专业教师

2. 教学设施

校内实训基地设施、设备应满足中华人民共和国海事局颁布的《中华人民共和国船员培训管理规则》和《中华人民共和国海船船员适任评估大纲和规范》(海船员〔2009〕558号)中有关“海船船员培训场地、设施、设备标准”的要求。

根据学生职业能力培养需要,应建有相对稳定的校外顶岗实习基地,保证学生半年以上顶岗实习比例达到100%。

航海技术专业各类技能适任培训场地、设施、设备标准表(《中华人民共和国船员培训管理规则》)如下:

(1)基本安全培训场地、设施、设备标准

序号	场地、设施、设备	要求	细化标准及功能
1	多媒体教室	1间	能容纳40人,含多媒体教学设施
2	陈列室	3间	能放置消防、艇缆、急救等有关器具和物品,且具有所需观摩空间
3	50 m×25 m 游泳池	1个	设5 m跳台1个
4	救生衣	40件	
5	防水保温服	5套	
6	气胀式救生筏	2个	

序号	场地、设施、设备	要求	细化标准及功能
7	直升机救援吊运设备	1 套	模型、挂图或影像资料一套
8	模拟消防舱室	20 m^2 以上 1 间	分上下两层舱，设通道、直梯或斜梯、人孔防火门、通风筒，预设 2 个以上燃烧点（池或盒），烟雾发生器 1 个、模拟人体 2 个、担架 2 具、急救箱 2 个、对讲机 4 个、防火毯若干、沙箱和消防水桶各 2 个
9	各类手提式灭火器	二氧化碳、泡沫、干粉等灭火器至少各 5 个	2 kg 以上二氧化碳灭火器 5 个；6 L 以上泡沫灭火器 5 个；2 kg以上干粉灭火器 5 个
10	应急消防泵	2 台，具有水井或水池供水	可用于泵水，移动式，独立动力，可自吸，管系、水池等配置完整
11	水龙带	12 条	每条 20 m 长，其中直径 38 cm 和直径 65 cm 的各 3 条以上
12	消防栓	6 个	与水龙带适配
13	水枪	6 个	直流水枪 4 个，开花水枪 2 个，具有 2 种以上口径并与水带适配
14	国际通岸接头	2 个	外径 178 mm，内径 64 mm，螺栓 4 只
15	储压式空气呼吸器	5 套	背带式，压力 30 MPa，供气时间 30 min，有低压报警功能
16	紧急逃生用呼吸装置 EEBD	4 套	装置完整可用，有完整资料及使用说明书
17	防毒面具	5 套	过滤式或隔绝式
18	防火服	6 套	包括防火衣、裤、手套等
19	消防服、头盔、靴、帽、安全带	各 20 套	消防员适用普通战斗服
20	安全索、安全灯、太平斧、消防钩	各 2 套	防火安全索大于 36 m，带弹簧钩；电池安全灯可照明 30 min 以上，消防专用太平斧、消防钩
21	二氧化碳系统（或泡沫灭火系统）	1 套	船用二氧化碳系统完整，至少 2 个瓶，含警铃；或油船泡沫灭火系统
22	火灾自动报警器	6 个	含光、热、烟，至少为其中两种类型探测器 5 个，能自动报警，手动报警按钮 1 个
23	测爆仪、测氧仪	各 2 套	手持式（电池）测爆仪、测氧仪各 2 套
24	全套的卫生知识挂图	1 套	

序号	场地、设施、设备	要求	细化标准及功能
25	人体骨骼模型	1具	
26	人体模型	2具	
27	急救箱	2个	完整配备常规应急药品及器械,伤口处理用品
28	止血器	6套	
29	担架	1具	
30	绷带、三角巾	若干	
31	听诊器、血压计、体温计、注射器	各6个	
32	国际、国内有关法规和资料	2套	
33	适用于船上安全的特殊保护装置	2套	
34	海事影像资料	2套	

(2)船舶三副适任评估场地、设施、设备标准(按1个自然班40人,可供6个自然班交叉使用)

序号	场地、设施、设备	要求	细化标准及功能
1	多媒体教室	1间	能容纳40人,含多媒体投影设施
2	教学用海图	40张	可满足评估训练用(应包含中英版相应比例尺海图)。覆盖中国沿海、北美、欧洲、澳洲航区10条(套)航线的海图,即每条航线一套;并配备40套指定评估航线的海图(即10条航线中的某一条航线的海图)
3	教学用中、英文版航海图书资料	20套	至少含评估所需资料
4	教学用航海日志	40套	中、英文版航海日志
5	海图桌	40张	标准海图桌
6	海图作业工具	40套	
7	航线设计资料	4套	
8	六分仪	20台	可使用
9	索星卡	40套	可使用
10	天文表册	20套	可使用
11	★天象馆	1个	

序号	场地、设施、设备	要求	细化标准及功能
12	GPS 接收机	4 台	至少具备航路设置，报警功能
13	雷达	4 台，具备 GPS、AIS、LOG、GYRO 等输入接口和自动标绘功能	①满足雷达观测与标绘和雷达模拟器、自动雷达标绘仪培训教学要求 ②显示器直径不小于 200 mm ③满足基本标绘或者 AIS 接口的要求
14	计程仪	2 台	具备模拟显示功能
15	测深仪	2 台	至少具备 2 种显示方式
16	磁罗经	5 台	至少 1 台液体罗经，且具备校正器
17	陀螺罗经	3 台	每台带 1 个方位分罗经和 1 个方位仪
18	AIS 船台	4 台	独立操作面板，符合船检规范
19	VDR 或 SVDR	1 套	符合船检规范
20	风向风速仪	1 台	
21	数字气象仪	2 台	
22	百叶箱干湿球温度表	2 只	
23	空盒气压表	10 个	能正常使用
24	气象传真接收机	2 台	能正常使用
25	实船货运配积载资料	40 套	散装船、杂货船、集装箱船各 40 套
26	IMDG Code 水路危规	2 套	
27	货物积载与系固规则	2 套	
28	配积载计算机与软件	40 个终端	每个终端应装载散装船、杂货船、集装箱船配积载软件各 1 套
29	相关配载船舶资料和装货清单	40 套	
30	船舶模型	1 套	集装箱船、散货船、杂货船、油轮各 1 具
31	船体结构模型	1 套	集装箱船、散货船、杂货船、油轮各 1 具
32	锚设备实物或模型	1 套	实物或独立模型
33	装卸设备实物或模型	1 套	实物或独立模型
34	系泊设备实物或模型	1 套	包括缆桩（单双柱）、导缆器、绞缆机、止索绳（链）

序号	场地、设施、设备	要求	细化标准及功能
35	操舵设备实物或模型	1套	满足评估大纲要求
36	管系模型	1套	实物或模型
37	堵漏器材实物	1套	堵漏器材包括堵漏毯、堵漏箱、堵漏板、堵漏螺杆、木塞、堵漏木楔等
38	主要航海国家国旗或替代物	1套	
39	信号旗	1套	
40	灯光通信设备	1套	船用莫尔斯灯
41	号灯号型实物或替代物	1套	替代物含航海模拟器显示的号灯号型
42	GMDSS 设备	1套	
43	雷达模拟器	1套	至少3个雷达本船,均具有 ARPA 功能;可进行对抗训练
44	航海模拟器	1套	满足 IMO 关于航海模拟器的性能标准
45	英语听说训练教学设备	40套	
46	航海英语视听教学资料	40套	
47	满足主管机关船员无纸化考场标准的考场	1个	
48	★计算机和网络设施	40台终端	
49	★电子海图系统软件	1套	

(3)值班水手培训场地、设施、设备标准(按1个自然班40人,可供2个自然班交叉使用)

序号	场地、设施、设备	要求	细化标准及功能
1	多媒体教室	1间	能容纳40人,含多媒体投影设施
2	教学资料教室	1间	配有相关教学文字资料和电教资料
3	绳结教室	1间	配有绳结架及柜子,整洁有序
4	插钢丝教室和场地	各1间(块)	配有插钢丝凳(40位)及电源
5	操舵信号教室	1间	配有国际信号旗、主要航海国家国旗、船舶号灯号型示意图、中华人民共和国沿海港口信号规定等信号及旗号
6	帆缆教室	1间	供插接三股绳、八股绳
7	撇缆场地	1块	场地面积大于25 m×40 m,栏杆高度1.2 m,配有栏杆标志

序号	场地、设施、设备	要求	细化标准及功能
8	陈列室	1 间	陈列各种教学、实操设备和器材
9	大桅或上高架	1 个	配备可供上高训练用的上高设备 2 套
10	操舵仪	8 套	可用计算机模拟操舵仪替代，可进行各种操舵训练
11	带缆设备	4 套	包括缆桩（单、双柱）、导缆器、绞缆机、止索绳（链）等
12	各类索具及堵漏器材	各类索具及堵漏器材 1 套	索具包括各种形式小型吊钩、卸扣、花篮螺丝、紧索夹、索头环、眼环、眼板、嵌心环 堵漏器材包括堵漏毯、堵漏箱、堵漏板、堵漏螺杆、木塞、堵漏木楔等
13	各种木滑车	4 套（训练用）	单轮滑车、多轮滑车、辫子滑车等
14	各种铁滑车	4 套（训练用）	单轮滑车、多轮滑车、开口滑车等
15	结绳作业用三股白棕绳	40 根	（12 ~ 16）mm × 2 m
16	插接作业用三股白棕绳	40 根	（20 ~ 22）mm × 1.5 m
17	代钢丝缆插接练习用麻绳索	40 根 6 × 1 股	
18	代化纤缆插接练习用麻绳索	40 根 8 股	
19	钢丝绳	120 根	19 mm × 2.5 m
20	八股化纤缆	10 根	（6 ~ 8）mm × 10 m
21	带缆练习用化纤缆	1 根	（6 ~ 8）mm × 100 m
22	带缆练习用钢丝缆	1 根	19 mm × 100 m
23	撇缆	20 根	35 m
24	上高绳、上高安全绳、双人座板	6 副	上高、舷外作业训练用
25	各类绳梯	各 1 套	引航员软梯、工作梯、木梯各 1 套
26	大、小木笔	各 40 根	
27	铁笔	40 根	
28	电动、液压钢丝切断器	各 1 具	能使用
29	钢丝钳	5 把	

序号	场地、设施、设备	要求	细化标准及功能
30	除锈铲刀、除锈锤、钢丝刷	各40把	
31	缝帆工具	2套	缝帆针、掌革、帆线等
32	集装箱绑扎用具	1套	系固链条、紧链器、系固钢带、系固槽座、可折地令、象脚、系固钢丝、紧索器、各种底座、半自动扭锁、花篮螺丝等
33	克丝钳、管钳、大小铁锤、铁墩、喷灯等	各1套	
34	各类船用油漆	各1桶	面漆、底漆等
35	模型教具	各1具	船模、船首锚设备模型、装卸设备模型、船体局部结构模型各1具
36	小型练习用器材	各5套	单人座板、双人架板、单双三轮木滑车各5套,并备有绳结、插接、编结、缝帆示教板等
37	安全保护用品	各20套	劳保手套、护目镜等

(4)GMDSS通用操作员培训场地、设施、设备标准(按1个自然班40人,可供4个自然班交叉使用)

<table>
<tr><th>序号</th><th>场地、设施、设备</th><th>要求</th><th>细化标准及功能</th></tr>
<tr><td>1</td><td>多媒体教室</td><td>1间</td><td>能容纳20人,含多媒体投影设施</td></tr>
<tr><td rowspan="11">2</td><td colspan="3">GMDSS船载设备</td></tr>
<tr><td>TWO-WAY VHF 无线电话装置</td><td>2部</td><td>能够在16频道或其他任意一个频道上进行通信</td></tr>
<tr><td>VHF无线电话设备</td><td>2套,带DSC功能</td><td>应能够在01~28、60~88的所有频道上正常工作,并且两套VHF能够互相通信</td></tr>
<tr><td>搜救雷达应答器(SART)</td><td>2台</td><td>能够正常工作</td></tr>
<tr><td>NAVTEX接收机</td><td>1台</td><td>能合理设置接收台和接收的信息种类</td></tr>
<tr><td>自浮式卫星EPIRB设备</td><td>2台,不同启动方式</td><td>可以手动启动也可以通过静水压力自动启动。建议不同系统</td></tr>
<tr><td>Inmarsat-C站</td><td>2台</td><td>不同操作界面</td></tr>
<tr><td>Inmarsat-F站</td><td>1台</td><td></td></tr>
<tr><td>中/高频无线电设备</td><td>1套</td><td>带中高频DSC遇险安全频率值收机和窄带直接印字电报(NBDP)设备,具有在中高频进行电话、电传和DSC呼叫功能</td></tr>
<tr><td>气象传真接收机</td><td>1台</td><td>能够清晰地接收到气象传真图</td></tr>
<tr><td>备用电源(蓄电池)</td><td>1套</td><td>至少能够保证GMDSS设备工作1小时,同时提供铅酸电池、锂电池的样品</td></tr>
</table>

序号	场地、设施、设备	要求	细化标准及功能
3	GMDSS 模拟器	1 套	带有 1 个教师机和 20 个终端并连成网络
4	文件与资料		
	SOLAS 1974 年国际海上人命安全公约	1 套	可复印
	ITU《无线电规则》或《海上移动业务实用手册》	1 套	可复印
	船舶电台表	1 套	可复印
	海岸电台表	1 套	可复印
	电台工作日志或样表	1 套	可复印
	GMDSS 考试大纲与评估规范	1 套	最新版本
	Admiralty List of Radio Signals Volume 1、3、5	6 套	近 5 年的均可，可复印
	一年内的学生"GMDSS 实操训练记录表"	根据培训规模印制	

(5)精通救生艇筏和救助艇(按 1 个自然班 40 人，可供 2 个自然班交叉使用)

序号	场地、设施、设备	要求	细化标准及功能
1	多媒体教室	1 间	能容纳 40 人，含多媒体投影设施
2	安全水域	供艇筏实操训练	水域安全，面积足以保证至少两条艇能同时完成所有规定实操训练项目
3	存放陈列实物和教学模型的展览室	1 间	足够照明，整洁有序；配有应急发报机、应急无线电示位标、双向无线电话各 1 台，并能使用；黄烟信号、红星降落伞火箭信号和手持红光火焰信号等各 3 个以上
4	救生艇	开敞式机动救生艇和封闭式救生艇各 1 艘	额定乘员至少 12 人/艘；标志完整；开敞式机动艇能够完成各操作训练
5	救助艇	1 艘	额定乘员为 6 人/艘，或可以用满足救助艇要求的救生艇代替

序号	场地、设施、设备	要求	细化标准及功能
6	气胀式救生筏	2 具	配有相应筏架和静水压力释放器
7	救生艇存放装置	1 具	配有安全登乘装置;能够分别在吊艇机和舷边完成艇的施放和回收操作;各标志正确、完整
8	登乘梯	1 副	安全并足以达到水面
9	救生索	2 个	安全并足以达到水面
10	救生艇筏上的无线电救生设备	1 套	艇用应急发报机、应急无线电示位标、双向无线电话各 1 台;黄烟信号 2 个;红星降落伞火箭信号和手持红光火焰信号等各 3 个以上
11	桨、舵齐全的非机动救生艇	2 艘(12 人/艘)	完整可用,桨、桨叉 8 套;舵装置及救生衣等配备齐全,标志正确、完整
12	供教学用视听设备	1 套	
13	急救箱	1 只	完整
14	烟火遇险信号	6 套	黄烟信号 2 个;红星降落伞火箭信号和手持红光火焰信号等各 3 个以上

(6)高级消防(按 1 个自然班 40 人,可供 2 个自然班交叉使用)

序号	场地、设施、设备	要求	细化标准及功能
1	多媒体教室	1 间	能容纳 40 人,含多媒体投影设施
2	陈列室	1 间	陈列船舶消防等有关器具和物品,足够照明,整洁有序
3	模拟消防舱室	分上、下两层	分上、下两层。上层设驾驶台 1 间,设船上配有的必要的通信联络设备、固定火灾探测报警系统;下层分为多功能模拟训练区: ①设有 1 个配电间、1 个走廊(通道)/敞开空房和带栅栏的机舱 ②设有符合机舱要求的脱险通道(脱险通道应配防火门) ③整个模拟舱应设有通风系统 ④训练区的入口附近应设有符合船舶要求的手动式报警装置 ⑤整个模拟舱的建筑面积适应培训的功能要求和实训要求 ⑥要有必要的警戒或说明标志 ⑦至少安装固定水灭火系统和二氧化碳灭火系统或泡沫灭火系统
4	1 m×1 m×0.3 m 钢质火盆	2 只	1 m×1 m×0.3 m 火盆 2 只,周边有适当安全防火间距
5	人体模型	2 个	四肢与衣装完整,用于搜寻救助演习

序号	场地、设施、设备	要求	细化标准及功能
6	各类手提式灭火器	各类灭火器至少5个	2 kg以上二氧化碳灭火器5个 2 kg以上干粉灭火器5个 6 L以上泡沫灭火器5个
7	应急消防泵	2台，具有水井或水池供水	可用于泵水，移动式，独立动力，可自吸，管系、水池等配置完整
8	国际通岸接头	2个	外径178 mm，内径64 mm，螺栓4只
9	水龙带	6条	每条20 m长，其中直径38 cm和直径65 cm的各3条
10	消防栓	2个	与水龙带适配
11	水枪	2个	直流和开花两用，与水龙带适配
12	储压式空气呼吸器	10个	背带式，压力30 MPa，供气时间30 min，低压报警功能
13	紧急逃生用呼吸装置EEBD	6套	装置完整可用，有完整资料及使用说明书
14	防火服	6套	包括防火衣、裤、手套等
15	消防服、头盔、靴、手套、帽、安全带	各40套	消防员适用普通战斗服
16	安全灯、安全绳、太平斧、消防钩	各4套	安全绳大于36 m，带弹簧钩；电池安全灯可照明30 min以上，消防专用太平斧、消防钩
17	CO_2系统或泡沫灭火系统	1套	船用CO_2灭火系统，系统完整，至少2个瓶，含警铃；或油船泡沫灭火系统
18	固定消防水系统	1套	固定式消防水系统，包括固定式水泵，并至少能提供2条喷射水柱，含总管1个、2个以上支管，至少包含有1个水龙箱，水枪6支(标准型、散射型、喷雾型各2只)
19	火灾自动报警器	8个	能自动报警和手动报警，含感温式、感烟式探测器各2个
20	遇险信号装置	2套	
21	烟雾产生器	2只	能产生无毒烟雾效果
22	救护设备	担架2付，急救箱2只	医用标准生产救护设备
23	防爆对讲机	5只	具有频道选择，100 m以上传送距离，安全电子式

序号	场地、设施、设备	要求	细化标准及功能
24	视听资料	IMO 推荐的资料 1 套	适用于高级消防训练教学演示
25	测爆仪、测氧仪	各 2 套	手持式(电池)测爆仪 2 套 手持式(电池)测氧仪 2 套

(7)精通急救(按 1 个自然班 40 人,可供 2 个自然班交叉使用)

序号	场地、设施、设备	要求	细化标准及功能
1	多媒体教室	1 间	能容纳 40 人,含多媒体投影设施
2	实操训练的教室或室内场地	2 间(块),每个可容纳 6 人以上	
3	人体结构模型	1 个	
4	人体解剖挂图	1 幅	
5	人体模型	2 个	
6	药品和器械	止血带、敷料、三角带、骨折固定架等若干	
7	血压测量仪、注射器	若干	

(8)船舶和公司保安员(按 1 个自然班 40 人,可供 2 个自然班交叉使用)

序号	场地、设施、设备	要求	细化标准及功能
1	多媒体教室	1 间	能容纳 40 人,含多媒体投影设施
2	配备相关资料	2 套	配备包括 SOLAS 公约、STCW 公约和《国际船舶和港口设施保安规则》在内的国际公约和文件
3	必要的挂图、模型和器具	2 套	

(9)最新 ECDIS(电子海图显示与信息系统)

序号	场地、设施、设备	要求	细化标准及功能
1	多媒体教室	1 间	能容纳 40 人,含多媒体投影设施
2	实船系统	1 套	通过 ECDIS 类型认证(符合 IEC61174 标准)

序号	场地、设施、设备	要求	细化标准及功能
3	模拟器	20个终端	符合IMO的ECDIS性能标准(MSC 232(82));具备ECDIS全任务,全功能模拟操作功能
4	电子海图配备	1套	至少配备ENC;具有更新功能;至少具有设计中国沿海港口至北美西海岸,澳大利亚,欧洲地中海国家港口航线的海图

(10)BRM(驾驶台资源管理)更新

序号	场地、设施、设备	要求	细化标准及功能
1	多媒体教室	1间	能容纳40人,含多媒体投影设施
2	海图桌	每台本船1张	
3	海图作业工具	每台本船1套	
4	航线设计资料	每台本船1套	
5	船舶操纵模拟器	1套(每套至少3台本船)	①不小于120°视景船舶操纵模拟器1套,用于船长和大副适任培训的模拟器视景不小于180°,且要求均具有三维实景漫游及望远镜功能 ②可模拟至少6种船型航行和操纵性能,包括车、侧推、舵、锚、拖轮和缆绳等的使用 ③可实时模拟航行环境,包括风、浪、流、浅水效应、岸壁效应、船吸和船推效应、外界运动和固定物标、码头、海岸等 ④具有船舶驾驶台所需的各种航行、定位和通信设备,包括雷达、无线电定位设施、操舵仪、车钟、雾号、海图及海图桌、绘图工具、测深仪、计程仪、甚高频无线电话、航海图书资料、航海日志以及其他必要设施和设备
6	海图	1套	每台本船应配备满足训练用海图
7	驾驶台内视听监控设备	1套	每台本船至少1套

3.教材及图书、数字化(网络)教学资源等学习资源

(1)教材

优先选用高职高专规划教材,或具有学校特色的校编教材,可选用中华人民共和国海船船员适任考试大纲和培训教材作为参考资料;对于航线设计、货物积载与系固、航海英语听力与会话等专项训练课程,以项目为导向,以完成工作任务为核心,参考IMO示范课程模式,与海运企业合作,共同编写各专项训练指导书。

(2)图书资料

图书馆应配置与航海技术专业学生规模相适应的航海类中、英版航海图书资料(现行

版),符合教育部和交通运输部海事局相关规定。

(3)数字化(网络)教学资源

建立专业教学资源库,专业核心课程应建有课程网站,逐步丰富课程资源,如教学文件、教学课件、视频、教学录像、典型案例、题库、在线测试等,为学生建立自主学习平台;建立企业员工学习端口,为航运企业在职人员提供终身学习平台。

4. 教学方法与教学组织形式建议

在教学实施过程中,根据课程难易程度和实践能力要求,程序化教学内容,合理安排教学。教学中可采用案例教学、角色扮演、实操训练等多种教学形式,激发学生学习兴趣,强化学生实践能力,提高教学效果。

①专业核心课程应依据《中华人民共和国海船船员适任考试、发证规则》、《中华人民共和国海船船员适任考试大纲》和《中华人民共和国海船船员适任评估大纲和规范》中船舶三副适任标准和三副适任考试大纲要求,将船舶三副岗位所要完成的典型工作任务融入课程内容,设计能力训练项目及教学实施步骤,以项目为载体实施理实一体化教学。

GMDSS 英语阅读和航海英语课程以构建真实的航海职业情境进行课程整体设计和单元设计,将航海职业情境融入课堂教学,强化英语听说训练。

②可实施分组讨论、角色扮演、项目竞赛等教学方法,激发学生学习兴趣,提升教学效果。如让学生扮演不同角色,通过大型操纵模拟器将船舶安全驶达目的港,以此培养学生知识应用能力、组织协调能力和同舟共济的团队合作精神。

③开放实训室,开展各种技能项目竞赛,通过实施仿真训练、技能竞赛等,提高学生专业实践能力。

5. 教学评价、考核建议

以《中华人民共和国海船船员适任考试、发证规则》、《中华人民共和国海船船员适任考试大纲》和《中华人民共和国海船船员适任评估大纲和规范》中远洋船舶三副适任标准和三副适任考试大纲为依据,教学评价采用终结性、过程性和技能项目考核相结合的评价方式。各专业核心课程终结性评价和专项技能考核可结合无限航区 3000 总吨及以上船舶三副适任考试和评估进行,也可用学生参加国家海船船员(无限航区 3000 总吨及以上船舶三副)适任考试、评估成绩替代,确保学生的职业能力培养达到国际化水准。

6. 教学管理

①学校应建立“船员教育和培训质量体系”,并经交通运输部海事局审核,获得质量管理体系证书。

②教学组织与实施按质量管理体系程序文件和指导性文件进行,每年进行质量体系内部审核,每两年都要接受交通运输部海事局对质量体系的外部审核,保证学校“船员培训和教育质量体系”持续、有效。

③校企深度融合,企业全程参与学院专业的培养方案制定、师资培养、实训基地建设,校企共同对学生实施教学与考核,安排学生顶岗实习与就业,企业全程参与专业人才培养和实践指导,确保专业人才培养满足海运企业要求。

7. 继续专业学习深造建议

本专业毕业生的继续学习主要是专升本学习、职务晋升的职业培训等。

第二章　航海技术专业课程标准

一、航海学(地文、天文)课程标准

课程类型:理实一体课
适用专业:航海技术
开设学期:第二学年第三、四学期
建议学时:160

(一)课程性质与作用

航海学(地文、天文)主要学习航迹推算与陆标定位、天文定位、测罗经差、航线设计、潮汐与潮流、航标、船舶交通管理、不同水域航线与航行方法等相关知识,培养学生根据给定参数进行船舶定位、航向修正和航线设计,确保船舶沿计划航线航行的能力,是航海技术专业核心课程之一。

(二)课程目标

掌握坐标、方向与距离、海图、航迹推算、陆标定位、测罗经差、潮汐与潮流、航标、航线与航行、船舶交通管理等航海基础知识;掌握船舶定位和导航方法;具有计划并引导船舶航行和定位的能力。同时,通过课程教学培养学生分析问题与解决问题的能力,养成严谨、求实、认真、仔细的学习、工作态度和作风。

1. 知识目标

①具有地理坐标、方向与距离、海图等基础知识;

②具有航迹推算与陆标定位、天文定位、罗经差测定等知识;

③具有潮汐与潮流、航标、船舶交通管理等航路资料的知识;

④具有不同水域航线与航行方法的知识。

2. 能力目标

①具有以实测航速和航迹向推算船位,根据给定参数进行船舶定位,实测风流压差修正航向指导船舶航行,确定物标正横或最近距离时的船位的技能;

②具有利用对景图、等高线、雷达物标并根据环境条件选择进行定位的技能;

③具有根据中版《海图识别指南》和英版海图 5011 查阅、识读中英版海图图式,根据中英版《航海通告》查阅有关海图及其他图书的改正信息和出版信息,根据英版《航海通告年度摘要》或《航海通告累计表》查阅有关航海信息,并根据中英版《航海通告》有关内容改正海图的技能;

④具有观测叠标、太阳低高度或真出没方位、北极星方位求罗经差的技能;

⑤具有中英版航海图书资料(海图、航海图书目录、航路指南、灯标表)改正,抽选中英版海图及图书,并检验其适用性,查阅及改正航海图书资料,绘制航线,编制航线表,从而进行航线设计的技能。

3.素质目标

①具有良好的职业道德、遵守行业规范的工作意识和行为意识;

②具有较强的自主能力、沟通能力、合作能力、新知识掌握能力、综合运用能力和创新能力。

(三)课程设计理念与思路

1.课程设计理念

本课程根据行业企业专家对无限航区3000总吨及以上船舶三副岗位进行的职业能力分析,结合STCW公约马尼拉修正案和《11规则》对无限航区3000总吨及以上船舶三副岗位适任标准要求,以培养学生航线设计、运用船舶定位和导航方法计划并引导船舶航行和定位能力为主线,设计课程教学内容。

2.课程设计主要思路

本课程以无限航区3000总吨及以上船舶三副岗位实际工作任务构建课程内容。按能力递进结构将课程内容分成航海基础知识、海图、船舶定位、天文定位、罗经差、潮汐与潮流、航标、航海图书资料、航线与航行方法、船舶交通管理等10个工作项目和37个工作任务,让学生在完成具体的工作任务中构建相关理论知识,培养专业核心能力。

(四)课程内容结构安排

序号	学习项目	任务	课时
项目一	航海基础知识	任务一　地球形状、地理坐标与大地坐标系	4
		任务二　航向和方位	10
		任务三　能见地平距离、物标能见距离和灯标射程	2
		任务四　航速与航程	4
		小计	20
项目二	海图	任务一　地图投影	2
		任务二　恒向线与墨卡托投影海图	2
		任务三　港泊图和大圆海图的投影方法	2
		任务四　识图	6
		任务五　海图分类和使用	2
		小计	14
项目三	船舶定位	任务一　海图作业的规定与要求	2
		任务二　风流对船舶航迹的影响	12
		任务三　航迹计算	4
		任务四　陆标定位	12
		小计	30

序号	学习项目	任务	课时
项目四	天文定位	任务一　天球坐标系	8
		任务二　天体视运动	6
		任务三　时间与天体位置	8
		任务四　求天体真高度	8
		任务五　天文船位线	6
		任务六　观测天体定位	4
		小计	40
项目五	罗经差	任务一　利用陆标测定罗经差	2
		任务二　利用天体求罗经差	4
		小计	6
项目六	潮汐与潮流	任务一　潮汐	12
		任务二　潮流	4
		小计	16
项目七	航标	任务一　航标的种类与作用	1
		任务二　国际海区水上助航标志制度	2
		任务三　中国海区水上助航标志制度	1
		小计	4
项目八	航海图书资料	任务一　中版航海图书资料	4
		任务二　英版航海图书资料	8
		小计	12
项目九	航线与航行方法	任务一　大洋航行	4
		任务二　沿岸航行	2
		任务三　狭水道航行	4
		任务四　雾中航行	2
		任务五　冰区航行	1
		任务六　航行计划与航海日志	1
		小计	14
项目十	船舶交通管理	任务一　船舶交通管理系统（VTS）	1
		任务二　船舶定线	2
		任务三　船舶报告系统	1
		小计	4
		合计	160

(五)教学内容与要求

<table>
<tr><td colspan="2" rowspan="2">项目一</td><td rowspan="2">航海基础知识</td><td>课时</td></tr>
<tr><td>20</td></tr>
<tr><td rowspan="3">教学目标</td><td>知识目标</td><td colspan="2">掌握确定地理坐标,经差、纬差计算,航向、方位测定与换算,能见地平距离、物标地理能见距离计算,航速与航程测定等</td></tr>
<tr><td>能力目标</td><td colspan="2">具有计算经纬差、真航向、真方位、物标地理能见距离、航速和计程仪改正率的能力</td></tr>
<tr><td>素质目标</td><td colspan="2">具有较强的自主能力、沟通能力、合作能力、新知识掌握能力、综合运用能力和创新能力</td></tr>
<tr><td colspan="2" rowspan="4">学习任务</td><td colspan="2">任务一　地球形状、地理坐标与大地坐标系</td></tr>
<tr><td colspan="2">任务二　航向和方位</td></tr>
<tr><td colspan="2">任务三　能见地平距离、物标能见距离和灯标射程</td></tr>
<tr><td colspan="2">任务四　航速与航程</td></tr>
<tr><td colspan="2">相关知识</td><td colspan="2">地理知识、航海仪器</td></tr>
<tr><td colspan="2">教学设备与媒体</td><td colspan="2">多媒体课件;海图、航标表和灯标雾号表;罗经、计程仪</td></tr>
<tr><td colspan="2">考核评价</td><td colspan="2">课堂提问、学生作业、阶段测验</td></tr>
</table>

<table>
<tr><td colspan="2" rowspan="2">项目二</td><td rowspan="2">海图</td><td>课时</td></tr>
<tr><td>14</td></tr>
<tr><td rowspan="3">教学目标</td><td>知识目标</td><td colspan="2">熟悉海图相关知识及使用</td></tr>
<tr><td>能力目标</td><td colspan="2">能识别海图图式、画简易墨卡托海图、判断海图可信赖程度</td></tr>
<tr><td>素质目标</td><td colspan="2">具有较强自主能力、沟通能力、合作能力、知识掌握能力、综合运用能力和创新能力</td></tr>
<tr><td colspan="2" rowspan="5">学习任务</td><td colspan="2">任务一　地图投影</td></tr>
<tr><td colspan="2">任务二　恒向线与墨卡托投影海图</td></tr>
<tr><td colspan="2">任务三　港泊图和大圆海图的投影方法</td></tr>
<tr><td colspan="2">任务四　识图</td></tr>
<tr><td colspan="2">任务五　海图分类和使用</td></tr>
<tr><td colspan="2">相关知识</td><td colspan="2">地理知识</td></tr>
<tr><td colspan="2">教学设备与媒体</td><td colspan="2">中英版海图及图示;多媒体课件</td></tr>
<tr><td colspan="2">考核评价</td><td colspan="2">课堂提问、学生作业、阶段测验</td></tr>
</table>

<table>
<tr><td colspan="2" rowspan="2">项目三</td><td rowspan="2">船舶定位</td><td>课时</td></tr>
<tr><td>30</td></tr>
<tr><td rowspan="3">教学目标</td><td>知识目标</td><td colspan="2">掌握航迹计算、陆标定位等确定船位的不同方法</td></tr>
<tr><td>能力目标</td><td colspan="2">能根据给定参数进行船舶定位、实测风流压差、修正航向，监控船舶航行</td></tr>
<tr><td>素质目标</td><td colspan="2">具有较强自主能力、沟通能力、合作能力、知识掌握能力、综合运用能力和创新能力</td></tr>
<tr><td colspan="2" rowspan="4">学习任务</td><td colspan="2">任务一　海图作业的规定与要求</td></tr>
<tr><td colspan="2">任务二　风流对船舶航迹的影响</td></tr>
<tr><td colspan="2">任务三　航迹计算</td></tr>
<tr><td colspan="2">任务四　陆标定位</td></tr>
<tr><td colspan="2">相关知识</td><td colspan="2">矢量知识；气象知识</td></tr>
<tr><td colspan="2">教学设备与媒体</td><td colspan="2">中英版海图、2B 铅笔、平行尺等作图工具，多媒体课件</td></tr>
<tr><td colspan="2">考核评价</td><td colspan="2">课堂提问、学生作业、阶段测验</td></tr>
</table>

<table>
<tr><td colspan="2" rowspan="2">项目四</td><td rowspan="2">天文定位</td><td>课时</td></tr>
<tr><td>40</td></tr>
<tr><td rowspan="3">教学目标</td><td>知识目标</td><td colspan="2">掌握天文定位方法</td></tr>
<tr><td>能力目标</td><td colspan="2">能利用六分仪观测天体高度，利用天文表册获取天文船位线进行天文定位</td></tr>
<tr><td>素质目标</td><td colspan="2">具有较强自主能力、沟通能力、合作能力、知识掌握能力、综合运用能力和创新能力</td></tr>
<tr><td colspan="2" rowspan="6">学习任务</td><td colspan="2">任务一　天球坐标系</td></tr>
<tr><td colspan="2">任务二　天体视运动</td></tr>
<tr><td colspan="2">任务三　时间与天体位置</td></tr>
<tr><td colspan="2">任务四　求天体真高度</td></tr>
<tr><td colspan="2">任务五　天文船位线</td></tr>
<tr><td colspan="2">任务六　观测天体定位</td></tr>
<tr><td colspan="2">相关知识</td><td colspan="2">地理、时间、定位等知识</td></tr>
<tr><td colspan="2">教学设备与媒体</td><td colspan="2">六分仪、索星卡、天文表册，多媒体课件</td></tr>
<tr><td colspan="2">考核评价</td><td colspan="2">课堂提问、学生作业、阶段测验</td></tr>
</table>

项目五		罗经差	课时 6
教学目标	知识目标	掌握测定罗经差方法	
	能力目标	能观测叠标,利用太阳真出没、低高度天体和北极星方位求罗经差	
	素质目标	具有较强自主能力、沟通能力、合作能力、知识掌握能力、综合运用能力和创新能力	
学习任务		任务一　利用陆标测定罗经差	
		任务二　利用天体求罗经差	
相关知识		航向、方位、罗经、天文定位等	
教学设备与媒体		天文表册,多媒体课件	
考核评价		课堂提问、学生作业、阶段测验	

项目六		潮汐与潮流	课时 16
教学目标	知识目标	掌握潮汐与潮流等航路知识	
	能力目标	会使用中英版潮汐表获取主港潮汐资料计算潮汐和潮流	
	素质目标	具有较强自主能力、沟通能力、合作能力、知识掌握能力、综合运用能力和创新能力	
学习任务		任务一　潮汐	
		任务二　潮流	
相关知识		海洋学知识	
教学设备与媒体		中英版潮汐表,多媒体课件	
考核评价		课堂提问、学生作业、阶段测验	

项目七		航标	课时 6
教学目标	知识目标	认识航标及与之有关的航行方法	
	能力目标	具有识别航标的能力	
	素质目标	具有较强自主能力、沟通能力、合作能力、知识掌握能力、综合运用能力和创新能力	
学习任务		任务一　航标的种类与作用	
		任务二　国际海区水上助航标志制度	
		任务三　中国海区水上助航标志制度	
相关知识		航标国家、国际标准等知识	
教学设备与媒体		多媒体课件	
考核评价		课堂提问、学生作业、阶段测验	

项目八		航海图书资料	课时
			12
教学目标	知识目标	掌握各类航海图书资料相关知识	
	能力目标	具有查阅及修正航海图书资料,绘制航线,编制航线表,进行航线设计的技能	
	素质目标	具有较强自主能力、沟通能力、合作能力、知识掌握能力、综合运用能力和创新能力	
学习任务		任务一　中版航海图书资料	
		任务二　英版航海图书资料	
相关知识		航海英语;中、英版航海图书出版情况	
教学设备与媒体		中、英版航海图书资料,多媒体课件	
考核评价		课堂提问、学生作业、阶段测验	

项目九		航线与航行方法	课时
			14
教学目标	知识目标	掌握不同水域航线与航行方法等	
	能力目标	具有大洋航线、沿海航线设计能力	
	素质目标	具有较强自主能力、沟通能力、合作能力、知识掌握能力、综合运用能力和创新能力	
学习任务		任务一　大洋航行	
		任务二　沿岸航行	
		任务三　狭水道航行	
		任务四　雾中航行	
		任务五　冰区航行	
		任务六　航行计划与航海日志	
相关知识		船舶操纵与避碰等知识	
教学设备与媒体		多媒体课件	
考核评价		课堂提问、学生作业、阶段测验	

项目十		船舶交通管理	课时
			4
教学目标	知识目标	掌握船舶交通管理，掌握船舶报告方法	
	能力目标	具有获取引航信息、VTS 等信息的能力	
	素质目标	具有较强自主能力、沟通能力、合作能力、知识掌握能力、综合运用能力和创新能力	
学习任务		任务一　船舶交通管理系统（VTS）	
		任务二　船舶定线	
		任务三　船舶报告系统	
相关知识		船舶操纵与避碰、GMDSS 等知识	
教学设备与媒体		多媒体课件	
考核评价		课堂提问、学生作业、阶段测验	

（六）考核评价

①采用终结性、过程性和专项技能考核相结合的评价方法。

②考核内容充分体现 STCW 公约马尼拉修正案和《11 规则》对无限航区 3000 总吨及以上船舶三副适任考试和评估大纲中相应项目的考核要求。

③注重对学生动手能力和在实践中分析问题、解决问题能力的考核。对在学习和应用上有创新的学生应给予特别鼓励。

④关注评价的多元性，结合实训考核、现场提问、学生作业、平时测验、技能竞赛及考试等情况，综合评价学生成绩。

⑤本课程的总评成绩 = 平时成绩 + 专项技能考核成绩 + 终结性考核成绩。其中，平时成绩占 20%，专项技能性考核成绩占 30%，终结性考核成绩占 50%。

各考核细目详见下表：

序号	平时考核	20%	专项技能考核		30%	终结性考核	50%
	考核细目	比重	考核细目		比重	考核细目	比重
1	课堂考勤	5%	项目教学考核	航迹绘算与陆标定位（第一学期）	10%	理论考核	50%
2	作业	15%		航线设计（第二学期）	10%		
3			期中考核		10%		

（七）教学条件

1. 实践条件

①建立开放式课程实训中心，使之满足船舶定位、海图改正、资料查询、航线设计等岗位技

能培养需要。

②加强与省内外航运企业联系,充分利用企业、行业教学资源进行产学合作教学,营造真实的实践教学环境,增强学生岗位适应能力。

2. 师资条件

理论课教师根据教育行政主管部门和中华人民共和国海事局颁布的《中华人民共和国船员培训管理规则》要求配备,实训指导教师按照师生比 1∶20 配备。

理论课教师应具有:

①不少于 18 个月甲类三副资历,且具有不少于 2 年教学经验;或

②航海技术专业中级及以上专业技术职称,并具有不少于 1 年的甲类三副资历。

实训指导教师应具有:

不少于 18 个月的甲类三副海上资历。

(八)实施建议

1. 课程资源开发与利用

①各专项技能训练应完全满足 STCW 公约和无限航区 3000 总吨及以上船舶三副岗位适任能力要求。教材及相应教辅资料的编写应当依据本课程标准进行,且应体现能力本位,课证融通设计思想。

②海图实训室、航海图书资料室参考专业教学标准中“实验实训条件”要求,配备相关实训设备。

③积极采用现代化教学手段,制作和收集与教学内容相配套的多媒体课件、挂图、幻灯片、视听光盘等,使学生加深对知识的理解和掌握。

④积极开发利用网络课程资源,充分利用诸如电子书籍、电子期刊、数据库、数字图书馆、教育网站和电子论坛等网络信息资源,使教学媒体从单一媒体向多媒体转变,使教学活动从信息的单向传递向双向交互转变,使学生从单独的学习向合作学习转变。

⑤通过校企合作等多种途径,采用工学结合等形式,充分利用校内实训设备资源和企业资源,加强校企合作,建立实习实训基地,进行实训课程资源开发,同时为学生就业提供机会。

2. 教学建议

①立足于加强对学生实际动手能力的培养,采用任务驱动型项目教学,提高学生兴趣;注重对现代化教学资源开发和利用,促进学生对知识的理解和掌握。

②尽可能在海图室实施教学,构建“以学生为主体,教师为主导”、集课上与课下、网上与网下的立体化教学模式。

③创设工作情境,加大实训数量,紧密结合海船船员适任证书考核项目,使学生进行有针对性训练;注重专项技能训练指导书、配套习题集、试题库的开发和应用。

④在教学过程中,还应利用挂图、模型和多媒体演示等手段辅助教学,帮助学生理解。

二、航海学(航海仪器操作与维护)课程标准

课程名称:航海学(航海仪器操作与维护)
适用专业:航海技术
开设学期:第二学年第二学期,第三学年第一学期
学时:184

(一)课程的性质与作用

航海仪器操作与维护课程主要学习各类航海仪器的工作原理、操作使用方法及维护保养知识等,培养学生运用航海仪器进行船舶定位和导航能力,是航海技术专业核心课程之一。同时,在该课程的教学实施中,注重培养学生分析问题与解决问题的能力,形成团队精神、服从意识及严谨的工作作风。

(二)课程目标

1. 认知目标

通过本课程的学习使学生掌握磁罗经、陀螺罗经、船用测深仪、船用计程仪、船用 GPS、船用雷达、船载 AIS、ECDIS(电子海图)、VDR(航行数据记录仪)、LRIT(船舶远程识别与跟踪系统)、IBS(综合驾驶台系统)的基本原理和组成,以及误差种类及产生原因。

2. 能力目标

通过本课程的学习,使学生会使用磁罗经、陀螺罗经、船用测深仪、船用计程仪、船用 GPS、船用雷达、船载 AIS、ECDIS、VDR、LRIT、IBS 引导船舶安全航行和定位,并能对各种航海仪器正确维护和保养。

3. 素质目标

通过本课程的学习,培养学生的团队精神、服从意识及严谨的工作作风,为适应未来的职业岗位打下良好的基础。

(三)课程设计理念与思路

本课程以正确使用、维护、保养各类航海仪器为主要教学内容,以 STCW 公约马尼拉修正案和《11 规则》中有关无限航区 3000 总吨及以上船舶三副岗位适任要求(航海仪器操作与维护部分)为依据,以强化学生对各类航海仪器的使用、保养、维修等能力培养为主线,设计教学内容。

根据上述设计理念和思路,将教学内容设计成九个学习模块,以学习模块为中心引出相关的专业知识、专业能力和素质能力,以各种航海仪器的基本工作原理为出发点,展开各种航海仪器的作用、使用及日常维护保养等课程教学,引导学生在学习活动中掌握先进航海仪器的专业知识与专业技能。

（四）课程内容结构安排

序号	学习模块	单元	课时
模块一	磁罗经操作与维护	磁罗经结构与指北原理认知	3
		磁罗经自差原理认知	6
		磁罗经差的测定与使用	12
		磁罗经检查与使用	3
		磁罗经考核与测验	3
		小计	27
模块二	陀螺罗经操作与维护	自由陀螺仪特性与视运动认知	3
		陀螺罗经控制力矩与阻尼认知	3
		陀螺罗经指向误差认知	3
		安许茨 4 型陀螺罗经结构认知	6
		安许茨 4 型陀螺罗经操作与维护	3
		安许茨 22 型陀螺罗经结构认知	3
		安许茨 22 型陀螺罗经操作与维护	3
		安许茨陀螺罗经操作考核	3
		斯伯利 37 型陀螺罗经认知	3
		斯伯利 37 型陀螺罗经操作与维护	3
		Meridian TSS 陀螺罗经结构认知	3
		Meridian TSS 陀螺罗经操作与维护	3
		斯伯利与 Meridian TSS 陀螺罗经操作考核	3
		小计	42
模块三	测深仪、计程仪操作与维护	测深原理与误差认知	3
		计程仪工作原理认知	3
		Junlu DS1068-1 型测深仪与 Junlu DS-90 型计程仪操作	3
		测深仪、计程仪操作考核与测验	3
		小计	12
模块四	GPS 操作与维护	GPS 工作原理与定位误差认知	3
		DGPS 工作原理与定位误差认知	3
		船用 GPS 接收机使用	3
		GPS 操作考核与测验	3
		小计	12

序号	学习模块	单元	课时
模块五	雷达操作与应用	雷达基本部件认知	9
		雷达基本操作与设置	6
		IMO 雷达性能标准认知	3
		影响雷达观测的因素认知	3
		雷达定位与导航	3
		雷达避碰	15
		雷达操作与使用考核及测验	3
		小计	42
模块六	AIS 操作与维护	AIS 工作原理与 AIS 信息认知	3
		船载 AIS 操作	3
		AIS 操作考核与测验	3
		小计	9
模块七	ECDIS 操作与应用	ECDIS 组成认知	3
		ECDIS 海图图式认知	3
		IMO ECDIS 性能标准认知	3
		ECDIS 使用与风险	15
		ECDIS 操作考核与测验	3
		小计	27
模块八	VDR、LRIT、IBS 认知	VDR 认知	2
		LRIT 认知	2
		IBS 认知与测验	5
		小计	9
模块九	航海仪器综合运用	模拟操作在马六甲海峡航行	4
		小计	4
合计			184

(五)教学内容与要求

<table>
<tr><td colspan="2" rowspan="2">模块一</td><td rowspan="2">磁罗经操作与维护</td><td>课时</td></tr>
<tr><td>27</td></tr>
<tr><td rowspan="3">教学目标</td><td>知识目标</td><td colspan="2">掌握磁罗经的指北原理,磁罗经的结构、自差产生原因及校正方法、罗经差测定和计算的方法、磁罗经性能的检查方法及磁罗经的使用</td></tr>
<tr><td>能力目标</td><td colspan="2">会利用磁罗经自差曲线或自差表求取自差;会利用天体或陆标测定罗经差;能使用磁罗经并检查其性能</td></tr>
<tr><td>素质目标</td><td colspan="2">培养团队精神、服从意识及严谨的工作作风</td></tr>
<tr><td colspan="2" rowspan="5">学习内容</td><td colspan="2">单元一　磁罗经结构与指北原理认知</td></tr>
<tr><td colspan="2">单元二　磁罗经自差原理认知</td></tr>
<tr><td colspan="2">单元三　磁罗经差的测定与使用</td></tr>
<tr><td colspan="2">单元四　磁罗经检查与使用</td></tr>
<tr><td colspan="2">单元五　磁罗经考核与测验</td></tr>
<tr><td colspan="2">相关知识</td><td colspan="2">具有航海学基础知识,如海图、航线、航向、方位等基本概念,有一定的空间想象能力</td></tr>
<tr><td colspan="2">教学设备与媒体</td><td colspan="2">多媒体课件;船用磁罗经</td></tr>
<tr><td colspan="2">教学方法和建议</td><td colspan="2">演示教学、分组操作竞赛、案例教学、探究式教学等方法相结合</td></tr>
<tr><td colspan="2">考核评价</td><td colspan="2">课堂提问、学生操作能力、磁罗经部分题卡测试</td></tr>
</table>

<table>
<tr><td colspan="2" rowspan="2">模块二</td><td rowspan="2">陀螺罗经操作与维护</td><td>课时</td></tr>
<tr><td>42</td></tr>
<tr><td rowspan="3">教学目标</td><td>知识目标</td><td colspan="2">掌握陀螺罗经的指北原理,陀螺罗经的误差及消除方法,三大系列陀螺罗经的使用方法</td></tr>
<tr><td>能力目标</td><td colspan="2">认识三大系列陀螺罗经,能正确使用陀螺罗经</td></tr>
<tr><td>素质目标</td><td colspan="2">培养团队精神、服从意识及严谨的工作作风</td></tr>
<tr><td colspan="2" rowspan="11">学习内容</td><td colspan="2">单元一　自由陀螺仪特性与视运动认知</td></tr>
<tr><td colspan="2">单元二　陀螺罗经控制力矩与阻尼认知</td></tr>
<tr><td colspan="2">单元三　陀螺罗经指向误差认知</td></tr>
<tr><td colspan="2">单元四　安许茨 4 型陀螺罗经结构认知</td></tr>
<tr><td colspan="2">单元五　安许茨 4 型陀螺罗经操作与维护</td></tr>
<tr><td colspan="2">单元六　安许茨 22 型陀螺罗经结构认知</td></tr>
<tr><td colspan="2">单元七　安许茨 22 型陀螺罗经操作与维护</td></tr>
<tr><td colspan="2">单元八　斯伯利 37 型陀螺罗经认知</td></tr>
<tr><td colspan="2">单元九　斯伯利 37 型陀螺罗经操作与维护</td></tr>
<tr><td colspan="2">单元十　Meridian TSS 陀螺罗经结构认知</td></tr>
<tr><td colspan="2">单元十一　Meridian TSS 陀螺罗经操作与维护</td></tr>
</table>

<table>
<tr><td rowspan="2">模块二</td><td rowspan="2">陀螺罗经操作与维护</td><td>课时</td></tr>
<tr><td>42</td></tr>
<tr><td>相关知识</td><td colspan="2">具有航海学基础知识，如海图、航线、航向、方位等基本概念，有一定的空间想象能力</td></tr>
<tr><td>教学设备与媒体</td><td colspan="2">多媒体课件；安许茨 4 型陀螺罗经、安许茨 22 型陀螺罗经、斯伯利 37 型陀螺罗经、Meridian TSS 型陀螺罗经</td></tr>
<tr><td>教学方法和建议</td><td colspan="2">演示教学、分组操作竞赛、案例教学、探究式教学等方法相结合</td></tr>
<tr><td>考核评价</td><td colspan="2">课堂提问，学生安许茨陀螺罗经、斯伯利与 Meridian TSS 陀螺罗经操作能力测试，题卡测试</td></tr>
</table>

<table>
<tr><td colspan="2" rowspan="2">模块三</td><td rowspan="2">测深仪、计程仪操作与维护</td><td>课时</td></tr>
<tr><td>12</td></tr>
<tr><td rowspan="3">教学目标</td><td>知识目标</td><td colspan="2">掌握船用测深仪的基本工作原理及影响测深精度的主要因素，掌握船用计程仪的基本工作原理及影响测速计程的主要因素</td></tr>
<tr><td>能力目标</td><td colspan="2">会正确使用典型的船用测深仪和计程仪</td></tr>
<tr><td>素质目标</td><td colspan="2">培养团队精神、服从意识及严谨的工作作风</td></tr>
<tr><td colspan="2" rowspan="3">学习内容</td><td colspan="2">单元一　测深原理与误差认知</td></tr>
<tr><td colspan="2">单元二　计程仪工作原理认知</td></tr>
<tr><td colspan="2">单元三　Junlu DS1068-1 型测深仪与 Junlu DS-90 型计程仪操作</td></tr>
<tr><td colspan="2">相关知识</td><td colspan="2">具有航海学基础知识，如海图、航线、航向、方位等基本概念，有一定的空间想象能力</td></tr>
<tr><td colspan="2">教学设备与媒体</td><td colspan="2">多媒体课件； Junlu DS1068-1 型测深仪、Junlu DS-90 型计程仪</td></tr>
<tr><td colspan="2">教学方法和建议</td><td colspan="2">演示教学、分组操作竞赛、案例教学、探究式教学等方法相结合</td></tr>
<tr><td colspan="2">考核评价</td><td colspan="2">课堂提问，学生测深仪、计程仪操作能力测试，题卡测试</td></tr>
</table>

<table>
<tr><td colspan="2" rowspan="2">模块四</td><td rowspan="2">GPS 操作与维护</td><td>课时</td></tr>
<tr><td>12</td></tr>
<tr><td rowspan="3">教学目标</td><td>知识目标</td><td colspan="2">掌握 GPS/DGPS 卫星导航系统定位基本原理及影响船位精度的主要因素，掌握 GPS/DGPS 接收机使用</td></tr>
<tr><td>能力目标</td><td colspan="2">会正确使用 GPS/DGPS 接收机，并能分析影响 GPS 定位精度的因素</td></tr>
<tr><td>素质目标</td><td colspan="2">培养团队精神、服从意识及严谨的工作作风</td></tr>
</table>

<table>
<tr><td colspan="2">模块四</td><td>GPS 操作与维护</td><td>课时
12</td></tr>
<tr><td colspan="2" rowspan="3">学习内容</td><td colspan="2">单元一 GPS 工作原理与定位误差认知</td></tr>
<tr><td colspan="2">单元二 DGPS 工作原理与定位误差认知</td></tr>
<tr><td colspan="2">单元三 船用 GPS 接收机使用</td></tr>
<tr><td colspan="2">相关知识</td><td colspan="2">具有航海学基础知识,如海图、航线、航向、方位等基本概念,有一定的空间想象能力</td></tr>
<tr><td colspan="2">教学设备与媒体</td><td colspan="2">多媒体课件; Navmavtracker 5430 GPS 接收机、Xinuo HM-1507 GPS 接收机</td></tr>
<tr><td colspan="2">教学方法和建议</td><td colspan="2">演示教学、分组操作竞赛、案例教学、探究式教学等方法相结合</td></tr>
<tr><td colspan="2">考核评价</td><td colspan="2">课堂提问、学生 GPS 操作能力测试、题卡测试</td></tr>
</table>

<table>
<tr><td colspan="2">模块五</td><td>雷达操作与应用</td><td>课时
42</td></tr>
<tr><td rowspan="3">教学目标</td><td>知识目标</td><td colspan="2">掌握船用雷达结构及工作原理,掌握运用雷达进行导航与定位、避碰及标绘、目标跟踪等方法</td></tr>
<tr><td>能力目标</td><td colspan="2">能利用船用雷达进行定位、导航、避碰,并能分析影响船用雷达观测的因素</td></tr>
<tr><td>素质目标</td><td colspan="2">培养团队精神、服从意识及严谨的工作作风</td></tr>
<tr><td colspan="2" rowspan="6">学习内容</td><td colspan="2">单元一 雷达基本部件认知</td></tr>
<tr><td colspan="2">单元二 雷达基本操作与设置</td></tr>
<tr><td colspan="2">单元三 IMO 雷达性能标准认知</td></tr>
<tr><td colspan="2">单元四 影响雷达观测的因素认知</td></tr>
<tr><td colspan="2">单元五 雷达定位与导航</td></tr>
<tr><td colspan="2">单元六 雷达避碰</td></tr>
<tr><td colspan="2">相关知识</td><td colspan="2">具有航海学基础知识,如海图、航线、航向、方位等基本概念,有一定的空间想象能力</td></tr>
<tr><td colspan="2">教学设备与媒体</td><td colspan="2">多媒体课件;FURUNO FAR 2117/2817 雷达、桌面模拟系统、雷达模拟器、大型船舶操纵模拟器</td></tr>
<tr><td colspan="2">教学方法和建议</td><td colspan="2">演示教学、分组操作竞赛、案例教学、探究式教学等方法相结合</td></tr>
<tr><td colspan="2">考核评价</td><td colspan="2">课堂提问、学生雷达操作与使用能力测试、题卡测试</td></tr>
</table>

模块六		AIS 操作与维护	课时
			9
教学目标	知识目标	掌握船载 AIS 设备工作原理，掌握船载 AIS 设备协助船舶间避碰的方法，掌握船载 AIS 设备的使用方法	
	能力目标	会使用船载 AIS 设备，并会利用船载 AIS 设备协助船舶间避碰	
	素质目标	培养团队精神、服从意识及严谨的工作作风	
学习内容		AIS 工作原理与 AIS 信息认知	
		船载 AIS 操作	
相关知识		具有航海学基础知识，如海图、航线、航向、方位等基本概念，有一定的空间想象能力	
教学设备与媒体		多媒体课件；SI-30 UAIS 船载设备、Xinuo XA-198 AIS 船载设备	
教学方法和建议		演示教学、分组操作竞赛、案例教学、探究式教学等方法相结合	
考核评价		课堂提问、学生 AIS 操作能力测试、题卡测试	

模块七		ECDIS 操作与应用	课时
			27
教学目标	知识目标	了解 ECDIS 的数据结构；掌握利用 ECDIS 导航、定位及辅助避险的方法	
	能力目标	能识别 ECDIS 海图图式；会利用 ECDIS 引导船舶安全航行和定位	
	素质目标	培养团队精神、服从意识及严谨的工作作风	
学习内容		ECDIS 组成认知	
		ECDIS 海图图式认知	
		IMO ECDIS 性能标准认知	
		ECDIS 使用与风险	
相关知识		具有航海学基础知识，如海图、航线、航向、方位等基本概念，有一定的空间想象能力	
教学设备与媒体		多媒体课件；ECDIS 模拟器	
教学方法和建议		演示教学、分组操作竞赛、案例教学、探究式教学等方法相结合	
考核评价		课堂提问、学生 ECDIS 操作能力测试、题卡测试	

模块八		VDR、LRIT、IBS 认知	课时 9
教学目标	知识目标	掌握船载 VDR/SVDR、LRIT 设备组成及工作原理;掌握 VDR/SVDR 信息采集方法及报警信息的含义及处理方法;掌握 LRIT 信息组成及发射方法	
	能力目标	能看懂 VDR/SVDR 的报警信息并做出相应的处理	
	素质目标	培养团队精神、服从意识及严谨的工作作风	
学习内容		VDR 认知	
		LRIT 认知	
相关知识		具有航海学基础知识,如海图、航线、航向、方位等基本概念,有一定的空间想象能力	
教学设备与媒体		多媒体课件;VDR 真机设备、大型船舶操纵模拟器	
教学方法和建议		演示教学、分组操作竞赛、案例教学、探究式教学等方法相结合	
考核评价		课堂提问、学生 IBS 认知能力测试、题卡测试	

模块九		航海仪器综合运用	课时 4
教学目标	知识目标	掌握航行过程中利用各种航海仪器引导船舶安全航行和定位的方法	
	能力目标	会使用各种航海仪器引导船舶安全航行和定位	
	素质目标	培养团队精神、服从意识及严谨的工作作风	
学习内容		利用航海仪器进行船舶定位、船舶导航、船舶避碰等(模拟操作马六甲海峡航行)	
相关知识		具有航海学基础知识,如海图、航线、航向、方位等基本概念,有一定的空间想象能力	
教学设备与媒体		多媒体课件;模拟驾驶台、大型船舶操纵模拟器	
教学方法和建议		演示教学、分组操作竞赛、案例教学、探究式教学等方法相结合	
考核评价		课堂提问、学生操作能力测试、题卡测试	

(六)考核评价

①采用终结性、过程性和专项技能考核相结合的评价方法。

②考核内容要充分体现 STCW 公约马尼拉修正案和《11 规则》对无限航区 3000 总吨及以上船舶三副适任考试和评估大纲中相应航海仪器部分的考核要求。

③注重学生实际操作能力和在实践中分析问题、解决问题能力的考核,对在学习和应用上有创新的学生应给予特别鼓励。

④关注评价的多元性,结合实训考核、现场提问、学生作业、平时测验及考试等情况,综合

评价学生成绩。

⑤本课程的总评成绩 = 平时成绩 + 专项技能考核成绩 + 终结性考核成绩，其中，平时成绩占 10%，专项技能考核成绩占 60%，终结性考核成绩占 30%。

各考核细目详见下表：

课程名称：航海学（航海仪器操作与维护）						
序号	平时考核	10%	专项技能考核	60%	终结性考核	30%
1	课堂考勤		磁罗经项目	7.5%	理论考核	30%
2	学习态度		陀螺罗经项目	7.5%		
3	作业		测深仪、计程仪项目	5%		
4	课堂互动		GPS 项目	10%		
5	讨论		雷达项目	10%		
6			AIS 项目	5%		
7			ECDIS 项目	10%		
8			VDR、LRIT、IBS 项目	5%		

（七）教学条件

1. 实践条件

①建立电航仪器实训室、磁罗经实训室、通导设备实训室、雷达与 APRA 实训室，ECDIS 实训室，能满足 STCW 公约马尼拉修正案和国内海船船员适任评估相关标准最新要求。通过模拟和工作实景仿真实操与评估训练，对实训综合信息显示与结果进行分析，提高学生实践能力和职业综合能力，达到适任上岗的能力要求。

②加强与省内外航运企业联系，充分利用企业、行业教学资源进行产学合作教学，营造真实的实践教学环境，增强学生岗位适应能力。

2. 师资条件

理论课教师根据教育行政主管部门和中华人民共和国海事局颁布的《中华人民共和国船员培训管理规则》要求配备，实训指导教师按照师生比 1∶20 配备。

理论课教师应具有：

①不少于 18 个月甲类三副资历，且具有不少于 2 年教学经验；或

②航海技术专业中级及以上专业技术职称，并具有不少于 1 年的甲类三副资历。

实训指导教师应具有：

不少于 18 个月的甲类三副海上资历。

（八）实施建议

1. 课程资源的开发与利用

①各专项技能训练应完全满足 STCW 公约马尼拉修正案规定的强制性最低要求和无限航区 3000 总吨及以上船舶三副岗位适任能力要求。教材以及相应教辅资料的编写应当依据本课程标准进行，充分体现能力本位、课证融通的设计思想。

②教材内容要体现实用性和可操作性,同时注重与时俱进,要把相关的新知识、新技术融入教材中,使教材更贴近现代航海发展变化和实际需要。

③磁罗经、陀螺罗经、测深仪、计程仪、ECDIS、GPS、AIS、VDR、模拟驾驶台、船舶操纵等实训室应参考专业教学标准中的“实验实训条件”的要求,配备相关实训设备。

④应积极采用现代化的教学手段,制作和收集与教学内容相配套的多媒体课件,挂图、幻灯片、视听光盘等,使学生加深对知识的理解和掌握。

⑤积极开发利用网络课程资源,充分利用诸如电子书籍、电子期刊、数据库、数字图书馆、教育网站和电子论坛等网络信息资源,使教学媒体从单一媒体向多媒体转变,使教学活动从信息的单向传递向双向交互转变,使学生从单独学习向合作学习转变。

⑥通过校企合作等多种途径,采用工学结合等形式,充分利用校内实训设备资源和企业资源,加强校企合作,建立实习实训基地,进行实训课程资源开发,同时为学生就业提供机会。

2. 教学建议

①立足于加强学生实际动手能力的培养,提高学生的兴趣;注重现代化教学资源的开发和利用,积极开发多媒体教学课件、制作电子教案,激发学生的学习兴趣,促进学生对知识的理解和掌握。

②尽可能在航海仪器实训室实施教学,构建“以学生为主体,教师为主导”、集课上与课下、网上与网下的立体化教学模式。

③结合国家海事局对于3000总吨及以上船舶三副岗位航海仪器部分的考核项目,以分组学习、各组技能操作能力竞赛等方式,激发学生学习兴趣,强化学生对于各种航海仪器实际操作能力训练,提升学生实践操作能力。

三、航海学(气象)课程标准

课程类型:理实一体课
适用专业:航海技术
开设学期:第一学年第二学期
建议学时:64

(一)课程性质与作用

航海学(气象)课程主要学习海洋水文气象要素观测与编报、大气运动基本规律、天气系统特性与避险、海上气象信息获取与应用、船舶气象导航等气象学和海洋学基础知识,培养学生正确观测气象和水文要素、运用船舶天气报告和气象传真图等实况观测资料预测航区或航线天气情况的能力,是航海技术专业核心专业课程之一。主要培养学生船舶海洋水文气象观测、编报的基本技能和船舶驾驶员海上进行实际天气分析和预报的能力。

(二)课程目标

通过该课程学习,使学生掌握航海中所必须具备的气象学和海洋学基础知识,能够运用船用气象仪器正确观测气象和水文要素,运用船舶天气报告、气象传真图和现场实况观测资料,预测航区或航线天气。同时通过课程教学培养学生分析问题与解决问题的能力,养成严谨、求实、认真、仔细的学习、工作态度和作风,使学生养成优秀高级船员优良的品格和心理素质,并具备一定的职业发展能力。

1. 知识目标

①掌握各种气象、水文要素的概念、表示方法、变化规律、分布规律、特点;
②掌握各种天气系统的形成原理、天气模式、分布规律、移动规律、生命史;
③理清天气系统与气象要素之间的关系;
④掌握天气预报及相关信息获取、使用。

2. 能力目标

①具有正确运用船用气象仪器观测气象、水文要素的能力;
②具有在天气图上识别各种天气系统并进行正确防避的能力;
③具有正确识读世界各国发布的英文天气报告和气象传真图的能力;
④具有运用船舶天气报告、气象传真图和现场实况观测资料,预测航区或航线天气的能力。

3. 素质目标

①具有良好的职业道德及遵守行业规范的工作意识和行为意识;
②具有较强的沟通能力、合作能力、新知识掌握能力、综合运用能力。

(三)课程设计理念与思路

1. 以能力为本位,融"证"于课,构建"课证融通"教学体系

本课程根据行业专家对航海技术专业所涵盖的岗位群进行的任务和职业能力分析,结合最新国际海事公约(STCW 公约马尼拉修正案)和考试大纲规定的船舶操作级驾驶员(无限航

区3000总吨及以上船舶三副)适任标准,以能力培养为主线,以职业岗位需要为原则,整合优化教学内容。

2. 以实际工作任务为载体,重构教学内容,精心设计学习模块

以船舶操作级驾驶员工作中实际任务为驱动,对教学内容进行知识重构,设计出五个学习模块。每个模块以若干个完整和相对独立的任务单元和技能训练项目作为教学载体,让学生在理论与实践相互交融的学习环境中学习相关理论知识,发展职业能力。五个学习模块之间遵循由易到难的原则,这种工作过程系统化的设计符合学生的认知规律和职业成长规律,充分体现“工学结合”思想。

3. 加强与行业、企业之间的联系,“工学结合”培养人才

教学过程中,通过校企合作等多种途径,采用工学结合等形式,充分利用校内航海气象实训室的实训设备资源和当地气象部门设施、设备和人才资源实施教学。教学评价采用过程性评价、实践技能评价和结果性评价相结合,侧重于过程性评价和实践技能评价。

(四)课程内容结构安排

学习模块		学习单元	课时
1	气象学基础知识及其应用	单元一　大气概况	26
		单元二　气温	
		单元三　气压	
		单元四　大气湿度	
		单元五　空气的水平运动——风	
		单元六　大气环流	
		单元七　大气的垂直运动和大气稳定度	
		单元八　云和降水	
		单元九　雾与能见度	
		单元十　船舶海洋水文气象要素测报	
		技能训练1　温、压、湿、风的仪器观测	
		技能训练2　云的观测	
2	海洋学基础知识及其应用	单元一　海流	8
		单元二　海浪	
		单元三　海冰、海温	
		技能训练　船舶海洋水文气象要素综合测报	
3	天气图基础知识及其分析	单元一　天气图基本知识	6
		单元二　地面天气图	
		单元三　高空天气图	
		技能训练1　地面天气图分析	
		技能训练2　高空天气图分析	

<table>
<tr><th colspan="2">学习模块</th><th>学习单元</th><th>课时</th></tr>
<tr><td rowspan="6">4</td><td rowspan="6">天气系统及其天气特征</td><td>单元一　气团和锋</td><td rowspan="6">16</td></tr>
<tr><td>单元二　温带气旋</td></tr>
<tr><td>单元三　温带反气旋</td></tr>
<tr><td>单元四　副热带高压</td></tr>
<tr><td>单元五　热带气旋</td></tr>
<tr><td>技能训练　锋面天气分析</td></tr>
<tr><td rowspan="4">5</td><td rowspan="4">船舶气象信息的获取和应用</td><td>单元一　船舶气象信息的获取</td><td rowspan="4">8</td></tr>
<tr><td>单元二　气象传真图</td></tr>
<tr><td>单元三　气象报告</td></tr>
<tr><td>技能训练　气象传真图和天气报告识读与分析</td></tr>
<tr><td colspan="3">合计</td><td>64</td></tr>
</table>

（五）教学内容与要求

<table>
<tr><td colspan="2" rowspan="2">学习模块一</td><td rowspan="2">气象学基础知识及其应用</td><td>课时</td></tr>
<tr><td>26</td></tr>
<tr><td rowspan="3">教学目标</td><td>知识目标</td><td colspan="2">掌握各种气象要素概念、特征及时空变化规律、要素测报方法等</td></tr>
<tr><td>能力目标</td><td colspan="2">会正确操作使用船用气象仪器，并进行观测与记录气象要素</td></tr>
<tr><td>素质目标</td><td colspan="2">具有较强的沟通能力、合作能力、新知识掌握能力、综合运用能力</td></tr>
<tr><td colspan="2" rowspan="10">学习单元</td><td colspan="2">单元一　大气概况</td></tr>
<tr><td colspan="2">单元二　气温</td></tr>
<tr><td colspan="2">单元三　气压</td></tr>
<tr><td colspan="2">单元四　大气湿度</td></tr>
<tr><td colspan="2">单元五　空气水平运动——风</td></tr>
<tr><td colspan="2">单元六　大气环流</td></tr>
<tr><td colspan="2">单元七　大气的垂直运动和大气稳定度</td></tr>
<tr><td colspan="2">单元八　云和降水</td></tr>
<tr><td colspan="2">单元九　雾与能见度</td></tr>
<tr><td colspan="2">单元十　船舶海洋水文气象要素测报</td></tr>
<tr><td colspan="2">相关知识</td><td colspan="2">航海实践中各实测气象要素对船舶航行的影响因素</td></tr>
<tr><td colspan="2">教学设备与媒体</td><td colspan="2">干湿球温度表、空盒气压表、三杯轻便风向风速表、水温表、船舶数字气象仪等气象仪器和云图</td></tr>
<tr><td colspan="2">考核评价</td><td colspan="2">过程性考核、阶段性考核和终结性考核相结合</td></tr>
</table>

<table>
<tr><td colspan="2" rowspan="2">学习模块二</td><td rowspan="2">海洋学基础知识及其应用</td><td>课时</td></tr>
<tr><td>8</td></tr>
<tr><td rowspan="3">教学目标</td><td>知识目标</td><td colspan="2">掌握海浪、海流、海冰的概念、特性，主要大风浪区、海洋及近海表层海流分布概况和大洋冰况</td></tr>
<tr><td>能力目标</td><td colspan="2">能根据所学知识避开狂风恶浪海域、有效预防船体结冰、防避冰山等</td></tr>
<tr><td>素质目标</td><td colspan="2">具有较强的沟通能力、合作能力、新知识掌握能力、综合运用能力</td></tr>
<tr><td colspan="2" rowspan="3">学习单元</td><td colspan="2">单元一　海流</td></tr>
<tr><td colspan="2">单元二　海浪</td></tr>
<tr><td colspan="2">单元三　海冰、海温</td></tr>
<tr><td colspan="2">相关知识</td><td colspan="2">海冰、海浪、海流对船舶航行的影响</td></tr>
<tr><td colspan="2">教学设备与媒体</td><td colspan="2">世界各大洋大风浪分布图、海流分布图、冰况图等海洋气候资料</td></tr>
<tr><td colspan="2">考核评价</td><td colspan="2">过程性考核、阶段考核和终结性考核相结合</td></tr>
</table>

<table>
<tr><td colspan="2" rowspan="2">学习模块三</td><td rowspan="2">天气图基础知识及其分析</td><td>课时</td></tr>
<tr><td>6</td></tr>
<tr><td rowspan="3">教学目标</td><td>知识目标</td><td colspan="2">掌握地面和高空天气图上的填图格式及其符号、数字的含义，分析五种主要气压场型式</td></tr>
<tr><td>能力目标</td><td colspan="2">能正确识读天气图上的填图格式，掌握天气图上等压线的分析方法并能绘制简易天气图</td></tr>
<tr><td>素质目标</td><td colspan="2">具有较强的沟通能力、合作能力、新知识掌握能力、综合运用能力</td></tr>
<tr><td colspan="2" rowspan="3">学习单元</td><td colspan="2">单元一　天气图基本知识</td></tr>
<tr><td colspan="2">单元二　地面天气图</td></tr>
<tr><td colspan="2">单元三　高空天气图</td></tr>
<tr><td colspan="2">相关知识</td><td colspan="2">国内外天气图的格式、规范</td></tr>
<tr><td colspan="2">教学设备与媒体</td><td colspan="2">简易地面天气图和高空天气图</td></tr>
<tr><td colspan="2">考核评价</td><td colspan="2">过程性考核、阶段考核和终结性考核相结合</td></tr>
</table>

<table>
<tr><td colspan="2" rowspan="2">学习模块四</td><td rowspan="2">天气系统及其天气特征</td><td>课时</td></tr>
<tr><td>16</td></tr>
<tr><td rowspan="3">教学目标</td><td>知识目标</td><td colspan="2">掌握锋、温带气旋和反气旋、副热带高压、热带气旋等的概念、特征、移动情况、活动规律及避险</td></tr>
<tr><td>能力目标</td><td colspan="2">能正确识别各类天气系统，掌握各类天气系统的特征及发生、发展、移动规律，并进行正确避险</td></tr>
<tr><td>素质目标</td><td colspan="2">具有较强的沟通能力、合作能力、新知识掌握能力、综合运用能力</td></tr>
<tr><td colspan="2" rowspan="5">学习单元</td><td colspan="2">单元一　气团和锋</td></tr>
<tr><td colspan="2">单元二　温带气旋</td></tr>
<tr><td colspan="2">单元三　温带反气旋</td></tr>
<tr><td colspan="2">单元四　副热带高压</td></tr>
<tr><td colspan="2">单元五　热带气旋</td></tr>
<tr><td colspan="2">相关知识</td><td colspan="2">船舶在各天气系统影响下的正确操纵</td></tr>
<tr><td colspan="2">教学设备与媒体</td><td colspan="2">锋面、寒潮、台风等天气过程的历史天气图</td></tr>
<tr><td colspan="2">考核评价</td><td colspan="2">过程性考核、阶段考核和终结性考核相结合</td></tr>
</table>

<table>
<tr><td colspan="2" rowspan="2">学习模块五</td><td rowspan="2">船舶气象信息的获取和应用</td><td>课时</td></tr>
<tr><td>8</td></tr>
<tr><td rowspan="3">教学目标</td><td>知识目标</td><td colspan="2">掌握天气报告的主要内容和读报注意事项，传真天气图、传真海况图和传真卫星云图的图名标题、内容含义，航线天气分析方法</td></tr>
<tr><td>能力目标</td><td colspan="2">能正确接收海上气象信息，识读气象传真图和天气报告，应用船舶气象信息分析和预测航线天气</td></tr>
<tr><td>素质目标</td><td colspan="2">具有较强的沟通能力、合作能力、新知识掌握能力、综合运用能力</td></tr>
<tr><td colspan="2" rowspan="3">学习单元</td><td colspan="2">单元一　船舶气象信息的获取</td></tr>
<tr><td colspan="2">单元二　气象传真图</td></tr>
<tr><td colspan="2">单元三　气象报告</td></tr>
<tr><td colspan="2">相关知识</td><td colspan="2">不同国家播报天气报告的习惯差异；航海地理</td></tr>
<tr><td colspan="2">教学设备与媒体</td><td colspan="2">气象传真接收机、NAVTEX、气象传真图和天气报告</td></tr>
<tr><td colspan="2">考核评价</td><td colspan="2">过程性考核、阶段考核和终结性考核相结合</td></tr>
</table>

(六)考核评价

①采用过程性、阶段性和终结性考核相结合的评价方法；

②积极开发无纸化网络考试系统，建立课程试题库，实行“考教分离”，促进良好教风和学风的形成；

③注重对学生动手能力和在实践中分析问题、解决问题能力的考核，在学习和应用上有创新的学生应给予特别鼓励；

④关注评价的多元性，结合实训考核、现场提问、学生作业、平时测验、技能竞赛及终结考试等情况，综合评价学生成绩；

⑤本课程的总评成绩 = 过程性考核成绩 + 阶段考核成绩 + 终结性考核成绩，其中，过程性考核成绩占 10%，阶段性考核成绩占 50%，终结性考核成绩占 40%。

各考核细目详见下表：

<table>
<tr><td rowspan="2">序号</td><td>过程性考核</td><td>10%</td><td colspan="2">阶段性考核</td><td>50%</td><td>终结性考核</td><td>40%</td></tr>
<tr><td>考核细目</td><td>比重</td><td colspan="2">考核细目</td><td>比重</td><td>考核细目</td><td>比重</td></tr>
<tr><td>1</td><td>课堂考勤</td><td>5%</td><td rowspan="5">教学
单元考核</td><td>气象学基础</td><td>10%</td><td>理论考核</td><td>40%</td></tr>
<tr><td>2</td><td>平时作业</td><td>5%</td><td>海洋学基础</td><td>10%</td><td></td><td></td></tr>
<tr><td>3</td><td></td><td></td><td>天气系统</td><td>10%</td><td></td><td></td></tr>
<tr><td>4</td><td></td><td></td><td>天气图基础</td><td>10%</td><td></td><td></td></tr>
<tr><td>5</td><td></td><td></td><td>天气报告应用</td><td>10%</td><td></td><td></td></tr>
</table>

过程性考核：依据学生平时的出勤、平时作业综合评价。

阶段性考核：根据本课程实际，将本课程分气象学基础、海洋学基础知识、天气系统、天气图基础、天气报告应用五个单元进行阶段考核。考核采用大型作业等方法。

终结性考核：由客观题和主观题两部分组成，试卷形式原则上与中华人民共和国海船船员适任考试形式接轨，实行考教分离，促进良好教风与学风的形成，同时提高学生的考证适应性。

（七）教学条件

1. 实践条件

①建立开放式的课程实训中心，使之满足“船舶水文气象要素测报”“气象传真图接收与航线天气分析”等岗位技能培养的需要。

②加强与当地气象部门、省内外航运企业的联系，充分利用企业、行业教学资源进行产学合作教学，营造真实的实践教学环境，增强学生的岗位适应能力。

2. 师资条件

理论课教师根据教育行政主管部门和中华人民共和国海事局颁布的《中华人民共和国船员培训管理规则》要求配备，实训教师按照师生比 1∶20 配备；理论课教师应由毕业于气象类或航海类本科院校，熟悉高职教育规律、实践经验丰富、教学效果好的“双师型”教师担任教学，且海上服务资历不少于 6 个月。

（八）实施建议

1. 课程资源开发与利用

①依据本课程标准编写教材，教材应充分体现能力本位、课证融合的设计思想。注重实验实训指导书、配套习题集、试题库的开发和应用。

②注重现代化教学资源的开发和利用，积极开发多媒体教学课件、制作电子教案，激发学

生的学习兴趣,促进学生对知识的理解和掌握。吸收气象科学和海洋科学的最新研究成果,反映气象科学和海洋科学最新发展动态,力求保证教学内容的先进性。

③与职业资格证书考试内容接轨。教材内容要符合中华人民共和国海事局最新颁布的考试大纲和 STCW 公约对各类船员在气象学与海洋学两方面的要求,以增强学生的岗位适应能力。

④积极开发利用网络课程资源,充分利用诸如电子书籍、电子期刊、数据库、数字图书馆,使教学媒体从单一媒体向多媒体转变,使教学活动从信息的单向传递向双向交互转变,使学生从单独的学习向合作学习转变。

⑤通过校企合作等多种途径,采用工学结合等形式,充分利用校内实训设备资源和企业资源,加强校企合作,建立实习实训基地,进行实训课程资源开发,同时为学生就业提供机会。

2. 教学建议

①本课程实践性较强,教学中必须理论教学和实践教学穿插进行,讲练结合,尤其是云的观测,要坚持利用课前、课后经常进行;传真天气图的识读与应用,要与日常天气分析结合,并安排大量练习。

②教学中尽量采用课件和教学录像,使学生对热带气旋、温带气旋、冷高压、锋等有直观认识。

③创设工作情境,加大实训数量,尽可能利用现有实验实训设备实施开放式教学,帮助学生积累天气观测与分析实践经验,培养学生发现问题、分析问题和解决问题的能力。

四、船舶操纵与避碰课程标准

课程类型：专业必修课
适用专业：航海技术
开设学期：第二学年第三、四学期
建议学时：136

（一）课程性质与作用

本课程主要学习船舶各种操纵设备的使用，在各种水域环境下的船舶操纵和避碰知识，船舶声响信号、视觉信号的收发程序及方法，航行值班原则和驾驶台工作程序，船舶资源管理等相关知识，培养学生在各种水域环境和紧急情况下进行正确的船舶操纵和避碰、履行航行值班职责的能力，是航海技术专业核心课程之一。

（二）课程目标

1. 知识目标

①掌握船舶操纵性能及设备的运用、外界因素的影响等；
②掌握在港内操船、靠离泊、大型船舶、特殊水域、大风浪中的船舶操纵等；
③掌握紧急情况下的旅客保护和安全措施，船舶搁浅、船舶碰撞、船舶火灾时的应急操船方法、应急拖带等；
④掌握 IMO《国际航空和海上搜寻救助手册》内容；
⑤掌握常用轮机术语、船舶辅机常识、船舶动力装置操作原则等；
⑥掌握《1972 年国际海上避碰规则》内容；
⑦掌握航行值班原则和驾驶台协调工作程序；
⑧掌握驾驶台资源管理的知识与要求；
⑨掌握用视觉信号发出和接收信息。

2. 能力目标

①具有根据船舶操纵性衡准指标比较船舶操纵性能的能力；
②具有正确使用船舶操纵设备的能力；
③具有在外界因素影响下判断船舶运动趋势的能力；
④具有在各种环境下正确操船的能力；
⑤能够根据号灯与号型判断他船种类、大小、动态和工作性质；
⑥会鸣放本船在不同状态下的声响信号，并能根据声响信号判断他船所处状态；
⑦能根据驾驶与航行规则采取避碰行动；
⑧能根据值班规则履行航行值班职责；
⑨能充分利用驾驶台资源安全管理船舶；
⑩能收发视觉信号。

3. 素质目标

①具有开展自主学习的能力；
②具有通过各种媒体资源收集和处理信息的能力；

③具有独立制订工作计划并实施的能力；

④具有处理和解决问题的方法和能力。

(三)课程设计理念与思路

1. 课程设计理念

本课程依据无限航区3000总吨及以上船舶三副岗位的职业能力分析，以培养学生履行船舶海上航行值班的岗位职责应当具备的“运用国际避碰规则避免船舶碰撞、安全履行航行值班”职业适任能力要求为主线设计课程内容。

2. 课程设计主要思路

本课程根据值班驾驶员岗位所要完成的工作任务，结合无限航区3000总吨及以上船舶三副岗位所需的船舶操纵、避碰知识和能力为主轴进行设计，适当引入船长、大副岗位所需的船舶操纵避碰相关知识，并根据《规则》确定避让关系及采取相应避让行动的顺序，选择具有代表性的各种局面的避让过程为载体进行课程内容设计。

(四)课程内容结构安排

学习模块		学习单元	课时
1	认识船舶操纵性能	单元一　船舶变速性能	12
		单元二　旋回性能	
		单元三　航向稳定性和保向性	
		单元四　船舶操纵性指数	
		单元五　船舶操纵性试验	
		单元六　船舶操纵性衡准	
2	使用船舶操纵设备	单元一　螺旋桨的运用	20
		单元二　舵设备及其运用	
		单元三　锚设备及其运用	
		单元四　系泊设备及其运用	
		单元五　拖轮的运用	
3	认识外界因素的影响	单元一　风、流对操纵的影响	8
		单元二　受限水域对操纵的影响	
		单元三　船间效应	
4	在各种环境下操船	单元一　港内操纵	20
		单元二　靠、离泊操纵	
		单元三　大型船舶操纵	
		单元四　特殊水域中的船舶操纵	
		单元五　大风浪中船舶操纵	
		单元六　应急操纵	

学习模块		学习单元	课时
5	认识轮机知识	单元一　常用轮机术语	12
		单元二　船舶辅机知识	
		单元三　船舶动力装置的基本操作原则	
6	《1972年国际海上避碰规则》总则	单元一　适用范围	6
		单元二　责任	
		单元三　一般定义	
7	信号识别	单元一　号灯、号型基础知识	12
		单元二　船舶号灯与号型的显示与识别	
		单元三　操纵与警告信号	
		单元四　能见度不良时的声号	
		单元五　招引注意的信号	
		单元六　遇险信号	
8	碰撞危险的判断	单元一　保持正规瞭望	4
		单元二　判断碰撞危险	
9	局面的估计和行动	单元一　避免碰撞的行动	16
		单元二　两帆船相遇	
		单元三　追越局面	
		单元四　对遇局面	
		单元五　交叉相遇局面	
		单元六　船舶之间责任	
		单元七　让路船的行动	
		单元八　直航船的行动	
		单元九　能见度不良时的行动	
10	航行值班	单元一　安全航速	10
		单元二　狭水道	
		单元三　分道通航制	
		单元四　船舶定线制	
		单元五　值班规则	
11	驾驶台资源管理	单元一　概述与组织	8
		单元二　驾驶台团队	
		单元三　通信与沟通	
		单元四　决策和领导力	
		单元五　情境意识的获得和保持	
12	用视觉信号收发信息	单元一　国际信号规则组成	8
		单元二　常用单字母旗及其意义	
		单元三　挂旗常识	
		单元四　通信要素表示方法、呼号组成	
总计			136

(五)教学内容与要求

<table>
<tr><td colspan="2" rowspan="2">学习模块一</td><td rowspan="2">认识船舶操纵性能</td><td>课时</td></tr>
<tr><td>12</td></tr>
<tr><td rowspan="3">教学目标</td><td>知识目标</td><td colspan="2">具有船舶变速性能、旋回性能、航向稳定性和保向性方面基础知识</td></tr>
<tr><td>能力目标</td><td colspan="2">具有测冲程、旋回圈及进行“Z”形试验等操纵性试验的初步能力</td></tr>
<tr><td>素质目标</td><td colspan="2">具备探索船舶操纵规律的意识与能力</td></tr>
<tr><td colspan="2" rowspan="6">学习单元</td><td colspan="2">单元一　船舶变速性能</td></tr>
<tr><td colspan="2">单元二　旋回性能</td></tr>
<tr><td colspan="2">单元三　航向稳定性和保向性</td></tr>
<tr><td colspan="2">单元四　船舶操纵性指数</td></tr>
<tr><td colspan="2">单元五　船舶操纵性试验</td></tr>
<tr><td colspan="2">单元六　船舶操纵性衡准</td></tr>
<tr><td colspan="2">相关知识</td><td colspan="2">船舶变速性能、旋回性能、航向稳定性和保向性对船的影响</td></tr>
<tr><td colspan="2">教学设备与媒体</td><td colspan="2">大型船舶操纵模拟器、桌面航海模拟器、多媒体教学课件</td></tr>
<tr><td colspan="2">考核评价</td><td colspan="2">以《11 规则》规定的船舶操纵方面的相应要求为依据,课堂提问、题卡测试和实际实操考核相结合</td></tr>
</table>

<table>
<tr><td colspan="2" rowspan="2">学习模块二</td><td rowspan="2">使用船舶操纵设备</td><td>课时</td></tr>
<tr><td>20</td></tr>
<tr><td rowspan="3">教学目标</td><td>知识目标</td><td colspan="2">具有车、舵、锚、缆、拖轮的基础知识</td></tr>
<tr><td>能力目标</td><td colspan="2">具有使用船舶操纵设备的能力</td></tr>
<tr><td>素质目标</td><td colspan="2">具有合理选择相应操纵设备以及综合运用各种设备的能力</td></tr>
<tr><td colspan="2" rowspan="5">学习单元</td><td colspan="2">单元一　螺旋桨的运用</td></tr>
<tr><td colspan="2">单元二　舵设备及其运用</td></tr>
<tr><td colspan="2">单元三　锚设备及其运用</td></tr>
<tr><td colspan="2">单元四　系泊设备及其运用</td></tr>
<tr><td colspan="2">单元五　拖轮的运用</td></tr>
<tr><td colspan="2">相关知识</td><td colspan="2">车、舵、锚、缆、拖轮等操纵设备的组成、结构及应用</td></tr>
<tr><td colspan="2">教学设备与媒体</td><td colspan="2">设备模型、大型船舶操纵模拟器、桌面航海模拟器、多媒体教学课件</td></tr>
<tr><td colspan="2">考核评价</td><td colspan="2">以《11 规则》规定的船舶操纵方面的相应要求为依据,课堂提问、题卡测试和实际实操考核相结合</td></tr>
</table>

<table>
<tr><td colspan="2" rowspan="2">学习模块三</td><td rowspan="2">认识外界因素的影响</td><td>课时</td></tr>
<tr><td>8</td></tr>
<tr><td rowspan="3">教学目标</td><td>知识目标</td><td colspan="2">具有风、流、受限水域的相关知识</td></tr>
<tr><td>能力目标</td><td colspan="2">具有判断风、流对船舶操纵的影响的能力，了解浅水效应、岸壁效应、船间效应的预防措施</td></tr>
<tr><td>素质目标</td><td colspan="2">初步具备预防或利用影响船舶操纵性的外界因素的能力；具有随机应变、果敢决断的素质</td></tr>
<tr><td colspan="2" rowspan="3">学习单元</td><td colspan="2">单元一　风、流对操纵的影响</td></tr>
<tr><td colspan="2">单元二　受限水域对操纵的影响</td></tr>
<tr><td colspan="2">单元三　船间效应</td></tr>
<tr><td colspan="2">相关知识</td><td colspan="2">船在风中偏转及漂移、流对操船影响，浅水效应、岸壁效应、船间效应对操船的影响</td></tr>
<tr><td colspan="2">教学设备与媒体</td><td colspan="2">桌面航海模拟器、多媒体教学课件</td></tr>
<tr><td colspan="2">考核评价</td><td colspan="2">以《11 规则》规定的船舶操纵方面的相应要求为依据，课堂提问、题卡测试和实际实操考核相结合</td></tr>
</table>

<table>
<tr><td colspan="2" rowspan="2">学习模块四</td><td rowspan="2">在各种环境下操船</td><td>课时</td></tr>
<tr><td>20</td></tr>
<tr><td rowspan="3">教学目标</td><td>知识目标</td><td colspan="2">具有港内操船、靠离泊、锚泊、特殊水域和大风浪中船舶操纵的相关知识；具有紧急情况下旅客保护和安全措施、船舶搁浅、船舶碰撞等应急操船、搜寻和救助的基础知识</td></tr>
<tr><td>能力目标</td><td colspan="2">具有运用船舶操纵性理论知识，有效控制航向和航速保持船舶安全和经济航行、在发生海损事故时应急处置的初步能力</td></tr>
<tr><td>素质目标</td><td colspan="2">综合运用船舶操纵设备和影响船舶操纵性的外界因素的能力；具有随机应变、果敢决断的素质</td></tr>
<tr><td colspan="2" rowspan="6">学习单元</td><td colspan="2">单元一　港内操纵</td></tr>
<tr><td colspan="2">单元二　靠、离泊操纵</td></tr>
<tr><td colspan="2">单元三　大型船舶操纵</td></tr>
<tr><td colspan="2">单元四　特殊水域中的船舶操纵</td></tr>
<tr><td colspan="2">单元五　大风浪中船舶操纵</td></tr>
<tr><td colspan="2">单元六　应急操纵</td></tr>
<tr><td colspan="2">相关知识</td><td colspan="2">港内操船、靠离泊操纵、锚泊作业、特殊水域中的船舶操纵和大风浪中船舶操纵、应急操纵、海上搜救</td></tr>
<tr><td colspan="2">教学设备与媒体</td><td colspan="2">大型船舶操纵模拟器、桌面航海模拟器、多媒体教学课件</td></tr>
<tr><td colspan="2">考核评价</td><td colspan="2">以《11 规则》规定的船舶操纵方面的相应要求为依据，课堂提问、题卡测试和实际实操考核相结合</td></tr>
</table>

学习模块五		认识轮机知识	课时 12
教学目标	知识目标	具有辅机设备,船舶动力装置的基本操作知识	
	能力目标	具有船舶辅机设备、动力装置基本操作的初步能力	
	素质目标	具备对人命、财产和环境的良好保护意识	
学习单元		单元一　常用轮机术语	
		单元二　船舶辅机知识	
		单元三　船舶动力装置的基本操作原则	
相关知识		船舶动力装置的基本操作知识,辅机管理	
教学设备与媒体		轮机模拟器或自动化机舱、多媒体教学课件	
考核评价		以《11 规则》规定的船舶操纵方面的相应要求为依据,课堂提问、题卡测试和实际实操考核相结合	

学习模块六		《1972 国际海上避碰规则》总则	课时 6
教学目标	知识目标	掌握船舶、机动船等定义及适用	
	能力目标	能正确判断各种船舶	
	素质目标	具备岗位适任的能力	
学习单元		单元一　适用范围	
		单元二　责任	
		单元三　一般定义	
相关知识		适用范围与一般定义	
教学设备与媒体		通过多媒体课件、PPT、大型船舶操纵模拟器模拟实际情景	
考核评价		以《11 规则》规定的船舶操纵方面的相应要求为依据,课堂提问、题卡测试和实际实操考核相结合	

学习模块七		信号识别	课时 12
教学目标	知识目标	掌握《规则》有关号灯、号型、声响及灯光的规定	
	能力目标	正确显示本船信号;及时发现他船,迅速准确地判断他船种类、大小、动态或作业方式	
	素质目标	具备识别和判断他船的能力,从而有利于船舶避让	

<table>
<tr><td colspan="2" rowspan="2">学习模块七</td><td rowspan="2">信号识别</td><td>课时</td></tr>
<tr><td>12</td></tr>
<tr><td colspan="2" rowspan="6">学习单元</td><td colspan="2">单元一　号灯、号型基础知识</td></tr>
<tr><td colspan="2">单元二　船舶号灯与号型的显示与识别</td></tr>
<tr><td colspan="2">单元三　操纵与警告信号</td></tr>
<tr><td colspan="2">单元四　能见度不良时的声号</td></tr>
<tr><td colspan="2">单元五　招引注意的信号</td></tr>
<tr><td colspan="2">单元六　遇险信号</td></tr>
<tr><td colspan="2">相关知识</td><td colspan="2">各种船舶号灯及号型的显示，操纵声号、雾号、遇险信号</td></tr>
<tr><td colspan="2">教学设备与媒体</td><td colspan="2">多媒体课件、桌面航海模拟器、大型船舶操纵模拟器</td></tr>
<tr><td colspan="2">考核评价</td><td colspan="2">以《11 规则》规定的船舶操纵方面的相应要求为依据，课堂提问、题卡测试和实际实操考核相结合</td></tr>
</table>

<table>
<tr><td colspan="2" rowspan="2">学习模块八</td><td rowspan="2">碰撞危险的判断</td><td>课时</td></tr>
<tr><td>4</td></tr>
<tr><td rowspan="3">教学目标</td><td>知识目标</td><td colspan="2">正确理解《规则》第五条和第七条相关条文</td></tr>
<tr><td>能力目标</td><td colspan="2">能利用有效的手段和方法正确解决碰撞危险</td></tr>
<tr><td>素质目标</td><td colspan="2">具备相对准确的判断能力</td></tr>
<tr><td colspan="2" rowspan="2">学习单元</td><td colspan="2">单元一　保持正规瞭望</td></tr>
<tr><td colspan="2">单元二　判断碰撞危险</td></tr>
<tr><td colspan="2">相关知识</td><td colspan="2">《规则》第五条瞭望，第七条碰撞危险</td></tr>
<tr><td colspan="2">教学设备与媒体</td><td colspan="2">多媒体课件、桌面航海模拟器、大型操船模拟器</td></tr>
<tr><td colspan="2">考核评价</td><td colspan="2">以《11 规则》规定的船舶操纵方面的相应要求为依据，课堂提问、题卡测试和实际实操考核相结合</td></tr>
</table>

<table>
<tr><td colspan="2" rowspan="2">学习模块九</td><td rowspan="2">局面的估计和行动</td><td>课时</td></tr>
<tr><td>16</td></tr>
<tr><td rowspan="3">教学目标</td><td>知识目标</td><td colspan="2">正确理解《规则》的相关条文</td></tr>
<tr><td>能力目标</td><td colspan="2">在实际工作中按照规则的要求正确驾驶船舶</td></tr>
<tr><td>素质目标</td><td colspan="2">具备远洋三副驾驶船舶的能力和正确分析问题的能力</td></tr>
</table>

学习模块九	局面的估计和行动	课时
		16
学习单元	单元一　避免碰撞的行动	
	单元二　两帆船相遇	
	单元三　追越局面	
	单元四　对遇局面	
	单元五　交叉相遇局面	
	单元六　船舶之间责任	
	单元七　让路船的行动	
	单元八　直航船的行动	
	单元九　能见度不良时的行动	
相关知识	《规则》第八、十一、十二、十三、十四、十五、十六、十七、十八、十九条	
教学设备与媒体	多媒体课件、桌面航海模拟器、大型操船模拟器	
考核评价	以《11 规则》规定的船舶操纵方面的相应要求为依据，课堂提问、题卡测试和实际实操考核相结合	

学习模块十		航行值班	课时
			10
教学目标	知识目标	正确理解《规则》相关条文	
	能力目标	能保持安全值班	
	素质目标	具备远洋三副驾驶船舶的能力，履行安全值班	
学习单元		单元一　安全航速	
		单元二　狭水道	
		单元三　分道通航制	
		单元四　船舶定线制	
		单元五　值班规则	
相关知识		《规则》第六、九、十条，船舶定线制，值班规则	
教学设备与媒体		多媒体课件、桌面航海模拟器、大型操船模拟器	
考核评价		以《11 规则》规定的船舶操纵方面的相应要求为依据，课堂提问、题卡测试和实际实操考核相结合	

学习模块十一		驾驶台资源管理	课时 8
教学目标	知识目标	掌握驾驶台工作的基本程序	
	能力目标	掌握制订各种计划的方法，预测各类“偶发事件”并制定应对策略，有效利用驾驶台所有资源，减少和避免人为失误，以达到保证船舶营运的安全性和有效性之目的	
	素质目标	具备高级船员的领导、决策能力和紧急情况下的应变能力	
学习单元		单元一　概述与组织	
		单元二　驾驶台团队	
		单元三　通信与沟通	
		单元四　决策和领导力	
		单元五　情境意识的获得和保持	
相关知识		驾驶台资源管理	
教学设备与媒体		通过多媒体课件、大型操纵模拟器模拟实际情景	
考核评价		以《11规则》规定的船舶操纵方面的相应要求为依据，课堂提问、题卡测试和实际实操考核相结合	

学习模块十二		用视觉信号收发信息	课时 8
教学目标	知识目标	掌握《1969年国际信号规则》	
	能力目标	具备用视觉信号接收和发送信息的能力	
	素质目标	具备远洋三副驾驶船舶的能力，能选用合适的通信手段	
学习单元		单元一　国际信号规则组成	
		单元二　常用单字母旗及其意义	
		单元三　挂旗常识	
		单元四　通信要素表示方法、呼号组成	
相关知识		船舶信号、旗号通信，灯光通信	
教学设备与媒体		多媒体课件、桌面航海模拟器	
考核评价		课堂提问、作业、模拟器测试	

（六）考核评价

①采用过程性考核、阶段性考核和终结性考核相结合的评价方法。

②积极开发无纸化网络考试系统，建立课程试题库，实行“考教分离”，促进良好教风和学风的形成。

③应注重对学生动手能力和在实践中分析问题、解决问题能力的考核，对在学习和应用上有创新的学生应给予特别鼓励。

④关注评价的多元性，结合实训考核、现场提问、学生作业、平时测验、技能竞赛及终结考试等情况，综合评价学生成绩。

⑤本课程的总评成绩 = 过程性考核成绩 + 阶段性考核成绩 + 终结性考核成绩，其中，过程性考核成绩占 30%，阶段性考核成绩占 30%，终结性考核成绩占 40%。

各考核细目详见下表：

船舶操纵部分（第二学年第三学期）

序号	过程性考核	30%	阶段性考核		30%	终结性考核	40%
1	课堂考勤	3%	单元考核	操纵性基础	5%	理论考核	40%
2	学习态度	5%		操纵设备的应用	5%		
3	作业	10%		外界因素的影响	5%		
4	课堂提问	10%		各种环境下操船	5%		
5	讨论	2%		轮机知识	5%		
6			期中考核				
7			实训项目考核		5%		

船舶避碰部分（第二学年第四学期）

序号	过程性考核	30%	阶段性考核		30%	终结性考核	40%
1	课堂考勤	3%	单元考核	定义与避碰信号	5%	理论考核	40%
2	学习态度	5%		避碰行动	5%		
3	作业	10%		航行值班	5%		
4	课堂互动	10%		驾驶台资源管理	5%		
5	讨论	2%		视觉信号收发信息	5%		
6			实训项目考核		5%		

（七）教学条件

1. 实践条件

①具有至少 3 台本船的船舶操纵模拟器 1 套、具有至少 20 个终端的航海桌面模拟器 1 套；

②3000 总吨以上海船 1 艘（并在其上装备 500 总吨以上海船锚设备、舵设备、系缆设备各 1 套），相应的实操场地 1 块；

③轮机模拟器或自动化机舱 1 套。

2. 师资条件

理论课教师根据教育行政主管部门和中华人民共和国海事局颁布的《中华人民共和国船员培训管理规则》的要求配备，实训教师按照师生比 1∶20 配备。

理论课教师应具有：

①不少于18个月甲类三副资历,且具有不少于2年教学经验;或

②驾驶专业中级及以上专业技术职称,并具有不少于1年的甲类三副资历。

实训指导教师应具有:

不少于18个月的甲类三副海上资历。

(八)实施建议

1. 课程资源开发与利用

①积极开发建设网络课程资源,充分利用诸如电子书籍、电子期刊、数据库、数字图书馆、教育网站和电子论坛等网络信息资源,使教学媒体从单一媒体向多媒体转变,使教学活动从信息的单向传递向双向交互转变,使学生从单独的学习向合作学习转变。

②积极采用现代化教学手段,制作和收集与教学内容相配套的多媒体课件、挂图、幻灯片、视听光盘等,使学生加深对知识的理解和掌握。

③通过校企合作等多种途径,采用工学结合等形式,充分利用校内实训设备资源和企业资源,加强校企合作,建立实习实训基地,进行实训课程资源开发,同时为学生就业提供机会。

2. 教学建议

依据STCW公约马尼拉修正案和《中华人民共和国海船船员适任考试和发证规则》,综合运用任务驱动教学法、案例教学法、驾驶员综合业务训练法、网络教学等现代教学方法,通过多媒体课件讲解、在桌面操船模拟器及大型操纵模拟器上模拟实际情景练习等手段实施教学,使学生掌握船舶操纵与避碰技术。

五、船舶管理(航海)课程标准

课程类型:专业必修课
适用专业:航海技术
开设学期:第一学年第二学期
建议学时:72

(一)课程性质与作用

本课程主要学习有关船员职务职责、船舶安全生产、船舶检验、海洋与海洋环境保护、船舶应急等国际公约和国内法规,培养学生运用国际公约与国内法规进行船员劳动权益保护、船舶安全管理、防止船舶污染水域环境及船舶应急等基本能力,能够胜任无限航区3000总吨以上船舶三副岗位船舶安全管理和防污染方面的职责。同时培养诚实、守信、谨慎、缜密的品质,为发展职业能力奠定良好的基础。

(二)课程目标

1. 知识目标

①掌握国际公约与国内法规对船员履行岗位职责的要求;
②熟悉国际公约与国内法规对船员劳动权益保护方面的知识;
③掌握国际公约与国内法规对船舶进行安全管理的要求与标准;
④掌握国际公约与国内法规在防止船舶污染水域环境方面的要求;
⑤掌握国际公约与国内法规在船舶应急方面的要求和知识。

2. 能力目标

①具备检查救生消防设备并判断是否满足相关公约要求的能力;
②具备进行船舶开航前驾驶台准备工作的能力;
③具备执行备车程序和车钟令并记录相关法律文书的能力;
④具备值班驾驶员对船员作业安全的监督管理的能力;
⑤具备向其他船员讲解示范救生消防设备使用的能力;
⑥具备按照国际公约和国内法规要求防止船舶污染水域环境的能力;
⑦能遵守IMO和国家海事局对值班驾驶员职责的规定;
⑧能描述整个航次中三副的主要任务;
⑨能履行在船舶应急中应承担的职责。

3. 素质目标

①具有吃苦耐劳、爱岗敬业的职业素养;
②具有良好的沟通、服从、协调等人际交往能力;
③具有团队精神和协作能力;
④具有良好的知识好奇心与求知欲;
⑤具有良好的心理素质和克服困难的能力;
⑥具有强烈的安全与海洋环境保护意识。

(三)课程设计理念与思路

1. 课程设计理念

课程设计突出对船舶安全与管理能力的培养,按照 STCW 公约马尼拉修正案和《11 规则》中有关船舶管理方面要求设计课程内容。针对船舶二/三副岗位适任能力要求,以船舶三副岗位中典型的工作任务转化为七个学习模块,将船员管理、船舶管理、防污染管理、应急管理等内容有机整合,充分体现航海职业性、实践性和开放性的要求。使学生在完成具体工作项目的过程中,掌握相应知识、技能,并培养学生职业态度、团队精神,提高学生的综合素养。

2. 课程设计主要思路

根据设计理念,将教学内容设计成七个学习模块,以学习模块为中心引出相关的专业知识、专业能力和素质能力,以航运安全与防污染管理为出发点,展开船舶安全管理、维护与操作和防污染管理的课程教学。教学活动设计从易到难,将学生学习行动贯穿于整个教学过程中,做到职业素质与综合能力并重,为学生的职业生涯可持续发展打下良好的基础。

(四)课程内容结构安排

<table>
<tr><th colspan="2">学习模块</th><th>学习单元</th><th>课时</th></tr>
<tr><td rowspan="4">1</td><td rowspan="4">船员管理</td><td>单元一　STCW 公约马尼拉修正案</td><td rowspan="4">14</td></tr>
<tr><td>单元二　我国履行 STCW 公约马尼拉修正案的立法和规章</td></tr>
<tr><td>单元三　船员职务</td></tr>
<tr><td>单元四　船舶资源管理</td></tr>
<tr><td rowspan="3">2</td><td rowspan="3">船员权益保护</td><td>单元一　2006 海事劳工公约</td><td rowspan="3">6</td></tr>
<tr><td>单元二　1976 年商船最低标准公约基本内容</td></tr>
<tr><td>单元三　我国履行 2006 海事劳工公约的立法和规章</td></tr>
<tr><td rowspan="7">3</td><td rowspan="7">船舶安全管理的国际公约和规则</td><td>单元一　1982 年联合国海洋法公约</td><td rowspan="7">20</td></tr>
<tr><td>单元二　1974 年国际海上人命安全公约</td></tr>
<tr><td>单元三　国际载重线与吨位丈量公约</td></tr>
<tr><td>单元四　国际安全管理规则及其实施</td></tr>
<tr><td>单元五　港口国监督程序</td></tr>
<tr><td>单元六　国际卫生条例</td></tr>
<tr><td>单元七　公约要求随船携带的证书和其他文件</td></tr>
<tr><td rowspan="6">4</td><td rowspan="6">船舶安全管理的国内法规</td><td>单元一　海上交通安全管理</td><td rowspan="6">10</td></tr>
<tr><td>单元二　船舶登记制度</td></tr>
<tr><td>单元三　船舶检验制度</td></tr>
<tr><td>单元四　船舶出入港管理</td></tr>
<tr><td>单元五　国内船舶安全管理</td></tr>
<tr><td>单元六　海上海事行政处罚</td></tr>
</table>

学习模块		学习单元	课时
5	船舶安全生产管理规章	单元一　船舶消防管理	8
		单元二　驾驶台管理	
		单元三　船舶安全操作管理	
6	海洋环境保护	单元一　国际防止船舶造成污染公约	8
		单元二　控制和管理船舶压载水和沉积物国际公约	
		单元三　1990 年美国油污法	
		单元四　国内环境保护法规	
7	船舶应急	单元一　船舶应急部署与计划	6
		单元二　船舶应急行动	
		单元三　船舶应急训练与演习	
		单元四　国内船舶救生与消防设备管理	
		单元五　应急方面的图书资料	
总计			72

(五)教学内容与要求

学习模块一		船员管理	课时 14
教学目标	知识目标	掌握国际公约与国内法规对船员履行岗位职责的知识与要求	
	能力目标	能描述 IMO 和国家海事局对驾驶员职责规定	
	素质目标	具有分析问题和克服困难的能力,良好的团队精神和协作能力	
学习单元		单元一　STCW 公约马尼拉修正案	
		单元二　我国履行 STCW 公约马尼拉修正案的立法和规章	
		单元三　船员职务	
		单元四　船舶资源管理	
相关知识		STCW 公约立法及修正背景,我国履约情况	
教学设备与媒体		多媒体教室、STCW 公约中英文本、船公司安全管理体系	
考核评价		课堂提问、学生作业完成情况、阶段测验	

学习模块二		船员权益保护	课时
			6
教学目标	知识目标	掌握国际公约与国内法规对船员权益保护方面的基本知识	
	能力目标	能维护自身合法权益,识别权益受损形式	
	素质目标	具有分析问题和克服困难的能力,良好的团队精神和协作能力	
学习单元		单元一　2006 海事劳工公约	
		单元二　1976 年商船最低标准公约基本内容	
		单元三　我国履行 2006 海事劳工公约的立法和规章	
相关知识		2006 海事劳工公约立法背景,我国履约情况	
教学设备与媒体		多媒体教室、海事劳工公约和商船最低标准公约中英文本	
考核评价		课堂提问、学生作业完成情况、平时测验	

学习模块三		船舶安全管理的国际公约和规则	课时
			20
教学目标	知识目标	掌握国际公约与国内法规对船舶进行安全管理的基本要求与标准	
	能力目标	能依据相关国际公约与规则识别、处理和预防存在的安全风险、缺陷	
	素质目标	具有安全与保安意识,良好的团队精神和协作能力	
学习单元		单元一　1982 年联合国海洋法公约	
		单元二　1974 年国际海上人命安全公约	
		单元三　国际载重线与吨位丈量公约	
		单元四　国际安全管理规则及其实施	
		单元五　港口国监督程序	
		单元六　国际卫生条例	
		单元七　公约要求随船携带的证书和其他文件	
相关知识		公约立法及修正的背景知识	
教学设备与媒体		多媒体教室、联合国海洋法公约、SOLAS 公约、LL66 公约中英文本	
考核评价		课堂提问、学生作业完成情况、平时测验	

<table>
<tr><td colspan="2" rowspan="2">学习模块四</td><td rowspan="2">船舶安全管理的国内法规</td><td>课时</td></tr>
<tr><td>10</td></tr>
<tr><td rowspan="3">教学目标</td><td>知识目标</td><td colspan="2">掌握国内法律法规对船舶进行安全管理的基本要求与标准</td></tr>
<tr><td>能力目标</td><td colspan="2">能根据国内有关的法律法规识别、处理和预防履职过程中存在安全风险、缺陷</td></tr>
<tr><td>素质目标</td><td colspan="2">具有安全与保安意识,发现问题、分析问题、解决问题和克服困难的能力</td></tr>
<tr><td colspan="2" rowspan="6">学习单元</td><td colspan="2">单元一　海上交通安全管理</td></tr>
<tr><td colspan="2">单元二　船舶登记制度</td></tr>
<tr><td colspan="2">单元三　船舶检验制度</td></tr>
<tr><td colspan="2">单元四　船舶出入港管理</td></tr>
<tr><td colspan="2">单元五　国内船舶安全管理</td></tr>
<tr><td colspan="2">单元六　海上海事行政处罚</td></tr>
<tr><td colspan="2">相关知识</td><td colspan="2">公约及修正案的背景;我国履约情况</td></tr>
<tr><td colspan="2">教学设备与媒体</td><td colspan="2">多媒体教室、联合国海洋法公约、SOLAS 公约、LL66 公约中英文本、海上交通安全法</td></tr>
<tr><td colspan="2">考核评价</td><td colspan="2">课堂提问、学生作业完成情况、阶段测验</td></tr>
</table>

<table>
<tr><td colspan="2" rowspan="2">学习模块五</td><td rowspan="2">船舶安全生产管理规章</td><td>课时</td></tr>
<tr><td>8</td></tr>
<tr><td rowspan="3">教学目标</td><td>知识目标</td><td colspan="2">掌握船舶生产、作业过程中的安全事项与操作规程</td></tr>
<tr><td>能力目标</td><td colspan="2">能根据安全生产规章组织船舶作业活动,识别、处理和预防船舶生产中存在的安全风险、缺陷</td></tr>
<tr><td>素质目标</td><td colspan="2">具有安全与保安意识,发现问题、分析问题、解决问题和克服困难的能力</td></tr>
<tr><td colspan="2" rowspan="3">学习单元</td><td colspan="2">单元一　船舶消防管理</td></tr>
<tr><td colspan="2">单元二　驾驶台管理</td></tr>
<tr><td colspan="2">单元三　船舶安全操作管理</td></tr>
<tr><td colspan="2">相关知识</td><td colspan="2">公约立法及修正背景知识</td></tr>
<tr><td colspan="2">教学设备与媒体</td><td colspan="2">多媒体教室、联合国海洋法公约、SOLAS 公约、LL66 公约中英文本、船公司安全管理体系</td></tr>
<tr><td colspan="2">考核评价</td><td colspan="2">课堂提问、学生作业完成情况、阶段测验</td></tr>
</table>

<table>
<tr><td colspan="2" rowspan="2">学习模块六</td><td rowspan="2">海洋环境保护</td><td>课时</td></tr>
<tr><td>8</td></tr>
<tr><td rowspan="3">教学目标</td><td>知识目标</td><td colspan="2">掌握国际公约与国内法规对船舶防污染的基本要求与标准</td></tr>
<tr><td>能力目标</td><td colspan="2">能依据国际公约与国内法规识别、处理和预防船舶在防污染中存在的风险、缺陷</td></tr>
<tr><td>素质目标</td><td colspan="2">具有安全与保安意识,发现问题、分析问题、解决问题和克服困难的能力</td></tr>
<tr><td colspan="2" rowspan="4">学习单元</td><td colspan="2">单元一　国际防止船舶造成污染公约</td></tr>
<tr><td colspan="2">单元二　控制和管理船舶压载水和沉积物国际公约</td></tr>
<tr><td colspan="2">单元三　1990 年美国油污法</td></tr>
<tr><td colspan="2">单元四　国内环境保护法规</td></tr>
<tr><td colspan="2">相关知识</td><td colspan="2">公约立法及修正背景知识</td></tr>
<tr><td colspan="2">教学设备与媒体</td><td colspan="2">多媒体教室、联合国海洋法公约、SOLAS 公约、MARPOL 公约中英文文本</td></tr>
<tr><td colspan="2">考核评价</td><td colspan="2">课堂提问、学生作业情况、阶段测验</td></tr>
</table>

<table>
<tr><td colspan="2" rowspan="2">学习模块七</td><td rowspan="2">船舶应急</td><td>课时</td></tr>
<tr><td>6</td></tr>
<tr><td rowspan="3">教学目标</td><td>知识目标</td><td colspan="2">掌握国际公约与国内法规在船舶应急方面的基本规定</td></tr>
<tr><td>能力目标</td><td colspan="2">能依据国际公约与国内法规识别、处理和预防船舶管理中存在安全风险、缺陷</td></tr>
<tr><td>素质目标</td><td colspan="2">具有安全与保安意识,发现问题、分析问题、解决问题和克服困难的能力</td></tr>
<tr><td colspan="2" rowspan="5">学习单元</td><td colspan="2">单元一　船舶应急部署与计划</td></tr>
<tr><td colspan="2">单元二　船舶应急行动</td></tr>
<tr><td colspan="2">单元三　船舶应急训练与演习</td></tr>
<tr><td colspan="2">单元四　国内船舶救生与消防设备管理</td></tr>
<tr><td colspan="2">单元五　应急方面的图书资料</td></tr>
<tr><td colspan="2">相关知识</td><td colspan="2">公约立法及修正背景知识</td></tr>
<tr><td colspan="2">教学设备与媒体</td><td colspan="2">多媒体教室、联合国海洋法公约、SOLAS 公约、LL66 公约中英文本</td></tr>
<tr><td colspan="2">考核评价</td><td colspan="2">课堂提问、学生作业完成情况、阶段测验</td></tr>
</table>

(六)考核评价

注重过程考核,采取多元化的考核评价方法,把课程终结考试与过程考核中学生取得的成绩作为判断学生成绩的重要依据,具体考核方法如下表。

<table>
<tr><td>序号</td><td>平时考核</td><td>20%</td><td colspan="2">阶段性考核</td><td>20%</td><td>终结性考核</td><td>60%</td></tr>
<tr><td>1</td><td>课堂考勤</td><td>10%</td><td rowspan="3">教学单元考核</td><td>船员管理、船舶与船员安全管理、船舶安全生产管理等方面的国际公约和国内法规</td><td>10%</td><td>期末考试</td><td>60%</td></tr>
<tr><td>2</td><td>学习态度与服从意识</td><td>3%</td><td>船舶防污染管理/船舶应急</td><td>10%</td><td></td><td></td></tr>
<tr><td>3</td><td>作业</td><td>4%</td><td></td><td></td><td></td><td></td></tr>
<tr><td>4%</td><td>课堂互动</td><td>3%</td><td colspan="2"></td><td></td><td></td><td></td></tr>
</table>

(七)教学条件

1. 实践条件

加强与省内外航运企业的联系,充分利用行业典型的生产企业的资源,进行产学合作,建立实习实训基地,实践“工学”交替,满足学生的实习实训,同时为学生的就业创造机会。

2. 师资条件

理论课教师根据教育行政主管部门和中华人民共和国海事局颁布的《中华人民共和国船员培训管理规则》要求配备,实训指导教师按照师生比1∶20配备。

理论课教师应具有:

①不少于18个月甲类三副资历,且具有不少于2年教学经验;或

②航海技术专业中级及以上专业技术职称,并具有不少于1年的甲类三副资历。

实训指导教师应具有:

不少于18个月的甲类三副海上资历。

(八)实施建议

1. 课程资源开发与利用

①积极开发建设网络课程资源,充分利用诸如电子书籍、电子期刊、数据库、数字图书馆、教育网站和电子论坛等网络信息资源,使教学媒体从单一媒体向多媒体转变,使教学活动从信息的单向传递向双向交互转变,使学生从单独的学习向合作学习转变;

②积极采用现代化教学手段,制作和收集与教学内容相配套的多媒体课件、挂图、幻灯片、视听光盘等,使学生加深对知识的理解和掌握;

③通过校企合作等多种途径,采用工学结合等形式,充分利用校内实训设备资源和企业资源,加强校企合作,建立实习实训基地,进行实训课程资源开发,同时为学生就业提供机会。

2. 教学建议

①在教学过程中,应立足于加强学生实际操作能力的培养,采用项目教学,以工作任务激发学生学习兴趣,激发学生的成就动机。

②选用典型航线为载体,充分利用航行实景录像、大型船舶操纵模拟及航行现场教学。在教学过程中,教师示范和学生分组讨论、训练互动,学生提问与教师解答、指导有机结合,让学生在"教"与"学"的过程中达到能在实习期间顶岗工作的效果。

③在教学过程中,要创设工作情境,同时应加大实践实操的容量,要紧密结合无限航区3000总吨及以上船舶三副岗位适任考试要求,加强实操项目的训练,在实践实操过程中,使学生具备履行三副在船舶管理上的职责,提高学生的岗位适应能力。

④在教学过程中,要应用多媒体、投影等教学资源辅助教学,帮助学生熟悉船舶开航准备时的整个流程和航行中的一般过程。

⑤在教学过程中,要重视本专业领域新技术、新法规、新设备发展趋势,贴近当今航海技术的发展。为学生提供职业生涯发展的空间,努力培养学生参与社会实践的创新精神和职业能力。

六、船舶结构与货运课程标准

课程类型:理实一体课
适用专业:航海技术
开设学期:第二学年第三、四学期
建议学时:128

(一)课程性质与作用

船舶结构与货运课程主要学习船舶结构组成、船舶稳性、吃水差、强度、抗沉性等船舶结构基础知识和杂货船(包括危险货物、货物单元等)、集装箱船、固体散货船与散粮船、油轮、化学品船、液化气船等各类船舶安全运输基础知识,培养学生对起重设备、货舱、舱盖、压载舱等船舶设备安全操作检查能力以及对航次货运量、船舶稳性、吃水差、杂货船积载、集装箱船积载、固体散装货物积载、液体散装货物积载等的计算能力,是航海技术专业核心课程之一。

(二)课程目标

通过对该课程学习,要求学生掌握起重设备、货舱、舱盖、压载舱等船舶设备安全操作检查要领,能够进行对航次货运量、船舶稳性、吃水差、杂货船积载、集装箱船积载、固体散装货物积载、液体散装货物积载等的计算。同时培养学生诚实、守信、善于沟通与合作的品质,为拓展职业能力奠定良好的基础。

1. 知识目标

①掌握船舶基本结构、起重设备安全操作;
②掌握货舱、舱盖和压载舱检查与报告;
③掌握货运基础知识,充分利用船舶装载能力;
④掌握船舶稳性、吃水差、强度、抗沉性及校核计算;
⑤掌握杂货船(包括危险货物、货物单元等)的安全运输;
⑥掌握集装箱船的安全运输;
⑦掌握固体散货船与散粮船的安全运输;
⑧掌握油轮、化学品船、液化气船的安全装运。

2. 能力目标

①具有船舶基本结构认知和应用的能力;
②具有起重设备的控制与安全检查能力;
③具有货舱设备的安全检查和操作能力;
④能正确辨识与应用船舶主要标志,并能进行船舶相关性能核算;
⑤具有核算船舶稳性、吃水差、船舶强度是否满足规范要求的能力;
⑥具有正确辨识与应用货物包装及其标志的能力;
⑦具有货物积载与系固方法辨识的能力;
⑧具有正确识读及应用货物积载图的能力;
⑨具有杂货船安全积载的能力;
⑩具有集装箱船、散货船安全积载的能力。

3. 素质目标

①具有良好的职业道德，遵守行业规范的工作意识和行为意识；

②具有较强的沟通能力、团队合作能力、综合运用能力和创新能力；

③具有分析问题、勤于思考与解决问题的能力。

(三)课程设计理念与思路

根据STCW公约马尼拉修正案和《11规则》对无限航区3000总吨及以上船舶三副岗位有关船舶结构和货运方面的能力要求，结合航海技术专业所对应岗位(船舶三副)的职业能力分析，以培养学生对船舶设备安全操作检查能力和对航次货运量、船舶稳性、吃水差、杂货船积载、集装箱船积载、固体散装货物积载、液体散装货物积载等的计算能力为目标，由易到难设计8个学习项目，18个学习任务，让学生在完成具体的工作任务中学习相关理论知识，培养专业核心能力。

(四)课程内容结构安排

学习项目		学习任务	课时
1	船舶基本结构组成的辨识	任务一　船舶结构部位名称识读	20
2	起重设备的安全操作	任务一　起重机、轻型吊杆安全操作	16
		任务二　单吊杆受力分析	
3	货舱设备的安全检查	任务一　货舱(包括舱盖、压载舱)安全检查	12
4	货物运输基础知识	任务一　船舶基础知识	18
		任务二　货物基础知识	
		任务三　充分利用船舶装载能力	
5	船舶基本安全的保证	任务一　保证船舶具有适当稳性	22
		任务二　保证船舶具有适当吃水差与吃水	
		任务三　保证船舶强度不受损伤	
		任务四　保证船舶抗沉性要求	
6	杂货船积载	任务一　杂货船运输	18
		任务二　包装危险货物运输	
		任务三　货物单元积载与系固	
7	集装箱船积载	任务一　集装箱船运输	6
8	散货船积载	任务一　固体散货船运输	16
		任务二　散装谷物船运输	
		任务三　液体散货船运输	
总　计			128

(五)教学内容与要求

<table>
<tr><td colspan="2" rowspan="2">项目一</td><td rowspan="2">船舶基本结构组成的辨识</td><td>课时</td></tr>
<tr><td>20</td></tr>
<tr><td rowspan="3">教学目标</td><td>知识目标</td><td colspan="2">认识船舶基本结构、组成及主要管系</td></tr>
<tr><td>能力目标</td><td colspan="2">能够识别船舶基本结构</td></tr>
<tr><td>素质目标</td><td colspan="2">具有较强沟通能力、合作能力、综合运用能力和创新能力</td></tr>
<tr><td colspan="2">学习任务</td><td colspan="2">任务一　船舶结构部位名称识读</td></tr>
<tr><td colspan="2">相关知识</td><td colspan="2">船舶基本组成与主要标志;船舶尺度与吨位;船体结构基础知识,主要结构图;主要管系</td></tr>
<tr><td colspan="2">教学设备与媒体</td><td colspan="2">教材、船舶结构图、船舶部分结构、部位图</td></tr>
<tr><td colspan="2">考核评价</td><td colspan="2">过程性考核与阶段性考核相结合</td></tr>
</table>

<table>
<tr><td colspan="2" rowspan="2">项目二</td><td rowspan="2">起重设备的安全操作</td><td>课时</td></tr>
<tr><td>16</td></tr>
<tr><td rowspan="3">教学目标</td><td>知识目标</td><td colspan="2">熟悉绞辘与索具,起重机的组成、种类和安全操作,轻型吊杆组成与操作、单吊杆受力分析</td></tr>
<tr><td>能力目标</td><td colspan="2">能够进行起重机控制与安全检查、轻型吊杆的操作,单吊杆受力分析及双吊杆布置要求</td></tr>
<tr><td>素质目标</td><td colspan="2">具有良好的职业道德、工作意识和行为意识</td></tr>
<tr><td colspan="2" rowspan="2">学习任务</td><td colspan="2">任务一　起重机、轻型吊杆安全操作</td></tr>
<tr><td colspan="2">任务二　单吊杆受力分析</td></tr>
<tr><td colspan="2">相关知识</td><td colspan="2">滑车与绞辘、常用索具;甲板起重机的种类、组成及特点,起重机和轻型吊杆安全操作等</td></tr>
<tr><td colspan="2">教学设备与媒体</td><td colspan="2">教材、起重机和吊杆模型(或挂图)、作图工具等</td></tr>
<tr><td colspan="2">考核评价</td><td colspan="2">过程性考核与阶段性考核相结合</td></tr>
</table>

<table>
<tr><td colspan="2" rowspan="2">项目三</td><td rowspan="2">货舱设备的安全检查</td><td>课时</td></tr>
<tr><td>12</td></tr>
<tr><td rowspan="3">教学目标</td><td>知识目标</td><td colspan="2">熟悉各类舱盖的组成、特点，掌握货舱、舱盖及压载舱的检查、报告及评估要求</td></tr>
<tr><td>能力目标</td><td colspan="2">具有货舱设备安全检查和操作的能力</td></tr>
<tr><td>素质目标</td><td colspan="2">具有较强沟通能力、合作能力、综合运用能力和创新能力</td></tr>
<tr><td colspan="2">学习任务</td><td colspan="2">任务一　货舱（包括舱盖、压载舱）安全检查</td></tr>
<tr><td colspan="2">相关知识</td><td colspan="2">熟悉船舶各类舱盖的组成与特点；熟悉货舱、舱盖及压载舱检查、报告及评估</td></tr>
<tr><td colspan="2">教学设备与媒体</td><td colspan="2">教材、货舱设备及相关图等</td></tr>
<tr><td colspan="2">考核评价</td><td colspan="2">过程性考核与阶段性考核相结合</td></tr>
</table>

<table>
<tr><td colspan="2" rowspan="2">项目四</td><td rowspan="2">货物运输基础知识</td><td>课时</td></tr>
<tr><td>18</td></tr>
<tr><td rowspan="3">教学目标</td><td>知识目标</td><td colspan="2">熟悉船舶重量和容积性能、船舶载重线标志及载重线海图、货物的基本性质、货物亏舱率和积载因数的概念，掌握静水力资料的正确使用和航次净载重量的确定方法</td></tr>
<tr><td>能力目标</td><td colspan="2">具有船舶重量和容积性能识别、静水力资料使用、载重线标志识读、航次载重量核算的能力</td></tr>
<tr><td>素质目标</td><td colspan="2">具有货物和船舶基础知识的认知和应用的能力</td></tr>
<tr><td colspan="2" rowspan="3">学习任务</td><td colspan="2">任务一　船舶基础知识</td></tr>
<tr><td colspan="2">任务二　货物基础知识</td></tr>
<tr><td colspan="2">任务三　充分利用船舶装载能力</td></tr>
<tr><td colspan="2">相关知识</td><td colspan="2">干舷及载重线标志，载重线海图；船舶重量和容积性能；货物分类、包装和标志；船舶装载能力</td></tr>
<tr><td colspan="2">教学设备与媒体</td><td colspan="2">船舶模型或船舶载重线挂图、船舶资料等</td></tr>
<tr><td colspan="2">考核评价</td><td colspan="2">过程性考核、阶段性考核与实训技能考核相结合</td></tr>
</table>

<table>
<tr><td colspan="2" rowspan="2">项目五</td><td rowspan="2">船舶基本安全的保证</td><td>课时</td></tr>
<tr><td>22</td></tr>
<tr><td rowspan="3">教学目标</td><td>知识目标</td><td colspan="2">熟悉船舶稳性、吃水差和强度,并掌握上述参数求取及调整方法及抗沉性的要求</td></tr>
<tr><td>能力目标</td><td colspan="2">具有核算船舶稳性、吃水差、船舶强度是否满足规范要求的能力</td></tr>
<tr><td>素质目标</td><td colspan="2">具有发现问题、分析问题、解决问题和克服困难的能力</td></tr>
<tr><td colspan="2" rowspan="4">学习任务</td><td colspan="2">任务一　保证船舶具有适当稳性</td></tr>
<tr><td colspan="2">任务二　保证船舶具有适当吃水差与吃水</td></tr>
<tr><td colspan="2">任务三　保证船舶强度不受损伤</td></tr>
<tr><td colspan="2">任务四　保证船舶抗沉性要求</td></tr>
<tr><td colspan="2">相关知识</td><td colspan="2">稳性概念;吃水差的影响;船舶破损进水及控制;船舶强度概念及校核改善</td></tr>
<tr><td colspan="2">教学设备与媒体</td><td colspan="2">船舶资料、货物装载情况计算表等</td></tr>
<tr><td colspan="2">考核评价</td><td colspan="2">过程性考核、阶段性考核与实训技能考核相结合</td></tr>
</table>

<table>
<tr><td colspan="2" rowspan="2">项目六</td><td rowspan="2">杂货船积载</td><td>课时</td></tr>
<tr><td>18</td></tr>
<tr><td rowspan="3">教学目标</td><td>知识目标</td><td colspan="2">熟悉杂货包装和标志、积载要求、系固方法、积载计划的编制</td></tr>
<tr><td>能力目标</td><td colspan="2">具有识读货物标志和杂货船配积载图,编制积载计划及货物积载与系固的能力</td></tr>
<tr><td>素质目标</td><td colspan="2">具有发现问题、分析问题、解决问题和克服困难的能力</td></tr>
<tr><td colspan="2" rowspan="3">学习任务</td><td colspan="2">任务一　杂货船运输</td></tr>
<tr><td colspan="2">任务二　包装危险货物运输</td></tr>
<tr><td colspan="2">任务三　货物单元积载与系固</td></tr>
<tr><td colspan="2">相关知识</td><td colspan="2">杂货船配载;货物管理方法;货物的包装、标志、积载、隔离</td></tr>
<tr><td colspan="2">教学设备与媒体</td><td colspan="2">普通货物、危险货物标志挂图或幻灯片若干,杂货船(单舱和全船)积载图若干</td></tr>
<tr><td colspan="2">考核评价</td><td colspan="2">过程性考核、阶段性考核与实训技能考核相结合</td></tr>
</table>

项目七		集装箱船积载	课时 6
教学目标	知识目标	掌握集装箱的基本知识、结构、积载要求特点，了解积载计划的编制步骤，了解系固设备	
	能力目标	具有识读集装箱积载图、编制积载计划、使用系固设备的能力	
	素质目标	具有发现问题、分析问题、解决问题和克服困难的能力	
学习任务		任务一　集装箱船运输	
相关知识		集装箱和集装箱船基本知识、稳性要求、配载图编制、安全装卸方法及系固	
教学设备与媒体		集装箱船积载图若干；船舶资料、航次任务和集装箱船积载软件等	
考核评价		过程性考核、阶段性考核与实训技能考核相结合	

项目八		散货船积载	课时 16
教学目标	知识目标	熟悉散装谷物种类、特性及装载；稳性校核及改善稳性的方法	
	能力目标	具有编制散装谷、固体散货物船积载计划和液体散货计量、积载的能力	
	素质目标	具有发现问题、分析问题、解决问题和克服困难的能力	
学习任务		任务一　固体散货船运输	
		任务二　散装谷物船运输	
		任务三　液体散货船运输	
相关知识		散装谷物、固体散货、液体散货种类、特性及运输危险性；装运、积载；IBC、IGC运输	
教学设备与媒体		散装固体货物积载图、船舶资料、装货清单；固体货物装载表、散装固体货物积载软件等	
考核评价		过程性考核、阶段性考核与实训技能考核相结合	

（六）考核评价

①采用过程性考核、阶段性考核和终结性评价相结合的方式。

②积极开发无纸化网络考试系统，建立课程试题库，实行“考教分离”，促进良好教风和学风的形成。

③应注重对学生动手能力和在实践中分析问题、解决问题能力的考核，对在学习和应用上有创新的学生应给予特别鼓励。

④关注评价的多元性，结合实训考核、现场提问、学生作业、平时测验、技能竞赛及终结考试等情况，综合评价学生成绩。

⑤本课程的总评成绩＝平时考核成绩＋阶段性考核成绩＋终结性考核成绩。其中，平时考核成绩占10%，阶段性考核成绩占30%，终结性考核成绩占60%。

各考核的细目详见下表：

序号	平时考核	10%	阶段性考核		30%	终结性考核	60%
1	课堂考勤		教学单元考核	船舶结构与起重设备	5%	理论考核	60%
2	学习态度			货运基本知识	5%		
3	作业						
4	课堂互动			货物积载	10%		
5	讨论		项目教学考核	课程实训项目考核	10%		
6							

（七）教学条件

1. 实践条件

①建立校内课程实训室，实施开放式教学，满足学生认识船舶基本结构，辨识船舶主要标志和货物包装及其标志，学习货物积载与系固方法，识读及应用货物积载图等能力培养需要；

②加强与省内外航运企业联系，充分利用企业、行业教学资源进行产学合作教学，营造真实的实践教学环境，增强学生岗位适应能力。

2. 师资条件

理论课教师根据教育行政主管部门和中华人民共和国海事局颁布的《中华人民共和国船员培训管理规则》要求配备，实训指导教师按照师生比1∶20配备。

理论课教师应具有：

①不少于18个月甲类三副资历，且具有不少于2年教学经验；或

②航海技术专业中级及以上专业技术职称，并具有不少于1年的甲类三副资历。

实训指导教师应具有：

不少于18个月的甲类三副海上资历。

（八）实施建议

1. 课程资源的开发与利用

①注重校本教材、实验实训指导书和实验实训教材的开发和应用。

②注重课程资源和现代化教学资源的开发和利用，建立多媒体课程资源数据库，努力实现校际间资源的共享，以提高课程资源利用效率。

③产学研相结合。充分利用本行业典型的生产企业的资源，进行产学研合作，提高学生的适岗能力，并建立校内外实习实训基地，实践工学交替，努力实现与企业零距离对接。

2. 教学建议

①在教学过程中，应立足于加强学生实际操作技能的培养，采用任务驱动教学，以工作任务引领学生学习动机，激发学生学习兴趣，培养学生分析和解决问题的能力。

②本课程教学应采用传统讲授与现代化信息技术相结合，充分利用船舶积载软件或积载模拟软件等进行现场训练与指导，利用课程网络平台进行学生自主学习、远程指导与答疑、师生互动与交流等。

③在教学过程中，将教育主管部门的要求与国家海事局对无限航区3000总吨及以上船舶三副岗位适任要求对接，实现课证融通。

七、航海英语课程标准

课程类型:专业核心课
适用专业:航海技术
开设学期:第一学年第二学期至第二学年第二学期
建议学时:224

(一)课程性质与作用

本课程旨在培养学生在船舶驾驶岗位上能熟练使用航海英语进行表达、沟通、协调与合作的能力。通过本课程的学习和训练,使学生能读懂英文航海出版物,看懂英文气象电文,航海仪器操作使用说明书,SOLAS、STCW、MARPOL 等国际公约和 ISM 规则,能用英文填写航海日志,拟写简单的电报信文等,达到 STCW 公约和海船船员适任标准规定的甲类三副基本语言能力的要求,是航海技术专业的一门专业核心课程。

(二)课程目标

1. 知识目标
①掌握航海图书资料涉及的专业词汇、术语及语法;
②掌握航海仪器涉及的专业词汇、术语及语法;
③掌握航海气象涉及的专业词汇、术语及语法;
④掌握船舶操纵方面的专业词汇、术语及语法;
⑤掌握船舶避碰方面的专业词汇、术语及语法;
⑥掌握船舶结构与设备方面的专业词汇、术语及语法;
⑦掌握船舶货运技术方面的专业词汇、术语及语法;
⑧掌握相关国际公约的专业词汇、术语及语法;
⑨掌握船舶安全管理方面的专业词汇、术语及语法;
⑩掌握航海英语写作的专业词汇、句式和篇章结构。
2. 能力目标
①能查阅图书资料;
②能阅读航海仪器说明书;
③能阅读航海气象报文;
④能阅读船舶操纵方面资料;
⑤能阅读避碰规则;
⑥能阅读船舶结构资料;
⑦能阅读船舶货运技术资料;
⑧能阅读相关国际公约;
⑨能阅读有关船舶安全管理的规定;
⑩能书写日志及报告。
3. 素质目标
①具有吃苦耐劳、爱岗敬业的职业素养;

②具有良好的沟通、组织、协调等人际交往能力；
③具有团队精神和协作能力；
④具有创新精神和创造能力；
⑤具有良好的心理素质和克服困难的能力。

(三)课程设计理念与思路

1. 课程设计理念

本课程标准的总体设计思路:变三段式课程体系为任务引领型课程体系,打破传统的文化基础课、专业基础课、专业课三段式课程设置模式,紧紧围绕完成工作任务需要来选择课程内容;变知识学科本位为职业能力本位,打破传统的以“了解”“掌握”为特征设定的学科型课程目标,从“任务与职业能力”分析出发,设定职业能力培养目标;变书本知识的传授为动手能力培养,打破传统的知识传授方式,以实际航行为主线,创设交际情境,结合国家海事局针对无限航区三副的航海英语考试大纲,培养学生航海英语的实际应用能力。

2. 课程设计主要思路

本课程依据 STCW 公约马尼拉修正案和《11 规则》中有关航海英语的标准要求,根据船舶航行中涉及的英语运用及要求,遵循高等职业院校学生的认知规律,紧密结合无限航区船舶三副工作岗位对航海英语的要求,将教学内容设计成 10 个学习模块。教学活动设计由易到难,引导学生在学习活动中提高航海英语阅读能力。

(四)课程内容结构安排

学习模块		学习单元	课时
1	航海图书资料	单元一　航路指南	20
		单元二　其他航海出版物	
		单元三　海图及海图作业	
		单元四　航海通告及航行警告	
2	航海仪器	单元一　雷达及 ARPA	30
		单元二　罗经	
		单元三　电子海图	
		单元四　测深仪、计程仪等	
		单元五　AIS 等	
		单元六　IBS 简介	
3	航海气象	单元一　航海气象要素及常用术语	20
		单元二　海上气象报告	
4	船舶操纵	单元一　船舶操纵性能	20
		单元二　锚泊及靠离泊作业	

学习模块		学习单元	课时
5	船舶避碰	单元一　任何能见度情况下的行动规则 单元二　互见中的行动规则 单元三　能见度不良时的行动规则	30
6	船舶结构与设备	单元一　船舶各部位名称 单元二　船舶消防救生设备	30
7	船舶货运技术	单元一　货运基本知识 单元二　杂货有关术语 单元三　固体散货有关术语 单元四　液体货有关术语 单元五　集装箱有关术语	20
8	国际海事公约	单元一　SOLAS 公约 单元二　STCW 公约 单元三　MARPOL 公约 单元四　国际海事劳工公约	20
9	船舶安全管理	单元一　船舶安全管理体系	14
10	航海英语写作	单元一　货物损坏及港口作业方面的相关内容 单元二　航海日志 单元三　演习记录 单元四　船舶日常保养	20
总计			224

(五)教学内容与要求

学习模块一		航海图书资料	课时 20
教学目标	知识目标	掌握航海图书资料涉及的专业词汇、术语及语法	
	能力目标	能阅读航海仪器说明书	
	素质目标	具有吃苦耐劳、爱岗敬业的职业素养	
学习单元		单元一　航路指南 单元二　其他航海出版物 单元三　海图及海图作业 单元四　航海通告及航行警告	
相关知识		航海图书资料	
教学设备与媒体		多媒体	
考核评价		课堂提问、学生作业、阶段测验	

<table>
<tr><td colspan="2" rowspan="2">学习模块二</td><td rowspan="2">航海仪器</td><td>课时</td></tr>
<tr><td>30</td></tr>
<tr><td rowspan="3">教学目标</td><td>知识目标</td><td colspan="2">掌握航海仪器涉及的专业词汇、术语及语法</td></tr>
<tr><td>能力目标</td><td colspan="2">能阅读航海仪器说明书</td></tr>
<tr><td>素质目标</td><td colspan="2">具有吃苦耐劳、爱岗敬业的职业素养</td></tr>
<tr><td colspan="2" rowspan="6">学习单元</td><td colspan="2">单元一　雷达及 ARPA</td></tr>
<tr><td colspan="2">单元二　罗经</td></tr>
<tr><td colspan="2">单元三　电子海图</td></tr>
<tr><td colspan="2">单元四　测深仪、计程仪等</td></tr>
<tr><td colspan="2">单元五　AIS 等</td></tr>
<tr><td colspan="2">单元六　IBS 简介</td></tr>
<tr><td colspan="2">相关知识</td><td colspan="2">航海仪器</td></tr>
<tr><td colspan="2">教学设备与媒体</td><td colspan="2">多媒体</td></tr>
<tr><td colspan="2">考核评价</td><td colspan="2">课堂提问、学生作业、阶段测验</td></tr>
</table>

<table>
<tr><td colspan="2" rowspan="2">学习模块三</td><td rowspan="2">航海气象</td><td>课时</td></tr>
<tr><td>20</td></tr>
<tr><td rowspan="3">教学目标</td><td>知识目标</td><td colspan="2">掌握航海气象涉及的专业词汇、术语及语法</td></tr>
<tr><td>能力目标</td><td colspan="2">能阅读航海气象的报文</td></tr>
<tr><td>素质目标</td><td colspan="2">具有良好的沟通、组织、协调等人际交往能力</td></tr>
<tr><td colspan="2" rowspan="2">学习单元</td><td colspan="2">单元一　航海气象要素及常用术语</td></tr>
<tr><td colspan="2">单元二　海上气象报告</td></tr>
<tr><td colspan="2">相关知识</td><td colspan="2">航海气象</td></tr>
<tr><td colspan="2">教学设备与媒体</td><td colspan="2">多媒体</td></tr>
<tr><td colspan="2">考核评价</td><td colspan="2">课堂提问、学生作业、阶段测验</td></tr>
</table>

<table>
<tr><td colspan="2">学习模块四</td><td>船舶操纵</td><td>课时
20</td></tr>
<tr><td rowspan="3">教学目标</td><td>知识目标</td><td colspan="2">掌握船舶操纵方面的专业词汇、术语及语法</td></tr>
<tr><td>能力目标</td><td colspan="2">能阅读船舶操纵方面的资料</td></tr>
<tr><td>素质目标</td><td colspan="2">具有团队精神和协作能力</td></tr>
<tr><td colspan="2" rowspan="2">学习单元</td><td colspan="2">单元一　船舶操纵性能</td></tr>
<tr><td colspan="2">单元二　锚泊及靠离泊作业</td></tr>
<tr><td colspan="2">相关知识</td><td colspan="2">船舶操纵</td></tr>
<tr><td colspan="2">教学设备与媒体</td><td colspan="2">多媒体</td></tr>
<tr><td colspan="2">考核评价</td><td colspan="2">课堂提问、学生作业、阶段测验</td></tr>
</table>

<table>
<tr><td colspan="2">学习模块五</td><td>船舶避碰</td><td>课时
30</td></tr>
<tr><td rowspan="3">教学目标</td><td>知识目标</td><td colspan="2">掌握船舶避碰方面的专业词汇、术语及语法</td></tr>
<tr><td>能力目标</td><td colspan="2">能阅读避碰规则</td></tr>
<tr><td>素质目标</td><td colspan="2">具有团队精神和协作能力</td></tr>
<tr><td colspan="2" rowspan="3">学习单元</td><td colspan="2">单元一　任何能见度情况下的行动规则</td></tr>
<tr><td colspan="2">单元二　互见中的行动规则</td></tr>
<tr><td colspan="2">单元三　能见度不良时的行动规则</td></tr>
<tr><td colspan="2">相关知识</td><td colspan="2">船舶避碰</td></tr>
<tr><td colspan="2">教学设备与媒体</td><td colspan="2">多媒体</td></tr>
<tr><td colspan="2">考核评价</td><td colspan="2">课堂提问、学生作业、阶段测验</td></tr>
</table>

<table>
<tr><td colspan="2">学习模块六</td><td>船舶结构与设备</td><td>课时
30</td></tr>
<tr><td rowspan="3">教学目标</td><td>知识目标</td><td colspan="2">掌握船舶结构与设备方面的专业词汇、术语及语法</td></tr>
<tr><td>能力目标</td><td colspan="2">能阅读船舶结构方面的资料</td></tr>
<tr><td>素质目标</td><td colspan="2">具有吃苦耐劳、爱岗敬业的职业素养</td></tr>
<tr><td colspan="2" rowspan="2">学习单元</td><td colspan="2">单元一　船舶各部位名称</td></tr>
<tr><td colspan="2">单元二　船舶消防救生设备</td></tr>
<tr><td colspan="2">相关知识</td><td colspan="2">船舶结构与设备</td></tr>
<tr><td colspan="2">教学设备与媒体</td><td colspan="2">多媒体</td></tr>
<tr><td colspan="2">考核评价</td><td colspan="2">课堂提问、学生作业、阶段测验</td></tr>
</table>

<table>
<tr><td colspan="2" rowspan="2">学习模块七</td><td rowspan="2">船舶货运技术</td><td>课时</td></tr>
<tr><td>20</td></tr>
<tr><td rowspan="3">教学目标</td><td>知识目标</td><td colspan="2">掌握船舶货运技术方面的专业词汇、术语及语法</td></tr>
<tr><td>能力目标</td><td colspan="2">能阅读船舶货运技术资料</td></tr>
<tr><td>素质目标</td><td colspan="2">具有吃苦耐劳、爱岗敬业的职业素养</td></tr>
<tr><td colspan="2" rowspan="5">学习单元</td><td colspan="2">单元一　货运基本知识</td></tr>
<tr><td colspan="2">单元二　杂货有关术语</td></tr>
<tr><td colspan="2">单元三　固体散货有关术语</td></tr>
<tr><td colspan="2">单元四　液体货有关术语</td></tr>
<tr><td colspan="2">单元五　集装箱有关术语</td></tr>
<tr><td colspan="2">相关知识</td><td colspan="2">船舶货运技术</td></tr>
<tr><td colspan="2">教学设备与媒体</td><td colspan="2">多媒体</td></tr>
<tr><td colspan="2">考核评价</td><td colspan="2">课堂提问、学生作业、阶段测验</td></tr>
</table>

<table>
<tr><td colspan="2" rowspan="2">学习模块八</td><td rowspan="2">国际海事公约</td><td>课时</td></tr>
<tr><td>20</td></tr>
<tr><td rowspan="3">教学目标</td><td>知识目标</td><td colspan="2">掌握相关国际海事公约的专业词汇、术语及语法</td></tr>
<tr><td>能力目标</td><td colspan="2">能阅读相关国际海事公约</td></tr>
<tr><td>素质目标</td><td colspan="2">具有航运安全及保护海洋环境的意识</td></tr>
<tr><td colspan="2" rowspan="4">学习单元</td><td colspan="2">单元一　SOLAS 公约</td></tr>
<tr><td colspan="2">单元二　STCW 公约</td></tr>
<tr><td colspan="2">单元三　MARPOL 公约</td></tr>
<tr><td colspan="2">单元四　国际海事劳工公约</td></tr>
<tr><td colspan="2">相关知识</td><td colspan="2">国际海事公约</td></tr>
<tr><td colspan="2">教学设备与媒体</td><td colspan="2">多媒体</td></tr>
<tr><td colspan="2">考核评价</td><td colspan="2">课堂提问、学生作业、阶段测验</td></tr>
</table>

<table>
<tr><td colspan="2" rowspan="2">学习模块九</td><td rowspan="2">船舶安全管理</td><td>课时</td></tr>
<tr><td>14</td></tr>
<tr><td rowspan="3">教学目标</td><td>知识目标</td><td colspan="2">掌握船舶安全管理方面的专业词汇、术语及语法</td></tr>
<tr><td>能力目标</td><td colspan="2">能阅读有关船舶安全管理的规定</td></tr>
<tr><td>素质目标</td><td colspan="2">具有航运安全及保护海洋环境的意识</td></tr>
<tr><td colspan="2">学习单元</td><td colspan="2">单元一　船舶安全管理体系</td></tr>
</table>

学习模块九	船舶安全管理	课时 14
相关知识	船舶安全管理	
教学设备与媒体	多媒体	
考核评价	课堂提问、学生作业、阶段测验	

学习模块十		航海英语写作	课时 20
教学目标	知识目标	掌握有关航海英语写作的专业词汇、句式和篇章结构	
	能力目标	能书写日志及报告	
	素质目标	具有吃苦耐劳、爱岗敬业的职业素养	
学习单元		单元一　货物损坏及港口作业方面的相关内容	
		单元二　航海日志	
		单元三　演习记录	
		单元四　船舶日常保养	
相关知识		航海英语写作	
教学设备与媒体		多媒体	
考核评价		课堂提问、学生作业、阶段测验	

(六)考核评价

①采用过程性考核、阶段性考核和终结性考核相结合的评价方法。

②建立课程试题库,实行“考教分离”,促进良好教风和学风的形成。

③应注重对学生英语听说能力的考核,对在学习和应用上有创新的学生应给予特别鼓励。

④关注评价的多元性,结合实训考核、现场提问、学生作业、平时测验、技能竞赛及终结考试等情况,综合评价学生成绩。

⑤本课程的授课由三个学期组成,每学期的总评成绩=过程性考核成绩+阶段性考核成绩+终结性考核成绩。其中,过程性考核成绩占20%,阶段性考核成绩占30%,终结性考核成绩占50%。

各学期考核细目详见下表:

第一学年第二学期

序号	过程性考核	20%	阶段性考核		30%	终结性考核	50%
1	课堂考勤	5%	模块考核	航海图书资料	15%	理论考核	50%
2	课堂活动	5%		航海仪器	10%		
3	作业	10%		航海气象	5%		

第二学年第一学期

序号	过程性考核	20%	阶段性考核		30%	终结性考核	50%
1	课堂考勤	5%	模块考核	船舶操纵	10%	理论考核	50%
2	课堂活动	5%		船舶避碰	10%		
3	作业	10%		船舶结构与设备	10%		

第二学年第二学期

序号	过程性考核	20%	阶段性考核		30%	终结性考核	50%
1	课堂考勤	5%	模块考核	船舶货运技术	10%	理论考核	50%
2	课堂活动	5%		国际海事公约	10%		
3	作业	10%		船舶安全管理	5%		
				航海英语写作	5%		

(七)教学条件

1. 实践条件

①航海英语语音室应能满足航海英语授课和航海英语听力与会话训练的要求;

②航海英语教材应紧扣《11 规则》要求;

③利用多媒体教学课件、视频、在线教育等资源作为教学辅助工具。

2. 师资条件

专任教师应具有高校教师资格证,且具备以下条件之一:

①具备英语专业本科及以上学历并具有中级及以上职称,海上资历不少于 6 个月;或

②具有不少于 1 年的甲类三副资历,且具有不少于 1 年的专业英语教学经验。

(八)实施建议

①立足于加强学生实际操作能力的培养,采用行动导向教学,以工作任务引领提高学生学习兴趣。通过以学习任务为依托的教学,使学生在完成学习任务的过程中提高航海英语语言应用能力。

②关键是模拟真实情景进行教学,借助航海模拟器、航海出版物、航海仪器,或通过消防、救生等现场教学,在教学过程中,教师示范和学生分组讨论、训练互动,学生提问与教师解答、指导有机结合。通常在航海英语教学中采用四阶段教学法、项目教学法、头脑风暴法、角色扮演法、案例分析法等,课堂教学可以采用某一种教学法,也可多种教学法相结合。

③加强对学生学习策略的指导,特别指导学生充分利用现有实验室等网络资源让学生能够在课堂外进行自主学习,鼓励探究性学习,拓展学生综合运用能力,使学生可以更好地运用本课所学知识和技能,积极引导学生提升职业素养,提高职业道德水平。

④在教学过程中,要应用多媒体、投影等教学资源辅助教学,以提高学生运用英语的能力,同时,借助于资源库和实验室等网络学习平台,提供丰富的航海英语在线学习资源和测试,为学生自主学习创设良好环境。

八、GMDSS 英语阅读课程标准

课程类型:专业必修课
适用专业:航海技术
开设学期:第二学年第一学期
建议学时:56

(一)课程性质与作用

本课程主要学习船舶通信英语所需基本词汇,原版英文 GMDSS 相关国际公约和《无线电通信规则》,原版英文各类 GMDSS 设备操作使用说明书,有关遇险、紧急、安全通信英文函电及船舶常用通信业务函电写作等,培养学生使用通信英语进行表达、沟通、协调与合作的能力,是航海技术专业的一门专业核心课程。

(二)课程目标

1. 知识目标
①掌握船舶通信英语所需基本词汇和语法;
②熟悉 GMDSS 系统组成与通信业务、海区划分与设备配备等原版英文技术资料;
③熟悉原版英文 GMDSS 相关国际公约和无线电通信规则;
④熟悉 GMDSS 各类设备原版英文使用说明书;
⑤掌握有关遇险、紧急、安全通信和船舶常用通信业务英文函电的书写格式;
⑥熟悉船舶无线电台日志记载、规定和要求。
2. 能力目标
①具备理解翻译原版英文 GMDSS 技术资料的能力;
②具备理解翻译原版英文 GMDSS 相关国际公约的能力;
③具备理解翻译原版英文无线电通信规则的能力;
④能阅读理解原版英文各类 GMDSS 设备使用说明书;
⑤能正确书写有关遇险、紧急、安全通信英文函电和船舶常用通信业务函电;
⑥能用英文记载船舶无线电台日志。
3. 素质目标
①具有吃苦耐劳、爱岗敬业的职业素养;
②具有良好的沟通、服从、协调等人际交往能力;
③具有团队精神和协作能力;
④具有良好的知识好奇心与求知欲;
⑤具有良好的心理素质和克服困难的能力;
⑥具有获取、分析、归纳、使用信息和新技术的能力;
⑦具有合理利用与支配资源的能力。

(三)课程设计理念与思路

1. 课程设计理念

GMDSS 英语阅读课程以完成船舶通信工作为主线,设计对应工作任务,以完成某一工作任务为单元设计教学模块。设计标准应与 STCW 公约马尼拉修正案、《11 规则》和考试大纲要求相一致,有利于培养适应现代化船舶的通信技术应用型人才;以学生是否具备 STCW 公约马尼拉修正案规定的适任能力为衡量课程教学效果的依据。

2. 课程设计主要思路

根据以上课程的设计理念,将教学内容设计成四个学习模块,以学习模块为中心引出相关的专业知识、专业能力和素质能力,以 GMDSS 原版英文资料的阅读为出发点,展开 GMDSS 系统组成及通信业务、GMDSS 相关公约、船舶常用英文函电和 GMDSS 设备说明书的课程教学。充分运用现代化教育技术、设施和方法。学生学习行动贯穿于整个学习情境的教学过程中,做到职业素质与综合能力并重,为学生的职业生涯可持续发展打下良好的基础。

(四)课程内容结构安排

学习模块		学习单元	课时
1	原版英文 GMDSS 技术资料	单元一　GMDSS 基础知识	16
		单元二　Inmarsat 系统介绍	
		单元三　Terrestrial Radio Communication System	
		单元四　Promulgation of Maritime Safety Information	
2	GMDSS 设备英文原版说明书	单元一　NAVTEX	12
		单元二　COSPAS-SARSAT 系统介绍	
		单元三　Search and Rescue Radar Transponder	
3	原版英文 GMDSS 相关国际公约和 ITU《无线电规则》	单元一　Extracts from SOLAS	20
		单元二　Extracts from ITU Regulations	
		单元三　Extracts from STCW Convention Ⅰ	
		单元四　Extracts from STCW Convention Ⅱ	
		单元五　Extracts from STCW Convention Ⅲ	
4	船舶常用英文函电业务、无线电台日志	单元一　船舶常用英文函电业务	8
		单元二　无线电台日志的记载、规定和要求	
总计			56

（五）教学内容与要求

<table>
<tr><td colspan="2">学习模块一</td><td>原版英文 GMDSS 技术资料</td><td>课时
16</td></tr>
<tr><td rowspan="3">教学目标</td><td>知识目标</td><td colspan="2">掌握 GMDSS 通信英语专业词汇和语法</td></tr>
<tr><td>能力目标</td><td colspan="2">能理解、翻译 GMDSS 英文技术资料</td></tr>
<tr><td>素质目标</td><td colspan="2">具备获取、分析、归纳、使用信息和新技术的能力</td></tr>
<tr><td colspan="2" rowspan="4">学习单元</td><td colspan="2">单元一　GMDSS 基础知识</td></tr>
<tr><td colspan="2">单元二　Inmarsat 系统介绍</td></tr>
<tr><td colspan="2">单元三　Terrestrial Radio Communication System</td></tr>
<tr><td colspan="2">单元四　Promulgation of Maritime Safety Information</td></tr>
<tr><td colspan="2">相关知识</td><td colspan="2">GMDSS 综合业务</td></tr>
<tr><td colspan="2">教学设备与媒体</td><td colspan="2">多媒体教学设施</td></tr>
<tr><td colspan="2">考核评价</td><td colspan="2">课堂提问、作业、阶段性测试</td></tr>
</table>

<table>
<tr><td colspan="2">学习模块二</td><td>GMDSS 设备英文原版说明书</td><td>课时
12</td></tr>
<tr><td rowspan="3">教学目标</td><td>知识目标</td><td colspan="2">掌握 GMDSS 通信英语专业词汇和术语</td></tr>
<tr><td>能力目标</td><td colspan="2">能看懂并理解 GMDSS 设备英文原版说明书，掌握 GMDSS 设备技术性能</td></tr>
<tr><td>素质目标</td><td colspan="2">具备合理利用与支配资源的能力</td></tr>
<tr><td colspan="2" rowspan="3">学习单元</td><td colspan="2">单元一　NAVTEX</td></tr>
<tr><td colspan="2">单元二　COSPAS-SARSAT 系统介绍</td></tr>
<tr><td colspan="2">单元三　Search and Rescue Radar Transponder</td></tr>
<tr><td colspan="2">相关知识</td><td colspan="2">GMDSS 设备配备、维修要求</td></tr>
<tr><td colspan="2">教学设备与媒体</td><td colspan="2">多媒体教学设施</td></tr>
<tr><td colspan="2">考核评价</td><td colspan="2">课堂提问、作业、阶段性测试</td></tr>
</table>

学习模块三		原版英文 GMDSS 相关国际公约和 ITU《无线电规则》	课时 20
教学目标	知识目标	掌握 GMDSS 通信英语专业词汇和术语	
	能力目标	熟悉 STCW 公约基本原则、SOLAS 公约第四章有关内容和 ITU《无线电规则》	
	素质目标	具有良好的知识好奇心与求知欲	
学习单元		单元一　Extracts from SOLAS	
		单元二　Extracts from ITU Regulations	
		单元三　Extracts from STCW Convention Ⅰ	
		单元四　Extracts from STCW Convention Ⅱ	
		单元五　Extracts from STCW Convention Ⅲ	
相关知识		公约的立法背景及其历次修正案的背景，我国履约情况	
教学设备与媒体		多媒体教学设施	
考核评价		课堂提问、作业、阶段性测试	

学习模块四		船舶常用英文函电业务无线电台日志	课时 8
教学目标	知识目标	掌握 GMDSS 通信英语专业词汇和术语	
	能力目标	能用英文正确书写常用通信业务函电及船舶报告，记载船舶无线电台日志	
	素质目标	具备 GMDSS 通用操作员岗位适任的能力	
学习单元		单元一　船舶常用英文函电业务	
		单元二　无线电台日志的记载、规定和要求	
相关知识		英语写作知识	
教学设备、工具与媒体		多媒体教学设施	
考核评价		课堂提问、作业、阶段性测试	

(六)考核评价

①采用过程性、阶段性和终结性考核相结合的评价方法。

②应注重对学生英语听说能力的考核，对在学习和应用上有创新的学生应给予特别鼓励。

③关注评价的多元性，结合实训考核、现场提问、学生作业、平时测验及终结考试等情况，综合评价学生成绩。

④本课程的总评成绩 = 过程性考核成绩 + 阶段性考核成绩 + 终结性考核成绩。其中，过程性考核成绩占 20%，阶段性考核成绩占 20%，终结性考核成绩占 60%。

各考核的细目详见下表：

序号	过程性考核	20%	阶段性考核		20%	终结性考核	60%
1	课堂考勤	5%	教学单元考核	①GMDSS 基础知识 ②Inmarsat 系统介绍	10%	期末考试	60%
2	学习态度	3%		③Terrestrial Radio Communication System			
3	作业	10%		④Promulgation of Maritime Safety Information	10%		
4	课堂互动	2%					

(七)教学条件

1. 实践条件

①本专业应建有 GMDSS 设备实训室,能满足 STCW 公约和国家海事局海船 GMDSS 通用操作员适任考试和评估相关标准最新要求;

②编写紧扣《11 规则》要求的 GMDSS 英语阅读教材;

③注重配套习题集、试题库的开发和应用;

④注重现代化教学资源的开发和利用,积极开发多媒体教学课件、制作电子教案,激发学生的学习兴趣,促进学生对知识的理解和掌握。

2. 师资条件

专任教师应具有高校教师资格证,且具备以下条件之一:

①具备英语专业本科及以上学历并具有中级及以上职称,海上资历不少于 6 个月;或

②具有不少于 1 年的甲类三副资历,且具有不少于 1 年专业英语教学经验。

(八)实施建议

①本课程是一门专业英语课程,涉及专业知识广泛,建议尽可能在所涉及的专业课程开始后开设。

②要根据不同的教学内容灵活采取不同的教学方法,如启发引导式教学法、课题讨论式教学法、案例教学法等,以提高教学效果。

③积极开发和利用网络课程资源,充分利用诸如电子书籍、电子期刊、数据库、数字图书馆、教育网站和电子论坛等网上信息资源,构建网络型自主学习平台。

④建立稳定的校外实训基地,充分体现校企合作理念,与各航运企业建立长期稳定的合作关系,及时掌握航运企业的需求,充实课程教学内容。

⑤在教学过程中,要重视本专业领域新技术、新发展趋势,为学生提供职业生涯发展的空间,努力培养学生参与社会实践的能力。

九、GMDSS 综合业务课程标准

课程类型:理论课
适用专业:航海技术
开设学期:第二学年第一学期
建议学时:96

(一)课程性质与作用

GMDSS 综合业务课程主要学习 GMDSS 中卫星通信和地面通信的各种业务应用知识和相关规则、规定,学习船舶通信电台的管理,各种船载通信设备的基本工作原理、操作程序、通信方法及相关规定,培养学生船舶无线电通信岗位职业能力,承担船舶遇险、紧急、安全及常规无线电通信职责,胜任各海区航行船舶的无线电通信工作。该课程是航海技术专业学生必修的一门核心专业课程。

(二)课程目标

1. 知识目标

①能熟悉和理解 GMDSS 系统的作用、组成及配备要求;
②能熟悉船舶电台管理的各种规定;
③能熟知水上移动业务和水上卫星移动业务的国际国内规则和规定;
④能熟知遇险、紧急、安全、日常通信的业务规程;
⑤能知晓 GMDSS 系统各种通信设备的特点和作用、适用范围及基本工作原理。

2. 能力目标

①具有有效管理船舶电台、正确使用通信资料的能力;
②具有依据海上实际情况,正确选用 GMDSS 通信设备的能力;
③具有在各种航行条件下,正确、有效、快速地完成各种海上无线电通信任务的能力;
④具有应对 PSC/FSC 检查的能力;
⑤具有自学海上无线电通信新技术、新设备基础的能力。

3. 素质目标

①具有良好的职业道德,遵守行业规范的工作意识和行为意识;
②具有遵守各种海上通信规则,维护正常的海上通信秩序的良好习惯;
③具有较强的沟通能力、合作能力、新知掌握能力、综合运用能力。

(三)课程设计理念与思路

1. 课程设计理念

本课程根据 STCW 公约马尼拉修正案和《11 规则》中有关 GMDSS 通用操作员适任标准、职业能力要求,以培养船舶通信电台管理、各种船载通信设备操作等船舶无线电通信岗位职业能力为目标,兼顾学生职业生涯发展的需要,遵循由简单到繁杂、由单一到综合的原则进行课程内容设计。

2. 课程设计主要思路

GMDSS 是一个全球性综合通信业务系统,该系统融合了多种通信系统。该课程主要内容为:GMDSS 国际规则的要求;各通信系统的基本工作原理及特点;各种通信业务操作规程及规范用语及船舶电台的管理和日常维护。充分考虑和重视学生在校学习与船舶实际通信工作的一致性,突出运用模拟器教学和计算机辅助教学手段来提高教学效果,将课堂教学与获取实际职业能力有机融合,培养学生船舶无线电通信职业岗位能力和职业素养。教学内容应跟踪国家海事局 GMDSS 通用操作员适任考试要求的变化,以满足学生获取 GMDSS 通用操作员证书的需求,实现"课证融通"教学理念。

(四)课程内容结构安排

学习模块		学习单元	课时
1	基础知识	单元一 GMDSS 概论	18
		单元二 船舶电台管理知识及 PSC/FSC 检查	
		单元三 无线电通信基础	
		单元四 船舶电源与天线	
2	Inmarsat 通信系统及业务	单元一 卫星通信及 Inmarsat 系统	28
		单元二 Inmarsat-C 系统通信	
		单元三 Inmarsat-F 系统通信	
3	地面通信系统及业务	单元一 MF/HF 单边带无线电话通信	36
		单元二 NBDP 通信	
		单元三 DSC 呼叫	
		单元四 VHF 无线电话通信	
4	海上安全信息系统及业务	单元一 NAVTEX 系统	6
		单元二 EGC 系统	
		单元三 气象传真系统	
5	特别业务	单元一 船舶报告系统	4
		单元二 其他特别业务	
6	救生艇筏业务	单元一 EPIRB 业务	4
		单元二 SART 业务	
总计			96

(五)教学内容与要求

<table>
<tr><td colspan="2" rowspan="2">学习模块一</td><td rowspan="2">基础知识</td><td>课时</td></tr>
<tr><td>18</td></tr>
<tr><td rowspan="3">教学目标</td><td>知识目标</td><td colspan="2">掌握 GMDSS 系统、船舶电台管理、无线电波传播及通信的知识,船舶电台电源要求,PSC/FSC 检查内容及要求</td></tr>
<tr><td>能力目标</td><td colspan="2">具有管理和检查船舶电台的能力</td></tr>
<tr><td>素质目标</td><td colspan="2">统筹协调的管理能力,较强的沟通能力及良好的职业道德</td></tr>
<tr><td colspan="2" rowspan="4">学习单元</td><td colspan="2">单元一　GMDSS 概论</td></tr>
<tr><td colspan="2">单元二　船舶电台管理知识及 PSC/FSC 检查</td></tr>
<tr><td colspan="2">单元三　无线电通信基础</td></tr>
<tr><td colspan="2">单元四　船舶电源与天线</td></tr>
<tr><td colspan="2">相关知识</td><td colspan="2">GMDSS 系统、船舶电台管理、无线电波传播及通信的知识,船舶电台电源要求及日常维护要求,PSC/FSC 检查相关知识</td></tr>
<tr><td colspan="2">教学设备与媒体</td><td colspan="2">多媒体教学设备、多媒体教学课件、GMDSS 通信设备真机和模拟器</td></tr>
<tr><td colspan="2">考核评价</td><td colspan="2">由教师根据学生的学习情况自由安排,将考核结果作为过程性评价的重要依据</td></tr>
</table>

<table>
<tr><td colspan="2" rowspan="2">学习模块二</td><td rowspan="2">Inmarsat 通信系统及业务</td><td>课时</td></tr>
<tr><td>28</td></tr>
<tr><td rowspan="3">教学目标</td><td>知识目标</td><td colspan="2">掌握 Inmarsat 系统组成及特点,基本工作原理;熟悉 Inmarsat-F 系统组成及特点、通信应用</td></tr>
<tr><td>能力目标</td><td colspan="2">具有使用 Inmarsat-C/F 船站进行各种通信业务的能力;能进行简单的日常维护工作</td></tr>
<tr><td>素质目标</td><td colspan="2">具有遵守和维护通信秩序的工作意识,综合运用知识进行判断和选择达成工作任务的素质</td></tr>
<tr><td colspan="2" rowspan="3">学习单元</td><td colspan="2">单元一　卫星通信及 Inmarsat 系统</td></tr>
<tr><td colspan="2">单元二　Inmarsat-C 系统通信</td></tr>
<tr><td colspan="2">单元三　Inmarsat-F 系统通信</td></tr>
<tr><td colspan="2">相关知识</td><td colspan="2">卫星通信基础知识及特点;Inmarsat 卫星通信系统组成及各部分作用;Inmarsat-C、Inmarsat-F 系统结构、各种通信业务及有关规定、设备组成及基本原理</td></tr>
<tr><td colspan="2">教学设备与媒体</td><td colspan="2">多媒体教学设备、多媒体教学课件、GMDSS 通信设备真机和模拟器</td></tr>
<tr><td colspan="2">考核评价</td><td colspan="2">由教师根据学生的学习情况自由安排,将考核结果作为过程性评价的重要依据</td></tr>
</table>

学习模块三		地面通信系统及业务	课时
			36
教学目标	知识目标	熟悉船舶 MF/HF、VHF 组成及基本工作原理，船舶地面通信系统有关规定及操作规程，日常维护工作要求	
	能力目标	具有熟练使用地面通信系统、胜任各种通信业务及日常维护各种通信设备的能力	
	素质目标	具有遵守和维护通信秩序的工作意识，综合运用知识进行判断和选择达成工作任务的素质	
学习单元		单元一　MF/HF 单边带无线电话通信	
		单元二　NBDP 通信	
		单元三　DSC 呼叫	
		单元四　VHF 无线电话通信	
相关知识		MF/HF、VHF 组成及基本工作原理，船舶电台地面通信业务有关规定和操作规程	
教学设备与媒体		多媒体教学设备、多媒体教学课件、GMDSS 通信设备真机和模拟器	
考核评价		由教师根据学生的学习情况自由安排，将考核结果作为过程性评价的重要依据	

学习模块四		海上安全信息系统及业务	课时
			6
教学目标	知识目标	熟悉海上安全信息播发系统的组成及工作流程，利用通信设备接收信息并理解格式含义	
	能力目标	具有正确及时获取海上安全信息的能力	
	素质目标	具有较强的工作责任心及危机意识，综合运用知识进行判断和选择达成工作任务的素质	
学习单元		单元一　NAVTEX 系统	
		单元二　EGC 系统	
		单元三　气象传真系统	
相关知识		海上安全信息播发系统的组成及特点，NAVTEX 系统、EGC 系统、气象传真相关知识	
教学设备与媒体		多媒体教学设备、多媒体教学课件、GMDSS 通信设备真机和模拟器	
考核评价		由教师根据学生的学习情况自由安排，将考核结果作为过程性评价的重要依据	

学习模块五		特别业务	课时
			4
教学目标	知识目标	掌握船舶通信特别业务内容,船位报告系统、信号主要格式、医疗电报有关规定	
	能力目标	具有处理各种特别业务的能力	
	素质目标	具有融合不同知识及综合运用知识的能力	
学习单元		单元一　船舶报告系统	
		单元二　其他特别业务	
相关知识		世界主要报时信号及格式、船位报告系统和无线电医疗电报业务有关规定	
教学设备与媒体		多媒体教学设备、多媒体教学课件、GMDSS 通信设备真机和模拟器	
考核评价		由教师根据学生的学习情况自由安排,将考核结果作为过程性评价的重要依据	

学习模块六		救生艇筏业务	课时
			4
教学目标	知识目标	了解 SART 和 EPIRB 基本工作原理,掌握使用方式和日常维护工作	
	能力目标	具有正确使用和常规维护 SART 和 EPIRB 的能力	
	素质目标	具有良好的心理素质和综合运用知识的能力	
学习单元		单元一　EPIRB 业务	
		单元二　SART 业务	
相关知识		COSPAS-SARSAT 系统、SART 寻位系统组成、特点及基本工作原理,EPIRB 及 SART 设备日常维护及有关规定	
教学设备与媒体		多媒体教学设备、多媒体教学课件、GMDSS 通信设备真机和模拟器	
考核评价		由教师根据学生的学习情况自由安排,将考核结果作为过程性评价的重要依据	

(六)考核评价

①采用学校评价和行业职业资格考试评价相结合的评价方法;

②课程评价将“过程持续评价”与“期终评价”相结合,减少了因偶然性因素造成的教学评价的偏差;

③建立完善的 GMDSS 综合业务试题库,单元测验、期末考试采取闭卷笔试或计算机题库无纸化考试的方式进行,使教学评价减少人为因素,达到考教分离的目的;

④课程总成绩 = 期末考核成绩 ×60% + 过程性考核成绩 ×40%;

⑤过程性成绩可由以下成绩组成:学生出勤、平时作业、课堂提问、阶段测验等。

(七)教学条件

1. 实施条件

依据中华人民共和国海事局颁布的《中华人民共和国船员培训管理规则》要求的多媒体

教室、海上通信文件与资料。

2. 师资条件

依据中华人民共和国海事局颁布的《中华人民共和国船员培训管理规则》的要求配备，并应满足下列条件之一且具有高校教师资格证。

①通信、电子类相关专业本科及以上学历，并且具有不少于6个月的全球海上遇险和安全系统知识和操作教学经历或不少于3个月的海上通信实习经历，并持有全球海上遇险和安全系统通用操作员有效证书；

②航海专业本科及以上学历，具有甲类大副及以上任职资格，具有不少于6个月的全球海上遇险和安全系统知识和操作教学经历，并持有全球海上遇险和安全系统通用操作员有效证书；

③持有一级、二级无线电电子员证书，具有不少于6个月的全球海上遇险和安全系统知识和操作教学经历。

(八)实施建议

①教材应既能满足实际海上通信技术发展要求，也应融合国家海事局制定的GMDSS通用操作员适任标准的要求。

②根据课程内容，灵活运用实例分析、启发引导等教学方法，引导学生积极思考，提高教、学效果。运用现代教育技术，使抽象的理论知识以感性的方法呈现，激发学生学习兴趣，提高学习效率。教学过程中应以学为中心，注重学生综合能力的提高。

③在教学过程中，要重视本专业领域新技术发展趋势，加强与校企合作企业的联系，跟踪国内外相关技术的发展，跟踪国家海事局GMDSS通用操作员考证要求的变化，及时更新补充教学内容，为学生考取职业资格证书打下基础，为学生就业提供保障。

十、GMDSS 英语听力与会话课程标准

课程类型:专项训练课
适用专业:航海技术
开设学期:第二学年第一学期
建议学时:24

(一)课程性质与作用

GMDSS 英语听力与会话是航海技术专业的专项训练课程之一,同时也是船员适任证书评估科目内容,主要培养学生在船舶通信工作中能熟练使用通信英语进行表达、沟通、协调与合作的能力。通过学习和训练,使学生能正确抄收国际信号码组、数字、标准单位及关键词组;听懂遇险、紧急、安全和常规通信内容,并能用英语完成通信,达到 STCW 公约马尼拉修正案和考试大纲规定的通用操作员适任资格证书中基本的通信英语语言要求。

(二)课程目标

通过本课程的教学,使学生掌握船舶通信英语听说所需基本词汇;掌握国际信号码组的抄收、数字、标准单位及关键词的抄收的技能;听懂遇险、紧急、安全和常规通信内容,并能用英语完成通信任务;应对 GMDSS 的 PSC 检查,达到 STCW 公约马尼拉修正案和评估大纲对 GMDSS 通用操作员的最低适任标准。

1. 知识目标

①掌握船舶通信英语听说所需基本词汇;
②掌握国际信号码组抄收技能;
③熟悉遇险、紧急、安全、常规通信任务和消除误报警的通信任务;
④掌握遇险、紧急、安全通信用语;
⑤掌握船舶常规通信、PSC 检查和日常生活用语。

2. 能力目标

①具备国际信号码组抄收的能力;
②能运用标准海事通信用语进行遇险、紧急、安全和常规通信;
③具备应对 PSC 检查和日常生活会话英语表达、沟通、协调与合作的能力。

3. 素质目标

①具有吃苦耐劳、爱岗敬业的职业素养;
②具有良好的沟通、服从、协调等人际交往能力;
③具有团队精神和协作能力;
④具有良好的知识好奇心与求知欲;
⑤具有良好的心理素质和克服困难的能力;
⑥具有获取、分析、归纳、使用信息和新技术的能力;
⑦具有合理利用与支配资源的能力。

(三)课程设计理念与思路

1. 课程设计理念

GMDSS英语听力与会话以完成船舶通信工作为主线设计工作任务,以完成某一工作任务为单元设计教学模块。课程标准与STCW公约马尼拉修正案、《11规则》、考试大纲相一致,并有利于培养适应现代化船舶的通信技术应用型人才。

2. 课程设计主要思路

课程环节的设计和教学要求紧密结合船舶通信工作的实际,以学生为本,以培养学生适任能力为主线设计课程任务,围绕"在做中学"和"任务驱动"强化学生能力培养。

(四)课程内容结构安排

学习模块		学习单元	课时
1	国际信号码组和数字、标准单位及关键词组的抄收	单元一　英文字母、数字、混合码组抄收	6
		单元二　常用计量单位、船舶位置。航向、速度、操纵关键词等信息的抄收	
2	通信英语短文听力理解	单元一　遇险通信:遇险初始呼叫与收妥应答、遇险搜救协调通信与现场通信	8
		单元二　紧急和安全通信用语	
		单元三　船—岸、船—船常规通信,PSC检查,日常生活用语	
3	通信英语会话	单元一　遇险通信	10
		单元二　紧急通信	
		单元三　安全通信	
		单元四　常规通信	
		单元五　GMDSS的PSC检查	
总计			24

(五)教学内容与要求

学习模块一		国际信号码组和数字、标准单位及关键词组的抄收	课时
			6
教学目标	知识目标	掌握GMDSS通信英语专业词汇和语法,国际信号码组和数字、标准单位及关键词组抄收	
	能力目标	能在工作中正确抄收国际信号码组和数字、标准单位及关键词组	
	素质目标	具有良好的沟通、服从、协调等人际交往能力	

学习模块一	国际信号码组和数字、标准单位及关键词组的抄收	课时
		6
学习单元	单元一　英文字母、数字、混合码组抄收	
	单元二　常用计量单位、船舶位置。航向、速度、操纵关键词等信息的抄收	
相关知识	ALRS,ITU 规则	
教学设备与媒体	多媒体教学设施	
考核评价	课堂提问、作业、阶段性测试	

学习模块二		通信英语短文听力理解	课时
			8
教学目标	知识目标	掌握 GMDSS 通信英语专业词汇、术语和语法	
	能力目标	能在工作中听懂各类通信英语对话和短文	
	素质目标	具有良好的沟通、服从、协调等人际交往能力	
学习单元		单元一　遇险通信:遇险初始呼叫与收妥应答、遇险搜救协调通信与现场通信	
		单元二　紧急和安全通信用语	
		单元三　船—岸、船—船常规通信,PSC 检查,日常生活用语	
相关知识		GMDSS 综合业务、SMCP	
教学设备与媒体		多媒体教学设施	
考核评价		课堂提问、作业、阶段性测试	

学习模块三		通信英语会话	课时
			10
教学目标	知识目标	掌握 GMDSS 通信英语专业词汇、术语和语法	
	能力目标	能在工作中用通信英语完成船舶各类通信业务	
	素质目标	具有良好的沟通、服从、协调等人际交往能力	
学习单元		单元一　遇险通信	
		单元二　紧急通信	
		单元三　安全通信	
		单元四　常规通信	
		单元五　GMDSS 的 PSC 检查	
相关知识		GMDSS 综合业务,航海英语	
教学设备与媒体		多媒体教学设施	
考核评价		课堂提问、作业、阶段性测试	

(六)考核评价

①采用过程性、阶段性和终结性考核相结合的评价方法。

②建立课程试题库,实行“考教分离”,促进良好教风和学风的形成。

③关注评价的多元性,结合实训考核、现场提问、学生作业、平时测验及终结考试等情况,综合评价学生成绩。

④本课程的总评成绩=过程性考核成绩+阶段性考核成绩+终结性考核成绩。其中,过程性考核成绩占20%,阶段性考核成绩占40%,终结性考核成绩占40%。

各考核的细目详见下表:

<table>
<tr><th>序号</th><th>过程性考核</th><th>20%</th><th colspan="2">阶段性考核</th><th>40%</th><th>终结性考核</th><th>40%</th></tr>
<tr><td>1</td><td>课堂考勤</td><td>5%</td><td rowspan="4">教学单元考核</td><td>原版英文GMDSS技术资料</td><td rowspan="2">20%</td><td>期末考试</td><td>40%</td></tr>
<tr><td>2</td><td>学习态度</td><td>3%</td><td>GMDSS设备英文原版说明书</td><td></td><td></td></tr>
<tr><td rowspan="2">3</td><td rowspan="2">作 业</td><td rowspan="2">10%</td><td>原版英文GMDSS相关国际公约和ITU《无线电规则》</td><td rowspan="2">20%</td><td rowspan="2"></td><td rowspan="2"></td></tr>
<tr><td>船舶常用英文函电业务、船舶报告和电台日志</td></tr>
<tr><td>4</td><td>课堂互动</td><td>2%</td><td colspan="2"></td><td></td><td></td><td></td></tr>
</table>

(七)教学条件

1. 实践条件

①本专业建有现代化航海实训中心和GMDSS设备实训室,能满足STCW公约马尼拉修正案和GMDSS通用操作员适任考试和评估相关标准最新要求。

②选用紧扣国家海事局海船GMDSS通用操作员评估大纲的GMDSS英语听力与会话学习材料。

③注重配套习题集、试题库的开发和应用。

2. 师资条件

专任教师应具有高校教师资格证,且满足以下条件之一:

①具备英语专业本科及以上学历并具有中级及以上职称,海上资历不少于6个月;或

②具有不少于1年的甲类三副资历,且具有不少于1年的专业英语教学经验。

(八)实施建议

①本课程是一门专业英语课程,涉及的专业知识广泛,建议课程尽可能在所涉及专业课程开始后开设;

②根据教学内容灵活采取教学方法，如启发引导式教学法、课题讨论式教学法、案例教学法等，以提高教学效果；

③积极开发和利用网络课程资源，充分利用诸如电子书籍、电子期刊、数据库、数字图书馆等信息资源，构建网络型自主学习平台；

④建立稳定的校外实训基地，充分体现校企合作理念，与各航运企业建立长期稳定的合作关系，及时掌握航运企业的需求，充实课程教学内容；

⑤教学过程中要重视本专业领域新技术、新发展趋势，为学生提供职业生涯发展空间，努力培养学生社会实践能力。

十一、GMDSS 设备操作课程标准

课程类型：专项训练课
适用专业：航海技术
开设学期：第二学年第一学期
建议学时：96

(一)课程性质与作用

GMDSS 设备操作主要学习各种通信设备及特点和适用范围、各种通信设备的操作规程等。通过 GMDSS 模拟器和真机设备相结合的训练方式，以完成通信任务为目标，进行通信训练，使学生完整掌握 GMDSS 各种通信设备和通信业务的操作，胜任各海区航行船舶无线电通信工作。该课程是航海技术专业专项技能训练课程。

(二)课程目标

1. 知识目标
①感性认知各种通信设备；
②能全面理解各通信设备的作用和特点；
③掌握各种通信设备的操作方式；
④掌握各种通信业务的操作流程；
⑤掌握各种通信设备的日常测试、维护方式；
⑥掌握通信资料查阅方法。
2. 能力目标
①具有船舶电台日常维护能力；
②具有依据通信任务正确选择合适通信设备的能力；
③具有依据通信任务熟练正确完成通信任务的能力；
④具有依据设备操作说明书操作不同品牌设备及新设备的能力。
3. 素质目标
①具有良好的职业道德，遵守行业规范的工作意识和行为意识；
②具有遵守各种海上通信规则，维护正常的海上通信秩序的良好习惯；
③具有较强的沟通能力、合作能力、新知掌握能力、综合运用能力。

(三)课程设计理念与思路

1. 课程设计理念

本课程根据 STCW 公约马尼拉修正案和《11 规则》中有关 GMDSS 通用操作员适任标准要求，兼顾学生职业生涯发展需要，以任务驱动模式构建训练内容及训练进程，各通信任务设计遵循“由简单到复杂，由单一到综合”的原则。

2. 课程设计主要思路

本课程是一门实践课程，意在培养学生对通信设备的实际操作能力。课程设计以任务驱动模式，任务设计以一种通信设备为一个教学模块，模块内容设计以单一功能任务过渡到完整

通信任务为原则。通过讲解、演示、训练、指导及讲评等方式进行教学。

（四）课程内容结构安排

学习模块		学习单元	课时
1	Inmarsat-C 船站	单元一　键盘输入训练	20
		单元二　Inmarsat-C 船站设备介绍	
		单元三　Inmarsat-C 船站参数设置	
		单元四　Inmarsat-C 船站入网、脱网及测试	
		单元五　Inmarsat-C 船站 EGC 功能设置	
		单元六　Inmarsat-C 船站电文编辑、地址簿编辑	
		单元七　Inmarsat-C 船站常规通信	
		单元八　Inmarsat-C 船站遇险通信	
		单元九　Inmarsat-C 船站误报警处理	
		单元十　Inmarsat-C 船站数据报	
		单元十一　Inmarsat-C 船站保安报警	
		单元十二　Inmarsat-C 船站日常维护及 PSC 检查	
2	Inmarsat-F 船站	单元一　键盘输入训练	12
		单元二　Inmarsat-F 船站设备介绍	
		单元三　Inmarsat-F 船站参数设置	
		单元四　Inmarsat-F 船站链路测试	
		单元五　Inmarsat-F 船站常规电话通信	
		单元六　Inmarsat-F 船站遇险电话通信	
		单元七　Inmarsat-F 船站电子邮件通信	
		单元八　Inmarsat-F 船站误报警处理及防止	
		单元九　Inmarsat-F 船站传真通信	
3	中高频组合电台	单元一　键盘输入训练	32
		单元二　指定海岸电台中高频通信业务查找	
		单元三　单边带电话设备介绍	
		单元四　单边带电话参数设置	
		单元五　单边带电话用户频道设置	
		单元六　单边带电话呼叫、通话方式训练	
		单元七　MF/HF DSC 设备介绍	
		单元八　MF/HF DSC 设置参数查看	
		单元九　MF/HF DSC 自检、发射试验	
		单元十　MF/HF DSC 工作频道值守设置	
		单元十一　MF/HF DSC 常规单呼、区呼、群呼	
		单元十二　MF/HF DSC 遇险报警和遇险转发	
		单元十三　MF/HF DSC 误报警处理	
		单元十四　NBDP 设备介绍	
		单元十五　NBDP ARQ/FEC 模式用户编辑	
		单元十六　NBDP ARQ/FEC 模式电文编辑	
		单元十七　NBDP ARQ 模式通信	
		单元十八　NBDP FEC 模式通信	

学习模块		学习单元	课时
4	VHF 电台	单元一 键盘输入训练	12
		单元二 查找指定海岸电台 VHF 资料	
		单元三 VHF 电话设备介绍	
		单元四 VHF 电话设备参数设置	
		单元五 VHF 电话扫描值守设置	
		单元六 VHF 电话双值守设置	
		单元七 VHF 电话呼叫、通信方式训练	
		单元八 VHF DSC 设备介绍	
		单元九 VHF DSC 设置参数查看	
		单元十 VHF DSC 自检	
		单元十一 VHF DSC 各种常规呼叫	
		单元十二 VHF DSC 遇险及遇险转发报警	
		单元十三 VHF DSC 误报警处理操作	
5	NAVTEX 和 WX-FAX	单元一 键盘输入训练	12
		单元二 NAVTEX 设备介绍	
		单元三 NAVTEX 播发资料查找	
		单元四 NAVTEX 自检	
		单元五 NAVTEX 的 B1B2 设置	
		单元六 WX-FAX(气象传真接收机)设备介绍	
		单元七 气象传真播发资料查找	
		单元八 WX-FAX 设备基本参数设置	
		单元九 WX-FAX 用户频道设置	
		单元十 WX-FAX 用户储存数据消除	
		单元十一 WX-FAX 系统时间设置	
		单元十二 WX-FAX 人工启动接收操作	
		单元十三 WX-FAX 自动接收程序设置及相关操作	
6	SART 和 EPIRB	单元一 键盘输入训练	8
		单元二 SART 设备介绍	
		单元三 SART 设备必需的标识	
		单元四 SART 设备操作	
		单元五 SART 设备自检	
		单元六 SART 日常维护	
		单元七 EPIRB 设备介绍	
		单元八 EPIRB 设备必需的标识	
		单元九 EPIRB 设备人工启动操作	
		单元十 EPIRB 自动启动实现过程	
		单元十一 EPIRB 日常维护	
总计			96

(五)教学内容与要求

<table>
<tr><td colspan="2" rowspan="2">学习模块一</td><td rowspan="2">Inmarsat-C 船站</td><td>课时</td></tr>
<tr><td>20</td></tr>
<tr><td rowspan="3">教学目标</td><td>知识目标</td><td colspan="2">掌握 Inmarsat-C 船站菜单结构;基本参数设置;入网、脱网及测试;EGC 设置;电文及地址簿编辑;常规通信;遇险通信及误报警取消;船舶保安报警操作及注意事项</td></tr>
<tr><td>能力目标</td><td colspan="2">具有熟练操作 Inmarsat-C 船站完成各种通信任务的能力</td></tr>
<tr><td>素质目标</td><td colspan="2">具有严谨、认真及仔细的工作作风,具有从具体到一般的操作思维方法的能力</td></tr>
<tr><td colspan="2" rowspan="12">学习单元</td><td colspan="2">单元一　键盘输入训练</td></tr>
<tr><td colspan="2">单元二　Inmarsat-C 船站设备介绍</td></tr>
<tr><td colspan="2">单元三　Inmarsat-C 船站参数设置</td></tr>
<tr><td colspan="2">单元四　Inmarsat-C 船站入网、脱网及测试</td></tr>
<tr><td colspan="2">单元五　Inmarsat-C 船站 EGC 功能设置</td></tr>
<tr><td colspan="2">单元六　Inmarsat-C 船站电文编辑、地址簿编辑</td></tr>
<tr><td colspan="2">单元七　Inmarsat-C 船站常规通信</td></tr>
<tr><td colspan="2">单元八　Inmarsat-C 船站遇险通信</td></tr>
<tr><td colspan="2">单元九　Inmarsat-C 船站误报警处理</td></tr>
<tr><td colspan="2">单元十　Inmarsat-C 船站数据报</td></tr>
<tr><td colspan="2">单元十一　Inmarsat-C 船站保安报警</td></tr>
<tr><td colspan="2">单元十二　Inmarsat-C 船站日常维护及 PSC 检查</td></tr>
<tr><td colspan="2">相关知识</td><td colspan="2">Inmarsat-C 船站菜单;参数及初始化设置;常规通信;遇险通信;PSC 检查等</td></tr>
<tr><td colspan="2">教学设备与媒体</td><td colspan="2">GMDSS 通信设备真机和模拟器、多媒体教学设备</td></tr>
<tr><td colspan="2">考核评价</td><td colspan="2">采用过程性评价和期终评价相结合的方式,以抽题卡决定评估项目</td></tr>
</table>

<table>
<tr><td colspan="2" rowspan="2">学习模块二</td><td rowspan="2">Inmarsat-F 船站</td><td>课时</td></tr>
<tr><td>12</td></tr>
<tr><td rowspan="3">教学目标</td><td>知识目标</td><td colspan="2">掌握 Inmarsat-F 船站菜单结构;基本参数设置;通信簿编辑;常规电话通信;传真通信;遇险电话通信及误报警取消;电子邮件通信操作</td></tr>
<tr><td>能力目标</td><td colspan="2">具有熟练操作 Inmarsat-F 船站完成各种通信任务的能力</td></tr>
<tr><td>素质目标</td><td colspan="2">具有严谨、认真及仔细的工作作风,具有从具体到一般的操作思维方法的能力</td></tr>
<tr><td colspan="2" rowspan="9">学习单元</td><td colspan="2">单元一　键盘输入训练</td></tr>
<tr><td colspan="2">单元二　Inmarsat-F 船站设备介绍</td></tr>
<tr><td colspan="2">单元三　Inmarsat-F 船站参数设置</td></tr>
<tr><td colspan="2">单元四　Inmarsat-F 船站链路测试</td></tr>
<tr><td colspan="2">单元五　Inmarsat-F 船站常规电话通信</td></tr>
<tr><td colspan="2">单元六　Inmarsat-F 船站遇险电话通信</td></tr>
<tr><td colspan="2">单元七　Inmarsat-F 船站电子邮件通信</td></tr>
<tr><td colspan="2">单元八　Inmarsat-F 船站误报警处理及防止</td></tr>
<tr><td colspan="2">单元九　Inmarsat-F 船站传真通信</td></tr>
<tr><td colspan="2">相关知识</td><td colspan="2">Inmarsat-F 船站菜单结构;参数及初始化设置;常规和遇险电话通信等</td></tr>
<tr><td colspan="2">教学设备与媒体</td><td colspan="2">GMDSS 通信设备真机和模拟器、多媒体教学设备</td></tr>
<tr><td colspan="2">考核评价</td><td colspan="2">采用过程性评价和期终评价相结合的方式,以抽题卡决定评估项目</td></tr>
</table>

<table>
<tr><td colspan="2" rowspan="2">学习模块三</td><td rowspan="2">中高频组合电台</td><td>课时</td></tr>
<tr><td>32</td></tr>
<tr><td rowspan="3">教学目标</td><td>知识目标</td><td colspan="2">掌握 SSB、DSC、NBDP 设备的组成关系；参数设置及测试；通信操作处理；电台查找</td></tr>
<tr><td>能力目标</td><td colspan="2">具有熟练使用中高频组合电台完成各种通信任务的能力</td></tr>
<tr><td>素质目标</td><td colspan="2">具有严谨、认真及仔细的工作作风，具有从具体到一般的操作思维方法的能力</td></tr>
<tr><td colspan="2" rowspan="18">学习单元</td><td colspan="2">单元一　键盘输入训练</td></tr>
<tr><td colspan="2">单元二　指定海岸电台中高频通信业务查找</td></tr>
<tr><td colspan="2">单元三　单边带电话设备介绍</td></tr>
<tr><td colspan="2">单元四　单边带电话参数设置</td></tr>
<tr><td colspan="2">单元五　单边带电话用户频道设置</td></tr>
<tr><td colspan="2">单元六　单边带电话呼叫、通话方式训练</td></tr>
<tr><td colspan="2">单元七　MF/HF DSC 设备介绍</td></tr>
<tr><td colspan="2">单元八　MF/HF DSC 设置参数查看</td></tr>
<tr><td colspan="2">单元九　MF/HF DSC 自检、发射试验</td></tr>
<tr><td colspan="2">单元十　MF/HF DSC 工作频道值守设置</td></tr>
<tr><td colspan="2">单元十一　MF/HF DSC 常规单呼、区呼、群呼</td></tr>
<tr><td colspan="2">单元十二　MF/HF DSC 遇险报警和遇险转发</td></tr>
<tr><td colspan="2">单元十三　MF/HF DSC 误报警处理</td></tr>
<tr><td colspan="2">单元十四　NBDP 设备介绍</td></tr>
<tr><td colspan="2">单元十五　NBDP ARQ/FEC 模式用户编辑</td></tr>
<tr><td colspan="2">单元十六　NBDP ARQ/FEC 模式电文编辑</td></tr>
<tr><td colspan="2">单元十七　NBDP ARQ 模式通信</td></tr>
<tr><td colspan="2">单元十八　NBDP FEC 模式通信</td></tr>
<tr><td colspan="2">相关知识</td><td colspan="2">SSB、DSC、NBDP 设备的组成关系；参数设置及测试；通信操作处理；电台查找</td></tr>
<tr><td colspan="2">教学设备与媒体</td><td colspan="2">GMDSS 通信设备真机和模拟器、多媒体教学设备</td></tr>
<tr><td colspan="2">考核评价</td><td colspan="2">采用过程性评价和期终评价相结合的方式，以抽题卡决定评估项目</td></tr>
</table>

<table>
<tr><td colspan="2" rowspan="2">学习模块四</td><td rowspan="2">VHF 电台</td><td>课时</td></tr>
<tr><td>12</td></tr>
<tr><td rowspan="3">教学目标</td><td>知识目标</td><td colspan="2">掌握 VHF& DSC 功能菜单;参数及初始化设置;通信误报警处理;海岸电台资料查找</td></tr>
<tr><td>能力目标</td><td colspan="2">具有熟练使用 VHF 电台正确完成各种通信任务的能力</td></tr>
<tr><td>素质目标</td><td colspan="2">具有严谨、认真及仔细的工作作风,具有从具体到一般的操作思维方法的能力</td></tr>
<tr><td colspan="2" rowspan="13">学习单元</td><td colspan="2">单元一　键盘输入训练</td></tr>
<tr><td colspan="2">单元二　查找指定海岸电台 VHF 资料</td></tr>
<tr><td colspan="2">单元三　VHF 电话设备介绍</td></tr>
<tr><td colspan="2">单元四　VHF 电话设备参数设置</td></tr>
<tr><td colspan="2">单元五　VHF 电话扫描值守设置</td></tr>
<tr><td colspan="2">单元六　VHF 电话双值守设置</td></tr>
<tr><td colspan="2">单元七　VHF 电话呼叫、通信方式训练</td></tr>
<tr><td colspan="2">单元八　VHF DSC 设备介绍</td></tr>
<tr><td colspan="2">单元九　VHF DSC 设置参数查看</td></tr>
<tr><td colspan="2">单元十　VHF DSC 自检</td></tr>
<tr><td colspan="2">单元十一　VHF DSC 各种常规呼叫</td></tr>
<tr><td colspan="2">单元十二　VHF DSC 遇险及遇险转发报警</td></tr>
<tr><td colspan="2">单元十三　VHF DSC 误报警处理操作</td></tr>
<tr><td colspan="2">相关知识</td><td colspan="2">VHF& DSC 功能菜单;参数及初始化设置;通信误报警处理;海岸电台资料查找</td></tr>
<tr><td colspan="2">教学设备与媒体</td><td colspan="2">GMDSS 通信设备真机和模拟器、多媒体教学设备</td></tr>
<tr><td colspan="2">考核评价</td><td colspan="2">采用过程性评价和期终评价相结合的方式,以抽题卡决定评估项目</td></tr>
</table>

<table>
<tr><td colspan="2" rowspan="2">学习模块五</td><td rowspan="2">NAVTEX 和 WX-FAX</td><td>课时</td></tr>
<tr><td>12</td></tr>
<tr><td rowspan="3">教学目标</td><td>知识目标</td><td colspan="2">掌握海上安全信息播发资料的查阅方法; NAVTEX 自检及接收参数设置方式;气象传真接收机功能菜单和参数设置及定时接收程序</td></tr>
<tr><td>能力目标</td><td colspan="2">具有熟练使用 NAVTEX 接收需要的海上安全信息和 WX-FAX 接收气象传真图的能力</td></tr>
<tr><td>素质目标</td><td colspan="2">具有严谨、认真及仔细的工作作风,具有从具体到一般的操作思维方法的能力</td></tr>
</table>

学习模块五	NAVTEX 和 WX-FAX	课时
		12
学习单元	单元一　键盘输入训练	
	单元二　NAVTEX 设备介绍	
	单元三　NAVTEX 播发资料查找	
	单元四　NAVTEX 自检	
	单元五　NAVTEX 的 B1B2 设置	
	单元六　WX-FAX(气象传真接收机)设备介绍	
	单元七　气象传真播发资料查找	
	单元八　WX-FAX 设备基本参数设置	
	单元九　WX-FAX 用户频道设置	
	单元十　WX-FAX 用户储存数据消除	
	单元十一　WX-FAX 系统时间设置	
	单元十二　WX-FAX 人工启动接收操作	
	单元十三　WX-FAX 自动接收程序设置及相关操作	
相关知识	海上安全信息播发资料的查阅方法；NAVTEX 自检及接收参数设置方式；气象传真接收机功能菜单和参数设置及定时接收程序	
教学设备与媒体	GMDSS 通信设备真机和模拟器、多媒体教学设备	
考核评价	采用过程性评价和期终评价相结合的方式，以抽题卡决定评估项目	

学习模块六		SART 和 EPIRB	课时
			8
教学目标	知识目标	掌握 SART 和 EPIRB 使用方法；日常检测及养护事项	
	能力目标	具有熟练操作 SART 和 EPIRB，日常检测及养护的能力	
	素质目标	具有严谨、认真及仔细的工作作风，具有从具体到一般的操作思维方法的能力	
学习单元		单元一　键盘输入训练	
		单元二　SART 设备介绍	
		单元三　SART 设备必需的标识	
		单元四　SART 设备操作	
		单元五　SART 设备自检	
		单元六　SART 日常维护	
		单元七　EPIRB 设备介绍	
		单元八　EPIRB 设备必需的标识	
		单元九　EPIRB 设备人工启动操作	
		单元十　EPIRB 自动启动实现过程	
		单元十一　EPIRB 日常维护	
相关知识		SART 和 EPIRB 使用方法；日常检测及养护事项	
教学设备、工具与媒体		多媒体教学设备、多媒体教学课件、GMDSS 通信设备真机和模拟器	
考核评价		采用过程性评价和期终评价相结合的方式，以抽题卡决定评估项目	

(六)考核评价

①遵循学校评价和国家海事局 GMDSS 通用操作员适任考试相结合的原则。

②课程评价将"过程持续评价"与"期终评价"相结合,减少了因偶然性因素造成的教学评价的偏差。

③期终评价以抽题卡的形式决定考核题目,使教学评价减少人为因素,达到客观的目的。题目必须包含所有 GMDSS 通用操作员适任标准的内容,题卡的组成分必考项和选考项,必考项包含 Inmarsat-C 船站、MF/HF DSC、VHF 及 VHF DSC、SART 和 EPIRB,选考项为 Inmarsat-F 船站、SSB 电话、NBDP、NAVTEX 和 WX-FAX 中的一项。

④课程总成绩 = 期终考核成绩 ×60% + 过程性考核成绩 ×40%。

⑤过程性考核成绩由学生出勤、实训报告等成绩组成。

(七)教学条件

1. 实践条件

依据中华人民共和国海事局颁布的《中华人民共和国船员培训管理规则》的要求配备,至少具有:

①GMDSS 真机设备:Inmarsat-C 船站 2 套、Inmarsat-F 船站 1 套、中高频组合电台 1 套(包括单边带电话、MF/HF DSC、NBDP)、VHF 电台 1 套(包括 VHF 电话、VHF DSC)、双向甚高频无线电话 2 台、SART 2 台、EPIRB、NAVTEX、气象传真接收机各 1 台、备用电源 1 套;

②GMDSS 模拟器 1 套(包含 1 个教师机和 20 个学生终端);

③船舶电台通信文件和资料 1 套。

2. 师资条件

依据中华人民共和国海事局颁布的《中华人民共和国船员培训管理规则》要求,配备满足下列条件之一且具有教师资格证。

①通信、电子类相关专业本科及以上学历,并且具有不少于 6 个月的全球海上遇险和安全系统知识和操作教学经历或不少于 3 个月的海上通信实习经历,并持有全球海上遇险和安全系统通用操作员有效证书;

②航海专业本科及以上学历,具有甲类大副及以上任职资格,具有不少于 6 个月的全球海上遇险和安全系统知识和操作教学经历,并持有全球海上遇险和安全系统通用操作员有效证书;

③持有一级、二级无线电电子员证书,具有不少于 6 个月的全球海上遇险和安全系统知识和操作教学经历。

(八)实施建议

①教材应针对实训使用的 GMDSS 模拟器及真机设备品牌及型号编写,注重实验实训指导书的开发和应用;

②设计的训练题目(操作任务)应覆盖国家海事局 GMDSS 通用操作员适任标准内容;

③在教学过程中,要重视提高学生学习兴趣,教师随时抽查学生训练情况,发现问题应及时讲评或个别指导,以提高教学效果。

十二、航线设计课程标准

课程类型:专项训练课

适用专业:航海技术

开设学期:第三学年第五学期

建议学时:56

(一)课程性质与作用

本课程是航海技术专业的专业实训课程之一,主要培养学生正确使用平行尺、分规等作图工具和航海图书资料,利用航海通告进行海图改正、设计航线,掌握在各种风流情况下的航迹绘算。通过本课程的实操训练,使学生达到 STCW 公约马尼拉修正案和《11 规则》中航线设计评估项目考核要求。

(二)课程目标

通过实操训练,使学生掌握海图改正、风流情况下航迹推算、中英版航海图书资料的查阅及改正,能设计沿海航线和大洋航线,为船舶定位和导航服务。

1. 知识目标

①具有海图基本作业等基础知识;

②具有航迹推算与陆标定位知识;

③具有航海图书资料知识;

④具有航线设计知识。

2. 能力目标

①具有以实测航速和航迹向推算船位、根据给定参数进行船舶定位、实测风流压差修正航向指导航行、确定物标正横或最近距离时船位的技能;

②具有利用对景图、等高线、船位,在雷达上识别物标并根据环境条件选择适当物标进行定位(方位、距离、单物标方位距离)的技能;

③具有根据中版《海图识别指南》和英版海图 5011 正确查阅、识读海图图式,根据中英版《航海通告》查阅有关海图及其他图书改正信息和出版信息,根据英版《航海通告年度摘要》或《航海通告累计表》查阅有关航海信息的技能;

④具有中英版航海图书资料(海图、航海图书目录、航路指南、灯标表)改正,抽选中英版海图及图书,并检验其适用性,查阅及改正航海图书资料、绘制航线、编制航线表,进行航线设计的技能。

3. 素质目标

培养分析问题、勤于思考与解决问题的能力;会查阅资料、独立学习、获取新知识,养成严谨、求实、认真、仔细的学习和工作态度。

(三)课程设计理念与思路

①以能力为本位、融“证”于课,构建“课证融通”教学体系。按照 STCW 公约马尼拉修正案和《11 规则》要求,以培养学生正确使用作图工具和航海图书资料,利用航海通告进行海图

改正、设计航线等能力为主线,结合无限航区3000总吨及以上船舶三副中有关航线设计评估要求,设计课证融通教学内容。

②以无限航区3000总吨及以上船舶三副岗位实际工作任务为导向,以能在航行过程中保持航行在计划航线上为目标,利用海图室营造航海职业氛围精心设计实操训练项目。

(四)课程内容结构安排

序号	学习模块	任务(项目)单元	参考学时
1	海图及图书资料改正	任务一　根据中版《航海通告》进行海图任务	2
		任务二　根据英版《航海通告》进行海图改正	2
		任务三　根据中版《航海通告》对中版航海图书资料改正	2
		任务四　根据英版《航海通告》对英版航海图书资料改正	2
2	抽选海图及图书资料	任务一　根据中版《航海图书目录》抽选航次所需的中版海图及图书,并检验其适用性	2
		任务二　根据英版《航海图书目录》抽选航次所需的英版海图及图书,并检验其适用性	2
3	查阅航海图书资料	任务一　利用《世界大洋航路》查找推荐航线有关资料	1
		任务二　利用英版航路设计图查找推荐航线有关资料	1
		任务三　利用英版《航路指南》查找有关资料	1
		任务四　利用中版《航路指南》查找有关资料	1
		任务五　利用《无线电信号表》查阅海岸无线电台、航标、法定时、引航服务和船舶交通服务	2
		任务六　利用英版《灯标和雾号表》查阅某灯标详细资料	1
		任务七　利用中版《航标表》查阅某灯标和DGPS详细资料	1
4	绘制航线,编制航线表	任务一　根据中版《航路指南》设计中国沿海计划航线并正确标注与航线表编制	12
		任务二　根据英版《世界大洋航路》《航路指南》设计大圆航线、混合航线,标注与航线表编制	16
5	航迹推算	任务一　根据给定参数进行船舶定位	1
		任务二　实测风流压差修正航向指导船舶航行	6
		任务三　确定物标正横或最近距离时的船位	1
	总计		56

(五)教学内容与要求

<table>
<tr><td colspan="2" rowspan="2">学习模块一</td><td rowspan="2">海图及图书资料改正</td><td>课时</td></tr>
<tr><td>8</td></tr>
<tr><td rowspan="3">教学目标</td><td>知识目标</td><td colspan="2">掌握中英版海图及图书资料改正方法</td></tr>
<tr><td>能力目标</td><td colspan="2">能利用中英版航海通告对海图和航海图书资料进行改正</td></tr>
<tr><td>素质目标</td><td colspan="2">会查阅资料、独立学习、获取新知识,养成严谨、求实、认真、仔细的学习和工作态度</td></tr>
<tr><td colspan="2" rowspan="4">学习任务</td><td colspan="2">任务一　根据中版《航海通告》进行海图任务</td></tr>
<tr><td colspan="2">任务二　根据英版《航海通告》进行海图改正</td></tr>
<tr><td colspan="2">任务三　根据中版《航海通告》对中版航海图书资料改正</td></tr>
<tr><td colspan="2">任务四　根据英版《航海通告》对英版航海图书资料改正</td></tr>
<tr><td colspan="2">相关知识</td><td colspan="2">航海基础知识,海图作业,航海通告内容</td></tr>
<tr><td colspan="2">教学设备与媒体</td><td colspan="2">海图作业工具,中英版海图图书资料</td></tr>
<tr><td colspan="2">考核评价</td><td colspan="2">课堂提问、实训报告、平时考核</td></tr>
</table>

<table>
<tr><td colspan="2" rowspan="2">学习模块二</td><td rowspan="2">抽选海图及图书资料</td><td>课时</td></tr>
<tr><td>4</td></tr>
<tr><td rowspan="3">教学目标</td><td>知识目标</td><td colspan="2">掌握航次所需海图和图书资料</td></tr>
<tr><td>能力目标</td><td colspan="2">利用中英版《航海图书目录》抽选航次所需海图和图书资料,并检验其适用性</td></tr>
<tr><td>素质目标</td><td colspan="2">会查阅资料、独立学习、获取新知识,养成严谨、求实、认真、仔细的学习和工作态度</td></tr>
<tr><td colspan="2" rowspan="2">学习任务</td><td colspan="2">任务一　根据中版《航海图书目录》抽选航次所需的中版海图及图书,并检验其适用性</td></tr>
<tr><td colspan="2">任务二　根据英版《航海图书目录》抽选航次所需的英版海图及图书,并检验其适用性</td></tr>
<tr><td colspan="2">相关知识</td><td colspan="2">航海基础知识、《航海图书目录》改正方法</td></tr>
<tr><td colspan="2">教学设备与媒体</td><td colspan="2">投影仪、多媒体教学设施;海图、《航海图书目录》</td></tr>
<tr><td colspan="2">考核评价</td><td colspan="2">实训报告、平时考核</td></tr>
</table>

<table>
<tr><td colspan="2" rowspan="2">学习模块三</td><td rowspan="2">查阅航海图书资料</td><td>课时</td></tr>
<tr><td>8</td></tr>
<tr><td rowspan="3">教学目标</td><td>知识目标</td><td colspan="2">掌握中英版航海图书资料查阅方法</td></tr>
<tr><td>能力目标</td><td colspan="2">能利用中英版航海图书资料查阅有关资料</td></tr>
<tr><td>素质目标</td><td colspan="2">会查阅资料、独立学习、获取新知识,养成严谨、求实、认真、仔细的学习和工作态度</td></tr>
<tr><td colspan="2" rowspan="7">学习任务</td><td colspan="2">任务一　利用《世界大洋航路》查找推荐航线有关资料</td></tr>
<tr><td colspan="2">任务二　利用英版航路设计图查找推荐航线有关资料</td></tr>
<tr><td colspan="2">任务三　利用英版《航路指南》查找有关资料</td></tr>
<tr><td colspan="2">任务四　利用中版《航路指南》查找有关资料</td></tr>
<tr><td colspan="2">任务五　利用《无线电信号表》查阅海岸无线电台、航标、法定时、引航服务和船舶交通服务</td></tr>
<tr><td colspan="2">任务六　利用英版《灯标和雾号表》查阅某灯标详细资料</td></tr>
<tr><td colspan="2">任务七　利用中版《航标表》查阅某灯标和 DGPS 详细资料</td></tr>
<tr><td colspan="2">相关知识</td><td colspan="2">中版《航路指南》《航标表》《航海图书目录》,英版《世界大洋航路》《航路指南》《灯标和雾号表》《无线电信号表》《海图和出版物总目录》、航路设计图等查阅方法</td></tr>
<tr><td colspan="2">教学设备与媒体</td><td colspan="2">投影仪;《航路指南》《航标表》《航海图书目录》《世界大洋航路》等中英版海图航海图书</td></tr>
<tr><td colspan="2">考核评价</td><td colspan="2">实训报告、平时考核</td></tr>
</table>

<table>
<tr><td colspan="2" rowspan="2">学习模块四</td><td rowspan="2">绘制航线,编制航线表</td><td>课时</td></tr>
<tr><td>28</td></tr>
<tr><td rowspan="3">教学目标</td><td>知识目标</td><td colspan="2">掌握中英版海图图书资料改正方法</td></tr>
<tr><td>能力目标</td><td colspan="2">能利用中英版航海通告对海图和图书资料进行改正</td></tr>
<tr><td>素质目标</td><td colspan="2">会查阅资料、独立学习、获取新知识,养成严谨、求实、认真、仔细的学习和工作态度</td></tr>
<tr><td colspan="2" rowspan="2">学习任务</td><td colspan="2">任务一　根据中版《航路指南》设计中国沿海计划航线并正确标注与航线表编制</td></tr>
<tr><td colspan="2">任务二　根据英版《世界大洋航路》《航路指南》设计大圆航线、混合航线,标注与航线表编制</td></tr>
<tr><td colspan="2">相关知识</td><td colspan="2">航线与航行方法</td></tr>
<tr><td colspan="2">教学设备与媒体</td><td colspan="2">海图作业工具,中英版海图和航海图书资料</td></tr>
<tr><td colspan="2">考核评价</td><td colspan="2">课堂提问、实训报告、平时考核</td></tr>
</table>

<table>
<tr><td colspan="2" rowspan="2">学习模块五</td><td rowspan="2">航迹推算</td><td>课时</td></tr>
<tr><td>8</td></tr>
<tr><td rowspan="3">教学目标</td><td>知识目标</td><td colspan="2">有风流情况下航迹推算</td></tr>
<tr><td>能力目标</td><td colspan="2">掌握有风流情况下的航迹推算方法</td></tr>
<tr><td>素质目标</td><td colspan="2">会查阅资料、独立学习、获取新知识,养成严谨、求实、认真、仔细的学习和工作态度</td></tr>
<tr><td colspan="2" rowspan="3">学习任务</td><td colspan="2">任务一　根据给定参数进行船舶定位</td></tr>
<tr><td colspan="2">任务二　实测风流压差修正航向指导船舶航行</td></tr>
<tr><td colspan="2">任务三　确定物标正横或最近距离时的船位</td></tr>
<tr><td colspan="2">相关知识</td><td colspan="2">航迹推算</td></tr>
<tr><td colspan="2">教学设备与媒体</td><td colspan="2">投影仪;海图、海图作业工具</td></tr>
<tr><td colspan="2">考核评价</td><td colspan="2">实训报告、平时考核</td></tr>
</table>

(六)考核评价

①采用阶段性、过程性和终结性评价相结合,理论与实践相结合的评价方法;

②关注评价的多元性,结合实训考核、现场提问、学生作业、平时考核等情况,综合评价学生成绩;

③本课程的总评成绩 = 平时考核成绩 + 实训报告成绩 + 实操考核成绩。其中,平时考核成绩占 20%,实训报告成绩占 50%,实操考核成绩占 30%。

各考核细目详见下表:

序号	平时考核	20%	实训报告	50%	实操考核	30%
1	课堂考勤	10%	海图及图书资料改正	10%	海图改正	10%
2	学习态度	4%	抽选海图及图书资料	10%	绘制航线,编制航线表	10%
3	课堂互动	6%	查阅航海图书资料	10%	航迹推算	10%
			绘制航线,编制航线表	10%		
			航迹推算	10%		

(七)教学条件

1. 实践条件

①建立开放式课程实训中心,使之具备现场教学、实训和职业技能证书考证功能,实现教学与实训合一、教学与培训合一、教学与考证合一,满足学生综合职业能力培养要求。

②加强与省内外航运企业联系,充分利用行业典型的生产企业资源,进行产学合作,建立实习实训基地,实践“工学”交替,满足学生的实习实训,同时为学生创造就业机会。

2. 师资条件

理论课教师根据教育行政主管部门和中华人民共和国海事局颁布的《中华人民共和国船员培训管理规则》要求配备,实训指导教师按照师生比 1:20 配备。

实训指导教师应具有：

不少于18个月的甲类三副海上资历。

(八)实施建议

1. 教材选用与编写

①依据课程标准编写实训指导书,充分体现能力本位、任务引领、实践导向、课证融通的设计思想。

②与无限航区3000总吨及以上船舶三副岗位航线设计评估大纲接轨,实训内容要满足其大纲所规定的适任要求。

2. 教学组织与建议

①在教学过程中,应立足于加强学生实际操作能力的培养,采用项目教学,以工作任务引领提高学生学习兴趣,激发学生的成就动机。

②本课程教学应在海图室中进行。

③在教学过程中要紧密结合海船船员适任评估要求,加强适任评估的实操项目的训练,在实践实操中提高学生的岗位适应能力。

3. 课程教学资源使用与建设

①注重课程资源和现代化教学资源开发和利用,利于创设形象生动的工作情境,激发学生学习兴趣,促进学生对知识的理解和掌握。同时,建议加强课程资源开发,建立多媒体课程资源数据库,努力实现跨学校多媒体资源共享,以提高课程资源利用效率。

②积极开发和建设网络课程资源,使教学从单一媒体向多种媒体转变;教学活动从信息单向传递向双向交换转变;学生单独学习向合作学习转变。同时积极创造条件搭建远程教学平台,扩大课程资源的交互空间。

十三、船舶操纵、避碰与驾驶台资源管理课程标准

课程类型:专项训练课
适用专业:航海技术
开设学期:第三学年第五学期
建议学时:40

(一)课程性质与作用

船舶操纵、避碰与驾驶台资源管理课程是根据 STCW 公约马尼拉修正案规定,以及中华人民共和国海事局为履约制定的《过渡时期海船船员补差大纲》和《船舶操纵、避碰与驾驶台资源管理评估规范》规定的相关内容设置的专项训练课程,主要培养学生整合驾驶台资源进行船舶安全操纵、避碰及驾驶台团队管理的能力。

本课程的前续课程为船舶管理、船舶操纵与避碰、船舶定位与导航等课程,通过本课程学习,为后续专项技能学习领域的学习和顶岗实习打下基础。

(二)课程目标

1. 知识目标

①了解船舶驾驶台资源管理的定义与内容;
②熟悉船舶事故的预防;
③具有航行和靠离泊的基础知识;
④掌握工作危害的分析方法。

2. 能力目标

①具有信息交换、船员交流、船舶通信能力;
②具有航行计划、靠离泊计划制订和实施的能力;
③具有根据规则采取避碰行动的能力;
④具有在能见度不良时正确采取避碰行动的能力;
⑤具有在特殊水域安全航行的能力;
⑥能利用所有资源保持安全值班。

3. 素质目标

①具有安全意识;
②具有团结协作精神;
③具有在船舶各种应急情况下应急反应的基本思路;
④学会归纳、总结主要知识的方法;
⑤具有较强的敬业精神。

(三)课程设计理念与思路

本课程以培养学生整合驾驶台资源进行船舶安全操纵、避碰及驾驶台团队管理的能力为主线,结合《过渡时期海船船员补差大纲》和《船舶操纵、避碰与驾驶台资源管理评估规范》相关内容,设计教学内容。

按上述设计思路，本课程设计熟悉模拟器基本操作方法、互见中的避碰应用、能见度不良时的避碰应用、特殊水域的避碰应用、航行计划的制订和通过指定水域实际操作等六个学习模块，每个学习模块突出学生船舶安全操纵、避碰及驾驶台团队管理的能力培养。

(四)课程内容结构安排

学习模块		学习单元	课时
1	熟悉模拟器基本操作方法	单元一　熟悉大型船舶操纵模拟器操作界面	4
2	互见中的避碰应用	单元一　追越局面识别与行动	6
		单元二　对遇局面识别与行动	
		单元三　交叉相遇局面识别与行动	
3	能见度不良时的避碰应用	单元一　转向避碰	6
		单元二　减速或停船	
		单元三　多船会遇综合避让	
4	特殊水域的避碰应用	单元一　狭水道航行与避碰	6
		单元二　分道通航制水域航行与避碰	
5	航行计划的制订	单元一　制订通过指定水域计划	6
		单元二　制订偶发事件计划	
6	通过指定水域实际操作	单元一　资源与管理	12
		单元二　驾驶台团队工作	
		单元三　偶发事件与应急	
		单元四　救助落水人员应急操作	
		单元五　紧迫局面、特殊情况避碰	
总计			40

(五)教学内容与要求

学习模块一		熟悉模拟器基本操作方法	课时：4
教学目标	知识目标	掌握大型船舶操纵模拟器实训指导书上的内容	
	能力目标	能使用大型船舶操纵模拟器上的各种设备	
	素质目标	具备利用有效设备资源的能力	
学习单元		单元一　熟悉大型船舶操纵模拟器操作界面	
相关知识		大型船舶操纵模拟器实训指导书	
教学设备与媒体		大型船舶操纵模拟器	
考核评价		实训报告与实操测评	

<table>
<tr><td colspan="2" rowspan="2">学习模块二</td><td rowspan="2">互见中的避碰应用</td><td>课时</td></tr>
<tr><td>6</td></tr>
<tr><td rowspan="3">教学目标</td><td>知识目标</td><td colspan="2">掌握《规则》互见条款</td></tr>
<tr><td>能力目标</td><td colspan="2">具有根据规则采取避碰行动的能力</td></tr>
<tr><td>素质目标</td><td colspan="2">具有良好的心理素质和应变能力</td></tr>
<tr><td colspan="2" rowspan="3">学习单元</td><td colspan="2">单元一　追越局面识别与行动</td></tr>
<tr><td colspan="2">单元二　对遇局面识别与行动</td></tr>
<tr><td colspan="2">单元三　交叉相遇局面识别与行动</td></tr>
<tr><td colspan="2">相关知识</td><td colspan="2">《规则》互见条款</td></tr>
<tr><td colspan="2">教学设备与媒体</td><td colspan="2">大型船舶操纵模拟器</td></tr>
<tr><td colspan="2">考核评价</td><td colspan="2">实训报告与实操测评</td></tr>
</table>

<table>
<tr><td colspan="2" rowspan="2">学习模块三</td><td rowspan="2">能见度不良时的避碰应用</td><td>课时</td></tr>
<tr><td>6</td></tr>
<tr><td rowspan="3">教学目标</td><td>知识目标</td><td colspan="2">掌握船舶在能见度不良时的行动规则</td></tr>
<tr><td>能力目标</td><td colspan="2">具有在能见度不良时正确采取避碰行动的能力</td></tr>
<tr><td>素质目标</td><td colspan="2">具有随机应变、冷静沉着、果敢决断的素质</td></tr>
<tr><td colspan="2" rowspan="3">学习单元</td><td colspan="2">单元一　转向避碰</td></tr>
<tr><td colspan="2">单元二　减速或停船</td></tr>
<tr><td colspan="2">单元三　多船会遇综合避让</td></tr>
<tr><td colspan="2">相关知识</td><td colspan="2">《规则》第 19 条，雷达避碰示意图</td></tr>
<tr><td colspan="2">教学设备与媒体</td><td colspan="2">大型船舶操纵模拟器</td></tr>
<tr><td colspan="2">考核评价</td><td colspan="2">实训报告与实操测评</td></tr>
</table>

<table>
<tr><td colspan="2" rowspan="2">学习模块四</td><td rowspan="2">特殊水域的避碰应用</td><td>课时</td></tr>
<tr><td>6</td></tr>
<tr><td rowspan="3">教学目标</td><td>知识目标</td><td colspan="2">掌握狭水道、分道通航制水域航行要求</td></tr>
<tr><td>能力目标</td><td colspan="2">具有在特殊水域安全航行的能力</td></tr>
<tr><td>素质目标</td><td colspan="2">具备良好的对人命、财产和环境的保护意识</td></tr>
<tr><td colspan="2" rowspan="2">学习单元</td><td colspan="2">单元一　狭水道航行与避碰</td></tr>
<tr><td colspan="2">单元二　分道通航制水域航行与避碰</td></tr>
<tr><td colspan="2">相关知识</td><td colspan="2">狭水道航行要求，分道通航制水域航行规定</td></tr>
<tr><td colspan="2">教学设备与媒体</td><td colspan="2">大型船舶操纵模拟器</td></tr>
<tr><td colspan="2">考核评价</td><td colspan="2">实训报告与实操测评</td></tr>
</table>

学习模块五		航行计划的制订	课时
			6
教学目标	知识目标	掌握航线设计的基本知识	
	能力目标	具有编写航次计划书的能力	
	素质目标	具备综合各种因素选择航线的能力	
学习单元		单元一　制订通过指定水域计划	
		单元二　制订偶发事件计划	
相关知识		航线设计与电子海图的应用	
教学设备与媒体		大型船舶操纵模拟器	
考核评价		实训报告与实操测评	

学习模块六		通过指定水域实际操作	课时
			12
教学目标	知识目标	掌握驾驶台工作程序	
	能力目标	能利用所有资源保持安全值班	
	素质目标	团队合作意识	
学习单元		单元一　资源与管理	
		单元二　驾驶台团队工作	
		单元三　偶发事件与应急	
		单元四　救助落水人员应急操作	
		单元五　紧迫局面、特殊情况避碰	
相关知识		驾驶台工作程序	
教学设备与媒体		大型船舶操纵模拟器	
考核评价		实训报告与实操测评	

(六)考核评价

①采用阶段性、过程性和终结性考核相结合的评价方法；

②关注评价的多元性，结合实训考核、现场提问、学生作业、平时考核等情况，综合评价学生成绩；

③本课程的总评成绩 = 平时考核成绩 + 实训报告成绩 + 实操考核成绩。其中平时考核成绩占 20%，实训报告成绩占 40%，实操考核成绩占 40%。

各考核细目详见下表：

序号	平时考核	20%	实训报告	40%	实操考核	40%
1	课堂考勤	10%	互见中的避碰应用	8%	互见中的避碰应用	8%
2	学习态度	4%	能见度不良时的避碰应用	8%	能见度不良时的避碰应用	8%
3	课堂互动	6%	特殊水域的避碰应用	8%	特殊水域的避碰应用	8%
			航行计划的制订	8%	航行计划的制订	8%
			通过指定水域实际操作	8%	通过指定水域实际操作	8%

(七)教学条件

1. 实践条件

依据中华人民共和国海事局颁布的《中华人民共和国船员培训管理规则》和 STCW 公约马尼拉修正案相关要求,应具有至少 3 台本船的船舶操纵模拟器 1 套。

2. 师资条件

理论课教师根据教育行政主管部门和中华人民共和国海事局颁布的《中华人民共和国船员培训管理规则》的要求配备,实训指导教师按照师生比 1∶20 配备。实训教师应具有不少于 18 个月的甲类船长海上资历。

(八)实施建议

依据 STCW 公约马尼拉修正案和《11 规则》规定,采用在大型操纵模拟器上模拟实际情景练习等手段实施教学,使学生具有必要的团队合作意识。

十四、货物积载与系固课程标准

课程类型:专项训练课
适用专业:航海技术
开设学期:第三学年第五学期
建议学时:32

(一)课程性质与作用

本课程是航海技术专业的专业实训课程之一,主要培养学生辨识与应用船舶主要标志、识读货物包装及标志,进行货物安全配载、识读及应用货物积载图等能力,使学生达到 STCW 公约马尼拉修正案和《11 规则》中有关货物运输和配载方面的技能要求。

(二)课程目标

通过实操训练,使学生具有辨识与应用船舶主要标志、辨识与应用货物包装及其标志、辨识货物积载与系固方法、识读及应用货物积载图等能力。

1. 知识目标

①掌握货物标志知识,能正确识别货物标志;
②掌握货物积载与隔离的要求;
③掌握水尺与载重线标志识读;
④掌握杂货船配积载图识读。

2. 能力目标

①具有正确辨识与应用船舶主要标志的能力;
②具有正确辨识与应用货物包装及其标志的能力;
③具有货物积载与系固方法辨识的能力;
④具有正确识读及应用货物积载图的能力。

3. 素质目标

①具有良好的职业道德,遵守行业规范的工作行为意识;
②具有较强沟通能力、合作能力、新知掌握能力、综合运用能力和创新能力;
③具有分析问题、勤于思考与解决问题的能力。

(三)课程设计理念与思路

按照 STCW 公约马尼拉修正案和《11 规则》要求,以培养学生辨识与应用船舶主要标志、识读货物包装及标志,进行货物安全配载,识读及应用货物积载图等能力为主线,整合优化教学内容,结合无限航区 3000 总吨及以上船舶三副岗位有关货物积载与系固评估项目要求,构建"课证融通"的教学内容。

(四)课程内容结构安排

学习项目		学习任务	课时
1	货物标志识读	任务一　普通货物标志 任务二　危险货物标志 任务三　集装箱标志	8
2	货物积载与隔离	任务一　普通货物积载与隔离 任务二　危险货物积载与隔离 任务三　集装箱积载与隔离	7
3	船舶标志识读	任务一　船舶水尺标志 任务二　船舶载重线标志	4
4	配载图识读及系固	任务一　杂货船配载图 任务二　集装箱船配载图 任务三　货物单元积载与系固 任务四　集装箱系固	7
5	散货船配积载	任务一　散货船配积载 任务二　散货船装舱顺序	6
总 计			32

(五)教学内容与要求

项目一		货物标志识读	课时 8
教学目标	知识目标	掌握货物标志的定义、作用及分类,危险货物标志组成及集装箱标志知识	
	能力目标	具有正确识读普通货物、危险货物、集装箱标志的能力	
	素质目标	具有较强的沟通能力、合作能力、综合运用能力和创新能力	
学习任务		任务一　普通货物标志 任务二　危险货物标志 任务三　集装箱标志	
相关知识		熟悉货物包括危险货物标志和集装箱标志的组成、分类及作用	
教学设备与媒体		教材、货物标志的挂图、货物标志的小卡片(PPT)等	
考核评价		理论测验 + 实训技能考核	

项目二		货物积载与隔离	课时 7
教学目标	知识目标	熟悉普通货物、危险货物与集装箱的隔离要求和积载与隔离的基本知识	
	能力目标	具有一般货物、危险货物、集装箱积载与隔离的能力	
	素质目标	具有较强沟通能力、合作能力、综合运用能力和创新能力	
学习任务		任务一　普通货物积载与隔离	
		任务二　危险货物积载与隔离	
		任务三　集装箱积载与隔离	
相关知识		熟悉普通货物、危险货物、集装箱积载与隔离相关知识	
教学设备与媒体		教材、实物或模型或挂图(PPT)等	
考核评价		理论测验 + 图片的识读	

项目三		船舶标志识读	课时 4
教学目标	知识目标	熟悉船舶水尺标志、载重线标志的分类、组成及要求	
	能力目标	具有正确识读船舶水尺和载重线的能力	
	素质目标	具有较强沟通能力、合作能力、综合运用能力和创新能力	
学习任务		任务一　船舶水尺标志	
		任务二　船舶载重线标志	
相关知识		熟悉船舶水尺标志、载重线标志和船舶干舷	
教学设备与媒体		教材、船舶模型、船舶水尺标志和载重线标志挂图(包括 PPT)等	
考核评价		理论测验 + 实训技能考核	

项目四		配载图识读及系固	课时 7
教学目标	知识目标	熟悉杂货船、集装箱船及特殊货物配积载的基本要求和步骤	
	能力目标	具有杂货船、集装箱船、特殊货物配积载计划编制的能力	
	素质目标	具有较强的沟通能力、合作能力、综合运用能力和创新能力	
学习任务		任务一　杂货船配载图	
		任务二　集装箱船配载图	
		任务三　货物单元积载与系固	
		任务四　集装箱系固	
相关知识		杂货的分类特性及配积载相关知识,集装箱配积载,特殊货物类别、积载与系固	
教学设备与媒体		教材、船舶配载图、计算器(包括 PPT)等	
考核评价		理论测验 + 实训技能考核	

<table>
<tr><td colspan="2" rowspan="2">项目五</td><td rowspan="2">散货船配积载</td><td>课时</td></tr>
<tr><td>6</td></tr>
<tr><td rowspan="3">教学目标</td><td>知识目标</td><td colspan="2">熟悉固体散货种类和特性、固体散货船配积载的基本知识</td></tr>
<tr><td>能力目标</td><td colspan="2">具有固体散货船配积载计划编制、装舱方式及装舱顺序辨别的能力</td></tr>
<tr><td>素质目标</td><td colspan="2">具有较强的沟通能力、合作能力、综合运用能力和创新能力</td></tr>
<tr><td colspan="2" rowspan="2">学习任务</td><td colspan="2">任务一 散货船配积载</td></tr>
<tr><td colspan="2">任务二 散货船装舱顺序</td></tr>
<tr><td colspan="2">相关知识</td><td colspan="2">固体散货和种类、特性及装舱要求,配积载知识、装舱方法及装舱的顺序</td></tr>
<tr><td colspan="2">教学设备与媒体</td><td colspan="2">船舶资料、货物装载情况计算表、计算器、笔和纸等</td></tr>
<tr><td colspan="2">考核评价</td><td colspan="2">理论测验 + 实训技能考核</td></tr>
</table>

(六)考核评价

将平时考核和实操技能评估相结合,突出对学习过程、实践技能的考核,突出阶段评价、目标评价。

1. 平时考核

平时考核指对学生学习过程的测评,主要根据学生平时学习态度、课堂纪律、实训报告完成情况等来综合评定。平时考核鼓励和发现学生的创造性,督促学生学习,加强对学习过程的指导和管理,及时掌握学生的平时学习情况,以指导教学,提高教学效果。

2. 实操技能评估

着重考查学生应用所学知识解决实际问题的能力。每一项目结束前,指导教师按考试大纲规定的适任标准对学生就该项目进行考核。

3. 学生成绩的组成

学生的课程总评成绩满分为 100 分,其中平时考核、实践技能考核成绩分别占学生课程总成绩的 40% 和 60% 。

(七)教学条件

1. 教材编写

①依据本课程标准编写教材,教材应充分体现“任务驱动、实践导向”的设计思想。

②教材应将本专业职业活动分解成若干典型的工作项目,按完成工作项目的需要和岗位操作规程,结合船员适任证书考试与评估组织教材内容,活动设计的内容要具体,具有可操作性。

2. 教学建议

①教学过程中立足于加强学生实际操作技能的培养,采用任务驱动教学,以工作任务引领学生学习动机,激发学生学习兴趣,培养学生分析和解决问题的能力。

②本课程教学应采用传统讲授与现代化信息技术相结合的方式,充分利用船舶积载软件进行现场训练与指导,利用课程网络平台进行学生自主学习、远程指导与答疑、师生互动与交

流等。

③在教学过程中,要实现将教育主管部门的要求与职业技能证书的考试要求紧密结合,实现“课证融通”。

(八)实施建议

进一步加强课程资源的开发与利用,具体围绕以下几方面建设:

①注重校本教材、实验实训指导书和实验实训教材的开发和应用。

②注重课程资源和现代化教学资源的开发和利用,建立多媒体课程资源数据库,努力实现校际资源的共享,提高课程资源利用效率。

③“产、学、研”结合,充分利用本行业典型的生产企业的资源,进行“产、学、研”合作,提高学生适岗能力,并建立校内外实习实训基地,实践工学交替,努力实现与企业零距离对接。

十五、航海英语听力与会话课程标准

课程类型：专项训练课
适用专业：航海技术
开设学期：第三学年第五学期
建议学时：40

（一）课程性质与作用

航海英语听力与会话课程是航海技术专业的一门专项技能训练课程，旨在培养航海技术专业学生在远洋船舶驾驶岗位工作中具有一定使用英语进行工作生活交流的能力，能熟练使用航海英语进行表达、沟通、协调与合作。通过学习，使学生达到规定的甲类一等三副资格证书中航海英语听力与会话评估考试的语言要求。

（二）课程目标

1. 知识目标

①掌握船、岸日常生活用语；
②掌握舵令、解系缆令、锚令和车钟令；
③掌握进出港常用语；
④掌握靠离泊作业常用语；
⑤掌握装、卸货常用语；
⑥掌握航行值班常用语；
⑦掌握海上呼叫常用语；
⑧掌握海上求生与救生常用语；
⑨掌握修船与船舶保养常用语；
⑩掌握港口国检查常用语；
⑪掌握船舶保安常用语。

2. 能力目标

①能基本理解日常生活中的英语表述与会话；能基本理解对外业务联系中的英语表述及会话；要求语言流利、清晰、达意，具有一定的英语表述、朗读技巧。

②能用英语就装卸货的准备工作、过程以及结束工作进行交流指挥。

③能准确地理解并会使用三副在船舶靠离泊、货物装卸、船舶航行、修船和船体保养中的英语表达用语。

④能准确地理解并会使用三副在事故处理、消防与救生、救助中的英语表达用语。

⑤能用标准海事通信用语在船舶靠离泊位、搁浅、遇险、避碰时进行船对船、船对岸的通信并指挥。

⑥能用标准海事通信用语与引航员及船上其他船员就船舶参数、状况等进行有效沟通并指挥搜救、消防等工作。

⑦能准确地理解并会使用三副在港口国监督检查、船舶保安中的英语表达用语。

3. 素质目标

①具有吃苦耐劳、爱岗敬业的职业素养；

②具有良好的沟通、服从、协调等人际交往能力；

③具有团队精神和协作能力；

④具有良好的知识好奇心与求知欲；

⑤具有良好的心理素质和克服困难的能力；

⑥具有强烈的安全与海洋环境保护意识。

(三)课程设计理念与思路

1. 课程设计理念

本课程标准总体设计思路：变三段式课程体系为任务引领型课程体系，紧紧围绕船员实际工作任务需要来选择课程内容；从“任务与职业能力”分析出发，设定职业能力培养目标；突出英语语言的功能性、交流性，结合评估大纲，培养学生航海英语的实际应用能力。

2. 课程设计主要思路

本课程标准以航海技术专业学生的就业为导向，根据船舶航行中涉及的英语运用及要求，遵循高等职业院校学生的认知规律，紧密结合海员职业的涉外交流要求以及公约关于职务能力的要求，确定本课程的工作模块和课程内容。

本课程以航海技术专业内容为核心，即以船舶驾驶员日常工作用语为中心教学内容，紧紧围绕典型学习任务设计教学模块。本课程以语言能力为重点，即以培养学生英语听说能力为教学重点；以职业素养为关键，即在教学中始终贯穿，注重培养学生认真负责的工作态度和协作学习的团队精神。

(四)课程内容结构安排

学习模块		学习单元	课时
1	日常用语	单元一　日常问候语	4
		单元二　日常生活用语	
2	船舶口令	单元一　舵令	4
		单元二　锚令	
		单元三　系解缆令	
		单元四　车钟令	
3	进出港业务	单元一　引航业务用语	2
4	靠离泊作业	单元一　船内会话	4
		单元二　驾驶台与拖轮、VTS 对话	
5	装卸作业	单元一　备舱、装卸值班、理货作业	4
		单元二　特殊货物作业、进入封闭处所、油污水及垃圾处理	

学习模块		学习单元	课时
6	航行值班	单元一　值班交接、避碰通信、VHF 值守	4
		单元二　航海警告接收、沿海航行定位	
7	海上呼叫	单元一　遇险呼叫	6
		单元二　紧急呼叫	
		单元三　安全呼叫	
8	海上救生与求生	单元一　救生设备落放、救生设备使用、船员自救	2
9	修船与船舶保养	单元一　航行仪器检修与维护、索具保养与维护	2
10	港口国监督	单元一　设备操作检查	4
		单元二　防污检查	
		单元三　安全管理体系检查	
11	船舶保安	单元一　舷梯值班安全检查、保安设备及安全操作	4
		单元二　保安等级设定及措施、海盗应对、反恐与 ISPS	
总计			40

(五)教学内容与要求

学习模块一		日常用语	课时
			4
教学目标	知识目标	掌握日常用语	
	能力目标	能进行简单的日常生活交流	
	素质目标	具有吃苦耐劳、爱岗敬业的职业素养	
学习单元		单元一　日常问候语	
		单元二　日常生活用语	
相关知识		公共日常用语	
教学设备与媒体		多媒体教室	
考核评价		课堂提问、平时考核	

<table>
<tr><td colspan="2" rowspan="2">学习模块二</td><td rowspan="2">船舶口令</td><td>课时</td></tr>
<tr><td>4</td></tr>
<tr><td rowspan="3">教学目标</td><td>知识目标</td><td colspan="2">掌握舵令、系解缆令、锚令和车钟令</td></tr>
<tr><td>能力目标</td><td colspan="2">能根据船舶口令进行操作</td></tr>
<tr><td>素质目标</td><td colspan="2">具有团队精神和协作能力</td></tr>
<tr><td colspan="2" rowspan="4">学习单元</td><td colspan="2">单元一　舵令</td></tr>
<tr><td colspan="2">单元二　锚令</td></tr>
<tr><td colspan="2">单元三　系解缆令</td></tr>
<tr><td colspan="2">单元四　车钟令</td></tr>
<tr><td colspan="2">相关知识</td><td colspan="2">常用口令</td></tr>
<tr><td colspan="2">教学设备与媒体</td><td colspan="2">操舵模拟器、多媒体教室</td></tr>
<tr><td colspan="2">考核评价</td><td colspan="2">课堂提问、平时考核</td></tr>
</table>

<table>
<tr><td colspan="2" rowspan="2">学习模块三</td><td rowspan="2">进出港业务</td><td>课时</td></tr>
<tr><td>2</td></tr>
<tr><td rowspan="3">教学目标</td><td>知识目标</td><td colspan="2">掌握引航用语</td></tr>
<tr><td>能力目标</td><td colspan="2">能与引航员进行交流</td></tr>
<tr><td>素质目标</td><td colspan="2">具有良好的沟通、服从、协调等人际交往能力</td></tr>
<tr><td colspan="2">学习单元</td><td colspan="2">单元一　引航业务用语</td></tr>
<tr><td colspan="2">相关知识</td><td colspan="2">引航作业</td></tr>
<tr><td colspan="2">教学设备与媒体</td><td colspan="2">多媒体教室</td></tr>
<tr><td colspan="2">考核评价</td><td colspan="2">课堂提问、平时考核</td></tr>
</table>

<table>
<tr><td colspan="2" rowspan="2">学习模块四</td><td rowspan="2">靠离泊作业</td><td>课时</td></tr>
<tr><td>4</td></tr>
<tr><td rowspan="3">教学目标</td><td>知识目标</td><td colspan="2">掌握靠离泊常用语</td></tr>
<tr><td>能力目标</td><td colspan="2">能进行船内对话，能与拖轮、VTS 进行对话</td></tr>
<tr><td>素质目标</td><td colspan="2">具有良好的沟通、服从、协调等人际交往能力</td></tr>
<tr><td colspan="2" rowspan="2">学习单元</td><td colspan="2">单元一　船内会话</td></tr>
<tr><td colspan="2">单元二　驾驶台与拖轮、VTS 对话</td></tr>
<tr><td colspan="2">相关知识</td><td colspan="2">靠离泊作业</td></tr>
<tr><td colspan="2">教学设备与媒体</td><td colspan="2">多媒体教室</td></tr>
<tr><td colspan="2">考核评价</td><td colspan="2">课堂提问、平时考核</td></tr>
</table>

学习模块五		装卸作业	课时
			4
教学目标	知识目标	掌握装卸常用语	
	能力目标	能进行装卸作业对话	
	素质目标	具有良好的沟通、服从、协调等人际交往能力	
学习单元		单元一　备舱、装卸值班、理货作业	
		单元二　特殊货物作业、进入封闭处所、油污水及垃圾处理	
相关知识		装卸作业	
教学设备与媒体		多媒体教室	
考核评价		课堂提问、平时考核	

学习模块六		航行值班	课时
			4
教学目标	知识目标	掌握航行值班用语	
	能力目标	能在航行值班时进行沟通	
	素质目标	具有团队精神和协作能力，具有良好的心理素质和克服困难的能力	
学习单元		单元一　值班交接、避碰通信、VHF 值守	
		单元二　航海警告接收、沿海航行定位	
相关知识		靠离泊作业	
教学设备与媒体		多媒体教室	
考核评价		课堂提问、平时考核	

学习模块七		海上呼叫	课时
			6
教学目标	知识目标	掌握遇险、紧急、安全及日常呼叫用语	
	能力目标	能进行遇险、紧急、安全及日常呼叫	
	素质目标	具有良好的沟通能力和心理素质	
学习单元		单元一　遇险呼叫	
		单元二　紧急呼叫	
		单元三　安全呼叫	
相关知识		海上呼叫程序	
教学设备与媒体		多媒体教室	
考核评价		课堂提问、平时考核	

<table>
<tr><td colspan="2" rowspan="2">学习模块八</td><td rowspan="2">海上与救生求生</td><td>课时</td></tr>
<tr><td>2</td></tr>
<tr><td rowspan="3">教学目标</td><td>知识目标</td><td colspan="2">掌握求生用语</td></tr>
<tr><td>能力目标</td><td colspan="2">能用英语进行求生呼叫</td></tr>
<tr><td>素质目标</td><td colspan="2">具有良好的心理素质和克服困难的能力</td></tr>
<tr><td colspan="2">学习单元</td><td colspan="2">单元一　救生设备落放、救生设备使用、船员自救</td></tr>
<tr><td colspan="2">相关知识</td><td colspan="2">求生、救生作业</td></tr>
<tr><td colspan="2">教学设备与媒体</td><td colspan="2">多媒体教室</td></tr>
<tr><td colspan="2">考核评价</td><td colspan="2">课堂提问、平时考核</td></tr>
</table>

<table>
<tr><td colspan="2" rowspan="2">学习模块九</td><td rowspan="2">修船与船舶保养</td><td>课时</td></tr>
<tr><td>2</td></tr>
<tr><td rowspan="3">教学目标</td><td>知识目标</td><td colspan="2">掌握修船与船舶保养常用语</td></tr>
<tr><td>能力目标</td><td colspan="2">修船与保养作业时能用英语交流</td></tr>
<tr><td>素质目标</td><td colspan="2">具有良好的心理素质和克服困难的能力</td></tr>
<tr><td colspan="2">学习单元</td><td colspan="2">单元一　航行仪器检修与维护、索具保养与维护</td></tr>
<tr><td colspan="2">相关知识</td><td colspan="2">修船与船舶保养作业</td></tr>
<tr><td colspan="2">教学设备与媒体</td><td colspan="2">多媒体教室</td></tr>
<tr><td colspan="2">考核评价</td><td colspan="2">课堂提问、平时考核</td></tr>
</table>

<table>
<tr><td colspan="2" rowspan="2">学习模块十</td><td rowspan="2">港口国监督</td><td>课时</td></tr>
<tr><td>4</td></tr>
<tr><td rowspan="3">教学目标</td><td>知识目标</td><td colspan="2">掌握港口国监督常用语</td></tr>
<tr><td>能力目标</td><td colspan="2">能与检查官进行沟通</td></tr>
<tr><td>素质目标</td><td colspan="2">具有良好的心理素质和克服困难的能力</td></tr>
<tr><td colspan="2" rowspan="3">学习单元</td><td colspan="2">单元一　设备操作检查</td></tr>
<tr><td colspan="2">单元二　防污检查</td></tr>
<tr><td colspan="2">单元三　安全管理体系检查</td></tr>
<tr><td colspan="2">相关知识</td><td colspan="2">港口国监督</td></tr>
<tr><td colspan="2">教学设备与媒体</td><td colspan="2">多媒体教室</td></tr>
<tr><td colspan="2">考核评价</td><td colspan="2">课堂提问、平时考核</td></tr>
</table>

<table>
<tr><td colspan="2" rowspan="2">学习模块十一</td><td rowspan="2">船舶保安</td><td>课时</td></tr>
<tr><td>4</td></tr>
<tr><td rowspan="3">教学目标</td><td>知识目标</td><td colspan="2">掌握船舶保安用语</td></tr>
<tr><td>能力目标</td><td colspan="2">保安作业时能进行交流</td></tr>
<tr><td>素质目标</td><td colspan="2">具有良好的心理素质和克服困难的能力</td></tr>
<tr><td colspan="2" rowspan="2">学习单元</td><td colspan="2">单元一　舷梯值班安全检查、保安设备及安全操作</td></tr>
<tr><td colspan="2">单元二　保安等级设定及措施、海盗应对、反恐与 ISPS</td></tr>
<tr><td colspan="2">相关知识</td><td colspan="2">船舶保安</td></tr>
<tr><td colspan="2">教学设备与媒体</td><td colspan="2">多媒体教室</td></tr>
<tr><td colspan="2">考核评价</td><td colspan="2">课堂提问、平时考核</td></tr>
</table>

（六）考核评价

①采用过程性和终结性考核相结合的评价方法；

②考核内容要充分体现无限航区 3000 总吨及以上船舶三副岗位适任考试和评估大纲中相应项目的考核要求；

③关注评价的多元性，结合现场提问、学生作业、平时考核等情况，综合评价学生成绩；

④本课程的总评成绩 = 平时考核成绩 + 评估考核成绩。其中，平时考核成绩占 40%，评估考核成绩占 60%。

各考核细目详见下表：

<table>
<tr><td rowspan="2">序号</td><td colspan="2">平时考核成绩</td><td colspan="2">评估考核成绩</td></tr>
<tr><td>考核细目</td><td>比重</td><td>考核细目</td><td>比重</td></tr>
<tr><td>1</td><td>课堂考勤</td><td>10%</td><td>日常用语</td><td>5%</td></tr>
<tr><td>2</td><td>学习态度</td><td>10%</td><td>船舶口令</td><td>5%</td></tr>
<tr><td>3</td><td>课堂互动</td><td>10%</td><td>进出港业务</td><td>5%</td></tr>
<tr><td>4</td><td>讨论</td><td>10%</td><td>靠离泊作业</td><td>5%</td></tr>
<tr><td>5</td><td></td><td></td><td>装卸作业</td><td>5%</td></tr>
<tr><td>6</td><td></td><td></td><td>航行值班</td><td>5%</td></tr>
<tr><td>7</td><td></td><td></td><td>海上呼叫</td><td>10%</td></tr>
<tr><td>8</td><td></td><td></td><td>海上与救生求生</td><td>5%</td></tr>
<tr><td>9</td><td></td><td></td><td>修船与船舶保养</td><td>5%</td></tr>
<tr><td>10</td><td></td><td></td><td>港口国监督</td><td>5%</td></tr>
<tr><td>11</td><td></td><td></td><td>船舶保安</td><td>5%</td></tr>
<tr><td>合计</td><td></td><td>40%</td><td></td><td>60%</td></tr>
</table>

(七)教学条件

1. 实践条件

①航海英语语音室应能满足航海英语授课和航海英语听力与会话训练要求；

②利用多媒体教学课件、视频、在线教育等资源作为教学辅助工具。

2. 师资条件

专任教师应具有高校教师资格证，且具备以下条件之一：

①具备英语专业本科及以上学历并具有中级及以上职称，海上资历不少于6个月；或

②具有不少于1年的甲类三副资历，且具有不少于1年专业英语教学经验。

(八)实施建议

①加强学生实际听说能力的培养。采用行动导向教学，以工作任务引领提高学生学习兴趣，使学生在完成学习任务的过程中提高航海英语的语言应用能力。

②本课程教学的关键是模拟真实情境进行教学，在教学过程中，教师示范和学生分组讨论、训练互动，学生提问与教师解答、指导有机结合。

③加强对学生学习策略的指导，特别指导学生充分利用现有实验室等网络资源，让学生能够在课堂外进行自主学习，使学生可以更好地运用所学知识和技能；推动协作学习，培养团队精神和工作责任感，积极引导学生提升职业素养，提高职业道德。

十六、水手工艺课程标准

课程类型:专项训练课

适用专业:航海技术

开设学期:第三学年第五学期

建议学时:128

(一)课程性质与作用

本课程是航海技术专业的一门专项训练课程,主要学习应用各种水手工艺,使用甲板机械设备完成船舶航行、系泊、船体维护保养的方法和技巧。通过水手工艺训练,使学生熟练掌握钢丝绳切断和眼环插接,以各种姿势正确撇缆,船舶除锈、油漆,使用系泊设备进行系解缆操作和高空、舷外作业等值班水手岗位适任能力。

(二)课程目标

1. 知识目标

①掌握国际公约与国内法规对船员履行支持级岗位职责的要求;

②掌握国际公约与国内法规对船舶进行安全作业的要求与标准;

③掌握水手工艺各类项目操作工序和安全注意事项;

④熟悉国际公约与国内法规在防止船舶污染水域环境方面的要求;

⑤掌握船舶应急设备使用方面的知识。

2. 能力目标

①能灵活运用至少 12 个船舶常用绳结;

②能熟练掌握三股绳的各种插接、编结方法;

③能知道八股化纤缆对接及眼环插接方法;

④能熟练掌握钢丝绳切断和眼环插接方法;

⑤能以各种姿势正确撇缆,远距 25 米以上,偏距不超过 2.5 米;

⑥具备对船舶除锈、油漆等保养作业的能力;

⑦具备使用系泊设备进行系解缆操作的能力;

⑧具备高空、舷外作业的能力。

3. 素质目标

①具有吃苦耐劳、爱岗敬业的职业素养;

②具有良好的沟通、服从、协调等人际交往能力;

③具有团队精神和协作能力;

④具有良好知识好奇心与求知欲;

⑤具有良好的心理素质和克服困难的能力;

⑥具有强烈的安全与海洋环境保护意识。

(三)课程设计理念与思路

1. 课程设计理念

以 STCW 公约马尼拉修正案和《11 规则》所规定的船舶值班水手适任标准为依据，以培养学生运用水手工艺设备完成船舶航行、系泊、船体维护保养的方法和技巧为主线，设计“课证融通”的教学内容。

2. 课程设计主要思路

根据设计理念，将教学内容设计成六个学习模块，以学习模块为中心引出专业知识、专业能力和素质能力；以作业安全为出发点，运用水手工艺设备完成船舶航行、系泊、维护保养的方法和技巧等。教学活动设计从易到难，多采取项目驱动、任务驱动等活动形式。本课程要充分运用现代职业教育理念与技术，突出对学生动手能力的培养，为学生职业生涯可持续发展打下良好的基础。

(四)课程内容结构安排

学习模块		学习单元	课时
1	常用绳结	单元一　绳的种类、性能和使用、保养知识	16
		单元二　船舶常用绳结	
2	帆缆索具	单元一　常用编结	28
		单元二　三股绳的各种插接、编结方法	
		单元三　八股绳的各种插接、编结方法	
		单元四　辨认各类索具并能正确使用	
3	船体保养	单元一　各种机械、手工除锈工具练习	14
		单元二　船体除锈的方法	
		单元三　油漆的种类、性能和涂刷方法	
4	系解缆操作	单元一　掌握系解缆作业的程序	35
		单元二　掌握系解缆作业的安全注意事项	
		单元三　系泊设备的名称和作用	
		单元四　进行备缆、撇缆、出缆、上滚筒、绞缆、打制索结及挽桩等操作	
		单元五　观摩备锚、抛锚和起锚作业	
5	高空、舷外作业	单元一　高空作业的方法和安全注意事项	7
		单元二　舷外作业的方法和安全注意事项	
6	钢丝绳插接	单元一　钢丝绳切断工具和切断方法	28
		单元二　钢丝绳眼环插接方法	
		单元三　钢丝绳使用和插接中的安全注意事项	
总计			128

(五)教学内容与要求

学习模块一		常用绳结	课时 16
教学目标	知识目标	掌握绳的种类、性能和使用、保养知识和常用绳结	
	能力目标	能灵活运用至少 12 个船舶常用绳结	
	素质目标	具有较强的自主能力、沟通能力、合作能力、综合运用能力和创新能力	
学习单元		单元一　绳的种类、性能和使用、保养知识	
		单元二　船舶常用绳结	
相关知识		STCW 公约对值班水手适任标准的要求	
教学设备与媒体		绳结教室、示教板、各类绳	
考核评价		课堂提问、实训报告、平时考核	

学习模块二		帆缆索具	课时 28
教学目标	知识目标	掌握各种缆绳的插接、编结和各种索具的使用知识	
	能力目标	能完成各种缆绳的插接和编结	
	素质目标	具有较强的自主能力、沟通能力、合作能力、综合运用能力和创新能力	
学习单元		单元一　常用编结	
		单元二　三股绳的各种插接、编结方法	
		单元三　八股绳的各种插接、编结方法	
		单元四　辨认各类索具并能正确使用	
相关知识		STCW 公约对值班水手适任标准的要求	
教学设备与媒体		各类缆绳、木笔、船用索具	
考核评价		课堂提问、实训报告、平时考核	

学习模块三		船体保养	课时 14
教学目标	知识目标	掌握船体保养的基本知识和方法	
	能力目标	能完成对船体除锈和油漆等保养工作	
	素质目标	具有较强的自主能力、沟通能力、合作能力、综合运用能力和创新能力	

学习模块三	船体保养	课时
		14
学习单元	单元一　各种机械、手工除锈工具练习	
	单元二　船体除锈的方法	
	单元三　油漆的种类、性能和涂刷方法	
相关知识	STCW 公约对值班水手适任标准的要求	
教学设备与媒体	除锈工具、油漆、劳保用品	
考核评价	课堂提问、实训报告、平时考核	

学习模块四		系解缆操作	课时
			35
教学目标	知识目标	掌握船舶靠离码头时系解缆操作的基本知识和方法	
	能力目标	能完成备缆、撇缆、出缆、上滚筒、绞缆、打制索结及挽桩等操作	
	素质目标	具有较强的自主能力、沟通能力、合作能力、综合运用能力和创新能力	
学习单元		单元一　掌握系解缆作业的程序	
		单元二　掌握系解缆作业的安全注意事项	
		单元三　系泊设备的名称和作用	
		单元四　进行备缆、撇缆、出缆、上滚筒、绞缆、打制索结及挽桩等操作	
		单元五　观摩备锚、抛锚和起锚作业	
相关知识		STCW 公约对值班水手适任标准的要求	
教学设备与媒体		系泊设备、缆绳、撇缆、劳保用品	
考核评价		课堂提问、实训报告、平时考核	

学习模块五		高空、舷外作业	课时
			7
教学目标	知识目标	熟悉船舶高空、舷外作业的基本知识和方法	
	能力目标	能进行高空、舷外作业	
	素质目标	具有较强的自主能力、沟通能力、合作能力、综合运用能力和创新能力	
学习单元		单元一　高空作业的方法和安全注意事项	
		单元二　舷外作业的方法和安全注意事项	
相关知识		STCW 公约对值班水手适任标准的要求	
教学设备与媒体		船桅、座板、绳、索具、劳保用品	
考核评价		课堂提问、实训报告、平时考核	

学习模块六		钢丝绳插接	课时 28
教学目标	知识目标	掌握钢丝绳切断和眼环插接的基本知识和方法	
	能力目标	能完成对钢丝绳的切断和眼环插接	
	素质目标	具有较强的自主能力、沟通能力、合作能力、综合运用能力和创新能力	
学习单元		单元一　钢丝绳切断工具和切断方法	
		单元二　钢丝绳眼环插接方法	
		单元三　钢丝绳使用和插接中的安全注意事项	
相关知识		STCW 公约对值班水手适任标准的要求	
教学设备与媒体		钢丝绳、切割机、铁笔、劳保用品	
考核评价		课堂提问、实训报告、平时考核	

(六)考核评价

①采用阶段性、过程性和终结性考核相结合的评价方法;

②本课程的总评成绩 = 平时考核成绩 + 实训报告成绩 + 实操考核成绩,其中,平时考核成绩占 20%,实训报告成绩占 40%,实操考核成绩占 40%。

各考核细目详见下表:

序号	平时考核	20%	实训报告考核		40%	实操考核	40%
1	课堂考勤	10%	学习模块	常用绳结	7%	常用绳结	7%
2	学习态度	4%		帆缆索具	7%	帆缆索具	7%
3	课堂互动	3%		船体保养	7%	船体保养	7%
4	讨论	3%		系解缆操作	7%	系解缆操作	7%
5				高空、舷外作业	5%	高空、舷外作业	5%
6				钢丝绳插接	7%	钢丝绳插接	7%

(七)教学条件

1. 实践条件

①建立水手工艺实训室和实训场地,使之具备集现场教学、技能实训和适任考试于一体的功能,实现教学与实训合一、教学与培训合一、教学与考证合一,满足学生综合职业能力培养的要求。

②加强与省内外航运企业的联系,进行产学合作,建立实习实训基地,满足学生的实习实训,同时为学生的就业创造机会。

2. 师资条件

依据中华人民共和国海事局颁布的《中华人民共和国船员培训管理规则》要求,实训指导教师按照师生比1∶20配备，并满足下列条件之一：

①具有不少于1年海船三副及以上资历，并具有1年以上航海专业教学经历；

②具有1年以上海船工作经历、3年以上教学经验的航海类专业教师；

③具有不少于5年的海船水手长资历，并具有2年及以上教学资历（仅限实训教员）。

（八）实施建议

①在教学过程中，应立足于加强学生实际操作能力培养，采用项目教学，以工作任务引领、激发学生的学习兴趣；

②各项训练的现场教学，应选用典型的船舶水手工作项目为载体，让学生在“教”与“学”过程中学会常用的船舶水手各种工作技能；

③在教学过程中，要紧密结合职业岗位技能的要求，加强实操项目的训练，提高学生的岗位适应能力；

④应用先进的教学资源（如船舶操舵模拟器等）辅助教学，帮助学生熟悉船舶运输生产过程。

十七、水手值班课程标准

课程类型:专项训练课
适用专业:航海技术
开设学期:第三学年第五学期
建议学时:32

(一)课程性质与作用

本课程是航海技术专业的一门专项训练课程,主要学习水手值班的基本知识、基本安全理论,培养学生正确履行航行值班、系泊值班的能力。同时培养学生诚实、守信、谨慎、缜密的品质,使学生符合STCW公约所规定的船舶值班水手适任要求。

(二)课程目标

1. 知识目标

①掌握国际公约与国内法规对船员履行支持级岗位职责的要求;
②掌握国际公约与国内法规对船舶值班的基本要求与标准;
③掌握水手操舵的规范程序和注意事项;
④熟悉国际公约与国内法规在船舶正规瞭望方面的要求;
⑤掌握船舶应急设备使用方面的知识。

2. 能力目标

①能认识世界主要航海国家国旗;
②能根据舵令熟练进行船舶随动舵操作;
③具备正确辨认船舶常用的号灯、号型和声号的能力;
④具备正确悬挂和辨认航海信号旗的能力;
⑤具备判断船舶锚泊时走锚的能力;
⑥能熟练进行随动舵、应急舵和自动舵转换;
⑦能熟知系解缆设备和系解缆的操作程序;
⑧具备航行值班中正规瞭望的能力。

3. 素质目标

①具有吃苦耐劳、爱岗敬业的职业素养;
②具有良好的沟通、服从、协调等人际交往能力;
③具有团队精神和协作能力;
④具有良好的知识好奇心与求知欲;
⑤具有良好的心理素质和克服困难的能力;
⑥具有强烈的安全与海洋环境保护意识。

(三)课程设计理念与思路

1. 课程设计理念

依据STCW公约马尼拉修正案和《11规则》所规定的船舶值班水手适任能力要求,针对值班水手岗位适任能力培养设计课程内容,运用实船设备和模拟设备让学生在学习过程中实践船舶航行值班、系泊值班的方法和技巧。

2. 课程设计主要思路

根据设计理念,将教学内容设计成三个学习模块,以学习模块为中心引出相关的专业知识、专业能力和素质能力,以船舶安全为出发点,运用实船设备和模拟设备完成船舶航行值班,系泊值班的方法和技巧等课程教学。本课程将学生学习行动贯穿于整个教学过程中,突出对学生职业能力的培养,为学生的职业生涯可持续发展打下良好的基础。

(四)课程内容结构安排

学习模块		学习单元	课时
1	瞭望	单元一　瞭望的目的和重要性	4
		单元二　瞭望的手段	
		单元三　常用船舶号灯、号型和声号	
2	航行值班	单元一　船舶操舵的程序和注意事项	21
		单元二　操舵	
		单元三　随动舵、应急舵和自动舵转换	
		单元四　副班水手的工作	
3	停泊值班	单元一　值班水手系泊值班工作	7
		单元二　值班水手锚泊值班工作	
		单元三　值班水手开航前准备工作	
总计			32

(五)教学内容与要求

学习模块一		瞭望	课时
			4
教学目标	知识目标	掌握国际公约与国内法规在船舶正规瞭望方面的要求	
	能力目标	能解释船舶常用号灯、号型、声号的含义	
	素质目标	具有较强的自主能力、沟通能力、合作能力、综合运用能力和创新能力	
学习单元		单元一　瞭望的目的和重要性	
		单元二　瞭望的手段	
		单元三　常用船舶号灯、号型和声号	
相关知识		STCW 公约对值班水手适任标准的要求	
教学设备与媒体		多媒体教室、示教软件	
考核评价		课堂提问、实训报告、技能考核	

学习模块二		航行值班	课时
			21
教学目标	知识目标	掌握国际公约与国内法规对船舶值班的要求与标准	
	能力目标	能根据舵令熟练掌握船舶随动舵操作	
	素质目标	具有较强的沟通能力、合作能力、综合运用能力和创新能力	
学习单元		单元一　船舶操舵的程序和注意事项	
		单元二　操舵	
		单元三　随动舵、应急舵和自动舵转换	
		单元四　副班水手的工作	
相关知识		STCW 公约对值班水手适任标准的要求	
教学设备与媒体		操舵模拟器、多媒体	
考核评价		课堂提问、实训报告、技能考核	

学习模块三		停泊值班	课时
			7
教学目标	知识目标	掌握国际公约与国内法规对船舶值班的要求与标准	
	能力目标	能判断船舶锚泊时走锚;能按需调整缆绳	
	素质目标	具有较强的沟通能力、合作能力、综合运用能力和创新能力	
学习单元		单元一　值班水手系泊值班工作	
		单元二　值班水手锚泊值班工作	
		单元三　值班水手开航前准备工作	
相关知识		STCW 公约对值班水手适任标准的要求	
教学设备与媒体		多媒体教室、系泊设备	
考核评价		课堂提问、实训报告、技能考核	

(六)考核评价

本课程的总评成绩 = 平时考核成绩 + 实训报告成绩 + 实操考核成绩。其中,平时考核成绩占 20%,实训报告成绩占 40%,实操考核成绩占 40%。

各考核细目详见下表:

序号	平时考核	20%	实训报告		40%	实操考核	40%
1	课堂考勤	10%	学习模块	瞭望	10%	瞭望	10%
2	学习态度	4%		航行值班	20%	航行值班	20%
3	课堂互动	3%		停泊值班	10%	停泊值班	10%
4	讨论	3%					

(七)教学条件

1. 实践条件

①建立水手工艺实训室和实训场地,使之具备现场教学、技能实训和适任考试于一体的功能,实现教学与实训合一、教学与培训合一、教学与考证合一,满足学生综合职业能力培养的要求。

②加强与省内外航运企业的联系,进行产学合作,建立实习实训基地,满足学生的实习实训需求,同时为学生的就业创造机会。

2. 师资条件

依据中华人民共和国海事局颁布的《中华人民共和国船员培训管理规则》的要求,按照师生比 1∶20 配备实训指导教师,并满足下列条件之一:

①具有不少于 1 年海船三副及以上资历,并具有 1 年以上航海专业教学经历;

②具有 1 年以上海船工作经历、3 年以上教学经验的航海类专业教师;

③具有不少于 5 年的海船水手长资历,并具有 2 年及以上教学资历(仅限实训教员)。

(八)实施建议

①应立足于加强学生实际操作能力的培养,以工作任务引领、激发学生的学习兴趣。

②应选用典型的船舶值班水手工作项目为载体,在教学过程中,教师示范和学生分组训练、讨论互动,学生提问与教师解答、指导有机结合,让学生在“教”与“学”过程中学会常用的船舶值班水手各种工作技能。

③在教学过程中,要创设工作情境,反映船舶运输生产过程,增大实训课时,要紧密结合职业岗位技能的要求,加强实操项目训练。通过训练使学生掌握操舵基本技能,提高学生岗位适应能力。

④在教学过程中,要应用先进的教学资源(如船舶操舵模拟器等)辅助教学,帮助学生熟悉船舶运输生产过程。

十八、水手英语听力与会话课程标准

课程类型:专项训练课
适用专业:航海技术
开设学期:第三学年第五学期
建议学时:32

(一)课程性质与作用

水手英语听力与会话课程是航海技术专业的一门专项训练课程,旨在培养学生水手岗位熟练使用英语进行表达、沟通、协调与合作的能力。通过课程的学习和训练达到和考试大纲中有关高级值班水手基本语言的要求。

(二)课程目标

1. 知识目标

①掌握日常用语(打招呼、互相介绍、告别、道歉等);
②掌握船上常用词汇(船员职务、与船舶有关海运机构和工作职务、船上常用警示标牌、常用物料和工具、驾驶台常用设备、装卸货常用索具、船舶结构部位);
③掌握舵令、解系缆令、锚令和车钟令;
④掌握舷梯值班常用用语;
⑤掌握舱口值班、开关舱用语;
⑥掌握装、卸货用语;
⑦掌握船舶维修保养常用用语;
⑧掌握安全值班、交接班常用用语;
⑨掌握船舶保安日常用语;
⑩掌握船舶救生、消防等应急部署、演习日常用语。

2. 能力目标

①能进行简单的日常生活交流;
②能说出船上的常用词汇;
③能根据船舶口令进行操作;
④在舷梯值班时能用英语交流;
⑤在舱口值班及开关舱时能用英语交流;
⑥在装卸货时能用英语交流;
⑦在船舶维修保养时能用英语交流;
⑧在水手值班及交接班时能用英语交流;
⑨在保安演习时能用英语交流;
⑩在救生、消防演习时能用英语交流。

3. 素质目标

①具有吃苦耐劳、爱岗敬业的职业素养;
②具有良好的沟通、服从、协调等人际交往能力;

③具有团队精神和协作能力；

④具有良好的知识好奇心与求知欲；

⑤具有良好的心理素质和克服困难的能力；

⑥具有强烈的安全与海洋环境保护意识。

(三)课程设计理念与思路

1. 课程设计理念

本课程标准的总体设计思路：从“任务与职业能力”分析出发，设定职业能力培养目标；突出英语语言的功能性、交流性，结合考试大纲，培养学生水手值班英语的实际应用能力。

本课程以水手值班内容为核心，紧紧围绕典型学习任务设计教学模块。本课程以语言能力为重点，即以培养学生英语听说能力为教学重点；以职业素养为关键，在教学中始终贯穿、注重培养学生认真负责的工作态度和协作学习的团队精神。

2. 课程设计主要思路

本课程标准以航海技术专业学生就业为导向，根据值班水手英语运用及要求，遵循高等职业院校学生的认知规律，紧密结合高级值班水手的工作岗位实际以及中华人民共和国海船船员适任考核要求，确定本课程的工作模块和课程内容。

根据以上课程设计理念和思路，将教学内容设计成四个学习模块，以学习模块为中心提高学生的语言交流能力。教学活动设计由易到难，多采取项目驱动、任务驱动等活动形式。本课程要充分运用交际教学法，引导学生在学习活动中提高语言交流能力。

(四)课程内容结构安排

学习模块		学习单元	课时
1	日常会话	单元一　日常用语	4
		单元二　船上常用词汇	
2	船舶口令	单元一　舵令	4
		单元二　锚令	
		单元三　系解缆令	
		单元四　车钟令	
3	港内值班	单元一　舷梯值班用语	16
		单元二　舱口值班用语	
		单元三　装卸货用语	
		单元四　船舶维修保养用语	
4	航行值班	单元一　航行值班与交接班用语	8
		单元二　保安用语	
		单元三　消防、救生用语	
总计			32

(五)教学内容与要求

学习模块一		日常会话	课时 4
教学目标	知识目标	掌握日常用语(打招呼、互相介绍、告别、道歉等),船上常用词汇	
	能力目标	能进行日常生活简单交流;能说出船上常用词汇	
	素质目标	具有良好的交往和沟通能力	
学习单元		单元一　日常用语	
		单元二　船上常用词汇	
相关知识		STCW 公约对值班水手适任标准的要求	
教学设备与媒体		多媒体教室、示教软件	
考核评价		课堂提问、听说技能考核	

学习模块二		船舶口令	课时 4
教学目标	知识目标	掌握舵令、系解缆令、锚令和车钟令	
	能力目标	能根据船舶口令进行操作	
	素质目标	具有团结协作、克服困难的能力	
学习单元		单元一　舵令	
		单元二　锚令	
		单元三　系解缆令	
		单元四　车钟令	
相关知识		STCW 公约对值班水手适任标准的要求	
教学设备与媒体		操舵模拟器、多媒体	
考核评价		课堂提问、听说技能考核	

学习模块三		港内值班	课时 16
教学目标	知识目标	掌握港内值班用语	
	能力目标	港内值班时能用英语交流	
	素质目标	具有团结协作、克服困难的能力	
学习单元		单元一　舷梯值班用语	
		单元二　舱口值班用语	
		单元三　装卸货用语	
		单元四　船舶维修保养用语	
相关知识		STCW 公约对值班水手适任标准的要求	
教学设备与媒体		多媒体教室	
考核评价		课堂提问、听说技能考核	

<table>
<tr><td colspan="2" rowspan="2">学习模块四</td><td rowspan="2">航行值班</td><td>课时</td></tr>
<tr><td>8</td></tr>
<tr><td rowspan="3">教学目标</td><td>知识目标</td><td colspan="2">掌握航行值班用语</td></tr>
<tr><td>能力目标</td><td colspan="2">航行值班时能用英语交流</td></tr>
<tr><td>素质目标</td><td colspan="2">具有较强的责任心和团队协作能力</td></tr>
<tr><td colspan="2" rowspan="3">学习单元</td><td colspan="2">单元一　航行值班与交接班用语</td></tr>
<tr><td colspan="2">单元二　保安用语</td></tr>
<tr><td colspan="2">单元三　消防、救生用语</td></tr>
<tr><td colspan="2">相关知识</td><td colspan="2">STCW 公约对值班水手适任标准的要求</td></tr>
<tr><td colspan="2">教学设备与媒体</td><td colspan="2">多媒体教室</td></tr>
<tr><td colspan="2">考核评价</td><td colspan="2">课堂提问、听说技能考核</td></tr>
</table>

(六)考核评价

①关注评价的多元性,结合现场提问、学生作业、平时考核等情况,综合评价学生成绩;

②本课程的总评成绩=平时考核成绩+评估考核成绩,其中,平时考核成绩占40%,评估考核成绩占60%。

各考核细目详见下表:

序号	平时考核成绩		评估考核成绩	
1	课堂考勤	10%	日常会话	20%
2	学习态度	10%	船舶口令	10%
3	课堂互动	10%	港内值班	20%
4	讨论	10%	航行值班	10%

(七)教学条件

1. 实践条件

①航海英语语音室应能满足航海英语授课和航海英语听力与会话训练要求;

②利用多媒体教学课件、视频、在线教育等资源作为教学辅助工具。

2. 师资条件

专任教师应具有高校教师资格证,且具备以下条件之一:

①具有不少于1年及以上海船三副资历,航海专业专科及以上学历并具有1年以上航海专业教学资历;

②具有英语专业专科及以上学历,具有中级及以上职称,并具有不少于6个月的海上服务资历。

(八)实施建议

①应立足于加强对学生听说能力的培养,通过以学习任务为依托的教学,使学生在完成学习任务的过程中提高水手英语语言应用能力。

②加强对学生学习策略的指导,特别指导学生充分利用现有实验室等网络资源让学生能够在课堂外进行自主学习,鼓励探究性学习,拓展学生综合运用能力,使学生可以更好地运用本课所学知识和技能;推动协作学习,培养团队精神和工作责任感,积极引导学生提升职业素养,提高职业道德水平。

第三篇
轮机工程技术专业教学标准与课程标准

第一章 轮机工程技术专业教学标准

专业名称:轮机工程技术专业
专业代码:520405
招生对象:普通高中毕业生/中职学校毕业生
学制与学历:三年专科

一、培养目标

本专业面向国内外海洋运输、船舶修造业,培养符合STCW公约马尼拉修正案、《11规则》及我国海事教育培训有关规定要求,符合国家教育主管部门对高等职业教育的有关要求,并基本具备A类3000 kW及以上三管轮任职条件,从事轮机操纵、维修和船舶监造、船舶检验等工作的技术、技能型人才。

二、人才规格

1.职业知识

①掌握机械制图、识图、零件配合、热处理知识;
②掌握主机、辅机、电器原理和参数测试知识;
③掌握船舶机电设备维护与保养相关知识;
④了解海事管理的相关国际公约、国内法规等相关知识;
⑤熟悉海洋环境保护相关知识。

2.职业能力

①具有机械图纸的识图能力;
②具有车、钳、焊、电工工艺的基本操作能力;(核心能力)
③具有独立担任轮机值班的能力;(核心能力)
④具有对船舶机电设备的运行工况检测调试能力;(核心能力)
⑤具有对船舶机电设备进行使用保养和维护修理的一般能力;(核心能力)
⑥具有主机遥控、集中监视、报警系统操作和管理能力;
⑦具有较熟练的轮机英语交流、阅读理解和业务函电写作的能力;
⑧具有人员管理和技术设备管理的基本能力;(核心能力)
⑨具有安全自查和安全管理的能力;
⑩具有操作计算机、应用软件、上网和收集与处理信息的能力;
⑪具有正确识别应变信号和使用船内通信的能力;
⑫具有应急设备操作与维护能力。(核心能力)

经过国家海事局海船船员适任考试并合格，毕业后经过 12 个月海上见习，符合海事国际相关公约，满足《11 规则》中规定的 A 类 3000 kW 及以上三管轮适任资格的各种要求并获得任职资格证书。

3. 职业素质

①具有诚信意识和敬业精神；

②具有交际、沟通、团队协作能力；

③具有热爱劳动、遵纪守法、自律谦虚的品质；

④具有较好的文化修养、健康的心理素质和良好的行为习惯；

⑤具有服从、安全、环保意识。

三、就业面向与职业资格证书

1. 就业面向

<table>
<tr><th>序号</th><th>就业面向</th><th>初始岗位</th><th>发展岗位</th></tr>
<tr><td>1</td><td>远洋运输公司、航运公司、船员劳务外派公司</td><td>A 类 3000 kW 及以上三管轮</td><td>国际、国内远洋船舶大管轮、远洋轮机长</td></tr>
<tr><td>2</td><td>港务集团</td><td rowspan="2">船舶轮机员、机务员</td><td rowspan="2">机务主管</td></tr>
<tr><td>3</td><td>海事机构、船舶修造企业</td></tr>
</table>

2. 职业资格证书要求

<table>
<tr><th>序号</th><th>职业资格证书名称</th><th>颁发单位</th></tr>
<tr><td>1</td><td>A 类 3000 kW 及以上船舶三管轮适任证书</td><td rowspan="3">中华人民共和国海事局</td></tr>
<tr><td>2</td><td>750 kW 及以上值班机工适任证书</td></tr>
<tr><td rowspan="2">3</td><td>熟悉和基本安全培训合格证 Z01
精通救生艇筏和救助艇培训合格证 Z02
高级消防培训合格证 Z04
精通急救培训合格证 Z05
船舶保安意识培训合格证 Z07
船舶负有指定保安职责培训合格证 Z08</td></tr>
<tr><td>计算机一级合格证</td><td>中华人民共和国教育部</td></tr>
</table>

四、课程体系与课程要求

1. 岗位职业能力分析

针对轮机工程技术专业学生的主要就业岗位的典型工作任务进行职业能力分析，得到轮机管理岗位职业能力分析表如下：

(1)职业基本素质

职业基本素质分析表

基本素质	支撑课程	技能(水平)证书
英语运用能力	英语	
计算机应用能力	计算机应用基础	计算机等级证书

(2)职业基本能力

职业基本能力分析表

<table>
<tr><th>职业基本能力</th><th>支撑课程</th><th colspan="2">技能(水平)证书</th></tr>
<tr><td>应急、职业安全、职业基本能力</td><td>基本安全(个人求生、防火灭火、海上急救、个人安全与社会责任)</td><td>基本安全培训合格证</td><td rowspan="6">证书国际通用</td></tr>
<tr><td rowspan="2">保安职业基本能力</td><td>保安意识</td><td>保安意识培训合格证</td></tr>
<tr><td>保安职责</td><td>负有指定保安职责船员培训合格证</td></tr>
<tr><td>救生职业基本能力</td><td>精通救生艇筏和救助艇</td><td>精通救生艇筏和救助艇培训合格证</td></tr>
<tr><td rowspan="2">消防和急救职业基本能力</td><td>高级消防</td><td>高级消防培训合格证</td></tr>
<tr><td>精通急救</td><td>精通急救培训合格证</td></tr>
</table>

(3)职业核心能力

职业核心能力分析表

工作岗位	典型工作任务	职业能力	支撑课程	技能证书
值班机工	1. 在轮机员的领导下安全值班 2. 进行主机暖缸备车及配合轮机员对主机冲车、试车等操作 3. 正确启动并停用发电机、船用辅锅炉、分油机、空压机、通用泵 4. 在港值班,应对当时所有的机器工作情况、工况参数加以验证、分析,并保持在正常范围值 5. 恰当的使用内部通信系统,机舱报警系统 6. 进行船损堵漏、灭火等操作	值班机工适任能力	船舶柴油机	750 kW 及以上值班机工适任考试合格证
			船舶管理	
			船舶辅机	
			轮机英语听力与会话	
海船轮机管理	1. 在轮机长和大管轮的领导下进行工作,负责管理甲板机电设备及泵浦间、救生艇、应急救火泵、空调机、副锅炉及其附属设备、防污染设备和机舱内部分辅机、主发电原动机、应急发电机及为它服务的机电设备等 2. 制订三管轮主管的机械和设备的预防检修计划,并进行检查测量及修理,记载并保管修理记录簿 3. 编制三管轮主管的机械设备的修理计划、修理单和航次修理单,提交大管轮审核。修船期间,协助监工、验收并参加自修工作 4. 三管轮主管的机械设备的备件和专用物料的申领、验收和报销,监督妥善保管,防止锈蚀、损坏或遗失 5. 安全值班,使主、辅机安全和有效运行。对当时所有的机器工作情况、工况参数加以验证、分析,并保持在正常范围值 6. 采取必要的措施,以对付由于设备损坏、失火、进水、破裂碰撞、搁浅和其他原因所引起的损害 7. 机舱监视与报警系统的操作与管理,主机遥控系统的操作与管理 8. 与国外船厂、海事当局联系进行修船等,与国外海事当局联系接受港口国监控	轮机工程	轮机英语听力与会话	A 类 3000 kW 及以上船舶三管轮适任证书考试合格证
			轮机英语	
			船舶柴油机	
			船舶辅机	
			动力设备操作	
			动力设备拆装	
		电气电子与控制	船舶电气设备	
			轮机自动化	
			电工工艺与电气设备操作	
			电气与自动控制操作	
		轮机维护与修理	轮机维护与修理	
			金工工艺实训	
		船舶作业和人员管理	船舶管理	
			机舱资源管理	

(4)职业拓展能力

职业拓展能力分析表

工作岗位	典型工作任务	职业能力	支撑课程	技能证书
机务管理、安全管理	1. 液压设备的维护 2. 港口国安全检查 3. 制冷设备的维护 4. 自动控制设备的维护	机务管理拓展能力	液压技术	
			制冷技术	
			可编程控制器(PLC)应用	
		港口安全管理能力	PSC 及 ISPS	

2. 课程体系

轮机工程技术专业以“任务导向、能力本位”的理念构建课程体系。在充分调研航海企业国际、国内海船轮机员主要工作任务和三管轮任职要求的基础上,以国际海事组织 STCW 公约及中华人民共和国海船船员适任要求为人才培养基本目标,形成了“职业基本素质、职业基本能力、职业核心能力、职业拓展能力”四大模块体系,并根据国际海事公约要求将职业核心能力分解为轮机工程、电气电子与控制、轮机维护与修理、船舶作业与人员管理等四个职能,以此确定岗位工作任务和设置专业课程,将值班机工、无限航区、沿海航区 3000 kW 及以上三管轮职业技术领域或岗位群所需要的知识、能力和素质要求全面融入教学内容,做到课程内容与工作任务融通,与职业资格证书融通。同时专业核心课程的课时是在总结多年航海高等职业技术教育经验的基础上,考虑了国际海事组织有关示范课程的课时设置标准而安排的。

课程体系详见下图:

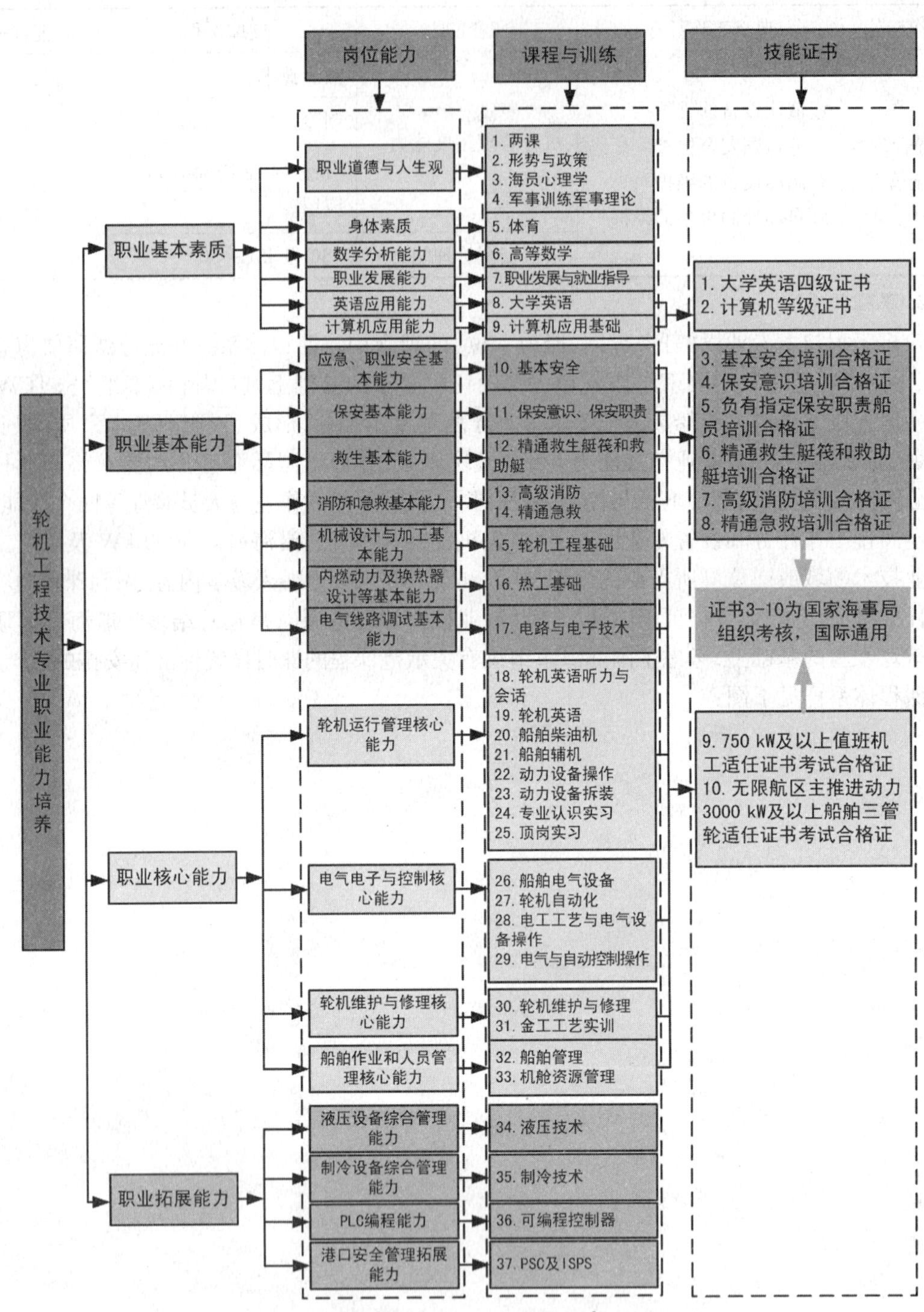

岗位能力
课程与训练
技能证书
轮机工程技术专业职业能力培养
职业基本素质
职业基本能力
职业核心能力
职业拓展能力
职业道德与人生观
身体素质
数学分析能力
职业发展能力
英语应用能力
计算机应用能力
应急、职业安全基本能力
保安基本能力
救生基本能力
消防和急救基本能力
机械设计与加工基本能力
内燃动力及换热器设计等基本能力
电气线路调试基本能力
轮机运行管理核心能力
电气电子与控制核心能力
轮机维护与修理核心能力
船舶作业和人员管理核心能力
液压设备综合管理能力
制冷设备综合管理能力
PLC编程能力
港口安全管理拓展能力
1. 两课
2. 形势与政策
3. 海员心理学
4. 军事训练军事理论
5. 体育
6. 高等数学
7.职业发展与就业指导
8. 大学英语
9. 计算机应用基础
10. 基本安全
11. 保安意识、保安职责
12. 精通救生艇筏和救助艇
13. 高级消防
14. 精通急救
15. 轮机工程基础
16. 热工基础
17. 电路与电子技术
18. 轮机英语听力与会话
19. 轮机英语
20. 船舶柴油机
21. 船舶辅机
22. 动力设备操作
23. 动力设备拆装
24. 专业认识实习
25. 顶岗实习
26. 船舶电气设备
27. 轮机自动化
28. 电工工艺与电气设备操作
29. 电气与自动控制操作
30. 轮机维护与修理
31. 金工工艺实训
32. 船舶管理
33. 机舱资源管理
34. 液压技术
35. 制冷技术
36. 可编程控制器
37. PSC及ISPS
1. 大学英语四级证书
2. 计算机等级证书
3. 基本安全培训合格证
4. 保安意识培训合格证
5. 负有指定保安职责船员培训合格证
6. 精通救生艇筏和救助艇培训合格证
7. 高级消防培训合格证
8. 精通急救培训合格证
证书3-10为国家海事局组织考核，国际通用
9. 750 kW及以上值班机工适任证书考试合格证
10. 无限航区主推进动力3000 kW及以上船舶三管轮适任证书考试合格证

轮机工程技术专业课程体系构架图

3.课程教学内容与要求

(1)通识教育课程

①思想道德修养与法律基础(45 学时)

本课程是高职院校大学生必修的思想政治理论教育的核心课程之一。本课程运用马克思主义的基本观点和方法,以世界观、人生观、价值观和法制观教育为基本内容。课程目标是使大学生明确自己的历史使命和成才目标,培养良好的思想道德素质和法律素质,沿着正确的方向和道路健康成长。

②毛泽东思想和中国特色社会主义理论体系概论(54 学时)

本课程是高职院校大学生必修的思想政治理论教育的核心课程之一。本课程以马克思主义中国化的理论成果为主题,以中国化的马克思主义为主线,以建设中国特色社会主义为重点。课程目标是使当代大学生深刻认识坚持马克思主义指导地位对实现中华民族伟大复兴的重要性,培养学生运用马克思主义及其中国化的理论成果分析、解决实际问题。

③形势与政策(40 学时)

本课程是高职院校大学生重要的思想政治理论课程。本课程通过了解国际、国内形势,使学生正确认识世情、国情、党情,正确理解党的路线、方针和政策,提高大学生投身于中国特色社会主义建设事业的自觉性。第一至五学期,本课程每学期 8 课时,共 40 课时。

④职业发展与就业指导(38 学时)

本课程通过对学生的专业适应教育、职业生涯规划教育、创业教育和就业指导等教育,激发大学生职业生涯发展的自主意识。

⑤海员心理学(30 学时)

本课程使学生了解心理学的基础知识,熟悉航海环境,掌握航海事故中人的心理因素、不健康心理产生的原因和预防、心理应激的消除和应对,从而学会自我调适,学会释放压力,及时消除或避免不良心理和行为的产生,保持乐观、稳定的情绪,拥有阳光的心态。

⑥大学英语(126 学时)

在高中英语知识的基础上,巩固和扩大学生的英语基础知识,发展听、说、读、写、译的基本技能,基本达到大学英语国家等级考试四级的要求。

⑦高等数学(60 学时)

本课程讲授高等数学函数、极限、导数、微分、不定积分、定积分,球面几何,球面三角,插值法,船位误差理论基础,数学软件中的概念、性质、法则、公式、公理、定理以及由其内容反映出来的数学思想和方法的基础知识。

⑧计算机应用基础(60 学时)

本课程讲授微型计算机和操作系统的基本知识,Word、Excel、PowerPoint 的基本操作,应用这些软件处理文字、表格和演示文稿,使学生获得利用计算机获取信息和处理信息的能力。

⑨体育(含游泳)(108 学时)

本课程根据交通系统航海类专业体育的教学要求,着重培养学生的力量、耐力。培养学生水上工作的适应能力,自救及救生的能力,增强学生的力量、耐力、自我保护能力以及对待复杂情况的反应能力。通过强化训练,使学生能够达到游泳 1000 米、潜泳 20 米的要求。

(2)专业平台课程

①基本安全专业培训(108 学时)

基本安全专业培训包括个人求生、船舶防火和灭火、基本急救和个人安全与社会责任四项内容。

·个人安全与社会责任

船员的社会责任、船舶应急应变知识和程序、紧急情况的预防与控制、船上安全作业方法、防止海洋环境污染的措施、船上信息交流和语言技能、船员人际关系、防止和消除疲劳的措施。

·个人求生

船舶发生海难的种类和求生者的主要危险、船舶救生设备、应变部署和程序、弃船时应采取的行动、在水中时应采取的行动、在救生艇筏上应采取的行动、荒岛求生、救援行动。

·船舶防火和灭火

火的分类及灭火方法、灭火剂、船舶消防器材、船舶消防系统、船舶消防组织与应急行动、船舶火灾的成因和预防、船舶灭火程序。

·基本急救

人体结构和功能、病情判定、船上常用急救技术、环境及理化因素损伤、常见急症、救生艇筏上常见的疾病、急救箱和常用急救药品。通过海事局的考核。

②保安训练(25 学时)

掌握操作级轮机管理人员所必需的保安规则的最低要求,掌握相关知识,具备保障海上人命财产安全,保持职业健康和维护海员合法权益的基本能力、意识、知识和技能,达到 STCW 公约和中华人民共和国海事局关于船舶操作级轮机员与本课程相关的适任标准,成为具有一定分析问题和解决问题能力的船舶管理人员。

③精通救生艇筏和救助艇(1 周,30 学时)

救生艇筏、救助艇的基本知识,救生艇筏、救助艇的降落与回收,弃船后对救生艇筏的管理,弃船后对求生者的管理与急救。

④精通急救训练(1 周,36 学时)

人体解剖及生理学、伤病员的病史采集和体格检查、基本护理、船舶药品、器械管理、消毒与灭菌、外来援助、生命急救的基本技术、常见急症的现场急救创伤、环境及理化因素损伤、船载有毒货物中毒。

⑤高级消防训练(1 周,42 学时)

船舶防火、检查和保养烟火探测和灭火系统及设备、船舶消防队的组织与训练、控制和扑救船舶各部位火灾的战略与战术、船舶消防程序、灭火中的危险与应对措施、船舶火灾的扑救、调查与编写涉及火灾的事故报告。

⑥英语听力与会话(104 学时)

本课程着重培养学生运用英语进行交际的能力,使其通过对听说基本技能的综合训练,能够在各种轮机环境下听懂一般场合的英语交谈和讲话,领会说话人的态度、感情和真实意图,具备良好英语交际能力,满足国家海事局对远洋三管轮适任标准的要求和航运企业对远洋三管轮的专业英语会话能力和素质要求。

⑦轮机工程基础(183 学时)

本课程包括轮机工程材料、机械零件与基础、机械制图等内容。主要讲授金属材料的成分、机械性能,主要用途、热处理及船用非金属材料的类型、主要性能、适用范围和工艺特点;机构的运动特性和工作原理;手册标准等使用方法;机械制图基础、零件图、装配图、尺寸标注及公差配合及习惯画法。

⑧热工基础(54学时)

本课程讲授气体性质、热力学定律、热力过程、各种热力循环及传热学基础知识,掌握热能与机械能相互转换及热量传递的基本规律,能对热机进行一般热力计算和经济性分析;流体的力学性质和作用于流体上的力,静力学基本方程及基本应用,流体运动基本概念,一元理想流体动力学和一元黏性流体动力学的伯努利方程及其应用、阻力损失;船用仪表结构及应用。

⑨电路与电子技术(102学时)

本课程讲授电路的模型及参数、电路的基本定律与计算、交直流基本电路分析;电子技术;晶体二极管及整流、滤波、稳压电路;晶体三极管、放大和振荡电路、直流放大器;可控硅及其应用;基本门电路、逻辑电路分析、时序逻辑元件及电路。

(3)专业职能课程

①轮机英语(177学时)

本课程讲授专业词汇,复习巩固所学语法,培养学生阅读与轮机业务有关的应用文,如业务信件、备忘录、电报、设备说明书等,训练学生书写机舱日志、修理单、物料单等文件资料。

②船舶柴油机(117学时)

本课程主要讲授柴油机工作原理和工作指标,动力学的平衡,主要机件的构造和故障,燃油的喷射和燃烧,换气机构和增压、润滑和冷却,轴系的扭转振动,柴油机特性,调速、启动、换向及控制系统,测试与监控及应急处理等。

③船舶辅机(141学时)

本课程主要讲授各种船用泵、空压机、船舶液压舵机、液压起货机、起锚机和绞缆机、船用辅锅炉与废气锅炉、船舶制冷装置、空调装置、船用海水淡化装置的工作原理、性能、典型结构、运行管理、检修等知识。

④船舶电气设备(99学时)

本课程讲授电动机的控制设备与控制系统;船舶机械的电力控制,船舶辅机的时序控制系统;自动舵原理;船舶电力系统及其保护;船舶电气设备常见故障查找方法与处理;船舶电站组成及自动控制,发电机的保护,自励恒压装置,并联运行;轴带发电机及其控制,船舶电站自动化。

⑤轮机维护与修理(72学时)

本课程讲授船舶机械维修理论基础,船机零件的损坏与维护、船舶零件的无损检测、易损件故障与修理、船机零件的修理工艺和方法、柴油机在船上的安装、维修工艺(轴承、螺旋桨、舵系)及船机设备的缺陷检验、故障诊断的方法。

⑥船舶管理(72学时)

本课程讲授船舶防污法规、技术和设备船舶防污染证书;SOLAS公约和ISM在安全方面的法规;海上交通安全法;船舶检验;应急设备,在应急情况下的安全管理;国际、国内对海员规定的值班要求;备件、物料管理及海商法的基本知识;船舶结构、浮力及船舶稳性、船舶阻力、螺旋桨性能及船舶推进理论等。

⑦轮机自动化(90学时)

本课程主要讲授自动控制基础理论,反馈控制系统的基本概念,控制装置特性,控制系统分析,逻辑控制基础,船用仪表结构与原理,温度与黏度控制,主机遥控,集中监视与报警,微处理的应用。

(4)实训课程

①军事训练及军事理论(76学时)

通过军事训练及军事理论教学,使大学生掌握基本军事理论与技能,增强国防观念和国家安全意识,强化爱国主义、集体主义观念,加强组织纪律性,促进大学生综合素质的提高。

②企业航行认识实习(52学时)

了解航运公司、船舶管理制度;熟悉机工、轮机员值班职责;了解船舶类型、结构、机舱布置;熟悉机舱管路系统类型和布置;了解机舱设备种类、数量、规格等。

③动力设备认识实习(1周,26学时)

学习和掌握专业的基本理论,了解船舶轮机动力设备工作情况和设备布置、功用,为后继专业课程的学习建立感性认识。

④动力设备拆装(48学时)

掌握主机备车、试车、完车操作;掌握船舶主柴油机启动后的参数监测和调整,主柴油机定速后的管理;掌握机舱辅助机械设备的运用操作、常见故障查找与处理;掌握主机遥控,集中监视与报警等操作;掌握机舱安全值班的技能。

⑤动力设备操作(48学时)

正确安全使用各类工具及量具;进行船舶柴油机、往复泵、齿轮泵、离心泵、分油机、空压机等设备的拆卸、测量、装配;进行气缸盖、气缸启动阀、安全阀、示功阀、空气分配器、活塞组件、喷油泵、喷油器、锅炉附件等拆装;对供油定时、轴承间隙检查与调整。

⑥船舶电工工艺与电气设备训练(26学时)

熟练使用各类电工仪表;掌握对船用电缆进行工艺处理并具备一定的船用照明维护能力;训练交流电动机的维护保养,掌握电磁制动器间隙的测量和调整方法;具备对温度继电器、压力继电器、时间继电器和热继电器进行调整的能力。

⑦电气与自动控制训练(40学时)

掌握船舶电气设备及自动化系统的维护管理技能,识别各种电子元器件;正确指出电气控制箱中的元器件,判断并排除电气控制箱的典型故障;进行常规船舶电站和自动化电站的基本操作;判断和分析船舶电站的典型故障,进行电网失电的应急处理。

⑧机舱资源管理(38学时)

本课程讲授《海员培训、发证和值班标准国际公约》(STCW公约)关于机舱资源管理方面的知识;掌握船舶结构、营运、适航性、防污染、人员管理、资源管理等方面的知识,具有一定的船舶营运中的业务分析能力和事件、事故解决能力。进行机舱资源管理的计划和组织职能、轮机部组织机构及值班规则、轮机部团队与团队工作、领导、决策、时间管理与优先顺序、情景意识、船舶各种应急预案、机舱资源管理的模拟器推演等训练。

⑨顶岗实习(468学时)

在船舶轮机员指导下,正确解读并贯彻机舱各项管理制度;熟悉轮机员职责,正确认识船舶分类和用途;熟悉机舱布置和设备的类型;基本胜任机工、三管轮值班工作,对于值班机工、三管轮负责设备进行正确的操作与维护;对应急情况进行正确处理;了解二管轮值班工作及二管轮负责设备的操作与维护,了解燃油的测量、统计和记录工作;了解大管轮值班工作及大管轮负责设备的操作与维护,基本掌握编制物料单和计划维修单;正确操作船舶电站和电力拖动设备;正确与驾驶台进行联系;正确应对 PSC 检查、ISM 检查等;综合运用英语进行基本的交流、阅读、写作。

⑩金工工艺实训(180 学时)

熟悉钳工常用工具、量具、机具设备的操作方法,掌握画线、度量、凿削、锉削、锯割、钻孔、刮削等基本工艺;了解金属切削加工的方法和设备,掌握车削内外圆、端面、圆锥、螺纹的基本方法和常用刀具的使用,了解焊接的原理、分类与方法,掌握电焊、气焊工具的使用和一般工艺,通过海事局评估。

(5)专业拓展课程

①限选课

限选课分为限选 A、限选 B 两个模块。

限选 A

★液压技术(30 学时)

本课程讲授液压液力传动的基本概念;液压元件的结构、原理;船舶机械典型液压系统;常见故障的分析排除;阅读液压系统原理图、合理选择液压元件、组装与调试。

★PSC 及 ISPS(18 学时)

讲授 PSC 及 ISPS 的相关规则,操作级轮机管理人员所必需掌握的保安规则和港口国监督的最低要求,使其掌握相关知识,具备保障海上人命财产安全,满足港口国的要求,保持职业健康和维护海员合法权益的基本能力、意识、知识和技能,成为具有一定分析问题和解决问题能力的船舶管理人员。

限选 B

★制冷技术(30 学时)

讲授船舶典型制冷装置和冷藏柜组成、工作原理、控制、设备的维护、调试;常见故障分析与排除。

★可编程控制器(PLC)应用(18 课时)

介绍可编程控制器(PLC)的基本组成、基本工作原理及主要技术参数,以一种船用主流产品为例,讲解 PLC 简单的控制指令,介绍 PLC 在轮机自动化中的典型应用及其控制原理。

②任选课

任选课分为任选 1、任选 2,课时分别为 30、18 课时,学生可以选择全校范围内的任选课程。

4. 课程方案及教学进程

轮机工程技术专业课程方案表

课程类别	序号	课程	总学时数	基准学时					
				第一学年		第二学年		第三学年	
通识教育课程	1	思想道德修养与法律基础	45	45					
	2	毛泽东思想和中国特色社会主义理论体系概论	54		54				
	3	形势与政策	40	10	10	10	10		
	4	职业发展与就业指导	38	15	8	8	7		
	5	海员心理学	30	30					
	6	大学英语	126	90	36				
	7	高等数学	60	60					
	8	计算机应用基础	60	60					
	9	体育(含游泳)	108	30	18	30	30		
专业平台课程	1	基本安全专业培训	108		108				
	2	保安训练	25		25				
	3	精通救生艇筏和救助艇	30			30			
	4	精通急救训练	36			36			
	5	高级消防训练	42			42			
	6	英语听力与会话	104		18	32	36	18	
	7	轮机工程基础	183	60	27	60	36		
	8	热工基础	54		54				
	9	电路与电子技术	102		27	75			
专业职能课程	1	轮机英语	177		18	60	72	27	
	2	船舶柴油机	117			45	72		
	3	船舶辅机	141			60	54	27	
	4	船舶电气设备	99				72	27	
	5	轮机维护与修理	72				36	36	
	6	船舶管理	72				36	36	
	7	轮机自动化	90				54	36	

课程类别	序号	课程	总学时数	基准学时					
				第一学年		第二学年		第三学年	
实训课程	1	军事训练及军事理论	76	76					
	2	企业航行认识实习	52		52				
	3	动力设备认识实习	26				26		
	4	动力设备拆装	48					48	
	5	动力设备操作	48					48	
	6	船舶电工工艺与电气设备训练	26					26	
	7	电气与自动控制训练	40					40	
	8	机舱资源管理	38					38	
	9	顶岗实习	468						468
	10	金工工艺实训	180		180				
专业拓展课程	1	限选 A:液压技术	30			30			
	2	限选 A:PSC 及 ISPS	18					18	
	3	限选 B:制冷技术	30			30			
	4	限选 B:可编程控制器(PLC)应用	18					18	
	5	任选 1	30			30			
	6	任选 2	18					18	

轮机工程技术专业教学进程计划表（供参考）

课程类别		课程序号	课程名称	学分	教学时数			考核		各学期周数（理论课周数）、学时分配					
					总学时数	理论教学	实践教学	考试学期	考查学期	1	2	3	4	5	6
										18	21	20	20	20	19
必修课	通识教育课程	1	思想道德修养与法律基础	3	45	45			1	3×15					
		2	毛泽东思想和中国特色社会主义理论体系概论	4	54	54			2		6×9				
		3	形势与政策	1	40	24	16								
		4	职业发展与就业指导	2	38	26	12			1×15					
		5	海员心理学	2	30	30				2×15					
		6	大学英语	8	126	126	0	1、2		6×15	4×9				
		7	高等数学	3	60	60	0	1		4×15					
		8	计算机应用基础	4	60	25	35	1		4×15					
		9	体育（含游泳）	4	78	0	78		1～3	2×15	2×9	2×15			
		10	劳动	1	25		25								
			小　计	32	556	390	166								
	专业平台课程	1	基本安全训练	3	108	75	33				3周				
		2	保安训练	1	25	25	0					1周			
		3	救生艇筏和救助艇训练	1	30	14	16					1周			
		4	高级消防训练	1	42	30	12					1周			
		5	精通急救训练	1	36	24	12					1周			
		6	英语听力与会话	8	104	0	104	2、3、4、5			2×9	2×15	2×18	2×9	
		7	轮机工程基础	10	183	156	27	1、2、3、4		4×15	3×9	4×15	2×18		
		8	热工基础	3	54	41	13		2		6×9				
		9	电路与电子技术	5	102	60	42	3	2		3×9	5×15			
			小　计	33	684	425	259								

课程类别		课程序号	课程名称	学分	教学时数			考核		各学期周数(理论课周数)、学时分配					
					总学时数	理论教学	实践教学	考试学期	考查学期	1	2	3	4	5	6
										18	21	20	20	20	19
必修课	专业职能课程	1	轮机英语	11	177	149	28	2、3、4、5			2×9	4×15	4×18	3×9	
		2	船舶柴油机	7	117	95	22	3、4				3×15	4×18		
		3	船舶辅机	9	141	103	38	3、4、5				4×15	3×18	3×9	
		4	船舶电气设备	7	99	83	16	4、5					4×18	3×9	
		5	轮机维修与修理	6	72	47	25	4、5					2×18	4×9	
		6	船舶管理	5	72	64	8	4、5					2×18	4×9	
		7	轮机自动化	5	90	70	20	4、5					3×18	4×9	
			小　计	50	768	611	157								
	专项实训(周)	1	军事训练及军事理论	2	76	24	52			2周					
		2	金工工艺实训	5	180		180				5周				
		3	企业航行认识实习	2	52		52				2周				
		4	动力设备认识实习	1	26		26						1周		
		5	动力设备拆装	1.5	48		48							1.5周	
		6	动力设备操作	1.5	48		48							1.5周	
		7	船舶电工工艺与电气设备训练	1	26		26							1周	
		8	电气与自动控制操作	1	40		40							1周	
		9	机舱资源管理	1	38		38							1周	
		10	顶岗实习	18	468		468								18周
		11	三管轮评估及值班机工考证											1周	
		12	游泳(含体育课中)	1	30		30				1周				
		13	考前复习											3周	
		14	海事局考证											1周	
			小　计	35	1032	24	1008								

课程类别		课程序号	课程名称	学分	教学时数			考核		各学期周数(理论课周数)、学时分配					
					总学时数	理论教学	实践教学	考试学期	考查学期	1	2	3	4	5	6
										18	21	20	20	20	19
专业拓展课程	限选 A	1	液压技术	2	30	15	15		3			2			
		2	PSC 及 ISPS	1	18	18	0		5					2	
	限选 B	1	制冷技术	2	30	15	15		3			2			
		2	可编程控制器应用	1	18	18	0		5					2	
	任选课	1	任选 1	2	30	30	0		3			2			
		2	任选 2	1	18	18	0		5					2	
	小　计			6	96	81	15								
必修课学分及学时				150	3040	1450	1590								
总学分及总学时数				156	3136	1531	1605								
周学时数										26	28	28	26	27	
每学期课程门数										7	8	11	13	9	
每学期考试门数										5	4	7	9	7	
每学期考查门数										2	4	4	4	2	

备注:形势与政策 1—5 学期每学期 8 课时、职业发展与就业指导第 1 学期讲课 15 课时,2—5 学期 23 课时,以讲座、社会实践形式教学

五、专业办学基本条件和教学建议

1. 专业教学团队

轮机工程技术专业按国家海事局对专业教师要求配备教师，形成了由一批热爱党的教育事业，乐于奉献、师德高尚、专业技能过硬，具有团队合作精神，奋发向上，勇于创新，老、中、青相结合的专兼教学团队。专业教师规模按照20:1的生师比进行配置，专职教师与企业兼职教师承担的专业课程学时比例为1:1。

(1)专任教师

专业专任教师应具有高校教师资格证书，同时满足交通运输部海事局所规定的相关职业资格证书，相关课程的专任教师具体要求如下：

①船舶柴油机、船舶辅机、轮机维护与修理、船舶管理(轮机)教师须满足下列条件之一：

具有甲类大管轮海上服务资历，并具有不少于2年的航海教学经历；

具有中级及以上职称，并具有不少于6个月的海船三管轮及以上海上服务资历。

②轮机英语和轮机英语听力与会话教师须满足下列条件之一：

具有中级及以上职称，并具有不少于6个月的海上服务资历；

具有不少于1年的二管轮海上服务资历，并具有不少于1年的航海教学经历。

③船舶电气、轮机自动化和船舶电站操作教师须满足下列条件之一：

具有不少于2年的海船电机员海上资历；

具有船舶电气专业专科以上学历，并具有不少于1年的航海教学经历。

④动力设备拆装和动力设备操作教师须满足：

具有不少于6个月的三管轮及以上海上服务资历。

⑤基本安全

具有航海相关专业大专以上学历的操作级及以上海船船员适任证书或具有12个月以上海上服务资历的航海类专业教师；

承担“基本急救”课程的教师应有一定的医务实践和经验，并有一定的专业教育背景。

⑥精通救生艇筏和救助艇

具有不少于1年的无限航区大副及以上海上资历，并具有航海专业大专以上学历；或具有不少于1年海上资历的航海类专业教师；

具有救生艇筏、救助艇操纵、海上搜寻和救助等方面的理论知识和实践经验。

⑦精通急救

理论教师须满足下列条件：具有医科类院校大专及以上学历，并具有主治医师及以上职称的内、外科医生；

实训教师应具有中专及以上学历、护士长及以上职称。

⑧高级消防

具有不少于1年的无限航区管理级船员海上资历，并具有航海专业大专以上学历；或具有不少于1年海上资历的航海类专业教师；

具有包括通晓船舶稳性在内的良好船舶知识以及一定的防火安全实践经验和消防技术。

⑨保安培训

具有不少于1年的无限航区管理级船员海上资历，并具有航海专业大专以上学历；或具有不少于1年海上资历的航海类专业教师；

具有船舶保安员或公司保安员证书，或经过保安员师资培训。

⑩机舱资源管理

满足下列条件之一：

具有不少于2年的无限航区轮机长或大管轮海上服务资历；

具有副高及以上职称，并具有不少于1年海上服务资历的航海类专业教师。

(2)兼职教师

通过专业建设指导委员会，加强学校和企业的联系，聘请企业专家参与教学研究和教学过程，建立并完善兼职教师资源库，形成一支结构合理、相对稳定的兼职教师队伍(主要为船舶高级船员或航运企业高级技术管理人员)。兼职教师重点承担专业实践技能的教学与船上毕业实习指导，企业兼职教师必须满足以下任职条件：

最近3年的海船服务经历不少于12个月或在航运公司从事船舶机务工作达12个月；

具有轮机工程专业全日制本科学历；

担任专业技能课的兼职教师应完成过至少120学时的“机工业务”理论课程或机工“动力设备拆装操作”实训课程的教学任务。

2. 实验实训条件

实验实训条件完全满足国际海事组织STCW公约和《中华人民共和国海事局海船船员培训项目场地设施设备标准》要求，训练设备具有国际通用性，具备开展国际化船员培养条件。

(1)校内实验(训)室

每个实验(训)室的建设规模为能同时满足40名学生进行实验实训，建有完善的实验(训)室管理制度，支撑本专业核心职业能力的实验(训)室如下：

①动力设备拆装实训中心

序号	场地、设施、设备	要求	细化标准及要求
1	多媒体教室	1间	可容纳40人
2	陈列室	1间	面积不少于200 m^2
3	柴油机	2台	缸径200 mm以上
4	柴油机活塞、缸套、连杆、十字头、导板、滑块	各1套	活塞直径200 mm以上
5	柴油机气缸盖	2台	带气缸启动阀
6	中速机喷油泵	6只	单体式、组合式
7	中速机喷油器	6只	含冷却式
8	制冷压缩机	2台	活塞式、螺杆式各1台
9	液压变量泵	2台	轴向式
10	油马达	3台	连杆式、曲线式、叶片式各1台
11	活塞式空气压缩机	2套	水冷式
12	电动往复泵	2套	胶木胀圈

序号	场地、设施、设备	要求	细化标准及要求
13	齿轮泵	2 套	
14	船用离心泵	2 套	立式、卧式各 1 台
15	船用分油机	2 套	不同型号各 1 台
16	螺杆泵	1 台	
17	涡轮增压器	3 台	
18	双气路气缸启动阀	2 台	
19	液压控制阀	1 套	电液换向阀、先导式溢流阀、减压阀、流量控制阀等
20	锅炉给水阀、水位计、安全阀、泄放阀	各 2 只(套)	
21	自清滤器	1 套	
22	油水分离器	1 套	
23	气缸注油器	2 台	
24	塞尺	4 只	
25	外径千分尺	2 只	
26	内径千分尺	2 只	
27	磁性百分表	2 只	
28	拐档测量表	2 只	
29	量缸表	2 只	
30	教学影像资料	1 套	

②动力设备操作实训室

序号	场地、设施、设备	要求	细化标准及要求
1	多媒体教室	1 间	可容纳 40 人
2	机械示功器	2 只	
3	喷油器试验台	1 台	
4	锅炉炉水化验设备	1 套	
5	船舶柴油机主机系统及监测报警系统	1 套	可运行
6	船舶空调系统	1 套	
7	船用油水分离器	1 套	带油分浓度监控装置
8	造水机	1 台	蒸馏式
9	全自动船用燃油辅锅炉	1 套	可运行
10	船舶舵机	1 套	有追随机械

序号	场地、设施、设备	要求	细化标准及要求
11	伙食冰库制冷系统	1套	可运行,2个冷库
12	爆压表、热电偶	各2只	
13	压力表、温度表	各2只	
14	水力测功器	1套	与柴油机相连
15	分油机	2套	其中1套全自动
16	电子测功器	1套	
17	油耗仪	1套	
18	离心水泵试验台	1套	可串并联运行
19	活塞式空气压缩机	1套	能自动控制
20	教学影像资料	1套	

③电工工艺实训室

序号	场地、设施、设备	要求	细化标准及要求
1	多媒体教室	1间	可容纳40人
2	电工实验台	20台	
3	万用表、交流电压表、交流电流表	各20套	
4	钳型电流表、便携式兆欧表	各5套	
5	电压电流互感器	5套	
6	双踪示波器	20台	
7	直流稳压电源	20台	
8	交流三相异步电动机	5台	
9	各类继电器	各5套	热、时间、压力、温度继电器
10	电磁制动器	2台	
11	各类灯具	各5套	
12	常用电工工具	20套	
13	电工焊接工具	20套	
14	压力传感器	5套	
15	温度传感器	5套	
16	教学影像资料	1套	

④船舶电站实训室

序号	场地、设施、设备	要求	细化标准及要求
1	多媒体教室	1间	可容纳40人
2	交流发电机组	2台	

序号	场地、设施、设备	要求	细化标准及要求
3	主配电屏	1套	
4	蓄电池及充放电系统	2套	

⑤轮机自动控制实训室

序号	场地、设施、设备	要求	细化标准及要求
1	实验台	20台	可容纳40人,可满足海事部门评估要求
2	辅锅炉自动控制系统	1套	
3	油雾浓度监测系统	1套	
4	分油机自动控制系统	2台	
5	燃油黏度自动控制系统	2套	
6	冷却水温度自动控制系统	2套	
7	可编程序控制器	5套	
8	差压变送器	5只	
9	空压机及系统	1套	
10	起货机控制系统	1套	

⑥轮机仿真实训中心

序号	场地、设施、设备	要求	细化标准及要求
1	轮机模拟器(单机版)	40台	具有全任务模拟器1套,功能应满足: ①能够模拟常规工况下轮机长、轮机员之间的协调与配合(包括备车与完车、机动航行、正常航行、锚泊、靠港作业、雾中航行、加装燃润料等) ②能够模拟应急情况下轮机长、轮机员之间的协调与配合(包括主机故障、舵机失灵、全船失电、机舱火灾、机舱进水、恶劣海况、搁浅、碰撞、海盗袭击、溢油等)。轮机机舱模拟训练、故障排除分析等
2	教练员控制室	1间	
3	桌面训练室	1间	可容纳40人
4	轮机模拟器教室	1间	可容纳40人
5	化安、化操仿真实训室		
6	化学品陈列室		

⑦轮机模拟机舱实训中心

序号	场地、设施、设备	要求	细化标准及要求
1	自动化模拟机舱	1套	①有一台可以运转的主柴油机(缸径250 mm及以上) ②主机能实现遥控,有模拟驾驶台并能实现驾机联系 ③具有监测报警系统 ④有独立的主机燃油系统、滑油系统、冷却水系统、压缩空气系统 ⑤有发电机组及船舶电站
2	集控室	1间	

⑧金工工艺实训室

序号	场地、设施、设备	要求	细化标准及要求
1	钳工操作台	40台	
2	车床	10台	
3	电焊设备	10套	
4	气焊设备	10套	
5	台钳	40台	
6	平口钳	5台	
7	钻头	2只	
8	工具橱	4台	
9	300×200平板	2台	
10	砂轮机	2台	
11	角尺	10只	
12	圆规	10只	
13	水平仪	4台	
14	塞尺	5只	
15	夹角尺	10只	
16	锯弓	40只	
17	铜丝刷	40只	
18	减压表	4只	
19	氧气表	4只	
20	乙炔瓶	4只	
21	V形块	20只	

序号	场地、设施、设备	要求	细化标准及要求
22	焊枪	10 只	
23	氧气瓶	4 只	
24	割枪	10 只	
25	氧气减压器		
26	电焊眼镜	10 副	
27	锉刀	40 把	
28	手用铰刀	10 只	
29	丝锥	10 只	
30	滚花刀	4 只	
31	机用铰刀	2 只	
32	漆刷	40 只	
33	游标卡尺	20 只	
34	千分尺	10 只	
35	角度样板	20 只	

⑨基本安全培训场地、设施、设备标准

见航海技术专业标准。

⑩精通救生艇筏和救助艇

见航海技术专业标准。

⑪高级消防

见航海技术专业标准。

⑫精通急救

见航海技术专业标准。

⑬船舶和公司保安员

见航海技术专业标准。

(2)校外实习实训基地

与航运企业共同建设一批工学结合、产学合作、管理水平科学、校企双重管理考核的双赢的校外实训基地。建立校外实训基地不少于5个,实训基地至少有4条3000 kW及以上且船龄15年以内船舶,50%以上船员自有,可进行实船认识实习、航行顶岗实习任务。

3.教材及图书、数字化(网络)资料等学习资源

(1)教材及图书

本专业核心课程的教材主要选择高职高专类行业规范教材,工学结合类教材,能体现工作过程及专业理论体系的系统化,以近三年出版的教材为主。教学参考主要有行业规范及标准,企业文化,符合本校教学实际的校本教材等。

(2)数字化教学资源

通过教学资源整合,建立网络教学平台;通过开放实验室,建立自主学习平台;通过及时更

新国家海事局考试题库方式,建立在线自测系统。资源素材,按照轮机工程技术专业课程体系,以国家海事局适任评估考试题库为标准,建设涵盖教学设计、教学实施、教学评价的数字化专业教学资源,包括专业介绍、人才培养方案,教学环境、网络课程、培训项目以及测评系统等内容。其中资源素材是核心,主要有:

①课程定位、课程标准,教学大纲、教学计划、使用教材、参考文献等文本;

②现场教学录像、教学课件、试题库及课堂教学等;

③专业最新设备、发展状况和最新国内外法规;

④案例集锦;

⑤专业就业统计、就业形势预测;

⑥数字化教材;

⑦习题库与在线自测等;

⑧相关资源网站链接等。

4. 教学方法与手段

(1)教学方法

根据本专业的教学特点,建议使用以下教学方法:项目化的任务驱动教学法、案例教学法、模拟仿真教学法、启发式教学法等。

(2)现代教学手段

利用网络教学平台和开放性实训室,增强学生自主学习和研究的途径。现代科学技术的发展给教学手段应用开辟了新的途径,但具体应用还必须因材、因教学内容施教。专业课程教学可应用如下现代教学技术手段:

①PPT 课件的广泛应用,为集约教学内容和课程讲授提供方便。

②Flash 动画制作,为机件立体构造和机件配合提供可视性演示,便于学生理解。

③移动课堂建设,根据机器在实训室的布置,把黑板和投影设置为移动方式,为现场教学提供方便。

④虚拟模拟教学,可利用计算机进行多次反复演练。

⑤大型轮机模拟器仿真教学,为“顶岗实习”零距离接触岗位提供多次演练的平台。

⑥无纸化考试的应用,为参加海事局机考提供训练的机会。

六、教学管理

将 ISO9000 质量管理标准引入教学管理,建立教育教学质量管理体系,按体系要求开展教育教学活动和质量管理活动,确保培养出符合国家教育方针要求的技术技能型人才。

七、成绩考核、毕业条件

1. 成绩考核

根据课程性质、内容和教学方式采取多元化的考核评价方法,考试方式突出多样性、针对性、主动性。重视技能考核,突出高职特色,把课程终结考试与过程考核中学生取得的成绩作为判断学生成绩的重要依据,具体考核在课程标准中体现。

根据 STCW 公约马尼拉修正案和《11 规则》要求,主要专业核心课程由国家海事局统一组织考试及评估。

成绩记载:实训、实习和毕业答辩采用五级记分制,即分为优秀、良好、中等、合格和不合格五个等级,其他课程成绩采用百分记分制。

2. 毕业条件

学生毕业必须同时具备以下条件:

①思想品德和职业道德考核合格,没有受到纪律处分或毕业前已经撤销处分。

②修完规定课程,成绩合格。取得至少154学分,其中必修课149学分,选修课4学分,素质教育活动2学分。

③获取职业资格证书和适任考试合格证:

熟悉和基本安全培训合格证Z01;

精通救生艇筏和救助艇培训合格证Z02;

高级消防培训合格证Z04;

精通急救培训合格证Z05;

船舶保安意识培训合格证Z07;

船舶负有指定保安职责培训合格证Z08;

值班机工适任考试合格证;

沿海或无限航区主推进动力3000 kW及以上船舶三管轮适任考试合格证。

八、继续专业学习深造建议

本专业学生毕业后,可通过网络学习、函授、自学考试等方式继续学习本专业,有热能与动力工程、轮机工程等本科专业。

第二章　轮机工程技术专业核心课程标准

一、船舶柴油机课程标准

课程类型:理实一体课
适用专业:轮机工程技术
开设学期:第二学年第三、四学期
建议学时:117

(一)课程性质与作用

船舶柴油机是海洋船舶轮机工程技术(轮机管理)专业核心课程之一,是海船船员三管轮适任考试课程之一,是从事船舶机械设备运行、维护、安装、调试,航运部门机务管理的必修课程。

(二)课程目标

1. 课程总体目标

通过任务引导的项目活动,掌握 STCW 公约要求的关于船舶主柴油机的理论知识;熟悉柴油机基本工作原理、工作过程、基本结构与系统,具备柴油机操作、管理、故障诊断和维修能力;满足国家海事局对海船三管轮适任标准的要求和航运企业对操作级轮机员的技能要求。

2. 课程具体目标

(1)知识目标

掌握柴油机基本工作原理、基本结构与系统。了解柴油机性能指标、工作参数和提高经济性的措施。

掌握柴油机主要部件拆装、测量、调试和更换方法。了解易损件故障的机理和采取相应的对策。

掌握柴油机喷油泵和喷油器的工作原理、拆装、检查、调试方法。了解柴油机可燃混合气形成方法和燃烧过程、排气污染和控制措施。

掌握废气涡轮增压器的结构、工作原理、拆装、检查、调试、常见故障类型和处理方法。

掌握分油机的工作原理、运行管理、拆装、常见故障识别和处理方法。

掌握柴油机各系统的组成、作用、管理、常见故障排除方法。

掌握柴油机启动前的准备、启动、管理和停止操作方法。

掌握运行柴油机常见故障识别和处理方法。

掌握电控喷射柴油机新技术。了解船舶典型电控喷射柴油机电控喷射主要部件作用、控制过程和管理要点。

掌握船舶推进装置主要部件作用、维护和管理要点。了解侧推器工作原理和典型结构组成;了解柴油机和轴系振动类型以及平衡、消减方法。

(2)能力目标

具备正确选择和使用船舶柴油机检修工具、量具能力。

具备船舶柴油机系统识别、工况检测与判断能力。

具备船舶柴油机主要部件拆装与检修能力。

具备船舶柴油机气阀间隙、供油定时、配气正时、供油量检查与调整能力。

具备船舶柴油机操作、运行管理与应急处理能力。

具备诊断和排除船舶柴油机常见故障能力。

具备分油机操作与管理能力、故障诊断和排除常见故障能力。

具备废气涡轮增压器拆装与检修能力。

具备船舶典型电控喷射柴油机电控喷射主要部件管理能力。

(3)素质目标

具有良好的行为规范、职业道德和职业技能。

具有较强的组织协调能力和团结合作能力。

具有较强的语言表达能力。

具有良好的心理素质和应变能力。

具有较强的集体意识和社会责任心。

(三)课程设计理念与思路

1.课程设置依据

依据STCW公约马尼拉修正案、国家海事局高级船员最新考纲和现代船舶轮机管理的工作需求设置“船舶柴油机”课程;依据“以职业素质为基础,以适岗能力为本位”的教育教学指导思想和航海高职高专学生的认知规律,以满足远洋船舶轮机人才需求和对于高级船员的适任要求。

2.课程目标定位

培养轮机工程技术专业学生操作和管理船舶主辅柴油机设备的能力,使学生能够掌握柴油机的结构原理及系统的组成原理,具有操作和拆装柴油机主要部件的动手能力和分析排除柴油机故障的应用能力。根据船舶轮机岗位群的三个级别(支持级、操作级、管理级),课程的目标定位于操作级船员——二/三管轮。

3.课程内容选择标准

根据STCW公约马尼拉修正案、国家海事局2012年3月颁布实施的高级船员最新考纲、航运企业要求及现代轮机管理的实际确定课程内容;将课程内容与国际公约对接、与国家海事局考纲对接、与轮机现实要求对接,建立“课证融通”的课程体系。

4.项目设计思路

课程遵循“项目驱动、理实结合”的职业教育理念,采用以项目驱动的课程模式,将课程内容设计为九类项目、35个学习任务:

· 柴油机总体认识及分析;

· 柴油机主要部件分析;

· 燃油的喷射与燃烧过程分析及喷油设备的拆装、检查与调整；
· 柴油机的换气过程、增压系统的分析和换气机构的检查、调整；
· 船舶动力系统分析；
· 柴油机的调速装置的认识、调节与管理；
· 柴油机的启动；
· 柴油机电子控制技术的认识；
· 柴油机的运行管理与应急处理。

(四)课程内容结构安排

本课程建议学时为117学时。

学习项目		学习任务	课时
1	柴油机总体认识及分析	任务一　柴油机工作原理的分析	12
		任务二　柴油机性能指标的分析	
		任务三　现代船用柴油机提高有效功率和经济性的主要途径	
2	柴油机主要部件分析	任务一　柴油机结构的认识、分析	32
		任务二　燃烧室部件(组成、承受负荷和结构特点)的分析	
		任务三　活塞及活塞环的认识、拆装与检查	
		任务四　气缸体的认识、气缸套的认识、拆装与检查	
		任务五　气缸盖(作用和工作条件、要求和材料、筒形活塞柴油机气缸盖的组成和结构特点、十字头柴油机气缸盖的组成和结构特点)的分析	
		任务六　十字头组件的认识与分析	
		任务七　连杆与连杆螺栓的认识与分析	
		任务八　曲轴和主轴承的认识和检查	
		任务九　柴油机固定部件的结构、功用、工作条件的分析	
3	燃油的喷射与燃烧过程分析及喷油设备的拆装、检查与调整	任务一　燃油的性能指标、分类与管理	14
		任务二　喷油泵的拆装、检查与调整	
		任务三　喷油器的拆装、检查与调整	
4	柴油机的换气过程、增压系统的分析和换气机构的检查、调整	任务一　四冲程柴油机的换气过程分析	12
		任务二　柴油机换气机构的认识、检查与调整	
		任务三　柴油机的增压(废气涡轮增压器工作原理、轴流式废气涡轮增压器结构特点、径流式废气涡轮增压器结构特点)的分析	

学习项目		学习任务	课时
5	船舶动力系统分析	任务一　燃油系统的认识、分析	8
		任务二　润滑系统（组成、主要设备和作用；润滑系统的维护管理）的认识、分析	
		任务三　分油机的结构与故障分析及管理	
		任务四　冷却系统（组成、类型、主要设备和作用）的认识、分析	
6	柴油机的调速装置的认识、调节与管理	任务一　调速的必要性和调速器的类型的认识	23
		任务二　机械调速器的工作原理和特点分析	
		任务三　液压调速器（工作原理、表盘式液压调速器的结构特点）分析	
		任务四　液压调速器的调节	
		任务五　调速器的维护管理	
7	柴油机的启动	任务一　柴油机的启动条件、方式和原理的认识	8
		任务二　压缩空气启动装置的分析	
		任务三　柴油机启动故障分析及处理	
8	柴油机电子控制技术的认识	任务一　电子控制柴油机的原理和特点分析	4
9	柴油机的运行管理与应急处理	任务一　柴油机的备车、启动和机动操纵	4
		任务二　柴油机运转中的管理（检查项目、方法及调整措施）	
		任务三　柴油机的停车和完车	
		任务四　柴油机的应急处理	
总计			117

（五）教学内容与要求

项目一		柴油机总体认识及分析	课时
			12
教学目标	知识目标	①掌握柴油机的基本概念、基本工作原理、工作过程和基本结构与系统 ②了解柴油机性能指标、工作参数和提高经济性的措施	
	能力目标	具备船舶柴油机基本结构与系统识别能力	
	素质目标	①具有良好的行为规范、职业道德和职业技能 ②具有较强的集体意识和社会责任心	
学习任务		任务一　柴油机工作原理的分析	
		任务二　柴油机性能指标的分析	
		任务三　现代船用柴油机提高有效功率和经济性的主要途径	
相关知识		柴油机基本工作原理、基本过程、基本结构与系统、类型、性能指标、工作参数	
教学设备与媒体		二冲程柴油机、四冲程柴油机、多媒体等	
考核评价		以作业、提问的方式考核学生对柴油机提高有效功率和经济性的理解	

<table>
<tr><td colspan="2" rowspan="2">项目二</td><td rowspan="2">柴油机主要部件分析</td><td>课时</td></tr>
<tr><td>32</td></tr>
<tr><td rowspan="3">教学目标</td><td>知识目标</td><td colspan="2">①掌握柴油机的整体结构和零部件的具体结构
②了解各主要零部件的工作条件
③掌握柴油机主要部件拆装、测量、调试和更换方法</td></tr>
<tr><td>能力目标</td><td colspan="2">①具有正确选择和使用船舶柴油机检修工具、量具能力
②具有对各主要部件机械负荷和热负荷进行分析的能力
③具有船舶柴油机主要部件拆装与检修能力</td></tr>
<tr><td>素质目标</td><td colspan="2">①具有良好的行为规范、职业道德和职业技能
②较强的集体意识和社会责任心
③具有较强的组织协调能力、团结合作能力
④具有服从、安全、环保意识</td></tr>
<tr><td colspan="2" rowspan="9">学习任务</td><td colspan="2">任务一　柴油机结构的认识、分析</td></tr>
<tr><td colspan="2">任务二　燃烧室部件(组成、承受负荷和结构特点)的分析</td></tr>
<tr><td colspan="2">任务三　活塞及活塞环(活塞及活塞环作用、工作条件、要求、材料、筒形活塞的组成及结构特点、十字头活塞的组成及结构特点、活塞环的种类及应用)的认识、拆装与检查</td></tr>
<tr><td colspan="2">任务四　气缸体的认识、气缸套的认识、拆装与检查</td></tr>
<tr><td colspan="2">任务五　气缸盖(作用和工作条件、要求和材料、筒形活塞柴油机气缸盖的组成和结构特点、十字头柴油机气缸盖的组成和结构特点)的分析</td></tr>
<tr><td colspan="2">任务六　十字头组件的认识与分析</td></tr>
<tr><td colspan="2">任务七　连杆与连杆螺栓的认识与分析</td></tr>
<tr><td colspan="2">任务八　曲轴和主轴承的认识(曲轴作用和工作条件、要求和材料、结构特点;主轴承作用、工作条件、要求和材料、正置式及倒置式主轴承的结构特点)和检查</td></tr>
<tr><td colspan="2">任务九　柴油机固定部件的结构、功用、工作条件的分析</td></tr>
<tr><td colspan="2">相关知识</td><td colspan="2">柴油机燃烧室部件、曲柄连杆机构、固定部件、拆装与检修</td></tr>
<tr><td colspan="2">教学设备与媒体</td><td colspan="2">二冲程柴油机、四冲程柴油机、多媒体教学设备、柴油机主要零部件、检修工具与量具</td></tr>
<tr><td colspan="2">考核评价</td><td colspan="2">以作业、提问、实物拆检方式考核学生对柴油机主要部件的认识、工况分析和常规检查</td></tr>
</table>

<table>
<tr><td colspan="2" rowspan="2">项目三</td><td rowspan="2">燃油的喷射与燃烧过程分析及喷油设备的拆装、检查与调整</td><td>课时</td></tr>
<tr><td>14</td></tr>
<tr><td rowspan="3">教学目标</td><td>知识目标</td><td colspan="2">①掌握燃油的性能指标、分类与管理
②掌握柴油机喷油泵和喷油器的结构、性能、工作原理、拆装、检查、调试方法
③掌握柴油机供油定时、供油量的检查和调整方法等</td></tr>
<tr><td>能力目标</td><td colspan="2">①具有柴油机喷油泵和喷油器拆装、检修、管理、调整能力
②具有柴油机喷油泵和喷油器常见故障处理能力
③具有船舶柴油机供油定时、供油量检查与调整能力</td></tr>
<tr><td>素质目标</td><td colspan="2">①具有良好的行为规范、职业道德和职业技能
②具有热爱劳动、遵纪守法、自律谦虚精神
③具有较强的组织协调能力、团结合作能力、语言表达能力</td></tr>
<tr><td colspan="2" rowspan="3">学习任务</td><td colspan="2">任务一　燃油的性能指标、分类与管理</td></tr>
<tr><td colspan="2">任务二　喷油泵的拆装、检查与调整</td></tr>
<tr><td colspan="2">任务三　喷油器的拆装、检查与调整</td></tr>
<tr><td colspan="2">相关知识</td><td colspan="2">柴油机喷油泵、喷油器、供油定时、供油量检查与调整</td></tr>
<tr><td colspan="2">教学设备与媒体</td><td colspan="2">二冲程柴油机、四冲程柴油机、喷油泵、喷油器、多媒体教学设备、检修工具与量具、喷油雾化试验台</td></tr>
<tr><td colspan="2">考核评价</td><td colspan="2">以作业、提问方式考核学生对柴油机燃油的喷射与燃烧过程分析，通过实物考核学生拆装、调整喷油设备的能力</td></tr>
</table>

<table>
<tr><td colspan="2" rowspan="2">项目四</td><td rowspan="2">柴油机的换气过程、增压系统的分析和换气机构的检查、调整</td><td>课时</td></tr>
<tr><td>12</td></tr>
<tr><td rowspan="3">教学目标</td><td>知识目标</td><td colspan="2">①掌握四冲程柴油机的换气过程，柴油机的换气机构和废气涡轮增压器的结构、工作原理、拆装、检查、调试方法
②掌握柴油机气阀间隙、配气定时的检查和调整方法
③掌握船舶柴油机增压系统的组成及特点、压气机的喘振机理及消除喘振的常用措施</td></tr>
<tr><td>能力目标</td><td colspan="2">①具有船舶柴油机气阀间隙、配气正时检查与调整能力
②具有废气涡轮增压器拆装与检修能力
③具有柴油机换气机构和废气涡轮增压器常见故障处理能力</td></tr>
<tr><td>素质目标</td><td colspan="2">①具有良好的行为规范、职业道德和职业技能
②具有组织协调能力、团结合作能力</td></tr>
</table>

项目四	柴油机的换气过程、增压系统的分析和换气机构的检查、调整	课时 12
学习任务	任务一　四冲程柴油机的换气过程分析 任务二　柴油机换气机构的认识、检查与调整 任务三　柴油机的增压(废气涡轮增压器工作原理、轴流式废气涡轮增压器结构特点、径流式废气涡轮增压器结构特点)的分析	
相关知识	柴油机的换气机构和废气涡轮增压器拆装与检修;柴油机气阀间隙、配气正时检查与调整	
教学设备与媒体	二冲程柴油机、四冲程柴油机、废气涡轮增压器、多媒体教学设备、检修工具与量具	
考核评价	以作业、提问方式考核学生对柴油机的换气、增压系统工作的理解,通过现场操作考核学生对柴油机气阀间隙、配气正时检查与调整的能力	

项目五		船舶动力系统分析	课时 8
教学目标	知识目标	①掌握船舶柴油机各动力系统的组成、作用、主要设备和维护管理要点 ②掌握分油机的结构、工作原理、拆装、检查、调试方法 ③掌握分油机启动前的准备、启动、管理和停止操作方法 ④掌握运行分油机常见故障识别和处理方法	
	能力目标	①具有船舶柴油机系统和装置管理、调整能力 ②具有诊断和排除船舶柴油机系统和装置常见故障能力 ③具有分油机操作与管理能力、诊断和排除常见故障能力 ④具有分油机拆装与检修能力	
	素质目标	①具有敬业精神和职业技能 ②具有热爱劳动、遵纪守法、自律谦虚精神 ③具有较强的组织协调能力、团结合作能力、语言表达能力	
学习任务		任务一　燃油系统的认识、分析 任务二　润滑系统(组成、主要设备和作用;润滑系统的维护管理)的认识、分析 任务三　分油机的结构与故障分析及管理 任务四　冷却系统(组成、类型、主要设备和作用)的认识、分析	
相关知识		分油机操作与管理、常见故障诊断和排除、拆装与检修	
教学设备与媒体		柴油机系统、分油机、多媒体教学设备、检修工具与量具	
考核评价		以作业、提问方式考核学生对柴油机各动力系统的认识,以小组讨论方式考核学生是否掌握对柴油机各动力系统分析故障的机理和排除故障的方法,通过现场拆装考核学生对分油机结构的认识	

<table>
<tr><td colspan="2" rowspan="2">项目六</td><td rowspan="2">柴油机的调速装置的认识、调节与管理</td><td>课时</td></tr>
<tr><td>23</td></tr>
<tr><td rowspan="3">教学目标</td><td>知识目标</td><td colspan="2">①掌握船舶柴油机调速的必要性和调速器的类型
②了解机械调速器的工作原理和特点
③了解液压调速器工作原理、表盘式液压调速器的结构特点
④掌握液压调速器的调节,调速器的维护管理等</td></tr>
<tr><td>能力目标</td><td colspan="2">①具有船舶柴油机液压调速器调节
②具有调速器的维护管理的能力</td></tr>
<tr><td>素质目标</td><td colspan="2">①具有良好的职业道德和职业技能
②具有服从、安全、环保意识</td></tr>
<tr><td colspan="2" rowspan="5">学习任务</td><td colspan="2">任务一　调速的必要性和调速器的类型的认识</td></tr>
<tr><td colspan="2">任务二　机械调速器的工作原理和特点分析</td></tr>
<tr><td colspan="2">任务三　液压调速器(工作原理、表盘式液压调速器的结构特点)分析</td></tr>
<tr><td colspan="2">任务四　液压调速器的调节</td></tr>
<tr><td colspan="2">任务五　调速器的维护管理</td></tr>
<tr><td colspan="2">相关知识</td><td colspan="2">柴油机机械调速器,液压调速器,液压调速器的调节,调速器的维护管理等</td></tr>
<tr><td colspan="2">教学设备与媒体</td><td colspan="2">机械调速器、液压调速器、多媒体教学设备</td></tr>
<tr><td colspan="2">考核评价</td><td colspan="2">以作业、提问方式考核学生对柴油机液压调速器工作原理的认识和调节方法的理解,通过机械调速器实物拆解考核学生掌握机械调速器工作原理的认识和故障分析方法</td></tr>
</table>

<table>
<tr><td colspan="2" rowspan="2">项目七</td><td rowspan="2">柴油机的启动</td><td>课时</td></tr>
<tr><td>8</td></tr>
<tr><td rowspan="3">教学目标</td><td>知识目标</td><td colspan="2">①掌握主柴油机和发电柴油机启动前的准备、启动、管理和停止操作方法
②掌握运行柴油机常见故障识别和处理方法</td></tr>
<tr><td>能力目标</td><td colspan="2">①具有船舶柴油机操作、管理与应急处理能力
②具有诊断和排除船舶柴油机常见故障能力</td></tr>
<tr><td>素质目标</td><td colspan="2">①具有良好的行为规范、职业道德和职业技能
②具有服从、安全、环保意识,交际、沟通、团队协作、语言表达能力
③具有良好的心理素质和应变能力</td></tr>
</table>

项目七	柴油机的启动	课时
		8
学习任务	任务一　柴油机的启动条件、方式和原理的认识	
	任务二　压缩空气启动装置的分析	
	任务三　柴油机启动故障分析及处理	
相关知识	主柴油机和发电柴油机操作、管理与应急处理,常见故障诊断与排除	
教学设备与媒体	主柴油机、发电柴油机、多媒体教学设备	
考核评价	分组考核学生对柴油机启动、故障分析、管理与应急处理的能力	

项目八		柴油机电子控制技术的认识	课时
			4
教学目标	知识目标	①掌握电控喷射柴油机新技术 ②了解船舶典型电控喷射柴油机电控喷射主要部件作用、控制过程和管理要点	
	能力目标	具有船舶典型电控喷射柴油机电控喷射主要部件管理能力	
	素质目标	①具有较好的文化修养、健康的心理素质和良好的行为习惯 ②具有较强的集体意识和社会责任心	
学习任务		任务一　电子控制柴油机的原理和特点分析	
相关知识		典型电控喷射柴油机电控喷射主要部件管理	
教学设备与媒体		气缸单元、喷射控制单元、排放控制单元、多媒体教学设备	
考核评价		以作业、提问的方式考核学生对柴油机电控喷射新技术的理解	

项目九		柴油机的运行管理与应急处理	课时
			4
教学目标	知识目标	①掌握柴油机的备车、启动和机动操纵,柴油机运行管理中检查项目和方法及调整措施,柴油机的停车和完车 ②掌握拉缸、敲缸、扫气箱着火、曲轴箱爆炸及烟囱冒火的原因及处理等	
	能力目标	柴油机运行管理中的检查及调整,应急处理	
	素质目标	①具有良好的行为规范、职业道德和职业技能 ②具有较强的集体意识和社会责任心 ③具有良好的心理素质和应变能力	

项目九	柴油机的运行管理与应急处理	课时
		4
学习任务	任务一　柴油机的备车、启动和机动操纵	
	任务二　柴油机运转中的管理(检查项目、方法及调整措施)	
	任务三　柴油机的停车和完车	
	任务四　柴油机的应急处理	
相关知识	柴油机的运行管理,柴油机的应急处理	
教学设备与媒体	轮机模拟机舱、柴油机、多媒体教学设备	
考核评价	以分组操作、讨论方式考核学生对柴油机运转管理和应急处理的能力	

(六)考核评价

完善的学生考核评价体系的建立是综合评判本课程教学效果和教学质量的重要指标之一。本课程的考试成绩采用百分制,由课程学习的过程性考核成绩和期末课程终结性考核成绩组成。

1. 过程性考核成绩

占总成绩的40%,由以下部分组成:

①课程学习的平时考核成绩(包括课堂考勤、测验、作业、课题提问、学习态度等)占总成绩的10%。

②课程实训项目成绩占总成绩的30%。实训项目教学考核采用海事局认可的评估题卡进行船员技能适任能力考核,每张题卡有评估题目、评分要素及评分标准等。

成绩评价主要考虑以下方面:

· 学生学习态度评价(职业责任心和严谨工作作风能力);

· 自主学习能力评价(独立完成能力);

· 表述能力评价(讨论和回答问题的能力);

· 团队合作及协作学习能力评价(项目合作协作能力);

· 综合能力评价(实践操作动手能力)。

2. 期末终结性考核成绩

占总成绩的60%,采取闭卷笔试的方式进行,考试时间为100分钟。

(七)教学条件

1. 实践条件

(1)校内实训教学条件

船舶动力装置拆装实训室、用燃烧设备实验室、轮机模拟器、自动化机舱等,满足国家海事局“动力设备操作与拆装”项目评估对设备的要求。主要设备配备如下表。

序号	场地、设施、设备	要求	备注

序号	场地、设施、设备	要求	备注
1	多媒体教室	1间	能容纳40人
2	轮机模拟器(单机版)	40台	
3	柴油机(拆装机)	1台	燃油系统完整
4	柴油机活塞、缸套、连杆、十字头、导板、滑块及测量量具	2套	缸径250 mm以上,含扭力仪
5	柴油机气缸盖(气阀)	1套	缸径250 mm以上,含液压拉伸器
6	中速机喷油泵	6台	
7	中速机喷油器	6只	
8	喷油器试验台	1台	
9	船舶柴油主机系统及监测报警系统	可运行1套	可连续运转30 min以上
10	自清滤器	1套	
11	机械示功器	4只	
12	爆压表、热电偶	各2只	
13	压力表、温度表	各2只	燃气、液压、温度、水各1只
14	交流发电机组	2台	
15	油雾浓度监测系统	1套	
16	自动化机舱	1套	

(2)校外实训基地

建立校外实训基地不少于5个,每个实训基地至少有4条3000 kW及以上且船龄15年以内船舶,50%以上船员自有,可进行实船认识实习。

2. 师资条件

(1)专任教师

担任本课程的教师应满足下列条件之一:

具有甲类二管轮及以上的适任证书,并具有不少于2年的航海教学经历;

具有中级及以上职称,并有不少于6个月的海船三管轮及以上海上服务资历。

担任专业核心课的主讲教师必须满足以下条件之一:

持有甲类大管轮及以上高级船员适任证书,实际海上资历不少于24个月;

具有副高及以上职称,在轮机工程相关领域从事过不少于6个月的实践工作。

(2)兼职教师

担任专业实训课的企业兼职教师必须满足以下任职条件:

最近3年的海船服务经历不少于12个月或在航运公司从事船舶机务工作达12个月;

具有轮机工程专业全日制本科学历。

3. 教材选用

教材选用的原则:

①近四五年内的国内公开出版的优秀教材;

②能够体现高职类教学的特点，突出职业技能培养如校企合作型、工学结合型、项目驱动型等；

③教材内容应不低于国家海事局适任证书考试大纲的要求；

④有相应教辅资料、习题库和实训指导书。

4. 课程网络资源

建有轮机专业教学网络资源，包括教学大纲、课件、电子教案、教学录像、实训指导书、习题库、试卷库、参考文献、虚拟实训、在线测试等。这些资源有利于学生自主性学习，有利于满足不同学生的需求。

(八)实施建议

1. 教学模式

船舶柴油机课程建议采用理实一体化的教学模式，将“教、学、做”融为一体。在教学时，侧重在项目训练区通过实物、模拟仿真系统和到生产现场摄取的最新图片进行理实一体化教学。

2. 教学过程

教师示范动作要标准规范，讲解点拨要切中要害，深入浅出。课堂上应侧重培养学生自学能力，对理论知识中难点重点总结时精讲。在完成项目任务的工作过程中，让学生掌握普适的工作过程六步骤——资讯、决策、计划、实施、检查、评价。

3. 教学方法

本课程教学时，应灵活采用多种教学方法，主要采用案例法、引导方法、启发式教学、模拟仿真等教学方法，以期取得最佳的教学效果。

4. 教学实施

本课程是一门实践性很强的专业技能课程，为保证教学效果，实训分组应尽量做到每组以 8 人为宜，最多不超过 10 人。

二、船舶电气课程标准

课程类型:理实一体课
适用专业:轮机工程技术
开设学期:第二学年第四学期,第三学年第五学期
建议学时:99

(一)课程性质与作用

船舶电气是海洋船舶轮机工程技术专业核心课程,是海船船员三管轮适任考试课程之一,是从事船舶电气设备运行、维护、安装、调试及航运部门机务管理的必修课程。

(二)课程目标

1. 课程总体目标

通过任务引导的项目活动,掌握海员培训、发证和值班标准国际公约(STCW 公约)关于船舶电气的理论知识;掌握船舶电气设备的工作原理,工作性能,管、用、养、修技能,具有一定的船舶电气设备故障分析能力和解决能力;满足国家海事局对海船三管轮适任标准的要求和航运企业对操作级轮机员的技能要求。

2. 课程具体目标

(1)知识目标

掌握船舶电机的类型、结构、工作原理及特性;

熟悉船舶常用控制电器的构造、电气符号及功用;

熟悉异步电动机的基本保护环节和基本控制环节;

熟悉船用辅机(锚机、绞缆机、起货机、舵机等)电力拖动控制系统的组成、特点及工作原理;

掌握船舶电站的组成、特点、基本参数以及配电装置的功能和工作原理;

了解轴带发电机系统的基本知识;

了解船舶高压电力系统的电气参数和安全常识;

掌握船舶照明系统的工作原理和维护保养常识;

了解电力管理系统 PMS 的基本功能和自动化电站的特点;

掌握检查和排除典型电气故障的方法和步骤。

(2)能力目标

具备识别直流电机、变压器、交流异步电动机、同步发电机、控制电机的组成部件并能说明各部件作用的能力;

具备正确使用各类低压电器的能力;

具备分析异步电动机常用控制电路的功能、组成及工作原理的能力;

具备分析典型船用辅机(锚机、绞缆机、起货机、舵机等)自动控制电路接线图、并处理典型故障的能力;

具备船舶电站的基本操作、维护管理的能力;

具备正确查找和排除船舶照明系统的故障的能力;

具备船舶电气设备安全管理与安全用电的能力。

(3)素质目标

具有良好的行为规范、职业道德和职业技能；

具有较强的组织协调能力和团结合作能力；

具有较强的语言表达能力；

具有良好的心理素质和应变能力；

具有较强的集体意识和社会责任心。

(三)课程设计理念与思路

1.课程设置依据

依据STCW公约马尼拉修正案、国家海事局高级船员最新考纲和现代船舶轮机管理的工作需求设置“船舶电气”课程；同时考虑到“以职业素质为基础，以适岗能力为本位”的教育教学指导思想和航海高职高专学生的认知规律，以满足远洋船舶轮机人才需求和对于高级船员的适任要求。

2.课程目标定位

培养轮机工程技术专业学生操作和管理船舶电气设备的能力，使学生掌握常用船舶电气设备的结构和原理，具有操作、安装和调试船舶电气设备的动手能力和分析、排除典型船舶电气设备故障的应用能力。根据船舶轮机岗位群的三个级别(支持级、操作级、管理级)，课程的目标定位于操作级高级船员——二/三管轮。

3.课程内容选择标准

根据STCW公约马尼拉修正案和国家海事局2012年3月颁布实施的高级船员最新考纲、航运企业要求及现代轮机管理的实际，确定课程内容；将课程内容与国际公约对接，与国家海事局考纲对接，与轮机现实要求对接，建立“课证融通”的课程体系。

4.项目设计思路

遵循“项目驱动、理实结合”的职业教育理念，采用以项目驱动的课程模式，将课程内容设计为3类项目27个任务：

船舶电机与电力拖动系统的认知与分析；

船舶发电机和配电系统的认知与分析；

船舶电气电子设备的维护与修理、故障诊断与功能测试。

(四)课程内容结构安排

学习项目		学习任务	课时
1	船舶电机与电力拖动系统的认知与分析	任务一　直流电机的结构、励磁方式与运行特性的分析	40
		任务二　变压器的认知	
		任务三　交流异步电动机的认知	
		任务四　船用控制电机及应用的认知	
		任务五　船舶常用控制电器的认知与使用	
		任务六　异步电动机常用控制电路的分析	
		任务七　船舶锚机、绞缆机电力拖动控制系统的分析	
		任务八　起货机电力拖动控制系统的分析	
		任务九　船舶舵机控制系统的分析	
2	船舶发电机和配电系统的认知与分析	任务一　三相交流同步发电机	36
		任务二　船舶电力系统的基本概念	
		任务三　船舶主配电板的操作	
		任务四　船舶应急电源系统的操作	
		任务五　发电机主开关的基本结构和功能	
		任务六　同步发电机并联运行的操作	
		任务七　并联运行发电机组有功功率的分配与频率调节	
		任务八　同步发电机的自励恒压装置与并联运行发电机组无功功率的分配和调整	
		任务九　电站运行的安全保护的分析	
		任务十　轴带发电系统	
		任务十一　高压电力系统	
		任务十二　船舶照明系统	
3	船舶电气电子设备的维护与修理、故障诊断与功能测试	任务一　船舶电气系统的工作安全的认知	23
		任务二　电气控制线路识图与控制线路装配	
		任务三　电子元器件的识别、电子控制线路、电路板、电子元器件的焊接与装配	
		任务四　电气控制箱的常见故障查找与排除	
		任务五　船用电机的维修	
		任务六　船舶电力系统的继电保护及主要故障的判断和排除	
总计			99

(五)教学内容与要求

<table>
<tr><td colspan="2" rowspan="2">项目一</td><td rowspan="2">船舶电机与电力拖动系统的认知与分析</td><td>课时</td></tr>
<tr><td>40</td></tr>
<tr><td rowspan="3">教学目标</td><td>知识目标</td><td colspan="2">①了解直流电机的构造、工作原理及特点
②掌握变压器、异步电动机的结构、铭牌参数、工作原理、运行特性
③了解伺服电动机、测速发电机、自整角机的基本原理及应用
④掌握常用控制电器的种类、电路符号、结构原理和功用
⑤了解锚机、绞缆机、起货机的运行特点
⑥掌握舵机及控制系统组成原理</td></tr>
<tr><td>能力目标</td><td colspan="2">①能从事直流电机、交流电机及控制电机的维护与保养工作
②能正确分析电力拖动控制电路接线图,并进行电子电气元器件的更换
③能正确分析和排除船舶电力拖动系统的典型故障</td></tr>
<tr><td>素质目标</td><td colspan="2">①具有良好的行为规范、职业道德和职业技能
②具有较强的集体意识和社会责任心
③具有良好的心理素质和应变能力
④具有服从、安全、环保意识</td></tr>
<tr><td colspan="2" rowspan="9">学习任务</td><td colspan="2">任务一　直流电机的结构、励磁方式与运行特性的分析</td></tr>
<tr><td colspan="2">任务二　变压器的认知</td></tr>
<tr><td colspan="2">任务三　交流异步电动机的认知</td></tr>
<tr><td colspan="2">任务四　船用控制电机及应用的认知</td></tr>
<tr><td colspan="2">任务五　船舶常用控制电器的认知与使用</td></tr>
<tr><td colspan="2">任务六　异步电动机常用控制电路的分析</td></tr>
<tr><td colspan="2">任务七　船舶锚机、绞缆机电力拖动控制系统的分析</td></tr>
<tr><td colspan="2">任务八　起货机电力拖动控制系统的分析</td></tr>
<tr><td colspan="2">任务九　船舶舵机控制系统的分析</td></tr>
<tr><td colspan="2">相关知识</td><td colspan="2">电机、变压器控制线路</td></tr>
<tr><td colspan="2">教学设备与媒体</td><td colspan="2">多媒体、电器实物</td></tr>
<tr><td colspan="2">考核评价</td><td colspan="2">理论考试与实验实训考核相结合</td></tr>
</table>

<table>
<tr><td colspan="2" rowspan="2">项目二</td><td rowspan="2">船舶发电机和配电系统的认知与分析</td><td>课时</td></tr>
<tr><td>36</td></tr>
<tr><td rowspan="3">教学目标</td><td>知识目标</td><td colspan="2">①掌握船舶同步发电机的结构特点、运行特性
②掌握船舶电网类型、线制
③掌握主/应急配电板的组成与功能及操作方法
④掌握船用蓄电池的维护保养要点
⑤掌握调频调载、无功调节的机理及方法
⑥掌握船舶电力系统继电保护的类型和作用
⑦了解轴带发电机运行机制
⑧了解船舶高压电力系统的特点</td></tr>
<tr><td>能力目标</td><td colspan="2">①能对发电机组进行常规养护
②能正确无误地进行配电操作(启动、并车、解列等)
③能正确为进行有功能、无功的分配与调节操作
④能现场指出发电机主开关的主要部件
⑤会正确接用船舶岸电</td></tr>
<tr><td>素质目标</td><td colspan="2">通过教学,培养学生理性思维的能力和科学求实的作风,培养学生学习新技术的能力;提高学生的综合素质,培养创新意识</td></tr>
<tr><td colspan="2" rowspan="12">学习任务</td><td colspan="2">任务一　三相交流同步发电机</td></tr>
<tr><td colspan="2">任务二　船舶电力系统的基本概念</td></tr>
<tr><td colspan="2">任务三　船舶主配电板的操作</td></tr>
<tr><td colspan="2">任务四　船舶应急电源系统的操作</td></tr>
<tr><td colspan="2">任务五　发电机主开关的基本结构和功能</td></tr>
<tr><td colspan="2">任务六　同步发电机并联运行的操作</td></tr>
<tr><td colspan="2">任务七　并联运行发电机组有功功率的分配与频率调节</td></tr>
<tr><td colspan="2">任务八　同步发电机的自励恒压装置与并联运行发电机组无功功率的分配和调整</td></tr>
<tr><td colspan="2">任务九　电站运行的安全保护的分析</td></tr>
<tr><td colspan="2">任务十　轴带发电系统</td></tr>
<tr><td colspan="2">任务十一　高压电力系统</td></tr>
<tr><td colspan="2">任务十二　船舶照明系统</td></tr>
<tr><td colspan="2">相关知识</td><td colspan="2">电工与电子技术</td></tr>
<tr><td colspan="2">教学设备与媒体</td><td colspan="2">模拟电站、自动空气断路器、蓄电池充放电装置;多媒体教室</td></tr>
<tr><td colspan="2">考核评价</td><td colspan="2">理论考试与实验实训考核相结合</td></tr>
</table>

<table>
<tr><td colspan="2">项目三</td><td>船舶电气电子设备的维护与修理、故障诊断与功能测试</td><td>课时
23</td></tr>
<tr><td rowspan="3">教学目标</td><td>知识目标</td><td colspan="2">①掌握船舶安全用电基本知识
②掌握船舶常用电工仪表的结构和使用方法
③掌握常用电子电气元件的识别方法、焊接和装配工艺要求
④掌握电机受潮、绕组绝缘值降低时的处理方法
⑤掌握自动空气断路器的维护要点
⑥掌握无功功率分配装置故障的判断方法</td></tr>
<tr><td>能力目标</td><td colspan="2">①能读懂船舶电子电气接线图,并能根据图纸进行故障诊断
②能正确使用各类船舶电工仪表
③能单独处理典型电子电气故障</td></tr>
<tr><td>素质目标</td><td colspan="2">通过教学,培养学生理性思维的能力和科学求实的作风,培养学生学习新技术的能力;提高学生的综合素质,培养创新意识</td></tr>
<tr><td colspan="2" rowspan="6">学习任务</td><td colspan="2">任务一　船舶电气系统的工作安全的认知</td></tr>
<tr><td colspan="2">任务二　电气控制线路识图与控制线路装配</td></tr>
<tr><td colspan="2">任务三　电子元器件的识别、电子控制线路、电路板、电子元器件的焊接与装配</td></tr>
<tr><td colspan="2">任务四　电气控制箱的常见故障查找与排除</td></tr>
<tr><td colspan="2">任务五　船用电机的维修</td></tr>
<tr><td colspan="2">任务六　船舶电力系统的继电保护及主要故障的判断和排除</td></tr>
<tr><td colspan="2">相关知识</td><td colspan="2">电工与电子技术</td></tr>
<tr><td colspan="2">教学设备与媒体</td><td colspan="2">船舶电工工艺实验室、电站模拟器;电子电气元器件、交流电动机、电气控制箱等;多媒体教室</td></tr>
<tr><td colspan="2">考核评价</td><td colspan="2">理论考试与实验实训考核相结合</td></tr>
</table>

(六)考核评价

完善的学生考核评价体系的建立是综合评判本课程教学效果和教学质量的重要指标之一。本课程的考试成绩采用百分制,由课程学习的过程性考核成绩和期末终结性考核成绩组成。

1. 过程性考核成绩

占总成绩的30%,由以下部分组成:

①课程学习的平时考核成绩(包括课堂考勤、测验、作业、课题提问、学习态度等)占总成绩的10%。

②课程实训项目成绩占总成绩的20%。实训项目教学考核采用海事局认可的评估题卡进行船员技能适任能力考核,每张题卡有评估题目、评分要素及评分标准等。

成绩评价主要考虑以下方面:

·学生学习态度评价(职业责任心和严谨工作作风能力);

· 自主学习能力评价(独立完成能力);
· 表述能力评价(讨论和回答问题的能力);
· 团队合作及协作学习能力评价(项目合作协作能力);
· 综合能力评价(实践操作动手能力)。

2. 期末终结性考核成绩

占总成绩的70%,采取闭卷笔试的方式进行,考试时间为100分钟。

(七)教学条件

1. 实践条件

(1)校内实训条件

序号	场地、设备、设施	要求	备注
1	交流发电机组	2台	
2	主配电屏	2套	
3	蓄电池及充放电系统	2套	
4	电工试验台	20台	
5	常规仪表	各10套	万用表、交流电压表、交流电流表
6	钳形电流表	5套	
7	便携式兆欧表	5套	
8	电压、电流互感器	各10套	
9	双踪示波器	20套	
10	直流稳压电源	10套	
11	三相交流异步电机	5台	
12	各种常规继电器	各5套	热继电器、时间继电器、压力继电器、温度继电器、速度继电器
13	电磁制动器	2台	
14	各种灯具	各5套	
15	常用电工工具	10套	
16	电工焊接工具	10套	
17	电力拖动装置	20套	锚机、起货机等控制系统
18	船舶电力推进系统模拟器	1套	模拟吊舱式、高压电力系统

(2)校外实训基地

建立校外实训基地不少于5个,每个实训基地至少有4条3000 kW及以上且船龄15年以内船舶,50%以上船员自有,可进行实船认识实习。

2. 师资条件

(1)专任教师

主讲教师必须同时满足下列条件要求:

具有船舶电气专业本科及以上学历；

具有甲类电机员海上服务资历 2 年以上，并具有不少于 2 年的航海教学经历；

具有中级及以上职称。

其他教员必须满足下列条件之一：

具有船舶电气专业本科及以上学历；

具有中级及以上职称，并具有不少于 6 个月的海上服务资历；

具有助教职称，并具有不少于 1 年的航海教学经历。

(2)企业兼职教师

企业兼职教师必须满足以下任职条件：

具有甲类大管轮的海上服务资历；

具有不少于 2 年的海船电机员海上服务资历。

3. 教材选用

教材选用的原则：

①近四五年内的国内公开出版的优秀教材；

②能够体现高职类教学的特点，如校企合作型、工学结合型、项目驱动型等；

③教材内容应不低于国家海事局适任证书考试大纲的要求；

④有相应教辅资料、习题库和实训指导书。

4. 课程网络资源

建有轮机专业教学网络资源，包括教学大纲、课件、电子教案、教学录像、实训指导书、习题库、试卷库、参考文献、虚拟实训、在线测试等。这些资源有利于学生自主性学习，有利于满足不同学生的需求。

(八)实施建议

①从培养合格轮机员的目标出发，切实做到因材施教，理论知识的教学应遵循“以必需、够用为度”的原则。

②应采取适合高职教育特点的教学方式，注意激发学生的学习兴趣。重视对学生学习方法的指导，注意给学生留有一定的思维活动空间，发挥教与学两方面的积极性，提高教学质量和教学水平。

③在教学过程中，要创设工作情景，紧密结合轮机员适任证书理论考试和评估考核，加强实操项目的训练，使学生牢固掌握诸如发电机组并车操作、电气控制线路接线和排故等技能，提高学生的岗位适应能力。

④注重现代化教学手段的应用和现代化教学资源的开发，注意收集最新船舶电气设备图书资料，增加教学信息量，以适应当今船舶电气设备的维护和管理要求。

⑤加强与航运企业、机务管理人员及船员的联系，课堂教学中可以结合教学内容，适当引入典型的故障案例，组织、引导学生分析与探讨故障原因，培养学生分析故障、排除故障的能力。

⑥在船舶电气课程建设的基础上，建立数字化教学平台，实现跨学校多媒体资源(包括电子教案、多媒体课件、习题库和案例库等)的共享，以提高课程资源利用效率。

三、船舶辅机课程标准

课程类型:理实一体课
适用专业:轮机工程技术
开设学期:第二学年第三、四学期,第三学年第五学期
建议学时:141

(一)课程性质与作用

船舶辅机是海洋船舶轮机工程技术(轮机管理)专业核心课程之一,是海船船员三管轮适任考试课程之一,是从事船舶机械设备运行、维护、安装、调试,航运部门机务管理必修的课程。

(二)课程目标

1.课程总体目标

通过任务引导的项目活动,掌握海员培训、发证和值班标准国际公约(STCW 公约)关于船舶辅助机械的理论知识;掌握船舶辅机设备的工作原理,工作性能,管、用、养、修技能,具有一定的船舶辅机设备故障分析能力和解决能力;满足国家海事局对海船三管轮适任标准的要求和航运企业对操作级轮机员的技能要求。

2.课程具体目标

(1)知识目标

了解各种船舶辅机设备及系统的典型实例;了解船用泵、空气压缩机、制冷装置、空调装置、液压起货机、船用辅助锅炉、海水淡化装置等设备的基本结构、典型实例及工作原理;能够识别典型的船舶通用管路系统、伙食制冷系统、空调系统、海水淡化系统;辨别各种液压元件图形符号等。

掌握主要船舶辅机设备的性能特点并对其工况分析,尤其是 3000 kW 及以上船舶二/三管轮的主管设备。能够对各种船用泵、活塞式空气压缩机理论工况与实际工况、各种类型船用辅助锅炉、开式和闭式液压系统等各种辅机设备的性能进行分析比较;辨别各种液压元件图形符号的能力等。

(2)能力目标

掌握 3000 kW 及以上船舶二/三管轮的主管设备、各种辅机设备的常见故障,具有分析、解决常见故障的能力。

掌握各种辅机设备的拆装、零部件检查与测量及保养的能力。

掌握各种辅机设备的启动、运行管理及停用的能力。熟练启动、管理和停用国家海事局 2012 年 3 月颁布实施的高级船员最新考纲评估要求中的辅机设备,包括离心泵、空气压缩机、船用辅锅炉、海水淡化装置、船舶压载水系统、液压甲板机械、船舶舱底水系统、制冷及空调装置等。

具备对离心泵、制冷装置、空调装置、船用辅锅炉、海水淡化装置工况进行分析及调整的能力。

(3)素质目标

具有良好的职业道德、工作责任心和吃苦耐劳的品质;

具备服从意识与团队协作精神；

具有良好的行为习惯和人际交往能力，尊重他人、服从集体；

具有良好的心理素质和应变能力；

具有敏捷的情景意识与正确判断能力。

（三）课程设计理念与思路

1. 课程设置依据

依据STCW公约马尼拉修正案、国家海事局高级船员最新考纲和现代船舶轮机管理的工作需求设置"船舶辅机"课程；依据"以职业素质为基础，以适岗能力为本位"的教育教学指导思想和航海高职高专学生的认知规律，以满足远洋船舶轮机人才需求、船舶轮机岗位群能力的需求和对于高级船员的适任要求。

2. 课程目标定位

培养轮机工程技术专业学生操作和管理船舶辅机设备的能力，使学生能够掌握辅机设备的结构原理及系统的组成原理、具有操作和拆装辅机设备的动手能力和分析排除辅机设备故障的应用能力。根据船舶轮机岗位群的三个级别（支持级、操作级、管理级），课程的目标定位于操作级高级船员——二/三管轮。

3. 课程内容选择标准

根据STCW公约马尼拉修正案和国家海事局2012年3月颁布实施的高级船员最新考纲，确定课程内容，即将课程内容与国际公约对接、与国家海事局考试要求对接，建立"课证融通"的课程体系。同时，对课程内容的取舍，还要兼顾现代轮机管理的实际要求，征求航运企业专家的意见，做到与时俱进，实现课程内容与轮机现实要求的对接。

4. 项目设计思路

遵循"项目驱动、理实结合"的职业教育理念，采用以项目驱动的课程模式，将课程内容设计为八类项目46个学习任务：

· 船用泵；
· 船舶辅助管系；
· 活塞式空气压缩机；
· 船舶制冷装置；
· 船舶空气调节装置；
· 船舶液压设备；
· 船舶海水淡化装置；
· 船用锅炉。

(四)课程内容结构安排

学习项目		学习任务	课时
1	船用泵	任务一　往复泵、齿轮泵、螺杆泵的启动、运行管理及停用	34
		任务二　往复泵、齿轮泵、螺杆泵的拆装保养	
		任务三　往复泵、齿轮泵、螺杆泵的常见故障分析	
		任务四　离心泵、旋涡泵的启动、运行管理及停用	
		任务五　离心泵、旋涡泵的拆装保养及离心泵工况调节	
		任务六　离心泵故障分析	
2	船舶辅助管系	任务一　舱底水、压载水、消防水、日用海淡水系统的识读	6
		任务二　舱底水、压载水、消防水、日用海淡水系统的操作	
		任务三　压载水和舱底水操作的记录	
3	活塞式空气压缩机	任务一　识读活塞式空压机的构造及系统组成	6
		任务二　分析并讨论影响输气量的因素	
		任务三　活塞式空压机的启停和运行管理	
		任务四　活塞式空压机常见故障分析并处理	
4	船舶制冷装置	任务一　识读蒸气压缩式制冷装置的组成、各元器件的功用	26
		任务二　分析并讨论影响制冷量的因素	
		任务三　识读活塞式制冷压缩机	
		任务四　识读制冷装置辅助设备	
		任务五　识读制冷装置自动控制元件并对其参数整定	
		任务六　船舶制冷装置的启停操作及运行管理	
		任务七　船舶制冷装置的日常操作:冷剂的充注、取出、检漏、对冷冻机油添加与更换、不凝气体的危害及其检查与排除方法	
		任务八　结合典型案例,分析并处理船舶制冷装置常见故障	
5	船舶空气调节装置	任务一　识读船舶空调装置及系统	8
		任务二　船舶空调装置自动控制元件的参数整定	
		任务三　船舶空调装置的启停操作	
		任务四　船舶空调装置巡回检查、温度与相对湿度的调节	
		任务五　船舶空调装置空气滤网的清洗、冷凝器的清通	
		任务六　结合典型案例,分析并处理船舶空调装置常见故障	

<table>
<tr><th colspan="2">学习项目</th><th>学习任务</th><th>课时</th></tr>
<tr><td rowspan="7">6</td><td rowspan="7">船舶液压设备</td><td>任务一　液压阀件拆装、识读与调节</td><td rowspan="7">30</td></tr>
<tr><td>任务二　高压油泵(叶片式、轴向柱塞式)启用及运行管理</td></tr>
<tr><td>任务三　液压油马达(叶片式、连杆式、内曲线式)识读、运行管理</td></tr>
<tr><td>任务四　液压辅助元件选择与使用</td></tr>
<tr><td>任务五　识读舵机及液压系统</td></tr>
<tr><td>任务六　识读液压起货机、锚机和绞缆机系统等</td></tr>
<tr><td>任务七　船舶液压甲板机械的管理</td></tr>
<tr><td rowspan="5">7</td><td rowspan="5">船舶海水淡化装置</td><td>任务一　识读海水淡化装置的结构和系统</td><td rowspan="5">6</td></tr>
<tr><td>任务二　海水淡化装置的启停操作</td></tr>
<tr><td>任务三　海水淡化装置的运行工况调节:蒸发温度(真空度)的控制和调节;蒸发器水位(给水倍率)的控制和调节;凝水泵流量(凝水水位)的控制和调节;盐度计的检测和调试</td></tr>
<tr><td>任务四　海水淡化装置的维护保养:板式换热器的清洗、管式蒸发器的酸洗、给水处理</td></tr>
<tr><td>任务五　结合典型案例,分析并处理船舶海水淡化装置常见故障</td></tr>
<tr><td rowspan="7">8</td><td rowspan="7">船用锅炉</td><td>任务一　识读船用辅锅炉和废气锅炉的结构与附件;识读船用辅锅炉燃烧设备及燃油系统、汽水系统、自动控制系统</td><td rowspan="7">25</td></tr>
<tr><td>任务二　船舶辅锅炉点火升汽及停炉操作;手动转为自动的操作</td></tr>
<tr><td>任务三　辅锅炉与废气锅炉的日常操作:锅炉水位计的冲洗、炉水化验与投药、吹灰、排污</td></tr>
<tr><td>任务四　机动航行时辅锅炉与废气锅炉之间的切换操作</td></tr>
<tr><td>任务五　辅锅炉的维护保养:燃烧设备的维护保养、水位计的更换、水洗法除灰;锅炉长期停用的操作</td></tr>
<tr><td>任务六　识读锅炉年度检验和内部检验内容;拆装安全阀并对其调整</td></tr>
<tr><td>任务七　结合典型案例,分析并处理船用辅锅炉常见的故障</td></tr>
<tr><td colspan="3">总计</td><td>141</td></tr>
</table>

(五)教学内容与要求

<table>
<tr><td colspan="2" rowspan="2">项目一</td><td rowspan="2">船用泵</td><td>课时</td></tr>
<tr><td>34</td></tr>
<tr><td rowspan="3">教学目标</td><td>知识目标</td><td colspan="2">①掌握往复泵、齿轮泵、螺杆泵等容积式泵的结构原理和性能特点
②了解离心泵、旋涡泵和喷射泵的工作原理和性能特点
③掌握离心泵工况点的确定及工况调整
④掌握离心泵的一般构造、齿轮泵困油及应对措施</td></tr>
<tr><td>能力目标</td><td colspan="2">①正确识读船用泵铭牌参数
②正确启停、运行管理往复泵、齿轮泵、螺杆泵、离心泵等
③掌握往复泵、齿轮泵、螺杆泵、离心泵、喷射泵等各种船用泵故障的分析方法
④具有规范拆装保养往复泵、齿轮泵、离心泵等能力</td></tr>
<tr><td>素质目标</td><td colspan="2">①具有良好的行为规范、职业道德和职业技能
②具有服从、安全、环保意识
③具有交际、沟通、团队协作、语言表达能力
④具有良好的心理素质和应变能力、组织和领导才能</td></tr>
<tr><td colspan="2" rowspan="6">学习任务</td><td colspan="2">任务一　往复泵、齿轮泵、螺杆泵的启动、运行管理及停用</td></tr>
<tr><td colspan="2">任务二　往复泵、齿轮泵、螺杆泵的拆装保养</td></tr>
<tr><td colspan="2">任务三　往复泵、齿轮泵、螺杆泵的常见故障分析</td></tr>
<tr><td colspan="2">任务四　离心泵、旋涡泵的启动、运行管理及停用</td></tr>
<tr><td colspan="2">任务五　离心泵、旋涡泵的拆装保养及离心泵工况调节</td></tr>
<tr><td colspan="2">任务六　离心泵故障分析</td></tr>
<tr><td colspan="2">相关知识</td><td colspan="2">机械制图、流体运动学、流体动力学、工程力学、机械与机械传动、金属材料、仪表、工具及量具</td></tr>
<tr><td colspan="2">教学设备与媒体</td><td colspan="2">船用泵操作实训室、船用泵拆装实训室、多媒体课件</td></tr>
<tr><td colspan="2">考核评价</td><td colspan="2">以作业、提问方式考核学生对各船用泵基本结构、工作原理的认识,通过各船用泵实物拆解考核学生掌握各船用泵拆解的方法和故障分析方法,分组对各船用泵操作考核学生对各船用泵启动、运行管理、工况调节和与常见故障处理的能力</td></tr>
</table>

<table>
<tr><td colspan="2" rowspan="2">项目二</td><td rowspan="2">船舶辅助管系</td><td>课时</td></tr>
<tr><td>6</td></tr>
<tr><td rowspan="3">教学目标</td><td>知识目标</td><td colspan="2">①掌握船舶舱底水、压载水、消防水、日用海淡水系统的布置规律
②了解各系统规范要求</td></tr>
<tr><td>能力目标</td><td colspan="2">具有正确操作舱底水、压载水、消防水、日用海淡水系统的能力</td></tr>
<tr><td>素质目标</td><td colspan="2">①具有良好的行为规范、遵守国际国内海事法规
②具有服从、安全、环保意识；交际、沟通、团队协作、语言表达能力
③具有良好的心理素质和应变能力</td></tr>
<tr><td colspan="2" rowspan="3">学习任务</td><td colspan="2">任务一　舱底水、压载水、消防水、日用海淡水系统的识读</td></tr>
<tr><td colspan="2">任务二　舱底水、压载水、消防水、日用海淡水系统的操作</td></tr>
<tr><td colspan="2">任务三　压载水和舱底水操作的记录</td></tr>
<tr><td colspan="2">相关知识</td><td colspan="2">MARPOL 73/78 公约及其修正案、SOLAS 公约及其修正案、建船规范、流体运动学、流体动力学</td></tr>
<tr><td colspan="2">教学设备与媒体</td><td colspan="2">船舶通用系统实训室、多媒体课件、精品课程网站</td></tr>
<tr><td colspan="2">考核评价</td><td colspan="2">分组对船舶辅助管系操作，考核学生对舱底水、压载水、消防水、日用海淡水系统启动、运行管理、停用和记录的能力</td></tr>
</table>

<table>
<tr><td colspan="2" rowspan="2">项目三</td><td rowspan="2">活塞式空气压缩机</td><td>课时</td></tr>
<tr><td>6</td></tr>
<tr><td rowspan="3">教学目标</td><td>知识目标</td><td colspan="2">①了解活塞式空气压缩机的工作原理及压缩空气系统
②掌握典型船用空压机的本体结构及附属装置
③掌握空气压缩机的自动控制与安全保护</td></tr>
<tr><td>能力目标</td><td colspan="2">①正确启停和运行管理空气压缩机
②规范拆装活塞式空压机，对主要部件进行测量保养
③掌握分析空压机常见故障的能力</td></tr>
<tr><td>素质目标</td><td colspan="2">①具有良好的适任能力责任意识
②具有服从、安全、环保意识
③具有交际、沟通、团队协作和处理人际关系能力
④具有自主学习的能力</td></tr>
<tr><td colspan="2" rowspan="4">学习任务</td><td colspan="2">任务一　识读活塞式空压机的构造及系统组成</td></tr>
<tr><td colspan="2">任务二　分析并讨论影响输气量的因素</td></tr>
<tr><td colspan="2">任务三　活塞式空压机的启停和运行管理</td></tr>
<tr><td colspan="2">任务四　活塞式空压机常见故障分析并处理</td></tr>
<tr><td colspan="2">相关知识</td><td colspan="2">空气热力学、工程力学、机械与机械传动、金属材料、仪表、工具及量具</td></tr>
</table>

项目三	活塞式空气压缩机	课时
		6
教学设备与媒体	空压机实训室、多媒体课件、精品课程网站	
考核评价	以作业、提问方式考核学生对空压机基本结构、工作原理的认识，通过空压机拆解考核学生掌握空压机拆解的方法和保养方法，分组对各空压机操作，考核学生对各空压机启动、运行管理、常见故障处理的能力	

项目四		船舶制冷装置	课时
			26
教学目标	知识目标	①了解船舶制冷装置理论知识，包括：冷库条件、蒸气压缩式制冷循环的基本原理和组成等 ②了解蒸气压缩式制冷装置各元器件的功用	
	能力目标	①能启停船舶伙食制冷装置 ②具有管理船舶伙食制冷装置的能力 ③具有分析排除船舶伙食制冷装置常见故障的能力	
	素质目标	①培养学生获取船舶辅机新技术、查阅资料自主学习 ②具有系统分析问题和解决问题、总结规律和积累经验、严谨做事和积极开拓的能力	
学习任务		任务一　识读蒸气压缩式制冷装置的组成、各元器件的功用	
		任务二　分析并讨论影响制冷量的因素	
		任务三　识读活塞式制冷压缩机	
		任务四　识读制冷装置辅助设备	
		任务五　识读制冷装置自动控制元件并对其参数整定	
		任务六　船舶制冷装置的启停操作及运行管理	
		任务七　船舶制冷装置的日常操作：冷剂的充注、取出、检漏、对冷冻机油添加与更换、不凝气体的危害及其检查与排除方法	
		任务八　结合典型案例，分析并处理船舶制冷装置常见故障	
相关知识		工程热力学与传热学、金属材料、机构与机械传动	
教学设备与媒体		制冷空调实验室、多媒体课件、精品课程网站	
考核评价		以作业、提问方式考核学生对船舶制冷装置理论知识的认识，包括冷库条件、制冷循环的基本原理、组成和制冷装置各元器件的功用；以分组讨论考核学生对制冷故障分析的方法；分组对制冷装置操作，考核学生对装置启动、运行管理、常见故障处理的能力	

<table>
<tr><td colspan="2" rowspan="2">项目五</td><td rowspan="2">船舶空气调节装置</td><td>课时</td></tr>
<tr><td>8</td></tr>
<tr><td rowspan="3">教学目标</td><td>知识目标</td><td colspan="2">①了解空气调节装置理论知识,包括:对船舶空调的要求
②了解空调系统的主要类型(完全集中式、区域再热式、末端电加热式单风管系统和双风管系统)的特点
③掌握空调系统的组成原理及设备
④熟悉空调装置的自动控制原理</td></tr>
<tr><td>能力目标</td><td colspan="2">①具有启停船舶中央空调装置的能力
②具有管理船舶中央空调装置的能力
③具有分析排除中央空调系统常见故障的能力</td></tr>
<tr><td>素质目标</td><td colspan="2">①培养学生获取船舶动力装置新技术、查阅资料自主学习、严谨做事和积极开拓的能力
②具有良好的轮机适任能力、责任意识
③具有服从、安全、环保意识
④具有交际、沟通、团队协作和处理人际关系的能力</td></tr>
<tr><td colspan="2" rowspan="6">学习任务</td><td colspan="2">任务一　识读船舶空调装置及系统</td></tr>
<tr><td colspan="2">任务二　船舶空调装置自动控制元件的参数整定</td></tr>
<tr><td colspan="2">任务三　船舶空调装置的启停操作</td></tr>
<tr><td colspan="2">任务四　船舶空调装置巡回检查、温度与相对湿度的调节</td></tr>
<tr><td colspan="2">任务五　船舶空调装置空气滤网的清洗、冷凝器的清通</td></tr>
<tr><td colspan="2">任务六　结合典型案例,分析并处理船舶空调装置常见故障</td></tr>
<tr><td colspan="2">相关知识</td><td colspan="2">热工基础、工程热力学与传热学、金属材料、机构与机械传动</td></tr>
<tr><td colspan="2">教学设备与媒体</td><td colspan="2">制冷空调实验室、多媒体课件、精品课程网站</td></tr>
<tr><td colspan="2">考核评价</td><td colspan="2">以作业、提问方式考核学生对船舶空调装置理论知识的认识;以分组对船舶空调装置的操作考核学生对装置启动、运行管理、保养、常见故障处理的能力</td></tr>
</table>

项目六		船舶液压设备	课时 30
教学目标	知识目标	①了解各种液压元件的基本结构原理,精通液压元件的符号 ②掌握液压元件包括叶片泵、柱塞泵、压力控制阀、方向控制阀、流量控制阀、油马达等工作原理 ③掌握船舶液压系统的组成原理	
	能力目标	①具有船舶液压系统(起货机系统、舵机系统、锚机系统、绞缆机系统等)图纸的识别、现场管系识别能力 ②具有液压油泵、液压油马达、液压油的管理能力 ③具有舵机液压系统的调试能力	
	素质目标	养成先研究说明书和图纸,再研究现场设备和管系的习惯;培养查阅资料分析问题和自主学习的能力;培育处理人际关系的能力	
学习任务		任务一　液压阀件拆装、识读与调节	
		任务二　高压油泵(叶片式、轴向柱塞式)启用及运行管理	
		任务三　液压油马达(叶片式、连杆式、内曲线式)识读、运行管理	
		任务四　液压辅助元件选择与使用	
		任务五　识读舵机及液压系统	
		任务六　识读液压起货机、锚机和绞缆机系统等	
		任务七　船舶液压甲板机械的管理	
相关知识		液压传动基础、液体力学、工程传热学	
教学设备与媒体		液压舵机实训室、多媒体课件、精品课程网站	
考核评价		以作业、提问方式考核学生对各种液压元件的基本结构、工作原理、系统组成和故障机理的认识;以分组对船舶液压起货机、锚机和绞缆机的操作考核学生对装置启动、运行管理、保养和常见故障处理的能力	

<table>
<tr><td colspan="2">项目七</td><td>船舶海水淡化装置</td><td>课时
6</td></tr>
<tr><td rowspan="3">教学目标</td><td>知识目标</td><td colspan="2">①了解船舶对淡水水量和含盐量的要求
②掌握真空沸腾式海水淡化装置与反渗透海水淡化装置的工作原理、结构和系统;掌握影响产水量与产水质量的因素
③了解盐度计的检测原理
④掌握真空度建立与保持的方法
⑤掌握海水淡化装置加热器换热面结垢的因素及处理方法</td></tr>
<tr><td>能力目标</td><td colspan="2">①具有启停船舶海水淡化装置工作的能力
②具有调节船舶海水淡化装置真空度、产水量、凝水水位并保持产水质量的能力
③具有分析排除船舶海水淡化装置常见故障的能力</td></tr>
<tr><td>素质目标</td><td colspan="2">培养学生查阅资料自主学习、建立创新意识、系统分析问题和解决问题的能力</td></tr>
<tr><td colspan="2" rowspan="5">学习任务</td><td colspan="2">任务一　识读海水淡化装置的结构和系统</td></tr>
<tr><td colspan="2">任务二　海水淡化装置的启停操作</td></tr>
<tr><td colspan="2">任务三　海水淡化装置的运行工况调节:蒸发温度(真空度)的控制和调节;蒸发器水位(给水倍率)的控制和调节;凝水泵流量(凝水水位)的控制和调节;盐度计的检测和调试</td></tr>
<tr><td colspan="2">任务四　海水淡化装置的维护保养:板式换热器的清洗、管式蒸发器的酸洗、给水处理</td></tr>
<tr><td colspan="2">任务五　结合典型案例,分析并处理船舶海水淡化装置常见故障</td></tr>
<tr><td colspan="2">相关知识</td><td colspan="2">基础物理、化学、工程热力学与传热学、腐蚀及其防治</td></tr>
<tr><td colspan="2">教学设备与媒体</td><td colspan="2">造水机实验室、多媒体课件、精品课程网站</td></tr>
<tr><td colspan="2">考核评价</td><td colspan="2">以作业、提问方式考核学生对海水淡化装置的基本结构、工作原理、系统组成和防垢、换热器清洗的认识;以海水淡化装置的操作考核学生对装置启动、工况调节、运行管理、检测和常见故障处理的能力</td></tr>
</table>

项目八		船用锅炉	课时 25
教学目标	知识目标	①了解船用辅锅炉的性能参数及影响产汽量的因素及锅炉结构与附件 ②掌握船用辅锅炉的燃油设备及系统;船舶辅锅炉的汽、水系统 ③了解保持锅炉良好汽水循环的措施及锅炉与废气锅炉的联系方式 ④掌握船舶辅锅炉的自动控制基本理论	
	能力目标	①具有启停船用锅炉装置的工作能力 ②具有管理船用锅炉装置的能力 ③具有分析排除船用锅炉装置常见故障的能力 ④具有拆装及调整安全阀的能力	
	素质目标	具有良好的行为规范、职业道德和职业技能;较强的集体意识和社会责任心;良好的心理素质和应变能力;服从、安全、环保意识	
学习任务		任务一　识读船用辅锅炉和废气锅炉的结构与附件;识读船用辅锅炉燃烧设备及燃油系统、汽水系统、自动控制系统	
		任务二　船舶辅锅炉点火升汽及停炉操作;手动转为自动的操作	
		任务三　辅锅炉与废气锅炉的日常操作:锅炉水位计的冲洗、炉水化验与投药、吹灰、排污	
		任务四　机动航行时辅锅炉与废气锅炉之间的切换操作	
		任务五　辅锅炉的维护保养:燃烧设备的维护保养、水位计的更换、水洗法除灰;锅炉长期停用的操作	
		任务六　识读锅炉年度检验和内部检验内容;拆装安全阀并对其调整	
		任务七　结合典型案例,分析并处理船用辅锅炉常见的故障	
相关知识		基础物理、化学、工程热力学与传热学、腐蚀及其防治	
教学设备与媒体		船用锅炉实验室、锅炉仿真训练器、多媒体课件、检验规范、精品课程网站	
考核评价		以作业、提问方式考核学生对船用锅炉的基本结构、系统组成、主要设备、安全、水处理、保养、检验及应急处理的认识;通过操作考核学生对锅炉装置启动、运行管理、停用和常见故障处理的能力	

(六)考核评价

采取多元化的考核评价方法,重视实践考核,突出高职特色。考试方式要突出多样性、针对性、生动性。要把课程终结考试与过程考核中学生取得的成绩,作为判断学生成绩的重要依据。

每学期的成绩由三部分组成,即平时表现、过程考核成绩和课程终结考试成绩,所占比重分别为0.2、0.4、0.4;平时表现主要考查学生的课堂考勤、学习态度、作业完成率、课堂互动等因素;过程考核主要考查学生的课堂提问的回答正确率,思考问题的深度,单元测验,实验报告,实训动手能力,分析能力,操作正确率,团队协作能力及责任心、纪律性和安全意识等;课程终结考试,采取闭卷笔试的方式进行,考试时间为100分钟。

(七)教学条件

1.实践条件

(1)校内实训教学条件

配备船用泵操作实验室、船用泵拆装实验室、船舶通用管系实验室、空气压缩机实验室、制冷空调实验室、液压舵机实验室、液压起货机实验室、造水机实验室、燃油锅炉实验室、轮机模拟器、自动化机舱等,满足国家海事局“动力设备操作与拆装”项目评估对设备的要求。主要设备配备如下表所示:

序号	场地、设备、设施	要求	备注
1	制冷压缩机	各1台	活塞式、螺杆式
2	液压变量泵	2台	
3	油马达	各1台	连杆式、曲线式、叶片式
4	液压控制阀	各1只	方向、压力、流量控制阀
5	活塞式空气压缩机	2套	水冷式
6	锅炉给水阀、水位计、安全阀、泄放阀	各2只	
7	炉水化验设备	1套	
8	电动往复泵、胶木胀圈	2套	
9	齿轮泵	2套	
10	船用离心泵	2套	
11	船舶舵机	1套	
12	船舶伙食冷库系统	1套	
13	船舶空调系统	1套	
14	船用油水分离器	1套	
15	造水机	1套	蒸发式
16	燃油辅锅炉	1套	自动控制、能运行
17	离心机水泵试验台	1套	
18	自动化机舱	1套	
19	轮机模拟器	1套	

(2)校外实训基地

建立校外实训基地不少于5个,每个实训基地至少有4条3000 kW及以上且船龄15年以内船舶,50%以上船员自有,可进行实船认识实习。

2.师资条件

(1)专任教师

担任本课程的教师应满足下列条件之一:

具有甲类二管轮及以上的海上服务资历,并具有不少于2年的航海教学经历;

具有中级及以上职称,并具有不少于6个月的海船三管轮及以上海上服务资历。

担任本课程的主讲教师必须满足以下条件之一:

持有甲类大管轮及以上高级船员适任证书,实际海上资历不少于24个月;

具有副高及以上职称,在轮机工程相关领域从事过不少于6个月的实践工作。

(2)企业兼职教师要求

最近3年的海船服务经历不少于12个月或在航运公司从事船舶机务工作达12个月;

具有轮机工程专业全日制本科学历。

(3)教材选用

教材选用的原则:

①近四五年内的国内公开出版的优秀教材;

②能够体现高职类教学的特点,如校企合作型、工学结合型、项目驱动型等;

③教材内容应不低于国家海事局适任证书考试大纲的要求;

④有相应教辅资料、习题库和实训指导书。

3. 课程网络资源

建有轮机专业教学网络资源,包括教学大纲、课件、电子教案、教学录像、实训指导书、习题库、试卷库、参考文献、虚拟实训、在线测试等。这些资源有利于学生自主性学习,有利于满足不同学生的需求。

(八)实施建议

1. 教学建议

(1)教学模式

船舶辅机课程在教学过程中选择采用任务驱动模式,把课程内容分解成8个项目任务,这是基于本课程自身的特点、课程团队人员的结构和组成、校内外实践实训教学环境等综合因素而设立的,有利于加强对学生实际动手能力和操作能力的培养。

(2)教学方法

采用多种教学方法,如现场教学,启发式、案例式教学方法,强化项目化教学。根据海上专业的特点,大力倡导和推行本课程实行双语化教学,努力营造一个"在英语课中学专业,在专业课中学英语"的立体化英语教学氛围和独具特色的国际化航海人才培养环境。

(3)教学过程

课堂精讲教学方法。借助现代化教学手段针对船舶辅机具体内容简明扼要的讲解,在教师主导作用下将学习方法的讲授渗透在师生共同探索的过程之中,使学生在潜移默化中掌握学习方法。现场描述抓关键,教师主要是针对典型的结构装置指出其关键所在,使学生在直接观察中加深印象,掌握学习内容。课后辅导点细节,有目的地给学生点拨其细节,使之融会贯通,记忆得更牢。

(4)教学手段

在教学过程中运用多种教学手段,如充分运用现有的挂图、模型、动画、多媒体演示和模拟器等辅助手段,利用精品课程网站大力开展课程的网络化教学。

2. 其他说明

①将教学过程中涉及的实践教学内容列入"三管轮岗位适任评估训练"中完成。

②在达到教学要求的前提下,对教学内容、次序和学时分配等,可根据具体要求做适当的调整。

四、船舶管理(轮机)课程标准

课程类型:理实一体课
适用专业:轮机工程技术
开设学期:第二学年第四学期,第三学年第五学期
建议学时:72

(一)课程性质与作用

船舶管理(轮机)是海洋船舶轮机工程技术(轮机管理)专业的核心课程,是海船船员三管轮适任考试课程之一,是从事船舶机械设备运行、维护、安装、调试,航运部门机务管理必修的课程。

(二)课程目标

1. 课程总体目标

通过任务引导的项目活动,掌握海员培训、发证和值班标准国际公约(STCW 公约)关于船舶管理的理论知识;掌握船舶结构、营运、适航性、防污染、人员管理、资源管理等方面的知识,具有一定的船舶营运中的业务分析能力和事件、事故解决能力;满足国家海事局对海船三管轮适任标准的要求和航运企业对操作级轮机员的技能要求。

2. 具体目标

(1)知识教学目标

船舶结构及其适航性的基本知识;
船舶防污染的国际公约、国内法规及防污染设施;
船舶营运安全管理及其相关的国际公约与国内法规;
船舶营运经济性管理知识;
船舶安全操作及应急处理的知识;
船舶人员管理及其相关的国内外法规;
船舶油类、物料及备件管理知识;
机舱资源管理知识。

(2)能力培养目标

具备保持船舶适航性的能力;
具备正确执行 ISM 规则和 IMO 法规的能力;
具备防止海洋环境污染的能力;
基本具备安全操作及应急处理的能力;
具备机舱资源管理的能力。

(3)素质培养目标

具有诚实守信、认真负责、积极向上的职业精神和职业道德意识。

具有热爱科学、实事求是的学风;具有创新意识和创新精神,不断探索和研究船舶管理发展趋势和新的技术。

树立科学发展观,注重生态环保;执行行业标准和法规,注重技术安全和劳动保护。

掌握人际交往的基本技巧，具有懂得沟通、讲究协作和善于获取信息的能力。

(三)课程设计理念与思路

1. 课程设置依据

依据 STCW 公约马尼拉修正案、国家海事局高级船员最新考纲和现代船舶轮机管理的工作需求设置“船舶管理”课程，对应操作级船员“船舶作业与船员管理功能”岗位功能模块；依据“以职业素质为基础，以适岗能力为本位”的教育教学指导思想和航海高职高专学生的认知规律，满足远洋船舶轮机人才需求、船舶轮机岗位群能力的需求和对于高级船员的适任要求。

2. 课程目标定位

作为轮机工程技术专业的一门核心专业课程，紧扣技术应用这一主线，立足于实际能力培养，使学生掌握操作级轮机管理人员所必需的船舶作业管理和人员管理的专业知识和职业技能，使学生熟悉有关国际公约和国内法规，加强学生的职业道德观念和环境保护意识，达到 STCW 公约马尼拉修正案和中华人民共和国海事局关于船舶操作级轮机员与本课程相关的适任标准，将课程的目标定位于操作级高级船员——二/三管轮。

3. 课程内容选择标准

根据 STCW 公约马尼拉修正案和国家海事局 2012 年 3 月颁布实施的高级船员最新考纲有关操作级船员“船舶作业与船员管理功能”岗位功能，并依据航运企业的生产实际确定课程内容，即将课程内容与国际公约对接、与国家海事局考试要求对接，建立“课证融通”的课程体系，实现课程内容与企业现实要求的对接。

4. 项目设计思路

依据操作级船员“船舶作业与船员管理功能”岗位功能模块所需的能力要求，及专业标准中前导课程“船舶柴油机”“船舶辅机”“船舶电气”的教学，考虑到后续课程“机舱资源管理专项实训”的需要、将课程内容设计为 8 个学习模块，41 个学习单元实施教学。8 个学习模块的内容如下：

· 船舶结构及适航性控制；
· 船舶防污染；
· 船舶营运安全管理；
· 船舶营运经济性管理；
· 船舶安全操作与应急处理；
· 船舶人员管理；
· 船舶油类、物料及备件管理；
· 机舱资源管理。

(四)课程内容结构安排

学习模块		学习单元	课时
1	船舶结构及适航性控制	单元一　船舶的发展与分类	12
		单元二　船舶强度与构造	
		单元三　船舶适航性控制	
2	船舶防污染	单元一　船舶防污染的有关公约和法规	12
		单元二　船舶防污染技术与防污染设备	
		单元三　船舶防污染文书	
		单元四　船舶污染事故及处理	
3	船舶营运安全管理	单元一　国际海上人命安全公约	12
		单元二　《国际船舶载重线公约》有关要求规定的职责	
		单元三　我国海上交通管理法规	
		单元四　船舶证书与船舶检验	
		单元五　中华人民共和国船舶安全检查规则	
		单元六　港口国监督(PSC)	
		单元七　重大事故处理	
4	船舶营运经济性管理	单元一　船舶营运经济性管理概念	4
		单元二　最佳航速的确定	
		单元三　提高动力装置经济性的措施	
5	船舶安全操作与应急处理	单元一　船舶应急安全措施	8
		单元二　轮机部安全操作注意事项	
		单元三　船舶应变部署	
		单元四　机舱应急设备的使用和管理	
		单元五　使用船内通信系统	
6	船舶人员管理	单元一　海员培训、发证和值班标准国际公约	12
		单元二　2006 年海事劳工公约	
		单元三　《国际卫生条例》的有关规定	
		单元四　我国劳动法的有关规定	
		单元五　《中华人民共和国船员条例》的有关规定	
		单元六　《中华人民共和国海船船员适任考试、评估和发证规则》的有关规定	
		单元七　《中华人民共和国海船船员值班规则》的有关规定	
		单元八　其他我国船员管理的相关规定	
		单元九　我国轮机部船员职责和行为准则	

学习模块		学习单元	课时
7	船舶油类、物料及备件管理	单元一　船舶油料种类及特点	6
		单元二　燃油管理	
		单元三　备件管理	
		单元四　物料管理	
8	机舱资源管理	单元一　概述	6
		单元二　组织	
		单元三　轮机部团队	
		单元四　人为失误与预防	
		单元五　通信与沟通	
		单元六　案例分析	
总计			72

(五)教学内容与要求

学习模块一		船舶结构及适航性控制	课时 12
教学目标	知识目标	①了解船舶的结构、原理、类型、发展现状 ②了解专用运输船舶的特点;了解船舶适航性基本知识 ③掌握密封与堵漏的操作注意事项	
	能力目标	①熟悉船舶的抗横倾系统 ②熟悉影响稳性的因素及解决措施 ③熟悉影响操纵性的因素 ④熟悉近年来船舶发展的突出特点 ⑤熟悉船体强度的分类	
	素质目标	通过教学,培养学生的理性思维的能力和科学求实的精神,提高学生的综合素质,培养创新意识	
学习单元		单元一　船舶的发展与分类	
		单元二　船舶强度与构造	
		单元三　船舶适航性控制	
相关知识		船舶航海性能	
教学设备与媒体		多媒体、模型	
考核评价		以作业、提问的方式考核学生对船舶结构的认识,分析影响船舶强度的因素及船舶适航性控制的方法	

<table>
<tr><td colspan="2" rowspan="2">学习模块二</td><td rowspan="2">船舶防污染</td><td>课时</td></tr>
<tr><td>12</td></tr>
<tr><td rowspan="3">教学目标</td><td>知识目标</td><td colspan="2">①了解 MARPOL 公约及附则的基本内容；船舶压载水和沉积物控制和管理国际公约；美国《1990 年油污法》的主要内容及溢油应急计划的基本内容；中华人民共和国防污染法规的相关内容
②了解船舶防污染基本技术、压载水处理的方式方法、污染事故的报告程序</td></tr>
<tr><td>能力目标</td><td colspan="2">①具有正确启停、运行管理油水分离器、焚烧炉、生活污水处理装置的工作能力
②具有油水分离器、焚烧炉、生活污水处理装置等设备的常见故障分析和处置处理的能力
③具有正确填写各防污文书的能力</td></tr>
<tr><td>素质目标</td><td colspan="2">具有良好的行为规范、职业道德和职业技能；具有服从、安全、环保意识；培养学生的理性思维的能力和科学求实的精神；培养学生学习新技术的能力；提高学生的综合素质，培养创新意识</td></tr>
<tr><td colspan="2" rowspan="4">学习单元</td><td colspan="2">单元一　船舶防污染的有关公约和法规</td></tr>
<tr><td colspan="2">单元二　船舶防污染技术与防污染设备</td></tr>
<tr><td colspan="2">单元三　船舶防污染文书</td></tr>
<tr><td colspan="2">单元四　船舶污染事故及处理</td></tr>
<tr><td colspan="2">相关知识</td><td colspan="2">国家相关的防污染法规</td></tr>
<tr><td colspan="2">教学设备与媒体</td><td colspan="2">油水分离器、焚烧炉、生活污水处理装置等设备、多媒体</td></tr>
<tr><td colspan="2">考核评价</td><td colspan="2">以作业、提问的方式考核学生对船舶防污染的有关公约和法规的认识，专题讨论、书写论文方式考核学生船舶污染事故及处理、船舶防污染文书书写；各船用泵基本结构、工作原理的认识，通过操作油水分离器、焚烧炉、生活污水处理装置考核学生对各船用防污染设备启动、运行管理和常见故障处理的能力</td></tr>
</table>

<table>
<tr><td colspan="2" rowspan="2">学习模块三</td><td rowspan="2">船舶营运安全管理</td><td>课时</td></tr>
<tr><td>12</td></tr>
<tr><td rowspan="3">教学目标</td><td>知识目标</td><td colspan="2">①了解SOLAS公约构成及主要内容、ISPS规则相关内容、《国际船舶载重线公约》有关要求规定的职责、我国海上交通管理法规
②熟悉船舶检验项目、营运船舶检验规程及相关证书
③了解机损事故报告制度、事故处理原则</td></tr>
<tr><td>能力目标</td><td colspan="2">①具有履行国际海上人命安全公约、执行安全管理体系、应对船舶安全检查、接受和执行船舶检验的工作能力
②具有处理调查一般机损事故的工作能力并正确填写机损事故报告</td></tr>
<tr><td>素质目标</td><td colspan="2">具有良好的行为规范、职业道德和职业技能、服从、安全、环保意识,交际、沟通、团队协作和处理人际关系的能力,自主学习的能力</td></tr>
<tr><td colspan="2" rowspan="7">学习单元</td><td colspan="2">单元一　国际海上人命安全公约</td></tr>
<tr><td colspan="2">单元二　《国际船舶载重线公约》有关要求规定的职责</td></tr>
<tr><td colspan="2">单元三　我国海上交通管理法规</td></tr>
<tr><td colspan="2">单元四　船舶证书与船舶检验</td></tr>
<tr><td colspan="2">单元五　中华人民共和国船舶安全检查规则</td></tr>
<tr><td colspan="2">单元六　港口国监督(PSC)</td></tr>
<tr><td colspan="2">单元七　重大事故处理</td></tr>
<tr><td colspan="2">相关知识</td><td colspan="2">检查规则</td></tr>
<tr><td colspan="2">教学设备与媒体</td><td colspan="2">多媒体</td></tr>
<tr><td colspan="2">考核评价</td><td colspan="2">理论考试与平时成绩的结合</td></tr>
</table>

<table>
<tr><td colspan="2" rowspan="2">学习模块四</td><td rowspan="2">船舶营运经济性管理</td><td>课时</td></tr>
<tr><td>4</td></tr>
<tr><td rowspan="3">教学目标</td><td>知识目标</td><td colspan="2">①了解船舶运输成本基本概念
②了解营运船舶经济航速的基本方法
③了解柴油机高效节能措施
④了解提高螺旋桨的推进效率途径</td></tr>
<tr><td>能力目标</td><td colspan="2">①具有降低运输成本的能力
②具有实现最低耗油率,实现最低燃油费用航速的工作能力</td></tr>
<tr><td>素质目标</td><td colspan="2">通过教学,培养学生的理性思维的能力和科学求实的精神,培养学生学习新技术的能力;提高学生的综合素质,培养创新意识</td></tr>
<tr><td colspan="2" rowspan="3">学习单元</td><td colspan="2">单元一　船舶营运经济性管理概念</td></tr>
<tr><td colspan="2">单元二　最佳航速的确定</td></tr>
<tr><td colspan="2">单元三　提高动力装置经济性的措施</td></tr>
<tr><td colspan="2">相关知识</td><td colspan="2">螺旋桨推进效率曲线</td></tr>
<tr><td colspan="2">教学设备与媒体</td><td colspan="2">多媒体</td></tr>
<tr><td colspan="2">考核评价</td><td colspan="2">理论考试与实验考核相结合</td></tr>
</table>

学习模块五		船舶安全操作与应急处理	课时
			8
教学目标	知识目标	①了解船舶安全操作方面知识 ②掌握船舶安全具体的处理方法	
	能力目标	①具备正确使用和维护机舱应急设备和船内通信设备的工作能力 ②具备机炉舱安全操作(焊接、封闭舱室和高空作业)的能力 ③具备对船舶安全应急(全船失电、弃船、消防、救生)处理的能力	
	素质目标	具有良好的行为规范、职业道德和职业技能;服从、安全、环保意识;交际、沟通、团队协作和处理人际关系能力;组织和领导的能力	
学习单元		单元一　船舶应急安全措施	
		单元二　轮机部安全操作注意事项	
		单元三　船舶应变部署	
		单元四　机舱应急设备的使用和管理	
		单元五　使用船内通信系统	
相关知识		中国船级社对船内通信的要求	
教学设备与媒体		多媒体	
考核评价		理论考试与平时成绩相结合	

学习模块六		船舶人员管理	课时
			12
教学目标	知识目标	①了解 STCW 公约内容与框架 ②了解劳工公约健康保护、医疗、福利及社会保障的相关规定;了解《国际卫生条例》的有关规定 ③了解《中华人民共和国劳动法》《中华人民共和国劳动合同法》的有关规定 ④了解海事局、边防检查机关、卫生检疫机关对船员的管理的有关规定 ⑤了解我国船员调动交接制度,了解轮机日志的填写和所填读数的意义	
	能力目标	①具有轮机员职务规则的执行能力和船舶轮机值班能力;具有正确执行各项法规政策(《2006 海事劳工公约》《中华人民共和国船员条例》《中华人民共和国海船船员适任考试和发证规则》《中华人民共和国海船船员值班规则》)的能力 ②具有轮机部人员的组织、训练、协调与激励的认知能力	
	素质目标	通过教学,培养学生的理性思维的能力和科学求实的精神,培养学生学习新技术的能力;提高学生的综合素质,培养创新意识	

<table>
<tr><td rowspan="2">学习模块六</td><td rowspan="2">船舶人员管理</td><td>课时</td></tr>
<tr><td>12</td></tr>
<tr><td rowspan="9">学习单元</td><td colspan="2">单元一　海员培训、发证和值班标准国际公约</td></tr>
<tr><td colspan="2">单元二　2006 年海事劳工公约</td></tr>
<tr><td colspan="2">单元三　《国际卫生条例》的有关规定</td></tr>
<tr><td colspan="2">单元四　我国劳动法的有关规定</td></tr>
<tr><td colspan="2">单元五　《中华人民共和国船员条例》的有关规定</td></tr>
<tr><td colspan="2">单元六　《中华人民共和国海船船员适任考试、评估和发证规则》的有关规定</td></tr>
<tr><td colspan="2">单元七　《中华人民共和国海船船员值班规则》的有关规定</td></tr>
<tr><td colspan="2">单元八　其他我国船员管理的相关规定</td></tr>
<tr><td colspan="2">单元九　我国轮机部船员职责和行为准则</td></tr>
<tr><td>相关知识</td><td colspan="2">发证规则</td></tr>
<tr><td>教学设备与媒体</td><td colspan="2">多媒体</td></tr>
<tr><td>考核评价</td><td colspan="2">理论考试与平时成绩相结合</td></tr>
</table>

<table>
<tr><td colspan="2" rowspan="2">学习模块七</td><td rowspan="2">船舶油类、物料及备件管理</td><td>课时</td></tr>
<tr><td>6</td></tr>
<tr><td rowspan="3">教学目标</td><td>知识目标</td><td colspan="2">①了解船舶燃油主要特性指标及油品种类，燃油的加装程序，燃油储存和驳运的注意事项
②了解备件的申请和接收程序
③了解物料的申请和接收程序</td></tr>
<tr><td>能力目标</td><td colspan="2">①具有润滑油、燃油使用管理的工作能力
②具有备件的保管及使用的工作能力
③具有物料保管及使用的能力</td></tr>
<tr><td>素质目标</td><td colspan="2">通过教学，培养学生的理性思维的能力和科学求实的精神，培养学生学习新技术的能力；提高学生的综合素质，培养创新意识</td></tr>
<tr><td colspan="2" rowspan="4">学习单元</td><td colspan="2">单元一　船舶油料种类及特点</td></tr>
<tr><td colspan="2">单元二　燃油管理</td></tr>
<tr><td colspan="2">单元三　备件管理</td></tr>
<tr><td colspan="2">单元四　物料管理</td></tr>
<tr><td colspan="2">相关知识</td><td colspan="2">加装燃油时的注意事项</td></tr>
<tr><td colspan="2">教学设备与媒体</td><td colspan="2">多媒体</td></tr>
<tr><td colspan="2">考核评价</td><td colspan="2">理论考试与平时成绩相结合</td></tr>
</table>

<table>
<tr><td colspan="2" rowspan="2">学习模块八</td><td rowspan="2">机舱资源管理</td><td>课时</td></tr>
<tr><td>6</td></tr>
<tr><td rowspan="3">教学目标</td><td>知识目标</td><td colspan="2">①了解机舱资源管理的概念
②了解船舶与轮机部组织结构
③了解轮机部组织的原则与作用</td></tr>
<tr><td>能力目标</td><td colspan="2">①具有团队人员组织、协调和激励的能力
②具有机舱资源合理利用的能力
③具有案例分析与应急处置的能力
④具有应对 PSC 检查及领导的能力</td></tr>
<tr><td>素质目标</td><td colspan="2">通过教学,培养学生的理性思维的能力和科学求实的精神,培养学生学习新技术的能力;提高学生的综合素质,培养创新意识</td></tr>
<tr><td colspan="2" rowspan="6">学习单元</td><td colspan="2">单元一　概述</td></tr>
<tr><td colspan="2">单元二　组织</td></tr>
<tr><td colspan="2">单元三　轮机部团队</td></tr>
<tr><td colspan="2">单元四　人为失误与预防</td></tr>
<tr><td colspan="2">单元五　通信与沟通</td></tr>
<tr><td colspan="2">单元六　案例分析</td></tr>
<tr><td colspan="2">相关知识</td><td colspan="2">各类案例分析</td></tr>
<tr><td colspan="2">教学设备与媒体</td><td colspan="2">多媒体</td></tr>
<tr><td colspan="2">考核评价</td><td colspan="2">理论考试与实操考核相结合</td></tr>
</table>

(六)考核评价

完善的学生考核评价体系的建立是综合评判本课程教学效果和教学质量的重要指标之一。课程考核应采取多元化、过程性测试方式,注重对学生在实践中分析问题、解决问题能力的考核,对在学习和应用上有创新的学生应予以特别鼓励,全面综合评价学生所学知识与能力。

①平时成绩(15%):到课率、作业,阶段小结、培养学生的纪律意识、责任意识,基本素质;

②项目训练(25%):案例搜集与分析,培养学生分析与问题处理能力、协作能力、管理能力;

③学期考试(60%):采取闭卷笔试的方式进行,考试时间为 100 分钟。

考核方式与标准如下表所示:

考核方式与标准

序号	考核项目	考核内容	成绩比例(%)
1	平时成绩	到课率、平时作业,阶段小结、培养学生的基本素质	15
2	项目训练	考核学生在每一个学习项目中的知识和技能掌握的程度(详见项目训练标准表)	25
3	学期考试	综合测试学生对每个学习项目的知识的掌握程度(详见学期考试标准表)	60

项目训练标准表

序号	考核项目	考核内容	成绩比例(%)
1	学习态度	职业素质、实训态度、效率观念、安全环保意识、协作精神、管理能力	25
2	案例收集	时效性、针对性、完整性	40
3	案例分析	文档写作能力、文档的规范性	10
		分析结果准确性、创新性	15
		小组成员根据小组作业中的表现进行自我评分和互相评分	10

学期考试标准表

序号	学习项目	成绩比例(%)
1	船舶结构及适航性控制	15
2	船舶防污染	20
3	船舶营运安全管理	10
4	船舶营运经济性管理	5
5	船舶安全操作与应急处理	30
6	船舶人员管理	10
7	船舶油类、物料及备件管理	5
8	机舱资源管理	5

(七)教学条件

1. 实践条件

教学中应紧密联系船舶管理实际,并辅以实物、模拟机舱、一体化教室、船舶知识馆、船模展览厅、轮机模拟器中心、轮机自动化机舱、教学船及国内外海运公司船舶等适合于工作过程导向的教学场所、实训基地,培养学生的创新思维和解决实际问题的能力,实现教学与实训合一、教学与培训合一、教学与考证合一,满足学生综合职业能力培养的要求。

2. 师资条件

(1)专职教师

担任本课程专任教师应满足下列条件之一:

具有甲类二管轮及以上适任证书,并具有不少于2年的航海教学经历;

具有中级及以上职称,并具有不少于6个月的海船三管轮及以上海上服务资历。

担任本课程的主讲教师必须满足以下条件之一:

持有甲类大管轮及以上高级船员适任证书,实际海上资历不少于24个月;

具有副高及以上职称,在轮机工程相关领域从事过不少于6个月的实践工作。

(2)专职兼职教师

企业兼职教师必须满足以下任职条件:

最近3年的海船服务经历不少于12个月或在航运公司从事船舶机务工作达12个月;

具有轮机工程专业全日制本科学历。

3. 教材选用

教材选用的原则：

①近四五年内的国内公开出版的优秀教材；

②能够体现高职类教学的特点，如校企合作型、工学结合型、项目驱动型等；

③教材内容应不低于国家海事局适任证书考试大纲的要求；

④有相应教辅资料、习题库和实训指导书。

4. 课程网络资源

建有轮机专业教学网络资源，包括教学大纲、课件、电子教案、教学录像、实训指导书、习题库、试卷库、参考文献、虚拟实训、在线测试等。这些资源有利于学生自主性学习，有利于满足不同学生的需求。

(八)实施建议

①从培养合格轮机员的目标出发，切实做到因材施教，理论知识的教学应遵循“以必需、够用为度”的原则。

②本课程前导课程是“船舶主推进动力装置”“船舶辅机”“船舶电气”，后续课程是“船舶机舱资源管理专项实训”“顶岗实习”。

③本课程采用“做”中“学”教学模式，主要采用任务驱动的项目教学法或案例分析教学法，并根据工作任务的工作量、难度等进行分组，通过小组协同完成规定的工作任务，培养学生的团队协作精神和解决实际问题的能力，让大多数学生受益，使课程学习起到事半功倍的作用。课程实施中，要注重教学过程的控制，以过程对质量提供保证。

④在教学过程中，要创设工作情景，紧密结合轮机员适任证书考试和评估考试，提高学生的岗位适应能力。

⑤注重现代化教学手段的应用和现代化教学资源的开发和利用，注意船舶设备资料的利用，增加教学信息量、提高教学效率。

五、轮机工程基础课程标准

课程类型:理实一体课
适用专业:轮机工程技术
开设学期:第一学年第一、二学期,第二学年第三、四学期
建议学时:188

(一)课程性质与作用

轮机工程基础是轮机工程技术专业的技术基础课程,属必修课。其知识点是海船船员三管轮适任考试课程船舶主推进动力装置和船舶辅机的组成部分。轮机工程基础的学习,有助于机械素质的培养,有助于提高专业分析能力,为后续专业课程船舶柴油机、船舶辅机、轮机维护与修理的学习奠定必要的理论基础。

(二)课程目标

1. 课程总体目标

本课程的目标是使学生掌握必需的轮机工程基础知识,达到 STCW 公约马尼拉修正案和中华人民共和国海事局关于海船船员二/三管轮提出的与本课程有关的适任标准,提高职业发展能力,为成为船舶管理级轮机员打下基础。

2. 课程具体目标

(1)知识目标

掌握专业必需的静力学、运动学、材料力学、机构与机械传动、轮机工程材料、机械制图、量具和仪表等方面的基础知识。

(2)能力目标

初步具备综合运用轮机工程基础理论知识的能力,能初步分析轮机工程实际中的典型问题,为船舶柴油机等后续专业课的学习打下良好的基础。具体如下:

具有看、画船舶常用机械图样的能力;

具有船舶机械材料的选材和基本性能分析的能力;

具有识别船舶机械中常用机构组成、工作特性和通用机械零件结构特点的能力;

具有选择常用机构和通用零件的能力;

能正确应用常规量具和仪表进行相关测量,并会简单调校;

具有使用标准、规范、手册等技术资料的能力。

(3)素质目标

培养学生的空间想象能力和抽象思维能力。

具有热爱科学、实事求是、独立思考的素养;具有创新意识和创新精神。

具有诚实守信、认真负责、积极向上的职业精神和职业道德意识。

树立科学发展观,注重生态环保;执行行业标准和法规,注重技术安全和劳动保护。

与其他成员形成良好人际关系,善于团队协作并能够获取处理相关信息。

(三)课程设计理念与思路

1. 课程设置依据

依据 STCW 公约马尼拉修正案、国家海事局高级船员最新考纲和现代船舶轮机管理的工作需求设置“轮机工程基础”课程,同时考虑到“以职业素质为基础,以适岗能力为本位”的教育教学指导思想和航海高职高专学生的认知规律,满足远洋船舶轮机人才需求、船舶轮机岗位群能力的需求和对于高级船员的适任要求。

2. 课程目标定位

培养轮机工程技术专业学生专业基础素质,使学生加深对船舶机械的工作原理的掌握,提高船舶机械设备故障的分析能力。根据船舶轮机岗位群的三个级别(支持级、操作级、管理级),将课程的目标定位于管理级高级船员——大管轮。

3. 课程内容选择标准

根据 STCW 公约马尼拉修正案和国家海事局 2012 年 3 月颁布实施的高级船员最新考纲,确定课程内容,即将课程内容与国际公约对接、与国家海事局考试要求对接,建立“课证融通”的课程体系。同时,对课程内容的取舍,还要兼顾现代轮机管理的实际要求,征求航运企业专家的意见,做到与时俱进,实现课程内容与轮机现实要求的对接。

4. 课程设计思路

本课程采用模块化教学方式,以轮机工程技术实际工作岗位中的机械设备与热力设备为应用对象,以“必需、够用,兼顾发展”为主导思想,密切结合专业能力要求,充分体现宽、浅、用、新的原则,归纳出具有普遍适应性的学习模块,积极开发学习资源,为学生提供多种学习媒体与学习机会,培养适应航运企业第一线需要的技术技能型专门人才。本课程内容设计为 5 个学习模块,37 个学习单元实施教学:

- 机械制图;
- 工程力学;
- 轮机工程材料;
- 机构与机械传动;
- 仪表与单位。

(四)课程内容结构安排

学习模块		学习单元	课时	
			单元	模块小计
1	机械制图	单元一　物体的投影和三视图	6	64
		单元二　基本体的投影、截切与相交	10	
		单元三　组合体的视图	10	
		单元四　视图的尺寸标注	4	
		单元五　物体的表达方法	6	
		单元六　标准件和常用件	12	
		单元七　零件图	12	
		单元八　装配图	4	
2	工程力学	单元一　静力学知识	4	28
		单元二　运动学知识	2	
		单元三　机械振动基础	2	
		单元四　材料力学基本概念	4	
		单元五　四种基本变形形式	12	
		单元六　薄壁容器的强度	2	
		单元七　应力集中	2	
3	轮机工程材料	单元一　金属的基本知识	6	46
		单元二　铁碳合金相图	4	
		单元三　钢的热处理	8	
		单元四　常用黑色金属材料	14	
		单元五　常用有色金属材料	6	
		单元六　常用非金属材料	2	
		单元七　轮机主要零件的材料和热处理分析	6	
4	机构与机械传动	单元一　平面连杆机构	2	30
		单元二　凸轮机构	4	
		单元三　间歇运动机构	2	
		单元四　摩擦轮传动	4	
		单元五　带传动	4	
		单元六　链传动	2	
		单元七　齿轮传动	6	
		单元八　蜗轮蜗杆传动	2	
		单元九　液力传动	4	

学习模块		学习单元	课时	
			单元	模块小计
5	仪表与单位	单元一　常用工具使用与保养	2	20
		单元二　常用测量仪表的使用与保养	6	
		单元三　扭矩和功率检测设备使用与保养	4	
		单元四　振动检测设备的原理与应用	4	
		单元五　排放检测设备的原理与应用	2	
		单元六　单位与换算	2	
总计			188	

(五)教学内容与要求

学习模块一		机械制图	课时
			64
教学目标	知识目标	①掌握物体的投影及三视图 ②掌握基本体投影、截切和相交,掌握组合体的组成形式、相邻表面连接方式 ③掌握视图的尺寸标注 ④掌握机件的三种表达方法的种类及其应用 ⑤掌握标准件定义,掌握标准件和常用件的画法 ⑥掌握零件图的定义、内容及视图表达 ⑦掌握装配图的内容和作用 ⑧了解制图国家标准和相关的行业标准	
	能力目标	①能正确地使用常用的绘图工具 ②能识读和绘制简单的船舶零件图和简单的装配图 ③具有一定的空间想象和思维能力 ④具备正确使用国标解决实际问题的能力	
	素质目标	①具备创新精神和实践能力 ②具有认真负责的工作态度和一丝不苟的工作作风	
学习单元		单元一　物体的投影和三视图	
		单元二　基本体的投影、截切与相交	
		单元三　组合体的视图	
		单元四　视图的尺寸标注	
		单元五　物体的表达方法	
		单元六　标准件和常用件	
		单元七　零件图	
		单元八　装配图	
相关知识		高中立体几何知识	
教学设备与媒体		投影仪、多媒体及教学模型	
考核评价		期末成绩(60%) + 平时成绩(40%)	

<table>
<tr><td colspan="2" rowspan="2">学习模块二</td><td rowspan="2">工程力学</td><td>课时</td></tr>
<tr><td>28</td></tr>
<tr><td rowspan="3">教学目标</td><td>知识目标</td><td colspan="2">①掌握理论力学的基本概念,掌握静力学的基本公理
②掌握刚体平衡、刚体的平动和绕定轴转动规律
③了解机械振动的特征,掌握振动的危害和分类,掌握振动的利用及消除方法
④掌握材料力学的基本概念,掌握杆件轴向拉、压时的受力特点,变形与应变的主要特征和分布规律,内力及应力主要特征和分布规律,拉、压时的虎克定律、力学性质和强度计算
⑤掌握剪切与挤压的受力特点,变形与应变的主要特征和分布规律,内力及应力主要特征和分布规律,剪切和挤压的强度计算
⑥掌握扭转时的内力与应力,变形与应变的主要特征、分布规律,掌握轴扭转时的刚度和强度计算
⑦掌握梁的分类、平衡条件和约束反力,掌握梁弯曲时的内力与应力的主要特征及分布规律,能合理选择梁的截面,能计算梁的强度
⑧理解应力集中的概念、机理、影响,掌握应力集中的位置判定和消除方法,掌握薄壁容器的应力计算</td></tr>
<tr><td>能力目标</td><td colspan="2">①能画出梁的剪力图和弯矩图
②能应用力学公理和定律,解决轮机工作中的简单力学问题
③能联系轮机管理实际说明机械振动的危害、产生原因以及采取适当的消振和隔振措施</td></tr>
<tr><td>素质目标</td><td colspan="2">①初步具备辩证思维和逻辑思维能力
②初步具备工程计算和分析能力
③具有良好的职业道德</td></tr>
<tr><td colspan="2" rowspan="7">学习单元</td><td colspan="2">单元一　静力学知识</td></tr>
<tr><td colspan="2">单元二　运动学知识</td></tr>
<tr><td colspan="2">单元三　机械振动基础</td></tr>
<tr><td colspan="2">单元四　材料力学基本概念</td></tr>
<tr><td colspan="2">单元五　四种基本变形形式</td></tr>
<tr><td colspan="2">单元六　薄壁容器的强度</td></tr>
<tr><td colspan="2">单元七　应力集中</td></tr>
<tr><td colspan="2">相关知识</td><td colspan="2">高等数学、高中物理</td></tr>
<tr><td colspan="2">教学设备与媒体</td><td colspan="2">投影仪、多媒体及教学模型</td></tr>
<tr><td colspan="2">考核评价</td><td colspan="2">期末成绩(60%)+ 平时成绩(40%)</td></tr>
</table>

<table>
<tr><td colspan="2" rowspan="2">学习模块三</td><td rowspan="2">轮机工程材料</td><td>课时</td></tr>
<tr><td>46</td></tr>
<tr><td rowspan="3">教学目标</td><td>知识目标</td><td colspan="2">①了解金属材料的机械性能,掌握其工艺和工艺性能
②掌握金属的晶体结构与结晶过程,合金与合金的相结构,塑性变形和再结晶
③理解铁碳合金特征点、线和区,理解成分、组织和性能间相互转换关系
④了解钢的热处理原理,了解钢的表面热处理及其应用;掌握钢的热处理工艺及应用
⑤掌握常用材料:船舶常用钢、铸铁、有色金属及合金的牌号、成分、组织、性能及应用范围。掌握非金属材料及在船舶上的应用
⑥掌握轮机主要零件的材料及热处理</td></tr>
<tr><td>能力目标</td><td colspan="2">①具备分析和选用船机主要零部件材料的能力
②初步具备综合运用专业基础理论知识的能力</td></tr>
<tr><td>素质目标</td><td colspan="2">①培养良好的职业道德,注重技术安全与环保意识
②具有热爱科学、实事求是的精神</td></tr>
<tr><td colspan="2" rowspan="7">学习单元</td><td colspan="2">单元一　金属的基本知识</td></tr>
<tr><td colspan="2">单元二　铁碳合金相图</td></tr>
<tr><td colspan="2">单元三　钢的热处理</td></tr>
<tr><td colspan="2">单元四　常用黑色金属材料</td></tr>
<tr><td colspan="2">单元五　常用有色金属材料</td></tr>
<tr><td colspan="2">单元六　常用非金属材料</td></tr>
<tr><td colspan="2">单元七　轮机主要零件的材料和热处理分析</td></tr>
<tr><td colspan="2">相关知识</td><td colspan="2">高中化学、高中物理</td></tr>
<tr><td colspan="2">教学设备与媒体</td><td colspan="2">投影仪、多媒体、金工工艺、船舶柴油机及各种辅机实训室</td></tr>
<tr><td colspan="2">考核评价</td><td colspan="2">期末成绩(60%)+ 平时成绩(40%)</td></tr>
</table>

<table>
<tr><td colspan="2">学习模块四</td><td>机构与机械传动</td><td>课时
30</td></tr>
<tr><td rowspan="3">教学目标</td><td>知识目标</td><td colspan="2">①掌握平面四杆机构的基本形式、运动特点及其在轮机和典型机械中的应用,掌握其演变形式和应用
②掌握凸轮机构的组成、特点及其应用,凸轮和从动件的类型
③掌握间歇运动机构的组成、特点及应用
④掌握摩擦轮传动的工作原理、类型及特点,摩擦轮传动中的滑动,摩擦轮传动的传动比和压紧力,掌握摩擦轮传动的传动效率及其影响因素
⑤掌握带传动的工作原理和特点、传动带的类型、三角带与平型带传动的比较,带传动的弹性滑动、打滑,带传动的传动比,带传动失效形式的分析、影响带传动能力的因素的分析
⑥掌握链传动的工作原理及特点及基本组成,链传动的运动特性
⑦掌握齿轮传动的类型和特点,齿轮的失效形式
⑧掌握蜗轮蜗杆传动的组成及特点,传动比和中心距,蜗轮蜗杆传动的失效形式
⑨液力传动的基本类型、液力变矩器和液力偶合器的工作特点,液力传动的特点及主要用途</td></tr>
<tr><td>能力目标</td><td colspan="2">①具备分析和选用基本机构的能力
②初步具备综合运用专业基础理论知识的能力</td></tr>
<tr><td>素质目标</td><td colspan="2">①养成良好的轮机人员的善于思考的工作作风
②培养良好的职业道德,认真执行行业标准和法规</td></tr>
<tr><td colspan="2" rowspan="9">学习单元</td><td colspan="2">单元一　平面连杆机构</td></tr>
<tr><td colspan="2">单元二　凸轮机构</td></tr>
<tr><td colspan="2">单元三　间歇运动机构</td></tr>
<tr><td colspan="2">单元四　摩擦轮传动</td></tr>
<tr><td colspan="2">单元五　带传动</td></tr>
<tr><td colspan="2">单元六　链传动</td></tr>
<tr><td colspan="2">单元七　齿轮传动</td></tr>
<tr><td colspan="2">单元八　蜗轮蜗杆传动</td></tr>
<tr><td colspan="2">单元九　液力传动</td></tr>
<tr><td colspan="2">相关知识</td><td colspan="2">高中数学、高中物理</td></tr>
<tr><td colspan="2">教学设备与媒体</td><td colspan="2">投影仪、多媒体、教学模型、船舶柴油机及各种辅机实训室</td></tr>
<tr><td colspan="2">考核评价</td><td colspan="2">期末成绩(60%)+ 平时成绩(40%)</td></tr>
</table>

<table>
<tr><td colspan="2" rowspan="2">学习模块五</td><td rowspan="2">仪表与单位</td><td>课时</td></tr>
<tr><td>20</td></tr>
<tr><td rowspan="3">教学目标</td><td>知识目标</td><td colspan="2">①掌握温度表、压力表、转速表、流量计和比重计测量方法及使用与保养方法;掌握游标卡尺和千分尺的原理、读法及使用
②掌握钢弦式扭矩仪、电阻式扭矩仪、数字式扭矩仪的特点及应用、测量及保养方法
③掌握测振设备类别;掌握电感式传感器、压电式传感器的应用,测量对象及选用方法
④掌握排放物检测设备烟气分析仪、烟度测量仪等的原理及应用
⑤掌握常见单位的换算</td></tr>
<tr><td>能力目标</td><td colspan="2">①具有正确使用量具及仪表进行测量的能力
②具有正确保养量具和仪表的能力
③具有根据测量结论简单分析的能力</td></tr>
<tr><td>素质目标</td><td colspan="2">①具有重视数据、重视测量的科学态度
②具有创新精神、创造能力、自学能力
③具备查阅工作手册、资料、文献和说明书等获取信息的能力</td></tr>
<tr><td colspan="2" rowspan="6">学习单元</td><td colspan="2">单元一　常用工具使用与保养</td></tr>
<tr><td colspan="2">单元二　常用测量仪表的使用与保养</td></tr>
<tr><td colspan="2">单元三　扭矩和功率检测设备使用与保养</td></tr>
<tr><td colspan="2">单元四　振动检测设备的原理与应用</td></tr>
<tr><td colspan="2">单元五　排放检测设备的原理与应用</td></tr>
<tr><td colspan="2">单元六　单位与换算</td></tr>
<tr><td colspan="2">相关知识</td><td colspan="2">高中物理、高等数学</td></tr>
<tr><td colspan="2">教学设备与媒体</td><td colspan="2">投影仪、多媒体、音像设备、量具及仪表、船舶柴油机及辅机实训室</td></tr>
<tr><td colspan="2">考核评价</td><td colspan="2">期末成绩(60%)+平时成绩(主要是测量过程)(40%)</td></tr>
</table>

(六)考核评价

本课程考核参照海事局操作级和管理级轮机员适任证书考试的考核模式,突出高职特色。具体采用理论考试和过程性评价相结合的考核方法。本课程涵盖学习领域比较广,内容也相对比较独立,考虑专业特点,可以将五个学习模块分别通过理论考试方式对学生进行考核,按期末成绩(60%)+ 平时成绩(40%)进行考核评定。平时考核包括:学生的课堂出勤率、学习态度、作业完成率、课堂提问的回答正确率、分析能力、单元测验等。考核成绩按百分记分制记录。期末终结性考核成绩占总成绩的60%,采取闭卷笔试的方式进行,考试时间为100分钟。

(七)教学条件

1. 实践条件

①轮机工程基础实训室,提供了机械图样挂图两套,机械制图模型两套,七组机构与机械传动的陈列柜,两套常用仪表的示教板。

②主机实训室可提供轮机主要零部件,辅机实训室提供压缩机,轮机模拟机舱提供功率检测设备。

③力学实训室可提供拉伸、弯曲实验各 1 套设备。金相实验室提供金相显微镜 10 台。

2. 师资条件

①担任本课程的教师应满足下列条件:

具有轮机工程技术或相关专业本科及以上学历;

具有不少于 12 个月的助教资历。

②担任本课程的主讲教师必须满足以下条件之一:

具有讲师以上职称,实际教学资历不少于 60 个月;

具有副高及以上职称,在轮机工程相关领域从事过不少于 6 个月的实践工作;

熟悉主推进动力装置和船舶辅机的基本内容。

3. 教材选用

教材选用的原则:

①依据本课程标准选用近期国内公开出版的优秀教材或编写教材。教材应充分体现本课程设计思想、充分考虑学生的认知能力、体现企业和行业的实际需求,把握本课程的知识点和技能点,按照"必需、够用,兼顾发展"的原则,循序渐进地组织教学内容。

②教材内容应不低于国家海事局适任证书考试大纲的要求。

③有相应教辅资料、习题库。

4. 课程网络资源

建有轮机专业教学网络资源,包括教学大纲、课件、电子教案、教学录像、习题库、试卷库、参考文献、在线测试等。这些资源有利于学生自主性学习,有利于满足不同学生的需求。

(八)实施建议

1. 教学模式

轮机工程基础是一门实践性较强的专业技术基础课程,采用模块化教学模式。模块内容与国际最新公约对接、与海事局最新考纲对接,从而实施"课证融通"的课程体系。

2. 教学方法

采用多种教学方法,如现场教学、启发式教学、案例式教学等。重视现场教学,对本课程的材料力学、理论力学、材料工艺学等实验部分尽可能安排演示实验,对仪表、量具部分应到实验室现场测量。启发式教学是主要教学方法,主要通过如下环节实施:提出问题→列出解决问题所需的知识点→对每一知识点进行分析、讲解→解决问题→总结。案例式教学将主、辅机的简单案例与轮机工程基础的知识点有机结合,充分体现专业基础课为专业课服务的功用。另外应配有教学模型室,电子阅览室,金工车间,主、辅机实训室等。

3. 教学过程

培养逻辑思维能力对学好本课程有重要的促进作用，因此，教学过程中应注意融“学”和“做”为一体，强化对学生逻辑思维能力的培养；在教学中安排习题讨论课，对重点知识进行举一反三的讨论剖析，提高学生职业发展的能力。

教学中还要侧重课前备课和引导学生课前预习，课堂上对知识点的讲解既要精炼又要深入浅出、通俗易懂。课堂上学生多进行分组讨论和讲演，对学生学习过程中出现的问题进行剖析，培养其学习能力和分析问题的能力。

4. 教学手段

在教学过程中运用多种教学手段，充分利用现有的挂图、模型和多媒体演示等辅助手段，利用精品课程网站大力开展课程的网络化教学。

5. 其他说明

①在达到教学要求的前提下，对教学内容、次序和学时分配等，可根据具体要求做适当的调整。

②现场教学条件不许可时也可用多媒体播放实验录像等组织教学。

六、轮机维护与修理课程标准

课程类型:理实一体课
适用专业:轮机工程技术
开设学期:第二学年第四学期,第三学年第五学期
建议学时:72

(一)课程性质与作用

轮机维护与修理是一门多学科性的综合专业课程,是在学生掌握了一定轮机设备的基本机构和工作原理及管理知识和基本操作技能后所必须学习的一门实践性较强的核心专业课程。培养学生对海船轮机设备的运行管理与维护修理能力,符合 STCW 公约马尼拉修正案和国家海事局 2012 年 3 月颁布实施的高级船员最新考纲,满足国家海事局对海船三管轮适任标准的要求和航运企业对操作级轮机员的技能要求。

(二)课程目标

1. 课程总体目标

依据岗位能力确定课程目标,通过任务引领型的项目活动,掌握轮机维护与修理的相关理论知识,能胜任对船机设备的缺陷检验、故障诊断和检修等工作任务,同时培养学生善于沟通和合作的品质、吃苦耐劳和客观科学的职业精神,为发展职业能力奠定良好的基础。

2. 课程具体目标

(1)知识目标

掌握船机的损坏机理;

掌握船机的缺陷检验方法;

掌握典型零件与主要设备的检修工艺。

(2)能力目标

能在轮机管理中采取合理措施减少船机零件的摩擦磨损;

能在机舱设备的维护保养中实施对零件的防腐分析和处理;

能对船机零件疲劳断裂的原因进行分析,并能采取相应的防止疲劳断裂的措施;

能在船舶条件下对船机零件实施探伤,同时会判断各种无损探伤方法选用的合理性;

能对柴油机动力装置监测数据进行分析和判断,初步确认故障原因和部位;

能根据零件损坏的部位和形式合理选择零件修复工艺;

能操作使用各种专用工具和量具,会正确选用各种修船物料;

能正确实施对船机设备拆验、清洗、装配和调试;

能对柴油机主要零部件进行失效分析并采取相应维修措施;

能对柴油机动力装置主要部件进行检测并能提出合理的检修方法。

(3)素质目标

强化实际动手能力的培养,具有良好的职业道德;

具备热爱科学、实事求是的学风、创新意识、创新精神和良好的团队合作精神;

培养学生的质量意识、安全意识和环境保护意识;

培养学生的交际和沟通能力；

培养学生初步的管理能力和信息处理能力。

（三）课程设计理念与思路

1. 课程设置依据

依据 STCW 公约马尼拉修正案、国家海事局高级船员最新考纲和现代船舶轮机管理的工作需求，以满足远洋船舶轮机人才需求、船舶轮机岗位群能力的需求和对于高级船员的适任要求，按照“以职业素质为基础，以适岗能力为本位，兼顾可持续发展”的教育教学指导思想和航海高职高专学生的认知规律，设置“轮机维护与修理”课程。

2. 课程目标定位

培养轮机工程技术专业学生掌握轮机维护与修理的相关理论知识，具有对船机设备的维护保养、缺陷检验、故障诊断和检查修复的能力。根据船舶轮机岗位群的三个级别（支持级、操作级、管理级），将课程的目标定位于操作级船员——二/三管轮。

3. 课程内容选择标准

根据 STCW 公约马尼拉修正案和国家海事局 2012 年 3 月颁布实施的高级船员最新考纲，确定课程内容，即将课程内容与国际公约对接、与国家海事局考试要求对接，建立“课证融通”的课程体系。同时，对课程内容的取舍，还要兼顾现代轮机管理的实际要求，征求航运企业专家的意见，充分体现职业性、实践性和先进性。

4. 项目设计思路

遵循“项目驱动、理实结合”的职业教育理念，采用以项目驱动的课程模式，将课程内容设计为 8 类项目 41 个学习任务：

- 船机零件的摩擦与磨损分析；
- 船机零件的腐蚀防护；
- 船机零件的疲劳破坏分析；
- 船机零件的缺陷检验；
- 船舶维修管理；
- 船机零件的修复；
- 柴油机主要零部件的检修；
- 船舶动力装置主要部件检修。

(四)课程内容结构安排

学习项目		学习任务	课时
1	船机零件的摩擦与磨损分析	任务一　摩擦与磨损的认识	4
		任务二　润滑的认识	
		任务三　曲轴轴颈和轴承的摩擦、磨损及润滑特点分析	
2	船机零件的腐蚀防护	任务一　化学腐蚀的防护	4
		任务二　电化学腐蚀的防护	
		任务三　穴蚀的防护	
3	船机零件的疲劳破坏分析	任务一　疲劳破坏的特征、种类及机械疲劳机理的认识	4
		任务二　影响疲劳破坏的因素分析	
		任务三　高温疲劳与热疲劳的认识	
		任务四　曲轴的疲劳破坏分析	
4	船机零件的缺陷检验	任务一　一般检验的应用	4
		任务二　无损检验的应用	
5	船舶维修管理	任务一　船舶故障及船舶维修体系认识	10
		任务二　船舶维修过程认识	
		任务三　修船的种类和原则认识	
		任务四　了解修船的组织	
		任务五　坞修工程认识	
6	船机零件的修复	任务一　船机零件的修复分析	12
		任务二　机械加工修复认识	
		任务三　焊补工艺认识	
		任务四　粘接修复认识	
		任务五　研磨技术认识	
		任务六　电镀工艺认识	
		任务七　金属扣合工艺认识	
		任务八　塑性变形修复法认识	
		任务九　热喷涂工艺认识	

学习项目		学习任务	课时
7	柴油机主要零部件的检修	任务一　气缸盖的检修	24
		任务二　气缸套的检修	
		任务三　活塞的检修	
		任务四　活塞环的检修	
		任务五　活塞销、十字头销检修,活塞杆与活塞杆填料箱的检修	
		任务六　曲轴的检修	
		任务七　轴承的检修	
		任务八　精密偶件的检修	
		任务九　气阀的检修	
		任务十　重要螺栓的检修	
		任务十一　柴油机吊缸检修	
8	船舶动力装置主要部件检修	任务一　增压器的检修	10
		任务二　轴系的检修	
		任务三　螺旋桨的检修	
		任务四　舵系的检修	
总计			72

(五)教学内容与要求

项目一		船机零件的摩擦与磨损分析	课时 4
教学目标	知识目标	①了解摩擦、磨损与润滑的基本概念 ②掌握各类摩擦和磨损的机理 ③掌握船机零件的磨损指标和磨损规律 ④掌握润滑的分类、机理和润滑剂 ⑤掌握减少船机零件磨损的途径和方法	
	能力目标	①能正确分辨各种磨损类型 ②能测量计算磨损程度 ③会对船机零件进行磨合操作 ④以曲轴轴颈和轴承为样本,能对轮机管理中船机零件的摩擦、磨损及润滑特点进行分析,并能采取减少磨损的措施	
	素质目标	①初步具备分析、判断和应变的能力 ②强化实际动手能力的培养,具有良好的职业道德	

<table>
<tr><td>项目一</td><td>船机零件的摩擦与磨损分析</td><td>课时
4</td></tr>
<tr><td rowspan="3">学习任务</td><td colspan="2">任务一　摩擦与磨损的认识</td></tr>
<tr><td colspan="2">任务二　润滑的认识</td></tr>
<tr><td colspan="2">任务三　曲轴轴颈和轴承的摩擦、磨损及润滑特点分析</td></tr>
<tr><td>相关知识</td><td colspan="2">柴油机基本结构及工作特点</td></tr>
<tr><td>教学设备与媒体</td><td colspan="2">一体化教室、缸套、活塞、曲轴、轴承</td></tr>
<tr><td>考核评价</td><td colspan="2">学生自评、课堂评价和教师评价相结合</td></tr>
</table>

<table>
<tr><td colspan="2">项目二</td><td>船机零件的腐蚀防护</td><td>课时
4</td></tr>
<tr><td rowspan="3">教学目标</td><td>知识目标</td><td colspan="2">①了解腐蚀的概念
②掌握化学腐蚀、电化学腐蚀的机理及其防护措施
③掌握穴蚀机理及预防措施</td></tr>
<tr><td>能力目标</td><td colspan="2">①能正确区分电化学腐蚀和化学腐蚀
②能正确判别宏观电池和微观电池
③能对柴油机零件的化学腐蚀进行分析并在日常维护保养中采取防腐措施
④能对船上常见电化学腐蚀进行分析并在日常维护保养中采取防腐措施
⑤能对燃油系统、轴瓦、螺旋桨和气缸套穴蚀分析，并对气缸套穴蚀提出防护措施</td></tr>
<tr><td>素质目标</td><td colspan="2">①培养学生新旧知识融会贯通的学习能力
②培养学生的质量意识、安全意识和环境保护意识</td></tr>
<tr><td colspan="2" rowspan="3">学习任务</td><td colspan="2">任务一　化学腐蚀的防护</td></tr>
<tr><td colspan="2">任务二　电化学腐蚀的防护</td></tr>
<tr><td colspan="2">任务三　穴蚀的防护</td></tr>
<tr><td colspan="2">相关知识</td><td colspan="2">柴油机基本结构及工作特点、螺旋桨的结构特点</td></tr>
<tr><td colspan="2">教学设备与媒体</td><td colspan="2">一体化教室、缸套、活塞、缸盖、柱塞、套筒、喷油器、轴承、螺旋桨</td></tr>
<tr><td colspan="2">考核评价</td><td colspan="2">学生自评、课堂评价和教师评价相结合</td></tr>
</table>

<table>
<tr><td colspan="2" rowspan="2">项目三</td><td rowspan="2">船机零件的疲劳破坏分析</td><td>课时</td></tr>
<tr><td>4</td></tr>
<tr><td rowspan="3">教学目标</td><td>知识目标</td><td colspan="2">①掌握船机零件的负荷状态、应力集中、断裂机理、断裂种类
②掌握疲劳断裂的特征、机理、种类、影响因素及防止措施</td></tr>
<tr><td>能力目标</td><td colspan="2">①能区分简单应力条件下的断裂和交变应力条件下的断裂
②能根据疲劳断口的形貌判断零件损坏的原因
③能在日常操作和管理中采取合理措施防止零件疲劳断裂
④能对曲轴的疲劳破坏进行分析并提出预防措施</td></tr>
<tr><td>素质目标</td><td colspan="2">①初步具备分析、判断和应变的能力
②具有理论联系实际、学以致用的能力</td></tr>
<tr><td colspan="2" rowspan="4">学习任务</td><td colspan="2">任务一　疲劳破坏的特征、种类及机械疲劳机理的认识</td></tr>
<tr><td colspan="2">任务二　影响疲劳破坏的因素分析</td></tr>
<tr><td colspan="2">任务三　高温疲劳与热疲劳的认识</td></tr>
<tr><td colspan="2">任务四　曲轴的疲劳破坏分析</td></tr>
<tr><td colspan="2">相关知识</td><td colspan="2">柴油机基本结构及工作特点</td></tr>
<tr><td colspan="2">教学设备与媒体</td><td colspan="2">一体化教室、缸盖、曲轴</td></tr>
<tr><td colspan="2">考核评价</td><td colspan="2">学生自评、课堂评价和教师评价相结合</td></tr>
</table>

<table>
<tr><td colspan="2" rowspan="2">项目四</td><td rowspan="2">船机零件的缺陷检验</td><td>课时</td></tr>
<tr><td>4</td></tr>
<tr><td rowspan="3">教学目标</td><td>知识目标</td><td colspan="2">①掌握观察法、听响法、测量法、液压试验法、渗透探伤在船上运用的技术
②了解磁力探伤、超声波探伤等方法在工厂的应用</td></tr>
<tr><td>能力目标</td><td colspan="2">①能运用观察法、听响法、测量法和液压试验法等一般检验方法实施对零件缺陷的检验
②会使用渗透探伤、磁粉探伤方法对零件表面进行无损探伤
③能根据检测部位、检测质量及经济性，合理选择各种无损探伤方法对零件进行无损探伤</td></tr>
<tr><td>素质目标</td><td colspan="2">①初步具备分析、判断和应变的能力
②强化实际动手能力的培养，具有良好的职业道德
③具备热爱科学、实事求是的学风、创新意识、创新精神和良好的团队合作精神</td></tr>
<tr><td colspan="2" rowspan="2">学习任务</td><td colspan="2">任务一　一般检验的应用</td></tr>
<tr><td colspan="2">任务二　无损检验的应用</td></tr>
<tr><td colspan="2">相关知识</td><td colspan="2">柴油机基本结构及工作特点</td></tr>
<tr><td colspan="2">教学设备与媒体</td><td colspan="2">一体化教室、无损探伤设备</td></tr>
<tr><td colspan="2">考核评价</td><td colspan="2">学生自评、课堂评价和教师评价相结合</td></tr>
</table>

<table>
<tr><td colspan="2" rowspan="2">项目五</td><td rowspan="2">船舶维修管理</td><td>课时</td></tr>
<tr><td>10</td></tr>
<tr><td rowspan="3">教学目标</td><td>知识目标</td><td colspan="2">①了解故障的类别、故障先兆、故障模式和故障规律的基本概念
②掌握修船的种类和修船原则
③掌握修船的准备、组织工作;熟悉修船的监督与验收
④掌握坞修工程的主要项目;掌握坞修的准备工作及坞修工程的验收
⑤了解交船试验</td></tr>
<tr><td>能力目标</td><td colspan="2">①能根据故障先兆判断机器故障的部位、程度和原因
②能根据故障模式和故障规律做好日常的维护和保养工作
③熟悉船舶修理的组织管理工作,修船后能够对修理项目进行验收</td></tr>
<tr><td>素质目标</td><td colspan="2">①培养学生获取技术、查阅资料自主学习的能力
②培养学生系统分析问题和解决问题、总结规律和积累经验、严谨做事和积极开拓的能力</td></tr>
<tr><td colspan="2" rowspan="5">学习任务</td><td colspan="2">任务一　船舶故障及船舶维修体系认识</td></tr>
<tr><td colspan="2">任务二　船舶维修过程认识</td></tr>
<tr><td colspan="2">任务三　修船的种类和原则认识</td></tr>
<tr><td colspan="2">任务四　了解修船的组织</td></tr>
<tr><td colspan="2">任务五　坞修工程认识</td></tr>
<tr><td colspan="2">相关知识</td><td colspan="2">柴油机基本结构及工作特点、柴油机运行特性、各辅助系统的工作特性</td></tr>
<tr><td colspan="2">教学设备与媒体</td><td colspan="2">一体化教室、轮机模拟器</td></tr>
<tr><td colspan="2">考核评价</td><td colspan="2">学生自评、课堂评价和教师评价相结合</td></tr>
</table>

<table>
<tr><td colspan="2" rowspan="2">项目六</td><td rowspan="2">船机零件的修复</td><td>课时</td></tr>
<tr><td>12</td></tr>
<tr><td rowspan="3">教学目标</td><td>知识目标</td><td colspan="2">①熟悉船机零件修复的目的和要求
②掌握修复工艺选择的基本原则
③掌握钳工修配、机械加工修复、焊补、粘接、研磨、金属扣合修复法、镀铬、镀铁、热喷涂等修复工艺的特点、要求和适用性</td></tr>
<tr><td>能力目标</td><td colspan="2">①能根据零件结构和尺寸、材料特性、修补层厚度等要求合理选择修理工艺
②会使用钳工修配方法对零件实施修复
③会使用粘接技术对裂纹、腐蚀等损坏零件实施修复;会使用研磨技术对磨损零件实施修复</td></tr>
<tr><td>素质目标</td><td colspan="2">①初步具备查阅说明书,确定行动方案的能力
②强化实际动手能力的培养,具有良好的职业道德</td></tr>
</table>

<table>
<tr><td rowspan="2">项目六</td><td rowspan="2">船机零件的修复</td><td>课时</td></tr>
<tr><td>12</td></tr>
<tr><td rowspan="9">学习任务</td><td colspan="2">任务一　船机零件的修复分析</td></tr>
<tr><td colspan="2">任务二　机械加工修复认识</td></tr>
<tr><td colspan="2">任务三　焊补工艺认识</td></tr>
<tr><td colspan="2">任务四　粘接修复认识</td></tr>
<tr><td colspan="2">任务五　研磨技术认识</td></tr>
<tr><td colspan="2">任务六　电镀工艺认识</td></tr>
<tr><td colspan="2">任务七　金属扣合工艺认识</td></tr>
<tr><td colspan="2">任务八　塑性变形修复法认识</td></tr>
<tr><td colspan="2">任务九　热喷涂工艺认识</td></tr>
<tr><td>相关知识</td><td colspan="2">车、钳、焊基本操作技能</td></tr>
<tr><td>教学设备与媒体</td><td colspan="2">一体化教室、金工实训室</td></tr>
<tr><td>考核评价</td><td colspan="2">学生自评、课堂评价和教师评价相结合</td></tr>
</table>

<table>
<tr><td colspan="2" rowspan="2">项目七</td><td rowspan="2">柴油机主要零部件的检修</td><td>课时</td></tr>
<tr><td>24</td></tr>
<tr><td rowspan="3">教学目标</td><td>知识目标</td><td colspan="2">①掌握柴油机气缸盖、气缸套、活塞环、活塞、进排气阀、活塞杆、填料函、轴承、精密偶件等零件的失效形式、部位、检查修理与保养方法
②掌握拐档表的操作方法,柴油机曲轴臂距差测量、并通过曲轴臂距差的数据,正确分析曲轴的轴线状态
③掌握曲轴裂纹、缸套滑移的判断方法</td></tr>
<tr><td>能力目标</td><td colspan="2">①会检测气缸盖、气缸套、活塞等柴油机主要零部件并判断是否处于适用状态
②能够对柴油机典型零部件表面的拉痕、裂纹、磨损、腐蚀等缺陷进行有效修复</td></tr>
<tr><td>素质目标</td><td colspan="2">①初步具备分析、判断和应变的能力
②强化实际动手能力的培养,具有良好的职业道德
③具备热爱科学、实事求是的学风、创新意识、创新精神和良好的团队合作精神</td></tr>
</table>

<table>
<tr><td rowspan="2">项目七</td><td rowspan="2">柴油机主要零部件的检修</td><td>课时</td></tr>
<tr><td>24</td></tr>
<tr><td rowspan="11">学习任务</td><td colspan="2">任务一　气缸盖的检修</td></tr>
<tr><td colspan="2">任务二　气缸套的检修</td></tr>
<tr><td colspan="2">任务三　活塞的检修</td></tr>
<tr><td colspan="2">任务四　活塞环的检修</td></tr>
<tr><td colspan="2">任务五　活塞销、十字头销检修,活塞杆与活塞杆填料箱的检修</td></tr>
<tr><td colspan="2">任务六　曲轴的检修</td></tr>
<tr><td colspan="2">任务七　轴承的检修</td></tr>
<tr><td colspan="2">任务八　精密偶件的检修</td></tr>
<tr><td colspan="2">任务九　气阀的检修</td></tr>
<tr><td colspan="2">任务十　重要螺栓的检修</td></tr>
<tr><td colspan="2">任务十一　柴油机吊缸检修</td></tr>
<tr><td>相关知识</td><td colspan="2">柴油机基本结构及工作特点</td></tr>
<tr><td>教学设备与媒体</td><td colspan="2">一体化教室、柴油机主要零部件</td></tr>
<tr><td>考核评价</td><td colspan="2">学生自评、课堂评价和教师评价相结合</td></tr>
</table>

<table>
<tr><td colspan="2" rowspan="2">项目八</td><td rowspan="2">船舶动力装置主要部件检修</td><td>课时</td></tr>
<tr><td>10</td></tr>
<tr><td rowspan="3">教学目标</td><td>知识目标</td><td colspan="2">①掌握增压器拆装步骤和专用工具的使用方法
②掌握轴系的结构、轴系校中、检修技术
③掌握螺旋桨检修方法
④了解舵系结构和检测方法</td></tr>
<tr><td>能力目标</td><td colspan="2">①能正确拆装增压器,检测增压器的缺陷或故障
②会利用平轴法对船舶轴系进行校中
③能对螺旋桨做静平衡试验,会判断螺旋桨是否平衡
④会测量螺旋桨螺距
⑤能用拉线法检测舵系中心线状态</td></tr>
<tr><td>素质目标</td><td colspan="2">①正确选用拆装工具或专用工具
②注意拆装现场清洁、人身安全等
③具备热爱科学、实事求是的学风、创新意识、创新精神和良好的团队合作精神</td></tr>
<tr><td colspan="2" rowspan="4">学习任务</td><td colspan="2">任务一　增压器的检修</td></tr>
<tr><td colspan="2">任务二　轴系的检修</td></tr>
<tr><td colspan="2">任务三　螺旋桨的检修</td></tr>
<tr><td colspan="2">任务四　舵系的检修</td></tr>
<tr><td colspan="2">相关知识</td><td colspan="2">增压器基本结构及工作特点、轴系、舵系的作用</td></tr>
<tr><td colspan="2">教学设备与媒体</td><td colspan="2">一体化教室、废气涡轮增压器、轴系校中设备、舵系</td></tr>
<tr><td colspan="2">考核评价</td><td colspan="2">学生自评、课堂评价和教师评价相结合</td></tr>
</table>

(六)考核评价

采取多元化的考核评价方法,重视实践和过程考核。考试形式与国家海事局船员统考接轨,既有理论考试,又有实训评估。每学期的成绩由三部分组成,即平时表现、过程考核成绩和课程终结考试成绩,所占比重分别为0.2、0.4、0.4;平时表现主要考查学生的课堂考勤、学习态度、作业完成情况等;过程考核主要考查学生的课堂提问的回答正确率,思考问题的深度,单元测验,实验报告,实训动手能力,分析能力,操作正确率,团队协作能力及责任心、纪律性和安全意识等;课程终结考试成绩主要考查每一学期的学习效果。

(七)教学条件

1. 实践条件

(1)校内实训教学条件

校内应有轮机维护与修理课程“教、学、做”一体化教室,轮机工程技术实训中心和船机维修综合实习基地。轮机维护与修理课程教学及实训实习基地结构和具体设备配备如下:

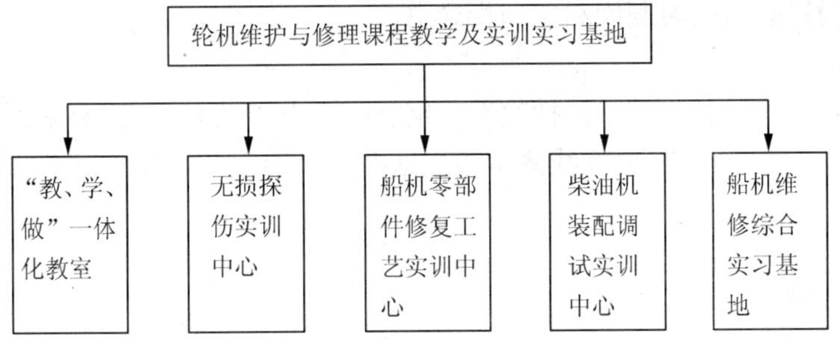

序号	场地、设施、设备	要求	备注
1	柴油机(拆装机)	4台	燃油系统完整
2	柴油机活塞、缸套、连杆、十字头、导板、滑块及测量量具	2套	缸径250 mm以上,含扭力仪
3	柴油机气缸盖(气阀)	1套	缸径250 mm以上,含液压拉伸器
4	中速机喷油泵	6台	
5	中速机喷油器	6只	
6	喷油器试验台	4台	
7	船舶舵机	1套	
8	磁粉探伤仪	4套	
9	轴系	2套	

(2)校外实训基地

建立校外实训基地不少于2个,实训基地可进行机修工艺过程的参观。

2. 师资条件

(1)专任教师

担任本课程的教师应满足下列条件之一:

具有甲类二管轮及以上适任证书,并具有不少于2年的航海教学经历;

具有中级及以上职称,并具有不少于6个月的海船三管轮及以上海上服务资历。

担任本课程的主讲教师必须满足以下条件之一:

持有甲类大管轮及以上高级船员适任证书,实际海上资历不少于24个月;

具有副高及以上职称,在轮机工程相关领域从事过不少于6个月的实践工作。

(2)企业兼职教师要求

担任专业实训课的企业兼职教师必须满足以下任职条件:

最近3年的海船服务经历不少于12个月或在航运公司从事船舶机务工作达12个月;

具有轮机工程专业全日制本科学历。

3. 教材选用

教材选用的原则:

①根据本课程标准选用近期内的国内公开出版的优秀教材;

②能够体现高职类教学的特点,如校企合作型、工学结合型、项目驱动型等;

③教材内容应不低于国家海事局适任证书考试大纲的要求;

④有相应的教辅资料、习题库和实训指导书。

4. 课程网络资源

建有轮机专业教学网络资源,包括教学大纲、课件、电子教案、教学录像、实训指导书、习题库、试卷库、参考文献、虚拟实训、在线测试等。这些资源有利于学生自主性学习,有利于满足不同学生的需求。

(八)实施建议

1. 教学模式

轮机维护与修理课程建议采用理实一体化的教学模式。该课程在工作过程系统化理念指导下,以培养符合国际标准的高端技能应用型人才为目标,以培养职业能力为主线,以学生为主体,以校企合作为基础,以真实的、典型的轮机零部件的检修项目为载体,通过项目实施,订单培养,工学交替,将"教、学、做"融为一体。故教学时,侧重在项目训练区通过实物、模拟仿真系统及到生产现场摄取的最新图片进行理实一体化教学。

2. 教学过程

教师示范动作要标准规范,讲解点拨要切中要害,深入浅出。课堂上应侧重培养学生自学能力,对理论知识中难点重点总结时精讲。教学中,要侧重培养学生职业能力,在完成项目任务的完整的工作过程中,侧重让学生掌握普适的工作过程六步骤:资讯、决策、计划、实施、检查、评价,使学生在其中掌握完整的思维过程,从而能获得一种迁移能力,以从容应对超出课程项目之外的全新的工作过程,实现自身未来的可持续性发展。

3. 教学方法

本课程教学时,应灵活采用多种教学方法,例如案例法、引导方法、角色扮演法等,以期取得最佳的教学效果。

4. 教学实施

本课程是一门实践性很强的专业技能课程,为保证教学效果,实训分组应尽量做到每组以8人为宜,最多不超过10人。

七、轮机英语课程标准

课程类型：项目化课程
适用专业：轮机工程技术
开设学期：第一学年第二学期，第二学年第三、四学期，第三学年第五学期
建议学时：187

（一）课程性质与作用

轮机英语是海洋船舶轮机工程技术（轮机管理）专业核心课程，是海船船员三管轮适任考试课程之一，是从事船舶机械设备运行、维护、安装、调试，航运部门机务管理的必修课程。

（二）课程目标

1. 课程总体目标

通过任务引导的项目活动，掌握海员培训、发证和值班标准国际公约（STCW 公约）关于轮机英语的理论知识；掌握船舶轮机专业英语词汇，具有一定的轮机工程方面的英文阅读能力和英文写作能力；并满足国家海事局对海船三管轮适任标准的要求和航运企业对操作级轮机员的英语技能要求。

2. 课程具体目标

（1）知识目标

熟悉船舶主机、辅机、电气与自动化及国际海事公约、规则等方面的英文词汇；

掌握轮机工程专业英语的常用语法和句法，专业文献的阅读及写作。

（2）能力目标

具备船舶主机、辅机、电气与自动化及国际海事公约等方面的常用英文词汇使用能力；

具备阅读轮机专业文献资料的能力；

具备轮机业务的英文书写能力；

具有良好的通信与沟通能力和涉外事务的处理能力。

（3）素质目标

具备良好的职业道德、工作责任心和吃苦耐劳的品质；

具备服从意识与团队协作精神；

具有良好的语言表达能力尤其是英语表达能力；

具有良好的行为习惯和人际关系，尊重他人、服从集体；

严格遵守劳动合同及涉外纪律；

具有良好的心理素质和应变能力。

（三）课程设计理念与思路

1. 课程设置依据

依据 STCW 公约马尼拉修正案、国家海事局高级船员最新考纲和现代船舶轮机管理的工作需求设置“轮机英语”课程；同时考虑到“以职业素质为基础，以适岗能力为本位”的教育教学指导思想和航海高职高专学生的认知规律，以满足远洋船舶轮机人才需求、船舶轮机岗位群

能力的需求和对于高级船员的适任要求。

2. 课程目标定位

培养轮机工程技术专业学生专业英语方面的能力,使学生能够掌握轮机工程专业词汇、语法、句法、具备专业英文文献的阅读和轮机业务书写的英文写作的能力。根据船舶轮机岗位群的三个级别(支持级、操作级、管理级),将课程的目标定位于操作级高级船员——二/三管轮。

3. 课程内容选择标准

根据 STCW 公约马尼拉修正案和国家海事局 2012 年 3 月颁布实施的高级船员最新考纲,确定课程内容,即将课程内容与国际公约对接、与国家海事局考试要求对接,建立"课证融通"的课程体系。同时,对课程内容的取舍,还要兼顾现代轮机管理的实际要求,征求航运企业专家的意见,做到与时俱进,实现课程内容与轮机现实要求的对接。

4. 项目设计思路

遵循"项目驱动、理实结合"的职业教育理念,采用以项目驱动的课程模式,将课程内容设计为 6 类项目 29 个任务:

- 船舶主推进装置;
- 船舶辅助机械;
- 船舶电气与自动化;
- 船舶轮机管理业务;
- 国际公约、规则;
- 轮机业务书写。

(四)课程内容结构安排

学习项目		学习任务	课时
1	船舶主推进装置	任务一　船舶动力装置概述	40
		任务二　船舶柴油机装置	
		任务三　船舶推进装置	
2	船舶辅助机械	任务一　船用锅炉	40
		任务二　船用泵	
		任务三　船舶制冷和空调装置	
		任务四　船舶防污染设备	
		任务五　分油机、空压机和海水淡化装置	
		任务六　船舶甲板机械	
3	船舶电气与自动化	任务一　船用发电机	26
		任务二　船用配电板	
		任务三　船舶电气设备	
		任务四　船舶自动化	

学习项目		学习任务	课时
4	船舶轮机管理业务	任务一　操作规程	32
		任务二　安全管理知识	
		任务三　油料、物料和备件的管理	
		任务四　船舶修理和检验	
		任务五　防污染管理及 PSC 检查	
		任务六　机舱资源管理的基本知识	
5	国际公约、规则	任务一　STCW 公约	22
		任务二　MARPOL 公约	
		任务三　SOLAS 公约	
		任务四　ILO 公约及其他公约和规则	
6	轮机业务书写	任务一　轮机日志与油类记录簿	27
		任务二　修理单	
		任务三　备件、物料订购单	
		任务四　事故报告	
		任务五　工作报告、信函、传真及电子邮件	
		任务六　正确书写轮机关键设备的操作规程	
总计			187

（五）教学内容与要求

项目一		船舶主推进装置	课时
			40
教学目标	知识目标	使学生掌握本项目的一些常用词汇、词组和特殊句型结构；了解相关专业英语的特点及语法结构特点；掌握本项目专业英语的翻译技巧	
	能力目标	使学生具有理解阅读与本项目相关的一般难度英文材料的能力；使学生具有借助词典阅读本专业领域中等难度的英语文章、翻译英语文章的能力	
	素质目标	使学生在学习过程中增进对外国的了解，激发学生的学习兴趣，发展学生的智力，提高他们的观察、注意、记忆、思维、想象、联想等能力；通过知识教学的过程培养学生的自学能力，培养学生的创新精神和实践能力，努力为学生的终身发展奠定语言基础和专业基础	
学习任务		任务一　船舶动力装置概述	
		任务二　船舶柴油机装置	
		任务三　船舶推进装置	
相关知识		本项目相关背景知识	
教学设备与媒体		教具、动画、多媒体课件	
考核评价		采用百分记分制，主要依据平时成绩和期末成绩评定	

<table>
<tr><td colspan="2" rowspan="2">项目二</td><td rowspan="2">船舶辅助机械</td><td>课时</td></tr>
<tr><td>40</td></tr>
<tr><td rowspan="3">教学目标</td><td>知识目标</td><td colspan="2">使学生掌握本项目的一些常用词汇、词组和特殊句型结构,了解相关专业英语的特点及语法结构特点;掌握本项目专业英语的翻译技巧</td></tr>
<tr><td>能力目标</td><td colspan="2">使学生具有理解阅读与本项目相关的一般难度英文材料的能力;使学生具有借助词典阅读本专业领域中等难度的英语文章、翻译英语文章的能力</td></tr>
<tr><td>素质目标</td><td colspan="2">使学生在学习过程中增进对外国的了解;激发学生的学习兴趣;发展学生的智力,提高他们的观察、注意、记忆、思维、想象、联想等能力;通过知识教学的过程培养学生的自学能力;培养学生的创新精神和实践能力,努力为学生的终身发展奠定语言基础和专业基础</td></tr>
<tr><td colspan="2" rowspan="6">学习任务</td><td colspan="2">任务一　船用锅炉</td></tr>
<tr><td colspan="2">任务二　船用泵</td></tr>
<tr><td colspan="2">任务三　船舶制冷和空调装置</td></tr>
<tr><td colspan="2">任务四　船舶防污染设备</td></tr>
<tr><td colspan="2">任务五　分油机、空压机和海水淡化装置</td></tr>
<tr><td colspan="2">任务六　船舶甲板机械</td></tr>
<tr><td colspan="2">相关知识</td><td colspan="2">本项目相关背景知识</td></tr>
<tr><td colspan="2">教学设备与媒体</td><td colspan="2">教具、动画、多媒体课件</td></tr>
<tr><td colspan="2">考核评价</td><td colspan="2">采用百分记分制,主要依据平时成绩和期末成绩评定</td></tr>
</table>

<table>
<tr><td colspan="2" rowspan="2">项目三</td><td rowspan="2">船舶电气与自动化</td><td>课时</td></tr>
<tr><td>26</td></tr>
<tr><td rowspan="3">教学目标</td><td>知识目标</td><td colspan="2">使学生掌握本项目的一些常用词汇、词组和特殊句型结构;了解相关专业英语的特点及语法结构特点;掌握本项目专业英语的翻译技巧</td></tr>
<tr><td>能力目标</td><td colspan="2">使学生具有理解阅读与本项目相关的一般难度英文材料的能力;使学生具有借助词典阅读本专业领域中等难度的英语文章、翻译英语文章的能力</td></tr>
<tr><td>素质目标</td><td colspan="2">使学生在学习过程中增进对外国的了解;激发学生的学习兴趣;发展学生的智力,提高他们的观察、注意、记忆、思维、想象、联想等能力;通过知识教学的过程培养学生的自学能力;培养学生的创新精神和实践能力,努力为学生的终身发展奠定语言基础和专业基础</td></tr>
<tr><td colspan="2" rowspan="4">学习任务</td><td colspan="2">任务一　船用发电机</td></tr>
<tr><td colspan="2">任务二　船用配电板</td></tr>
<tr><td colspan="2">任务三　船舶电气设备</td></tr>
<tr><td colspan="2">任务四　船舶自动化</td></tr>
<tr><td colspan="2">相关知识</td><td colspan="2">本项目相关背景知识</td></tr>
<tr><td colspan="2">教学设备与媒体</td><td colspan="2">教具、动画、多媒体课件</td></tr>
<tr><td colspan="2">考核评价</td><td colspan="2">采用百分记分制,主要依据平时成绩和期末成绩评定</td></tr>
</table>

<table>
<tr><td rowspan="2">项目四</td><td colspan="2" rowspan="2">船舶轮机管理业务</td><td>课时</td></tr>
<tr><td>32</td></tr>
<tr><td rowspan="3">教学目标</td><td>知识目标</td><td colspan="2">使学生掌握本项目的一些常用词汇、词组和特殊句型结构；了解相关专业英语的特点及语法结构特点；掌握本项目专业英语的翻译技巧</td></tr>
<tr><td>能力目标</td><td colspan="2">使学生具有理解阅读与本项目相关的一般难度英文材料的能力；使学生具有借助词典阅读本专业领域中等难度的英语文章、翻译英语文章的能力</td></tr>
<tr><td>素质目标</td><td colspan="2">使学生在学习过程中增进对外国的了解；激发学生的学习兴趣；发展学生的智力，提高他们的观察、注意、记忆、思维、想象、联想等能力；通过知识教学的过程培养学生的自学能力；培养学生的创新精神和实践能力，努力为学生的终身发展奠定语言基础和专业基础</td></tr>
<tr><td colspan="2" rowspan="6">学习任务</td><td colspan="2">任务一　操作规程</td></tr>
<tr><td colspan="2">任务二　安全管理知识</td></tr>
<tr><td colspan="2">任务三　油料、物料和备件的管理</td></tr>
<tr><td colspan="2">任务四　船舶修理和检验</td></tr>
<tr><td colspan="2">任务五　防污染管理及 PSC 检查</td></tr>
<tr><td colspan="2">任务六　机舱资源管理的基本知识</td></tr>
<tr><td colspan="2">相关知识</td><td colspan="2">本项目相关背景知识</td></tr>
<tr><td colspan="2">教学设备与媒体</td><td colspan="2">教具、动画、多媒体课件</td></tr>
<tr><td colspan="2">考核评价</td><td colspan="2">采用百分记分制，主要依据平时成绩和期末成绩评定</td></tr>
</table>

<table>
<tr><td rowspan="2">项目五</td><td colspan="2" rowspan="2">国际公约、规则</td><td>课时</td></tr>
<tr><td>22</td></tr>
<tr><td rowspan="3">教学目标</td><td>知识目标</td><td colspan="2">使学生掌握本项目的一些常用词汇、词组和特殊句型结构；了解相关专业英语的特点及语法结构特点；掌握本项目专业英语的翻译技巧</td></tr>
<tr><td>能力目标</td><td colspan="2">使学生具有理解阅读与本项目相关的一般难度英文材料的能力；使学生具有借助词典阅读本专业领域中等难度的英语文章、翻译英语文章的能力</td></tr>
<tr><td>素质目标</td><td colspan="2">使学生在学习过程中增进对外国的了解；激发学生的学习兴趣；发展学生的智力，提高他们的观察、注意、记忆、思维、想象、联想等能力；通过知识教学的过程培养学生的自学能力；培养学生的创新精神和实践能力，努力为学生的终身发展奠定语言基础和专业基础</td></tr>
<tr><td colspan="2" rowspan="4">学习任务</td><td colspan="2">任务一　STCW 公约</td></tr>
<tr><td colspan="2">任务二　MARPOL 公约</td></tr>
<tr><td colspan="2">任务三　SOLAS 公约</td></tr>
<tr><td colspan="2">任务四　ILO 公约及其他公约和规则</td></tr>
<tr><td colspan="2">相关知识</td><td colspan="2">本项目相关背景知识</td></tr>
<tr><td colspan="2">教学设备与媒体</td><td colspan="2">教具、动画、多媒体课件</td></tr>
<tr><td colspan="2">考核评价</td><td colspan="2">采用百分记分制，主要依据平时成绩和期末成绩评定</td></tr>
</table>

<table>
<tr><td colspan="2" rowspan="2">项目六</td><td rowspan="2">轮机业务书写</td><td>课时</td></tr>
<tr><td>27</td></tr>
<tr><td rowspan="3">教学目标</td><td>知识目标</td><td colspan="2">通过翻译实践，使学生掌握英汉两种语言在词义、词序、语法、修辞、文化背景等方面的不同，了解翻译基础理论</td></tr>
<tr><td>能力目标</td><td colspan="2">使学生能正确用英文书写轮机日志、修理单、轮机关键设备的操作规程等，提高独立从事轮机专业汉译英工作的能力</td></tr>
<tr><td>素质目标</td><td colspan="2">使学生在学习过程中增进对外国的了解；激发学生的学习兴趣；发展学生的智力，提高他们的观察、注意、记忆、思维、想象、联想等能力；通过知识教学的过程培养学生的自学能力；培养学生的创新精神和实践能力，努力为学生的终身发展奠定语言基础和专业基础</td></tr>
<tr><td colspan="2" rowspan="6">学习任务</td><td colspan="2">任务一　轮机日志与油类记录簿</td></tr>
<tr><td colspan="2">任务二　修理单</td></tr>
<tr><td colspan="2">任务三　备件、物料订购单</td></tr>
<tr><td colspan="2">任务四　事故报告</td></tr>
<tr><td colspan="2">任务五　工作报告、信函、传真及电子邮件</td></tr>
<tr><td colspan="2">任务六　正确书写轮机关键设备的操作规程</td></tr>
<tr><td colspan="2">相关知识</td><td colspan="2">本项目相关背景知识</td></tr>
<tr><td colspan="2">教学设备与媒体</td><td colspan="2">多媒体课件</td></tr>
<tr><td colspan="2">考核评价</td><td colspan="2">采用百分记分制，主要依据平时成绩和期末成绩评定</td></tr>
</table>

（六）考核评价

考试方式要突出多样性、针对性、生动性。采用百分记分制，课程考核借鉴海事局对船员适任证书的考核方法，期末成绩占70%，平时考核成绩占30%，课程期末成绩由专业英语阅读与理解和书写两部分组成，阅读与理解占80%，书写占20%。平时考核由学生学习态度评价（考勤、团队项目协作）、自主学习能力评价（独立完成作业）、表述能力评价（讨论和回答提问）组成，分别占30%、40%、30%。

（七）教学条件

1. 实践条件

具备状态良好的多媒体教室、语音室、听音室、放像室和录音机。

2. 师资条件

①具有中级及以上职称，并具有不少于6个月的海上服务资历。

②具有不少于1年的二管轮海上服务资历，并具有不少于1年的航海教学经历。

3. 教材选用

教材选用的原则：

①近四五年内的国内公开出版的优秀教材；

②能够体现高职类教学的特点，如校企合作型、工学结合型、项目驱动型等；

③教材内容应不低于国家海事局适任证书考试大纲的要求；

④有相应教辅资料、习题库和实训指导书。

4. 课程网络资源

建有轮机专业教学网络资源，包括教学大纲、课件、电子教案、教学录像、实训指导书、习题库、试卷库、参考文献、虚拟实训、在线测试等。这些资源有利于学生自主学习，满足不同学生的需求。

（八）实施建议

1. 教学方法

在轮机专业英语课堂教学过程中，为达到良好的效果，应树立新的教学观念，改变过去以教师讲授为主的局面，将教师"一言堂""填鸭式"的教学模式转变为相互交流的教学模式、以学生为中心的英语课堂交际教学模式。结合高职高专学生的自身特点与现实需要，教师要充分发挥其主导作用，注重基本语言能力的培养，设计出能激发学生兴趣，促进学生独立思考的教学方案，从而起到启发、鼓励、组织、引导的作用。

2. 教学模式

①互动交流教学模式；

②课堂情景交际教学模式；

③恰当运用幻灯投影教学，配以适当的系统图。

3. 教学内容的组织与安排

在组织教学活动过程中，要注意从易到难，循序渐进，既不能让基础差的同学感到任务太难而产生挫败感，又不能让基础好的同学因任务简单而失去兴趣。组织、管理好日常教学活动，尽量激发学生的参与意识，让所有学生从语言实践活动中收益，让学生通过语言实践掌握语言知识重点和交际技能，使学生在参与中体验乐趣，以取得良好的教学效果。让学生在无意识、无压力、无忧虑的环境中，通过语言交流实践，使所学的东西潜移默化地进入学生的潜意识中。

考虑轮机英语的课程特点，应在与其他专业课教学设置的先后顺序上做好妥当安排：其一，轮机专业英语课在课程设置上属于专业课，而专业课应在学生学完基础课和专业基础课之后学习，这样安排才符合各专业知识学习的规律。其二，轮机专业英语是在基础英语学习积累的基础上融入专业知识，譬如船舶柴油机原理构造、辅机管理维护、电气设备使用和自动化控制理论，侧重于专业词汇的积累和专业知识英文版的学习理解及灵活应用，使学生今后借助工具书能看懂轮机方面的相关资料、说明书和业务电函并能翻译相关资料，而不侧重于语法知识的讲解。所以在学习专业英语之前或同时必须具备或学习专业课知识，即轮机方面的知识。

基于以上两点，在课程安排先后顺序上最好将轮机专业英语课安排在轮机专业课之后，至少应与轮机专业课安排在同一学期学习，这样学生能很容易看懂轮机英语中的课文和阅读材料，并理解其中的专业知识，反之效果极差。

八、轮机自动化课程标准

课程类型:理实一体课
适用专业:轮机工程技术
开设学期:第二学年第四学期,第三学年第五学期
建议学时:90

(一)课程性质与作用

轮机自动化是海洋船舶轮机工程技术专业核心课程,是海船船员三管轮适任考试课程之一,是从事船舶控制设备运行、维护、安装、调试,航运部门机务管理的必修课程。

(二)课程目标

按照STCW公约马尼拉修正案、中华人民共和国海船船员适任考试和发证规则、中华人民共和国轮机自动化课程考试大纲所规定的船舶轮机员(三管轮)适任标准与岗位能力标准,确定本课程的知识目标、能力目标以及素质目标。

1.知识目标

能表述自动控制系统的基本组成和动态过程形式;
能表述调节规律的类型、作用和特点;
能表述常用传感器、变送器、调节器、执行机构的作用、基本原理和特点;
能表述典型的机舱自动控制系统的作用、组成和工作原理;
能表述主机遥控系统的类型、组成和主要功能;
能表述机舱监视与报警系统的类型和主要功能;
能表述火灾自动报警系统的类型、主要功能和特点。

2.能力目标

具备变送器、调节器、执行机构等自动化仪表的使用操作与调整的能力;
具备冷却水温度、燃油供油单元、燃油净油单元、燃油辅锅炉、自清滤器、阀门遥控及液舱遥测等自动控制系统的操作与管理能力;
具备主机遥控系统的操作与管理能力;
具备机舱监视与报警系统的操作与管理能力;
能表述自动控制系统典型故障的成因和排除故障的基本思路。

3.素质目标

具有良好的职业道德、工作责任心和吃苦耐劳的品质;
具备服从意识与团队协作精神;
具有良好的行为习惯和人际关系,尊重他人、服从集体;
具有良好的心理素质和应变的能力;
具有敏捷的情景意识与正确判断的能力。

(三)课程设计理念与思路

1. 课程设置依据

依据 STCW 公约马尼拉修正案和国家海事局高级船员最新考纲和现代船舶轮机管理的工作需求设置“轮机自动化”课程,同时考虑到“以职业素质为基础,以适岗能力为本位”的教育教学指导思想和航海高职高专学生的认知规律,以满足远洋船舶轮机人才需求、船舶轮机岗位群能力的需求和对于高级船员的适任要求。

2. 课程目标定位

培养轮机工程技术专业学生操作和管理船舶自动控制系统的能力,使学生能够掌握控制设备的结构原理及系统的组成原理,具有管理、维护控制设备的动手能力和分析排除自动化设备故障的应用能力。根据船舶轮机岗位群的三个级别(支持级、操作级、管理级),将课程的目标定位于操作级高级船员——二/三管轮。

3. 课程内容选择标准

根据 STCW 公约马尼拉修正案和国家海事局 2012 年 3 月颁布实施的高级船员最新考纲,确定课程内容,即将课程内容与国际公约对接、与国家海事局考试要求对接,建立“课证融通”的课程体系。同时,对课程内容的取舍,还要兼顾现代轮机系统管理的实际要求,征求航运企业专家的意见,做到与时俱进,实现课程内容与轮机现实要求的对接。

4. 项目设计思路

遵循“项目驱动、理实结合”的职业教育理念,采用以项目驱动的课程模式,将课程内容设计为五类项目 30 个学习任务:

· 船舶反馈控制系统基础;
· 船舶机舱辅助控制系统;
· 船舶主机遥控系统;
· 船舶机舱监测与报警系统;
· 船舶火灾自动报警系统。

(四)课程内容结构安排

学习项目		学习任务	课时
1	船舶反馈控制系统基础	任务一　反馈控制相关基本概念的认知	20
		任务二　自动化仪表的认知	
		任务三　调节器的认知	
		任务四　传感器与变送器的认知	
		任务五　执行机构的认知	
		任务六　反馈控制系统的参数调整	

学习项目		学习任务	课时
2	船舶机舱辅助控制系统	任务一　冷却水温度控制系统管理与维护	26
		任务二　燃油供油单元自动控制系统管理与维护	
		任务三　燃油净油单元自动控制系统管理与维护	
		任务四　自清洗滤器的管理与维护	
		任务五　阀门遥控及液舱遥测系统管理与维护	
		任务六　船舶蒸汽锅炉自动控制系统管理与维护	
3	船舶主机遥控系统	任务一　主机遥控系统的组成、功能及类型的认知	28
		任务二　主机遥控系统主要气动阀件的认知	
		任务三　车钟系统管理与维护	
		任务四　主机遥控系统的逻辑控制的分析	
		任务五　主机转速与负荷的控制和限制的分析	
		任务六　电/气转换装置及执行机构维护与管理	
		任务七　MAN B&W 主机气动操纵系统识图	
		任务八　微机控制的主机遥控系统管理与维护	
		任务九　现场总线型主机遥控系统管理与维护	
4	船舶机舱监测与报警系统	任务一　船舶机舱监测与报警系统组成及功能认知	10
		任务二　单元组合式监测与报警系统管理与维护	
		任务三　网络型监测与报警系统管理与维护	
		任务四　曲轴箱油雾浓度监视报警系统管理与维护	
5	船舶火灾自动报警系统	任务一　火灾自动报警系统的组成、功能及类别的认知	6
		任务二　火灾探测方法分析	
		任务三　火灾探测器的故障诊断	
		任务四　干货舱自动探火及报警系统管理与维护	
		任务五　易燃气体探测系统管理与维护	
总计			90

(五)教学内容与要求

<table>
<tr><td colspan="2" rowspan="2">项目一</td><td rowspan="2">船舶反馈控制系统基础</td><td>课时</td></tr>
<tr><td>20</td></tr>
<tr><td rowspan="3">教学目标</td><td>知识目标</td><td colspan="2">①掌握自动控制系统的组成及品质指标
②掌握位式、比例、比例积分、比例微分、比例积分微分调节规律的作用机理及特点
③了解气动仪表组成原理及调整方法
④掌握常用传感器及变送器的结构特点及工作原理
⑤掌握执行机构的类型及特点</td></tr>
<tr><td>能力目标</td><td colspan="2">①能在短时间内准确调整 PID 参数
②能正确操作差压变送器
③能校调与更换机舱常用传感器</td></tr>
<tr><td>素质目标</td><td colspan="2">具有良好的行为规范、职业道德和职业技能,服从、安全、环保意识,交际、沟通、团队协作、语言表达能力,良好的心理素质和应变能力,组织和领导才能</td></tr>
<tr><td colspan="2" rowspan="6">学习任务</td><td colspan="2">任务一　反馈控制相关基本概念的认知</td></tr>
<tr><td colspan="2">任务二　自动化仪表的认知</td></tr>
<tr><td colspan="2">任务三　调节器的认知</td></tr>
<tr><td colspan="2">任务四　传感器与变送器的认知</td></tr>
<tr><td colspan="2">任务五　执行机构的认知</td></tr>
<tr><td colspan="2">任务六　反馈控制系统的参数调整</td></tr>
<tr><td colspan="2">相关知识</td><td colspan="2">电工与电子技术</td></tr>
<tr><td colspan="2">教学设备与媒体</td><td colspan="2">各类传感器、气动差压变送器、电动差压变送器、调节器等;多媒体教室</td></tr>
<tr><td colspan="2">考核评价</td><td colspan="2">理论考核、实操评估</td></tr>
</table>

<table>
<tr><td colspan="2" rowspan="2">项目二</td><td rowspan="2">船舶机舱辅助控制系统</td><td>课时</td></tr>
<tr><td>26</td></tr>
<tr><td rowspan="3">教学目标</td><td>知识目标</td><td colspan="2">①掌握冷却水温度控制系统的组成及工作原理
②掌握燃油供油单元自动控制系统组成及工作原理
③了解燃油净油单元自动控制系统的组成及工作原理
④了解阀门遥控系统和液舱遥测系统的组成及工作原理
⑤掌握辅锅炉水位控制、蒸汽压力的控制实现,辅锅炉燃烧时序控制机理,主要控制元件结构特点及安全保护功能</td></tr>
<tr><td>能力目标</td><td colspan="2">①能操作与管理冷却水温度自动控制系统
②能操作与管理燃油供油单元自动控制系统
③能操作与管理燃油净油单元自动控制系统
④能操作与管理阀门遥控及液舱遥测系统
⑤能操作与管理辅锅炉自动控制系统</td></tr>
<tr><td>素质目标</td><td colspan="2">具有良好的行为规范、职业道德和职业技能,服从、安全、环保意识,交际、沟通、团队协作、语言表达能力,良好的心理素质和应变能力,组织和领导才能</td></tr>
<tr><td colspan="2" rowspan="6">学习任务</td><td colspan="2">任务一　冷却水温度控制系统管理与维护</td></tr>
<tr><td colspan="2">任务二　燃油供油单元自动控制系统管理与维护</td></tr>
<tr><td colspan="2">任务三　燃油净油单元自动控制系统管理与维护</td></tr>
<tr><td colspan="2">任务四　自清洗滤器的管理与维护</td></tr>
<tr><td colspan="2">任务五　阀门遥控及液舱遥测系统管理与维护</td></tr>
<tr><td colspan="2">任务六　船舶蒸汽锅炉自动控制系统管理与维护</td></tr>
<tr><td colspan="2">相关知识</td><td colspan="2">船舶辅机、船舶电气</td></tr>
<tr><td colspan="2">教学设备与媒体</td><td colspan="2">自动化机舱、轮机模拟器、自动控制系统实验室;多媒体教室</td></tr>
<tr><td colspan="2">考核评价</td><td colspan="2">理论考核、实操评估</td></tr>
</table>

<table>
<tr><td colspan="2" rowspan="2">项目三</td><td rowspan="2">船舶主机遥控系统</td><td>课时</td></tr>
<tr><td>28</td></tr>
<tr><td rowspan="3">教学目标</td><td>知识目标</td><td colspan="2">①掌握主机遥控系统的组成、主要功能及类型
②了解气动操纵系统中的主要元部件
③掌握车钟系统及操纵部位转换的条件和方法
④理解主机转速与负荷的控制和限制功能
⑤掌握 MAN B&W 主机气动操纵系统工作原理
⑥了解 AUTOCHIEF 系列微机型和网络型主机遥控系统的特点</td></tr>
<tr><td>能力目标</td><td colspan="2">①能理解主机逻辑控制及转速控制的实现
②能正确管理与维护主机气动操纵系统,并诊断典型故障
③能熟练操作 AUTOCHIEF 4 和 AUTOCHIEF C20 等典型主机遥控系统</td></tr>
<tr><td>素质目标</td><td colspan="2">具有良好的行为规范、职业道德和职业技能,服从、安全、环保意识,交际、沟通、团队协作、语言表达能力,良好的心理素质和应变能力,组织和领导才能</td></tr>
<tr><td colspan="2" rowspan="9">学习任务</td><td colspan="2">任务一　主机遥控系统的组成、功能及类型的认知</td></tr>
<tr><td colspan="2">任务二　主机遥控系统主要气动阀件的认知</td></tr>
<tr><td colspan="2">任务三　车钟系统管理与维护</td></tr>
<tr><td colspan="2">任务四　主机遥控系统的逻辑控制的分析</td></tr>
<tr><td colspan="2">任务五　主机转速与负荷的控制和限制的分析</td></tr>
<tr><td colspan="2">任务六　电/气转换装置及执行机构维护与管理</td></tr>
<tr><td colspan="2">任务七　MAN B&W 主机气动操纵系统识图</td></tr>
<tr><td colspan="2">任务八　微机控制的主机遥控系统管理与维护</td></tr>
<tr><td colspan="2">任务九　现场总线型主机遥控系统管理与维护</td></tr>
<tr><td colspan="2">相关知识</td><td colspan="2">船舶主推进装置</td></tr>
<tr><td colspan="2">教学设备与媒体</td><td colspan="2">自动化机舱、轮机模拟器;多媒体教室</td></tr>
<tr><td colspan="2">考核评价</td><td colspan="2">理论考核、实操评估</td></tr>
</table>

<table>
<tr><td colspan="2" rowspan="2">项目四</td><td rowspan="2">船舶机舱监测与报警系统</td><td>课时</td></tr>
<tr><td>10</td></tr>
<tr><td rowspan="3">教学目标</td><td>知识目标</td><td colspan="2">①掌握船舶机舱监测与报警系统组成及主要功能
②掌握单元组合式监测与报警系统组成原理
③了解网络型监测与报警系统(K- Chief500/DC C20)的组成
④掌握曲轴箱油雾浓度系统的组成及工作原理</td></tr>
<tr><td>能力目标</td><td colspan="2">①能正确调整模拟量和开关量的报警值
②能完成典型网络型监测报警系统(如 DC C20、K-C500)的基本操作
③能操作与管理 Mark-6 型曲轴箱油雾浓度监视报警系统</td></tr>
<tr><td>素质目标</td><td colspan="2">具有良好的行为规范、职业道德和职业技能,服从、安全、环保意识,交际、沟通、团队协作、语言表达能力,良好的心理素质和应变能力,组织和领导才能</td></tr>
<tr><td colspan="2" rowspan="4">学习任务</td><td colspan="2">任务一　船舶机舱监测与报警系统组成及功能认知</td></tr>
<tr><td colspan="2">任务二　单元组合式监测与报警系统管理与维护</td></tr>
<tr><td colspan="2">任务三　网络型监测与报警系统管理与维护</td></tr>
<tr><td colspan="2">任务四　曲轴箱油雾浓度监视报警系统管理与维护</td></tr>
<tr><td colspan="2">相关知识</td><td colspan="2">电工与电子技术</td></tr>
<tr><td colspan="2">教学设备与媒体</td><td colspan="2">机舱监测与报警系统、曲轴箱油雾浓度监视器;多媒体教室</td></tr>
<tr><td colspan="2">考核评价</td><td colspan="2">理论考核、实操评估</td></tr>
</table>

<table>
<tr><td colspan="2" rowspan="2">项目五</td><td rowspan="2">船舶火灾自动报警系统</td><td>课时</td></tr>
<tr><td>6</td></tr>
<tr><td rowspan="3">教学目标</td><td>知识目标</td><td colspan="2">①掌握火灾自动报警系统的基本类别及基本功能
②了解火灾探测的方法及特点,熟悉各种火灾探测器的工作原理及特点
③掌握干货舱自动探火及报警系统的组成及工作原理
④了解易燃气体探测系统的组成和基本原理</td></tr>
<tr><td>能力目标</td><td colspan="2">①能校调和连接火灾探测回路(分路)
②能诊断火灾探测器故障
③能操作与管理典型火灾报警系统</td></tr>
<tr><td>素质目标</td><td colspan="2">具有良好的行为规范、职业道德和职业技能,服从、安全、环保意识,交际、沟通、团队协作、语言表达能力,良好的心理素质和应变能力,组织和领导才能</td></tr>
<tr><td colspan="2" rowspan="5">学习任务</td><td colspan="2">任务一　火灾自动报警系统的组成、功能及类别的认知</td></tr>
<tr><td colspan="2">任务二　火灾探测方法分析</td></tr>
<tr><td colspan="2">任务三　火灾探测器的故障诊断</td></tr>
<tr><td colspan="2">任务四　干货舱自动探火及报警系统管理与维护</td></tr>
<tr><td colspan="2">任务五　易燃气体探测系统管理与维护</td></tr>
<tr><td colspan="2">相关知识</td><td colspan="2">电工与电子技术</td></tr>
<tr><td colspan="2">教学设备与媒体</td><td colspan="2">火灾探测器、火灾自动报警装置;多媒体教室</td></tr>
<tr><td colspan="2">考核评价</td><td colspan="2">理论考核、实操评估</td></tr>
</table>

(六)考核评价

完善的学生考核评价体系的建立是综合评判本课程教学效果和教学质量的重要指标之一。本课程的考试成绩采用百分制,由课程学习的过程性考核成绩和期末课程终结性考核成绩组成。

1. 过程性考核成绩

占总成绩的30%,由以下部分组成:

①课程学习的平时考核成绩包括课堂考勤、测验、作业、课堂提问、学习态度等,占总成绩的10%。

②课程实训项目成绩占总成绩的20%。实训项目教学考核采用海事局认可的评估题卡对船员技能适任能力考核,每张题卡有评估题目、评分要素及评分标准等。成绩评价主要考虑以下方面:

· 学生学习态度评价(职业责任心和严谨工作作风);

· 自主学习能力评价(独立完成能力);

· 表述能力评价(讨论和回答问题的能力);

· 团队合作及协作学习能力评价(项目合作及协作能力);

· 综合能力评价(实践操作动手能力)。

2. 期末终结性考核成绩

占总成绩的70%,采取闭卷笔试的方式进行,考试时间为100分钟。

(七)教学条件

1. 实践条件

(1)校内实训教学条件

应充分利用自动控制实训室、轮机模拟器、自动化机舱等设施设备进行实践教学,注重实验项目的开发和应用,具体设备配备不低于下表:

序号	场地、设备、设施	要求	备注
1	压力传感器	5套	多种规格
2	温度传感器	5套	多种规格
3	可编程控制器	10套	西门子、三菱等
4	辅锅炉自动控制系统	2套	
5	分油机自动控制系统	2套	
6	燃油黏度自动控制系统	2套	
7	油雾浓度监测系统	1套	
8	冷却水温度自动控制系统	2套	
9	轮机模拟器(单机版和实物版)	各1套	至少包含:主机遥控、监测报警、辅机操作、自动化电站、模拟机舱、CPP模拟系统、燃油锅炉模拟等
10	自动化机舱	1套	AUTO-0级

(2)校外实训基地

建立校外实训基地不少于2个,每个实训基地至少有4条3000 kW及以上且船龄15年以内船舶,50%以上船员自有,可进行实船认识实习。

2. 师资条件

(1)专任教师

担任本课程的教师应满足下列条件之一:

具有副高及以上职称,不少于2年甲类大管轮的海上服务资历;

具有不少于2年的海船电机员海上服务资历或海船电气工作资历。

(2)企业兼职教师要求

企业兼职教师必须满足以下任职条件:

具有甲类大管轮的海上服务资历;

具有不少于2年的海船电机员海上服务资历。

3. 教材选用

教材选用原则:

①近两三年内的国内公开出版的优秀教材;

②能够体现高职类教学的特点,如校企合作型、工学结合型、项目驱动型等;

③教材内容应不低于国家海事局适任证书考试大纲的要求;

④有相应教辅资料、习题库和实训指导书。

4. 课程网络资源

建有轮机专业教学网络资源,包括教学大纲、课件、电子教案、教学录像、实训指导书、习题库、试卷库、参考文献、虚拟实训、在线测试等。这些资源有利于学生自主性学习,有利于满足不同学生的需求。

(八)实施建议

①从培养合格轮机员的目标出发,切实做到因材施教,理论知识的教学应遵循“以必需、够用为度”的原则。

②应采取适合高职教育特点的教学方式,注意激发学生的学习兴趣。重视对学生学习方法的指导,注意给学生留有一定的思维活动空间,发挥教与学两方面的积极性,提高教学质量和教学水平。

③注重现代化教学手段的应用和现代化教学资源的开发和利用,注意船舶设备资料的利用,增加教学信息量、提高教学效率。

④加强与船公司、船员及机务人员的联系,课堂教学中可以结合教学内容,适当引入典型故障案例,组织、引导学生分析与探讨故障原因,培养学生分析、排除故障的能力。

⑤建立数字化教学平台,实现跨学校多媒体资源(包括电子教案、多媒体课件、习题库等)的共享,以提高课程资源利用效率。

九、动力设备拆装课程标准

课程类型:单列实训课程

适用专业:轮机工程技术

开设学期:第三学年第五学期

建议学时:48

(一)课程性质与作用

动力设备拆装属于单列实践教学课程,是海洋船舶轮机工程技术(轮机管理)专业核心课程,是海船船员三管轮适任评估考试课程之一,是从事船舶机械设备运行、维护、安装、调试,航运部门机务管理的必修课程。

(二)课程目标

1.课程总体目标

通过任务引导的项目活动,掌握海员培训、发证和值班标准国际公约(STCW 公约)关于船舶机械设备拆装与操作的要求;掌握船舶机械设备的基本结构;熟悉船舶柴油机、船舶各类辅助机械设备的原理;掌握船舶动力设备拆装、保养、检修方法;了解动力设备拆装的安全规则;具有一定的船舶机械设备故障分析能力和解决能力;满足国家海事局海船三管轮适任标准对操作级轮机员动力设备拆装评估技能的要求。

2.课程具体目标

(1)知识目标

熟悉柴油机及其系统;

熟悉船舶辅助设备及其系统;

熟悉柴油机检测要求及相关行业标准;

熟悉船舶辅助设备检测要求及相关行业标准;

掌握相关检测设备及仪表的使用方法;

掌握编写设备保养计划的相关要求。

(2)能力目标

具有正确安全使用各类工具及量具的能力;

具有对柴油机燃烧室组件拆检、调节的能力;

具有对柴油机燃油系统设备进行拆检、调节的能力;

具有对柴油机主轴承、曲轴进行拆检、调节的能力;

具有对各类船用泵进行拆检、调节的能力;

具有对压缩机进行拆检、调节的能力;

具有对辅助锅炉附件进行拆检、调节的能力。

(3)素质目标

具有良好的职业道德;

具有吃苦耐劳的精神;

树立积极向上的人生价值观;

具备团队协作能力；

具备自主学习能力；

具有良好的安全意识、环保和海事执行公约的能力。

(三)课程设计理念与思路

1. 课程设置依据

依据 STCW 公约马尼拉修正案和国家海事局高级船员最新考纲和现代船舶轮机管理的工作需求设置“动力设备拆装”课程，同时考虑到“以职业素质为基础，以适岗能力为本位”的教育教学指导思想和航海高职高专学生的认知规律，以满足远洋船舶轮机人才需求、船舶轮机岗位群能力的需求和对于高级船员的适任要求。

2. 课程目标定位

培养轮机工程技术专业学生拆装、操作和管理船舶机械设备的能力，使学生能够掌握船舶机械设备的结构、工作原理，具有拆装、维修船舶机械设备的技能，分析排除机械设备故障的应用能力。学生毕业后能胜任值班机工维修、保养技能要求，工作一年后能胜任三管轮维修、保养技能要求。

3. 课程内容选择标准

根据 STCW 公约马尼拉修正案和国家海事局 2012 年 3 月颁布实施的海船船员最新考纲，确定课程内容，即将课程内容与国际公约对接、与国家海事局船员评估考试要求对接，建立“课证融通”的课程体系。同时，对课程内容的取舍，兼顾现代轮机管理的实际和航运企业对学生的要求，做到与时俱进，实现课程内容与轮机现实要求的对接。

4. 项目设计思路

遵循“项目驱动、任务引领、训练为主、指导为辅”的职业教育原则，采用专项训练的课程模式，将课程内容设计为 19 项训练项目：

· 气缸盖的拆装与检查，液压拉伸器的使用和管理；

· 气缸启动阀、安全阀、示功阀、空气分配器的拆装与检修；

· 气阀机构的拆装与检查、气阀的研磨与密封面检查；

· 气阀间隙与气阀定时的测量与调整；

· 气缸套的拆装与测量、圆度和圆柱度的计算；

· 活塞组件的拆装与解体，活塞的测量与圆度和圆柱度的计算，活塞销及连杆小端轴承间隙的测量；

· 活塞环的拆装与检查，活塞环天地间隙、搭口间隙、活塞环厚度及活塞环槽的测量；

· 连杆、连杆大端轴瓦和连杆螺栓的拆装与检查，连杆螺栓的上紧方法，曲轴销的测量；

· 主轴承的拆装与测量以及轴承间隙的测量；

· 喷油泵的拆装与检修、密封性的检查与处理；

· 供油定时的检查与调整；

· 喷油器的拆装与检修、启阀压力的检查与调节；

· 曲轴臂距差的测量与计算、曲轴轴线的状态分析；

· 分油机的解体、检查与装复；

· 离心泵的拆装与检修；

· 往复泵的拆装与检修；
· 齿轮泵的拆检与测量；
· 活塞式空气压缩机的解体、检修及装复；
· 锅炉附件的拆装。

(四)课程内容结构安排

训练项目		训练要求	课时
1	气缸盖的拆装与检查,液压拉伸器的使用和管理	①正确使用液压拉伸器及其他专用工具	2
		②正确安全将气缸盖进行拆卸与安装	
		③正确检查气缸盖	
2	气缸启动阀、安全阀、示功阀、空气分配器的拆装与检修	①正确拆装、检查、安装空气分配器	2
		②正确拆装、检查、安装气缸启动阀	
		③正确拆装、检查、安装示功阀	
		④正确拆装、检查、安装安全阀	
3	气阀机构的拆装与检查、气阀的研磨与密封面检查	①正确使用专用工具拆装气阀	2
		②正确研磨气阀	
		③正确对研磨后的气阀进行检漏	
4	气阀间隙与气阀定时的测量与调整	①正确检查柴油机气阀间隙	2
		②正确检查柴油机气阀定时	
		③正确调整柴油机气阀间隙与定时	
5	气缸套的拆装与测量、圆度和圆柱度的计算	①正确使用专用工具拆装气缸套	2
		②正确对气缸套进行检修	
		③正确使用内径千分尺与量缸表	
		④正确测量缸套内径	
		⑤正确计算圆度、圆柱度、磨损量、磨损率等	
6	活塞组件的拆装与解体,活塞的测量与圆度和圆柱度的计算,活塞销及连杆小端轴承间隙的测量	①正确安全使用起重设备抽取与安装活塞连杆组件	2
		②正确对连杆组件进行拆卸与安装	
		③活塞、活塞销的测量	
		④正确计算圆度、圆柱度等	
		⑤正确对轴承小端进行间隙测量	
7	活塞环的拆装与检查,活塞环天地间隙、搭口间隙、活塞环厚度及活塞环槽的测量	①正确使用专用工具拆装活塞环	2
		②正确对活塞环进行检查与测量	
		③正确对活塞环的天地间隙、搭口间隙进行测量与记录	

训练项目		训练要求	课时
8	连杆、连杆大端轴瓦和连杆螺栓的拆装与检查,连杆螺栓的上紧方法,曲轴销的测量	①正确使用专用工具拆装连杆大端	2
		②连杆螺栓的正确检查	
		③曲轴销的测量	
9	主轴承的拆装与测量以及轴承间隙的测量	①正确使用工具拆装主轴承	2
		②正确对主轴承进行间隙测量	
10	喷油泵的拆装与检修、密封性的检查与处理	①正确使用工具拆装高压油泵	4
		②正确检查精密偶件	
11	供油定时的检查与调整	①正确检查柴油机供油定时	2
		②正确调整供油定时	
12	喷油器的拆装与检修、启阀压力的检查与调节	①正确使用工具拆装喷油器	4
		②正确对喷油器进行压力检调	
		③正确对喷油器进行密封性、雾化等试验	
13	曲轴臂距差的测量与计算、曲轴轴线的状态分析	①正确使用臂距表	2
		②正确测量臂距差	
		③正确进行曲轴轴线状态分析	
14	分油机的解体、检查与装复	①正确使用专用工具拆装分油机	4
		②正确对分油机进行清洗	
		③正确进行检修	
15	离心泵的拆装与检修	①正确使用专用工具拆装离心泵	2
		②正确对泵各部件进行检修	
16	往复泵的拆装与检修	①正确使用专用工具拆装往复泵	2
		②正确对往复泵各部件进行检修	
17	齿轮泵的拆检与测量	①正确拆装齿轮泵	2
		②正确检查齿轮泵	
		③正确对齿轮泵进行间隙测量	
18	活塞式空气压缩机的解体、检修及装复	①正确使用工具拆装空压机	4
		②正确对空压机进行检修	
		③空压机阀片研磨	

训练项目		训练要求	课时
19	锅炉附件的拆装	①锅炉给水阀的拆检	4
		②锅炉排污阀的拆检	
		③锅炉水位计的拆检	
		④锅炉喷油嘴的拆检	
总 计			48

(五)教学内容与要求

项目一		气缸盖的拆装与检查,液压拉伸器的使用和管理	课时 2
教学目标	知识目标	①掌握拆装安全规则 ②了解气缸盖的结构与作用 ③了解气缸盖附件	
	能力目标	①正确安全使用起重设备 ②拆装常用工具及专用工具的选取和使用;液压拉伸器的使用和管理 ③正确拆装气缸盖 ④外观检验与密封性试验	
	素质目标	①具有良好的职业道德 ②具有吃苦耐劳的精神 ③具备团队协作能力 ④具备自主学习能力	
训练要求		①正确使用液压拉伸器及其他专用工具	
		②正确安全将气缸盖进行拆卸与安装	
		③正确检查气缸盖	
相关知识		①与气缸盖相连的部件 ②常用的气缸盖材质	
教学设备与媒体		船用柴油机、液压拉伸器、起重设备、常用拆装工具等	
考核评价		能正确使用专用工具拆装和检查气缸盖	

<table>
<tr><td colspan="2" rowspan="2">项目二</td><td rowspan="2">气缸启动阀、安全阀、示功阀、
空气分配器的拆装与检修</td><td>课时</td></tr>
<tr><td>2</td></tr>
<tr><td rowspan="3">教学目标</td><td>知识目标</td><td colspan="2">①了解空气分配器的工作原理
②了解压缩空气系统</td></tr>
<tr><td>能力目标</td><td colspan="2">①空气分配器拆装与检修
②气缸启动阀的拆装与检修
③示功阀的拆装与检修
④安全阀的拆装与检修</td></tr>
<tr><td>素质目标</td><td colspan="2">①具有良好的职业道德
②具有吃苦耐劳的精神
③具备团队协作能力
④具备自主学习能力</td></tr>
<tr><td colspan="2" rowspan="4">训练要求</td><td colspan="2">①正确拆装、检查、安装空气分配器</td></tr>
<tr><td colspan="2">②正确拆装、检查、安装气缸启动阀</td></tr>
<tr><td colspan="2">③正确拆装、检查、安装示功阀</td></tr>
<tr><td colspan="2">④正确拆装、检查、安装安全阀</td></tr>
<tr><td colspan="2">相关知识</td><td colspan="2">①主启动阀的作用
②控制阀的作用
③示功阀的作用</td></tr>
<tr><td colspan="2">教学设备与媒体</td><td colspan="2">船用柴油机、空气分配器、气缸启动阀、示功阀、安全阀、常用拆装工具等</td></tr>
<tr><td colspan="2">考核评价</td><td colspan="2">能正确进行气缸启动阀、安全阀、示功阀、空气分配器的拆检</td></tr>
</table>

<table>
<tr><td colspan="2" rowspan="2">项目三</td><td rowspan="2">气阀机构的拆装与检查、
气阀的研磨与密封面检查</td><td>课时</td></tr>
<tr><td>2</td></tr>
<tr><td rowspan="3">教学目标</td><td>知识目标</td><td colspan="2">①了解气阀机构的工作原理
②了解气阀的材料
③了解研磨砂机理</td></tr>
<tr><td>能力目标</td><td colspan="2">①拆装常用工具及专用工具的选取使用
②气阀的正确拆装
③气阀的正确研磨检漏</td></tr>
<tr><td>素质目标</td><td colspan="2">①具有良好的职业道德
②具有吃苦耐劳的精神
③具备团队协作能力
④具备自主学习能力</td></tr>
</table>

<table>
<tr><td>项目三</td><td>气阀机构的拆装与检查、
气阀的研磨与密封面检查</td><td>课时
2</td></tr>
<tr><td rowspan="3">训练要求</td><td colspan="2">①正确使用专用工具拆装气阀</td></tr>
<tr><td colspan="2">②正确研磨气阀</td></tr>
<tr><td colspan="2">③正确对研磨后的气阀进行检漏</td></tr>
<tr><td>相关知识</td><td colspan="2">①气阀泄露的原因
②气阀密封不良对柴油机的影响</td></tr>
<tr><td>教学设备与媒体</td><td colspan="2">柴油机气缸盖、气阀拆装工具、研磨砂等</td></tr>
<tr><td>考核评价</td><td colspan="2">能正确进行气阀的拆装、研磨和检漏</td></tr>
</table>

<table>
<tr><td colspan="2">项目四</td><td>气阀间隙与气阀定时的测量与调整</td><td>课时
2</td></tr>
<tr><td rowspan="3">教学目标</td><td>知识目标</td><td colspan="2">①了解气阀间隙的作用
②掌握测量位置</td></tr>
<tr><td>能力目标</td><td colspan="2">①测量工具的选取使用
②正确测量气阀间隙
③正确调整气阀间隙</td></tr>
<tr><td>素质目标</td><td colspan="2">①具有良好的职业道德
②具有吃苦耐劳的精神
③具备团队协作能力
④具备自主学习能力</td></tr>
<tr><td colspan="2" rowspan="3">训练要求</td><td colspan="2">①正确检查柴油机气阀间隙</td></tr>
<tr><td colspan="2">②正确检查柴油机气阀定时</td></tr>
<tr><td colspan="2">③正确调整柴油机气阀间隙与定时</td></tr>
<tr><td colspan="2">相关知识</td><td colspan="2">间隙大小及定时不正确对柴油机运行的影响</td></tr>
<tr><td colspan="2">教学设备与媒体</td><td colspan="2">船用柴油机、常用拆装工具、常用测量工具</td></tr>
<tr><td colspan="2">考核评价</td><td colspan="2">能正确进行气阀间隙的测量与调整</td></tr>
</table>

<table>
<tr><td colspan="2" rowspan="2">项目五</td><td rowspan="2">气缸套的拆装与测量、圆度和圆柱度的计算</td><td>课时</td></tr>
<tr><td>2</td></tr>
<tr><td rowspan="3">教学目标</td><td>知识目标</td><td colspan="2">①了解缸套的作用
②了解缸套的材质
③了解磨粒磨损机理
④了解腐蚀磨损机理
⑤了解粘着磨损机理</td></tr>
<tr><td>能力目标</td><td colspan="2">①拆装常用工具及专用工具的选取和使用
②缸套拆装方法
③缸套检修方法
④正确使用内径测量工具(量缸表)
⑤正确的测量方法
⑥圆度、圆柱度、磨损量、磨损率的计算</td></tr>
<tr><td>素质目标</td><td colspan="2">①具有良好的职业道德
②具有吃苦耐劳的精神
③具备团队协作能力
④具备自主学习能力</td></tr>
<tr><td colspan="2" rowspan="5">训练要求</td><td colspan="2">①正确使用专用工具拆装气缸套</td></tr>
<tr><td colspan="2">②正确对气缸套进行检修</td></tr>
<tr><td colspan="2">③正确使用内径千分尺与量缸表</td></tr>
<tr><td colspan="2">④正确测量缸套内径</td></tr>
<tr><td colspan="2">⑤正确计算圆度、圆柱度、磨损量、磨损率等</td></tr>
<tr><td colspan="2">相关知识</td><td colspan="2">①缸套穴蚀的概念
②圆度误差的概念
③圆柱度误差的概念</td></tr>
<tr><td colspan="2">教学设备与媒体</td><td colspan="2">船用柴油机、缸套拆装专用工具、常用拆装工具
船用柴油机气缸套、量缸表或内径千分尺等</td></tr>
<tr><td colspan="2">考核评价</td><td colspan="2">能正确进行气缸套的拆装与检修
能正确进行柴油机气缸套的测量</td></tr>
</table>

<table>
<tr><td colspan="2" rowspan="2">项目六</td><td rowspan="2">活塞组件的拆装与解体,活塞的测量与圆度和
圆柱度的计算,活塞销及连杆小端轴承间隙的测量</td><td>课时</td></tr>
<tr><td>2</td></tr>
<tr><td rowspan="3">教学目标</td><td>知识目标</td><td colspan="2">①了解活塞的材料
②了解活塞连杆组件的连接</td></tr>
<tr><td>能力目标</td><td colspan="2">①正确安全使用起重机械
②拆装常用工具及专用工具的选取和使用
③组件的检修
④活塞销的测量
⑤连杆螺栓的检修</td></tr>
<tr><td>素质目标</td><td colspan="2">①具有良好的职业道德
②具有吃苦耐劳的精神
③具备团队协作能力
④具备自主学习能力</td></tr>
<tr><td colspan="2" rowspan="5">训练要求</td><td colspan="2">①正确安全使用起重设备抽取与安装活塞连杆组件</td></tr>
<tr><td colspan="2">②正确对连杆组件进行拆卸与安装</td></tr>
<tr><td colspan="2">③活塞、活塞销的测量</td></tr>
<tr><td colspan="2">④正确计算圆度、圆柱度等</td></tr>
<tr><td colspan="2">⑤正确对轴承小端进行间隙测量</td></tr>
<tr><td colspan="2">相关知识</td><td colspan="2">组件的受力分析</td></tr>
<tr><td colspan="2">教学设备与媒体</td><td colspan="2">船用柴油机、起重设备、常用拆装工具、外径千分尺等</td></tr>
<tr><td colspan="2">考核评价</td><td colspan="2">能正确进行柴油机活塞连杆组件拆装与检修</td></tr>
</table>

<table>
<tr><td colspan="2" rowspan="2">项目七</td><td rowspan="2">活塞环的拆装与检查,活塞环天地间隙、
搭口间隙、活塞环厚度及活塞环槽的测量</td><td>课时</td></tr>
<tr><td>2</td></tr>
<tr><td rowspan="3">教学目标</td><td>知识目标</td><td colspan="2">①了解各种活塞环的作用
②了解活塞环的材质</td></tr>
<tr><td>能力目标</td><td colspan="2">①拆装常用工具及专用工具的选取和使用
②活塞环的拆装方法
③活塞环的检查方法</td></tr>
<tr><td>素质目标</td><td colspan="2">①具有良好的职业道德
②具有吃苦耐劳的精神
③具备团队协作能力
④具备自主学习能力</td></tr>
</table>

<table>
<tr><td rowspan="2">项目七</td><td rowspan="2">活塞环的拆装与检查,活塞环天地间隙、
搭口间隙、活塞环厚度及活塞环槽的测量</td><td>课时</td></tr>
<tr><td>2</td></tr>
<tr><td rowspan="3">训练要求</td><td colspan="2">①正确使用专用工具拆装活塞环</td></tr>
<tr><td colspan="2">②正确对活塞环进行检查与测量</td></tr>
<tr><td colspan="2">③正确对活塞环的天地间隙、搭口间隙进行测量与记录</td></tr>
<tr><td>相关知识</td><td colspan="2">①密封性检验
②天地间隙测量
③弹性检查</td></tr>
<tr><td>教学设备与媒体</td><td colspan="2">船用柴油机、常用专用工具、塞尺等</td></tr>
<tr><td>考核评价</td><td colspan="2">能正确进行活塞环的拆装与测量</td></tr>
</table>

<table>
<tr><td colspan="2" rowspan="2">项目八</td><td rowspan="2">连杆、连杆大端轴瓦和连杆螺栓的拆装与
检查,连杆螺栓的上紧方法,曲轴销的测量</td><td>课时</td></tr>
<tr><td>2</td></tr>
<tr><td rowspan="3">教学目标</td><td>知识目标</td><td colspan="2">①了解连杆的作用
②能进行连杆螺栓的受力分析</td></tr>
<tr><td>能力目标</td><td colspan="2">①拆装常用工具及专用工具的选取和使用
②连杆螺栓的上紧方法
③曲轴销的测量方法</td></tr>
<tr><td>素质目标</td><td colspan="2">①具有良好的职业道德
②具有吃苦耐劳的精神
③具备团队协作能力
④具备自主学习能力</td></tr>
<tr><td colspan="2" rowspan="3">训练要求</td><td colspan="2">①正确使用专用工具拆装连杆大端</td></tr>
<tr><td colspan="2">②连杆螺栓的正确检查</td></tr>
<tr><td colspan="2">③曲轴销的测量</td></tr>
<tr><td colspan="2">相关知识</td><td colspan="2">①连杆螺栓变形
②曲轴销偏磨</td></tr>
<tr><td colspan="2">教学设备与媒体</td><td colspan="2">船用柴油机、常用专用工具、塞尺等</td></tr>
<tr><td colspan="2">考核评价</td><td colspan="2">能正确进行连杆大端的拆装与检查</td></tr>
</table>

<table>
<tr><td colspan="2" rowspan="2">项目九</td><td rowspan="2">主轴承的拆装与测量以及轴承间隙的测量</td><td>课时</td></tr>
<tr><td>2</td></tr>
<tr><td rowspan="3">教学目标</td><td>知识目标</td><td colspan="2">①了解主轴承的作用
②了解间隙大小对柴油机工作的影响</td></tr>
<tr><td>能力目标</td><td colspan="2">①主轴承拆装方法
②正确拆装主轴承
③正确进行间隙测量</td></tr>
<tr><td>素质目标</td><td colspan="2">①具有良好的职业道德
②具有吃苦耐劳的精神
③具备团队协作能力
④具备自主学习能力</td></tr>
<tr><td colspan="2" rowspan="2">训练要求</td><td colspan="2">①正确使用工具拆装主轴承</td></tr>
<tr><td colspan="2">②正确对主轴承进行间隙测量</td></tr>
<tr><td colspan="2">相关知识</td><td colspan="2">①主轴承故障
②曲轴箱爆炸</td></tr>
<tr><td colspan="2">教学设备与媒体</td><td colspan="2">船用柴油机、塞尺、铅丝、常用拆装工具等</td></tr>
<tr><td colspan="2">考核评价</td><td colspan="2">能正确进行主轴承的拆装与间隙测量</td></tr>
</table>

<table>
<tr><td colspan="2" rowspan="2">项目十</td><td rowspan="2">喷油泵的拆装与检修、密封性的检查与处理</td><td>课时</td></tr>
<tr><td>4</td></tr>
<tr><td rowspan="3">教学目标</td><td>知识目标</td><td colspan="2">①了解油泵作用
②了解油泵工作原理
③掌握精密偶件的清洗</td></tr>
<tr><td>能力目标</td><td colspan="2">①拆装精度要求
②正确拆装油泵
③精密偶件的检验</td></tr>
<tr><td>素质目标</td><td colspan="2">①具有良好的职业道德
②具有吃苦耐劳的精神
③具备团队协作能力
④具备自主学习能力</td></tr>
<tr><td colspan="2" rowspan="2">训练要求</td><td colspan="2">①正确使用工具拆装高压油泵</td></tr>
<tr><td colspan="2">②正确检查精密偶件</td></tr>
<tr><td colspan="2">相关知识</td><td colspan="2">①出油阀
②柱塞套筒偶件</td></tr>
<tr><td colspan="2">教学设备与媒体</td><td colspan="2">船用柴油机高压油泵、常用拆装工具、清洗设备等</td></tr>
<tr><td colspan="2">考核评价</td><td colspan="2">能正确进行船舶柴油机高压油泵的拆装与检修</td></tr>
</table>

<table>
<tr><td colspan="2" rowspan="2">项目十一</td><td rowspan="2">供油定时的检查与调整</td><td>课时</td></tr>
<tr><td>2</td></tr>
<tr><td rowspan="3">教学目标</td><td>知识目标</td><td colspan="2">①掌握柴油机供油系统
②了解供油定时不正确对柴油机工作的影响</td></tr>
<tr><td>能力目标</td><td colspan="2">①供油定时的检查方法
②供油定时的调整方法
③正确检调定时</td></tr>
<tr><td>素质目标</td><td colspan="2">①具有良好的职业道德
②具有吃苦耐劳的精神
③具备团队协作能力
④具备自主学习能力</td></tr>
<tr><td colspan="2" rowspan="2">训练要求</td><td colspan="2">①正确检查柴油机供油定时</td></tr>
<tr><td colspan="2">②正确调整供油定时</td></tr>
<tr><td colspan="2">相关知识</td><td colspan="2">①供油凸轮
②燃油系统</td></tr>
<tr><td colspan="2">教学设备与媒体</td><td colspan="2">船用柴油机、常用拆装工具等</td></tr>
<tr><td colspan="2">考核评价</td><td colspan="2">能正确进行供油定时的检查与调整</td></tr>
</table>

<table>
<tr><td colspan="2" rowspan="2">项目十二</td><td rowspan="2">喷油器的拆装与检修、启阀压力的检查与调节</td><td>课时</td></tr>
<tr><td>4</td></tr>
<tr><td rowspan="3">教学目标</td><td>知识目标</td><td colspan="2">①了解喷油器的作用
②了解喷油器的工作原理
③掌握精密偶件的清洗方法</td></tr>
<tr><td>能力目标</td><td colspan="2">①拆装精度要求
②正确拆装油泵
③精密偶件的检验
④压力检调与雾化试验</td></tr>
<tr><td>素质目标</td><td colspan="2">①具有良好的职业道德
②具有吃苦耐劳的精神
③具备团队协作能力
④具备自主学习能力</td></tr>
<tr><td colspan="2" rowspan="3">训练要求</td><td colspan="2">①正确使用工具拆装喷油器</td></tr>
<tr><td colspan="2">②正确对喷油器进行压力检调</td></tr>
<tr><td colspan="2">③正确对喷油器进行密封性、雾化等试验</td></tr>
<tr><td colspan="2">相关知识</td><td colspan="2">①油泵试验台
②针阀偶件</td></tr>
<tr><td colspan="2">教学设备与媒体</td><td colspan="2">船用柴油机喷油器、油泵试验台、常用拆装工具等</td></tr>
<tr><td colspan="2">考核评价</td><td colspan="2">能正确进行喷油器的拆检与试验</td></tr>
</table>

<table>
<tr><td colspan="2" rowspan="2">项目十三</td><td rowspan="2">曲轴臂距差的测量与计算、曲轴轴线的状态分析</td><td>课时</td></tr>
<tr><td>2</td></tr>
<tr><td rowspan="3">教学目标</td><td>知识目标</td><td colspan="2">①了解曲轴的作用
②了解曲轴的材质</td></tr>
<tr><td>能力目标</td><td colspan="2">①测量量具的使用
②正确测量臂距差
③正确进行轴线状态分析</td></tr>
<tr><td>素质目标</td><td colspan="2">①具有良好的职业道德
②具有吃苦耐劳的精神
③具备团队协作能力
④具备自主学习能力</td></tr>
<tr><td colspan="2" rowspan="3">训练要求</td><td colspan="2">①正确使用臂距表</td></tr>
<tr><td colspan="2">②正确测量臂距差</td></tr>
<tr><td colspan="2">③正确进行曲轴轴线状态分析</td></tr>
<tr><td colspan="2">相关知识</td><td colspan="2">①影响臂距差的因素
②曲轴维修</td></tr>
<tr><td colspan="2">教学设备与媒体</td><td colspan="2">船用柴油机、臂距表、常用拆装工具等</td></tr>
<tr><td colspan="2">考核评价</td><td colspan="2">能正确进行曲轴臂距差测量与轴线状态分析</td></tr>
</table>

<table>
<tr><td colspan="2" rowspan="2">项目十四</td><td rowspan="2">分油机的解体、检查与装复</td><td>课时</td></tr>
<tr><td>4</td></tr>
<tr><td rowspan="3">教学目标</td><td>知识目标</td><td colspan="2">①了解分油机结构及工作原理
②掌握零件清洗方法</td></tr>
<tr><td>能力目标</td><td colspan="2">①正确安全使用起重机械
②正确使用专用工具
③掌握拆装方法</td></tr>
<tr><td>素质目标</td><td colspan="2">①具有良好的职业道德
②具有吃苦耐劳的精神
③具备团队协作能力
④具备自主学习能力</td></tr>
<tr><td colspan="2" rowspan="3">训练要求</td><td colspan="2">①正确使用专用工具拆装分油机</td></tr>
<tr><td colspan="2">②正确对分油机进行清洗</td></tr>
<tr><td colspan="2">③正确进行检修</td></tr>
<tr><td colspan="2">相关知识</td><td colspan="2">①分油机及其系统
②燃油系统</td></tr>
<tr><td colspan="2">教学设备与媒体</td><td colspan="2">分油机、拆装专用工具、常用拆装工具等</td></tr>
<tr><td colspan="2">考核评价</td><td colspan="2">能正确进行分油机的拆装与检修</td></tr>
</table>

<table>
<tr><td colspan="2" rowspan="2">项目十五</td><td rowspan="2">离心泵的拆装与检修</td><td>课时</td></tr>
<tr><td>2</td></tr>
<tr><td rowspan="3">教学目标</td><td>知识目标</td><td colspan="2">①了解离心泵的工作原理
②了解流量调整方法</td></tr>
<tr><td>能力目标</td><td colspan="2">①专用工具使用
②正确拆装离心泵
③正确对泵各部件进行检修</td></tr>
<tr><td>素质目标</td><td colspan="2">①具有良好的职业道德
②具有吃苦耐劳的精神
③具备团队协作能力
④具备自主学习能力</td></tr>
<tr><td colspan="2" rowspan="2">训练要求</td><td colspan="2">①正确使用专用工具拆装离心泵</td></tr>
<tr><td colspan="2">②正确对泵各部件进行检修</td></tr>
<tr><td colspan="2">相关知识</td><td colspan="2">离心泵在船舶中的使用</td></tr>
<tr><td colspan="2">教学设备与媒体</td><td colspan="2">船用离心泵、拆装专用工具、常用拆装工具等</td></tr>
<tr><td colspan="2">考核评价</td><td colspan="2">能正确进行离心泵拆装与检修</td></tr>
</table>

<table>
<tr><td colspan="2" rowspan="2">项目十六</td><td rowspan="2">往复泵的拆装与检修</td><td>课时</td></tr>
<tr><td>2</td></tr>
<tr><td rowspan="3">教学目标</td><td>知识目标</td><td colspan="2">①了解往复泵的特点
②了解往复泵的工作原理</td></tr>
<tr><td>能力目标</td><td colspan="2">①往复泵拆装方法
②往复泵检修方法</td></tr>
<tr><td>素质目标</td><td colspan="2">①具有良好的职业道德
②具有吃苦耐劳的精神
③具备团队协作能力
④具备自主学习能力</td></tr>
<tr><td colspan="2" rowspan="2">训练要求</td><td colspan="2">①正确使用专用工具拆装往复泵</td></tr>
<tr><td colspan="2">②正确对往复泵各部件进行检修</td></tr>
<tr><td colspan="2">相关知识</td><td colspan="2">往复泵在船舶中的使用</td></tr>
<tr><td colspan="2">教学设备与媒体</td><td colspan="2">船用往复泵、拆装专用工具、常用拆装工具等</td></tr>
<tr><td colspan="2">考核评价</td><td colspan="2">能正确进行往复泵拆装与检修</td></tr>
</table>

<table>
<tr><td colspan="2" rowspan="2">项目十七</td><td rowspan="2">齿轮泵的拆检与测量</td><td>课时</td></tr>
<tr><td>2</td></tr>
<tr><td rowspan="3">教学目标</td><td>知识目标</td><td colspan="2">①了解齿轮泵的特点
②了解齿轮泵的工作原理</td></tr>
<tr><td>能力目标</td><td colspan="2">①齿轮泵拆装方法
②齿轮泵检修方法
③齿轮泵间隙测量方法</td></tr>
<tr><td>素质目标</td><td colspan="2">①具有良好的职业道德
②具有吃苦耐劳的精神
③具备团队协作能力
④具备自主学习能力</td></tr>
<tr><td colspan="2" rowspan="3">训练要求</td><td colspan="2">①正确拆装齿轮泵</td></tr>
<tr><td colspan="2">②正确检查齿轮泵</td></tr>
<tr><td colspan="2">③正确对齿轮泵进行间隙测量</td></tr>
<tr><td colspan="2">相关知识</td><td colspan="2">齿轮泵在船舶中的使用</td></tr>
<tr><td colspan="2">教学设备与媒体</td><td colspan="2">船用齿轮泵、铅丝、塞尺、常用拆装工具等</td></tr>
<tr><td colspan="2">考核评价</td><td colspan="2">能正确进行齿轮泵拆检与测量</td></tr>
</table>

<table>
<tr><td colspan="2" rowspan="2">项目十八</td><td rowspan="2">活塞式空气压缩机的解体、检修及装复</td><td>课时</td></tr>
<tr><td>4</td></tr>
<tr><td rowspan="3">教学目标</td><td>知识目标</td><td colspan="2">①了解空压机的工作原理
②了解压缩空气系统</td></tr>
<tr><td>能力目标</td><td colspan="2">①空压机拆装方法
②空压机检修方法
③阀片研磨与检漏</td></tr>
<tr><td>素质目标</td><td colspan="2">①具有良好的职业道德
②具有吃苦耐劳的精神
③具备团队协作能力
④具备自主学习能力</td></tr>
<tr><td colspan="2" rowspan="3">训练要求</td><td colspan="2">①正确使用工具拆装空压机</td></tr>
<tr><td colspan="2">②正确对空压机进行检修</td></tr>
<tr><td colspan="2">③空压机阀片研磨</td></tr>
<tr><td colspan="2">相关知识</td><td colspan="2">①压缩空气瓶
②空压机自动控制</td></tr>
<tr><td colspan="2">教学设备与媒体</td><td colspan="2">船用空压机、常用拆装工具等</td></tr>
<tr><td colspan="2">考核评价</td><td colspan="2">能正确进行活塞式空气压缩机的拆装与检修</td></tr>
</table>

<table>
<tr><td colspan="2" rowspan="2">项目十九</td><td rowspan="2">锅炉附件的拆装</td><td>课时</td></tr>
<tr><td>4</td></tr>
<tr><td rowspan="3">教学目标</td><td>知识目标</td><td colspan="2">①了解锅炉给水系统的作用
②了解炉水自动报警装置
③了解锅炉燃油系统</td></tr>
<tr><td>能力目标</td><td colspan="2">①锅炉给水阀的拆装
②锅炉排污阀的拆装
③给水阀、排污阀检修
④锅炉水位计拆装、清洗与检修
⑤锅炉喷油嘴拆装、清洗与检修</td></tr>
<tr><td>素质目标</td><td colspan="2">①具有良好的职业道德
②具有吃苦耐劳的精神
③具备团队协作能力
④具备自主学习能力</td></tr>
<tr><td colspan="2" rowspan="4">训练要求</td><td colspan="2">①锅炉给水阀的拆检</td></tr>
<tr><td colspan="2">②锅炉排污阀的拆检</td></tr>
<tr><td colspan="2">③锅炉水位计的拆检</td></tr>
<tr><td colspan="2">④锅炉喷油嘴的拆检</td></tr>
<tr><td colspan="2">相关知识</td><td colspan="2">①锅炉点火、燃烧系统
②水位计冲洗</td></tr>
<tr><td colspan="2">教学设备与媒体</td><td colspan="2">船用辅锅炉、给水阀、排污阀、水位计、锅炉喷嘴等</td></tr>
<tr><td colspan="2">考核评价</td><td colspan="2">能正确进行锅炉附件的拆检</td></tr>
</table>

(六)考核评价

课程考核方法与成绩评定由以下几个部分组成:

1. 学校课程总成绩

以学生训练表现、过程考核和终结评估考核作为判断学生动力设备拆装成绩的重要依据。具体分数比例如下:

本课程的总评成绩 = 平时表现成绩 20% + 过程考核成绩 40% + 评估考核成绩 40%,其中:

①平时表现:出勤 5% + 课堂纪律 5% + 训练认真度 10%,共 20%;

②过程考核根据学生对每个项目的完成质量情况、训练日记进行分别打分,共 40%;

③评估考核与国家海事局适任评估考核接轨,采用题卡系统进行现场抽题,然后进行实操评估,共 40%。

2. 考试成绩

学生参加国家海事局评估考核,该评估成绩作为学生课程总成绩的修正。

(七)教学条件

1.教学设备条件

动力设备拆装实训室,满足国家海事局动力设备拆装课程评估对设备的要求。

2.师资条件

(1)专任教师

担任本课程的教师应满足下列条件之一:

具有甲类三管轮及以上的适任证书,并具有不少于2年的航海教学经历;

具有中级及以上职称,并具有不少于6个月的海船三管轮及以上海上服务资历。

(2)企业兼职教师

企业兼职教师必须满足以下任职条件:

具有甲类三管轮及以上的适任证书,最近3年的海船服务经历不少于12个月或在航运公司从事船舶机务工作达12个月;

具有轮机工程专业全日制专科及以上学历。

3.教材选用

教材选用的原则:

①近四五年内的国内公开出版的高职优秀教材。

②能够体现高职类教学的特点,如校企合作型、工学结合型、项目驱动型的实训指导书等。

③教材内容应不低于国家海事局三管轮适任评估大纲的要求。

④有相应教辅资料、船用设备说明书、习题库和实训指导书。

4.课程网络资源

建有轮机专业教学网络资源,包括教学课件、教学录像、实训指导书、船用设备说明书、虚拟实训等。

(八)实施建议

①本课程列出的训练课时为最低标准。

②本课程在完成船舶辅机、船舶柴油机教学后进行。

十、动力设备操作课程标准

课程类型:单列实训课程
适用专业:轮机工程技术
开设学期:第三学年第五学期
建议学时:48

(一)课程性质与作用

动力设备操作属于单列实践教学课程,是海洋船舶轮机工程技术(轮机管理)专业核心课程,是海船船员三管轮适任评估考试课程之一,是从事船舶机械设备运行、维护、安装、调试,航运部门机务管理的必修课程。

(二)课程目标

1. 课程总体目标

通过任务引导的项目活动,掌握海员培训、发证和值班标准国际公约(STCW 公约)关于船舶机械设备拆装与操作的要求;熟悉船舶动力装置及各系统,掌握各设备的操作、运行管理方法;结合典型案例,分析并处理船舶机械设备常见故障;了解动力设备操作安全规则;满足国家海事局海船三管轮适任标准对操作级轮机员动力设备操作评估技能要求。

2. 课程具体目标

(1)知识目标

熟悉柴油机及其系统;
熟悉船舶各类辅机及其系统;
掌握柴油机部件性能检测的方法;
掌握船舶辅机部件性能检测的方法;
熟悉柴油机与辅机性能检测相关标准;
了解船检规范。

(2)能力目标

具有正确掌握各类动力装置启动、运行管理、停用的能力;
具有对动力装置应急处理的能力;
具有分析并处理常见故障的能力;
具备动力装置停用后保养的能力;
具有制订工作计划的能力。

(3)素质目标

具有良好的职业道德;
具有吃苦耐劳的精神;
树立积极向上的人生价值观;
具备团队协作能力;
具备自主学习能力;
具有安全、环保和海事执行公约的能力。

(三)课程设计理念与思路

1. 课程设置依据

依据 STCW 公约马尼拉修正案、国家海事局高级船员最新考纲和现代船舶轮机管理的工作需求设置“动力设备操作”课程，同时考虑到“以职业素质为基础，以适岗能力为本位”的教育教学指导思想和航海高职高专学生的认知规律，以满足远洋船舶轮机人才需求、船舶轮机岗位群能力的需求和对于高级船员的适任要求。

2. 课程目标定位

培养轮机工程技术专业学生操作和管理船舶动力设备的能力，使学生熟悉船舶柴油机、船舶各类辅机设备的结构、系统，掌握设备的操作、运行管理方法；分析并处理船舶机械设备常见故障。根据船舶轮机岗位群的三个级别（支持级、操作级、管理级），课程的目标定位于操作级（三管轮）适任要求。

3. 课程内容选择标准

根据 STCW 公约马尼拉修正案国家海事局 2012 年 3 月颁布实施的高级船员最新考纲，确定课程内容，即将课程内容与国际公约对接、与国家海事局船员评估考试要求对接，建立“课证融通”的课程体系。同时，对课程内容的取舍，兼顾现代轮机管理的实际和航运企业对学生的要求，做到与时俱进，实现课程内容与轮机现实要求的对接。

4. 项目设计思路

遵循“项目驱动、任务引领、训练为主、指导为辅”的职业教育原则，采用专项训练的课程模式，将课程内容设计为 15 项训练项目：

· 船舶主柴油机开航前的准备工作；
· 船舶主柴油机启动后的参数监测和调整；
· 船舶主柴油机定速后的管理；
· 船舶主柴油机的完车操作；
· 发电柴油机启动和停车；
· 发电柴油机的运行管理；
· 辅锅炉的操作与管理；
· 管路系统图的识读及压载水系统的操作与管理；
· 舱底水系统的操作与管理；
· 油水分离器操作和运行管理；
· 活塞式空气压缩机的操作与管理；
· 分油机的操作和运行管理；
· 液压甲板机械的操作与管理；
· 造水机的操作和运行管理；
· 空调装置的操作和运行管理。

(四)课程内容结构安排

	训练项目	训练要求	课时
1	船舶主柴油机开航前准备工作	①熟知柴油机安全操作规程 ②熟悉主柴油机各大系统及布置 ③正确完成燃油系统、滑油系统、冷却水系统、海水系统、压缩空气系统等启用准备工作 ④主机盘车、冲车操作正确 ⑤进行正倒车试验	2
2	船舶主柴油机启动后的参数监测和调整	①熟知柴油机正常运行时的各参数范围 ②熟知说明书各参数的查阅方法 ③掌握温度、压力、转速等具体参数调节方法	2
3	船舶主柴油机定速后的管理	①换油操作 ②熟知柴油机正常运行时的正确巡回检查路线 ③对不正常的工况进行分析和判断 ④分析和记录轮机日志	2
4	船舶主柴油机完车操作	①正确停用主柴油机 ②运用不同的手段减少主机各部件过热 ③暖缸操作	2
5	船舶发电柴油机的启动和停车	①熟知发电柴油机安全操作规程及工作原理 ②熟悉发电柴油机各大系统及布置 ③正确操作柴油机,完成启动试验	2
6	船舶发电柴油机的运行管理	①熟知发电柴油机运行各参数的监测 ②熟悉发电柴油机说明书规定的各工况要求 ③正确掌握各参数的调节方法	2
7	辅锅炉的操作与管理	①正确掌握燃油辅锅炉点火、升汽、供汽、停炉操作 ②掌握燃油辅锅炉的各运行参数管理 ③掌握燃油辅锅炉应急情况处理方法 ④了解停炉后燃油辅锅炉保养方法	6
8	管路系统图的识读及压载水系统的操作与管理	①根据管系图能正确在管路系统图上指出每个系统的循环路线 ②正确操作压载泵的引水、启动、停泵操作 ③正确掌握压载水的调驳方法 ④掌握压载泵的工况调节方法	4

训练项目		训练要求	课时
9	舱底水系统的操作与管理	①正确操作压载泵的引水、启动、停泵 ②正确操作舱底水泵向污水柜供水 ③掌握舱底水泵运行管理要点 ④正确调节舱底水泵工况 ⑤分析并处理简单故障	4
10	油水分离器操作和运行管理	①正确操作油水分离器的启动、运行管理、停用 ②正确掌握油水分离器启动前油分浓度报警器的检查及效用试验 ③判断油水分离器是否超负荷、排油装置是否正常工作 ④正确掌握油水分离器超负荷时的处理	2
11	活塞式空气压缩机的操作与管理	①掌握操作空压机的卸载启动、运行管理、停用结构 ②正确判断空压机的排气量、水温度、润滑是否正常,分析并处理常见故障 ③正确掌握调节温度、排气量的方法 ④分析并处理常见故障	4
12	分油机的操作和运行管理	①掌握分油机启动的正确方法 ②掌握分油机排渣方法 ③掌握分油机的运行管理 ④掌握分油机跑油时采用的措施 ⑤进行沉淀柜—分油机—日用油柜分油操作;进行沉淀柜—分油机—沉淀柜循环分油操作	4
13	液压甲板机械的操作与管理	①液压系统图的识读 ②液压甲板机械的启动与停用 ③液压系统的日常管理 ④液压甲板机械操作与管理	4
14	造水机的操作和运行管理	①掌握造水机的各工作系统 ②正确掌握造水机的运行参数确定 ③正确掌握造水机的工况调节方法 ④掌握防止造水机腐蚀的措施	4
15	空调装置的操作和运行管理	①了解空调装置的布置及系统 ②正确掌握空调装置的启动与运行管理 ③正确掌握空调装置的停用方法	4
合计			48

(五)教学内容与要求

<table>
<tr><td colspan="2" rowspan="2">项目一</td><td rowspan="2">船舶主柴油机开航前备车准备工作</td><td>课时</td></tr>
<tr><td>2</td></tr>
<tr><td rowspan="3">教学目标</td><td>知识目标</td><td colspan="2">①掌握安全操作规程
②掌握柴油机各大系统的组成与作用
③了解基本运行参数</td></tr>
<tr><td>能力目标</td><td colspan="2">①驾机联系、备车等工作能力
②完成柴油机冲车、试车等工作能力
③完成柴油机的启动、换向、调速、停车操作等工作任务的能力</td></tr>
<tr><td>素质目标</td><td colspan="2">①具有良好的职业道德
②具有吃苦耐劳的精神
③具备团队协作能力
④具有良好的心理素质和应变能力、组织和领导才能</td></tr>
<tr><td colspan="2">训练要求</td><td colspan="2">熟知柴油机安全操作规程
熟悉主柴油机各大系统及布置
正确与驾驶台联系
正确完成燃油系统、滑油系统、冷却水系统、海水系统、压缩空气系统等启用准备工作
主机盘车、冲车操作正确
正确操作柴油机,完成正倒车试验</td></tr>
<tr><td colspan="2">相关知识</td><td colspan="2">船舶柴油机操作知识、辅助机械操作知识、驾机联系制度、个人安全知识</td></tr>
<tr><td colspan="2">教学设备与媒体</td><td colspan="2">自动化机舱</td></tr>
<tr><td colspan="2">考核评价</td><td colspan="2">接到备车车令后能正确地准备各系统,顺利完成试车工作</td></tr>
</table>

<table>
<tr><td colspan="2" rowspan="2">项目二</td><td rowspan="2">船舶主柴油机启动后的参数监测和调整</td><td>课时</td></tr>
<tr><td>2</td></tr>
<tr><td rowspan="3">教学目标</td><td>知识目标</td><td colspan="2">①柴油机的工作原理
②运行管理知识
③查阅说明书的能力</td></tr>
<tr><td>能力目标</td><td colspan="2">①正确识别各仪表参数
②按说明书调节各工况参数的能力
③具有轮机值班适任能力</td></tr>
<tr><td>素质目标</td><td colspan="2">①具有良好的适任能力、责任意识
②具备自主学习能力</td></tr>
<tr><td colspan="2">训练要求</td><td colspan="2">熟知柴油机正常运行时的各参数范围
熟知说明书各参数的查阅方法
掌握温度、压力、转速等具体参数调节方法</td></tr>
<tr><td colspan="2">相关知识</td><td colspan="2">量具与仪表、主柴油机及辅助机械说明书</td></tr>
</table>

<table>
<tr><td rowspan="2" colspan="2">项目二</td><td rowspan="2">船舶主柴油机启动后的参数监测和调整</td><td>课时</td></tr>
<tr><td>2</td></tr>
<tr><td colspan="2">教学设备与媒体</td><td colspan="2">自动化机舱</td></tr>
<tr><td colspan="2">考核评价</td><td colspan="2">正确监测并调节温度、压力、转速等参数，使各参数在正常运行范围内</td></tr>
</table>

<table>
<tr><td rowspan="2" colspan="2">项目三</td><td rowspan="2">船舶主柴油机定速运行后的管理</td><td>课时</td></tr>
<tr><td>2</td></tr>
<tr><td rowspan="3">教学目标</td><td>知识目标</td><td colspan="2">①主柴油机与相关机械设备的联系
②运行管理知识
③轮机值班知识</td></tr>
<tr><td>能力目标</td><td colspan="2">①换油操作
②正确判断工况是否正常
③记录轮机日志</td></tr>
<tr><td>素质目标</td><td colspan="2">①具有良好的适任能力、责任意识
②具有吃苦耐劳的精神
③具有分析和解决问题的能力
④具有良好的心理素质和应变能力</td></tr>
<tr><td colspan="2">训练要求</td><td colspan="2">熟知柴油机正常运行时的正确巡回检查路线
正确检查主机运行状态并抄表，对不正常的工况进行分析、判断及处理
了解主机油门、主机转速、排气温度、增压器转速相互关系并能调节
了解冷却水系统对主机运行的影响并能调节
记录轮机日志</td></tr>
<tr><td colspan="2">相关知识</td><td colspan="2">量具与仪表、主柴油机及辅助机械说明书</td></tr>
<tr><td colspan="2">教学设备与媒体</td><td colspan="2">自动化机舱</td></tr>
<tr><td colspan="2">考核评价</td><td colspan="2">正确检查并判断柴油机工作是否正常，监测各运行参数及做相应调节，正确记录及分析轮机日志</td></tr>
</table>

<table>
<tr><td rowspan="2" colspan="2">项目四</td><td rowspan="2">船舶主柴油机的完车操作</td><td>课时</td></tr>
<tr><td>2</td></tr>
<tr><td rowspan="3">教学目标</td><td>知识目标</td><td colspan="2">①主机完车的具体要素
②完车后的具体工作
③轮机值班知识</td></tr>
<tr><td>能力目标</td><td colspan="2">①正确停用主柴油机的能力
②正确停用柴油机各系统的能力
③具有暖缸操作的工作能力</td></tr>
<tr><td>素质目标</td><td colspan="2">①具有良好的适任能力、责任意识
②具有吃苦耐劳的精神
③具备团队协作能力
④具有良好的心理素质和应变能力、组织和领导才能</td></tr>
</table>

项目四	船舶主柴油机的完车操作	课时 2
训练要求	正确停用主柴油机 正确停用燃油系统 正确停用冷却水系统 正确停用空气系统 正确停用滑油系统 发电机组合理使用 暖缸操作	
相关知识	船舶柴油机工作原理、柴油机运行管理知识	
教学设备与媒体	自动化机舱	
考核评价	柴油机停用操作、各工作系统停用操作、暖缸操作	

项目五		船舶发电柴油机的启动操作	课时 2
教学目标	知识目标	①掌握安全操作规程 ②主柴油机与发电机组联系 ③柴油机的工作原理 ④启用发电机组条件	
	能力目标	①熟知船舶发电柴油机启动安全操作规程 ②具有船舶发电柴油机各系统的检查、准备、试车等能力 ③正确启动发电柴油机 ④发电柴油机并网时机掌握	
	素质目标	①具有良好的职业道德 ②具有良好的心理素质和应变能力 ③具备团队协作能力	
训练要求		按发电柴油机说明书安全操作规程要求,熟知流程 按安全操作规程要求完成柴油机各系统的准备、发电机及控制系统检查 柴油机盘车、冲车 正确启动柴油机 发电柴油机并网操作	
相关知识		船舶柴油机工作原理、柴油机操作知识	
教学设备与媒体		自动化机舱	
考核评价		接到发电柴油机启动令后能正确地准备各系统,顺利完成试车、启动、发电柴油机并网操作工作	

<table>
<tr><td colspan="2" rowspan="2">项目六</td><td rowspan="2">船舶发电柴油机的运行管理</td><td>课时</td></tr>
<tr><td>2</td></tr>
<tr><td rowspan="3">教学目标</td><td>知识目标</td><td colspan="2">①柴油机参数检查调节的方法
②工况分析方法</td></tr>
<tr><td>能力目标</td><td colspan="2">①正确识别各仪表、参数
②熟知随机说明书规定的各工况参数范围
③具有温度、压力、转速等参数调节能力
④能正确判断发电柴油机组工况是否正常,具有轮机值班适任能力</td></tr>
<tr><td>素质目标</td><td colspan="2">①具有良好的工作责任心
②具有吃苦耐劳的精神
③具备团队协作能力
④具有良好的心理素质和应急处理能力</td></tr>
<tr><td colspan="2">训练要求</td><td colspan="2">熟知发电柴油机运行各参数的监测
熟悉发电柴油机说明书规定的各工况要求
正确掌握各参数的调节方法
正确掌握增减机组
参数调整、正确判断运行工况</td></tr>
<tr><td colspan="2">相关知识</td><td colspan="2">量具与仪表、主柴油机及辅助机械说明书</td></tr>
<tr><td colspan="2">教学设备与媒体</td><td colspan="2">自动化机舱、船舶电站</td></tr>
<tr><td colspan="2">考核评价</td><td colspan="2">能对运行中的发电柴油机正确操作、运行参数调节、增减机组及安全的管理</td></tr>
</table>

<table>
<tr><td colspan="2" rowspan="2">项目七</td><td rowspan="2">燃油辅锅炉冷炉点火升汽操作</td><td>课时</td></tr>
<tr><td>6</td></tr>
<tr><td rowspan="3">教学目标</td><td>知识目标</td><td colspan="2">①了解燃油辅锅炉的基本组成及系统
②了解燃油辅锅炉的燃烧机理
③了解各附件的作用
④了解提高燃油辅锅炉效率的措施</td></tr>
<tr><td>能力目标</td><td colspan="2">①熟知掌握锅炉点火升汽、正常停炉、应急停炉操作并符合安全操作规程
②掌握锅炉运行管理要点并能正确操作
③正确分析并处理常见故障
④正确掌握停炉后锅炉保养的方法</td></tr>
<tr><td>素质目标</td><td colspan="2">①具有良好的轮机适任能力、责任意识
②具有安全、环保意识
③具备团队协作能力
④具备自主学习能力</td></tr>
<tr><td colspan="2">训练要求</td><td colspan="2">正确掌握燃油辅锅炉点火前准备工作的操作
按照点火操作规程正确点火操作
正确掌握点火起压后辅锅炉的检查方法
满压供气操作
正确判断燃烧情况
进行排污操作
正确掌握燃油辅锅炉炉水化验及处理方法
正确掌握真假水位判断方法、水位计冲洗操作、补水操作
辅锅炉控制方式转换
正确掌握其他安全管理的方法、应急停炉操作
停炉操作
正确掌握停炉后锅炉保养方式的确定</td></tr>
<tr><td colspan="2">相关知识</td><td colspan="2">燃烧理论、腐蚀学、热力学、传热学、化学、流体力学、金属材料</td></tr>
<tr><td colspan="2">教学设备与媒体</td><td colspan="2">全自动船用燃油辅锅炉及系统、多媒体课件、操作录像</td></tr>
<tr><td colspan="2">考核评价</td><td colspan="2">能对船用燃油辅锅炉在冷态下进行点火、升汽、运行管理、应急停炉操作、停炉及停炉后的保养,方法正确,符合操作规范</td></tr>
</table>

<table>
<tr><td colspan="2" rowspan="2">项目八</td><td rowspan="2">压载水系统(离心泵)操作</td><td>课时</td></tr>
<tr><td>4</td></tr>
<tr><td rowspan="3">教学目标</td><td>知识目标</td><td colspan="2">①了解压载水系统基本组成及布置原则,离心泵的工作原理
②了解压载水系统与其他水系统联系
③压载水对船舶航运的影响
④能正确识别管路系统图中的符号含义</td></tr>
<tr><td>能力目标</td><td colspan="2">①具有操作离心泵(引水、启动、运行管理、停泵)的工作能力
②具有压载水调驳操作能力
③正确分析并处理常见故障
④具有识别管系的能力</td></tr>
<tr><td>素质目标</td><td colspan="2">①具有安全、环保意识
②具有吃苦耐劳的精神
③具有交际、沟通、团队协作和处理人际关系能力</td></tr>
<tr><td colspan="2">训练要求</td><td colspan="2">根据管系图能正确在管路系统图上指出每个系统的循环路线
掌握离心泵启动前的准备
正确操作离心泵的引水、启动、停泵操作
正确掌握压载水的调驳方法
掌握离心泵的工况调节方法
正确掌握离心泵汽蚀的预防措施
正确掌握离心泵抽水结束前操作</td></tr>
<tr><td colspan="2">相关知识</td><td colspan="2">流体力学、压载水知识、船检规范</td></tr>
<tr><td colspan="2">教学设备与媒体</td><td colspan="2">船用离心泵、压载水系统、轮机模拟器、操作录像</td></tr>
<tr><td colspan="2">考核评价</td><td colspan="2">能用离心泵对压载水舱进行正确调驳、管理及工况调节</td></tr>
</table>

<table>
<tr><td colspan="2" rowspan="2">项目九</td><td rowspan="2">舱底水系统的操作与管理</td><td>课时</td></tr>
<tr><td>4</td></tr>
<tr><td rowspan="3">教学目标</td><td>知识目标</td><td colspan="2">①了解舱底水系统的布置
②了解舱底水系统与油水分离器的连接
③了解舱底水对航行安全的影响</td></tr>
<tr><td>能力目标</td><td colspan="2">①正确识别水的管系及相关阀门
②正确操作舱底水泵
③正确分析并处理常见故障</td></tr>
<tr><td>素质目标</td><td colspan="2">①具有良好的职业道德
②具有吃苦耐劳的精神
③具备团队协作能力
④具备自主学习能力</td></tr>
</table>

项目九	舱底水系统的操作与管理	课时 4
训练要求	正确开关阀件 正确操作舱底水泵向污水柜供水 掌握舱底水泵运行管理要点 正确调节舱底水泵工况 分析并处理简单故障	
相关知识	船检规范、仪表、MARPOL 公约	
教学设备与媒体	机舱、操作录像、轮机模拟器、操作录像	
考核评价	正确检查并启动舱底水泵,分析并处理常见故障	

项目十		船用油水分离器的操作和运行管理	课时 2
教学目标	知识目标	①了解油水分离器分离原理 ②了解油分浓度报警器工作原理 ③了解提高分离质量的措施	
	能力目标	①正确掌握油水分离器的管线布置 ②正确操作油水分离器 ③正确记录油类记录簿	
	素质目标	①具有良好的职业道德 ②具有吃苦耐劳的精神 ③具备团队协作能力 ④具备自主学习能力	
训练要求		正确掌握油水分离器启动前各部件、各工作系统、控制系统检查;正确开关有关阀件 正确掌握油水分离器启动前油分浓度报警器的检查及效用试验 正确掌握油水分离器启动前各部件、各工作系统、控制系统检查;正确开关有关阀件 正确启动油水分离器 掌握油水分离器运行检查的项目 正确掌握油水分离器温度控制、处理量的确定 判断油水分离器是否超负荷、排油装置是否正常工作 油水分离器停用操作 正确掌握油分浓度报警器冲洗、试验、投入使用 油水分离器超负荷时的处理	
相关知识		热工基础、防污染知识、MARPOL 公约、船检规范	
教学设备与媒体		船用油水分离器、排油监控装置(油分浓度报警器)、操作录像	
考核评价		能按操作规范对油水分离器进行启动、工况调节、停用 正确使用排油监控装置(油分浓度报警器)	

<table>
<tr><td colspan="2" rowspan="2">项目十一</td><td rowspan="2">活塞式空气压缩机的操作与管理</td><td>课时</td></tr>
<tr><td>4</td></tr>
<tr><td rowspan="3">教学目标</td><td>知识目标</td><td colspan="2">①空压机的工作原理
②空压机操作的相关知识</td></tr>
<tr><td>能力目标</td><td colspan="2">①正确识别空压机的管系及相关阀门
②正确操作空压机
③正确分析并处理常见故障</td></tr>
<tr><td>素质目标</td><td colspan="2">①具有良好的职业道德
②具有吃苦耐劳的精神
③具备团队协作能力
④具备自主学习能力</td></tr>
<tr><td colspan="2">训练要求</td><td colspan="2">掌握空压机及空气瓶各管系阀门的布置
掌握空压机启动前准备
正确卸载启动空压机,空压机启动后工况的判断
向气瓶充气正确
控制方式的确定
正确判断空压机的排气量、水温度、润滑是否正常,分析并处理常见故障
掌握调节温度、排气量的方法</td></tr>
<tr><td colspan="2">相关知识</td><td colspan="2">热工基础、船检规范、仪表</td></tr>
<tr><td colspan="2">教学设备与媒体</td><td colspan="2">船用空压机、空气瓶及各管系、操作录像</td></tr>
<tr><td colspan="2">考核评价</td><td colspan="2">正确检查并启动空压机,按规定对空气瓶进行充注,分析并处理常见故障</td></tr>
</table>

<table>
<tr><td colspan="2" rowspan="2">项目十二</td><td rowspan="2">自动排渣分油机的操作和运行管理</td><td>课时</td></tr>
<tr><td>4</td></tr>
<tr><td rowspan="3">教学目标</td><td>知识目标</td><td colspan="2">①了解分油机的工作原理
②了解影响分油质量的因素
③了解分油量与分离质量的相互关系</td></tr>
<tr><td>能力目标</td><td colspan="2">①分油机系统的认识
②分油机的正确检查
③正确对分油机进行启动并分油</td></tr>
<tr><td>素质目标</td><td colspan="2">①具有良好的职业道德
②具有吃苦耐劳的精神
③具备团队协作能力
④具备自主学习能力</td></tr>
</table>

<table>
<tr><td>项目十二</td><td>自动排渣分油机的操作和运行管理</td><td>课时
4</td></tr>
<tr><td>训练要求</td><td colspan="2">掌握分油机与日用油柜、沉淀柜管系阀门的布置
沉淀柜油温的确定
检查运动部件、润滑、电气控制正确
分油机燃油加热器、阀件操作正确
分油机启动后工况判断正确
分油机分离量与分离温度确定
控制方式转换正确
正确判断分油机分离量、分离温度并正确调节
正确确定分油机排渣时间并进行排渣操作
掌握分油机跑冒油时采用的正确方法,判断跑油产生的原因
进行沉淀柜—分油机—日用油柜分油操作;进行沉淀柜—分油机—沉淀柜循环分油操作
分油机调用操作</td></tr>
<tr><td>相关知识</td><td colspan="2">热工基础、物理、机械传动及管系布置等知识</td></tr>
<tr><td>教学设备与媒体</td><td colspan="2">全自动船用分油机、沉淀柜、日用油柜、高置水箱</td></tr>
<tr><td>考核评价</td><td colspan="2">正确启动分油机对日用油柜进行分油、分油量调节、排渣操作等</td></tr>
</table>

<table>
<tr><td colspan="2">项目十三</td><td>活塞式空压机的操作</td><td>课时
4</td></tr>
<tr><td rowspan="3">教学目标</td><td>知识目标</td><td colspan="2">①空压机的工作原理
②空压机操作的相关知识</td></tr>
<tr><td>能力目标</td><td colspan="2">①正确识读液压系统图
②正确操作液压甲板机械
③正确调节温度、压力等,使液压甲板机械正常运行
④进行系统补油、除气等操作,掌握控制污染物的方法
⑤正确分析并处理常见故障</td></tr>
<tr><td>素质目标</td><td colspan="2">①具有良好的职业道德
②具有吃苦耐劳的精神
③具备团队协作能力
④具备自主学习能力</td></tr>
<tr><td colspan="2">训练要求</td><td colspan="2">液压系统图的识读
液压甲板机械的启动与停用
液压系统的日常管理:油压、油量检查并调节
液压甲板机械操作与管理:系统加滑油,冷却器与过滤器清洗等
控制方式的确定
正确判断空压机的排气量、水温度、润滑是否正常,分析并处理常见故障
掌握调节温度、排气量的方法</td></tr>
</table>

<table>
<tr><td rowspan="2">项目十三</td><td rowspan="2">活塞式空压机的操作</td><td>课时</td></tr>
<tr><td>4</td></tr>
<tr><td>相关知识</td><td colspan="2">热工基础、液体力学、船检规范、仪表</td></tr>
<tr><td>教学设备与媒体</td><td colspan="2">液压起货机、液压舵机、操作录像</td></tr>
<tr><td>考核评价</td><td colspan="2">正确开关有关阀件,操作程序正确无误,油泵油压、油量检查并调节
加油方法正确避免空气进入系统,分析并处理常见故障</td></tr>
</table>

<table>
<tr><td colspan="2" rowspan="2">项目十四</td><td rowspan="2">造水机的操作和运行管理</td><td>课时</td></tr>
<tr><td>4</td></tr>
<tr><td rowspan="3">教学目标</td><td>知识目标</td><td colspan="2">①了解真空蒸发造水原理
②了解影响造水量、造水质量的因素
③了解产水量与产水质量的相互关系
④了解造水机运行对主机的影响</td></tr>
<tr><td>能力目标</td><td colspan="2">①维持造水机真空度
②正确启动造水机、盐度计
③正确调节真空度、产水量、加热水量、给水倍率、凝水水位
④正确清洗、试验盐度计
⑤停用造水机
⑥选取造水机停用后的保养方法</td></tr>
<tr><td>素质目标</td><td colspan="2">①具有良好的职业道德
②具有吃苦耐劳的精神
③具备团队协作能力
④具备自主学习能力</td></tr>
<tr><td colspan="2">训练要求</td><td colspan="2">识读造水机基本组成和工作系统
正确掌握造水机的运行管理
正确掌握造水机的工况(真空度、给水倍率、凝水水位、产水量、加热水量等)管理
掌握防止造水机腐蚀的措施</td></tr>
<tr><td colspan="2">相关知识</td><td colspan="2">热工基础、物理、机械传动及管系布置等知识</td></tr>
<tr><td colspan="2">教学设备与媒体</td><td colspan="2">造水机、机舱、操作录像、多媒体课件等</td></tr>
<tr><td colspan="2">考核评价</td><td colspan="2">正确启动造水机,对其工况进行调节
正确使用盐度计并对产水质量进行控制等</td></tr>
</table>

<table>
<tr><td colspan="2" rowspan="2">项目十五</td><td rowspan="2">空调装置的操作和运行管理</td><td>课时</td></tr>
<tr><td>4</td></tr>
<tr><td rowspan="3">教学目标</td><td>知识目标</td><td colspan="2">①了解分油机工作原理
②了解影响分油质量的因素
③了解分油量与分离质量的相互关系</td></tr>
<tr><td>能力目标</td><td colspan="2">①具有空调装置启动、运行管理、停用操作
②具有空调装置运行参数调节
③具有对空调装置养护的能力</td></tr>
<tr><td>素质目标</td><td colspan="2">①具有良好的职业道德
②具有吃苦耐劳的精神
③具备团队协作能力
④具备自主学习能力</td></tr>
<tr><td colspan="2">训练要求</td><td colspan="2">识读空调装置组成及系统
在夏季、冬季工况下正确掌握空调装置的启动
在夏季、冬季工况下正确调节温度、湿度等并运行管理
正确停用空调装置
停用空调装置后保养</td></tr>
<tr><td colspan="2">相关知识</td><td colspan="2">工程热力学与传热学、物理、制冷原理、船检规范</td></tr>
<tr><td colspan="2">教学设备与媒体</td><td colspan="2">空调装置、操作录像、多媒体课件等</td></tr>
<tr><td colspan="2">考核评价</td><td colspan="2">在不同工况下正确启动空调装置,在夏季工况下正确对装置进行加油、补充冷剂、除湿等操作,正确停用空调装置等</td></tr>
</table>

(六)考核评价

课程考核方法与成绩评定有以下几个部分组成:

1. 学校课程总成绩

将学生训练表现、过程考核和终结评估考核作为判断学生动力设备操作成绩的重要依据。具体分数比例如下:

本课程的总评成绩 = 平时表现成绩 20% + 过程考核成绩 40% + 评估考核成绩 40%,其中:

①平时表现:出勤 5% + 课堂纪律 5% + 训练认真度 10%,共 20%;

②过程考核根据学生对每个项目的完成质量情况、训练日记分别进行打分,共 40%;

③评估考核与国家海事局适任评估考核接轨,采用题卡系统进行现场抽题,然后进行实操评估,共 40%。

2. 考试成绩

学生参加国家海事局评估考核,该评估成绩作为学生课程总成绩的修正。课程成绩采用五级记分制,即优秀、良好、中等、合格和不合格。

(七)教学条件

1. 教学设备条件

动力设备操作实训室,满足国家海事局动力设备操作课程评估对设备的要求。

2. 师资条件

(1)专任教师

担任本课程的教师应满足下列条件之一:

具有甲类三管轮及以上的适任证书,并具有不少于2年的航海教学经历;

具有中级及以上职称,并具有不少于6个月的海船三管轮及以上海上服务资历。

(2)企业兼职教师要求

企业兼职教师必须满足以下任职条件:

具有甲类三管轮及以上的适任证书,最近3年的海船服务经历不少于12个月或在航运公司从事船舶机务工作达12个月;

具有轮机工程专业全日制专科及以上学历。

3. 教材选用的原则

①近四五年内的国内公开出版的高职优秀教材。

②能够体现高职类教学的特点,如校企合作型、工学结合型、项目驱动型的实训指导书等。

③教材内容应不低于国家海事局三管轮适任评估大纲的要求。

④有相应教辅资料、船用设备说明书、习题库和实训指导书。

4. 课程网络资源

建有轮机专业教学网络资源,包括教学课件、教学录像、实训指导书、船用设备说明书、虚拟实训等。

(八)实施建议

①本课程列出的训练课时为最低标准。

②本课程在完成船舶辅机、船舶柴油机教学后进行。

十一、轮机英语听力与会话课程标准

课程类型:单列实训课程
适用专业:轮机工程技术
开设学期:第一学年第二学期,第二学年第三、四学期,第三学年第五学期
建议学时:104

(一)课程性质与作用

轮机英语听力与会话是海洋船舶轮机工程技术(轮机管理)专业基础课程,是海船船员三管轮适任考试评估课程之一,是从事船舶机械设备运行、维护、安装、调试,航运部门机务管理的必修课程。

(二)课程目标

1. 课程总体目标

通过任务引导的项目活动,掌握海员培训、发证和值班标准国际公约(STCW 公约)关于轮机英语听力与会话的基本知识;使学生在公共英语和轮机基础英语教学的基础上,巩固、扩大学生的英语基础;培养学生在工作中的英语听说能力;并满足国家海事局对海船三管轮适任标准的要求和航运企业对操作级轮机员的英语技能要求。

2. 课程具体目标

(1)知识目标

熟悉日常用语;
熟悉接待 PSCO、验船师、物料商、船东代表用语;
熟悉船东面试时用语;
掌握机舱日常业务日常用语、驾机联系日常用语、应急情况用语;
掌握对外业务联系用语及 PSC/ISM 检查日常用语。

(2)能力目标

具备用英文接待 PSCO、验船师、物料商、船东的能力;
具备用英文交流机舱日常业务、驾机联系的能力;
具备用英文处理船舶应急情况的能力;
具备用英文对外业务联系的能力。

(3)素质目标

具备良好的职业道德、工作责任心和吃苦耐劳的品质;
具备服从意识与团队协作精神;
具有良好的语言表达能力,尤其是英语表达能力和涉外事务的处理能力;
具有良好的行为、习惯和人际关系,尊重他人、服从集体;
具有敏捷的情景意识与正确判断能力;
严格遵守劳动合同及涉外纪律,具有良好的通信与沟通能力。

(三)课程设计理念与思路

1. 课程设置依据

依据 STCW 公约马尼拉修正案、国家海事局高级船员最新考纲和现代船舶轮机管理的工作需求设置“轮机英语听力与会话”课程,同时考虑到“以职业素质为基础,以适岗能力为本位”的教育教学指导思想和航海高职高专学生的认知规律,以满足远洋船舶轮机人才需求、船舶轮机岗位群能力的需求和对于高级船员的适任要求。

2. 课程目标定位

培养轮机工程技术专业学生的日常工作中的英文交流能力,使学生掌握用英文交流机舱日常业务、驾机联系的能力;英文处理船舶应急情况的能力;英文对外业务联系的能力。根据船舶轮机岗位群的三个级别(支持级、操作级、管理级),课程的目标定位于操作级高级船员——二/三管轮。

3. 课程内容选择标准

根据 STCW 公约马尼拉修正案和国家海事局 2012 年 3 月颁布实施的高级船员最新考纲,确定课程内容,将课程内容与国际公约对接、与国家海事局考试要求对接,建立“课证融通”的课程体系。同时,对课程内容的取舍,还要兼顾现代轮机管理的实际要求,征求航运企业专家的意见,做到与时俱进,实现课程内容与轮机现实要求的对接。

4. 项目设计思路

遵循“项目驱动、理实结合”的职业教育理念,采用以项目驱动的课程模式,将课程内容设计为 5 类项目 29 个学习任务:

· 公共英语;
· 机舱日常业务;
· 驾机联系;
· 应急情况用语;
· 对外业务联系用语;
· PSC/ISM 检查用语。

(四)课程内容结构安排

学习项目		学习任务	课时
1	公共英语	任务一　日常用语	16
		任务二　日常对外业务用语:接待 PSCO、验船师、物料商、船东代表用语	
		任务三　船东面试时用语	
		任务四　常用词汇	
2	机舱日常业务	任务一　主机系统	16
		任务二　辅助设备	
3	驾机联系	任务一　值班人员交流	16
		任务二　备车	
		任务三　试车	
		任务四　完车	
		任务五　检查车钟	
		任务六　对时	
		任务七　试舵	
		任务八　轮机长与船长的对话	
4	应急情况用语	任务一　主机故障应急用语	18
		任务二　失电应急用语	
		任务三　船舶消防应急用语	
		任务四　碰撞应急用语	
		任务五　机舱进水应急用语	
		任务六　撤离现场与弃船应急用语	
		任务七　溢油应急用语	
		任务八　人员伤亡与救护应急用语	
5	对外业务联系用语	任务一　加油	18
		任务二　修船、监造、交接船	
		任务三　机损报告、机损检查与各项检验用语	
		任务四　物料和备件	
6	PSC/ISM 检查用语	任务一　PSCO 一般性检查	20
		任务二　PSCO 详细检查	
		任务三　ISM 检查用语	
总计			104

(五)教学内容与要求

<table>
<tr><td colspan="2" rowspan="2">项目一</td><td rowspan="2">公共英语</td><td>课时</td></tr>
<tr><td>16</td></tr>
<tr><td rowspan="3">教学目标</td><td>知识目标</td><td colspan="2">通过情景内容的训练,熟悉与船员日常生活有关的用语以及专业词汇,了解跨文化差异及其对轮机人员交流沟通带来的影响,从而为今后专业课程的学习乃至毕业后从事轮机领域的工作打下坚实的基础。在基础英语教学的基础上,巩固、扩大学生的语法、词汇等语言知识,侧重介绍与轮机管理及日常业务相关的语言及语言技巧的运用</td></tr>
<tr><td>能力目标</td><td colspan="2">听力理解能力:能够听懂并理解 STCW 公约对无限航区的各级别海员职务要求的船舶内部日常生活等行为过程中的英语口语交际内容。能够听懂语速为每分钟 100 ~ 150 词的口语交流内容,掌握中心大意,理解其中的重要事实、细节和关键性信息点
口语表述能力:能够进行 STCW 公约对无限航区的各级别海员职务要求的有效的面对面的口语沟通。能够掌握并使用与机舱作业相关的《标准航海通信用语》(SMCP),发音基本准确,语言基本流畅,表意基本完整</td></tr>
<tr><td>素质目标</td><td colspan="2">注重培养学生的轮机业务沟通能力,信息获取、整合及应用能力
注重培养学生的团队合作精神
了解不同国家的文化</td></tr>
<tr><td colspan="2" rowspan="4">学习任务</td><td colspan="2">任务一　日常用语</td></tr>
<tr><td colspan="2">任务二　日常对外业务用语:接待 PSCO、验船师、物料商、船东代表用语</td></tr>
<tr><td colspan="2">任务三　船东面试时用语</td></tr>
<tr><td colspan="2">任务四　常用词汇</td></tr>
<tr><td colspan="2">相关知识</td><td colspan="2">日常交流相关知识</td></tr>
<tr><td colspan="2">教学设备与媒体</td><td colspan="2">多功能语音室、动画、多媒体课件</td></tr>
<tr><td colspan="2">考核评价</td><td colspan="2">采用百分记分制</td></tr>
</table>

<table>
<tr><td colspan="2" rowspan="2">项目二</td><td rowspan="2">机舱日常业务</td><td>课时</td></tr>
<tr><td>16</td></tr>
<tr><td rowspan="3">教学目标</td><td>知识目标</td><td colspan="2">熟悉与船舶主机系统及辅机系统日常业务有关的专业词汇和用语</td></tr>
<tr><td>能力目标</td><td colspan="2">掌握一定轮机英语专业词汇。学习一般轮机知识,掌握常用轮机英语会话。通过听说的基本技能的综合训练,能够在各种轮机环境下听懂一般场合的英语交谈和讲话,领会说话人的态度、感情和真实意图,具有良好的英语交际能力。通过轮机基本技能的训练,使学生掌握一定的轮机业务及场景操作技能,以利于今后职业生涯发展。能取得相应的英语等级及轮机员适任证书,拓展学生的职业能力</td></tr>
<tr><td>素质目标</td><td colspan="2">注重培养学生的轮机业务沟通能力,信息获取、整合及应用能力
注重培养学生的团队合作精神
了解不同国家的文化</td></tr>
<tr><td colspan="2" rowspan="2">学习任务</td><td colspan="2">任务一　主机系统
主机设备部件名称;主机燃油系统操作与管理;主机冷却水系统操作与管理;主机润滑油系统操作与管理;主机启动空气系统操作与管理;主机运行工况检测;主机换气、增压系统操作与管理;主机故障排除;主机维护保养;主机智能设备操作</td></tr>
<tr><td colspan="2">任务二　辅助设备
锅炉的操作与管理;发电柴油机的操作与管理;空气和制冷系统的操作与管理;空压机的操作与管理;造水机的操作与管理;分油机的操作与管理;油水分离器的操作与管理;焚烧炉的操作与管理;生活污水处理装置的操作与管理;舵机的操作与管理;压载水系统的操作与管理;舱底水系统的操作与管理;甲板机械的维护与管理;电气设备的操作与管理;电气设备的安全注意事项;消防水系统的操作与管理</td></tr>
<tr><td colspan="2">相关知识</td><td colspan="2">轮机管理相关知识</td></tr>
<tr><td colspan="2">教学设备与媒体</td><td colspan="2">多功能语音室、动画、多媒体课件</td></tr>
<tr><td colspan="2">考核评价</td><td colspan="2">采用百分记分制</td></tr>
</table>

项目三		驾机联系	课时
			16
教学目标	知识目标	熟悉与船舶驾驶台和机舱联系有关的 VHF 通信及相关用语	
	能力目标	听力理解能力:能够听懂并理解 STCW 公约对无限航区的各级别海员职务要求的船舶内部日常生活和听懂通过 VHF 和其他无线电和电子通信设备所进行的业务英语交流内容,包括机舱日常业务,应急情况下用语,安全和保安等行为过程中的英语口语交际内容。能够听懂语速为每分钟 100~150 词的口语交流内容,掌握中心大意,理解其中的重要事实、细节和关键性信息点 口语表述能力:能够进行 STCW 公约对无限航区的各级别海员职务要求的有效的面对面的口语沟通,包括日常生活交流,船上业务工作交流,以及安全和保安等场景中的英语口语交流内容。能够掌握并使用与机舱作业相关的《标准航海通信用语》(SMCP),发音基本准确,语言基本流畅,表意基本完整	
	素质目标	注重培养学生的轮机业务沟通能力,信息获取、整合及应用能力 注重培养学生的团队合作精神 了解不同国家的文化	
学习任务		任务一　值班人员交流	
		任务二　备车	
		任务三　试车	
		任务四　完车	
		任务五　检查车钟	
		任务六　对时	
		任务七　试舵	
		任务八　轮机长与船长的对话	
相关知识		轮机管理相关知识	
教学设备与媒体		多功能语音室、动画、多媒体课件	
考核评价		采用百分记分制	

<table>
<tr><td colspan="2" rowspan="2">项目四</td><td rowspan="2">应急情况用语</td><td>课时</td></tr>
<tr><td>18</td></tr>
<tr><td rowspan="3">教学目标</td><td>知识目标</td><td colspan="2">熟悉与应急情况处理有关的词汇和用语</td></tr>
<tr><td>能力目标</td><td colspan="2">听力理解能力:能够听懂并理解 STCW 公约对无限航区的各级别海员职务要求的船舶内部日常生活和听懂通过 VHF 和其他无线电和电子通信设备所进行的业务英语交流内容,包括机舱日常业务,应急情况下用语,安全和保安等行为过程中的英语口语交际内容。能够听懂语速为每分钟 100 ~ 150 词的口语交流内容,掌握中心大意,理解其中的重要事实、细节和关键性信息点
口语表述能力:能够进行 STCW 公约对无限航区的各级别海员职务要求的有效的面对面的口语沟通,包括日常生活交流,船上业务工作交流,以及安全和保安等场景中的英语口语交流内容。能够掌握并使用与机舱作业相关的《标准航海通信用语》(SMCP),发音基本准确,语言基本流畅,表意基本完整</td></tr>
<tr><td>素质目标</td><td colspan="2">注重培养学生的轮机业务沟通能力,信息获取、整合及应用能力
注重培养学生的团队合作精神
了解不同国家的文化</td></tr>
<tr><td colspan="2" rowspan="8">学习任务</td><td colspan="2">任务一　主机故障应急用语</td></tr>
<tr><td colspan="2">任务二　失电应急用语</td></tr>
<tr><td colspan="2">任务三　船舶消防应急用语</td></tr>
<tr><td colspan="2">任务四　碰撞应急用语</td></tr>
<tr><td colspan="2">任务五　机舱进水应急用语</td></tr>
<tr><td colspan="2">任务六　撤离现场与弃船应急用语</td></tr>
<tr><td colspan="2">任务七　溢油应急用语</td></tr>
<tr><td colspan="2">任务八　人员伤亡与救护应急用语</td></tr>
<tr><td colspan="2">相关知识</td><td colspan="2">轮机管理中的应急知识</td></tr>
<tr><td colspan="2">教学设备与媒体</td><td colspan="2">多功能语音室、动画、多媒体课件</td></tr>
<tr><td colspan="2">考核评价</td><td colspan="2">采用百分记分制</td></tr>
</table>

<table>
<tr><td colspan="2" rowspan="2">项目五</td><td rowspan="2">对外业务联系用语</td><td>课时</td></tr>
<tr><td>18</td></tr>
<tr><td rowspan="3">教学目标</td><td>知识目标</td><td colspan="2">熟悉与机舱对外联系有关的 VHF 通信用语</td></tr>
<tr><td>能力目标</td><td colspan="2">听力理解能力:能够听懂并理解 STCW 公约对无限航区的各级别海员职务要求的船舶内部日常生活和听懂通过 VHF 和其他无线电和电子通信设备所进行的业务英语交流内容,包括机舱日常业务,应急情况下用语,安全和保安等行为过程中的英语口语交际内容。能够听懂语速为每分钟 100 ~ 150 词的口语交流内容,掌握中心大意,理解其中的重要事实、细节和关键性信息点
口语表述能力:能够进行 STCW 公约对无限航区的各级别海员职务要求的有效的面对面的口语沟通,包括日常生活交流,船上业务工作交流,以及安全和保安等场景中的英语口语交流内容。能够掌握并使用与机舱作业相关的《标准航海通信用语》(SMCP),发音基本准确,语言基本流畅,表意基本完整</td></tr>
<tr><td>素质目标</td><td colspan="2">注重培养学生的轮机业务沟通能力,信息获取、整合及应用能力
注重培养学生的团队合作精神
了解不同国家的文化</td></tr>
<tr><td colspan="2" rowspan="4">学习任务</td><td colspan="2">任务一　加油
加油程序用语;加油前的准备用语;加油中的注意事项用语;加油数量的核对及争议的处理用语</td></tr>
<tr><td colspan="2">任务二　修船、监造、交接船
核对修理项目;确定修理要求与标准;修理质量与争议处理;坞修;修理设备的调试;造船规范讨论;船舶交接</td></tr>
<tr><td colspan="2">任务三　机损报告、机损检查与各项检验用语</td></tr>
<tr><td colspan="2">任务四　物料和备件
物料和备件的申请;物料和备件的接收</td></tr>
<tr><td colspan="2">相关知识</td><td colspan="2">轮机管理相关知识</td></tr>
<tr><td colspan="2">教学设备与媒体</td><td colspan="2">多功能语音室、动画、多媒体课件</td></tr>
<tr><td colspan="2">考核评价</td><td colspan="2">采用百分记分制</td></tr>
</table>

<table>
<tr><td colspan="2" rowspan="2">项目六</td><td rowspan="2">PSC/ISM 检查用语</td><td>课时</td></tr>
<tr><td>20</td></tr>
<tr><td rowspan="3">教学目标</td><td>知识目标</td><td colspan="2">熟悉与 PSC/ISM 检查有关用语</td></tr>
<tr><td>能力目标</td><td colspan="2">听力理解能力:能够听懂并理解 STCW 公约对无限航区的各级别海员职务要求的船舶内部日常生活和听懂通过 VHF 和其他无线电和电子通信设备所进行的业务英语交流内容,包括机舱日常业务,应急情况下用语,安全和保安等行为过程中的英语口语交际内容。能够听懂语速为每分钟 100 ~ 150 词的口语交流内容,掌握中心大意,理解其中的重要事实、细节和关键性信息点
口语表述能力:能够进行 STCW 公约对无限航区的各级别海员职务要求的有效的面对面的口语沟通,包括日常生活交流,船上业务工作交流,以及安全和保安等场景中的英语口语交流内容。能够掌握并使用与机舱作业相关的《标准航海通信用语》(SMCP),发音基本准确,语言基本流畅,表意基本完整</td></tr>
<tr><td>素质目标</td><td colspan="2">注重培养学生的轮机业务沟通能力,信息获取、整合及应用能力
注重培养学生的团队合作精神
了解不同国家的文化</td></tr>
<tr><td colspan="2" rowspan="3">学习任务</td><td colspan="2">任务一　PSCO 一般性检查
各种证书的名称及内容;油类记录簿的记录与内容</td></tr>
<tr><td colspan="2">任务二　PSCO 详细检查
机器、设备操作性检查;救生与消防演习现场检查;职务规则用语</td></tr>
<tr><td colspan="2">任务三　ISM 检查用语
ISM 体系文件的检查;与体系文件相关的记录的检查;与 ISM 审核官员的会话;ISM 条款问答</td></tr>
<tr><td colspan="2">相关知识</td><td colspan="2">港口国控制相关法规</td></tr>
<tr><td colspan="2">教学设备与媒体</td><td colspan="2">多功能语音室、动画、多媒体课件</td></tr>
<tr><td colspan="2">考核评价</td><td colspan="2">采用百分记分制</td></tr>
</table>

(六)考核评价

本课程成绩由听力考核、会话考核和平时考核三个部分组成:

听力考核在计算机上随机组卷考试,分值占 40%;

会话考核采用教师和学生一对一面试的方式进行,分值占 30%;

平时考核占 30%,平时成绩组成:出勤 5% + 课堂纪律 5% + 训练认真度 10% + 课堂练习 10%,共 30%。

成绩分为优、良、中、及格、不及格 5 个等级。

(七)教学条件

1. 实践条件

包括教学用计算机、多媒体语音室、多个投影室、网络实训室、1 套英语无线教学系统;利用自制的教学课件、电子教案等教学。

2. 师资条件

①应具有英语专业或经英语进修的轮机管理专业大学本科及以上学历,有 1 年的轮机专业实践经验;

②或具有中级及以上职称,并具有不少于 6 个月的海上服务资历;

③或具有不少于 1 年的二管轮海上服务资历,并具有不少于 1 年的航海教学经历。

3. 教材选用

教材选用的原则:

①近四五年内的国内公开出版的优秀教材;

②能够体现高职类教学的特点,如校企合作型、工学结合型、项目驱动型等;

③教材内容应不低于国家海事局适任证书考试大纲的要求;

④有相应教辅资料、习题库和实训指导书。

4. 课程网络资源

建有轮机专业教学网络资源,包括教学大纲、课件、电子教案、教学录像、实训指导书、习题库、试卷库、参考文献、虚拟实训、在线测试等。这些资源有利于学生自主性学习,满足不同学生的需求。

(八)实施建议

1. 教学方法

打破传统的、单一的以“听”为主的听力教学模式,构件多维度的“音”“像”结合的互动听说教学模式,激发学生的学习兴趣。通过视听内容的呈现和轮机情景的创设,注重模仿操练和模拟训练等任务引领的教学来拓展学生的听说能力,活跃课堂,提高学习效率。注重学生良好听说习惯的培养。

2. 教学模式

①互动交流教学模式;

②课堂情景交际教学模式;

③恰当运用幻灯投影教学,配以适当的情景图片。

十二、机舱资源管理(ERM)课程标准

课程类型:理实一体课程
适用专业:轮机工程技术
开设学期:第三学年第五学期
建议学时:38

(一)课程性质与作用

机舱资源管理是海洋船舶轮机工程技术(轮机管理)专业核心课程,是海船船员三管轮适任评估课程之一,是从事船舶机械设备运行、维护,航运部门机务管理必修的课程。

(二)课程目标

1. 知识目标

了解船舶管理、人员管理基本知识;
了解团队的含义、高效团队的特征;
掌握通信与沟通的知识;
了解人为失误的预防等理论知识;
了解船员生理特性。

2. 能力目标

具有值班人员之间、机舱与驾驶台、轮机部与公司职能部门、轮机部与其他人员的通信与沟通的能力;

具有编制并实施轮机部日常维修保养计划的能力;

能有效地利用轮机部的人力和设备资源;

具有部门间、团队成员间协调与配合的能力;

具有在应急情况(如主机故障、舵机失灵、全船失电、机舱火灾、机舱进水、恶劣海况、搁浅、碰撞、海盗袭击、溢油等)下的有效沟通技能以及应变能力、危机处理能力。

3. 素质目标

具备良好的职业道德、工作责任心和吃苦耐劳的品质,具备服从意识与团队协作精神,具有良好的语言表达能力尤其是英语表达能力和涉外事务的处理能力。

具有良好的行为习惯和人际关系,尊重他人、服从集体。具有敏捷的情景意识与正确判断能力。严格遵守劳动合同及涉外纪律,具有良好的通信与沟通能力。

(三)课程设计理念与思路

1. 课程设置依据

依据 STCW 公约马尼拉修正案、国家海事局海船船员最新考纲和现代船舶轮机管理的工作需求及海船船员适任评估要求;满足海船轮机人才需求、船舶轮机岗位群能力的需求和对于高级船员的适任要求而设置“机舱资源管理”课程。

2. 课程目标定位

通过机舱资源管理教学和训练,使学员掌握部门、人员间的通信与沟通,机舱人员间协调

与配合，应急情况下的处理的方法和技能，达到轮机安全值班要求，确保船舶安全航行。根据船舶轮机岗位群的三个级别（支持级、操作级、管理级），课程的目标定位于操作级高级船员——二/三管轮。

3. 课程内容选择标准

根据 STCW 78 公约马尼拉修正案和国家海事局 2012 年 3 月颁布实施的海船船员最新考纲，确定课程内容，即将课程内容与国际公约对接、与国家海事局船员评估考试要求对接，建立“课证融通”的课程体系。

4. 项目设计思路

遵循“项目驱动、理实结合”的职业教育理念，采用以项目驱动的课程模式，将课程内容设计为 3 类项目 18 个学习任务：

· 机舱资源管理理论；
· 机舱资源管理实践；
· 案例分析。

（四）课程内容结构安排

学习项目		学习任务	课时
1	机舱资源管理理论	任务一　资源管理认知	13
		任务二　管理基本职能认知	
		任务三　轮机部团队分析	
		任务四　通信与沟通	
		任务五　人为失误与预防	
2	机舱资源管理实践	任务一　通信与沟通	16
		任务二　计划的编制与实施	
		任务三　轮机部团队的协调与配合	
3	案例分析	任务一　救生	3
		任务二　消防	
		任务三　堵漏	
		任务四　溢油	
		任务五　海盗袭击	
		任务六　碰撞	
		任务七　恶劣海况	
		任务八　PSC 检查	
		任务九　全船失电	
		任务十　主机故障	
4	考试	理论考试	2
		实操考试	2
总计			38

(五)教学内容与要求

<table>
<tr><td colspan="2" rowspan="2">项目一</td><td rowspan="2">机舱资源管理理论</td><td>课时</td></tr>
<tr><td>13</td></tr>
<tr><td rowspan="3">教学目标</td><td>知识目标</td><td colspan="2">掌握机舱资源管理理论知识</td></tr>
<tr><td>能力目标</td><td colspan="2">具有利用相关的理论知识对机舱资源进行有效、完善的管理的能力</td></tr>
<tr><td>素质目标</td><td colspan="2">具有良好的心理素质、应变能力和领导组织才能
具有团队协作能力
具有自主学习能力
具有良好的适任能力、责任意识</td></tr>
<tr><td colspan="2" rowspan="5">学习任务</td><td colspan="2">任务一　资源管理认知</td></tr>
<tr><td colspan="2">任务二　管理基本职能认知</td></tr>
<tr><td colspan="2">任务三　轮机部团队分析</td></tr>
<tr><td colspan="2">任务四　通信与沟通</td></tr>
<tr><td colspan="2">任务五　人为失误与预防</td></tr>
<tr><td colspan="2">相关知识</td><td colspan="2">有关机舱资源方面的知识,管理学知识,柴油机和发电柴油机操作、管理与应急处理</td></tr>
<tr><td colspan="2">教学设备与媒体</td><td colspan="2">多媒体教学设备</td></tr>
<tr><td colspan="2">考核评价</td><td colspan="2">以作业、课内提问的方式使学生对机舱资源进行有效、完善管理的认识</td></tr>
</table>

<table>
<tr><td colspan="2" rowspan="2">项目二</td><td rowspan="2">机舱资源管理实践</td><td>课时</td></tr>
<tr><td>16</td></tr>
<tr><td rowspan="3">教学目标</td><td>知识目标</td><td colspan="2">在实践的过程中掌握有关轮机部内部成员、轮机部与外部之间的通信与沟通,轮机部工作计划的制订与实施以及轮机部团队的协调与配合方面的知识</td></tr>
<tr><td>能力目标</td><td colspan="2">具备良好沟通与通信识别的能力
具备工作计划正确合理地制订与有效实施的能力
具备较强的团队协调与配合的能力</td></tr>
<tr><td>素质目标</td><td colspan="2">具有良好的情景意识
具有良好的行为规范、职业道德和职业技能
具有较强的组织实施、工作协调能力、团队合作能力、语言表达能力
具有较强的集体意识和社会责任心</td></tr>
<tr><td colspan="2" rowspan="3">学习任务</td><td colspan="2">任务一　通信与沟通</td></tr>
<tr><td colspan="2">任务二　计划的编制与实施</td></tr>
<tr><td colspan="2">任务三　轮机部团队的协调与配合</td></tr>
<tr><td colspan="2">相关知识</td><td colspan="2">机舱资源管理理论知识,全任务轮机模拟器的操作与管理,船舶主机、辅机相关操作、管理与应急处理</td></tr>
<tr><td colspan="2">教学设备与媒体</td><td colspan="2">全任务轮机模拟器,多媒体教学设备</td></tr>
</table>

<table>
<tr><td colspan="2">项目二</td><td>机舱资源管理实践</td><td>课时
16</td></tr>
<tr><td colspan="2">考核评价</td><td colspan="2">在轮机模拟器上编制应急计划，学生分组模拟演练，要求资源利用合理，方法正确</td></tr>
</table>

<table>
<tr><td colspan="2">项目三</td><td>案例分析</td><td>课时
3</td></tr>
<tr><td rowspan="3">教学目标</td><td>知识目标</td><td colspan="2">掌握使用机舱资源管理知识分析事故案例的方法
掌握利用机舱资源管理知识减少或杜绝人为因素导致船舶事故的方法与手段</td></tr>
<tr><td>能力目标</td><td colspan="2">具备较强的决策、分析和判断能力
具备较强独立地、综合地解决、管理问题的能力
具备较强的团队组织、协调和配合的能力</td></tr>
<tr><td>素质目标</td><td colspan="2">具有良好的行为规范、职业道德和职业技能
具有较强的组织实施、工作协调能力、团队合作能力、语言表达能力
具有较强的集体意识和社会责任心
具有较强的决策、分析和判断问题的能力
具有应急处理的能力</td></tr>
<tr><td colspan="2" rowspan="10">学习任务</td><td colspan="2">任务一　救生</td></tr>
<tr><td colspan="2">任务二　消防</td></tr>
<tr><td colspan="2">任务三　堵漏</td></tr>
<tr><td colspan="2">任务四　溢油</td></tr>
<tr><td colspan="2">任务五　海盗袭击</td></tr>
<tr><td colspan="2">任务六　碰撞</td></tr>
<tr><td colspan="2">任务七　恶劣海况</td></tr>
<tr><td colspan="2">任务八　PSC 检查</td></tr>
<tr><td colspan="2">任务九　全船失电</td></tr>
<tr><td colspan="2">任务十　主机故障</td></tr>
<tr><td colspan="2">相关知识</td><td colspan="2">机舱资源管理理论知识，船舶主机、辅机相关操作、管理与应急处理</td></tr>
<tr><td colspan="2">教学设备与媒体</td><td colspan="2">全任务轮机模拟器、多媒体教学设备</td></tr>
<tr><td colspan="2">考核评价</td><td colspan="2">在轮机模拟器以学生分组形式演练，考核学生在应急情况下案情判断、人员组织、任务分配、组织实施、通信联络、工作协调等处置是否合理。运用机舱资源管理理论结合船舶实际提交案例分析小论文（不少于 1000 字）</td></tr>
</table>

（六）考核评价

课程考核方法与成绩评定由以下几个部分组成：

1. 学校课程总成绩

以学生平时表现、过程考核和终结评估考核作为判断学生机舱资源管理成绩的重要依据。具体分数比例如下:

本课程的总评成绩=平时表现成绩20% +过程考核成绩40% +评估考核成绩40%,其中:

①平时表现:出勤5% +课堂纪律5% +训练认真度10%,共20%;

②过程考核根据学生对每个项目的完成质量情况、训练日记进行分别打分,共40%;

③评估考核与国家海事局适任评估考核接轨,采用题卡系统进行现场抽题,然后进行实操评估,共40%。

2. 考试成绩

学生参加国家海事局评估考核,该评估成绩作为学生课程总成绩的修正。课程成绩采用五级记分制,即优秀、良好、中等、合格和不合格。

(七)教学条件

1. 实践条件

①全任务轮机模拟器;

②自动化陆地机舱。

2. 师资条件

①教员须经过主管机关组织的师资培训,并满足下列条件之一:

具有不少于2年的无限航区轮机长或大管轮海上服务资历;

具有副高及以上职称,并具有不少于1年海上服务资历的航海类专业教师。

②其他要求:

教员须自有;

教员中至少一名为轮机长;

实训教员按照师生比1:5配备。

3. 教材选用

教材选用的原则:

①近四五年内的国内公开出版的优秀教材。

②教材内容应不低于国家海事局适任证书考试大纲的要求。

③有相应的教辅资料、习题库和实训指导书。

4. 课程网络资源

建有轮机专业教学网络资源,包括教学大纲、课件、电子教案、教学录像、实训指导书、习题库、试卷库、参考文献、虚拟实训、在线测试等。这些资源有利于学生自主性学习,满足不同学生的需求。

(八)实施建议

①采用现代教学手段进行集中理论教学,工学交替、理论与实践交替互动的教学模式。理论课由任课教师现场讲解,实操课分团队进行训练。

②在全任务轮机模拟器或自动化机舱实施训练。

③教学方法以案例教学法为主,情境教学法为辅。

第四篇
船舶电子电气技术
专业教学标准与课程标准

第一章　船舶电子电气技术专业教学标准

专业名称:船舶电子电气技术

专业代码:520413

招生对象:普通高中毕业生/中职学校毕业生

学制与学历:三年专科

一、培养目标

培养德、智、体、美全面发展,适应国内外航运事业发展需要,具有良好职业道德和可持续发展能力,符合2010年修正的《1978年海员培训、发证和值班标准国际公约》(以下简称STCW公约马尼拉修正案)和中华人民共和国海船船员适任标准要求,能从事船舶电气、电子和控制工程管理、电子电气维护与修理及船舶操作控制和人员管理等工作的高素质技术技能型人才。

二、人才规格

1. 职业岗位知识

①掌握海船船员培训合格证理论考试大纲中"基本安全、精通救生艇筏和救助艇、精通急救、高级消防、保安意识和负有指定保安职责船员"等的专业知识要求,并通过培训合格证的理论考试;

②掌握海船船员适任考试大纲中对无限航区电子技工的专业知识要求,并通过电子技工适任证书的理论考试;

③掌握STCW公约马尼拉修正案和我国海船船员适任考试大纲中所规定的海船电子电气员理论知识,达到无限航区主推进动力装置750 kW及以上船舶电子电气员业务基础知识理论水平并通过无限航区主推进动力装置750 kW及以上船舶电子电气员适任证书的理论考试。

2. 职业能力

①具有"基本安全、精通救生艇筏和救助艇、精通急救、高级消防、保安意识和负有指定保安职责船员"的技能知识,并通过培训合格证的评估考试;

②具有无限航区船舶电子技工岗位操作能力,并通过电子技工的评估考试;

③掌握STCW公约马尼拉修正案和我国海船船员适任评估大纲中所规定的技能知识,并通过海船电子电气员适任评估考试。

3. 职业素质

①热爱祖国,具有正确的人生观、价值观和法制意识;

②具有良好的敬业精神、团队精神和服从意识；

③具有强烈的环保和安全意识；

④具有一定的外语应用能力和人际沟通能力；

⑤具有一定的组织管理和应对突发事故的应急、应变能力；

⑥具有能在恶劣海况下坚持工作的毅力和意志；

⑦具有良好的航海心理素质和健康体魄。

三、就业面向与职业资格证书

1. 就业面向

本专业学生毕业以后除了从事船舶电子电气员岗位任务以外，还可以作为船舶支持级船员（考取电子技工适任证书），也可在相关企事业单位从事船舶机务管理、海事监督、船舶检验、电子电气设备厂商生产及服务管理等方面工作。

2. 职业资格证书

（1）培训合格证书

①基本安全培训合格证书 Z01；

②精通救生艇筏和救助艇培训合格证书 Z02；

③高级消防培训合格证书 Z04；

④精通急救培训合格证书 Z05；

⑤保安意识培训合格证书 Z07；

⑥负有指定保安职责船员培训合格证 Z08。

（2）适任证书

①电子技工适任考试合格证书；

②无限航区或沿海航区主推进动力装置 750 kW 及以上船舶电子电气员适任考试合格证书。

四、职业素质与能力分析

根据 STCW 公约对轮机部船员的要求，电子电气员职务必须满足的职能块包括“电气、电子和控制工程”的管理能力、“电子电气维护和修理”的故障处理能力以及“船舶操作控制和人员管理”的管理能力，如下图所示。

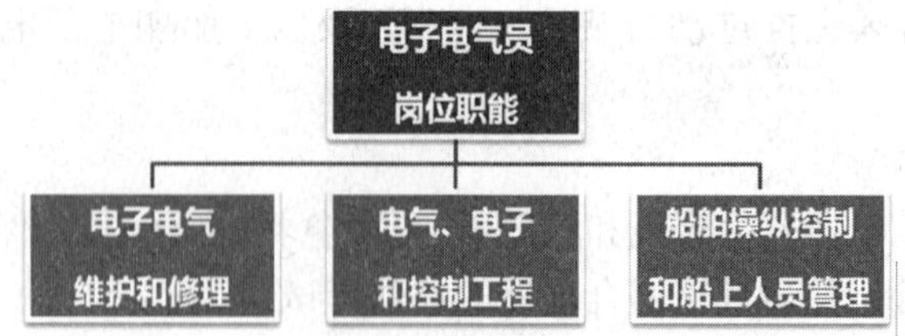

STCW 公约电子电气员职务职能块示意图

STCW 公约要求船舶电子电气员职务应该掌握的各职能块，其中包括的典型工作任务、工作过程、职业能力分别如下列各表所示。

电子电气员职业能力:电气、电子和控制工程职能块

典型工作任务	工作过程	职业能力
对电气、电子和控制系统运行的监控	基本理解机械工程系统的运行: ①原动机,包括主推进装置 ②机舱辅助机械 ③操舵系统 ④装卸货系统 ⑤甲板机械 ⑥生活系统 有关传热、力学和流体力学的基本知识 电子技术和电气机械理论 电子学和电力电子学基础 配电板和电气设备 自动化、自动控制系统及技术的基础 仪表、报警和监测系统 电力驱动 电气材料技术 电子-液压和电子-气动控制系统 理解 1 kV 以上供电系统操作的危险和所需的预防措施	设备和系统的操作与操作手册一致 性能等级与技术规范一致
推进装置和辅助机械自动控制系统运行的监控	推进装置和辅助机械控制系统的操作准备	对主推进装置和辅助机械系统的监控足以保持安全运行状态
发电机和配电系统的操作	发电机并车、负载分配和切换 配电板和配电屏之间的连接和切断	按照操作手册、既定规则和程序计划和执行操作以确保操作安全 能用图纸/说明书理解和解释配电系统
1 kV 以上供电系统的操作和维护	理论知识: 高压电技术 安全预防措施和程序 电力推进船舶主电动机及控制系统 实操技能: 高压电系统的安全操作和管理,包括了解特殊技术类型的高压电系统和操作 1 kV 以上高压电系统的危险	按照操作手册、既定规则和程序计划和执行操作以确保操作安全
操作船上计算机及计算机网络系统	①数据处理的主要特点 ②船上计算机网络的构造和使用 ③基于驾驶台的、基于机舱的和商用的计算机的使用	正确检查和管理计算机网络和终端机
使用英语进行书面和口头表达	足够的英语语言知识以确保电子电气员能正确使用工程出版物并履行其职责	正确解读与电子电气员职责相关的英语出版物;交流清楚易懂
使用内部通信系统	所有船上内部通信系统的操作	信息的发送和接收持续有效 通信记录完整、准确并符合法定的要求

电子电气员职业能力：电子电气维护和修理职能块

典型工作任务	工作过程	职业能力
电气和电子设备的维护与修理	船上电气系统工作的安全要求，包括在允许人员检修该设备之前所要求的电气设备的安全隔离 电气系统设备、配电板、电动机、发电机和直流电气系统及设备的维护与修理 电气故障和故障位置的检测及防止损坏的措施 电气测试和测量设备的构造和操作 以下设备及其配置的功能和性能测试： ①监控系统 ②自动控制设备 ③防护设备 电气和电子图的识读	工作安全措施适当 选择和使用手动工具、测量仪表、检测设备适当，且对结果的解释准确 设备的拆卸、检测、修理和装复符合操作手册及良好的做法 装复和性能测试符合操作手册及良好的做法

电子电气员职业能力：电子电气维护和修理职能块（展开）

<table>
<tr><th>典型工作任务</th><th>工作过程</th><th>职业能力</th></tr>
<tr><td>维护和修理主推进装置和辅助机械的自动和控制系统</td><td rowspan="2">适当的电气和机械知识和技能
安全和应急程序
允许人员维护和修理前，安全隔离设备和相关系统
设备检测、维护、故障检查和修理的实际知识
电气和电子控制设备的检测、故障检查并恢复运行状态
航行设备和内外部通信系统的原理和维护程序的知识

理论知识：
易燃区域电气和电子系统的运行

实际知识：
执行安全的维护和修理程序
探查机械故障，确认故障点，采取措施防止机械损坏</td><td>准确识别相关机械和系统的故障，正确解读船舶的技术图纸，正确使用和校准测量仪表
装置和设备的隔离、拆卸和重装符合制造商的安全指导、船上指令、法规和安全规范。根据当时的环境和状况采取最合适的和恰当的措施使自动和控制系统恢复原状</td></tr>
<tr><td>维护和修理驾驶台航行设备和船舶通信系统</td><td>准确识别相关机械和系统的故障，正确解读船舶的技术图纸，正确使用和校准测量仪表
装置和设备的隔离、拆卸和重装符合制造商的安全指导、船上指令、法规和安全规范。根据当时的环境和状况采取最合适的和恰当的措施使驾驶台航行设备和船舶通信系统恢复原状</td></tr>
</table>

典型工作任务	工作过程	职业能力
维护和修理甲板机械和装卸货设备的电气、电子和控制系统	适当的电气和机械知识和技能 安全和应急程序 允许人员维护和修理前，安全隔离设备和相关系统 设备检测、维护、故障检查和修理的实际知识 电气和电子控制设备的检测、故障检查并恢复运行状态 理论知识： 易燃区域电气和电子系统的运行 实际知识： 执行安全的维护和修理程序 探查机械故障，确认故障点，采取措施防止机械损坏	准确识别相关机械和系统的故障，正确解读船舶的技术图纸，正确使用和校准测量仪表 装置和设备的隔离、拆卸和重装符合制造商的安全指导、船上指令、法规和安全规范。根据当时的环境和状况采取最合适的和恰当的措施使甲板机械和装卸货设备恢复原状
维护和修理生活设备的控制和安全系统		准确识别相关机械和系统的故障，正确解读船舶的技术图纸，正确使用和校准测量仪表 装置和设备的隔离、拆卸和重装符合制造商的安全指导、船上指令、法规和安全规范。根据当时的环境和状况采取最合适的和恰当的措施使生活设备的控制和安全系统恢复原状

电子电气员职业能力：船舶操作控制和船上人员管理职能块

典型工作任务	工作过程	职业能力
确保符合防污染要求	防止海洋环境污染 防止海洋环境污染应采取预防措施的知识 防污染程序和所有相关设备 采取积极措施保护海洋环境的重要性	监督船上操作和确保符合MARPOL公约要求的程序得到全面遵守 采取的行动旨在确保维持良好的环保声誉
船上防火、控制火灾和灭火	防火和灭火设备 组织消防演习的能力 火的分类和化学性质的知识 灭火系统的知识 失火(包括发生涉及油类系统火灾)时应采取的行动	迅速确定问题的类型和范围，初始行动符合船舶应急程序和意外事故应急计划 撤离、应急关闭和隔离程序适合紧急情况的性质，并迅速实施

典型工作任务	工作过程	职业能力
		向上报告和通知船上相关人员的优先顺序、级别、时限与紧急情况的性质,并反映事态的紧急程度
操作救生设备	救生 组织弃船演习的能力和操作救生艇筏、救助艇及其释放装置和设备,包括无线电救生设备、应急无线电示位标、搜救应答器、救生服和保温用具在内的知识	在弃船求生情况下采取的行动适合于当时的环境和条件,并符合公认的安全做法和标准
在船上应用医疗急救	医护 实际应用医疗指南和无线电咨询,包括根据这种知识对船上可能发生的事故和疾病采取有效行动的能力	迅速确认伤病的可能原因、性质和程度,加以治疗以尽快减小对生命的直接威胁
领导力和团队工作技能的运用	船上人员管理和培训的实用知识 运用任务和工作量管理的能力: ①计划和协调 ②人员指派 ③时间和资源的限制 ④优先排序 运用有效资源管理的知识和能力: ①资源的分配、分派和优先排序 ②船上和岸上的有效沟通 ③决策反映出团队的经验 ④决断力和领导力,包括激励 ⑤具有并保持情景意识 运用决策技能的知识和能力: ①局面和风险评估 ②识别并考虑做出的选项 ③选择行动方案 ④评价结果的有效性	分配船员工作,并以适合相关人员的方式告知所要求的工作标准和行为准则 培训目标和培训活动以对目前适任性和能力的评估和操作要求为基础 操作有计划并根据需要按正确的优先顺序分配和分派资源,以执行必要的任务 交流清楚、无歧义 表明有效的领导行为 相关的团队成员对当前和预计的船舶及其操作状态和外部环境有共同的准确理解 决策对于局面最有效
有助于人员和船舶的安全	个人求生技能的知识 防火知识和灭火能力 基本急救的知识 个人安全和社会责任的知识	正确使用适当的安全和防护设备 始终遵循旨在保护人员和船舶的程序和安全工作做法 始终遵循旨在保护环境的程序 发生紧急情况时的初始和后续行动符合既定的应急反应程序

通过对船舶电子电气职业能力的分析，在船舶电子电气技术专业人才培养中将电子电气员职业资格的国际标准与学历教育有机融合，重点突显以学历教育促进职业资格教育，有利于学生就业与职业发展的专业教学思路，培养符合 STCW 公约要求、满足国内外船东需要的高素质毕业生；学生除获得学历证书外，还需参加海船船员专项培训（熟悉与基本安全、保安意识、负有指定保安职责船员的培训、精通艇筏、精通急救、高级消防），考取各种船员职业专项技能证书以及海船船员适任证书（如下图所示），把学生获取的职业证书融入课程体系中，实现“课证融通”。

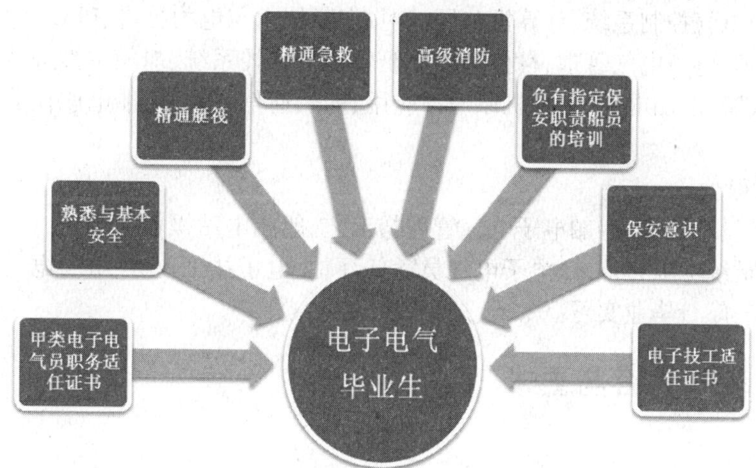

电子电气毕业生职业证书示意图

五、课程体系设计

1. 课程体系设计

以满足 STCW 公约马尼拉修正案和《11 规则》的要求及无限航区主推进动力装置 750 kW 及以上船舶电子电气员岗位适任能力、可持续发展能力和海员素质养成的需要为依据，以船舶电子电气技术专业岗位职业能力、职业基础能力分析及海员素质调研为基础，构建本专业的课程体系。

课程体系由公共课程、专业平台课程及专业核心课程、实训课程四大类组成，公共课程主要培养学生文化基础素质及信息获取与处理、交流与沟通、自主学习与提高、团队合作等职业核心能力，满足学生的可持续发展需要；专业平台课程和专业核心课程、实训课程主要培养学生专业基础和技能，使其能够达到无限航区主推进动力装置 750 kW 及以上船舶电子电气员岗位的适任能力要求，并进一步拓宽学生知识面，培养学生质量管理、安全与环境保护及设备和人员管理方面的能力。

本专业的相关理论、实训课程结束后需参加交通运输部海事局组织的考试，成绩合格后由海事局颁发海船船员培训合格证书和适任考试合格证书，然后再经 12 个月的海上资历后，由交通运输部海事局颁发适任证书，方可担任船舶电子电气员工作。

2. 课程分类

按照课程体系，具体课程科目分类如下：

(1)公共课程

思想道德修养与法律基础、毛泽东思想和中国特色社会主义理论体系概论、体育（含游泳）、高等数学、计算机基础与应用、大学英语阅读、大学英语听力、大学英语口语、军训与入学教育、公益劳动。

(2)专业平台课程

电工基础、电子技术、轮机概论、电子电气员英语听力与会话、电工电子工艺训练、认识实习、熟悉与基本安全训练、保安意识、负有指定保安职责船员的培训、精通艇筏训练、医疗急救训练、高级消防训练。

(3)专业职能课程

船舶电机与电气控制系统、计算机与局域网、变频技术与电力推进、PLC 及其工业控制网络、船舶安全管理、电子电气管理、自控基础及船舶辅机自控系统、船舶主推进装置自动控制、传感器与监视报警、船舶电站、单片机原理与应用、船舶通信系统、船舶电航仪器、电子电气员英语阅读。

(4)实训课程

通信与导航设备维护、船舶电子电气管理与工艺、船舶电站操作与维护、计算机与自动化训练、电子电气员统考强化训练、电子电气员适任评估、电子技工业务、电子电气设备识图、电子电气设备维修、航行毕业实习。

六、课程教学内容与要求

1. 公共课程

(1)思想道德修养与法律基础(45 课时)

主要内容:追求远大理想,坚定崇高信念、继承爱国传统,弘扬民族精神、提高道德修养,维护公共秩序、培育职业精神,树立家庭美德、增强法律意识,弘扬法治精神、自觉遵守法律。通过开展马克思主义人生观、价值观、道德观和法制观的教育,引导学生树立高尚的理想情操,养成良好的道德品质,增强社会主义法制观念,树立体现中华民族优秀传统和时代精神的价值标准和行为规范,做“有理想、有道德、有文化、有纪律”的中国特色社会主义事业的建设者和接班人。

(2)毛泽东思想和中国特色社会主义理论体系概论(30 课时)

主要讲授马克思主义中国化理论成果及其精髓、新民主主义革命理论、社会主义改造理论、社会主义本质和初级阶段理论,建设中国特色社会主义经济、政治和文化,构建社会主义和谐社会;祖国完全统一的构想、国际战略和外交政策、中国特色社会主义的依靠力量和领导核心。目的是使大学生全面把握毛泽东思想和中国特色社会主义理论体系的地位和内涵,培养和提高学生运用马克思主义世界观和方法论认识问题和解决问题的能力,提高政治理论素养。

(3)大学英语阅读(182 课时)

使学生能够基本读懂一般性题材的英文文章,能就阅读材料进行略读和寻读。能借助词典阅读本专业的英语教材和题材熟悉的英文报刊文章。能读懂工作、生活中常见的应用文体的材料。能完成一般的写作任务,能描述个人经历、事件、观感、情感等。能借助词典对题材熟悉的文章进行英汉互译,译文基本流畅。

(4)大学英语听力(90 课时)

通过学习,使学生能听懂英语授课,能听懂日常英语谈话和一般性题材讲座,能基本听懂英语国家慢速英语节目;对语速为每分钟 110 词左右的听力材料,能掌握中心大意,理解主要细节。

(5)大学英语口语(80 课时)

通过学习,使学生能在学习过程中用英语交流,并能就某一主题进行讨论。能就日常话题和来自讲英语国家的人士进行交谈，表达比较清楚，语音、语调基本正确。

(6)体育(含游泳)(90 课时)

通过学习球类、田径、体操、武术、游泳等传统体育运动项目以及浪木、攀登等海上专业体育项目，掌握体育运动基本知识和科学锻炼身体的方法，了解、掌握实用游泳技术和游泳卫生知识，培养健康的体魄、良好的心理素质和团队精神，养成终身体育锻炼的习惯，以适应海上特殊环境的要求。

(7)高等数学(90 课时)

培养学生的运算能力、数据处理能力、初步的抽象思维、逻辑思维和空间想象能力，逐步提高分析问题和解决问题的能力。

(8)计算机基础与应用(45 课时)

使学生了解计算机文化基础知识，熟练使用 Word、Excel、PowerPoint 等办公自动化软件；掌握计算机常用工具软件的使用，能够使用 Internet 进行信息浏览、收发邮件和文件下载等。

(9)入学教育与军训(60 课时)

进行学院规章制度教育、专业教育、军事教育和军训。

2. 专业平台课程

(1)电工基础(56 课时)

掌握电路基本概念与基本定律、电位计算方法、电路分析方法，正弦交流电路、功率因数、三相交流电路、三相功率及测量、暂态电路以及磁场基本物理量、铁磁材料、电磁感应、磁路、电磁铁等相关知识。

(2)电子技术(80 课时)

掌握半导体元件、基本放大电路、集成运算放大器及其典型运算控制电路、反馈放大电路及功率放大电路，整流、滤波及稳压电源，开关电源，电力电子常用元件及电力电子应用技术基础；进制转换、逻辑代数及正负逻辑、基本门电路及组合逻辑电路、触发器及时序逻辑电路分析、数-模及模-数转换电路、译码及编码电路、多路转换器、存储器、数字显示等转换电路。

(3)电工电子工艺训练(28 课时)

学习电气安全操作与消防；常用电工仪表工作原理、用途及使用方法；船舶电气安装工艺；船用电缆的使用、敷设、密封处理与更换；常用电工工具与电工物料的使用；常用电子元件的认识和测量，简单电子控制线路识图、调试和维护保养等。

(4)电子电气员英语听力与会话(78 课时)

具备履行船舶电子电气员职责的英语听说能力。能基本理解有关船舶电子电气设备使用、维护保养等的标准英语表述；能顺利进行对外业务英语会话。

(5)轮机概论(60 课时)

学习船舶柴油机分类、组成、工作原理及其管理；泵、舵机、起货机、锚机、开关舱设备、吊艇机、舷梯等甲板机械的主要种类及结构；日用海淡水系统、通风系统等结构组成；船舶防污染程序与设备。

(6)熟悉与基本安全训练(108 课时)

进行个人求生、防火灭火、基本急救、个人安全及社会责任的学习和培训，使学员达到 STCW 公约对海员基本安全培训的强制性最低要求，通过考试获得证书。

(7)精通艇筏训练(32 课时)

主要讲授救生艇筏和救助艇的收放、登乘与操纵,定位设备的使用,海上求生者的救助等专业知识,并进行救生艇操纵、海上划桨、救生艇的收放等技能训练。通过训练使学员满足STCW 公约关于精通救生艇筏培训的强制性最低标准的要求,考核合格获得海事部门签发的专项证书。

(8)医疗急救训练(37 课时)

讲授人体结构与功能、伤病员检查与护理、有毒货物的危险性、脊柱损伤、骨折与肌肉损伤、药理学等急救专业知识,进行心肺复苏、骨折固定与搬运、止血等技能训练。通过训练使学员满足 STCW 公约关于精通急救培训的强制性最低标准的要求,考核合格获得海事部门签发的专项证书。

(9)高级消防训练(44 课时)

讲述船舶消防的组织训练、灭火程序、灭火战术和指挥、烟火探测和灭火系统及设备的使用与维护、火灾事故调查与报告、灭火中的危险等专业知识。通过训练使学员满足 STCW 公约关于高级消防培训的强制性最低标准的要求,考核合格获得海事部门签发的专项证书。

(10)认识实习(56 课时)

使学生对船舶轮机、电子电气设备、通导设备、海员工作及生活等有一个较全面的认识,对船舶电子电气员工作有一个实际的体验和了解,为后续专业课程的学习打好基础。

3. 专业核心课程

(1)计算机及局域网(40 课时)

学习商务计算机的组成及应用;计算机网络基本理论、概念、体系结构和网络协议,重点是TCP/IP 的各层主要协议;数据通信基础,网络体系结构,计算机局域网络的组建、运行和管理,计算机广域网络技术。

(2)船舶电机与电气控制系统(70 课时)

学习变压器原理及应用、同名端的判断、三相变压器的连接;交流三相异步电动机结构、工作原理、特性、控制及单相异步电动机;交流三相同步发电机结构、工作原理与电枢反应;伺服电机、测速发电机、自整角机、步进式电机;船用电机的维修;电力拖动基础,电动机与负载的机械特性及电拖系统分析,常用控制电器,交流电动机的继电接触器控制,典型控制电路;甲板机械及船用电梯的电力拖动;舵机电拖与控制系统。

(3)变频技术与电力推进(36 课时)

学习交流变频调速的基本原理和基本控制方式、交—直—交变频、基本逆变器、脉宽调节技术和变频器及接口电路;电力推进系统概述及应用、推进电机的种类及控制、电力推进系统的变频调速技术、电力推进自动电源控制系统、吊舱式电力推进系统和其他推进器形式等。

(4)PLC 及其工业控制网络(48 课时)

学习可编程序控制器的基本知识,西门子 SIMATIC S7 系列可编程序控制器的硬件结构、抗干扰措施、软件编程等知识;进行程序设计;可编程序控制器的通信、维护修理及在船舶自动化中的应用;PROFIBUS、CAN 等工业控制网络的构成、使用维护等知识。

(5)船舶安全管理(36 课时)

学习 MARPOL 公约、SOLAS 公约、STCW 公约、2006 海事劳工公约等相关国际公约以及国内相关法规知识,掌握领导力和团队工作技能的运用。

(6)船舶电子电气管理(30 课时)

学习船舶电气安全及消防、电子员日常工作、电子电气设备的检验与维修、电气测试与测量、电气材料、物料与备件管理、电气函件及文件管理、应变部署、船内报警及通信设备等相关知识。

(7)船舶主推进装置自动控制(36 课时)

学习船舶主机遥控系统的组成及功能、启动逻辑及其控制、换向与制动逻辑控制、转速与负荷控制、安保系统、气动操纵系统、数字式调速器、主机遥控系统的电气转换器及电液伺服器、AC-IV 主机遥控系统和 AC-C20 主机遥控系统等。

(8)自控基础及船舶辅机自控系统(54 课时)

学习反馈系统的基本概念和 PID 控制规律;冷却水温度控制系统、燃油供油单元、船用辅锅炉控制系统、分油机控制系统的控制原理及故障诊断方法;油水分离器控制系统、伙食冷库、中央空调等船舶自动控制系统。

(9)传感器与监视报警(30 课时)

学习船舶机舱监视与报警系统的基础知识、常用传感器和变送器的原理及应用、温度及压力传感器、火灾报警系统、网络型机舱监视报警系统(K-CHIEF500)。

(10)船舶电站(54 课时)

学习船舶电力系统的组成及功能;自动空气断路器、电力系统的继电保护及其故障排除、自动调压器及无功功率自动调节、频率及有功功率自动调节、并车操作;船舶电站自动化的基础知识及自动控制单元、高压电力系统及安全管理。

(11)单片机原理与应用(48 课时)

掌握 MSC-51 系列单片机基本结构和工作原理、基本指令系统,能进行数值计算和控制程序设计;学习单片机 C 语言设计、单片机 I/O 接口设计、串行总线技术和单片机在船舶自动控制装置中的应用。

(12)船舶通信系统(48 课时)

了解船舶通信系统组成、基本原理和功能,掌握 GMDSS 的原理及其组成,包括 Inmarsat 卫星通信系统、地面通信系统、海上安全信息接收系统及定位和寻位系统的原理和组成,初步掌握上述船载设备的维护方法。

(13)船舶电航仪器(48 课时)

掌握综合驾驶台系统、船舶导航雷达、卫星导航系统、航海陀螺罗经、船用测深仪、计程仪和 ARPA 的工作原理及应用;船舶自动识别系统(AIS)和船舶航行数据记录仪(VDR)的原理与组成。

(14)电子电气员英语阅读(128 课时)

新增专业词汇 1500 ~2000 个。能够熟练阅读和理解船电英文说明书、船舶有关业务资料及港口当局的文件资料。能够用英语顺利地填写轮机/电气日志,能够撰写与船舶电气有关的修理单、物料单、事故报告及函件等,能顺利地进行与本职工作有关的专业会话。

4. 实训课程

(1)电子电气设备识图(24 课时)

学习复杂船舶电气控制电路识图;船舶主配电板及应急配电板系统识图;船舶电子电气技术资料使用和管理方法、电子电气物料和备件管理方法。

(2)电子电气设备维修(24 课时)

学习船舶电气控制箱接线、电动起货机/锚机控制线路、机舱泵浦自动切换控制线路的故障排除方法、主配电板及应急配电板故障排除方法、主开关故障排除、蓄电池的维护修理、船舶电子电气设备维护保养管理方法。

(3)船舶电子电气管理与工艺(32 课时)

学习掌握基本的船舶电子电气工艺知识和技能;电气设备维护的知识和技能;电气系统的日常维护及故障检测;电动机的拆装与维护、常见故障与排除;继电器、接触器、电磁制动器的使用、维护;熔断器与过流保护电器使用、更换;变频器的使用与维护;自动舵的使用与维护。

(4)船舶电站操作与维护(32 课时)

学习船舶发电机手动并车、发电机主开关操作与维护、发电机的继电保护、船舶电网故障(绝缘低和接地)、船舶应急配电板与岸电箱、蓄电池及充放电系统、发电机并车及保护控制器 PPU 的参数查询和操作以及船舶高压供电系统的操作和维护。

(5)计算机与自动化训练(32 课时)

学习商务计算机的设置、组装与应用,局域网维护、PLC 的应用与连接;常见传感器检查;主机遥控系统故障分析和模拟试验、机舱监视报警系统的使用和维护、油分浓度检测装置维护与试验、火警探测装置功能试验。

(6)电工电子工艺训练(28 课时)

学习电气安全操作与消防;常用电工仪表的基本原理、用途及使用方法;船舶电气安装工艺,船用电缆的使用、敷设、密封处理与更换;常用电工工具与电工物料的使用;常用电子元件的认识和测量,电子控制线路的识图、调试和维护保养。

(7)通信与导航设备维护(64 课时)

学习雷达、GPS 导航仪、AIS 船载设备、典型罗经、Inmarsat-C 船站、MF/HF 组合电台、Inmarsat-F 船站、VHF 设备、NAVTEX 接收机及船用气象传真接收机、SART、EPIRB 设备的日常维护和检测。

(8)航行毕业实习(280 课时)

进行远洋航行实习,熟悉船舶电子电气员的日常维修管理工作,掌握船舶电子电气设备的管理、使用、保养和维修的知识和操作技能。

七、教学方案表

船舶电子电气技术专业教学方案表

课程要求	课程分类	序号	课程名称	按学期		教学时数			各学期周学时分配					
				考试	考查	总学时	理论学时	实践学时	一	二	三	四	五	六
									15	17	10	18	7	0
必修课	公共课程	1	思想道德修养与法律基础		1	45	45	0	3					
		2	毛泽东思想和中国特色社会主义理论体系概论(一)		2	30	30	0		2/				

课程要求	课程分类	序号	课程名称	按学期		教学时数			各学期周学时分配					
				考试	考查	总学时	理论学时	实践学时	一	二	三	四	五	六
									15	17	10	18	7	0
		3	毛泽东思想和中国特色社会主义理论体系概论(二)		3	30	30	0			3			
		4	体育(一)		1	30	2	28	2					
		5	体育(二)(含游泳30)		2	60	4	56		4/				
		6	高等数学	1		90	90	0	6					
		7	计算机基础与应用		2	45	22	23		3/				
		8	大学英语阅读(一)	1		72	72	0	5/					
		9	大学英语阅读(二)	2		60	60	0		4/				
		10	大学英语阅读(三)	3		50	50	0			5			
		11	大学英语听力(一)		1	30	0	30	2					
		12	大学英语听力(二)		2	30	0	30		2/				
		13	大学英语听力(三)		3	30	0	30			3			
		14	大学英语口语(一)		1	30	0	30	2					
		15	大学英语口语(二)		2	30	0	30		2/				
		16	大学英语口语(三)		3	20	0	20			2			
		17	入学教育与军训		1	60	0	60	2周					
		18	公益劳动		2	26	0	26		1周				
	专业平台课程	1	电工基础	1		56	54	2	4/					
		2	电子技术	2		80	74	6		5				
		3	轮机概论	2		60	54	6		4/				
		4	电工电子工艺训练		2	28	0	28		1周				
		5	认识实习		3	56	0	56			2周			
		6	熟悉与基本安全训练		3	108	70	38			4周			
		7	保安意识、负有指定保安职责船员的培训		3	18	18	0						
		8	精通艇筏训练		3	32	14	18			1周			
		9	医疗急救训练		3	37	23	14			1周			

课程要求	课程分类	序号	课程名称	按学期		教学时数			各学期周学时分配					
				考试	考查	总学时	理论学时	实践学时	一	二	三	四	五	六
									15	17	10	18	7	0
		10	高级消防训练		3	44	30	14			1周			
		11	电子员英语听力与会话(一)	4		54	0	54				3		
		12	电子员英语听力与会话(二)	5		24	0	24					4/	
	专业核心课程	1	船舶电机与电气控制系统	3		70	66	4			7			
		2	计算机与局域网	3		40	30	10			4			
		3	变频技术与电力推进	4		36	32	4				2		
		4	PLC及其工业控制网络	5		48	42	6					7/	
		5	船舶安全管理	4		36	36	0				2		
		6	船舶电子电气管理	3		30	30	0			3			
		7	自控基础及船舶辅机自控系统	4		54	50	4				5/Q		
		8	船舶主推进装置自动控制	4		36	32	4				H/5		
		9	传感器与监视报警	5		30	28	2					5/	
		10	船舶电站	4		54	50	4				3		
		11	单片机原理与应用	4		48	40	8				3/		
		12	船舶通信系统	4		48	46	2				3/		
		13	船舶电航仪器	4		48	48	0				3/		
		14	电子员英语阅读(一)	4		72	72	0				4		
		15	电子员英语阅读(二)	5		56	56	0					8	
	实训课程	1	通信与导航设备维护		5	64	0	64					2周	
		2	船舶电子电气管理与工艺		5	32	0	32					1周	
		3	船舶电站操作与维护		5	32	0	32					1周	
		4	计算机与自动化训练		5	32	0	32					1周	

课程要求	课程分类	序号	课程名称	按学期		教学时数			各学期周学时分配					
				考试	考查	总学时	理论学时	实践学时	一	二	三	四	五	六
									15	17	10	18	7	0
		5	电子电气员统考强化训练		5	180	0	180					6周	
		6	电子电气员适任评估		6	66	0	66						3周
		7	电子技工业务		6	18	6	12						
		8	电子电气设备识图		6	24	0	24						2周
		9	电子电气设备维修		6	24	0	24						
		10	航行毕业实习		6	280	0	280						14周
	小计					1161	161	1000						
	占总学时比例					41.1%	5.7%	35.4%						
必修课合计、理论课与实践课比例						2823	1406	1417						
							49.8%	50.2%						

注:1. 打"/"表示课时上满总课时后即停课,不延至最后一周。

2. 实训课按教学周数安排。

3. 学生在校期间至少选2门素质教育方面的选修课,其中,"航海类大学生人文素养"为指定限选课,其他课程根据每学期实际开课计划来作为任选课;另外第一、二学年每学期安排3次形势与政策教育课,在第四、五学期以讲座形式开展就业指导,在第六学期离校前进行电子电气职业安全教育。

4. 5/Q、H/5 表示排课顺序。这两门课排在同一学期,均为每周5学时,但需先上自控基础及船舶辅机自控系统,再上船舶主推进装置自动控制。

八、毕业资格与要求

1. 外语能力要求

达到相关课程的课程目标,且考核合格。

2. 计算机能力要求

达到相关课程的课程目标,且考核合格。

3. 职业资格证书要求

专业规定的职业资格证书如下表所示。

职业资格证书

序号	职业资格证书名称	颁证单位	等级	工作岗位
1	电子技工证书	海事局	一等	电子技工
2	A类一等电子电气员适任证书	海事局	一等	电子电气员
3	熟悉和基本安全培训合格证书 Z01	海事局	一等	电子电气员
4	精通救生艇和救助艇专业培训合格证书 Z02	海事局	一等	电子电气员
5	精通急救专业合格证书 Z06	海事局	一等	电子电气员
6	高级消防专业合格证书 Z05	海事局	一等	电子电气员
7	保安意识合格证书 Z07	海事局	一等	电子电气员
8	负有指定保安职责合格证书 Z08	海事局	一等	电子电气员

4. 品德与身体素质要求

达到相关课程的课程目标且考核合格。

九、人才培养模式

经过对国内外航海类院校船舶电子电气技术专业人才培养情况、主要航运企业对船舶电子电气员工作岗位实际要求情况的调研和研究分析，确定了船舶电子电气技术专业的人才培养模式：依据《教育部、交通运输部关于进一步提高航海教育质量的若干意见》文件精神，加快落实意见中提出的"航海技能型紧缺人才培养培训工程"，跟踪和研究四大海事公约的新变化、航海技术的新发展、航运企业的新需求，以培养高素质技术技能型远洋船舶电子电气员为目标，按职业素质和职业能力两条主线实施，结合学校、企业和海事局三方评价的管理和评估制度，在船舶电子电气技术专业人才培养中形成"一个目标、两条主线、三方评价"。

学校、海事局、船公司三方始终围绕培养满足国际职业资格标准的高素质电子电气员这一目标，依据 STCW 公约规范各自行为：

学校应当拥有相应的设施、师资以及建立船员教育与培训质量管理体系并通过海事局的审核获得航海类专业办学资质，负责学生的日常管理与评价。为进行教育质量评价，规范成绩考核，准确、真实地评价学生对知识掌握的程度，创建良好的校风和学风，根据质量教学管理要求，制定学生质量考核管理办法。

海事局负责组织学生的海船船员专业培训考试、适任证书理论考试以及实操考试，并对学生的考试成绩进行评价，向合格者签发相应的证书。

船公司接收学生毕业航行顶岗实习，根据学生在船实习情况对学生进行评价，确定是否录用以及后续岗位晋升情况，形成学校、船公司、海事局三方评价的管理和评估制度。

为搭建学生职业技能提升、创新能力培养的良好平台，以提高学生的学习兴趣为基础、提高学习能力为目标，推进教师在教学方法、教学手段、学生学业形成性评估等方面进行改革，改善教学效果；以技能大赛为抓手，以学生社团为平台，培养学生的创新创业能力，定期开展职业技能竞赛。

在教学督导、学生评教、教师业务考核的基础上，建立行业、企业、海事局参与的教学督导、课程考核、兼职教师考核等教学质量监控评价机制体制；制定船舶电子电气技术专业课程教学评估标准，根据教学督导与评教等反馈信息来修订课程标准和专业教学标准。

十、人才培养的实施条件

（一）基本实训条件

1. 校内实训室

实训室内建有专用教室，并配有多媒体教学设备，专业课程可直接在实训室授课，把多媒体教学与现场教学结合起来，提高教学效果和实践技能。实训设备、工具、仪器仪表、元器件等的质量和数量均需满足相关规范、公约及每位学员实训需要。

(1)船舶机械设备

主动力装置和推进装置实训设备：柴油机实训室需配有满足规范和公约要求的机型（如

大型低速二冲程柴油机、四冲程柴油机、V形四冲程柴油机、6135四冲程柴油机等）和数量以及柴油机和推进装置的主要部件展示，柴油机配有完整的工作系统并可以启动运行运转，另配有推进轴系、调距桨。自动化机舱实训室配有柴油机一台以及与之配套的完整的工作系统和主机遥控系统、监视报警系统等。

船舶辅助机械，实训室有离心泵、齿轮泵、螺杆泵、往复泵和喷射泵等各种类型的船用泵和油马达多套，有舵机装置、小型起货设备、造水机、锅炉、油水分离器（配有油分浓度检测仪）、空压机、分油机、伙食冷库制冷装置、空调设施等。

（2）电子技术实训室

配有模拟电路电子实验箱、数字电路电子实验箱、控制理论实验箱和示波器。模拟电路实验箱能进行模拟电路连接，能进行晶体管和场效应管放大电路、运算放大器电路、整流电路和可控整流电路的连接与实验。数字电路电子实验箱能进行数字电路连接、完成常用逻辑芯片的功能测试以及进行简单组合逻辑电路、时序逻辑电路的连接与实验。控制理论试验箱能进行自动控制系统的调节规律实验。有各种电阻、二极管、稳压管、三极管、场效应管、电容、运算放大器、三端集成稳压器等常用电子元件及与、或、非、与非、异或、三态门、译码器、RS触发器、D触发器、D/A转换器和A/D转换器等常用电子芯片，各种晶闸管、IGBT、IPM、二极管、稳压管、电容等电子元件。

（3）电工工艺实训设备

配备万用电表、便携式兆欧表、钳形电流表、电压表、交流功率表、毫伏表，用于常用电工仪表的使用教学与实训。配备三相交流异步电机，单相异步电动机，用于电动机结构原理、电动机拆装、接线、铭牌数据的识读、故障检查与排除、维护保养的实训教学。配备电动机电磁制动器及塞尺，用于电动机电磁刹车机构结构与调整的实训教学。还有各种电阻、二极管、稳压管、三极管电容、三端集成稳压器等常用电子元件及焊接用的电路板和焊接工具、材料，用于电路板焊接的实操训练。有各种型号的导线、船用电缆及其切割连接工具与附件，用于电缆切割、敷设的实训教学。电气控制箱及控制系统电路图纸，用于电器元件的识别、电气图识读、电路故障查找的基本方法训练。继电器和接触器、限位开关、时间继电器、热继电器，用于电器元件结构原理和调整的学习。配有路由器、集线器、网线、网线钳及网线测试仪，用于局域网的实训教学。另有调压器（可调输出0～220 V），小型单相、三相变压器。

（4）电力拖动实训设备

配有船舶空调电气控制箱、电动液压起货机电气控制箱，Y－△降压启动控制箱、船舶伙食冷库电气控制箱、锚机电气控制箱、船用电动起货机控制箱，变极调速电机等，用于电路原理及故障排除的学习与训练。启动控制箱接线板，线路连接用工具、断路器、保险丝、接触器、中间继电器、时间继电器、热继电器、按钮、开关、指示灯、导线等元器件，用于各种启动电路线路连接实训。控制电机实验台1台，控制电机（伺服、测速、步进、自整角机），用于控制电机性能的学习。变频器2种类型（通用、高性能），用于变频器原理与参数调整的学习。

船用锅炉实训室配有锅炉控制系统（锅炉水位控制系统、燃烧时序控制系统、蒸汽压力控制系统以及报警和保护系统）。分油机实训室具有继电器式时序控制系统。舵机实训室有自动操舵仪（附舵角指示器和自整角机）。

（5）船舶电站实训设备

配有自动化船舶电站系统一套（柴油发电机组、主配电板、自动并车与发电机保护装置、应急配电板、岸电箱、三相可调电抗器、水电阻、蓄电池、充放电板等)。2台柴油发电机组(或1台)作为主电站发电机,1台作为应急发电机。发电机组配备自动电压调整器,进行电压调整与无功分配。低压配电板(主发电机控制屏、轴带发电机控制屏、并车屏、负载屏、照明屏和应急发电机控制与负载屏),配电板上装有电压表、电流表、频率表、功率表、功率因数表、同步表等船舶自动化电站必备的基本设备。负载屏配备电网绝缘监测仪和配电板式兆欧表等绝缘监测装置。自动管理系统采用自动控制系统,自动并车与发电机保护采用DEIF并车与保护单元PPU,可进行参数的检查与修改,能进行自动并车、手动准同步。电站实训室配备有铅酸蓄电池组、蓄电池充放电板、比重计、电解液配制用具。另配备不同类型自动空气断路器,如国产的DW95型、三菱AE-SS型、TERASAKI AT型等,以及其他不同类型的船用塑壳式自动空气断路器,用于主开关结构、原理、功能、维护、故障排除和功能试验训练。配备高压配电屏。

(6)可编程序控制器和计算机网络实训设备

可编程序控制器实训室配备PLC、DI/DO/AI/AO模块、PLC实验板及编程设备(PC机),可连成网络,同时配备单片机实验箱。计算机网络实训室配备电脑,另由双层交换机、服务器、路由器等设备,可连成局域网;另需配有CAN BUS现场总线设备及船舶控制网络模拟软件,用于工业控制网络知识的学习。

(7)轮机自动化实训设备

自动化实训室配备过程控制实验设备,检测与转换实验台,可进行热电阻、热电偶、压力传感器实验和校准。各种类型(扩散硅、电容、霍尔、电感、涡流等)压力变送器,电动差压变送器。

自动化机舱实训室有主机遥控系统和集中监视与报警系统。主机具有驾控、集控和机旁控制三个控制部位并可进行转换。主机遥控系统包含气动操纵系统和微机遥控系统,在遥控箱上可进行遥控系统参数的检查与修改。集中监视与报警系统可进行监视与报警系统各项功能的教学与实训。自动化机舱实训室配备火警系统,配有感温、感烟、手动按钮总线型和开关型火警探测与报警探头。

轮机模拟器实训室建有全功能轮机模拟器一套,模拟器包括气动操纵系统、主机遥控系统、数字调速系统及集中监视与报警系统等。

电力推进系统模拟设备一套。

(8)航行设备

大型航海模拟器一台,雷达模拟器、GMDSS系统模拟器多套,配备雷达、AIS、陀螺罗经(3种)、磁罗经、GPS、VDR、卫星船站(C/F)、VHF电台、中高频组合电台、NAVTEX、SART、EPIRB各1台(套)。

(9)船舶电气英语教学设备

语音室,每间配备足够语音设备。

2.校外实训基地

校外实训基地:各相关业务单位,如航运/海运公司、船舶修造厂以及电子电气设备生产或专业调试单位等。

(二)师资要求

1. 校内专任教师要求

STCW 公约对海船船员适任能力及职业资格、对海船船员培训院校的实训条件及教学人员都制定了标准。根据公约要求,国家海事主管机关对船舶电子电气员培训教学人员提出了具体要求,见下表。

电子电气员培训教学人员要求

培训项目	基本条件	其他要求
电子电气员	1. "电子员英语"教员需满足下列条件之一: ①具备英语本科及以上学历、中级以上职称 ②具有不少于 1 年的电子员/电机员/电报员资历且不少于 1 年的专业英语教学经验 ③具有讲师及以上教师职称,从事船员适任培训英语教学 5 年以上 2. 船舶机舱自动化、船舶管理、船舶电气(电力拖动、船舶电站部分)理论课的教员须满足下列条件之一: ①船舶电气本科毕业、中级及以上职称,不少于 2 年的教学经验,海上服务资历不少于 12 个月 ②不少于 2 年的电子员服务资历,具有不少于 2 年的教学经验 ③具备讲师及以上职称,从事船员适任培训自动化或 GMDSS 设备教学 5 年以上 ④具有相关专业中级及以上职称,不少于 6 个月的海船轮机部管理级船员或电机员海上服务资历 3. 信息技术与通信导航系统(计算机及局域网、通信与导航系统部分)理论课教员须满足下列条件之一: ①不少于 2 年的电子员服务资历,具有不少于 2 年的教学经验 ②具有电气、电子、通信、网络、计算机类专业副高级及以上职称,且具有不少于 6 个月的海上服务资历 ③从事有电气、电子、通信、网络、计算机类专业教学 5 年以上中级及以上职称,且具有不少于 6 个月的海上服务资历 4. 电子员知识的基础内容(船舶电气基础知识、电子技术基础)教员须满足: 相关专业本科及以上毕业、讲师及以上职称,2 年以上教学经历 5. 实训教员须满足: 应具有中级以上职称,不少于 12 个月的海上服务资历或不少于 5 年电气、电子设备的管理工作经历	1. 教员须自有 2. 实训教员按照师生比 1∶20 配备,至少 3 名,可由满足条件的其他教员兼任 3. 承担专业课程授课内容(专业英语、船舶机舱自动化、船舶管理、计算机及局域网、通信与导航系统、船舶电气中电力拖动和船舶电站部分)的教师至少各 2 名

根据上表的要求,对任课教师的要求一般表述如下(满足下列条件之一,可进行相应课程教学;电子电气员等船员培训类课程需满足海事局对应要求):

①具备航海类专业大学本科以上学历及高校教师职业资格证书,具备教学能力;

②具备A类职业资格证书或相关企业技术工作经历,具有双师素质;

③具备船舶电子电气技术专业技术(能力)与实践能力,能独立承担1~2门专业基础(平台)课程;

④能独立承担1门以上专业必修(方向)课程;

⑤具有指导学生参加航海类创新和技能大赛的能力。

2. 兼职教师要求

密切与船公司的合作,每年聘请一定数量的既有一定理论水平又有丰富实船工作经验的轮机长、大管轮、电子电气员作为兼职教师,并加强兼职教师培训,使其及时熟悉教师基本业务,将丰富的实践经验融入教学中,建立优质兼职教师库。兼职教师要求如下:

①热心教育事业,责任心强,善于沟通;

②企业的技术主管或技术骨干,从事专业技术工作两年以上;

③具有一定的教学能力,通过专业教学能力测试。

第二章　船舶电子电气技术课程标准

一、船舶电机与电气控制系统课程标准

课程类型：专业核心课程
适用专业：船舶电子电气技术专业
开设学期：第三学期
建议学时：70

（一）课程性质与作用

船舶电机与电气控制系统是船舶电子电气技术专业的专业核心课程之一，是一门理论性较强、实践技能要求较高的综合性课程。本课程教学模式是以就业能力培养为导向，开展做中学、做中教，教、学、做结合，理论与实践交替互动。通过学习及与之配套的实践或现场教学，使学生掌握船用变压器、异步电动机、同步发电机、控制电机、电力拖动基础、常用控制电器、继电-接触器控制系统、典型控制电路、甲板机械、舵机控制系统及船舶照明系统基本知识；掌握船舶电气设备看图方法，能进行一般线路的连接、调试；掌握船舶电机及控制系统维护保养方法及一般故障排除方法。前期课程电工基础和电子技术为本课程学习打下理论基础，后期课程船舶电子电气管理与工艺、电子电气设备维修等是本课程在技能方面的实践和延续。通过本课程和其他相关课程的学习与实践训练，使学生达到 STCW 公约马尼拉修正案和《中华人民共和国海船船员适任考试和发证规则》要求的 750 kW 以上船舶的电子电气员适任标准，培养具有可持续发展能力的高素质技能型人才。

（二）课程目标

通过学习，使学生掌握船舶电机与电气控制系统的基础知识和维护保养方法，提高学生的动手操作能力及分析并排除故障的能力，以满足现代船舶对电子电气员理论与实践技能的要求，为电子电气员适任考试做好准备且为学生毕业后经实习即可胜任 750 kW 以上船舶电子电气员工作奠定良好的基础。本课程为后期课程船舶电子电气管理与工艺、电子电气设备维修及对应的适任评估训练奠定理论基础。

1. 知识目标

通过学习，使学生了解和掌握：

①直流电机工作原理和构造、励磁方式和运行特性。

②变压器结构及工作原理；变压器同名端的判别方法；特殊变压器的使用注意事项及三相电力变压器的连接。

③三相异步电动机结构、铭牌参数、工作原理及机械特性；单相异步电动机工作原理；交流

电机维护保养与故障修复方法。

④同步发电机的种类与结构、基本特性及电枢反应。

⑤测速发电机种类和用途;伺服电机、步进电机、自整角机工作原理。

⑥电力拖动系统负荷性质及典型生产机械;鼠笼式交流异步电动机的启动方法;交流电动机的制动和调速方法;船舶电站对直接启动电动机的容量要求。

⑦常用控制电器种类和用途;电气控制线路图表示方法;三相异步电动机基本控制环节及典型控制电路;电动机的保护环节;电动机控制线路故障查找方法。

⑧泵、压缩机、自清洗滤器的手动/自动控制。

⑨起货机的电力拖动与控制要求;交流恒转矩变极调速起货机/电动液压起货机控制;锚机、绞缆机电力拖动与控制;交流变极调速电动锚机控制线路;船用电梯系统安全保护。

⑩舵机电拖及控制系统工作原理;自适应自动舵种类及特点;液压舵机控制方式及特点;舵机拖动与控制系统常见故障的处理方法。

⑪船舶照明及航行信号灯系统用途、特点、控制以及维护保养及故障处理的方法。

2. 能力目标

通过学习,使学生掌握交/直流电动机、同步电机、控制电机工作原理、调速与控制;泵、压缩机、自清洗滤器以及船舶起货机、锚机、舵机等电力拖动控制系统基本工作原理;船舶照明灯具种类、工作原理、维护保养方法及航行信号灯系统工作原理及维护保养方法。能够理论联系实际,对船舶电机及电气控制系统的常见故障,能够依据所学的理论知识结合实际故障做出正确的分析、判断并确定下一步应采取的正确措施。

3. 素质目标

①具有吃苦耐劳、爱岗敬业的职业素养;

②具有良好的组织、沟通、协调等人际交往能力和语言表达能力;

③具有团队精神和创新精神;

④具有良好的心理素质、克服困难的能力和创造能力;

⑤具有较强的集体意识和社会责任心。

(三)课程设计理念与思路

通过航运企业调研,课程专兼职教学团队以岗位能力为核心确定了课程目标,把电力拖动自动控制系统的工作原理、操作、管理、维修过程、工作任务一一列出并进行分类。同时根据高职学生的认知规律和职业技能培养目标,课程围绕船舶电力拖动自动控制系统工作原理、操作、管理、维修过程等真实工作任务设计学习情境,采用课程内容模块化教学和教、学、做结合的教学模式,让学生在掌握相关理论知识的基础上,发展职业能力。教学实施过程中,通过理论实践一体化教学、集中训练课等多种途径,采用工学结合、理论与实践交替互动等形式,充分利用校内实训资源、精品课程资源、校外实训资源等教学资源,提高学生适岗适任能力,培养学生综合职业素质。

1. 课程设计理念

以职业能力培养为导向,开展做中学、做中教,教、学、做结合,理论与实践交替互动的教学模式;以课程目标和船舶电子电气管理人员岗位真实工作任务作为选择课程内容的标准;以高职学生的认知规律和职业技能培养目标作为课程内容模块化的依据来序化教学内容;优化教学设计,充分利用教学资源,提高学生适岗适任能力,培养学生综合职业素质。

2. 课程设计主要思路

①校企合作共同制定人才培养方案和课程标准。组织高等职业教育教学专家、专业教师、航运公司技术专家共同制定人才培养方案和课程标准，根据船舶电气管理人员其真实工作任务所需要的知识、能力和素质要求确定教学内容，突出针对性和适用性。

②整合教学内容，科学设计学习工作任务。遵循高职学生职业能力培养的基本规律，以船上真实工作任务及其工作过程为依据设计学习情境，培养学生船舶电力拖动自动控制系统的管理、维修技能。

③采取工学交替、理论与实践交替互动的教学模式。通过独立的职业技能训练体系，在模拟和真实的学习情境中，以学生为主体，通过"工学结合"和"理论与实践交替互动"，使学生掌握"相关理论知识"和"相关实践知识"，达到"主要知识目标"和"主要能力目标"，引导学生在具体情境中探究与发现，培养学生操作、管理和维修电力拖动自动控制系统的实践能力，发展综合职业能力，以适应现代化船舶对电子电气管理人员的技能要求。

④坚持理论知识"必需、够用"、实践技能"必需、胜任"的原则。

⑤运用校内实训资源、精品课程资源、现代教育技术和校外实训资源等教学资源，按照教、学、做一体化实施教学，培养学生综合职业素质，提高学生适岗适任能力。

(四)课程内容结构安排

学习项目		学习任务	课时
1	直流电机	任务一　直流电机的工作原理与构造	2
		任务二　直流电机的励磁方式和运行特性	
2	变压器	任务一　变压器的结构及工作原理	4
		任务二　变压器的同名端	
		任务三　特殊变压器	
		任务四　三相电力变压器	
3	异步电动机	任务一　三相异步电动机的结构	9
		任务二　三相异步电动机的铭牌参数	
		任务三　三相异步电动机的工作原理及机械特性	
		任务四　单相异步电动机	
		任务五　交流电机的维护保养与故障修复	
		任务六　三相异步电动机的拆装	
4	同步电机	任务一　同步电机的种类与结构	3
		任务二　同步发电机基本特性及电枢反应	
5	控制电机	任务一　测速发电机	5
		任务二　伺服电机	
		任务三　步进电机	
		任务四　自整角机	

学习项目		学习任务	课时
6	电力拖动基础	任务一　电力拖动系统负荷性质及典型生产机械	6
		任务二　鼠笼式交流异步电动机的启动	
		任务三　交流电动机的制动	
		任务四　交流电动机的调速	
		任务五　船舶电站对直接启动电动机的容量要求	
7	电力拖动的继电-接触器控制	任务一　常用控制电器	10
		任务二　电气控制线路图	
		任务三　三相异步电动机基本控制环节	
		任务四　三相异步电动机典型控制电路	
		任务五　电动机保护环节	
		任务六　电动机控制线路故障查找与维护	
		任务七　常用控制电器的认识	
8	机舱辅机电拖及控制系统	任务一　泵的控制	6
		任务二　压缩机的控制	
		任务三　自清洗滤器的自动控制	
9	甲板机械电拖及控制系统	任务一　起货机的电力拖动与控制要求	16
		任务二　交流恒转矩变极调速起货机的控制	
		任务三　电动液压起货机	
		任务四　锚机、绞缆机的电力拖动与控制	
		任务五　交流变极调速电动锚机控制线路	
		任务六　船用电梯系统的安全保护	
		任务七　船用起货机及其控制系统	
10	舵机电拖及控制系统	任务一　舵机装置概述	6
		任务二　舵机拖动与控制系统的工作原理	
		任务三　自适应自动舵	
		任务四　液压舵机的控制	
		任务五　舵机拖动与控制系统的故障处理	
11	船舶照明及航行信号灯系统	任务一　船舶照明系统的分类及特点	3
		任务二　船舶常用灯具与电光源	
		任务三　船舶照明系统供电及控制	
		任务四　船舶照明系统的维护保养及故障处理	
总计			70

（五）教学内容与要求

<table>
<tr><td colspan="2">项目一</td><td>直流电机</td><td>课　时
2</td></tr>
<tr><td rowspan="3">教学目标</td><td>知识目标</td><td colspan="2">掌握直流电机的基本结构和基本工作原理、直流电机的励磁方式和运行特性</td></tr>
<tr><td>能力目标</td><td colspan="2">具备直流电机拆装、接线及一般故障的分析处理能力</td></tr>
<tr><td>素质目标</td><td colspan="2">①具有吃苦耐劳、爱岗敬业的职业素养
②具有良好的组织、沟通、协调等人际交往能力和语言表达能力
③具有团队精神和创新精神
④具有良好的心理素质、克服困难的能力和创造能力
⑤具有较强的集体意识和社会责任心</td></tr>
<tr><td colspan="2" rowspan="2">学习任务</td><td colspan="2">任务一　直流电机的工作原理与构造</td></tr>
<tr><td colspan="2">任务二　直流电机的励磁方式和运行特性</td></tr>
<tr><td colspan="2">相关知识</td><td colspan="2">电工基础知识、安培定律、直流电机工作原理</td></tr>
<tr><td colspan="2">教学设备与媒体</td><td colspan="2">直流电动机、多媒体教学设备、检修器具、实验工作台</td></tr>
<tr><td colspan="2">考核评价</td><td colspan="2">①项目考核由过程性考核成绩和期末终结性考核成绩组成，过程性考核成绩占总成绩的 20%，期末终结性考核成绩占总成绩的 80%
②过程性考核包括课堂考勤、学习态度、作业、课堂互动等</td></tr>
</table>

<table>
<tr><td colspan="2">项目二</td><td>变压器</td><td>课　时
4</td></tr>
<tr><td rowspan="3">教学目标</td><td>知识目标</td><td colspan="2">掌握变压器的结构及工作原理、变压器同名端的判别方法、特殊变压器使用注意事项及三相电力变压器的应用</td></tr>
<tr><td>能力目标</td><td colspan="2">具备船用变压器拆装、接线与检修能力</td></tr>
<tr><td>素质目标</td><td colspan="2">①具有吃苦耐劳、爱岗敬业的职业素养
②具有良好的组织、沟通、协调等人际交往能力和语言表达能力
③具有团队精神和创新精神
④具有良好的心理素质、克服困难的能力和创造能力
⑤具有较强的集体意识和社会责任心</td></tr>
<tr><td colspan="2" rowspan="4">学习任务</td><td colspan="2">任务一　变压器的结构及工作原理</td></tr>
<tr><td colspan="2">任务二　变压器的同名端</td></tr>
<tr><td colspan="2">任务三　特殊变压器</td></tr>
<tr><td colspan="2">任务四　三相电力变压器</td></tr>
</table>

<table>
<tr><td rowspan="2">项目二</td><td rowspan="2">变压器</td><td>课　时</td></tr>
<tr><td>4</td></tr>
<tr><td>相关知识</td><td colspan="2">电工基础知识、电磁感应定律、变压器结构及工作原理、变压器同名端、特殊变压器</td></tr>
<tr><td>教学设备与媒体</td><td colspan="2">变压器、多媒体教学设备</td></tr>
<tr><td>考核评价</td><td colspan="2">①项目考核由过程性考核成绩和期末终结性考核成绩组成，过程性考核成绩占总成绩的20%，期末终结性考核成绩占总成绩的80%
②过程性考核包括课堂考勤、学习态度、作业、课堂互动等</td></tr>
</table>

<table>
<tr><td colspan="2" rowspan="2">项目三</td><td rowspan="2">异步电动机</td><td>课　时</td></tr>
<tr><td>9</td></tr>
<tr><td rowspan="3">教学目标</td><td>知识目标</td><td colspan="2">掌握异步电动机的结构、工作原理及机械特性、拆装方法、维护保养及故障检修方法，单相异步电动机的工作原理</td></tr>
<tr><td>能力目标</td><td colspan="2">具备三相异步电动机和单相异步电动机的拆装、接线以及常见故障处理能力</td></tr>
<tr><td>素质目标</td><td colspan="2">①具有吃苦耐劳、爱岗敬业的职业素养
②具有良好的组织、沟通、协调等人际交往能力和语言表达能力
③具有团队精神和创新精神
④具有良好的心理素质、克服困难的能力和创造能力
⑤具有较强的集体意识和社会责任心</td></tr>
<tr><td colspan="2" rowspan="6">学习任务</td><td colspan="2">任务一　三相异步电动机的结构</td></tr>
<tr><td colspan="2">任务二　三相异步电动机的铭牌参数</td></tr>
<tr><td colspan="2">任务三　三相异步电动机的工作原理及机械特性</td></tr>
<tr><td colspan="2">任务四　单相异步电动机</td></tr>
<tr><td colspan="2">任务五　交流电机的维护保养与故障修复</td></tr>
<tr><td colspan="2">任务六　三相异步电动机的拆装</td></tr>
<tr><td colspan="2">相关知识</td><td colspan="2">三相异步电动机结构、工作原理、机械特性及维护保养与故障修复、单相异步电动机工作原理</td></tr>
<tr><td colspan="2">教学设备与媒体</td><td colspan="2">多媒体教学设备、三相异步电动机、单相异步电动机、检修工具与测量仪表、实验工作台</td></tr>
<tr><td colspan="2">考核评价</td><td colspan="2">①项目考核由过程性考核成绩和期末终结性考核成绩组成，过程性考核成绩占总成绩的20%，期末终结性考核成绩占总成绩的80%
②过程性考核包括课堂考勤、学习态度、作业、课堂互动等</td></tr>
</table>

<table>
<tr><td colspan="2" rowspan="2">项目四</td><td rowspan="2">同步电机</td><td>课　时</td></tr>
<tr><td>3</td></tr>
<tr><td rowspan="3">教学目标</td><td>知识目标</td><td colspan="2">掌握同步电机的种类与结构、同步发电机基本特性及电枢反应知识</td></tr>
<tr><td>能力目标</td><td colspan="2">了解和掌握同步发电机基本特性及电枢反应,能够对常见故障进行分析处理</td></tr>
<tr><td>素质目标</td><td colspan="2">①具有吃苦耐劳、爱岗敬业的职业素养
②具有良好的组织、沟通、协调等人际交往能力和语言表达能力
③具有团队精神和创新精神
④具有良好的心理素质、克服困难的能力和创造能力
⑤具有较强的集体意识和社会责任心</td></tr>
<tr><td colspan="2" rowspan="2">学习任务</td><td colspan="2">任务一　同步电机的种类与结构</td></tr>
<tr><td colspan="2">任务二　同步发电机基本特性及电枢反应</td></tr>
<tr><td colspan="2">相关知识</td><td colspan="2">同步电机的种类与结构、同步发电机基本特性及电枢反应</td></tr>
<tr><td colspan="2">教学设备与媒体</td><td colspan="2">同步电机、多媒体教学设备、检修工具与测量仪表</td></tr>
<tr><td colspan="2">考核评价</td><td colspan="2">①项目考核由过程性考核成绩和期末终结性考核成绩组成,过程性考核成绩占总成绩的20%,期末终结性考核成绩占总成绩的80%
②过程性考核包括课堂考勤、学习态度、作业、课堂互动等</td></tr>
</table>

<table>
<tr><td colspan="2" rowspan="2">项目五</td><td rowspan="2">控制电机</td><td>课　时</td></tr>
<tr><td>5</td></tr>
<tr><td rowspan="3">教学目标</td><td>知识目标</td><td colspan="2">掌握测速发电机种类和用途及伺服电机、步进电机、自整角机工作原理、拆装、调试方法,常见故障判断处理方法</td></tr>
<tr><td>能力目标</td><td colspan="2">具备测速发电机、伺服电机、步进电机、自整角机的维护保养、拆装、接线和常见故障处理能力</td></tr>
<tr><td>素质目标</td><td colspan="2">①具有吃苦耐劳、爱岗敬业的职业素养
②具有良好的组织、沟通、协调等人际交往能力和语言表达能力
③具有团队精神和创新精神
④具有良好的心理素质、克服困难的能力和创造能力
⑤具有较强的集体意识和社会责任心</td></tr>
<tr><td colspan="2" rowspan="4">学习任务</td><td colspan="2">任务一　测速发电机</td></tr>
<tr><td colspan="2">任务二　伺服电机</td></tr>
<tr><td colspan="2">任务三　步进电机</td></tr>
<tr><td colspan="2">任务四　自整角机</td></tr>
<tr><td colspan="2">相关知识</td><td colspan="2">测速发电机、伺服电机、步进电机、自整角机工作原理、拆装与接线、常见故障判断和排除</td></tr>
</table>

<table>
<tr><td>项目五</td><td>控制电机</td><td>课　时
5</td></tr>
<tr><td>教学设备与媒体</td><td colspan="2">测速发电机、伺服电机、步进电机、自整角机、多媒体教学设备、检修工具与测量仪表</td></tr>
<tr><td>考核评价</td><td colspan="2">①项目考核由过程性考核成绩和期末终结性考核成绩组成,过程性考核成绩占总成绩的 20%,期末终结性考核成绩占总成绩的 80%
②过程性考核包括课堂考勤、学习态度、作业、课堂互动等</td></tr>
</table>

<table>
<tr><td colspan="2">项目六</td><td>电力拖动基础</td><td>课　时
6</td></tr>
<tr><td rowspan="3">教学目标</td><td>知识目标</td><td colspan="2">了解和掌握电力拖动系统负荷性质、鼠笼式交流异步电动机的启动,熟悉交流电动机的制动、调速及船舶电站对直接启动电动机的容量要求</td></tr>
<tr><td>能力目标</td><td colspan="2">具备对船舶电力拖动系统维护保养能力及常见故障分析处理能力,尤其是鼠笼式交流异步电动机的启动及交流电动机的制动、调速等
了解船舶电站对直接启动电动机的容量要求</td></tr>
<tr><td>素质目标</td><td colspan="2">①具有吃苦耐劳、爱岗敬业的职业素养
②具有良好的组织、沟通、协调等人际交往能力和语言表达能力
③具有团队精神和创新精神
④具有良好的心理素质、克服困难的能力和创造能力
⑤具有较强的集体意识和社会责任心</td></tr>
<tr><td colspan="2" rowspan="5">学习任务</td><td colspan="2">任务一　电力拖动系统负荷性质及典型生产机械</td></tr>
<tr><td colspan="2">任务二　鼠笼式交流异步电动机的启动</td></tr>
<tr><td colspan="2">任务三　交流电动机的制动</td></tr>
<tr><td colspan="2">任务四　交流电动机的调速</td></tr>
<tr><td colspan="2">任务五　船舶电站对直接启动电动机的容量要求</td></tr>
<tr><td colspan="2">相关知识</td><td colspan="2">鼠笼式交流异步电动机、交流电动机及其控制系统的工作原理,常见故障的分析判断与排除</td></tr>
<tr><td colspan="2">教学设备与媒体</td><td colspan="2">鼠笼式交流异步电动机、交流电动机及其控制系统、多媒体教学设备、检修工具及测量仪表</td></tr>
<tr><td colspan="2">考核评价</td><td colspan="2">①项目考核由过程性考核成绩和期末终结性考核成绩组成,过程性考核成绩占总成绩的 20%,期末终结性考核成绩占总成绩的 80%
②过程性考核包括课堂考勤、学习态度、作业、课堂互动等</td></tr>
</table>

<table>
<tr><td colspan="2" rowspan="2">项目七</td><td rowspan="2">电力拖动的继电-接触器控制</td><td>课　时</td></tr>
<tr><td>10</td></tr>
<tr><td rowspan="3">教学目标</td><td>知识目标</td><td colspan="2">掌握常用控制电器种类及使用方法,会看电气控制线路图,掌握三相异步电动机基本控制环节及典型控制电路,熟知电动机保护环节,掌握电动机控制线路故障查找与维护方法</td></tr>
<tr><td>能力目标</td><td colspan="2">具备电气控制线路图识图能力
具备诊断和排除船舶电动机常见故障能力</td></tr>
<tr><td>素质目标</td><td colspan="2">①具有吃苦耐劳、爱岗敬业的职业素养
②具有良好的组织、沟通、协调等人际交往能力和语言表达能力
③具有团队精神和创新精神
④具有良好的心理素质、克服困难的能力和创造能力
⑤具有较强的集体意识和社会责任心</td></tr>
<tr><td colspan="2" rowspan="7">学习任务</td><td colspan="2">任务一　常用控制电器</td></tr>
<tr><td colspan="2">任务二　电气控制线路图</td></tr>
<tr><td colspan="2">任务三　三相异步电动机基本控制环节</td></tr>
<tr><td colspan="2">任务四　三相异步电动机典型控制电路</td></tr>
<tr><td colspan="2">任务五　电动机保护环节</td></tr>
<tr><td colspan="2">任务六　电动机控制线路故障查找与维护</td></tr>
<tr><td colspan="2">任务七　常用控制电器的认识</td></tr>
<tr><td colspan="2">相关知识</td><td colspan="2">电气识图知识,三相异步电动机基本控制环节及典型控制电路,电动机保护环节,常见故障诊断与排除</td></tr>
<tr><td colspan="2">教学设备与媒体</td><td colspan="2">三相异步电动机及其控制电路、多媒体教学设备、检修工具及测量仪表</td></tr>
<tr><td colspan="2">考核评价</td><td colspan="2">①项目考核由过程性考核成绩和期末终结性考核成绩组成,过程性考核成绩占总成绩的20%,期末终结性考核成绩占总成绩的80%
②过程性考核包括课堂考勤、学习态度、作业、课堂互动等</td></tr>
</table>

<table>
<tr><td colspan="2" rowspan="2">项目八</td><td rowspan="2">机舱辅机电拖及控制系统</td><td>课　时</td></tr>
<tr><td>6</td></tr>
<tr><td rowspan="3">教学目标</td><td>知识目标</td><td colspan="2">了解和掌握泵的控制、压缩机的控制、自清洗滤器的自动控制的原理及常见故障处理方法</td></tr>
<tr><td>能力目标</td><td colspan="2">具备对泵的控制、压缩机的控制、自清洗滤器的自动控制的常见故障分析判断及排除能力</td></tr>
<tr><td>素质目标</td><td colspan="2">①具有吃苦耐劳、爱岗敬业的职业素养
②具有良好的组织、沟通、协调等人际交往能力和语言表达能力
③具有团队精神和创新精神
④具有良好的心理素质、克服困难的能力和创造能力
⑤具有较强的集体意识和社会责任心</td></tr>
<tr><td colspan="2" rowspan="3">学习任务</td><td colspan="2">任务一　泵的控制</td></tr>
<tr><td colspan="2">任务二　压缩机的控制</td></tr>
<tr><td colspan="2">任务三　自清洗滤器的自动控制</td></tr>
<tr><td colspan="2">相关知识</td><td colspan="2">泵的控制、压缩机的控制、自清洗滤器的自动控制</td></tr>
<tr><td colspan="2">教学设备与媒体</td><td colspan="2">泵、压缩机、自清洗滤器及其自动控制系统，多媒体教学设备，检修工具及测量仪表</td></tr>
<tr><td colspan="2">考核评价</td><td colspan="2">①项目考核由过程性考核成绩和期末终结性考核成绩组成，过程性考核成绩占总成绩的20%，期末终结性考核成绩占总成绩的80%
②过程性考核包括课堂考勤、学习态度、作业、课堂互动等</td></tr>
</table>

<table>
<tr><td colspan="2" rowspan="2">项目九</td><td rowspan="2">甲板机械电拖及控制系统</td><td>课　时</td></tr>
<tr><td>16</td></tr>
<tr><td rowspan="3">教学目标</td><td>知识目标</td><td colspan="2">了解和掌握交流起货机、锚机、绞缆机、船用电梯及其控制系统的原理及维护保养方法</td></tr>
<tr><td>能力目标</td><td colspan="2">具备交流起货机、锚机、绞缆机、船用电梯及其控制系统的维护保养方法及常见故障的判断排除能力</td></tr>
<tr><td>素质目标</td><td colspan="2">①具有吃苦耐劳、爱岗敬业的职业素养
②具有良好的组织、沟通、协调等人际交往能力和语言表达能力
③具有团队精神和创新精神
④具有良好的心理素质、克服困难的能力和创造能力
⑤具有较强的集体意识和社会责任心</td></tr>
</table>

<table>
<tr><td rowspan="2">项目九</td><td rowspan="2">甲板机械电拖及控制系统</td><td>课　时</td></tr>
<tr><td>16</td></tr>
<tr><td rowspan="7">学习任务</td><td colspan="2">任务一　起货机的电力拖动与控制要求</td></tr>
<tr><td colspan="2">任务二　交流恒转矩变极调速起货机的控制</td></tr>
<tr><td colspan="2">任务三　电动液压起货机</td></tr>
<tr><td colspan="2">任务四　锚机、绞缆机的电力拖动与控制</td></tr>
<tr><td colspan="2">任务五　交流变极调速电动锚机控制线路</td></tr>
<tr><td colspan="2">任务六　船用电梯系统的安全保护</td></tr>
<tr><td colspan="2">任务七　船用起货机及其控制系统</td></tr>
<tr><td>相关知识</td><td colspan="2">交流起货机、锚机、绞缆机、船用电梯及其控制系统工作原理</td></tr>
<tr><td>教学设备与媒体</td><td colspan="2">交流起货机、锚机、绞缆机、船用电梯及其控制系统，多媒体教学设备，检修工具及测量仪表</td></tr>
<tr><td>考核评价</td><td colspan="2">①项目考核由过程性考核成绩和期末终结性考核成绩组成，过程性考核成绩占总成绩的20%，期末终结性考核成绩占总成绩的80%
②过程性考核包括课堂考勤、学习态度、作业、课堂互动等</td></tr>
</table>

<table>
<tr><td colspan="2" rowspan="2">项目十</td><td rowspan="2">舵机电拖及控制系统</td><td>课　时</td></tr>
<tr><td>6</td></tr>
<tr><td rowspan="3">教学目标</td><td>知识目标</td><td colspan="2">掌握舵机拖动与控制系统原理，了解自适应自动舵、液压舵机控制、能对舵机拖动与控制系统常见故障进行分析处理</td></tr>
<tr><td>能力目标</td><td colspan="2">具备维护保养舵机电拖及控制系统和常见故障进行分析处理能力</td></tr>
<tr><td>素质目标</td><td colspan="2">①具有吃苦耐劳、爱岗敬业的职业素养
②具有良好的组织、沟通、协调等人际交往能力和语言表达能力
③具有团队精神和创新精神
④具有良好的心理素质、克服困难的能力和创造能力
⑤具有较强的集体意识和社会责任心</td></tr>
<tr><td colspan="2" rowspan="5">学习任务</td><td colspan="2">任务一　舵机装置概述</td></tr>
<tr><td colspan="2">任务二　舵机拖动与控制系统的工作原理</td></tr>
<tr><td colspan="2">任务三　自适应自动舵</td></tr>
<tr><td colspan="2">任务四　液压舵机的控制</td></tr>
<tr><td colspan="2">任务五　舵机拖动与控制系统的故障处理</td></tr>
<tr><td colspan="2">相关知识</td><td colspan="2">舵机拖动与控制系统</td></tr>
<tr><td colspan="2">教学设备与媒体</td><td colspan="2">舵机拖动与控制系统、多媒体教学设备、检修工具及仪表</td></tr>
<tr><td colspan="2">考核评价</td><td colspan="2">①项目考核由过程性考核成绩和期末终结性考核成绩组成，过程性考核成绩占总成绩的20%，期末终结性考核成绩占总成绩的80%
②过程性考核包括课堂考勤、学习态度、作业、课堂互动等</td></tr>
</table>

<table>
<tr><td colspan="2" rowspan="2">项目十一</td><td rowspan="2">船舶照明及航行信号灯系统</td><td>课 时</td></tr>
<tr><td>3</td></tr>
<tr><td rowspan="3">教学目标</td><td>知识目标</td><td colspan="2">掌握船舶照明及航行信号灯系统工作原理及维护保养方法</td></tr>
<tr><td>能力目标</td><td colspan="2">具备船舶照明及航行信号灯系统的维护保养方法,能对常见故障进行判断并排除</td></tr>
<tr><td>素质目标</td><td colspan="2">①具有吃苦耐劳、爱岗敬业的职业素养
②具有良好的组织、沟通、协调等人际交往能力和语言表达能力
③具有团队精神和创新精神
④具有良好的心理素质、克服困难的能力和创造能力
⑤具有较强的集体意识和社会责任心</td></tr>
<tr><td colspan="2" rowspan="4">学习任务</td><td colspan="2">任务一　船舶照明系统的分类及特点</td></tr>
<tr><td colspan="2">任务二　船舶常用灯具与电光源</td></tr>
<tr><td colspan="2">任务三　船舶照明系统供电及控制</td></tr>
<tr><td colspan="2">任务四　船舶照明系统的维护保养及故障处理</td></tr>
<tr><td colspan="2">相关知识</td><td colspan="2">船舶照明系统分类及特点、船舶常用灯具、船舶照明系统供电及控制、船舶照明系统维护保养及故障处理</td></tr>
<tr><td colspan="2">教学设备与媒体</td><td colspan="2">船舶照明及航行信号灯系统,多媒体教学设备,检修工具及测量仪表</td></tr>
<tr><td colspan="2">考核评价</td><td colspan="2">①项目考核由过程性考核成绩和期末终结性考核成绩组成,过程性考核成绩占总成绩的20%,期末终结性考核成绩占总成绩的80%
②过程性考核包括课堂考勤、学习态度、作业、课堂互动等</td></tr>
</table>

(六)考核评价

完善的学生考核评价体系的建立是综合评判本课程教学效果和教学质量的重要指标之一。本课程的考试成绩采用百分制,由过程性考核成绩和期末终结性考核成绩组成。

1. 过程性考核成绩

占总成绩的20%,包括课堂考勤、学习态度、作业、课堂互动等,同时应注重学生动手能力、分析问题和解决问题能力的考核,对在学习和应用上有创新的学生应予及时鼓励,全面综合评价学生能力。

2. 期末终结性考核成绩

占总成绩的80%,采取闭卷笔试的方式进行,考试时间为120分钟。

(七)教学条件

课程目标、教学内容和学习情境实施必须依靠一定的教学条件,即实践条件、师资条件和其他辅助条件。这三个条件相辅相成,共同决定人才培养质量。

1. 实践条件

实践条件由实训课程资源构成,是决定课程目标能否实现的重要因素。实训课程资源包括理论实践一体化教材、实训指导书、教具、仪器设备等有形的物质资源,也包括模拟软件等无形的资源。实训课程资源不仅仅是为教师准备的,而且对学生适当开放,以用于学生的自主学习、主动探究。

(1)充分利用学校的实训课程资源

学校提供的实训课程资源包括实训场地及相应仪器设备、模拟软件、有关图书及报纸杂志、教学挂图、模型、实物标本、音像资料和多媒体课件等;学校的实训课程资源应能充分满足课程理论实践一体化教学需要,建立本专业开放实训中心,使之具备现场教学、实验实训、职业技能证书考证的功能,实现理论教学与实训合一、教学与培训合一、教学与考证合一,满足学生职业能力培养的需求。

(2)积极利用社会和航运企业课程资源

社会和航运企业课程资源有船舶、海港码头、图书馆、博物馆、展览馆、科技馆、高等院校等。此外,邀请校企合作单位有关机务管理专家、船厂专业技术人员来校演讲、座谈、授课、培养方案研讨等,也是利用社会和航运企业课程资源的重要方式。

2. 师资条件

见“船舶电子电气技术专业教学标准”十、人才培养的实施条件(二)师资要求。

3. 其他辅助条件

(1)广泛利用各种媒体资源

各种媒体资源,包括报纸、杂志、广播、电视、互联网等。特别是媒体关于海洋环境问题、海事案例等方面的报道等,用其作为学生课堂讨论的素材,时效性强,容易引起学生的关注和互动,对于学生的职业发展非常重要。但应注意信息源的可靠性和信息内容的真实性,以提高学生信息评价的意识和能力。

(2)大力开发信息技术资源

信息技术资源主要包括网络资源和多媒体课件两个方面。网络资源又包括互联网资源和校园网资源等,如国家、省级精品课程的上网资料,电子书籍、电子期刊、数据库、数字图书馆等。多媒体课件包括教学大纲、PPT 课件、电子教案、实训指导书、习题库、试卷库、参考文献等。这些资源有利于学生自主性学习,有利于满足不同学生的需求。教师应与计算机专业人员合作,加大信息技术资源的开发。

(八)实施建议

1. 教材使用

①教材及相应教辅资料应满足本课程标准要求。

②教材应充分体现高等职业教育特点,突出职业技能培养,特别要以船舶岗位具体工作任务为基础进行设计。此外,教材应符合科学性、先进性和教育教学的普遍规律,具有鲜明行业特色并恰当运用现代教学技术、方法与手段,教学效果显著,具有示范、辐射作用。

③教材与教学参考书

教材内容要体现先进性、通用性、实用性,要将本专业新知识、新技术、新工艺、新法规及时地纳入教材中,使教材更贴近本专业的发展变化和实际需要。

建议使用教材:

《船舶电气与控制》,高兴斌编,人民交通出版社,2013 年。

教学参考书:

《船舶电气》,中国海事服务中心组织编写,电子电气专业,大连海事大学出版社,2012年。

《船舶电气与自动化》,中国海事服务中心组织编写,轮机专业,大连海事大学出版社,2012年。

2.教学方法与手段

采用现代教学方法与手段进行理论与实践一体化教学,课程内理论环节与实训环节同步安排,先由任课教师现场讲解然后分组实训的组织形式。教学实施过程中,理论教学和实践教学要有机地融合起来。教师在教学中结合具体的工作任务或产品或案例进行知识讲解,引导学生分析、讨论,获取知识,提高其解决实际问题的能力。教师根据课程中各模块的重要性、实践性、难易程度等优化教学内容,合理安排教学时间,以学生为主体,教师的"教"为主导,突出学生的"学"和"做",边讲边练,学做交替,通过现场讲解、"理论与实践周期交替互动"等多种教学方法,使教、学、做紧密结合,强化学生职业技能培养。充分利用课程网络教学资源,促进学生自主学习。理论与实践一体化教学和计算机多媒体、网络教学等先进手段相结合,理论联系实际,融知识学习、技能训练和职业素质养成于一体,培养和训练学生的实际操作、管理与维修技能,提高学生的岗位职业技能和岗位职业素养。

(1)尽可能运用信息技术来组织教学

船舶电机与电气控制系统是一门比较抽象的专业核心课程,运用传统的教学手段难以达到教学效果,为此教师需要通过拍摄图片、从网络下载资料、制作动画等多种方法,将上课内容制成多媒体课件进行讲授,这样就能将抽象的、复杂的电磁感应现象、电气控制原理等一一展现出来,起到事半功倍的作用,提高教学质量和课堂效率。

(2)运用案例分析和启发式教学

如船舶舵机电力拖动控制系统,教师采用案例分析法,提出问题:"由某轮在航行期间突然发生船舶围绕航线沿大"S"形航行,可知是什么环节出现了故障呢?"提出故障可能原因,分析船舶舵机自动控制原理框图,最后找出故障环节所在——无舵角反馈环节。整个教学环节包括:引用案例提出问题→列出解决问题所需的知识点→对每一知识点进行分析、讲解→总结。

二、计算机与局域网课程标准

课程类型:专业核心课程
适用专业:船舶电子电气技术专业
开设学期:第三学期
建议学时:40

(一)课程性质与作用

计算机与局域网是船舶电子电气技术专业的专业核心课程之一。本课程教学模式是以就业能力培养为导向,开展做中学、做中教,教、学、做结合,理论与实践交替互动。通过学习,使学生掌握计算机组成及应用基础、计算机网络的基本知识和基本技能。前期课程计算机基础与应用为本课程学习打下理论基础,后期的程单片机原理与应用、计算机与自动化训练等是本课程在技能方面的实践和延续。

(二)课程目标

通过教学和训练,学生应掌握计算机硬件和软件的基本知识,局域计算机网络的组建、使用和系统维护,IP 地址及 Internet 基础知识,为今后能够熟练地使用与维护计算机和计算机网络打下基础。

1. 知识目标

通过学习,使学生了解和掌握计算机系统的基本构成、硬件组成、Windows 操作系统基础知识及基本操作;计算机网络的组成、分类;计算机网络模型与协议以及数据通信;数据传输的介质和设备:同轴电缆、双绞线、光纤;局域网的网络体系结构以及硬件设备;IP 地址的概念和设置;局域网的构建;拓扑结构选择;网络设备选型;局域网设置;局域网的运行、管理和维护以及常见网络故障的处理;船舶电子邮件通过 Inmarsat 接入方法和使用及 Rydex 与 AMOS 的安装及使用;计算机安全设置及防病毒软件的安装使用。

2. 能力目标

通过学习,使学生掌握通信基本知识,计算机网络的组建,计算机网络的使用和系统维护,广域网的概念,IP 地址、Internet 基础知识,为学生今后能够熟练地使用与维护计算机和计算机网络打下基础。能够理论联系实际,对船舶计算机及局域网的常见故障,能够依据所学的理论知识、针对不同的实际故障做出正确的分析、判断并确定下一步应采取的措施。

3. 素质目标

①具有吃苦耐劳、爱岗敬业的职业素养;
②具有良好的组织、沟通、协调等人际交往能力和语言表达能力;
③具有团队精神和创新精神;
④具有良好的心理素质、克服困难的能力和创造能力;
⑤具有较强的集体意识和社会责任心。

(三)课程设计理念与思路

通过航运企业调研,课程专兼职教学团队以岗位能力为核心确定了课程目标,把计算机与局域网和单片机原理及应用一一列出，并进行分类。与此同时，根据高职学生的认知规律和职业技能培养目标，课程围绕船舶电子电气管理人员计算机与局域网真实工作任务设计学习情境，采用课程内容模块化教学和教、学、做结合的教学模式，让学生在掌握相关理论知识的基础上发展职业能力。教学实施过程中，通过理论实践一体化教学、集中训练课等多种途径，采用工学结合、理论与实践交替互动等形式，充分利用校内实训资源、精品课程资源、校外实训资源等教学资源，提高学生适岗适任能力，培养学生综合职业素质。

1. 课程设计理念

见船舶电机与电气控制系统课程标准中的课程设计理念。

2. 课程设计主要思路

①校企合作共同制定人才培养方案和课程标准。组织高等职业教育教学专家、专业教师、航运公司技术专家共同制定人才培养方案和课程标准，根据船舶电子电气管理人员真实工作任务所需要的知识、能力和素质要求确定教学内容，突出针对性和适用性。

②整合教学内容，科学设计学习工作任务。遵循高职学生职业能力培养的基本规律，以船上真实工作任务及其工作过程为依据设计学习情境，培养学生对计算机与局域网的操作、管理、维修技能。

③采取工学交替、理论与实践交替互动的教学模式。通过独立的职业技能训练体系，在模拟和真实的学习情境中，以学生为主体，通过“工学结合”和“理论与实践交替互动”，使学生掌握“相关理论知识”和“相关实践知识”，达到“主要知识目标”和“主要能力目标”，引导学生在具体情境中探究与发现，培养学生的动手实践能力，发展综合职业能力，以现代化船舶对电子电气管理人员的技能要求。

④坚持理论知识“必需、够用”、实践技能“必需、胜任”的原则。

⑤运用校内实训资源、精品课程资源、现代教育技术和校外实训资源等教学资源，按照教、学、做一体化实施教学，培养学生综合职业素质，提高学生适岗适任能力。

(四)课程内容结构安排

学习项目		学习任务	课时
1	计算机应用基础	任务一　计算机系统基本构成	8
		任务二　计算机硬件组成	
		任务三　Windows 操作系统基础知识及基本操作	
		任务四　计算机硬件认识及安装	
2	计算机网络及通信协议的基础知识	任务一　计算机网络的组成	8
		任务二　计算机网络的分类	
		任务三　计算机网络模型与协议	
		任务四　数据通信	

学习项目		学习任务	课时
3	数据传输的介质和设备	任务一　同轴电缆	4
		任务二　双绞线	
		任务三　光纤	
		任务四　制作双绞线	
4	局域网的网络体系结构和硬件设备	任务一　局域网的网络体系结构	4
		任务二　硬件设备	
5	IP 地址的概念和设置	任务一　IP 地址的概念和设置	2
6	局域网的组建	任务一　拓扑结构选择	4
		任务二　网络设备选型	
		任务三　局域网设置	
		任务四　组建对等网	
7	局域网的运行、管理和维护	任务一　网络维护常用的方法	2
		任务二　局域网常见故障	
8	船舶电子邮件通过 Inmarsat 接入方法和使用	任务一　Rydex	4
		任务二　AMOS	
		任务三　Rydex 与 AMOS 的安装及使用	
9	计算机网络安全的基本知识	任务一　计算机防病毒的基本知识	4
		任务二　口令和访问控制技术的使用	
		任务三　计算机安全设置及防病毒软件的安装和使用	
总计			40

(五)教学内容与要求

项目一		计算机应用基础	课　时
			8
教学目标	知识目标	掌握计算机系统基本构成、计算机硬件组成、Windows 操作系统基础知识及基本操作	
	能力目标	具备计算机硬件组装和操作系统的使用和安装能力	
	素质目标	①具有吃苦耐劳、爱岗敬业的职业素养 ②具有良好的组织、沟通、协调等人际交往能力和语言表达能力 ③具有团队精神和创新精神 ④具有良好的心理素质、克服困难的能力和创造能力 ⑤具有较强的集体意识和社会责任心	

<table>
<tr><td rowspan="2">项目一</td><td rowspan="2">计算机应用基础</td><td>课　时</td></tr>
<tr><td>8</td></tr>
<tr><td rowspan="4">学习任务</td><td colspan="2">任务一　计算机系统基本构成</td></tr>
<tr><td colspan="2">任务二　计算机硬件组成</td></tr>
<tr><td colspan="2">任务三　Windows 操作系统基础知识及基本操作</td></tr>
<tr><td colspan="2">任务四　计算机硬件认识及安装</td></tr>
<tr><td>相关知识</td><td colspan="2">电工电子基础知识、计算机基础及应用基本知识</td></tr>
<tr><td>教学设备与媒体</td><td colspan="2">计算机及操作系统、多媒体教学设备、检修器具</td></tr>
<tr><td>考核评价</td><td colspan="2">①项目考核由过程性考核成绩和期末终结性考核成绩组成，过程性考核成绩占总成绩的 20%，期末终结性考核成绩占总成绩的 80%
②过程性考核包括课堂考勤、学习态度、作业、课堂互动等</td></tr>
</table>

<table>
<tr><td colspan="2" rowspan="2">项目二</td><td rowspan="2">计算机网络及通信协议的基础知识</td><td>课　时</td></tr>
<tr><td>8</td></tr>
<tr><td rowspan="3">教学目标</td><td>知识目标</td><td colspan="2">掌握计算机网络的组成和分类、计算机网络模型与协议、数据通信的基本概念</td></tr>
<tr><td>能力目标</td><td colspan="2">具备设计网络拓扑结构及计算机协议的使用和设置能力</td></tr>
<tr><td>素质目标</td><td colspan="2">①具有吃苦耐劳、爱岗敬业的职业素养
②具有良好的组织、沟通、协调等人际交往能力和语言表达能力
③具有团队精神和创新精神
④具有良好的心理素质、克服困难的能力和创造能力
⑤具有较强的集体意识和社会责任心</td></tr>
<tr><td colspan="2" rowspan="4">学习任务</td><td colspan="2">任务一　计算机网络的组成</td></tr>
<tr><td colspan="2">任务二　计算机网络的分类</td></tr>
<tr><td colspan="2">任务三　计算机网络模型与协议</td></tr>
<tr><td colspan="2">任务四　数据通信</td></tr>
<tr><td colspan="2">相关知识</td><td colspan="2">数据通信基础知识、计算机协议和模型、计算机网络组成与分类</td></tr>
<tr><td colspan="2">教学设备与媒体</td><td colspan="2">计算机操作系统、多媒体教学设备</td></tr>
<tr><td colspan="2">考核评价</td><td colspan="2">①项目考核由过程性考核成绩和期末终结性考核成绩组成，过程性考核成绩占总成绩的 20%，期末终结性考核成绩占总成绩的 80%
②过程性考核包括课堂考勤、学习态度、作业、课堂互动等</td></tr>
</table>

<table>
<tr><td colspan="2" rowspan="2">项目三</td><td rowspan="2">数据传输的介质和设备</td><td>课　时</td></tr>
<tr><td>4</td></tr>
<tr><td rowspan="3">教学目标</td><td>知识目标</td><td colspan="2">掌握同轴电缆、双绞线、光纤等基本的数据传输介质和相应设备</td></tr>
<tr><td>能力目标</td><td colspan="2">能辨认和选择合适的数据传输介质并能熟练制作双绞线</td></tr>
<tr><td>素质目标</td><td colspan="2">①具有吃苦耐劳、爱岗敬业的职业素养
②具有良好的组织、沟通、协调等人际交往能力和语言表达能力
③具有团队精神和创新精神
④具有良好的心理素质、克服困难的能力和创造能力
⑤具有较强的集体意识和社会责任心</td></tr>
<tr><td colspan="2" rowspan="4">学习任务</td><td colspan="2">任务一　同轴电缆</td></tr>
<tr><td colspan="2">任务二　双绞线</td></tr>
<tr><td colspan="2">任务三　光纤</td></tr>
<tr><td colspan="2">任务四　制作双绞线</td></tr>
<tr><td colspan="2">相关知识</td><td colspan="2">同轴电缆、双绞线、光纤等数据传输介质的特点和使用</td></tr>
<tr><td colspan="2">教学设备与媒体</td><td colspan="2">多媒体教学设备、双绞线、网线测试仪、水晶头、试验工作台、压线钳、光纤、同轴电缆</td></tr>
<tr><td colspan="2">考核评价</td><td colspan="2">①项目考核由过程性考核成绩和期末终结性考核成绩组成,过程性考核成绩占总成绩的 20%,期末终结性考核成绩占总成绩的 80%
②过程性考核包括课堂考勤、学习态度、作业、课堂互动等</td></tr>
</table>

<table>
<tr><td colspan="2" rowspan="2">项目四</td><td rowspan="2">局域网的网络体系结构和硬件设备</td><td>课　时</td></tr>
<tr><td>4</td></tr>
<tr><td rowspan="3">教学目标</td><td>知识目标</td><td colspan="2">掌握局域网网络体系结构及几种网络硬件设备特点和使用</td></tr>
<tr><td>能力目标</td><td colspan="2">能正确地选用网络硬件设备</td></tr>
<tr><td>素质目标</td><td colspan="2">①具有吃苦耐劳、爱岗敬业的职业素养
②具有良好的组织、沟通、协调等人际交往能力和语言表达能力
③具有团队精神和创新精神
④具有良好的心理素质、克服困难的能力和创造能力
⑤具有较强的集体意识和社会责任心</td></tr>
<tr><td colspan="2" rowspan="2">学习任务</td><td colspan="2">任务一　局域网的网络体系结构</td></tr>
<tr><td colspan="2">任务二　硬件设备</td></tr>
<tr><td colspan="2">相关知识</td><td colspan="2">局域网的网络体系结构即 IEEE802 标准、集线器、交换机、路由器等基本的网络硬件设备</td></tr>
<tr><td colspan="2">教学设备与媒体</td><td colspan="2">多媒体教学设备、集线器、交换机、路由器</td></tr>
<tr><td colspan="2">考核评价</td><td colspan="2">①项目考核由过程性考核成绩和期末终结性考核成绩组成,过程性考核成绩占总成绩的 20%,期末终结性考核成绩占总成绩的 80%
②过程性考核包括课堂考勤、学习态度、作业、课堂互动等</td></tr>
</table>

<table>
<tr><td colspan="2" rowspan="2">项目五</td><td rowspan="2">IP 地址的概念和设置</td><td>课　时</td></tr>
<tr><td>2</td></tr>
<tr><td rowspan="3">教学目标</td><td>知识目标</td><td colspan="2">掌握 IP 地址的格式、分类和设置方法</td></tr>
<tr><td>能力目标</td><td colspan="2">能正确地进行 IP 地址的辨认设置和网络中 IP 地址的分配</td></tr>
<tr><td>素质目标</td><td colspan="2">①具有吃苦耐劳、爱岗敬业的职业素养
②具有良好的组织、沟通、协调等人际交往能力和语言表达能力
③具有团队精神和创新精神
④具有良好的心理素质、克服困难的能力和创造能力
⑤具有较强的集体意识和社会责任心</td></tr>
<tr><td colspan="2">学习任务</td><td colspan="2">任务一　IP 地址的概念和设置</td></tr>
<tr><td colspan="2">相关知识</td><td colspan="2">IP 地址格式，主要的 A、B、C 三类 IP 地址及 IP 地址设置</td></tr>
<tr><td colspan="2">教学设备与媒体</td><td colspan="2">多媒体教学设备、局域网</td></tr>
<tr><td colspan="2">考核评价</td><td colspan="2">①项目考核由过程性考核成绩和期末终结性考核成绩组成，过程性考核成绩占总成绩的 20%，期末终结性考核成绩占总成绩的 80%
②过程性考核包括课堂考勤、学习态度、作业、课堂互动等</td></tr>
</table>

<table>
<tr><td colspan="2" rowspan="2">项目六</td><td rowspan="2">局域网的组建</td><td>课　时</td></tr>
<tr><td>4</td></tr>
<tr><td rowspan="3">教学目标</td><td>知识目标</td><td colspan="2">了解和掌握网络拓扑结构选择、网络设备选型、局域网设置过程和组建对等网的方法</td></tr>
<tr><td>能力目标</td><td colspan="2">能进行网络拓扑结构和网络设备的选择并能组建局域网和完成相应的设置</td></tr>
<tr><td>素质目标</td><td colspan="2">①具有吃苦耐劳、爱岗敬业的职业素养
②具有良好的组织、沟通、协调等人际交往能力和语言表达能力
③具有团队精神和创新精神
④具有良好的心理素质、克服困难的能力和创造能力
⑤具有较强的集体意识和社会责任心</td></tr>
<tr><td colspan="2" rowspan="4">学习任务</td><td colspan="2">任务一　拓扑结构选择</td></tr>
<tr><td colspan="2">任务二　网络设备选型</td></tr>
<tr><td colspan="2">任务三　局域网设置</td></tr>
<tr><td colspan="2">任务四　组建对等网</td></tr>
<tr><td colspan="2">相关知识</td><td colspan="2">网络拓扑结构分类、网络设备选型、局域网设置方法和组建对等网方法</td></tr>
<tr><td colspan="2">教学设备与媒体</td><td colspan="2">多媒体教学设备、集线器或交换机、网线、两台以上计算机</td></tr>
<tr><td colspan="2">考核评价</td><td colspan="2">①项目考核由过程性考核成绩和期末终结性考核成绩组成，过程性考核成绩占总成绩的 20%，期末终结性考核成绩占总成绩的 80%
②过程性考核包括课堂考勤、学习态度、作业、课堂互动等</td></tr>
</table>

<table>
<tr><td colspan="2" rowspan="2">项目七</td><td rowspan="2">局域网的运行、管理和维护</td><td>课　时</td></tr>
<tr><td>2</td></tr>
<tr><td rowspan="3">教学目标</td><td>知识目标</td><td colspan="2">掌握网络维护的常用方法及局域网常见故障和排除方法</td></tr>
<tr><td>能力目标</td><td colspan="2">具备网络维护和管理的基本能力，能够正确分析排除局域网常见故障</td></tr>
<tr><td>素质目标</td><td colspan="2">①具有吃苦耐劳、爱岗敬业的职业素养
②具有良好的组织、沟通、协调等人际交往能力和语言表达能力
③具有团队精神和创新精神
④具有良好的心理素质、克服困难的能力和创造能力
⑤具有较强的集体意识和社会责任心</td></tr>
<tr><td colspan="2" rowspan="2">学习任务</td><td colspan="2">任务一　网络维护常用的方法</td></tr>
<tr><td colspan="2">任务二　局域网常见故障</td></tr>
<tr><td colspan="2">相关知识</td><td colspan="2">网络维护和管理基本知识，局域网常见故障现象与排除方法</td></tr>
<tr><td colspan="2">教学设备与媒体</td><td colspan="2">多媒体教学设备、网线测试仪</td></tr>
<tr><td colspan="2">考核评价</td><td colspan="2">①项目考核由过程性考核成绩和期末终结性考核成绩组成，过程性考核成绩占总成绩的 20%，期末终结性考核成绩占总成绩的 80%
②过程性考核包括课堂考勤、学习态度、作业、课堂互动等</td></tr>
</table>

<table>
<tr><td colspan="2" rowspan="2">项目八</td><td rowspan="2">船舶电子邮件通过 Inmarsat 接入方法和使用</td><td>课　时</td></tr>
<tr><td>4</td></tr>
<tr><td rowspan="3">教学目标</td><td>知识目标</td><td colspan="2">掌握 Rydex 软件和 AMOS 软件的功能与特点以及 Rydex 与 AMOS 的安装及使用</td></tr>
<tr><td>能力目标</td><td colspan="2">能熟练进行 Rydex 软件与 AMOS 软件的安装及使用</td></tr>
<tr><td>素质目标</td><td colspan="2">①具有吃苦耐劳、爱岗敬业的职业素养
②具有良好的组织、沟通、协调等人际交往能力和语言表达能力
③具有团队精神和创新精神
④具有良好的心理素质、克服困难的能力和创造能力
⑤具有较强的集体意识和社会责任心</td></tr>
<tr><td colspan="2" rowspan="3">学习任务</td><td colspan="2">任务一　Rydex</td></tr>
<tr><td colspan="2">任务二　AMOS</td></tr>
<tr><td colspan="2">任务三　Rydex 与 AMOS 的安装及使用</td></tr>
<tr><td colspan="2">相关知识</td><td colspan="2">Rydex 与 AMOS 软件的功能和特点及其安装和使用方法</td></tr>
<tr><td colspan="2">教学设备与媒体</td><td colspan="2">多媒体教学设备，Rydex 与 AMOS 的安装光盘</td></tr>
<tr><td colspan="2">考核评价</td><td colspan="2">①项目考核由过程性考核成绩和期末终结性考核成绩组成，过程性考核成绩占总成绩的 20%，期末终结性考核成绩占总成绩的 80%
②过程性考核包括课堂考勤、学习态度、作业、课堂互动等</td></tr>
</table>

<table>
<tr><td colspan="2" rowspan="2">项目九</td><td rowspan="2">计算机网络安全的基本知识</td><td>课　时</td></tr>
<tr><td>4</td></tr>
<tr><td rowspan="3">教学目标</td><td>知识目标</td><td colspan="2">掌握计算机防病毒基本知识、口令和访问控制技术的使用</td></tr>
<tr><td>能力目标</td><td colspan="2">具备计算机安全设置以及防病毒软件的安装和使用能力</td></tr>
<tr><td>素质目标</td><td colspan="2">①具有吃苦耐劳、爱岗敬业的职业素养
②具有良好的组织、沟通、协调等人际交往能力和语言表达能力
③具有团队精神和创新精神
④具有良好的心理素质、克服困难的能力和创造能力
⑤具有较强的集体意识和社会责任心</td></tr>
<tr><td colspan="2" rowspan="3">学习任务</td><td colspan="2">任务一　计算机防病毒的基本知识</td></tr>
<tr><td colspan="2">任务二　口令和访问控制技术的使用</td></tr>
<tr><td colspan="2">任务三　计算机安全设置及防病毒软件的安装和使用</td></tr>
<tr><td colspan="2">相关知识</td><td colspan="2">计算机防病毒基本知识、口令和访问控制技术</td></tr>
<tr><td colspan="2">教学设备与媒体</td><td colspan="2">多媒体教学设备，防病毒软件</td></tr>
<tr><td colspan="2">考核评价</td><td colspan="2">①项目考核由过程性考核成绩和期末终结性考核成绩组成，过程性考核成绩占总成绩的20%，期末终结性考核成绩占总成绩的80%
②过程性考核包括课堂考勤、学习态度、作业、课堂互动等</td></tr>
</table>

(六)考核评价

完善的学生考核评价体系的建立是综合评判本课程教学效果和教学质量的重要指标之一。本课程的考试成绩采用百分制，由过程性考核成绩和期末终结性考核成绩组成。

1. 过程性考核成绩

占总成绩的20%，包括课堂考勤、学习态度、作业、课堂互动等，同时应注重对学生动手能力、分析问题和解决问题能力的考核，对在学习和应用上有创新的学生应予及时鼓励，全面综合评价学生能力。

2. 期末终结性考核成绩

占总成绩的80%。采取闭卷笔试的方式进行，考试时间为120分钟。

(七)教学条件

课程目标、教学内容和学习情境实施必须依靠一定的教学条件，即实践条件、师资条件和其他辅助条件。这三个条件相辅相成，共同决定人才培养质量。

1. 实践条件

实践条件由实训课程资源构成，是决定课程目标能否实现的重要因素。实训课程资源包括理论实践一体化教材、实训指导书、教具、仪器设备等有形的物质资源，也包括模拟软件等无形的资源。实训课程资源不仅仅是为教师准备的，而且对学生适当开放，以用于学生的自主学习、主动探究。

(1)充分利用学校的实训课程资源

学校提供的实训课程资源包括实训场地及相应仪器设备、模拟软件、有关图书及报纸杂志、教学挂图、模型、实物标本、音像资料和多媒体课件等;学校的实训课程资源应能充分满足课程理论实践一体化教学需要,建立本专业开放实训中心,使之具备现场教学、实验实训、职业技能证书考证的功能,实现理论教学与实训合一、教学与培训合一、教学与考证合一,满足学生职业能力培养的需求。

(2)积极利用社会和航运企业课程资源

社会和航运企业课程资源有船舶、海港码头、图书馆、博物馆、展览馆、科技馆、高等院校等。此外,邀请校企合作单位有关机务管理专家、船厂专业技术人员来校演讲、座谈、授课、培养方案研讨等,也是利用社会和航运企业课程资源的重要方式。

2. 师资条件

见“船舶电子电气技术专业教学标准”十、人才培养的实施条件(二)师资要求。

3. 其他辅助条件

(1)广泛利用各种媒体资源

各种媒体资源,包括报纸、杂志、广播、电视、互联网等。特别是媒体关于海洋环境问题、海事案例等方面的报道等,用其作为学生课堂讨论的素材,时效性强,容易引起学生的关注和互动,对于学生的职业发展非常重要。但应注意信息源的可靠性和信息内容的真实性,以提高学生信息评价的意识和能力。

(2)大力开发信息技术资源

信息技术资源主要包括网络资源和多媒体课件两个方面。网络资源又包括互联网资源和校园网资源等,如国家、省级精品课程的上网资料,电子书籍、电子期刊、数据库、数字图书馆等。多媒体课件包括教学大纲、PPT 课件、电子教案、实训指导书、习题库、试卷库、参考文献等。这些资源有利于学生自主性学习,有利于满足不同学生的需求。教师应与计算机专业人员合作,加大信息技术资源的开发。

(八)实施建议

1. 教材使用

①教材及相应教辅资料应满足本课程标准要求。

②教材应充分体现高等职业教育特点,突出职业技能培养,特别要以船舶岗位具体工作任务为基础进行设计。此外,教材应符合科学性、先进性和教育教学的普遍规律,具有鲜明行业特色并恰当运用现代教学技术、方法与手段,教学效果显著,具有示范、辐射作用。

③教材与教学参考书

教材内容要体现先进性、通用性、实用性,要将本专业新知识、新技术、新工艺、新法规及时地纳入教材中,使教材更贴近本专业的发展变化和实际需要。

建议使用教材:

《计算机网络技术》,王海春主编,高等教育出版社,2005 年。

教学参考书:

《信息技术与通信导航系统》,中国海事服务中心组织编写,电子电气专业,大连海事大学出版社,2012 年。

2. 教学方法与手段

采用现代教学方法与手段进行理论与实践一体化教学，采取课程内理论环节与实训环节同步安排，先由任课教师现场讲解然后分组实训的组织形式。教学实施过程中，理论教学和实践教学要有机地融合起来。教师在教学中结合具体的工作任务或产品或案例进行知识讲解，引导学生分析、讨论，获取知识，提高其解决实际问题的能力。教师根据课程中各模块的重要性、实践性、难易程度等优化教学内容，合理安排教学时间，以学生为主体，教师的“教”为主导，突出学生的“学”和“做”，边讲边练，学做交替，通过现场讲解、“理论与实践周期交替互动”等多种教学方法，使教、学、做紧密结合，强化学生职业技能培养。充分利用课程网络教学资源，促进学生自主学习。理论与实践一体化教学和计算机多媒体、网络教学等先进手段相结合，理论联系实际，融知识学习、技能训练和职业素质养成于一体，培养和训练学生的实际操作、管理与维修技能，提高学生的岗位职业技能和岗位职业素养。

(1)尽可能运用信息技术来组织教学

计算机与局域网是一门应用性比较强的专业课程，运用传统的教学手段难以达到教学效果，为此一方面教师在讲解理论知识时，需要通过拍摄图片、从网络下载资料、制作动画等多种方法，将上课内容制成多媒体课件进行讲授，这样就能将理论知识与实际操作结合起来，起到事半功倍的作用，提高教学质量和课堂效率。另一方面讲过相关的知识点以后一定要加强实际操作。

(2)运用案例分析和启发式教学

整个教学环节包括案例提出问题→列出解决问题所需的知识点→对每一知识点进行分析、讲解→总结。

三、变频技术与电力推进课程标准

课程类型:专业核心课程
适用专业:船舶电子电气技术专业
开设学期:第四学期
建议学时:36

(一)课程性质与作用

变频技术与电力推进是船舶电子电气技术专业的专业核心课程之一。本课程教学模式是以就业能力培养为导向,开展做中学、做中教,教、学、做结合,理论与实践交替互动。通过学习使学生掌握交流变频调速基本原理和基本控制方式、交-直-交变频、基本逆变器、脉宽调节技术、变频器及接口电路;掌握推进电机的种类及控制、电力推进系统的变频调速技术、电力推进自动电源控制系统(PMS)、吊舱式电力推进系统及其他推进器形式等知识,学会船舶电力推进系统设备的维护管理方法,以满足现代船舶对电子电气员理论与实践技能的要求。前期课程电工基础、电子技术、船舶电机与电气控制系统为本课程学习打下理论基础,后期课程船舶电子电气管理与工艺训练等是本课程在技能方面的实践和延续。

(二)课程目标

通过学习,使学生能够理论联系实际,对变频技术与电力推进设备进行有效的维护保养;对常见故障能够根据具体情况采取相应处理措施;以满足现代船舶对电子电气员理论与实践技能的要求,为学生毕业后经实习即可胜任750 kW以上船舶的电子电气员奠定良好的基础。

1. 知识目标

通过学习,使学生了解和掌握:船舶电力推进技术的发展历程,船舶电力推进系统组成及船舶电力推进分类;船舶推进电机种类及控制;交流变频调速基本原理和控制方式;交-直-交变频技术;电压源型和电流源型逆变器;变压变频调速系统中PWM脉宽调制技术;通用变频器外部接口电路及主要参数;自动电源管理系统PMS的主要功能及电力推进监控系统;船舶电力推进系统推进器形式与结构。

2. 能力目标

通过学习,使学生能够理论联系实际,对变频技术与电力推进控制系统的常见故障,能做出正确的分析、判断并确定下一步应采取的措施。

3. 素质目标

①具有吃苦耐劳、爱岗敬业的职业素养;
②具有良好的组织、沟通、协调等人际交往能力和语言表达能力;
③具有团队精神和创新精神;
④具有良好的心理素质、克服困难的能力和创造能力;
⑤具有较强的集体意识和社会责任心。

(三)课程设计理念与思路

通过航运企业调研,课程专兼职教学团队以岗位能力为核心确定了课程目标,把变频技术与电力推进系统的工作原理、操作、管理、维修过程、工作任务一一列出，并进行分类。与此同时，根据高职学生的认知规律和职业技能培养目标，课程围绕船舶变频技术与电力推进系统的工作原理、操作、管理、维修过程等真实工作任务设计学习情境，采用课程内容模块化教学和教、学、做结合的教学模式，让学生在掌握相关理论知识的基础上发展职业能力。教学实施过程中，通过理论实践一体化教学、集中训练课等多种途径，采用工学结合、理论与实践交替互动等形式，充分利用校内实训资源、精品课程资源、校外实训资源等教学资源，提高学生适岗适任能力，培养学生综合职业素质。

1.课程设计理念

见船舶电机与电气控制系统课程标准中的课程设计理念。

2.课程设计主要思路

①校企合作共同制定人才培养方案和课程标准。组织高等职业教育教学专家、专业教师、航运公司技术专家共同制定人才培养方案和课程标准，根据电子电气人员真实工作任务所需要的知识、能力和素质要求确定教学内容，突出针对性和适用性。

②整合教学内容，科学设计学习工作任务。遵循高职学生职业能力培养的基本规律，以船上真实工作任务及其工作过程为依据设计学习情境，培养学生船舶变频技术与电力推进系统的操作、管理、维修技能。

③采取工学交替、理论与实践交替互动的教学模式。通过独立的职业技能训练体系，在模拟和真实的学习情境中，以学生为主体，通过“工学结合”和“理论与实践交替互动”，使学生掌握“相关理论知识”和“相关实践知识”，达到“主要知识目标”和“主要能力目标”，引导学生在具体情境中探究与发现，培养学生操作、管理和维修变频技术与电力推进系统的实践能力，发展综合职业能力，以适应现代化船舶对电子电气管理人员的技能要求。

④坚持理论知识“必需、够用”、实践技能“必需、胜任”的原则。

⑤运用校内实训资源、精品课程资源、现代教育技术和校外实训资源等教学资源，按照教、学、做一体化实施教学，培养学生综合职业素质，提高学生适岗适任能力。

(四)课程结构内容安排

学习项目		学习任务	课时
1	船舶电力推进系统概述	任务一　船舶电力推进技术的发展历程	4
		任务二　船舶电力推进系统的组成	
		任务三　船舶电力推进的分类	
2	船舶推进电机的种类及控制	任务一　直流电机	6
		任务二　永磁交流同步电机	
		任务三　感应交流异步电机	
		任务四　超导推进电机	

学习项目		学习任务	课时
3	交流变频调速及变频器	任务一　交流变频调速基本原理	14
		任务二　交流变频调速的三种基本控制方式	
		任务三　交-直-交变频技术	
		任务四　电压源型和电流源型逆变器	
		任务五　变压变频调速系统中的 PWM 脉宽调制技术	
		任务六　通用变频器外部接口电路及主要参数	
		任务七　实验:通用变频器的认识	
4	综合电力系统管理技术	任务一　自动电源管理系统 PMS 的主要功能	4
		任务二　电力推进监控系统	
5	船舶电力推进系统推进器形式与结构	任务一　常见的推进器形式及结构	4
		任务二　船舶吊舱推进器及其管理	
		任务三　实验:吊舱式推进器 POD 的认识	
总计			36

(五)教学内容与要求

项目一		船舶电力推进系统概述	课时
			4
教学目标	知识目标	掌握船舶电力推进系统的发展历程、组成和分类	
	能力目标	能了解船舶电力推进系统的发展历程,熟悉其组成和分类	
	素质目标	①具有吃苦耐劳、爱岗敬业的职业素养 ②具有良好的组织、沟通、协调等人际交往能力和语言表达能力 ③具有团队精神和创新精神 ④具有良好的心理素质、克服困难的能力和创造能力 ⑤具有较强的集体意识和社会责任心	
学习任务		任务一　船舶电力推进技术的发展历程	
		任务二　船舶电力推进系统的组成	
		任务三　船舶电力推进的分类	
相关知识		船舶电力推进系统的组成、分类	
教学设备与媒体		多媒体教学设备	
考核评价		①项目考核由过程性考核成绩和期末终结性考核成绩组成,过程性考核成绩占总成绩的 20%,期末终结性考核成绩占总成绩的 80% ②过程性考核包括课堂考勤、学习态度、作业、课堂互动等	

<table>
<tr><td colspan="2" rowspan="2">项目二</td><td rowspan="2">船舶推进电机的种类及控制</td><td>课　时</td></tr>
<tr><td>6</td></tr>
<tr><td rowspan="3">教学目标</td><td>知识目标</td><td colspan="2">掌握船舶推进电机的种类及控制</td></tr>
<tr><td>能力目标</td><td colspan="2">能够对船舶推进电机常见故障进行分析、处理</td></tr>
<tr><td>素质目标</td><td colspan="2">①具有吃苦耐劳、爱岗敬业的职业素养
②具有良好的组织、沟通、协调等人际交往能力和语言表达能力
③具有团队精神和创新精神
④具有良好的心理素质、克服困难的能力和创造能力
⑤具有较强的集体意识和社会责任心</td></tr>
<tr><td colspan="2" rowspan="4">学习任务</td><td colspan="2">任务一　直流电机</td></tr>
<tr><td colspan="2">任务二　永磁交流同步电机</td></tr>
<tr><td colspan="2">任务三　感应交流异步电机</td></tr>
<tr><td colspan="2">任务四　超导推进电机</td></tr>
<tr><td colspan="2">相关知识</td><td colspan="2">船舶推进电机种类及控制的知识</td></tr>
<tr><td colspan="2">教学设备与媒体</td><td colspan="2">多媒体教学设备</td></tr>
<tr><td colspan="2">考核评价</td><td colspan="2">①项目考核由过程性考核成绩和期末终结性考核成绩组成,过程性考核成绩占总成绩的20%,期末终结性考核成绩占总成绩的80%
②过程性考核包括课堂考勤、学习态度、作业、课堂互动等</td></tr>
</table>

<table>
<tr><td colspan="2" rowspan="2">项目三</td><td rowspan="2">交流变频调速及变频器</td><td>课　时</td></tr>
<tr><td>14</td></tr>
<tr><td rowspan="3">教学目标</td><td>知识目标</td><td colspan="2">掌握交流变频调速基本原理、交流变频调速的三种基本控制方式、电压源型和电流源型逆变器、变压变频调速系统中的PWM脉宽调制技术、通用变频器外部接口电路及主要参数</td></tr>
<tr><td>能力目标</td><td colspan="2">能够对交流变频调速及变频器等进行正确的调试、维护、保养,对常见故障进行分析、处理</td></tr>
<tr><td>素质目标</td><td colspan="2">①具有吃苦耐劳、爱岗敬业的职业素养
②具有良好的组织、沟通、协调等人际交往能力和语言表达能力
③具有团队精神和创新精神
④具有良好的心理素质、克服困难的能力和创造能力
⑤具有较强的集体意识和社会责任心</td></tr>
</table>

<table>
<tr><td rowspan="2">项目三</td><td rowspan="2">交流变频调速及变频器</td><td>课　时</td></tr>
<tr><td>14</td></tr>
<tr><td rowspan="7">学习任务</td><td colspan="2">任务一　交流变频调速基本原理</td></tr>
<tr><td colspan="2">任务二　交流变频调速的三种基本控制方式</td></tr>
<tr><td colspan="2">任务三　交-直-交变频技术</td></tr>
<tr><td colspan="2">任务四　电压源型和电流源型逆变器</td></tr>
<tr><td colspan="2">任务五　变压变频调速系统中的 PWM 脉宽调制技术</td></tr>
<tr><td colspan="2">任务六　通用变频器外部接口电路及主要参数</td></tr>
<tr><td colspan="2">任务七　实验:通用变频器的认识</td></tr>
<tr><td>相关知识</td><td colspan="2">交流变频调速基本原理,交-直-交变频技术,电压源型和电流源型逆变器,变压变频调速系统中的 PWM 脉宽调制技术,通用变频器外部接口电路及主要参数</td></tr>
<tr><td>教学设备与媒体</td><td colspan="2">多媒体教学设备、变频器</td></tr>
<tr><td>考核评价</td><td colspan="2">①项目考核由过程性考核成绩和期末终结性考核成绩组成,过程性考核成绩占总成绩的 20%,期末终结性考核成绩占总成绩的 80%
②过程性考核包括课堂考勤、学习态度、作业、课堂互动等</td></tr>
</table>

<table>
<tr><td colspan="2" rowspan="2">项目四</td><td rowspan="2">综合电力系统管理技术</td><td>课　时</td></tr>
<tr><td>4</td></tr>
<tr><td rowspan="3">教学目标</td><td>知识目标</td><td colspan="2">掌握自动电源管理系统 PMS 的主要功能,了解电力推进监控系统</td></tr>
<tr><td>能力目标</td><td colspan="2">能够对自动电源管理系统 PMS 及电力推进监控系统进行正确的维护、保养,对常见故障进行分析、处理</td></tr>
<tr><td>素质目标</td><td colspan="2">①具有吃苦耐劳、爱岗敬业的职业素养
②具有良好的组织、沟通、协调等人际交往能力和语言表达能力
③具有团队精神和创新精神
④具有良好的心理素质、克服困难的能力和创造能力
⑤具有较强的集体意识和社会责任心</td></tr>
<tr><td colspan="2" rowspan="2">学习任务</td><td colspan="2">任务一　自动电源管理系统 PMS 的主要功能</td></tr>
<tr><td colspan="2">任务二　电力推进监控系统</td></tr>
<tr><td colspan="2">相关知识</td><td colspan="2">自动电源管理系统 PMS 的主要功能,电力推进监控系统</td></tr>
<tr><td colspan="2">教学设备与媒体</td><td colspan="2">多媒体教学设备</td></tr>
<tr><td colspan="2">考核评价</td><td colspan="2">①项目考核由过程性考核成绩和期末终结性考核成绩组成,过程性考核成绩占总成绩的 20%,期末终结性考核成绩占总成绩的 80%
②过程性考核包括课堂考勤、学习态度、作业、课堂互动等</td></tr>
</table>

<table>
<tr><td colspan="2" rowspan="2">项目五</td><td rowspan="2">船舶电力推进系统推进器形式与结构</td><td>课　时</td></tr>
<tr><td>4</td></tr>
<tr><td rowspan="3">教学目标</td><td>知识目标</td><td colspan="2">了解常见的推进器形式及结构</td></tr>
<tr><td>能力目标</td><td colspan="2">能够对船舶推进器(尤其是船舶吊舱推进器)进行正确管理</td></tr>
<tr><td>素质目标</td><td colspan="2">①具有吃苦耐劳、爱岗敬业的职业素养
②具有良好的组织、沟通、协调等人际交往能力和语言表达能力
③具有团队精神和创新精神
④具有良好的心理素质、克服困难的能力和创造能力
⑤具有较强的集体意识和社会责任心</td></tr>
<tr><td colspan="2" rowspan="3">学习任务</td><td colspan="2">任务一　常见的推进器形式及结构</td></tr>
<tr><td colspan="2">任务二　船舶吊舱推进器及其管理</td></tr>
<tr><td colspan="2">任务三　实验:吊舱式推进器 POD 的认识</td></tr>
<tr><td colspan="2">相关知识</td><td colspan="2">常见的推进器形式及结构,船舶吊舱推进器及其管理</td></tr>
<tr><td colspan="2">教学设备与媒体</td><td colspan="2">多媒体教学设备,电力推进系统模拟设备</td></tr>
<tr><td colspan="2">考核评价</td><td colspan="2">①项目考核由过程性考核成绩和期末终结性考核成绩组成,过程性考核成绩占总成绩的 20%,期末终结性考核成绩占总成绩的 80%
②过程性考核包括课堂考勤、学习态度、作业、课堂互动等</td></tr>
</table>

(六)考核评价

完善的学生考核评价体系的建立是综合评判本课程教学效果和教学质量的重要指标之一。本课程的考试成绩采用百分制,由过程性考核成绩和期末终结性考核成绩组成。

1. 过程性考核成绩

占总成绩的 20%,包括课堂考勤、学习态度、作业、课堂互动等,同时应注重对学生动手能力、分析问题和解决问题能力的考核,对在学习和应用上有创新的学生应予及时鼓励,全面综合评价学生能力。

2. 期末终结性考核成绩

占总成绩的 80%,采取闭卷笔试的方式进行,考试时间为 120 分钟。

(七)教学条件

课程目标、教学内容和学习情境实施必须依靠一定的教学条件,即实践条件、师资条件和其他辅助条件。这三个条件相辅相成,共同决定人才培养质量。

1. 实践条件

实践条件由实训课程资源构成,是决定课程目标能否实现的重要因素。实训课程资源包括理论实践一体化教材、实训指导书、教具、仪器设备等有形的物质资源,也包括模拟软件等无形的资源。实训课程资源不仅仅是为教师准备的,而且对学生适当开放,以用于学生的自主学习、主动探究。

(1)充分利用学校的实训课程资源

学校提供的实训课程资源包括实训场地及相应仪器设备、模拟软件、有关图书及报纸杂志、教学挂图、模型、实物标本、音像资料和多媒体课件等;学校的实训课程资源应能充分满足课程理论实践一体化教学需要,建立本专业开放实训中心,使之具备现场教学、实验实训、职业技能证书考证的功能,实现理论教学与实训合一、教学与培训合一、教学与考证合一,满足学生职业能力培养的需求。

(2)积极利用社会和航运企业课程资源

社会和航运企业课程资源有船舶、海港码头、图书馆、博物馆、展览馆、科技馆、高等院校等。此外,邀请校企合作单位有关机务管理专家、船厂专业技术人员来校演讲、座谈、授课、培养方案研讨等,也是利用社会和航运企业课程资源的重要方式。

2. 师资条件

见“船舶电子电气技术专业教学标准”十、人才培养的实施条件(二)师资要求。

3. 其他辅助条件

(1)广泛利用各种媒体资源

各种媒体资源,包括报纸、杂志、广播、电视、互联网等。特别是媒体关于海洋环境问题、海事案例等方面的报道等,用其作为学生课堂讨论的素材,时效性强,容易引起学生的关注和互动,对于学生的职业发展非常重要。但应注意信息源的可靠性和信息内容的真实性,以提高学生信息评价的意识和能力。

(2)大力开发信息技术资源

信息技术资源主要包括网络资源和多媒体课件两个方面。网络资源又包括互联网资源和校园网资源等,如国家、省级精品课程的上网资料,电子书籍、电子期刊、数据库、数字图书馆等。多媒体课件包括教学大纲、PPT 课件、电子教案、实训指导书、习题库、试卷库、参考文献等。这些资源有利于学生自主性学习,有利于满足不同学生的需求。教师应与计算机专业人员合作,加大信息技术资源的开发。

(八)实施建议

1. 教材使用

①教材及相应教辅资料应满足本课程标准要求。

②教材应充分体现高等职业教育特点,突出职业技能培养,特别要以船舶岗位具体工作任务为基础进行设计。此外,教材应符合科学性、先进性和教育教学的普遍规律,具有鲜明行业特色并恰当运用现代教学技术、方法与手段,教学效果显著,具有示范、辐射作用。

③教材与教学参考书

教材内容要体现先进性、通用性、实用性,要将本专业新知识、新技术、新工艺、新法规及时地纳入教材中,使教材更贴近本专业的发展变化和实际需要。

建议使用教材:

《变频器原理及应用》(第 2 版),王廷才主编,机械工业出版社,2009 年。

教学参考书:

《船舶电气》,中国海事服务中心组织编写,电子电气专业,大连海事大学出版社,2012 年。

2. 教学方法与手段

采用现代教学方法与手段进行理论与实践一体化教学,采取课程内理论环节与实训环节同步安排，先由任课教师现场讲解然后分组实训的组织形式。教学实施过程中，理论教学和实践教学要有机地融合起来。教师在教学中结合具体的工作任务或产品或案例进行知识讲解，引导学生分析、讨论，获取知识，提高其解决实际问题的能力。教师根据课程中各模块的重要性、实践性、难易程度等优化教学内容，合理安排教学时间，以学生为主体，教师的"教"为主导，突出学生的"学"和"做"，边讲边练，学做交替，通过现场讲解、"理论与实践周期交替互动"等多种教学方法，使教、学、做紧密结合，强化学生职业技能培养。充分利用课程网络教学资源，促进学生自主学习。理论与实践一体化教学和计算机多媒体、网络教学等先进手段相结合，理论联系实际，融知识学习、技能训练和职业素质养成于一体，培养和训练学生的实际操作、管理与维修技能，提高学生的岗位职业技能和岗位职业素养。

(1)尽可能运用信息技术来组织教学

变频技术与电力推进系统是一门比较抽象的专业课程，运用传统的教学手段难以达到教学效果，为此教师需要通过拍摄图片、从网络下载资料、制作动画等多种方法，将上课内容制成多媒体课件进行讲授，这样就能将抽象的变频技术与电力推进系统原理等一一展现出来，起到事半功倍的作用，提高教学质量和课堂效率。

(2)运用案例分析和启发式教学

整个教学环节包括案例提出问题→列出解决问题所需的知识点→对每一知识点进行分析、讲解→总结。

四、PLC及工业控制网络课程标准

课程类型:专业核心课程
适用专业:船舶电子电气技术专业
开设学期:第五学期
建议学时:48

(一)课程性质与作用

PLC及其工业控制网络是船舶电子电气技术专业的专业核心课程之一。本课程教学模式以就业能力培养为导向,开展做中学、做中教,教、学、做结合,理论与实践交替互动。通过学习,使学生掌握PLC的基本原理和功能,西门子SIMATIC S5及S7系列可编程序控制器的硬件结构、抗干扰措施、软件编程等知识;学习编程器的使用,进行程序的设计;学习可编程序控制器的通信知识(包括与PC机、MODBUS和以太网的通信)、应用及维护修理;学习PROFIBUS、CAN等工业控制网络的构成、使用维护等知识。前期课程电工基础、电子技术、单片机原理及应用、船舶电机与电气控制系统为本课程学习打下基础。通过本课程和其他相关课程的理论学习与实践训练,使学生达到STCW公约马尼拉修正案和《中华人民共和国海船船员适任考试和发证规则》要求的750 kW以上船舶的电子电气员适任标准,培养具有可持续发展能力的高素质技能型人才。

(二)课程目标

通过学习使学生具有较强的软件编程能力及现场应用能力,具有PLC安装、调试及维修管理能力,以满足现代船舶对电子电气员理论与实践技能的要求,为电子电气员适任考试做好准备,且为学生毕业后经实习即可胜任750 kW以上船舶电子电气员奠定良好的基础。

1. 知识目标

掌握可编程序控制器结构和工作原理;SIMATIC S7-300 PLC系统结构及模块安排;STEP7编程软件的使用方法和技巧;S7-300程序编制基础知识和基本编程指令;能够利用软件进行编程。掌握可编程序控制器的通信及网络的基本知识;S7系列网络的类型及配置方法。掌握S7-300的网络结构并能根据要求组建网络。掌握PLC控制系统的设计调试步骤并能排除PLC控制系统故障。

2. 能力目标

通过学习,使学生掌握可编程序控制器的结构和工作原理;认识SIMATIC S7-300 PLC系统的结构和模块;掌握STEP7编程软件使用方法,根据要求利用PLC进行基本编程;掌握S7系列网络的配置及连接基本方法;掌握简单的PLC系统设计方法。

3. 素质目标

①具有吃苦耐劳、爱岗敬业的职业素养;
②具有良好的组织、沟通、协调等人际交往能力和语言表达能力;
③具有团队精神和创新精神;
④具有良好的心理素质、克服困难的能力和创造能力;
⑤具有较强的集体意识和社会责任心。

(三)课程设计理念与思路

通过航运企业调研,课程专兼职教学团队以岗位能力为核心确定了课程目标,把PLC的基本结构、编程原理及方法、可编程序控制器的通信和网络的组成和构建等一一列出,并进行分类。与此同时,根据高职学生的认知规律和职业技能培养目标,课程围绕可编程序控制器的编程、网络的组建等真实工作任务设计学习情境,采用课程内容模块化教学和教、学、做结合的教学模式,让学生在掌握相关理论知识基础上发展职业能力。教学实施过程中,通过理论实践一体化教学、集中训练课等多种途径,采用工学结合、理论与实践交替互动等形式,充分利用校内实训资源、精品课程资源、校外实训资源等教学资源,提高学生适岗适任能力,培养学生综合职业素质。

1. 课程设计理念

见船舶电机与电气控制系统课程标准中的课程设计理念。

2. 课程设计主要思路

①校企合作共同制定人才培养方案和课程标准。组织高等职业教育教学专家、专业教师、航运公司技术专家共同制定人才培养方案和课程标准,根据船舶电气管理人员其真实工作任务所需要的知识、能力和素质要求确定教学内容,突出针对性和适用性。

②整合教学内容,科学设计学习工作任务。遵循高职学生职业能力培养的基本规律,以船上真实工作任务及其工作过程为依据设计学习情境,培养学生对PLC及船舶控制网络的管理、维修技能。

③采取工学交替、理论与实践交替互动的教学模式。通过独立的职业技能训练体系,在模拟和真实的学习情境中,以学生为主体,通过“工学结合”和“理论与实践交替互动”,使学生掌握“相关理论知识”和“相关实践知识”,达到“主要知识目标”和“主要能力目标”,引导学生在具体情境中探究与发现,提高学生操作、管理和安装、调试PLC及其工业控制网络的能力,发展综合职业能力,以适应现代化船舶对电子电气管理人员的技能要求。

④坚持理论知识“必需、够用”、实践技能“必需、胜任”的原则。

⑤运用校内实训资源、精品课程资源、现代教育技术和校外实训资源等教学资源,按照教、学、做一体化实施教学,培养学生综合职业素质,提高学生适岗适任能力。

(四)课程内容结构安排

学习项目		学习任务	课时
1	概述	任务一　可编程序控制器概述	8
		任务二　可编程序控制器的结构	
		任务三　可编程序控制器工作原理	
2	西门子S7系列可编程序控制器硬件	任务一　SIMATIC　S7-300 PLC系统结构	4
		任务二　S7-300模块安排	
3	STEP7编程环境	任务一　STEP7　编程软件的使用	2
		任务二　S7-PLCSIM的使用	

学习项目		学习任务	课时
4	S7-300 软件编程	任务一　程序编制基础知识	18
		任务二　S7-300 基本编程指令	
		任务三　程序实例	
		任务四　PLC 的基本编程	
5	可编程序控制器的通信和网络	任务一　通信及网络的基本知识	10
		任务二　S7 系列网络类型及配置	
		任务三　S7-300 网络及应用	
		任务四　S7-300 网络的组成	
6	PLC 控制系统的设计和维护	任务一　PLC 控制系统的设计调试步骤和设计举例	6
		任务二　PLC 在船舶自动化中的应用示例	
		任务三　PLC 控制系统的故障排除	
总计			48

(五)教学内容与要求

项目一		概述	课　时
			8
教学目标	知识目标	掌握可编程序控制器的定义、分类、结构和工作原理	
	能力目标	掌握可编程序控制器的基本输入/输出电路原理,会接线	
	素质目标	①具有吃苦耐劳、爱岗敬业的职业素养 ②具有良好的组织、沟通、协调等人际交往能力和语言表达能力 ③具有团队精神和创新精神 ④具有良好的心理素质、克服困难的能力和创造能力 ⑤具有较强的集体意识和社会责任心	
学习任务		任务一　可编程序控制器概述	
		任务二　可编程序控制器的结构	
		任务三　可编程序控制器工作原理	
相关知识		可编程序控制器定义、结构、工作原理	
教学设备与媒体		PLC 实验板,PLC 编程电脑,多媒体教学设备	
考核评价		①项目考核由过程性考核成绩和期末终结性考核成绩组成,过程性考核成绩占总成绩的 30%,期末终结性考核成绩占总成绩的 70% ②过程性考核包括课堂考勤、学习态度、作业、课堂互动等	

项目二		西门子 S7 系列可编程序控制器硬件	课 时 4
教学目标	知识目标	掌握 SIMATIC S7-300 PLC 系统的结构和模块	
	能力目标	能识别 S7-300 系列可编程序控制器的硬件 CPU 模块、输入/输出模块,并能进行输入/输出电路接线和 I/O 地址分配	
	素质目标	①具有吃苦耐劳、爱岗敬业的职业素养 ②具有良好的组织、沟通、协调等人际交往能力和语言表达能力 ③具有团队精神和创新精神 ④具有良好的心理素质、克服困难的能力和创造能力 ⑤具有较强的集体意识和社会责任心	
学习任务		任务一 SIMATIC S7-300 PLC 系统结构	
		任务二 S7-300 模块安排	
相关知识		掌握 SIMATIC S7-300 PLC 系统的结构和模块	
教学设备与媒体		PLC 实验板,PLC 编程电脑,多媒体教学设备	
考核评价		①项目考核由过程性考核成绩和期末终结性考核成绩组成,过程性考核成绩占总成绩的 30%,期末终结性考核成绩占总成绩的 70% ②过程性考核包括课堂考勤、学习态度、作业、课堂互动等	

项目三		STEP7 编程环境	课 时 2
教学目标	知识目标	掌握 STEP7 编程软件的基本使用方法	
	能力目标	能用 STEP7 进行硬件组态及软件编程,会调试和监控程序	
	素质目标	①具有吃苦耐劳、爱岗敬业的职业素养 ②具有良好的组织、沟通、协调等人际交往能力和语言表达能力 ③具有团队精神和创新精神 ④具有良好的心理素质、克服困难的能力和创造能力 ⑤具有较强的集体意识和社会责任心	
学习任务		任务一 STEP7 编程软件的使用	
		任务二 S7-PLCSIM 的使用	
相关知识		STEP7 编程软件基本使用方法	
教学设备与媒体		PLC 实验板,PLC 编程电脑,多媒体教学设备	
考核评价		①项目考核由过程性考核成绩和期末终结性考核成绩组成,过程性考核成绩占总成绩的 30%,期末终结性考核成绩占总成绩的 70% ②过程性考核包括课堂考勤、学习态度、作业、课堂互动等	

项目四		S7-300 软件编程	课　时 18
教学目标	知识目标	掌握程序编制基础知识和 S7-300 基本编程指令	
	能力目标	能熟练地对 PLC 设备进行编程	
	素质目标	①具有吃苦耐劳、爱岗敬业的职业素养 ②具有良好的组织、沟通、协调等人际交往能力和语言表达能力 ③具有团队精神和创新精神 ④具有良好的心理素质、克服困难的能力和创造能力 ⑤具有较强的集体意识和社会责任心	
学习任务		任务一　程序编制基础知识	
		任务二　S7-300 基本编程指令	
		任务三　程序实例	
		任务四　PLC 的基本编程	
相关知识		程序编制基础知识和 S7-300 基本编程指令	
教学设备与媒体		PLC 实验板,PLC 编程电脑,多媒体教学设备	
考核评价		①项目考核由过程性考核成绩和期末终结性考核成绩组成,过程性考核成绩占总成绩的 30%,期末终结性考核成绩占总成绩的 70% ②过程性考核包括课堂考勤、学习态度、作业、课堂互动等	

项目五		可编程序控制器的通信和网络	课　时 10
教学目标	知识目标	了解通信及网络的基本知识,熟悉 S7 系列网络类型及配置	
	能力目标	掌握 S7 系列网络的配置及连接基本方法	
	素质目标	①具有吃苦耐劳、爱岗敬业的职业素养 ②具有良好的组织、沟通、协调等人际交往能力和语言表达能力 ③具有团队精神和创新精神 ④具有良好的心理素质、克服困难的能力和创造能力 ⑤具有较强的集体意识和社会责任心	
学习任务		任务一　通信及网络的基本知识	
		任务二　S7 系列网络类型及配置	
		任务三　S7-300 网络及应用	
		任务四　S7-300 网络的组成	
相关知识		通信的基本知识、S7-300 网络类型及配置	
教学设备与媒体		PLC 实验板,PLC 编程电脑,多媒体教学设备	
考核评价		①项目考核由过程性考核成绩和期末终结性考核成绩组成,过程性考核成绩占总成绩的 30%,期末终结性考核成绩占总成绩的 70% ②过程性考核包括课堂考勤、学习态度、作业、课堂互动等	

<table>
<tr><td colspan="2" rowspan="2">项目六</td><td rowspan="2">PLC 控制系统的设计和维护</td><td>课　时</td></tr>
<tr><td>6</td></tr>
<tr><td rowspan="3">教学目标</td><td>知识目标</td><td colspan="2">掌握简单的 PLC 系统设计调试方法</td></tr>
<tr><td>能力目标</td><td colspan="2">能够对 PLC 控制系统进行故障排除</td></tr>
<tr><td>素质目标</td><td colspan="2">①具有吃苦耐劳、爱岗敬业的职业素养
②具有良好的组织、沟通、协调等人际交往能力和语言表达能力
③具有团队精神和创新精神
④具有良好的心理素质、克服困难的能力和创造能力
⑤具有较强的集体意识和社会责任心</td></tr>
<tr><td colspan="2" rowspan="3">学习任务</td><td colspan="2">任务一　PLC 控制系统的设计调试步骤和设计举例</td></tr>
<tr><td colspan="2">任务二　PLC 在船舶自动化中的应用示例</td></tr>
<tr><td colspan="2">任务三　PLC 控制系统的故障排除</td></tr>
<tr><td colspan="2">相关知识</td><td colspan="2">PLC 程序设计的步骤、故障排除方法</td></tr>
<tr><td colspan="2">教学设备与媒体</td><td colspan="2">PLC 实验板,PLC 编程电脑,多媒体教学设备</td></tr>
<tr><td colspan="2">考核评价</td><td colspan="2">①项目考核由过程性考核成绩和期末终结性考核成绩组成,过程性考核成绩占总成绩的 30%,期末终结性考核成绩占总成绩的 70%
②过程性考核包括课堂考勤、学习态度、作业、课堂互动等</td></tr>
</table>

(六)考核评价

完善的学生考核评价体系的建立是综合评判本课程教学效果和教学质量的重要指标之一。本课程的考试成绩采用百分制,由过程性考核成绩和期末终结性考核成绩组成。

1. 过程性考核成绩

占总成绩的 20%,包括课堂考勤、学习态度、作业、课堂互动等,同时应注重学生动手能力、分析问题和解决问题能力的考核,对在学习和应用上有创新的学生应予及时鼓励,全面综合评价学生能力。

2. 期末终结性考核成绩

占总成绩的 80%,采取闭卷笔试的方式进行,考试时间为 120 分钟。

(七)教学条件

课程目标、教学内容和学习情境实施必须依靠一定的教学条件,即实践条件、师资条件和其他辅助条件。这三个条件相辅相成,共同决定人才培养质量。

1. 实践条件

实践条件由实训课程资源构成,是决定课程目标能否实现的重要因素。实训课程资源包括理论实践一体化教材、实训指导书、教具、仪器设备等有形的物质资源,也包括模拟软件等无形的资源。实训课程资源不仅仅是为教师准备的,而且对学生适当开放,以用于学生的自主学习、主动探究。

(1)充分利用学校的实训课程资源

学校提供的实训课程资源包括实训场地及相应仪器设备、模拟软件、有关图书及报纸杂志、教学挂图、模型、实物标本、音像资料和多媒体课件等;学校的实训课程资源应能充分满足课程理论实践一体化教学需要,建立本专业开放实训中心,使之具备现场教学、实验实训、职业技能证书考证的功能,实现理论教学与实训合一、教学与培训合一、教学与考证合一,满足学生职业能力培养的需求。

(2)积极利用社会和航运企业课程资源

社会和航运企业课程资源有船舶、海港码头、图书馆、博物馆、展览馆、科技馆、高等院校等。此外,邀请校企合作单位有关机务管理专家、船厂专业技术人员来校演讲、座谈、授课、培养方案研讨等,也是利用社会和航运企业课程资源的重要方式。

2. 师资条件

见“船舶电子电气技术专业教学标准”十、人才培养的实施条件(二)师资要求。

3. 其他

(1)广泛利用各种媒体资源

各种媒体资源,包括报纸、杂志、广播、电视、互联网等。特别是媒体关于海洋环境问题、海事案例等方面的报道等,用其作为学生课堂讨论的素材,时效性强,容易引起学生的关注和互动,对于学生的职业发展非常重要。但应注意信息源的可靠性和信息内容的真实性,以提高学生信息评价的意识和能力。

(2)大力开发信息技术资源

信息技术资源主要包括网络资源和多媒体课件两个方面。网络资源又包括互联网资源和校园网资源等,如国家、省级精品课程的上网资料,电子书籍、电子期刊、数据库、数字图书馆等。多媒体课件包括教学大纲、PPT 课件、电子教案、实训指导书、习题库、试卷库、参考文献等。这些资源有利于学生自主性学习,有利于满足不同学生的需求。教师应与计算机专业人员合作,加大信息技术资源的开发。

(八)实施建议

1. 教材使用

①教材及相应教辅资料应满足本课程标准要求。

②教材应充分体现高等职业教育特点,突出职业技能培养,特别要以船舶岗位具体工作任务为基础进行设计。此外,教材应符合科学性、先进性和教育教学的普遍规律,具有鲜明行业特色并恰当运用现代教学技术、方法与手段,教学效果显著,具有示范、辐射作用。

③教材与教学参考书

教材内容要体现先进性、通用性、实用性,要将本专业新知识、新技术、新工艺、新法规及时地纳入教材中,使教材更贴近本专业的发展变化和实际需要。

建议使用教材:

《可编程序控制器原理及应用》,赵晓玲主编,大连海事大学出版社,2010 年。

教学参考书:

《深入浅出西门子 S7-300PLC》,西门子(中国)有限公司,北京航空航天大学出版社,2004 年。

2. 教学方法与手段

采用现代教学方法与手段进行理论与实践一体化教学，课程内理论环节与实训环节同步安排，先由任课教师现场讲解然后分组实训的组织形式。教学实施过程中，理论教学和实践教学要有机地融合起来。教师在教学中结合具体的工作任务或产品或案例进行知识讲解，引导学生分析、讨论，获取知识，提高其解决实际问题的能力。教师根据课程中各模块的重要性、实践性、难易程度等优化教学内容，合理安排教学时间，以学生为主体，教师的“教”为主导，突出学生的“学”和“做”，边讲边练，学做交替，通过现场讲解、“理论与实践周期交替互动”等多种教学方法，使教、学、做紧密结合，强化学生职业技能培养。充分利用课程网络教学资源，促进学生自主学习。理论与实践一体化教学和计算机多媒体、网络教学等先进手段相结合，理论联系实际，融知识学习、技能训练和职业素质养成于一体，培养和训练学生的实际操作、管理与维修技能，提高学生的岗位职业技能和岗位职业素养。

(1)尽可能运用信息技术来组织教学

PLC 及其工业控制网络是一门偏计算机运用的专业课程，运用传统的教学手段难以达到教学效果，为此教师需要通过展示实物模块、从网络下载资料、现场演示等多种方法，将上课内容制成多媒体课件进行讲授，这样就能将编程过程、网络组建等一一展现出来，起到事半功倍的作用，提高教学质量和课堂效率。

(2)运用案例分析和启发式教学

如编写一个十字路口的红绿灯闪亮控制程序。整个教学环节包括案例提出→列出解决所需的知识点→对每一知识点进行分析、讲解→总结。

五、船舶安全管理课程标准

课程类型:专业核心课程
适用专业:船舶电子电气技术专业
开设学期:第四学期
建议学时:36

(一)课程性质与作用

船舶安全管理课程是船舶电子电气技术专业的一门专业核心课程。根据本专业培养目标,结合国际海事组织STCW公约马尼拉修正案、《中华人民共和国海船船员适任考试与评估大纲》等国际公约、国内法规的要求以及“海船船员培训、发证和值班标准”的要求,开设本专业课程。船舶安全管理课程侧重于培养船舶电子电气员的法律知识、安全知识和环保知识,促进高级船员管理素养的养成与管理技能的提升,在高级船员人才培养中占据重要的地位。

本课程系统地介绍了MARPOL公约、SOLAS公约、STCW公约、2006海事劳工公约等相关国际公约以及国内相关法规知识;为了符合《STCW公约马尼拉修正案过渡规定实施办法》、《11规则》的要求,提高轮机人员的管理技能,专门增加了“领导力和团队工作技能的运用”章节。

(二)课程目标

本课程主要目标是使学生获得船舶安全管理所必须掌握的海事方面的法律知识、安全知识及环保知识、船舶机舱资源管理基本知识。学生通过学习,掌握船舶安全管理的知识与技能,船舶安全管理体系,包括船员管理、海上安全管理、海洋防污染管理以及船舶安全的有关要求和做法,建立船舶安全管理的意识,了解机舱团队的作用、海事及预防、海上安全监督、现代安全管理的理论和安全管理体系,掌握船舶安全操作及应急处理的理论知识,提高分析、解决问题的能力。

1. 知识目标

通过学习,使学生了解和掌握国际和国内相关防污染的公约和法规的要求以及船舶履行公约与法规的具体实施措施,国际和国内相关船舶安全管理的公约和法规以及船舶履行公约与法规的具体实施措施,国际和国内相关船舶人员管理的公约和法规以及船舶履行公约与法规的具体实施措施,领导力和团队工作技能的运用的相关知识。

2. 能力目标

通过学习,使学生掌握船舶柴油机、船舶机舱常见辅助机械、船舶防污染设备的基本组成和工作原理,相关国际公约和国内法规,领导力和团队工作技能的运用的知识,并在实际工作中加以有效运用。

3. 素质目标

①具有吃苦耐劳、爱岗敬业的职业素养;

②具有良好的组织、沟通、协调等人际交往能力和语言表达能力;

③具有团队精神和创新精神;

④具有良好的心理素质、克服困难的能力和创造能力;

⑤具有较强的集体意识和社会责任心。

(三)课程设计理念与思路

通过航运企业调研,课程专兼职教学团队以岗位能力为核心确定了课程目标,把相关国际公约和国内法规、领导力和团队工作技能的运用等教学任务一一列出,并进行分类,设计学习情境。与此同时,根据高职学生的认知规律和职业技能培养目标,采用课程内容模块化教学和教、学、做结合的教学模式,让学生在掌握相关理论知识的基础上,发展职业能力。教学实施过程中,通过理论实践一体化教学、集中训练课等多种途径,采用工学结合、理论与实践交替互动等形式,充分利用校内实训资源、精品课程资源、校外实训资源等教学资源,提高学生适岗适任能力,培养学生综合职业素质。

1. 课程设计理念

见船舶电机与电气控制系统课程标准中的课程设计理念。

2. 课程设计主要思路

①校企合作共同制定人才培养方案和课程标准。组织高等职业教育教学专家、专业教师、航运公司技术专家共同制定人才培养方案和课程标准,根据轮机管理人员真实工作任务所需要的知识、能力和素质要求确定教学内容,突出针对性和适用性。

②整合教学内容,科学设计学习工作任务。遵循高职学生职业能力培养的基本规律,以船上真实工作任务及其工作过程为依据设计学习情境,培养学生的操作、管理、维修技能。

③采取工学交替、理论与实践交替互动的教学模式。通过独立的职业技能训练体系,在模拟和真实的学习情境中,以学生为主体,通过"工学结合"和"理论与实践交替互动",使学生掌握"相关理论知识"和"相关实践知识",达到"主要知识目标"和"主要能力目标",引导学生在具体情境中探究与发现,培养学生的实践能力,发展综合职业能力,以达到现代化船舶对电子电气管理人员的技能要求。

④坚持理论知识"必需、够用"、实践技能"必需、胜任"的原则。

⑤运用校内实训资源、精品课程资源、现代教育技术和校外实训资源等教学资源,按照教、学、做一体化实施教学,培养学生的综合职业素质,提高学生的适岗适任能力。

(四)课程内容结构安排

学习项目		学习任务	课时
1	船舶防污染管理	任务一　国际防止船舶造成污染公约	8
		任务二　国际船舶压载水和沉积物控制和管理公约	
		任务三　美国 90 油污法	
		任务四　中华人民共和国关于防止船舶污染海洋有关法规	

学习项目		学习任务	课时
2	船舶营运安全管理	任务一　国际海上人命安全公约 任务二　中华人民共和国海上交通安全法 任务三　NSM 规则及船舶应变部署 任务四　港口国监督 任务五　船旗国管理与《中华人民共和国船舶安全检查规则》	10
3	船舶人员管理	任务一　海船船员培训、发证和值班标准国际公约 任务二　2006 海事劳工公约 任务三　中华人民共和国劳动法和劳动合同法 任务四　中华人民共和国船员条例 任务五　中华人民共和国海船船员考试和发证规则 任务六　中华人民共和国船员管理的其他相关法规 任务七　我国轮机部船员职责和行为准则	10
4	领导力和团队工作技能的运用	任务一　运用任务和工作量管理的能力 任务二　运用有效资源管理的知识和能力 任务三　运用决策技能的知识和能力 任务四　沟通与交流	8
总计			36

(五)教学内容与要求

项目一		船舶防污染管理	课时：8
教学目标	知识目标	掌握 MARPOL 73/78 防污染公约、国际船舶压载水和沉积物控制和管理公约、美国 90 油污法及我国关于防止船舶污染海洋有关法规的知识	
	能力目标	具备自觉地预防船舶污染的能力	
	素质目标	①具有吃苦耐劳、爱岗敬业的职业素养 ②具有良好的组织、沟通、协调等人际交往能力和语言表达能力 ③具有团队精神和创新精神 ④具有良好的心理素质、克服困难的能力和创造能力 ⑤具有较强的集体意识和社会责任心	
学习任务		任务一　国际防止船舶造成污染公约 任务二　国际船舶压载水和沉积物控制和管理公约 任务三　美国 90 油污法 任务四　中华人民共和国关于防止船舶污染海洋有关法规	

项目一	船舶防污染管理	课时
		8
相关知识	MARPOL 73/78 防污染公约、国际船舶压载水和沉积物控制和管理公约、美国 90 油污法、我国关于防止船舶污染海洋有关法规	
教学设备与媒体	多媒体教学设备、互联网	
考核评价	①项目考核由过程性考核成绩和期末终结性考核成绩组成,过程性考核成绩占总成绩的 20%,期末终结性考核成绩占总成绩的 80% ②过程性考核包括课堂考勤、学习态度、作业、课堂互动等	

项目二		船舶营运安全管理	课时
			10
教学目标	知识目标	掌握 SOLAS 公约、我国海上交通安全法、NSM 规则、PSC、FSC 的知识	
	能力目标	具备为保证船舶安全航行的最基本的法规认知能力	
	素质目标	①具有吃苦耐劳、爱岗敬业的职业素养 ②具有良好的组织、沟通、协调等人际交往能力和语言表达能力 ③具有团队精神和创新精神 ④具有良好的心理素质、克服困难的能力和创造能力 ⑤具有较强的集体意识和社会责任心	
学习任务		任务一　国际海上人命安全公约	
		任务二　中华人民共和国海上交通安全法	
		任务三　NSM 规则及船舶应变部署	
		任务四　港口国监督	
		任务五　船旗国管理与《中华人民共和国船舶安全检查规则》	
相关知识		SOLAS 公约、我国海上交通安全法、NSM 规则、PSC、中华人民共和国船舶安全检查规则	
教学设备与媒体		多媒体教学设备、互联网	
考核评价		①项目考核由过程性考核成绩和期末终结性考核成绩组成,过程性考核成绩占总成绩的 20%,期末终结性考核成绩占总成绩的 80% ②过程性考核包括课堂考勤、学习态度、作业、课堂互动等	

<table>
<tr><td colspan="2" rowspan="2">项目三</td><td rowspan="2">船舶人员管理</td><td>课时</td></tr>
<tr><td>10</td></tr>
<tr><td rowspan="3">教学目标</td><td>知识目标</td><td colspan="2">了解和掌握 STCW 公约、2006 海事劳工公约、劳动法和劳动合同法以及我国关于船员管理的相关法规</td></tr>
<tr><td>能力目标</td><td colspan="2">具备关于船员管理的国际与国内法规知识的认知能力</td></tr>
<tr><td>素质目标</td><td colspan="2">①具有吃苦耐劳、爱岗敬业的职业素养
②具有良好的组织、沟通、协调等人际交往能力和语言表达能力
③具有团队精神和创新精神
④具有良好的心理素质、克服困难的能力和创造能力
⑤具有较强的集体意识和社会责任心</td></tr>
<tr><td colspan="2" rowspan="7">学习任务</td><td colspan="2">任务一　海船船员培训、发证和值班标准国际公约</td></tr>
<tr><td colspan="2">任务二　2006 海事劳工公约</td></tr>
<tr><td colspan="2">任务三　中华人民共和国劳动法和劳动合同法</td></tr>
<tr><td colspan="2">任务四　中华人民共和国船员条例</td></tr>
<tr><td colspan="2">任务五　中华人民共和国海船船员考试和发证规则</td></tr>
<tr><td colspan="2">任务六　中华人民共和国船员管理的其他相关法规</td></tr>
<tr><td colspan="2">任务七　我国轮机部船员职责和行为准则</td></tr>
<tr><td colspan="2">相关知识</td><td colspan="2">STCW 公约、2006 海事劳工公约、劳动法和劳动合同法、我国关于船员管理的相关法规</td></tr>
<tr><td colspan="2">教学设备与媒体</td><td colspan="2">多媒体教学设备、互联网</td></tr>
<tr><td colspan="2">考核评价</td><td colspan="2">①项目考核由过程性考核成绩和期末终结性考核成绩组成,过程性考核成绩占总成绩的 20%,期末终结性考核成绩占总成绩的 80%
②过程性考核包括课堂考勤、学习态度、作业、课堂互动等</td></tr>
</table>

<table>
<tr><td colspan="2" rowspan="2">项目四</td><td rowspan="2">领导力和团队工作技能的运用</td><td>课时</td></tr>
<tr><td>8</td></tr>
<tr><td rowspan="3">教学目标</td><td>知识目标</td><td colspan="2">掌握沟通、团队配合、决策、情景意识等知识</td></tr>
<tr><td>能力目标</td><td colspan="2">具备一定的沟通、团队配合、决策、情景意识的能力</td></tr>
<tr><td>素质目标</td><td colspan="2">①具有吃苦耐劳、爱岗敬业的职业素养
②具有良好的组织、沟通、协调等人际交往能力和语言表达能力
③具有团队精神和创新精神
④具有良好的心理素质、克服困难的能力和创造能力
⑤具有较强的集体意识和社会责任心</td></tr>
</table>

项目四	领导力和团队工作技能的运用	课时
		8
学习任务	任务一　运用任务和工作量管理的能力	
	任务二　运用有效资源管理的知识和能力	
	任务三　运用决策技能的知识和能力	
	任务四　沟通与交流	
相关知识	运用任务和工作量管理的能力、运用有效资源管理的知识和能力、运用决策技能的知识和能力、沟通与交流	
教学设备与媒体	多媒体教学设备、轮机模拟器、互联网	
考核评价	①项目考核由过程性考核成绩和期末终结性考核成绩组成,过程性考核成绩占总成绩的20%,期末终结性考核成绩占总成绩的80% ②过程性考核包括课堂考勤、学习态度、作业、课堂互动等	

(六)考核评价

完善的学生考核评价体系的建立是综合评判本课程教学效果和教学质量的重要指标之一。本课程的考试成绩采用百分制,由过程性考核成绩和期末终结性考核成绩组成。

1. 过程性考核成绩

占总成绩的20%,包括课堂考勤、学习态度、作业、课堂互动等,同时应注重学生动手能力、分析问题和解决问题能力的考核,对在学习和应用上有创新的学生应予及时鼓励,全面综合评价学生能力。

2. 期末终结性考核成绩

占总成绩的80%,采取闭卷笔试的方式进行,考试时间为120分钟。

(七)教学条件

课程目标、教学内容和学习情境实施必须依靠一定的教学条件,即实践条件、师资条件和其他辅助条件。这三个条件相辅相成,共同决定人才培养质量。

1. 实践条件

实践条件由实训课程资源构成,是决定课程目标能否实现的重要因素。实训课程资源包括理论实践一体化教材、实训指导书、教具、仪器设备等有形的物质资源,也包括模拟软件等无形的资源。实训课程资源不仅仅是为教师准备的,而且对学生适当开放,以用于学生的自主学习、主动探究。

(1)充分利用学校的实训课程资源

学校提供的实训课程资源包括实训场地及相应仪器设备、模拟软件、有关图书及报纸杂志、教学挂图、模型、实物标本、音像资料和多媒体课件等;学校的实训课程资源应能充分满足课程理论实践一体化教学需要,建立本专业开放实训中心,使之具备现场教学、实验实训、职业技能证书考证的功能,实现理论教学与实训合一、教学与培训合一、教学与考证合一,满足学生职业能力培养的需求。

(2)积极利用社会和航运企业课程资源

社会和航运企业课程资源有船舶、海港码头、图书馆、博物馆、展览馆、科技馆、高等院校等。此外,邀请校企合作单位有关机务管理专家、船厂专业技术人员来校演讲、座谈、授课、培养方案研讨等,也是利用社会和航运企业课程资源的重要方式。

2. 师资条件

见“船舶电子电气技术专业教学标准”十、人才培养的实施条件(二)师资要求。

3. 其他辅助条件

(1)广泛利用各种媒体资源

各种媒体资源,包括报纸、杂志、广播、电视、互联网等。特别是媒体关于海洋环境问题、海事案例等方面的报道等,用其作为学生课堂讨论的素材,时效性强,容易引起学生的关注和互动,对于学生的职业发展非常重要。但应注意信息源的可靠性和信息内容的真实性,以提高学生信息评价的意识和能力。

(2)大力开发信息技术资源

信息技术资源主要包括网络资源和多媒体课件两个方面。网络资源又包括互联网资源和校园网资源等,如国家、省级精品课程的上网资料,电子书籍、电子期刊、数据库、数字图书馆等。多媒体课件包括教学大纲、PPT 课件、电子教案、实训指导书、习题库、试卷库、参考文献等。这些资源有利于学生自主性学习,有利于满足不同学生的需求。教师应与计算机专业人员合作,加大信息技术资源的开发。

(八)实施建议

1. 教材使用

①教材及相应教辅资料应满足本课程标准要求。

②教材应充分体现高等职业教育特点,突出职业技能培养,特别要以船舶岗位具体工作任务为基础进行设计。此外,教材应符合科学性、先进性和教育教学的普遍规律,具有鲜明行业特色并恰当运用现代教学技术、方法与手段,教学效果显著,具有示范、辐射作用。

③教材与教学参考书

教材内容要体现先进性、通用性、实用性,要将本专业新知识、新技术、新工艺、新法规及时地纳入教材中,使教材更贴近本专业的发展变化和实际需要。

建议使用教材:

《船舶管理》,中国海事服务中心组织编写,电子电气专业,大连海事大学出版社,2012 年。

2. 教学方法与手段

采用现代教学方法与手段进行理论与实践一体化教学,采取课程内理论环节与实训环节同步安排,先由任课教师现场讲解然后分组实训的组织形式。教学实施过程中,理论教学和实践教学要有机地融合起来。教师在教学中结合具体的工作任务或产品或案例进行知识讲解,引导学生分析、讨论,获取知识,提高其解决实际问题的能力。教师根据课程中各模块的重要性、实践性、难易程度等优化教学内容,合理安排教学时间,以学生为主体,教师的“教”为主导,突出学生的“学”和“做”,边讲边练,学做交替,通过现场讲解、“理论与实践周期交替互动”等多种教学方法,使教、学、做紧密结合,强化学生职业技能培养。充分利用课程网络教学资源,促进学生自主学习。理论与实践一体化教学和计算机多媒体、网络教学等先进手段相结合,理论联系实际,融知识学习、技能训练和职业素质养成于一体,培养和训练学生的实际操作、管理与维修技能,提高学生的岗位职业技能和岗位职业素养。

(1)尽可能运用信息技术来组织教学

船舶管理是一门比较复杂的综合性的专业课程,包含不同的知识模块,运用传统的教学手段难以达到教学效果,为此教师需要通过拍摄图片、从网络下载资料、制作动画、现场授课等,针对不同的模块采用不同的教学方法,起到事半功倍的作用,提高教学质量和课堂效率。

(2)运用案例分析和启发式教学

整个教学环节包括案例提出问题→列出解决问题所需的知识点→对每一知识点进行分析、讲解→总结。

六、电子电气管理课程标准

课程类型:专业核心课程

适用专业:船舶电子电气技术专业

开设学期:第三学期

建议学时:30

(一)课程性质与作用

电子电气管理是船舶电子电气技术专业的专业核心课程之一。本课程教学模式是以就业能力培养为导向,开展做中学、做中教,教、学、做结合,理论与实践交替互动。通过学习,使学生掌握船舶电气用电安全及电气防火防爆的有关知识,了解电子电气员日常工作内容,熟知电子电气设备的检验规范与维修方法、电气测试与测量设备及使用方法、船舶电气材料的种类及特点、备品备件的管理等,正确使用电气技术资料,熟练处理来往函件,管理好相关文件及资料,熟知应变部署的内容及任务,掌握船内报警、通信设备等有关知识。

(二)课程目标

通过学习,使学生掌握船舶气用电安全及电气防火防爆的有关知识、电子电气员日常工作内容、电子电气设备的检验规范与维修方法、电气测试与测量设备及使用方法、电气材料与备件管理、电气技术资料、函件及文件管理、应变部署及船内报警、通信设备等知识,并能够理论联系实际,牢固树立安全第一的思想观念,熟知自己的职责范围,能够对船舶电子电气设备进行有效的维护保养,对常见故障进行相应的处理,能够处理来往函电,能够制订出合理的船舶维护保养计划及船舶修理计划,以满足现代船舶对电子电气员理论与实践技能的要求,为学生毕业后经实习即可胜任750 kW以上船舶的电子电气员工作奠定良好的基础。

1. 知识目标

通过学习,使学生了解和掌握船舶安全用电基础知识及电气防火、防爆相关知识,电气系统的接地及船舶电气设备的防护等级、油船防静电等内容,电子电气员日常工作基础知识、船舶电子电气设备检验与维修的内容,电气测试和测量设备的使用方法及注意事项,船舶电气材料的种类及特点,船舶函电及相关文件管理及处理方法,船内报警及通信设备的基本工作原理及维护使用方法。

2. 能力目标

通过学习,使学生能够牢固树立安全第一的思想观念,熟知自己的职责范围,能够对船舶电子电气设备进行有效维护保养,对常见故障进行正确分析、判断并采取相应处理措施,能够熟练处理来往函电,能够制订出合理的船舶维护保养计划及船舶修理计划。

3. 素质目标

①具有吃苦耐劳、爱岗敬业的职业素养;

②具有良好的组织、沟通、协调等人际交往能力和语言表达能力;

③具有团队精神和创新精神;

④具有良好的心理素质、克服困难的能力和创造能力;

⑤具有较强的集体意识和社会责任心。

(三)课程设计理念与思路

通过航运企业调研,本课程专兼职教学团队以岗位能力为核心确定了课程目标,把船舶电子电气管理的工作任务一一列出,并进行分类。与此同时,根据高职学生的认知规律和职业技能培养目标,课程围绕船舶电子电气管理人员电子电气管理的真实工作任务设计学习情境,采用课程内容模块化教学和教、学、做结合的教学模式,让学生在掌握相关理论知识的基础上,发展职业能力。教学实施过程中,通过理论实践一体化教学、集中训练课等多种途径,采用工学结合、理论与实践交替互动等形式,充分利用校内实训资源、精品课程资源、校外实训资源等教学资源,提高学生适岗适任能力,培养学生综合职业素质。

1. 课程设计理念

见船舶电机与电气控制系统课程标准中的课程设计理念。

2. 课程设计主要思路

①校企合作共同制定人才培养方案和课程标准。组织高等职业教育教学专家、专业教师、航运公司技术专家共同制定人才培养方案和课程标准,根据船舶电气管理人员其真实工作任务所需要的知识、能力和素质要求确定教学内容,突出针对性和适用性。

②整合教学内容,科学设计学习工作任务。遵循高职学生职业能力培养的基本规律,以船上真实工作任务及其工作过程为依据设计学习情境,培养学生船舶电子电气管理的能力。

③采取工学交替、理论与实践交替互动的教学模式。通过独立的职业技能训练体系,在模拟和真实的学习情境中,以学生为主体,通过"工学结合"和"理论与实践交替互动",使学生掌握"相关理论知识"和"相关实践知识",达到"主要知识目标"和"主要能力目标",引导学生在具体情境中探究与发现,培养学生船舶电子电气管理的实践能力,发展综合职业能力,以适应现代化船舶对电子电气管理人员的技能要求。

④坚持理论知识"必需、够用"、实践技能"必需、胜任"的原则。

⑤运用校内实训资源、精品课程资源、现代教育技术和校外实训资源等教学资源,按照教、学、做一体化实施教学,培养学生综合职业素质,提高学生适岗适任能力。

(四)课程内容结构安排

学习项目		学习任务	课时
1	船舶安全用电	任务一　触电原因及预防	8
		任务二　安全用电规则	
		任务三　电气防火知识	
		任务四　船舶电子电气系统的接地	
		任务五　油船预防静电起火	
		任务六　IP 防护等级	
		任务七　电气防爆知识	

<table>
<tr><td colspan="2">学习项目</td><td>学习任务</td><td>课时</td></tr>
<tr><td rowspan="7">2</td><td rowspan="7">电子电气管理</td><td>任务一　电子电气员日常工作基础知识</td><td rowspan="7">16</td></tr>
<tr><td>任务二　电子电气员应变部署</td></tr>
<tr><td>任务三　船舶电子电气设备检验与维修</td></tr>
<tr><td>任务四　电气测试和测量设备</td></tr>
<tr><td>任务五　船舶电气材料</td></tr>
<tr><td>任务六　函电及相关文件管理</td></tr>
<tr><td>任务七　船舶电气材料认识</td></tr>
<tr><td rowspan="4">3</td><td rowspan="4">船内报警及通信设备</td><td>任务一　船舶通用报警及广播系统</td><td rowspan="4">6</td></tr>
<tr><td>任务二　船舶自动电话与共电式电话</td></tr>
<tr><td>任务三　车钟与舵角指示器</td></tr>
<tr><td>任务四　船舶通用报警系统认识</td></tr>
<tr><td colspan="3">总计</td><td>30</td></tr>
</table>

(五)教学内容与要求

<table>
<tr><td colspan="2" rowspan="2">项目一</td><td rowspan="2">船舶安全用电</td><td>课时</td></tr>
<tr><td>8</td></tr>
<tr><td rowspan="3">教学目标</td><td>知识目标</td><td colspan="2">掌握船舶安全用电常识及船舶电子电气系统的接地原理,船舶电气防火、防爆知识以及 IP 防护等级,有关预防及消除油船静电的知识</td></tr>
<tr><td>能力目标</td><td colspan="2">能够严格遵守安全用电操作规程,做好船舶电气的防火、防爆工作,正确地维护、保养好船舶电子电气系统的接地,有效地进行油船静电的预防及消除</td></tr>
<tr><td>素质目标</td><td colspan="2">①具有吃苦耐劳、爱岗敬业的职业素养
②具有良好的组织、沟通、协调等人际交往能力和语言表达能力
③具有团队精神和创新精神
④具有良好的心理素质、克服困难的能力和创造能力
⑤具有较强的集体意识和社会责任心</td></tr>
<tr><td colspan="2" rowspan="7">学习任务</td><td colspan="2">任务一　触电原因及预防</td></tr>
<tr><td colspan="2">任务二　安全用电规则</td></tr>
<tr><td colspan="2">任务三　电气防火知识</td></tr>
<tr><td colspan="2">任务四　船舶电子电气系统的接地</td></tr>
<tr><td colspan="2">任务五　油船预防静电起火</td></tr>
<tr><td colspan="2">任务六　IP 防护等级</td></tr>
<tr><td colspan="2">任务七　电气防爆知识</td></tr>
<tr><td colspan="2">相关知识</td><td colspan="2">触电原因及预防、安全用电规则、电气防火知识、船舶电子电气系统的接地、油船预防静电起火、IP 防护等级、电气防爆知识</td></tr>
</table>

<table>
<tr><td rowspan="2">项目一</td><td rowspan="2">船舶安全用电</td><td>课时</td></tr>
<tr><td>8</td></tr>
<tr><td>教学设备与媒体</td><td colspan="2">电气安全用具、多媒体教学设备、检修器具、接地系统、试验工作台</td></tr>
<tr><td>考核评价</td><td colspan="2">①项目考核由过程性考核成绩和期末终结性考核成绩组成,过程性考核成绩占总成绩的 20% ,期末终结性考核成绩占总成绩的 80%
②过程性考核包括课堂考勤、学习态度、作业、课堂互动等</td></tr>
</table>

<table>
<tr><td colspan="2" rowspan="2">项目二</td><td rowspan="2">电子电气管理</td><td>课时</td></tr>
<tr><td>16</td></tr>
<tr><td rowspan="3">教学目标</td><td>知识目标</td><td colspan="2">掌握电子员日常工作基础知识,熟悉应变部署,掌握船舶电子电气设备检验与维修的知识及电气测试和测量设备的使用方法,了解船舶电气材料的种类及特点,会处理来往函电并管理好相关文件资料</td></tr>
<tr><td>能力目标</td><td colspan="2">使学生能够熟知自己的日常工作内容以及自己在应变部署中的任务,会正确使用、维护保养电气测试和测量设备,能够对船舶电子电气设备的常见故障予以检修,熟练地处理来往函电,管理好相关文件及技术资料,能够根据船舶的实际状况结合船舶检验的种类及修理工期,制订出合理的船舶维护保养计划及船舶修理计划</td></tr>
<tr><td>素质目标</td><td colspan="2">①具有吃苦耐劳、爱岗敬业的职业素养
②具有良好的组织、沟通、协调等人际交往能力和语言表达能力
③具有团队精神和创新精神
④具有良好的心理素质、克服困难的能力和创造能力
⑤具有较强的集体意识和社会责任心</td></tr>
<tr><td colspan="2" rowspan="7">学习任务</td><td colspan="2">任务一　电子电气员日常工作基础知识</td></tr>
<tr><td colspan="2">任务二　电子电气员应变部署</td></tr>
<tr><td colspan="2">任务三　船舶电子电气设备检验与维修</td></tr>
<tr><td colspan="2">任务四　电气测试和测量设备</td></tr>
<tr><td colspan="2">任务五　船舶电气材料</td></tr>
<tr><td colspan="2">任务六　函电及相关文件管理</td></tr>
<tr><td colspan="2">任务七　船舶电气材料认识</td></tr>
<tr><td colspan="2">相关知识</td><td colspan="2">电子电气员日常工作及应变部署,船舶电子电气设备检验与维修,电气测试和测量设备,船舶电气材料,函电及相关文件管理概述</td></tr>
<tr><td colspan="2">教学设备与媒体</td><td colspan="2">应变部署表、电气测量仪表、船舶电气材料(如航行灯、信号灯、电缆等)、多媒体教学设备</td></tr>
<tr><td colspan="2">考核评价</td><td colspan="2">①项目考核由过程性考核成绩和期末终结性考核成绩组成,过程性考核成绩占总成绩的 20% ,期末终结性考核成绩占总成绩的 80%
②过程性考核包括课堂考勤、学习态度、作业、课堂互动等</td></tr>
</table>

<table>
<tr><td colspan="2" rowspan="2">项目三</td><td rowspan="2">船内报警及通信设备</td><td>课时</td></tr>
<tr><td>6</td></tr>
<tr><td rowspan="3">教学目标</td><td>知识目标</td><td colspan="2">掌握船舶通用报警及广播系统、船舶自动电话与共电式电话及车钟与舵角指示器工作原理</td></tr>
<tr><td>能力目标</td><td colspan="2">能够对通用报警及广播系统、船舶自动电话与共电式电话以及车钟与舵角指示器等进行正常的维护保养,并对其一般性故障予以排除</td></tr>
<tr><td>素质目标</td><td colspan="2">①具有吃苦耐劳、爱岗敬业的职业素养
②具有良好的组织、沟通、协调等人际交往能力和语言表达能力
③具有团队精神和创新精神
④具有良好的心理素质、克服困难的能力和创造能力
⑤具有较强的集体意识和社会责任心</td></tr>
<tr><td colspan="2" rowspan="4">学习任务</td><td colspan="2">任务一　船舶通用报警及广播系统</td></tr>
<tr><td colspan="2">任务二　船舶自动电话与共电式电话</td></tr>
<tr><td colspan="2">任务三　车钟与舵角指示器</td></tr>
<tr><td colspan="2">任务四　船舶通用报警系统认识</td></tr>
<tr><td colspan="2">相关知识</td><td colspan="2">船舶通用报警及广播系统、船舶自动电话与共电式电话、车钟与舵角指示器</td></tr>
<tr><td colspan="2">教学设备与媒体</td><td colspan="2">多媒体教学设备、检修工具与测量仪表、通用报警及广播系统、船舶自动电话与共电式电话、车钟与舵角指示器</td></tr>
<tr><td colspan="2">考核评价</td><td colspan="2">①项目考核由过程性考核成绩和期末终结性考核成绩组成,过程性考核成绩占总成绩的20%,期末终结性考核成绩占总成绩的80%
②过程性考核包括课堂考勤、学习态度、作业、课堂互动等</td></tr>
</table>

(六)考核评价

完善的学生考核评价体系的建立是综合评判本课程教学效果和教学质量的重要指标之一。本课程的考试成绩采用百分制,由过程性考核成绩和期末终结性考核成绩组成。

1. 过程性考核成绩

占总成绩的20%,包括课堂考勤、学习态度、作业、课堂互动等,同时应注重学生动手能力、分析问题和解决问题能力的考核,对在学习和应用上有创新的学生应予及时鼓励,全面综合评价学生能力。

2. 期末终结性考核成绩

占总成绩的80%,采取闭卷笔试的方式进行,考试时间为120分钟。

(七)教学条件

课程目标、教学内容和学习情境实施必须依靠一定的教学条件,即实践条件、师资条件和其他辅助条件。这三个条件相辅相成,共同决定人才培养质量。

1. 实践条件

实践条件由实训课程资源构成，是决定课程目标能否实现的重要因素。实训课程资源包括理论实践一体化教材、实训指导书、教具、仪器设备等有形的物质资源，也包括模拟软件等无形的资源。实训课程资源不仅仅是为教师准备的，而且对学生适当开放，以用于学生的自主学习、主动探究。

(1)充分利用学校的实训课程资源

学校提供的实训课程资源包括实训场地及相应仪器设备、模拟软件、有关图书及报纸杂志、教学挂图、模型、实物标本、音像资料和多媒体课件等；学校的实训课程资源应能充分满足课程理论实践一体化教学需要，建立本专业开放实训中心，使之具备现场教学、实验实训、职业技能证书考证的功能，实现理论教学与实训合一、教学与培训合一、教学与考证合一，满足学生职业能力培养的需求。

(2)积极利用社会和航运企业课程资源

社会和航运企业课程资源有船舶、海港码头、图书馆、博物馆、展览馆、科技馆、高等院校等。此外，邀请校企合作单位有关机务管理专家、船厂专业技术人员来校演讲、座谈、授课、培养方案研讨等，也是利用社会和航运企业课程资源的重要方式。

2. 师资条件

见“船舶电子电气技术专业教学标准”十、人才培养的实施条件(二)师资要求。

3. 其他辅助条件

(1)广泛利用各种媒体资源

各种媒体资源，包括报纸、杂志、广播、电视、互联网等。特别是媒体关于海洋环境问题、海事案例等方面的报道等，用其作为学生课堂讨论的素材，时效性强，容易引起学生的关注和互动，对于学生的职业发展非常重要。但应注意信息源的可靠性和信息内容的真实性，以提高学生信息评价的意识和能力。

(2)大力开发信息技术资源

信息技术资源主要包括网络资源和多媒体课件两个方面。网络资源又包括互联网资源和校园网资源等，如国家、省级精品课程的上网资料，电子书籍、电子期刊、数据库、数字图书馆等。多媒体课件包括教学大纲、PPT 课件、电子教案、实训指导书、习题库、试卷库、参考文献等。这些资源有利于学生自主性学习，有利于满足不同学生的需求。教师应与计算机专业人员合作，加大信息技术资源的开发。

(八)实施建议

1. 教材使用

①教材及相应教辅资料应满足本课程标准要求。

②教材应充分体现高等职业教育特点，突出职业技能培养，特别要以船舶岗位具体工作任务为基础进行设计。此外，教材应符合科学性、先进性和教育教学的普遍规律，具有鲜明行业特色并恰当运用现代教学技术、方法与手段，教学效果显著，具有示范、辐射作用。

③教材与教学参考书

教材内容要体现先进性、通用性、实用性，要将本专业新知识、新技术、新工艺、新法规及时地纳入教材中，使教材更贴近本专业的发展变化和实际需要。

建议使用教材：

《船舶管理》，中国海事服务中心组织编写，电子电气专业，大连海事大学出版社，2012 年。

教学参考书：

《船舶电气设备管理与工艺》，赵殿礼、张春来编著，大连海事大学出版社，2012 年。

2. 教学方法与手段

采用现代教学方法与手段进行理论与实践一体化教学，采取课程内理论环节与实训环节同步安排，先由任课教师现场讲解然后分组实训的组织形式。教学实施过程中，理论教学和实践教学要有机地融合起来。教师在教学中结合具体的工作任务或产品或案例进行知识讲解，引导学生分析、讨论，获取知识，提高其解决实际问题的能力。教师根据课程中各模块的重要性、实践性、难易程度等优化教学内容，合理安排教学时间，以学生为主体，教师的“教”为主导，突出学生的“学”和“做”，边讲边练，学做交替，通过现场讲解、“理论与实践周期交替互动”等多种教学方法，使教、学、做紧密结合，强化学生职业技能培养。充分利用课程网络教学资源，促进学生自主学习。理论与实践一体化教学和计算机多媒体、网络教学等先进手段相结合，理论联系实际，融知识学习、技能训练和职业素质养成于一体，培养和训练学生的实际操作、管理与维修技能，提高学生的岗位职业技能和岗位职业素养。

（1）尽可能运用信息技术来组织教学

船舶电子电气管理是一门综合性比较强的专业课程，运用传统的教学手段难以达到教学效果，为此教师需要通过拍摄图片、从网络下载资料、制作动画等多种方法，将上课内容制成多媒体课件进行讲授，这样就能将实际的具体工作与抽象的、复杂的理论知识有机地结合起来，起到事半功倍的作用，提高教学质量和课堂效率。

（2）运用案例分析和启发式教学

尽量多引入一些船舶案例，让学生先主动去思考、分析，提出各自不同的见解和主张，然后由教师进行归纳总结，激发学生的学习兴趣。如某船舶电气设备发生故障需要保修，教师采用案例分析法，由设备发生故障，学生分析故障可能原因，提出保修要求，并通知保修方。整个教学环节包括案例提出问题→列出解决问题所需的知识点→对每一知识点进行分析、讲解→（写出）函件→总结。

七、自控基础及船舶辅机自控系统课程标准

课程类型:专业核心课程
适用专业:船舶电子电气技术专业
开设学期:第四学期
建议学时:54

(一)课程性质与作用

自控基础及船舶辅机自控系统是船舶电子电气技术专业的专业核心课程之一,是一门理论性较强、实践技能要求较高的综合性课程。本课程教学模式是以就业能力培养为导向,开展做中学、做中教,教、学、做结合,理论与实践交替互动。通过学习及与之配套的实践或现场教学,使学生掌握反馈系统基本概念、PID 控制规律,掌握冷却水温度控制系统、船舶辅锅炉自动控制系统、分油机自动控制系统、燃油供油单元自动控制系统、油水分离器控制系统、伙食冷库、中央空调等船舶自动控制系统等知识,达到本课程的知识要求,能看懂船舶自动控制系统图纸,掌握其操作使用、维护保养、故障维修、常用备件管理等技能。前期课程电工基础和电子技术为本课程学习打下理论基础,后期课程计算机与自动化训练等是本课程在技能方面的实践和延续。通过本课程和其他相关课程的学习与实践训练,使学生达到 STCW 公约马尼拉修正案和《中华人民共和国海船船员适任考试和发证规则》要求的 750 kW 以上船舶的电子电气员适任标准,培养具有可持续发展能力的高素质技能型人才。

(二)课程目标

通过学习使学生掌握反馈控制系统和辅机自动控制装置基础知识及维护保养、故障排除等方面基本技能,以满足现代船舶对电子电气员理论与实践技能的要求,为电子电气员适任考试做好准备且为学生毕业后经实习即可胜任 750 kW 以上船舶电子电气员奠定良好的基础。

本课程为后期课程计算机与自动化及对应的适任评估奠定理论基础。

1. 知识目标

掌握反馈控制系统、PID 控制规律、气动仪表基础知识,认识船舶常用气动仪表;掌握直接作用式冷却水温度控制系统、气动式冷却水温度控制系统、电动式冷却水温度控制系统、单片机式冷却水温度控制系统;学习燃油供油单元自动控制系统组成及原理,燃油黏度控制系统(单片机控制)、燃油供油单元综合控制,燃油供油单元自动控制系统故障诊断与排除;学习辅锅炉水位/蒸汽压力的自动控制、辅锅炉燃烧时序程序控制、辅锅炉报警及安全保护系统,辅锅炉自动控制系统故障诊断与排除;认识 PLC 控制的船舶辅锅炉自动控制系统;熟悉分油机控制系统的输入输出信号,掌握基本控制过程及自动控制系统故障诊断与排除;学习船舶伙食冷库的自动控制,掌握温度控制、压缩机控制子系统及融霜控制;学习船舶空调装置的自动控制,温度及湿度调节、冷藏集装箱控制系统。

2. 能力目标

通过学习,使学生认识反馈控制系统、船舶常用气动仪表基本知识,认识柴油机冷却水温度自动控制系统、燃油供油单元自动控制系统、辅锅炉自动控制系统、分油机自动控制系统、船舶制冷自动控制系统,了解其维护与故障诊断基本方法,对船舶反馈控制系统和辅机自控装置

的常见故障，能够做出正确的分析判断并确定下一步应采取的措施。

3. 素质目标

①具有吃苦耐劳、爱岗敬业的职业素养；

②具有良好的组织、沟通、协调等人际交往能力和语言表达能力；

③具有团队精神和创新精神；

④具有良好的心理素质、克服困难的能力和创造能力；

⑤具有较强的集体意识和社会责任心。

（三）课程设计理念与思路

通过航运企业调研，课程专兼职教学团队以岗位能力为核心确定了课程目标，把船舶反馈控制和辅机自控设备的工作原理、操作、管理、维修过程、工作任务一一列出，并进行分类。同时根据高职学生的认知规律和职业技能培养目标，课程围绕船舶电子电气管理人员船舶反馈控制系统和辅机自控装置的工作原理、操作、管理、维修过程等真实工作任务设计学习情境，采用课程内容模块化教学和教、学、做结合的教学模式，让学生在掌握相关理论知识的基础上，发展职业能力。教学实施过程中，通过理论实践一体化教学、集中训练课等多种途径，采用工学结合、理论与实践交替互动等形式，充分利用校内实训资源、精品课程资源、校外实训资源等教学资源，提高学生适岗适任能力，培养学生综合职业素质。

1. 课程设计理念

见船舶电机与电气控制系统课程标准中的课程设计理念。

2. 课程设计主要思路

①校企合作共同制定人才培养方案和课程标准。组织高等职业教育教学专家、专业教师、航运公司技术专家共同制定人才培养方案和课程标准，根据船舶电气管理人员其真实工作任务所需要的知识、能力和素质要求确定教学内容，突出针对性和适用性。

②整合教学内容，科学设计学习工作任务。遵循高职学生职业能力培养的基本规律，以船上真实工作任务及其工作过程为依据设计学习情境，培养学生船舶反馈控制系统和辅机自控装置的管理、维修技能。

③采取工学交替、理论与实践交替互动的教学模式。通过独立的职业技能训练体系，在模拟和真实的学习情境中，以学生为主体，通过“工学结合”和“理论与实践交替互动”，使学生掌握“相关理论知识”和“相关实践知识”，达到“主要知识目标”和“主要能力目标”，引导学生在具体情境中探究与发现，培养学生操作、管理和维修船舶反馈控制系统和辅机自控装置的实践能力，发展综合职业能力，以适应现代化船舶对电子电气管理人员的技能要求。

④坚持理论知识“必需、够用”、实践技能“必需、胜任”的原则。

⑤运用校内实训资源、精品课程资源、现代教育技术和校外实训资源等教学资源，按照教、学、做一体化实施教学，培养学生综合职业素质，提高学生适岗适任能力。

(四)课程内容结构安排

学习项目		学习任务	课时
1	自动控制理论基础	任务一　反馈控制系统	14
		任务二　PID 控制规律	
		任务三　气动仪表的基础知识	
		任务四　船舶常用气动仪表的知识	
2	柴油机冷却水温度自动控制系统	任务一　直接作用式冷却水温度控制系统	4
		任务二　气动式冷却水温度控制系统	
		任务三　电动式冷却水温度控制系统	
		任务四　单片机式冷却水温度控制系统	
3	燃油供油单元自动控制系统	任务一　燃油供油单元自动控制系统组成及基本工作原理	6
		任务二　燃油黏度控制系统(单片机控制)	
		任务三　燃油供油单元的综合控制	
		任务四　燃油供油单元自动控制系统的故障诊断与排除	
4	辅锅炉自动控制系统	任务一　辅助锅炉水位的自动控制	14
		任务二　辅助锅炉蒸汽压力的自动控制	
		任务三　辅助锅炉燃烧的时序程序控制	
		任务四　辅助锅炉的报警及安全保护系统	
		任务五　辅锅炉自动控制系统的故障诊断与排除	
5	分油机自动控制系统	任务一　分油机控制系统的输入输出信号	6
		任务二　分油机的基本控制过程	
		任务三　分油机自动控制系统的故障诊断与排除	
6	伙食冷库、中央空调等船舶自动控制系统	任务一　船舶伙食冷库的自动控制同步电机的种类与结构	10
		任务二　温度控制、压缩机控制子系统及融霜控制同步发电机基本特性及电枢反应	
		任务三　船舶空调装置的自动控制	
		任务四　温度及湿度调节	
总计			54

(五)教学内容与要求

<table>
<tr><td colspan="2" rowspan="2">项目一</td><td rowspan="2">自动控制理论基础</td><td>课时</td></tr>
<tr><td>14
含课内实训 2</td></tr>
<tr><td rowspan="3">教学目标</td><td>知识目标</td><td colspan="2">学习掌握反馈控制系统基本概念、参数和工作原理,PID 控制规律特性及气动仪表基础知识</td></tr>
<tr><td>能力目标</td><td colspan="2">具备反馈控制系统管理及一般故障分析处理能力</td></tr>
<tr><td>素质目标</td><td colspan="2">①具有吃苦耐劳、爱岗敬业的职业素养
②具有良好的组织、沟通、协调等人际交往能力和语言表达能力
③具有团队精神和创新精神
④具有良好的心理素质、克服困难的能力和创造能力
⑤具有较强的集体意识和社会责任心</td></tr>
<tr><td colspan="2" rowspan="4">学习任务</td><td colspan="2">任务一　反馈控制系统</td></tr>
<tr><td colspan="2">任务二　PID 控制规律</td></tr>
<tr><td colspan="2">任务三　气动仪表的基础知识</td></tr>
<tr><td colspan="2">任务四　船舶常用气动仪表的知识</td></tr>
<tr><td colspan="2">相关知识</td><td colspan="2">反馈控制系统、PID 调节规律、基本的气动仪表</td></tr>
<tr><td colspan="2">教学设备与媒体</td><td colspan="2">多媒体教学设备、水温控制系统、气动仪表试验台</td></tr>
<tr><td colspan="2">考核评价</td><td colspan="2">①项目考核由过程性考核成绩和期末终结性考核成绩组成,过程性考核成绩占总成绩的 20%,期末终结性考核成绩占总成绩的 80%
②过程性考核包括课堂考勤、学习态度、作业、课堂互动等</td></tr>
</table>

<table>
<tr><td colspan="2" rowspan="2">项目二</td><td rowspan="2">柴油机冷却水温度自动控制系统</td><td>课时</td></tr>
<tr><td>4</td></tr>
<tr><td rowspan="3">教学目标</td><td>知识目标</td><td colspan="2">掌握柴油机冷却水温度自动控制系统组成及其原理</td></tr>
<tr><td>能力目标</td><td colspan="2">掌握柴油机冷却水温度自动控制系统的管理、维护保养和常见故障处理能力</td></tr>
<tr><td>素质目标</td><td colspan="2">①具有吃苦耐劳、爱岗敬业的职业素养
②具有良好的组织、沟通、协调等人际交往能力和语言表达能力
③具有团队精神和创新精神
④具有良好的心理素质、克服困难的能力和创造能力
⑤具有较强的集体意识和社会责任心</td></tr>
</table>

<table>
<tr><td rowspan="2">项目二</td><td rowspan="2">柴油机冷却水温度自动控制系统</td><td>课时</td></tr>
<tr><td>4</td></tr>
<tr><td rowspan="4">学习任务</td><td colspan="2">任务一　直接作用式冷却水温度控制系统</td></tr>
<tr><td colspan="2">任务二　气动式冷却水温度控制系统</td></tr>
<tr><td colspan="2">任务三　电动式冷却水温度控制系统</td></tr>
<tr><td colspan="2">任务四　单片机式冷却水温度控制系统</td></tr>
<tr><td>相关知识</td><td colspan="2">温度反馈控制过程</td></tr>
<tr><td>教学设备与媒体</td><td colspan="2">各种柴油机冷却水温度自动控制系统(实物或模拟)、多媒体教学设备</td></tr>
<tr><td>考核评价</td><td colspan="2">①项目考核由过程性考核成绩和期末终结性考核成绩组成,过程性考核成绩占总成绩的20%,期末终结性考核成绩占总成绩的80%
②过程性考核包括课堂考勤、学习态度、作业、课堂互动等</td></tr>
</table>

<table>
<tr><td colspan="2" rowspan="2">项目三</td><td rowspan="2">燃油供油单元自动控制系统</td><td>课时</td></tr>
<tr><td>6</td></tr>
<tr><td rowspan="3">教学目标</td><td>知识目标</td><td colspan="2">掌握燃油供油单元组成、燃油黏度控制系统组成和原理,黏度变送装置原理</td></tr>
<tr><td>能力目标</td><td colspan="2">具备燃油黏度控制系统维护保养和常见故障处理能力</td></tr>
<tr><td>素质目标</td><td colspan="2">①具有吃苦耐劳、爱岗敬业的职业素养
②具有良好的组织、沟通、协调等人际交往能力和语言表达能力
③具有团队精神和创新精神
④具有良好的心理素质、克服困难的能力和创造能力
⑤具有较强的集体意识和社会责任心</td></tr>
<tr><td colspan="2" rowspan="4">学习任务</td><td colspan="2">任务一　燃油供油单元自动控制系统组成及基本工作原理</td></tr>
<tr><td colspan="2">任务二　燃油黏度控制系统(单片机控制)</td></tr>
<tr><td colspan="2">任务三　燃油供油单元的综合控制</td></tr>
<tr><td colspan="2">任务四　燃油供油单元自动控制系统的故障诊断与排除</td></tr>
<tr><td colspan="2">相关知识</td><td colspan="2">黏度变送器工作原理、黏度控制过程</td></tr>
<tr><td colspan="2">教学设备与媒体</td><td colspan="2">各种黏度变送器、单片机式燃油黏度控制系统、供油单元控制系统、多媒体教学设备</td></tr>
<tr><td colspan="2">考核评价</td><td colspan="2">①项目考核由过程性考核成绩和期末终结性考核成绩组成,过程性考核成绩占总成绩的20%,期末终结性考核成绩占总成绩的80%
②过程性考核包括课堂考勤、学习态度、作业、课堂互动等</td></tr>
</table>

项目四		辅锅炉自动控制系统	课时 14 含课内实训 2
教学目标	知识目标	熟悉辅锅炉系统结构、原理,水位、蒸汽压力及燃烧时序控制系统组成和原理及自控系统安全保护	
	能力目标	具备船用辅锅炉自控系统管理、维护和故障处理能力	
	素质目标	①具有吃苦耐劳、爱岗敬业的职业素养 ②具有良好的组织、沟通、协调等人际交往能力和语言表达能力 ③具有团队精神和创新精神 ④具有良好的心理素质、克服困难的能力和创造能力 ⑤具有较强的集体意识和社会责任心	
学习任务		任务一　辅助锅炉水位的自动控制	
		任务二　辅助锅炉蒸汽压力的自动控制	
		任务三　辅助锅炉燃烧的时序程序控制	
		任务四　辅助锅炉的报警及安全保护系统	
		任务五　辅锅炉自动控制系统的故障诊断与排除	
相关知识		自控系统基础知识、时序控制器、电路分析、系统故障处理基本方法	
教学设备与媒体		辅锅炉自动控制系统、多媒体教学设备	
考核评价		①项目考核由过程性考核成绩和期末终结性考核成绩组成,过程性考核成绩占总成绩的 20%,期末终结性考核成绩占总成绩的 80% ②过程性考核包括课堂考勤、学习态度、作业、课堂互动等	

项目五		分油机自动控制系统	课时 6
教学目标	知识目标	掌握分油机自控系统组成、原理及设置、管理、维护保养及故障检修方法,掌握水分探测装置工作原理	
	能力目标	具备分油机自控系统的管理、维护和故障处理能力	
	素质目标	①具有吃苦耐劳、爱岗敬业的职业素养 ②具有良好的组织、沟通、协调等人际交往能力和语言表达能力 ③具有团队精神和创新精神 ④具有良好的心理素质、克服困难的能力和创造能力 ⑤具有较强的集体意识和社会责任心	

<table>
<tr><td>项目五</td><td>分油机自动控制系统</td><td>课时
6</td></tr>
<tr><td rowspan="3">学习任务</td><td colspan="2">任务一　分油机控制系统的输入输出信号</td></tr>
<tr><td colspan="2">任务二　分油机的基本控制过程</td></tr>
<tr><td colspan="2">任务三　分油机自动控制系统的故障诊断与排除</td></tr>
<tr><td>相关知识</td><td colspan="2">分油机工作原理、水分探测原理、EPC-50 控制器使用方法</td></tr>
<tr><td>教学设备与媒体</td><td colspan="2">多媒体教学设备、S 型分油机自动控制系统、电容式水分探测器</td></tr>
<tr><td>考核评价</td><td colspan="2">①项目考核由过程性考核成绩和期末终结性考核成绩组成，过程性考核成绩占总成绩的 20%，期末终结性考核成绩占总成绩的 80%
②过程性考核包括课堂考勤、学习态度、作业、课堂互动等</td></tr>
</table>

<table>
<tr><td colspan="2">项目六</td><td>伙食冷库、中央空调等船舶自动控制系统</td><td>课时
10</td></tr>
<tr><td rowspan="3">教学目标</td><td>知识目标</td><td colspan="2">掌握压缩制冷自控及中央空调控制系统工作原理</td></tr>
<tr><td>能力目标</td><td colspan="2">具备压缩制冷自控及中央空调控制系统的管理、维护和故障处理能力</td></tr>
<tr><td>素质目标</td><td colspan="2">①具有吃苦耐劳、爱岗敬业的职业素养
②具有良好的组织、沟通、协调等人际交往能力和语言表达能力
③具有团队精神和创新精神
④具有良好的心理素质、克服困难的能力和创造能力
⑤具有较强的集体意识和社会责任心</td></tr>
<tr><td colspan="2" rowspan="4">学习任务</td><td colspan="2">任务一　船舶伙食冷库的自动控制同步电机的种类与结构</td></tr>
<tr><td colspan="2">任务二　温度控制、压缩机控制子系统及融霜控制同步发电机基本特性及电枢反应</td></tr>
<tr><td colspan="2">任务三　船舶空调装置的自动控制</td></tr>
<tr><td colspan="2">任务四　温度及湿度调节</td></tr>
<tr><td colspan="2">相关知识</td><td colspan="2">压缩制冷原理、温度及压力控制器、湿度控制器原理</td></tr>
<tr><td colspan="2">教学设备与媒体</td><td colspan="2">冰库压缩制冷自控系统，中央空调控制系统，温度、压力、湿度等控制器，多媒体教学设备</td></tr>
<tr><td colspan="2">考核评价</td><td colspan="2">①项目考核由过程性考核成绩和期末终结性考核成绩组成，过程性考核成绩占总成绩的 20%，期末终结性考核成绩占总成绩的 80%
②过程性考核包括课堂考勤、学习态度、作业、课堂互动等</td></tr>
</table>

(六)考核评价

完善的学生考核评价体系的建立是综合评判本课程教学效果和教学质量的重要指标之一。本课程的考试成绩采用百分制，由过程性考核成绩和期末终结性考核成绩组成。

1. 过程性考核成绩

占总成绩的20%，包括课堂考勤、学习态度、作业、课堂互动等，同时应注重学生动手能力、分析问题和解决问题能力的考核，对在学习和应用上有创新的学生应予及时鼓励，全面综合评价学生能力。

2. 期末终结性考核成绩

占总成绩的80%，采取闭卷笔试的方式进行，考试时间为120分钟。

（七）教学条件

课程目标、教学内容和学习情境实施必须依靠一定的教学条件，即实践条件、师资条件和其他辅助条件。这三个条件相辅相成，共同决定人才培养质量。

1. 实践条件

实践条件由实训课程资源构成，是决定课程目标能否实现的重要因素。实训课程资源包括理论实践一体化教材、实训指导书、教具、仪器设备等有形的物质资源，也包括模拟软件等无形的资源。实训课程资源不仅仅是为教师准备的，而且对学生适当开放，以用于学生的自主学习、主动探究。

（1）充分利用学校的实训课程资源

学校提供的实训课程资源包括实训场地及相应仪器设备、模拟软件、有关图书及报纸杂志、教学挂图、模型、实物标本、音像资料和多媒体课件等；学校的实训课程资源应能充分满足课程理论实践一体化教学需要，建立本专业开放实训中心，使之具备现场教学、实验实训、职业技能证书考证的功能，实现理论教学与实训合一、教学与培训合一、教学与考证合一，满足学生职业能力培养的需求。

（2）积极利用社会和航运企业课程资源

社会和航运企业课程资源有船舶、海港码头、图书馆、博物馆、展览馆、科技馆、高等院校等。此外，邀请校企合作单位有关机务管理专家、船厂专业技术人员来校演讲、座谈、授课、培养方案研讨等，也是利用社会和航运企业课程资源的重要方式。

2. 师资条件

见"船舶电子电气技术专业教学标准"十、人才培养的实施条件（二）师资要求。

3. 其他辅助条件

（1）广泛利用各种媒体资源

各种媒体资源，包括报纸、杂志、广播、电视、互联网等。特别是媒体关于海洋环境问题、海事案例等方面的报道等，用其作为学生课堂讨论的素材，时效性强，容易引起学生的关注和互动，对于学生的职业发展非常重要。但应注意信息源的可靠性和信息内容的真实性，以提高学生信息评价的意识和能力。

（2）大力开发信息技术资源

信息技术资源主要包括网络资源和多媒体课件两个方面。网络资源又包括互联网资源和校园网资源等，如国家、省级精品课程的上网资料，电子书籍、电子期刊、数据库、数字图书馆等。多媒体课件包括教学大纲、PPT课件、电子教案、实训指导书、习题库、试卷库、参考文献等。这些资源有利于学生自主性学习，有利于满足不同学生的需求。教师应与计算机专业人员合作，加大信息技术资源的开发。

(八)实施建议

1. 教材使用

①教材及相应教辅资料应满足本课程标准要求。

②教材应充分体现高等职业教育特点,突出职业技能培养,特别要以船舶岗位具体工作任务为基础进行设计。此外,教材应符合科学性、先进性和教育教学的普遍规律,具有鲜明的行业特色,并恰当运用现代教学技术、方法与手段,教学效果显著,具有示范、辐射作用。

③教材与参考书

教材内容要体现先进性、通用性、实用性,要将本专业新知识、新技术、新工艺、新法规及时地纳入教材中,使教材更贴近本专业的发展变化和实际需要。

建议使用教材:

《船舶机舱自动化》,海事服务中心统编,大连海事大学出版社,2012 年。

教学参考书:

《船舶电气与自动化》,中国海事服务中心组织编写,轮机专业,大连海事大学出版社,2012 年。

《轮机自动化》,林叶锦主编,大连海事大学出版社,2009 年。

《船舶电气》,中国海事服务中心组织编写,电子电气专业,大连海事大学出版社,2012 年。

2. 教学方法与手段

采用现代教学方法与手段进行理论与实践一体化教学,课程内理论环节与实训环节同步安排,先由任课教师现场讲解然后分组实训的组织形式。教学实施过程中,理论教学和实践教学要有机地融合起来。教师在教学中结合具体的工作任务或产品或案例进行知识讲解,引导学生分析、讨论,获取知识,提高其解决实际问题的能力。教师根据课程中各模块的重要性、实践性、难易程度等优化教学内容,合理安排教学时间,以学生为主体,教师的“教”为主导,突出学生的“学”和“做”,边讲边练,学做交替,通过现场讲解、“理论与实践周期交替互动”等多种教学方法,使教、学、做紧密结合,强化学生职业技能培养。充分利用课程网络教学资源,促进学生自主学习。理论与实践一体化教学和计算机多媒体、网络教学等先进手段相结合,理论联系实际,融知识学习、技能训练和职业素质养成于一体,培养和训练学生的实际操作、管理与维修技能,提高学生的岗位职业技能和岗位职业素养。

(1)尽可能运用信息技术来组织教学

自控基础与船舶辅机自控系统是一门比较抽象的专业课程,运用传统的教学手段难以达到教学效果,为此教师需要通过拍摄图片、从网络下载资料、制作动画等多种方法,将上课内容制成多媒体课件进行讲授,这样就能将抽象的、复杂的设备控制原理等一一展现出来,起到事半功倍的作用,提高教学质量和课堂效率。

(2)运用案例分析和启发式教学

例如制冷压缩机控制系统故障分析,教师采用案例分析法,由某轮在航行期间突然冰库压缩机跳闸,提出故障可能原因和系统的高压保护。整个教学环节包括案例提出问题→列出解决问题所需的知识点→对每一知识点进行分析、讲解→总结。

八、船舶主推进装置自动控制课程标准

课程类型:专业核心课程
适用专业:船舶主推进装置自动控制
开设学期:第四学期
建议学时:36

(一)课程性质与作用

船舶主推进装置自动控制是船舶电子电气技术专业的专业核心课程之一。本课程教学模式是以就业能力培养为导向,开展做中学、做中教,教、学、做结合,理论与实践交替互动。通过学习及与之配套的实践或现场教学,使学生熟悉主机遥控系统组成及功能,掌握启动、换向和制动逻辑回路、主机转速与负荷控制环节、气动操纵系统基本原理,掌握典型主机遥控系统AUTOCHIEF-IV 和 AC-C20 的构成、参数设置和故障处理方法。前期课程电子技术、轮机概论、船舶电机与电气控制系统、自控基础及船舶辅机自控系统为本课程学习打下理论基础,后期课程计算机与自动化训练等是本课程在技能方面的实践和延续。

(二)课程目标

通过学习,使学生掌握船舶主推进装置自动控制系统基础知识和维护保养、故障排除等基本技能,以满足现代船舶对电子电气员理论与实践技能的要求,为电子电气员适任考试做好准备,且为学生毕业后经实习即可胜任 750 kW 以上船舶电子电气员工作奠定良好的基础。

本课程为后期课程计算机与自动化及对应的适任评估训练奠定理论基础。

1. 知识目标

学习主机遥控系统的分类、组成及功能、主机遥控操纵部位的转换、启动控制原理、换向控制原理,掌握转速控制系统、安保系统;学习气动操纵系统基本阀件,掌握气动操纵系统工作原理;学习 AUTOCHIEF-Ⅳ主机遥控系统硬件结构,掌握 AUTOCHIEF-Ⅳ主机遥控系统驾驶台、集控室操作面板组成、功能及其基本操作及 AUTOCHIEF-Ⅳ主机遥控系统工作过程;学习 AUTO C20 主机遥控系统网络结构组成及特点,掌握驾驶台、集控室操作面板组成、功能,熟悉遥控系统主要功能和工作模式。

2. 能力目标

掌握 AUTOCHIEF-Ⅳ主机遥控系统参数设定和模拟试验方法,理解 AUTOCHIEF-Ⅳ主机遥控系统故障诊断流程;学会 AUTOCHIEF C20 现场总线型遥控系统参数设定方法和工作模式;对船舶主推进装置自动控制系统常见故障,能够做出正确的分析判断并确定下一步应采取的措施。

3. 素质目标

①具有吃苦耐劳、爱岗敬业的职业素养;
②具有良好的组织、沟通、协调等人际交往能力和语言表达能力;
③具有团队精神和创新精神;
④具有良好的心理素质、克服困难的能力和创造能力;
⑤具有较强的集体意识和社会责任心。

(三)课程设计理念与思路

通过航运企业调研,课程专兼职教学团队以岗位能力为核心确定了课程目标,把船舶主推进装置自动控制系统的工作原理、操作、管理、维修过程、工作任务一一列出,并进行分类。同时根据高职学生的认知规律和职业技能培养目标,课程围绕船舶电子电气管理人员船舶主推进装置自控装置的工作原理、操作、管理、维修过程等真实工作任务设计学习情境,采用课程内容模块化教学和教、学、做结合的教学模式,发展学生职业能力。教学实施过程中通过理论实践一体化教学、集中训练课等多种途径,采用工学结合、理论与实践交替互动等形式,充分利用校内实训资源、精品课程资源、校外实训资源等教学资源,提高学生适岗适任能力,培养学生综合职业素质。

1. 课程设计理念

见船舶电机与电气控制系统课程标准中的课程设计理念。

2. 课程设计主要思路

①校企合作共同制定人才培养方案和课程标准。组织高等职业教育教学专家、专业教师、航运公司技术专家共同制定人才培养方案和课程标准,根据船舶电气管理人员其真实工作任务所需要的知识、能力和素质要求确定教学内容,突出针对性和适用性。

②整合教学内容,科学设计学习工作任务。遵循高职学生职业能力培养的基本规律,以船上真实工作任务及其工作过程为依据设计学习情境,培养学生船舶主推进装置自控装置的管理、维修技能。

③采取工学交替、理论与实践交替互动的教学模式。通过独立的职业技能训练体系,在模拟和真实的学习情境中,以学生为主体,通过"工学结合"和"理论与实践交替互动",使学生掌握"相关理论知识"和"相关实践知识",达到"主要知识目标"和"主要能力目标",引导学生在具体情境中探究与发现,培养学生操作、管理和维修船舶主推进装置自控装置的实践能力,发展综合职业能力,以适应现代化船舶对电子电气管理人员的技能要求。

④坚持理论知识"必需、够用"、实践技能"必需、胜任"的原则。

⑤运用校内实训资源、精品课程资源、现代教育技术和校外实训资源等教学资源,按照教、学、做一体化实施教学,培养学生综合职业素质,提高学生适岗适任能力。

(四)课程内容结构安排

学习项目		学习任务	课时
1	主机遥控系统的一般知识	任务一　主机遥控系统的分类、组成及功能	10
		任务二　主机遥控操纵部位的转换	
		任务三　启动控制原理	
		任务四　换向控制原理	
		任务五　转速控制系统	
		任务六　安保系统	
2	气动操纵系统	任务一　气动操纵系统的基本阀件	8
		任务二　气动操纵系统的工作原理(MAN B&W MC)	

学习项目		学习任务	课时
3	微机控制的主机遥控系统(以AUTOCHIEF-Ⅳ型遥控系统为例)	任务一　AUTOCHIEF-Ⅳ主机遥控系统的硬件结构	12
		任务二　AUTOCHIEF-Ⅳ主机遥控系统的驾驶台、集控室操作面板的组成、功能及其基本操作	
		任务三　AUTOCHIEF-Ⅳ主机遥控系统在不同车令下的工作过程	
		任务四　AUTOCHIEF-Ⅳ主机遥控系统的参数设定方法	
		任务五　AUTOCHIEF-Ⅳ主机遥控系统的模拟试验方法	
		任务六　AUTOCHIEF-Ⅳ主机遥控系统的故障诊断流程	
4	网络型主机遥控系统(AC-C20)	任务一　遥控系统的硬件及其网络结构	6
		任务二　驾驶台、集控室操作面板的组成、功能	
		任务三　遥控系统的工作模式	
		任务四　遥控系统的参数设定方法	
		任务五　遥控系统的故障诊断与排除	
总计			36

(五)教学内容与要求

项目一		主机遥控系统的一般知识	课时
			10
教学目标	知识目标	了解掌握主机遥控系统工作原理、主机控制中的逻辑关系	
	能力目标	掌握主机遥控系统基本操作和基本维护、保养方法,能处理常见故障	
	素质目标	①具有吃苦耐劳、爱岗敬业的职业素养 ②具有良好的组织、沟通、协调等人际交往能力和语言表达能力 ③具有团队精神和创新精神 ④具有良好的心理素质、克服困难的能力和创造能力 ⑤具有较强的集体意识和社会责任心	
学习任务		任务一　主机遥控系统的分类、组成及功能	
		任务二　主机遥控操纵部位的转换	
		任务三　启动控制原理	
		任务四　换向控制原理	
		任务五　转速控制系统	
		任务六　安保系统	
相关知识		大型低速柴油机工作原理和控制方法,主机控制中的逻辑关系	
教学设备与媒体		主机遥控系统、多媒体教学设备	

项目一	主机遥控系统的一般知识	课时 10
考核评价	①项目考核由过程性考核成绩和期末终结性考核成绩组成,过程性考核成绩占总成绩的20%,期末终结性考核成绩占总成绩的80% ②过程性考核包括课堂考勤、学习态度、作业、课堂互动等	

项目二		气动操纵系统	课时 8 含课内实训2
教学目标	知识目标	掌握主机气动操纵系统工作原理和识图方法	
	能力目标	具备分析主机操纵系统气路图能力,熟悉常用气动控制元件,具备系统维护与故障处理能力	
	素质目标	①具有吃苦耐劳、爱岗敬业的职业素养 ②具有良好的组织、沟通、协调等人际交往能力和语言表达能力 ③具有团队精神和创新精神 ④具有良好的心理素质、克服困难的能力和创造能力 ⑤具有较强的集体意识和社会责任心	
学习任务		任务一　气动操纵系统的基本阀件	
		任务二　气动操纵系统的工作原理(MAN B&W MC)	
相关知识		常用的气动控制元件工作原理、气路图分析方法	
教学设备与媒体		常用气动控制元件、主机遥控系统气路图、多媒体教学设备	
考核评价		①项目考核由过程性考核成绩和期末终结性考核成绩组成,过程性考核成绩占总成绩的20%,期末终结性考核成绩占总成绩的80% ②过程性考核包括课堂考勤、学习态度、作业、课堂互动等	

项目三		微机控制的主机遥控系统(以AUTOCHIEF-Ⅳ型遥控系统为例)	课时 12
教学目标	知识目标	了解AC-Ⅳ系统基本原理及常见故障处理方法	
	能力目标	具备对AC-Ⅳ系统管理和常见故障分析判断及排除能力	
	素质目标	①具有吃苦耐劳、爱岗敬业的职业素养 ②具有良好的组织、沟通、协调等人际交往能力和语言表达能力 ③具有团队精神和创新精神 ④具有良好的心理素质、克服困难的能力和创造能力 ⑤具有较强的集体意识和社会责任心	

<table>
<tr><td rowspan="2">项目三</td><td rowspan="2">微机控制的主机遥控系统(以 AUTOCHIEF-Ⅳ型遥控系统为例)</td><td>课时</td></tr>
<tr><td>12</td></tr>
<tr><td rowspan="6">学习任务</td><td colspan="2">任务一　AUTOCHIEF-Ⅳ主机遥控系统的硬件结构</td></tr>
<tr><td colspan="2">任务二　AUTOCHIEF-Ⅳ主机遥控系统的驾驶台、集控室操作面板的组成、功能及其基本操作</td></tr>
<tr><td colspan="2">任务三　AUTOCHIEF-Ⅳ主机遥控系统在不同车令下的工作过程</td></tr>
<tr><td colspan="2">任务四　AUTOCHIEF-Ⅳ主机遥控系统的参数设定方法</td></tr>
<tr><td colspan="2">任务五　AUTOCHIEF-Ⅳ主机遥控系统的模拟试验方法</td></tr>
<tr><td colspan="2">任务六　AUTOCHIEF-Ⅳ主机遥控系统的故障诊断流程</td></tr>
<tr><td>相关知识</td><td colspan="2">单板机控制系统的工作原理和管理方法</td></tr>
<tr><td>教学设备与媒体</td><td colspan="2">AC-Ⅳ控制系统、多媒体教学设备</td></tr>
<tr><td>考核评价</td><td colspan="2">①项目考核由过程性考核成绩和期末终结性考核成绩组成,过程性考核成绩占总成绩的20%,期末终结性考核成绩占总成绩的80%
②过程性考核包括课堂考勤、学习态度、作业、课堂互动等</td></tr>
</table>

<table>
<tr><td colspan="2" rowspan="2">项目四</td><td rowspan="2">网络型主机遥控系统(AC-C20)</td><td>课时</td></tr>
<tr><td>6
含课内实训2</td></tr>
<tr><td rowspan="3">教学目标</td><td>知识目标</td><td colspan="2">了解和掌握 AC-C20 控制系统原理及维护保养方法</td></tr>
<tr><td>能力目标</td><td colspan="2">具备 AC-C20 控制系统管理、维护保养及常见故障判断排除能力</td></tr>
<tr><td>素质目标</td><td colspan="2">①具有吃苦耐劳、爱岗敬业的职业素养
②具有良好的组织、沟通、协调等人际交往能力和语言表达能力
③具有团队精神和创新精神
④具有良好的心理素质、克服困难的能力和创造能力
⑤具有较强的集体意识和社会责任心</td></tr>
<tr><td colspan="2" rowspan="5">学习任务</td><td colspan="2">任务一　遥控系统的硬件及其网络结构</td></tr>
<tr><td colspan="2">任务二　驾驶台、集控室操作面板的组成、功能</td></tr>
<tr><td colspan="2">任务三　遥控系统的工作模式</td></tr>
<tr><td colspan="2">任务四　遥控系统的参数设定方法</td></tr>
<tr><td colspan="2">任务五　遥控系统的故障诊断与排除</td></tr>
<tr><td colspan="2">相关知识</td><td colspan="2">现场总线型控制系统原理和管理方法</td></tr>
<tr><td colspan="2">教学设备与媒体</td><td colspan="2">AC-C20 控制系统(实际设备或模拟器,可以是单机版模拟器)、多媒体教学设备</td></tr>
<tr><td colspan="2">考核评价</td><td colspan="2">①项目考核由过程性考核成绩和期末终结性考核成绩组成,过程性考核成绩占总成绩的20%,期末终结性考核成绩占总成绩的80%
②过程性考核包括课堂考勤、学习态度、作业、课堂互动等</td></tr>
</table>

(六)考核评价

完善的学生考核评价体系的建立是综合评判本课程教学效果和教学质量的重要指标之一。本课程的考试成绩采用百分制,由过程性考核成绩和期末终结性考核成绩组成。

1. 过程性考核成绩

占总成绩的20%,包括课堂考勤、学习态度、作业、课堂互动等,同时应注重对学生动手能力、分析问题和解决问题能力的考核,对在学习和应用上有创新的学生应予及时鼓励,全面综合评价学生能力。

2. 期末终结性考核成绩

占总成绩的80%,采取闭卷笔试的方式进行,考试时间为120分钟。

(七)教学条件

课程目标、教学内容和学习情境实施必须依靠一定的教学条件,即实践条件、师资条件和其他辅助条件。这三个条件相辅相成,共同决定人才培养质量。

1. 实践条件

实践条件由实训课程资源构成,是决定课程目标能否实现的重要因素。实训课程资源包括理论实践一体化教材、实训指导书、教具、仪器设备等有形的物质资源,也包括模拟软件等无形的资源。实训课程资源不仅仅是为教师准备的,而且对学生适当开放,以用于学生的自主学习、主动探究。

(1)充分利用学校的实训课程资源

学校提供的实训课程资源包括实训场地及相应仪器设备、模拟软件、有关图书及报纸杂志、教学挂图、模型、实物标本、音像资料和多媒体课件等;学校的实训课程资源应能充分满足课程理论实践一体化教学需要,建立本专业开放实训中心,使之具备现场教学、实验实训、职业技能证书考证的功能,实现理论教学与实训合一、教学与培训合一、教学与考证合一,满足学生职业能力培养的需求。

(2)积极利用社会和航运企业课程资源

社会和航运企业课程资源有船舶、海港码头、图书馆、博物馆、展览馆、科技馆、高等院校等。此外,邀请校企合作单位有关机务管理专家、船厂专业技术人员来校演讲、座谈、授课、培养方案研讨等,也是利用社会和航运企业课程资源的重要方式。

2. 师资条件

见“船舶电子电气技术专业教学标准”十、人才培养的实施条件(二)师资要求。

3. 其他

(1)广泛利用各种媒体资源

各种媒体资源,包括报纸、杂志、广播、电视、互联网等。特别是媒体关于海洋环境问题、海事案例等方面的报道等,用其作为学生课堂讨论的素材,时效性强,容易引起学生的关注和互动,对于学生的职业发展非常重要。但应注意信息源的可靠性和信息内容的真实性,以提高学生信息评价的意识和能力。

(2)大力开发信息技术资源

信息技术资源主要包括网络资源和多媒体课件两个方面。网络资源又包括互联网资源和校园网资源等,如国家、省级精品课程的上网资料,电子书籍、电子期刊、数据库、数字图书馆等。多媒体课件包括教学大纲、PPT 课件、电子教案、实训指导书、习题库、试卷库、参考文献等。这些资源有利于学生自主性学习，有利于满足不同学生的需求。教师应与计算机专业人员合作，加大信息技术资源的开发。

（八）实施建议

1. 教材使用

①教材及相应教辅资料应满足本课程标准要求。

②教材应充分体现高等职业教育特点，突出职业技能培养，特别要以船舶岗位具体工作任务为基础进行设计。此外，教材应符合科学性、先进性和教育教学的普遍规律，具有鲜明的行业特色，并恰当运用现代教学技术、方法与手段，教学效果显著，具有示范、辐射作用。

③教材与参考书

教材内容要体现先进性、通用性、实用性，要将本专业新知识、新技术、新工艺、新法规及时地纳入教材中，使教材更贴近本专业的发展变化和实际需要。

建议使用教材：

《船舶机舱自动化》，中国海事服务中心组织编写，大连海事大学出版社，2012 年。

教学参考书：

《船舶电气与自动化》（船舶自动化），中国海事服务中心组织编写，轮机专业，大连海事大学出版社，2012 年。

《轮机自动化》，林叶锦主编，大连海事大学出版社，2009 年。

2. 教学方法与手段

采用现代教学方法与手段进行理论与实践一体化教学，采取课程内理论环节与实训环节同步安排，先由任课教师现场讲解然后分组实训的组织形式。教学实施过程中，理论教学和实践教学要有机地融合起来。教师在教学中结合具体的工作任务或产品或案例进行知识讲解，引导学生分析、讨论，获取知识，提高其解决实际问题的能力。教师根据课程中各模块的重要性、实践性、难易程度等优化教学内容，合理安排教学时间，以学生为主体，教师的“教”为主导，突出学生的“学”和“做”，边讲边练，学做交替，通过现场讲解、“理论与实践周期交替互动”等多种教学方法，使教、学、做紧密结合，强化学生职业技能培养。充分利用课程网络教学资源，促进学生自主学习。理论与实践一体化教学和计算机多媒体、网络教学等先进手段相结合，理论联系实际，融知识学习、技能训练和职业素质养成于一体，培养和训练学生的实际操作、管理与维修技能，提高学生的岗位职业技能和岗位职业素养。

（1）尽可能运用信息技术来组织教学

船舶主推进装置自动控制是一门比较抽象的专业课程，运用传统的教学手段难以达到教学效果，为此教师需要通过拍摄图片、从网络下载资料、制作动画等多种方法，将上课内容制成多媒体课件进行讲授，这样就能将抽象的、复杂的设备控制原理等一一展现出来，起到事半功倍的作用，提高教学质量和课堂效率。

（2）运用案例分析和启发式教学

如船舶主推进装置自动控制系统故障分析，教师采用案例分析法，由某轮在航行前主机无法启动，提出故障可能原因，高压保护。整个教学环节包括案例提出问题→列出解决问题所需的知识点→对每一知识点进行分析、讲解→总结。

九、传感器与监视报警课程标准

课程类型:专业核心课程
适用专业:传感器与监视报警
开设学期:第五学期
建议学时:30

(一)课程性质与作用

传感器与监视报警是船舶电子电气技术专业的专业核心课程之一。本课程教学模式是以就业能力培养为导向,开展做中学、做中教,教、学、做结合,理论与实践交替互动,是一门理论性较强、实践技能要求较高的课程。通过学习及与之配套的实践或现场教学,使学生掌握船舶机舱监视与报警系统、常用传感器和变送器、火灾报警系统、微机控制机舱监视报警系统知识,掌握典型船舶监视报警系统 K-CHIEF500 和 DC-C20 构成、参数设置和故障处理方法。前期课程电子技术、轮机概论、船舶电机与电气控制系统为本课程学习打下理论基础,后期课程计算机与自动化训练等是本课程在技能方面的实践和延续。

(二)课程目标

通过学习使学生掌握船舶监视报警系统基础知识和维护保养、故障排除等基本技能,以满足现代船舶对电子电气员理论与实践技能的要求,为电子电气员适任考试做好准备且为学生毕业后经实习即可胜任 750 kW 以上船舶电子电气员工作奠定良好的基础。

本课程为后期课程计算机与自动化及对应的适任评估训练奠定理论基础。

1. 知识目标

学习传感器的分类及静态参数、变送器概念及标准信号类型,温度传感器、压力传感器的原理与使用、测试;学习火灾检测方法及火警探测器、火灾报警系统基本原理及相关动作,掌握总线型火警监控系统的基本原理;学习船舶机舱监视报警系统组成与功能,学习网络型监视与报警系统(K-CHIEF500)。

2. 能力目标

通过学习使学生掌握温度传感器、压力传感器的使用、测试;火警系统的使用、测试;掌握网络型监视与报警系统的故障诊断与排除;能够理论联系实际,对船舶监视报警系统的常见故障,做出正确的分析判断并确定下一步应采取的措施。

3. 素质目标

①具有吃苦耐劳、爱岗敬业的职业素养;
②具有良好的组织、沟通、协调等人际交往能力和语言表达能力;
③具有团队精神和创新精神;
④具有良好的心理素质、克服困难的能力和创造能力;
⑤具有较强的集体意识和社会责任心。

(三)课程设计理念与思路

通过航运企业调研,课程专兼职教学团队以岗位能力为核心确定了课程目标,把船舶机舱监视报警系统自动控制系统的工作原理、操作、管理、维修过程、工作任务一一列出，并进行分类。与此同时，根据高职学生的认知规律和职业技能培养目标，课程围绕船舶电子电气管理人员船舶监视报警系统的工作原理、操作、管理、维修过程等真实工作任务设计学习情境，采用课程内容模块化教学和教、学、做结合的教学模式，让学生在掌握相关理论知识的基础上，发展职业能力。教学实施过程中，通过理论实践一体化教学、集中训练课等多种途径，采用工学结合、理论与实践交替互动等形式，充分利用校内实训资源、精品课程资源、校外实训资源等教学资源，提高学生适岗适任能力，培养学生综合职业素质。

1. 课程设计理念

见船舶电机与电气控制系统课程标准中的课程设计理念。

2. 课程设计主要思路

①校企合作共同制定人才培养方案和课程标准。组织高等职业教育教学专家、专业教师、航运公司技术专家共同制定人才培养方案和课程标准，根据船舶电气管理人员其真实工作任务所需要的知识、能力和素质要求确定教学内容，突出针对性和适用性。

②整合教学内容，科学设计学习工作任务。遵循高职学生职业能力培养的基本规律，以船上真实工作任务及工作过程为依据设计学习情境，培养学生船舶机舱监视报警系统自控装置的管理、维修技能。

③采取工学交替、理论与实践交替互动的教学模式。通过独立的职业技能训练体系，在模拟和真实的学习情境中，以学生为主体，通过“工学结合”和“理论与实践交替互动”，使学生掌握“相关理论知识”和“相关实践知识”，达到“主要知识目标”和“主要能力目标”，引导学生在具体情境中探究与发现，培养学生操作、管理和维修船舶机舱监视报警系统自控装置的实践能力，发展综合职业能力，以适应现代化船舶对电子电气管理人员的技能要求。

④坚持理论知识“必需、够用”、实践技能“必需、胜任”的原则。

⑤运用校内实训资源、精品课程资源、现代教育技术和校外实训资源等教学资源，按照教、学、做一体化实施教学，培养学生综合职业素质，提高学生适岗适任能力。

(四)课程内容结构安排

学习项目		学习任务	课时
1	船舶常用传感器	任务一　传感器的分类及静态参数	10
		任务二　变送器概念及标准信号类型	
		任务三　温度传感器	
		任务四　压力传感器	
2	火灾报警系统	任务一　火灾检测方法及火警探测器	6
		任务二　火灾报警系统的基本原理及相关动作	
		任务三　总线型火警监控系统的基本原理	
3	机舱监视与报警系统	任务一　监视报警系统的组成与功能	14
		任务二　网络型监视与报警系统(K-CHIEF500)	
		任务三　网络型监视与报警系统的故障诊断与排除	
总计			30

（五）教学内容与要求

项目一		船舶常用传感器	课时 10
教学目标	知识目标	掌握机舱各种常用传感器原理及常见故障分析处理方法	
	能力目标	具备维护保养常用传感器能力	
	素质目标	①具有吃苦耐劳、爱岗敬业的职业素养 ②具有良好的组织、沟通、协调等人际交往能力和语言表达能力 ③具有团队精神和创新精神 ④具有良好的心理素质、克服困难的能力和创造能力 ⑤具有较强的集体意识和社会责任心	
学习任务		任务一　传感器的分类及静态参数	
		任务二　变送器概念及标准信号类型	
		任务三　温度传感器	
		任务四　压力传感器	
相关知识		传感器的基本知识、测量的基本知识	
教学设备与媒体		各种主要类型传感器、多媒体教学设备、检修工具及测量仪表	
考核评价		①项目考核由过程性考核成绩和期末终结性考核成绩组成，过程性考核成绩占总成绩的20%，期末终结性考核成绩占总成绩的80% ②过程性考核包括课堂考勤、学习态度、作业、课堂互动等	

项目二		火灾报警系统	课时 6
教学目标	知识目标	了解船舶火警探测器及火警系统原理，掌握管理火警系统及故障处理基本方法	
	能力目标	具备正确使用、维护和保养船舶火警系统能力，能够对火警探测装置进行测试及故障排除	
	素质目标	①具有吃苦耐劳、爱岗敬业的职业素养 ②具有良好的组织、沟通、协调等人际交往能力和语言表达能力 ③具有团队精神和创新精神 ④具有良好的心理素质、克服困难的能力和创造能力 ⑤具有较强的集体意识和社会责任心	
学习任务		任务一　火灾检测方法及火警探测器	
		任务二　火灾报警系统的基本原理及相关动作	
		任务三　总线型火警监控系统的基本原理	

<table>
<tr><td rowspan="2">项目二</td><td rowspan="2">火灾报警系统</td><td>课时</td></tr>
<tr><td>6</td></tr>
<tr><td>相关知识</td><td colspan="2">火警探测的方法、火警系统(总线式)原理</td></tr>
<tr><td>教学设备与媒体</td><td colspan="2">典型火警探测器、船舶火警系统、总线式火警探测器及系统、多媒体教学设备、检修工具及测量仪表</td></tr>
<tr><td>考核评价</td><td colspan="2">①项目考核由过程性考核成绩和期末终结性考核成绩组成,过程性考核成绩占总成绩的20%,期末终结性考核成绩占总成绩的80%
②过程性考核包括课堂考勤、学习态度、作业、课堂互动等</td></tr>
</table>

<table>
<tr><td colspan="2" rowspan="2">项目三</td><td rowspan="2">机舱监视与报警系统</td><td>课时</td></tr>
<tr><td>14
含课内实训2</td></tr>
<tr><td rowspan="3">教学目标</td><td>知识目标</td><td colspan="2">了解和掌握船舶机舱监视报警系统原理及维护保养方法</td></tr>
<tr><td>能力目标</td><td colspan="2">能够对机舱监视与报警系统常见故障进行判断并排除</td></tr>
<tr><td>素质目标</td><td colspan="2">①具有吃苦耐劳、爱岗敬业的职业素养
②具有良好的组织、沟通、协调等人际交往能力和语言表达能力
③具有团队精神和创新精神
④具有良好的心理素质、克服困难的能力和创造能力
⑤具有较强的集体意识和社会责任心</td></tr>
<tr><td colspan="2" rowspan="3">学习任务</td><td colspan="2">任务一　监视报警系统的组成与功能</td></tr>
<tr><td colspan="2">任务二　网络型监视与报警系统(K-CHIEF500)</td></tr>
<tr><td colspan="2">任务三　网络型监视与报警系统的故障诊断与排除</td></tr>
<tr><td colspan="2">相关知识</td><td colspan="2">集中监视报警的原理、总线式系统的原理</td></tr>
<tr><td colspan="2">教学设备与媒体</td><td colspan="2">船舶机舱监视报警系统(总线式,可以为模拟器)、多媒体教学设备、检修工具及测量仪表</td></tr>
<tr><td colspan="2">考核评价</td><td colspan="2">①项目考核由过程性考核成绩和期末终结性考核成绩组成,过程性考核成绩占总成绩的20%,期末终结性考核成绩占总成绩的80%
②过程性考核包括课堂考勤、学习态度、作业、课堂互动等</td></tr>
</table>

(六)考核评价

完善的学生考核评价体系的建立是综合评判本课程教学效果和教学质量的重要指标之一。本课程的考试成绩采用百分制,由过程性考核成绩和期终结性考核成绩组成。

1.过程性考核成绩

占总成绩的20%,包括课堂考勤、学习态度、作业、课堂互动等,同时应注重学生动手能力、分析问题和解决问题能力的考核,对在学习和应用上有创新的学生应予及时鼓励,全面综合评价学生能力。

2. 期末终结性考核成绩

占总成绩的80%,采取闭卷笔试的方式进行,考试时间为120分钟。

(七)教学条件

课程目标、教学内容和学习情境实施必须依靠一定的教学条件,即实践条件、师资条件和其他辅助条件。这三个条件相辅相成,共同决定人才培养质量。

1. 实践条件

实践条件由实训课程资源构成,是决定课程目标能否实现的重要因素。实训课程资源包括理论实践一体化教材、实训指导书、教具、仪器设备等有形的物质资源,也包括模拟软件等无形的资源。实训课程资源不仅仅是为教师准备的,而且对学生适当开放,以用于学生的自主学习、主动探究。

(1)充分利用学校的实训课程资源

学校提供的实训课程资源包括实训场地及相应仪器设备、模拟软件、有关图书及报纸杂志、教学挂图、模型、实物标本、音像资料和多媒体课件等;学校的实训课程资源应能充分满足课程理论实践一体化教学需要,建立本专业开放实训中心,使之具备现场教学、实验实训、职业技能证书考证的功能,实现理论教学与实训合一、教学与培训合一、教学与考证合一,满足学生职业能力培养的需求。

(2)积极利用社会和航运企业课程资源

社会和航运企业课程资源有船舶、海港码头、图书馆、博物馆、展览馆、科技馆、高等院校等。此外,邀请校企合作单位有关机务管理专家、船厂专业技术人员来校演讲、座谈、授课、培养方案研讨等,也是利用社会和航运企业课程资源的重要方式。

2. 师资条件

见“船舶电子电气技术专业教学标准”十、人才培养的实施条件(二)师资要求。

3. 其他辅助条件

(1)广泛利用各种媒体资源

各种媒体资源,包括报纸、杂志、广播、电视、互联网等。特别是媒体关于海洋环境问题、海事案例等方面的报道等,用其作为学生课堂讨论的素材,时效性强,容易引起学生的关注和互动,对于学生的职业发展非常重要。但应注意信息源的可靠性和信息内容的真实性,以提高学生信息评价的意识和能力。

(2)大力开发信息技术资源

信息技术资源主要包括网络资源和多媒体课件两个方面。网络资源又包括互联网资源和校园网资源等,如国家、省级精品课程的上网资料,电子书籍、电子期刊、数据库、数字图书馆等。多媒体课件包括教学大纲、PPT课件、电子教案、实训指导书、习题库、试卷库、参考文献等。这些资源有利于学生自主性学习,有利于满足不同学生的需求。教师应与计算机专业人员合作,加大信息技术资源的开发。

(八)实施建议

1. 教材使用

①教材及相应教辅资料应满足本课程标准要求。

②教材应充分体现高等职业教育特点,突出职业技能培养,特别要以船舶岗位具体工作任务为基础进行设计。此外,教材应符合科学性、先进性和教育教学的普遍规律,具有鲜明行业特色并恰当运用现代教学技术、方法与手段,教学效果显著,具有示范、辐射作用。

③教材与参考书

教材内容要体现先进性、通用性、实用性,要将本专业新知识、新技术、新工艺、新法规及时地纳入教材中,使教材更贴近本专业的发展变化和实际需要。

建议使用教材:

《船舶机舱自动化》,中国海事服务中心组织编写,大连海事大学出版社,2012 年。

教学参考书:

《船舶电气与自动化》(船舶自动化),中国海事服务中心组织编写,大连海事大学出版社,2012 年。

《轮机自动化》,林叶锦主编,大连海事大学出版社,2009 年。

2. 教学方法与手段

采用现代教学方法与手段进行理论与实践一体化教学,采取课程内理论环节与实训环节同步安排,先由任课教师现场讲解然后分组实训的组织形式。教学实施过程中,理论教学和实践教学要有机地融合起来。教师在教学中结合具体的工作任务或产品或案例进行知识讲解,引导学生分析、讨论,获取知识,提高其解决实际问题的能力。教师根据课程中各模块的重要性、实践性、难易程度等优化教学内容,合理安排教学时间,以学生为主体,教师的“教”为主导,突出学生的“学”和“做”,边讲边练,学做交替,通过现场讲解、“理论与实践周期交替互动”等多种教学方法,使教、学、做紧密结合,强化学生职业技能培养。充分利用课程网络教学资源,促进学生自主学习。理论与实践一体化教学和计算机多媒体、网络教学等先进手段相结合,理论联系实际,融知识学习、技能训练和职业素质养成于一体,培养和训练学生的实际操作、管理与维修技能,提高学生的岗位职业技能和岗位职业素养。

(1)尽可能运用信息技术来组织教学

传感器与监视报警是一门比较抽象的专业课程,运用传统的教学手段难以达到教学效果,为此教师需要通过拍摄图片、从网络下载资料、制作动画等多种方法,将上课内容制成多媒体课件进行讲授,这样就能将抽象的、复杂的设备控制原理等一一展现出来,起到事半功倍的作用,提高教学质量和课堂效率。

(2)运用案例分析和启发式教学

例如,船舶机舱监视报警系统故障分析,教师采用案例分析法,由某轮在夜航期间出现报警系统失灵:锅炉低水位不报警,提出故障可能原因,从发出报警的各个环节入手进行分析。整个教学环节包括案例提出问题→列出解决问题所需的知识点→对每一知识点进行分析、讲解→总结。

十、船舶电站课程标准

课程类型:专业核心课程
适用专业:船舶电子电气技术专业
开设学期:第四学期
建议学时:54

(一)课程性质与作用

船舶电站是船舶电子电气技术专业的专业核心课程之一,是一门理论性较强、实践技能要求较高的综合性课程。本课程教学模式是以就业能力培养为导向,开展做中学、做中教,教、学、做结合,理论与实践交替互动。通过学习及与之配套的实践或现场教学,使学生掌握船舶电源(同步发电机及应急电源,蓄电池)、配电装置、电网与线缆、船舶电力负载、自动空气断路器、电力系统的继电保护、同步发电机及其自动调压器、电压和无功功率自动调节、频率及有功功率自动调节、并车操作及并联运行、船舶电站自动化的基础知识及自动控制单元、高压电力系统及安全管理等理论知识和相关技能,能够利用船舶技术资料,对船舶电站的一般故障进行分析、判断和相应的处理。前期课程电工基础和电子技术为本课程学习打下理论基础,后期课程船舶电站操作与维护等是本课程在技能方面的实践和延续。通过本课程和其他相关课程的理论学习与实践训练,使学生达到STCW公约马尼拉修正案和《中华人民共和国海船船员适任考试和发证规则》要求的750 kW以上船舶的电子电气员适任标准,培养具有可持续发展能力的高素质技能型人才。

(二)课程目标

通过学习,使学生掌握船舶电站基础知识和维护保养、故障排除等方面基本技能,以满足现代船舶对电子电气员理论与实践技能的要求,为电子电气员适任考试做好准备,且为学生毕业后经实习即可胜任750 kW以上船舶电子电气员工作奠定良好的基础。本课程为后期课程船舶电站操作与维护及对应的适任评估训练奠定理论基础。

1.知识目标

掌握船舶电力系统组成、特点、基本参数、类型等;掌握船用电站主接线,船舶配电装置功能;掌握船舶电网及电缆知识、船舶蓄电池种类及维护保养方法;能够对船舶主配电板原理进行正确分析并掌握船舶电网失电处理方法;掌握船舶高压电系统的电压等级、接地技术、主变压器的预充磁以及船舶高压断路器的种类、特点;掌握船舶高压电系统中高压隔离开关、接地开关使用方法及船舶高压开关柜“五防”措施;掌握船舶同步发电机准同步自动并车原理以及手动准同步并车的操作方法、注意事项;掌握自动并车装置典型环节技术方案及原理并能够典型故障予以分析处理;掌握船舶同步发电机自励起压原理及不可控相复励调压器、可控硅调压器、可控相复励调压器原理;掌握船舶无刷发电机结构及其励磁系统原理;掌握并联运行船舶发电机组间进行无功功率分配自动控制原理和相关方法;掌握船舶电力系统频率及有功功率手动/自动调节原理及方法,理解如何进行一次调节及二次调节、自动调频调载等;掌握船舶发电机、船舶电网继电保护原理、保护的择性原则以相应规范和公约要求;熟悉自动空气断路器结构及原理并能对其故障进行分析处理;掌握船舶电力系统绝缘监测方法及接地故障排除方法；掌握船舶应急电力系统的组成及其功能；能够对船舶应急配电板的控制线路进行正确分析并能够对相应故障进行正确的分析处理；熟悉并能够对船舶应急电源进行投入运行试验；了解船舶轴带发电机种类及其控制原理；掌握自动电力管理系统结构、组成及控制方式；掌握自动电力管理系统主要功能及功能流程图；掌握发电机并联运行控制器以及保护单元 GPC/PPU 的功能。

2. 能力目标

通过学习，使学生掌握船舶发电机的工作原理、调压原理及并车、解列，掌握船舶电力系统构成及其继电保护工作原理、船舶高压系统、自动化电站的控制与管理，能够对船舶电站的常见故障，做出正确的分析判断并确定下一步应采取的措施。

3. 素质目标

①具有吃苦耐劳、爱岗敬业的职业素养；

②具有良好的组织、沟通、协调等人际交往能力和语言表达能力；

③具有团队精神和创新精神；

④具有良好的心理素质、克服困难的能力和创造能力；

⑤具有较强的集体意识和社会责任心。

（三）课程设计理念与思路

通过航运企业调研，课程专兼职教学团队以岗位能力为核心确定了课程目标，把船舶电站的工作原理、操作、管理、维修过程、工作任务一一列出，并进行分类。同时根据高职学生的认知规律和职业技能培养目标，课程围绕船舶电子电气管理人员船舶电站的工作原理、操作、管理、维修过程等真实工作任务设计学习情境，采用课程内容模块化教学和教、学、做结合的教学模式，发展学生职业能力。教学实施过程中，通过理论实践一体化教学、集中训练课等多种途径，采用工学结合、理论与实践交替互动等形式，充分利用校内实训资源、精品课程资源、校外实训资源等教学资源，提高学生适岗适任能力，培养学生综合职业素质。

1. 课程设计理念

见船舶电机与电气控制系统课程标准中的课程设计理念。

2. 课程设计主要思路

①校企合作共同制定人才培养方案和课程标准。组织高等职业教育教学专家、专业教师、航运公司技术专家共同制定人才培养方案和课程标准，根据船舶电气管理人员其真实工作任务所需要的知识、能力和素质要求确定教学内容，突出针对性和适用性。

②整合教学内容，科学设计学习工作任务。遵循高职学生职业能力培养的基本规律，以船上真实工作任务及其工作过程为依据设计学习情境，培养学生船舶电站的管理、维修技能。

③采取工学交替、理论与实践交替互动的教学模式。通过独立的职业技能训练体系，在模拟和真实的学习情境中，以学生为主体，通过"工学结合"和"理论与实践交替互动"，使学生掌握"相关理论知识"和"相关实践知识"，达到"主要知识目标"和"主要能力目标"，引导学生在具体情境中探究与发现，培养学生操作、管理和维修船舶电站的实践能力，发展综合职业能力，以适应现代化船舶对电子电气管理人员的技能要求。

④坚持理论知识"必需、够用"、实践技能"必需、胜任"的原则。

⑤运用校内实训资源、精品课程资源、现代教育技术和校外实训资源等教学资源，按照教、

学、做一体化实施教学，培养学生综合职业素质，提高学生适岗适任能力。

（四）课程内容结构安排

学习项目		学习任务	课时
1	船舶电力系统概述	任务一　船舶电力系统组成、特点及基本参数	14
		任务二　船舶电力系统的类型	
		任务三　船用电站的主接线	
		任务四　船舶配电装置	
		任务五　船舶配电装置认识	
		任务六　船舶电网及电缆	
		任务七　船舶蓄电池	
		任务八　船舶主配电板及电网失电处理	
		任务九　船舶主配电板的控制线路分析	
		任务十　船舶高压电系统及其安全管理	
2	船舶同步发电机并联运行	任务一　船舶同步发电机准同步并车	5
		任务二　船舶同步发电机准同步自动并车原理	
		任务三　自动并车装置典型环节技术方案及原理分析	
3	船舶同步发电机电压及无功功率自动调节	任务一　概述	8
		任务二　船舶同步发电机自励起压原理	
		任务三　不可控相复励调压器	
		任务四　可控硅调压器	
		任务五　可控相复励调压器	
		任务六　船舶无刷发电机及其励磁系统	
		任务七　并联运行船舶发电机组间无功分配的自动控制	
4	船舶电力系统频率及有功功率自动调节	任务一　频率及有功功率自动调节	6
		任务二　自动调频调载方法	
		任务三　二次调节系统的稳定性	
5	船舶电力系统继电保护	任务一　概述	12
		任务二　船舶电力系统主要保护电器	
		任务三　自动空气断路器认识	
		任务四　船舶同步发电机的继电保护	
		任务五　船舶电网的继电保护	
6	船舶应急电力系统	任务一　船舶应急电力系统	2
		任务二　船舶应急配电板的控制线路分析	
7	轴带发电机	任务一　轴带发电机及其控制	1

学习项目		学习任务	课时
8	船舶电站自动化	任务一　概述	6
		任务二　自动电力管理系统的结构与组成	
		任务三　自动电力管理系统总体控制	
		任务四　自动电力管理系统主要功能及功能流程图	
		任务五　自动控制单元(PPU)	
总计			54

(五)教学内容与要求

项目一		船舶电力系统概述	课时 14
教学目标	知识目标	了解掌握船舶电力系统组成、特点、基本参数及类型，船舶配电装置工作原理，船舶电网、电缆及船舶蓄电池；熟悉船舶主配电板组成及功能；了解船舶高压电系统及安全管理	
	能力目标	具备正确维护和保养船舶主配电板、船舶蓄电池知识；对船舶电网失电能进行正确处理，保证船舶电网供电稳定性和连续性；会分析船舶主配电板控制线路	
	素质目标	①具有吃苦耐劳、爱岗敬业的职业素养 ②具有良好的组织、沟通、协调等人际交往能力和语言表达能力 ③具有团队精神和创新精神 ④具有良好的心理素质、克服困难的能力和创造能力 ⑤具有较强的集体意识和社会责任心	
学习任务		任务一　船舶电力系统组成、特点及基本参数	
		任务二　船舶电力系统的类型	
		任务三　船用电站的主接线	
		任务四　船舶配电装置	
		任务五　船舶配电装置认识	
		任务六　船舶电网及电缆	
		任务七　船舶蓄电池	
		任务八　船舶主配电板及电网失电处理	
		任务九　船舶主配电板的控制线路分析	
		任务十　船舶高压电系统及其安全管理	
相关知识		船舶电力系统、船舶配电装置、船舶蓄电池、船舶主配电板及电网失电处理、船舶高压电系统及安全管理	
教学设备与媒体		船舶主配电板、船舶蓄电池、船舶高压电系统、多媒体教学设备、检修工具及测量仪表	
考核评价		①项目考核由过程性考核成绩和期末终结性考核成绩组成，过程性考核成绩占总成绩的20%，期末终结性考核成绩占总成绩的80% ②过程性考核包括课堂考勤、学习态度、作业、课堂互动等	

<table>
<tr><td colspan="2" rowspan="2">项目二</td><td rowspan="2">船舶同步发电机并联运行</td><td>课时</td></tr>
<tr><td>5</td></tr>
<tr><td rowspan="3">教学目标</td><td>知识目标</td><td colspan="2">了解掌握船舶同步发电机手动准同步并车/自动并车原理和自动并车装置典型环节技术方案及原理分析</td></tr>
<tr><td>能力目标</td><td colspan="2">能够进行船舶同步发电机手动准同步并车/自动并车并对常见故障进行分析处理</td></tr>
<tr><td>素质目标</td><td colspan="2">①具有吃苦耐劳、爱岗敬业的职业素养
②具有良好的组织、沟通、协调等人际交往能力和语言表达能力
③具有团队精神和创新精神
④具有良好的心理素质、克服困难的能力和创造能力
⑤具有较强的集体意识和社会责任心</td></tr>
<tr><td colspan="2" rowspan="3">学习任务</td><td colspan="2">任务一　船舶同步发电机准同步并车</td></tr>
<tr><td colspan="2">任务二　船舶同步发电机准同步自动并车原理</td></tr>
<tr><td colspan="2">任务三　自动并车装置典型环节技术方案及原理分析</td></tr>
<tr><td colspan="2">相关知识</td><td colspan="2">船舶同步发电机准同步并车/自动并车原理、自动并车装置典型环节技术方案及原理分析</td></tr>
<tr><td colspan="2">教学设备与媒体</td><td colspan="2">船舶同步发电机、手动/自动并车装置、多媒体教学设备、检修工具及测量仪表</td></tr>
<tr><td colspan="2">考核评价</td><td colspan="2">①项目考核由过程性考核成绩和期末终结性考核成绩组成,过程性考核成绩占总成绩的 20%,期末终结性考核成绩占总成绩的 80%
②过程性考核包括课堂考勤、学习态度、作业、课堂互动等</td></tr>
</table>

<table>
<tr><td colspan="2" rowspan="2">项目三</td><td rowspan="2">船舶同步发电机电压及无功功率自动调节</td><td>课时</td></tr>
<tr><td>8</td></tr>
<tr><td rowspan="3">教学目标</td><td>知识目标</td><td colspan="2">了解掌握船舶同步发电机电压及无功功率自动调节及维护保养方法</td></tr>
<tr><td>能力目标</td><td colspan="2">能够对船舶发电机调压系统、无功功率分配等常见故障进行分析处理</td></tr>
<tr><td>素质目标</td><td colspan="2">①具有吃苦耐劳、爱岗敬业的职业素养
②具有良好的组织、沟通、协调等人际交往能力和语言表达能力
③具有团队精神和创新精神
④具有良好的心理素质、克服困难的能力和创造能力
⑤具有较强的集体意识和社会责任心</td></tr>
</table>

<table>
<tr><td rowspan="2">项目三</td><td rowspan="2">船舶同步发电机电压及无功功率自动调节</td><td>课时</td></tr>
<tr><td>8</td></tr>
<tr><td rowspan="7">学习任务</td><td colspan="2">任务一　概述</td></tr>
<tr><td colspan="2">任务二　船舶同步发电机自励起压原理</td></tr>
<tr><td colspan="2">任务三　不可控相复励调压器</td></tr>
<tr><td colspan="2">任务四　可控硅调压器</td></tr>
<tr><td colspan="2">任务五　可控相复励调压器</td></tr>
<tr><td colspan="2">任务六　船舶无刷发电机及其励磁系统</td></tr>
<tr><td colspan="2">任务七　并联运行船舶发电机组间无功分配的自动控制</td></tr>
<tr><td>相关知识</td><td colspan="2">船舶同步发电机自励起压原理、不可控相复励/可控硅/可控相复励调压装置、船舶无刷发电机及其励磁系统、并联运行船舶发电机组间无功分配的自动控制</td></tr>
<tr><td>教学设备与媒体</td><td colspan="2">船舶同步发电机、并联运行船舶发电机组间无功分配的自动控制装置、多媒体教学设备、检修工具及测量仪表</td></tr>
<tr><td>考核评价</td><td colspan="2">①项目考核由过程性考核成绩和期末终结性考核成绩组成，过程性考核成绩占总成绩的20%，期末终结性考核成绩占总成绩的80%
②过程性考核包括课堂考勤、学习态度、作业、课堂互动等</td></tr>
</table>

<table>
<tr><td colspan="2" rowspan="2">项目四</td><td rowspan="2">船舶电力系统频率及有功功率自动调节</td><td>课时</td></tr>
<tr><td>6</td></tr>
<tr><td rowspan="3">教学目标</td><td>知识目标</td><td colspan="2">掌握船舶电力系统频率及有功功率自动调节原理</td></tr>
<tr><td>能力目标</td><td colspan="2">能够对船舶电力系统频率及有功功率自动调节常见故障进行分析处理</td></tr>
<tr><td>素质目标</td><td colspan="2">①具有吃苦耐劳、爱岗敬业的职业素养
②具有良好的组织、沟通、协调等人际交往能力和语言表达能力
③具有团队精神和创新精神
④具有良好的心理素质、克服困难的能力和创造能力
⑤具有较强的集体意识和社会责任心</td></tr>
<tr><td colspan="2" rowspan="3">学习任务</td><td colspan="2">任务一　频率及有功功率自动调节</td></tr>
<tr><td colspan="2">任务二　自动调频调载方法</td></tr>
<tr><td colspan="2">任务三　二次调节系统的稳定性</td></tr>
<tr><td colspan="2">相关知识</td><td colspan="2">频率及有功功率自动调节、自动调频调载方法、二次调节系统的稳定性</td></tr>
<tr><td colspan="2">教学设备与媒体</td><td colspan="2">船舶电力系统频率及有功功率自动调节装置、多媒体教学设备、检修工具及测量仪表</td></tr>
<tr><td colspan="2">考核评价</td><td colspan="2">①项目考核由过程性考核成绩和期末终结性考核成绩组成，过程性考核成绩占总成绩的20%，期末终结性考核成绩占总成绩的80%
②过程性考核包括课堂考勤、学习态度、作业、课堂互动等</td></tr>
</table>

<table>
<tr><td colspan="2" rowspan="2">项目五</td><td rowspan="2">船舶电力系统继电保护</td><td>课时</td></tr>
<tr><td>12</td></tr>
<tr><td rowspan="3">教学目标</td><td>知识目标</td><td colspan="2">掌握船舶电力系统主要保护电器、自动空气断路器的结构、船舶同步发电机及船舶电网继电保护工作原理</td></tr>
<tr><td>能力目标</td><td colspan="2">能对船舶发电机或船舶电网常见故障进行排除或应急处理</td></tr>
<tr><td>素质目标</td><td colspan="2">①具有吃苦耐劳、爱岗敬业的职业素养
②具有良好的组织、沟通、协调等人际交往能力和语言表达能力
③具有团队精神和创新精神
④具有良好的心理素质、克服困难的能力和创造能力
⑤具有较强的集体意识和社会责任心</td></tr>
<tr><td colspan="2" rowspan="5">学习任务</td><td colspan="2">任务一　概述</td></tr>
<tr><td colspan="2">任务二　船舶电力系统主要保护电器</td></tr>
<tr><td colspan="2">任务三　自动空气断路器认识</td></tr>
<tr><td colspan="2">任务四　船舶同步发电机的继电保护</td></tr>
<tr><td colspan="2">任务五　船舶电网的继电保护</td></tr>
<tr><td colspan="2">相关知识</td><td colspan="2">船舶电力系统主要保护电器、自动空气断路器结构及原理、船舶同步发电机/船舶电网的继电保护</td></tr>
<tr><td colspan="2">教学设备与媒体</td><td colspan="2">船舶电力系统主要保护电器、自动空气断路器、多媒体教学设备、检修工具及测量仪表</td></tr>
<tr><td colspan="2">考核评价</td><td colspan="2">①项目考核由过程性考核成绩和期末终结性考核成绩组成,过程性考核成绩占总成绩的20%,期末终结性考核成绩占总成绩的80%
②过程性考核包括课堂考勤、学习态度、作业、课堂互动等</td></tr>
</table>

<table>
<tr><td colspan="2" rowspan="2">项目六</td><td rowspan="2">船舶应急电力系统</td><td>课时</td></tr>
<tr><td>2</td></tr>
<tr><td rowspan="3">教学目标</td><td>知识目标</td><td colspan="2">掌握船舶应急电力系统工作原理</td></tr>
<tr><td>能力目标</td><td colspan="2">能够对应急电力系统常见故障进行分析处理</td></tr>
<tr><td>素质目标</td><td colspan="2">①具有吃苦耐劳、爱岗敬业的职业素养
②具有良好的组织、沟通、协调等人际交往能力和语言表达能力
③具有团队精神和创新精神
④具有良好的心理素质、克服困难的能力和创造能力
⑤具有较强的集体意识和社会责任心</td></tr>
<tr><td colspan="2" rowspan="2">学习任务</td><td colspan="2">任务一　船舶应急电力系统</td></tr>
<tr><td colspan="2">任务二　船舶应急配电板的控制线路分析</td></tr>
<tr><td colspan="2">相关知识</td><td colspan="2">船舶应急电力系统、船舶应急配电板控制线路分析</td></tr>
</table>

项目六		船舶应急电力系统	课时 2
教学设备与媒体		船舶应急电力系统、船舶应急配电板的控制线路，多媒体教学设备，检修工具及测量仪表	
考核评价		①项目考核由过程性考核成绩和期末终结性考核成绩组成，过程性考核成绩占总成绩的20%，期末终结性考核成绩占总成绩的80% ②过程性考核包括课堂考勤、学习态度、作业、课堂互动等	

项目七		轴带发电机	课时 1
教学目标	知识目标	了解和掌握轴带发电机的种类、工作原理及维护保养方法	
	能力目标	具备轴带发电机维护保养方法及常见故障判断排除能力	
	素质目标	①具有吃苦耐劳、爱岗敬业的职业素养 ②具有良好的组织、沟通、协调等人际交往能力和语言表达能力 ③具有团队精神和创新精神 ④具有良好的心理素质、克服困难的能力和创造能力 ⑤具有较强的集体意识和社会责任心	
学习任务		任务一　轴带发电机及其控制	
相关知识		轴带发电机种类及控制原理	
教学设备与媒体		轴带发电机、多媒体教学设备、检修工具及测量仪表	
考核评价		①项目考核由过程性考核成绩和期末终结性考核成绩组成，过程性考核成绩占总成绩的20%，期末终结性考核成绩占总成绩的80% ②过程性考核包括课堂考勤、学习态度、作业、课堂互动等	

项目八		船舶电站自动化	课时 6
教学目标	知识目标	了解自动电力管理系的结构与组成，掌握自动电力管理系统主要功能及功能流程图，熟悉自动控制单元(PPU)工作原理	
	能力目标	具备对自动电力管理系统维护保养及故障分析处理能力	
	素质目标	①具有吃苦耐劳、爱岗敬业的职业素养 ②具有良好的组织、沟通、协调等人际交往能力和语言表达能力 ③具有团队精神和创新精神 ④具有良好的心理素质、克服困难的能力和创造能力 ⑤具有较强的集体意识和社会责任心	

项目八	船舶电站自动化	课时
		6
学习任务	任务一　概述	
	任务二　自动电力管理系统的结构与组成	
	任务三　自动电力管理系统总体控制	
	任务四　自动电力管理系统主要功能及功能流程图	
	任务五　自动控制单元(PPU)	
相关知识	自动电力管理系统结构与组成、自动电力管理系统总体控制、自动电力管理系统总体控制、自动控制单元(PPU)	
教学设备与媒体	自动电力管理系统、自动控制单元(PPU)、多媒体教学设备、检修工具及测量仪表	
考核评价	①项目考核由过程性考核成绩和期末终结性考核成绩组成,过程性考核成绩占总成绩的20%,期末终结性考核成绩占总成绩的80% ②过程性考核包括课堂考勤、学习态度、作业、课堂互动等	

(六)考核评价

完善的学生考核评价体系的建立是综合评判本课程教学效果和教学质量的重要指标之一。本课程的考试成绩采用百分制,由过程性考核成绩和期末终结性考核成绩组成。

1. 过程性考核成绩

占总成绩的20%,包括课堂考勤、学习态度、作业、课堂互动等,同时应注重学生动手能力、分析问题和解决问题能力的考核,对在学习和应用上有创新的学生应予及时鼓励,全面综合评价学生能力。

2. 期末终结性考核成绩

占总成绩的80%,采取闭卷笔试的方式进行,考试时间为120分钟。

(七)教学条件

课程目标、教学内容和学习情境实施必须依靠一定的教学条件,即实践条件、师资条件和其他辅助条件。这三个条件相辅相成,共同决定人才培养质量。

1. 实践条件

实践条件由实训课程资源构成,是决定课程目标能否实现的重要因素。实训课程资源包括理论实践一体化教材、实训指导书、教具、仪器设备等有形的物质资源,也包括模拟软件等无形的资源。实训课程资源不仅仅是为教师准备的,而且对学生适当开放,以用于学生的自主学习、主动探究。

(1)充分利用学校的实训课程资源

学校提供的实训课程资源包括实训场地及相应仪器设备、模拟软件、有关图书及报纸杂志、教学挂图、模型、实物标本、音像资料和多媒体课件等;学校的实训课程资源应能充分满足课程理论实践一体化教学需要，建立本专业开放实训中心，使之具备现场教学、实验实训、职业技能证书考证的功能，实现理论教学与实训合一、教学与培训合一、教学与考证合一，满足学生职业能力培养的需求。

（2）积极利用社会和航运企业课程资源

社会和航运企业课程资源有船舶、海港码头、图书馆、博物馆、展览馆、科技馆、高等院校等。此外，邀请校企合作单位有关机务管理专家、船厂专业技术人员来校演讲、座谈、授课、培养方案研讨等，也是利用社会和航运企业课程资源的重要方式。

2. 师资条件

见“船舶电子电气技术专业教学标准”十、人才培养的实施条件（二）师资要求。

3. 其他辅助条件

（1）广泛利用各种媒体资源

各种媒体资源，包括报纸、杂志、广播、电视、互联网等。特别是媒体关于海洋环境问题、海事案例等方面的报道等，用其作为学生课堂讨论的素材，时效性强，容易引起学生的关注和互动，对于学生的职业发展非常重要。但应注意信息源的可靠性和信息内容的真实性，以提高学生信息评价的意识和能力。

（2）大力开发信息技术资源

信息技术资源主要包括网络资源和多媒体课件两个方面。网络资源又包括互联网资源和校园网资源等，如国家、省级精品课程的上网资料，电子书籍、电子期刊、数据库、数字图书馆等。多媒体课件包括教学大纲、PPT 课件、电子教案、实训指导书、习题库、试卷库、参考文献等。这些资源有利于学生自主性学习，有利于满足不同学生的需求。教师应与计算机专业人员合作，加大信息技术资源的开发。

（八）实施建议

1. 教材使用

①教材及相应教辅资料应满足本课程标准要求。

②教材应充分体现高等职业教育特点，突出职业技能培养，特别要以船舶岗位具体工作任务为基础进行设计。此外，教材应符合科学性、先进性和教育教学的普遍规律，具有鲜明行业特色并恰当运用现代教学技术、方法与手段，教学效果显著，具有示范、辐射作用。

③教材与参考书

教材内容要体现先进性、通用性、实用性，要将本专业新知识、新技术、新工艺、新法规及时地纳入教材中，使教材更贴近本专业的发展变化和实际需要。

建议使用教材：

《船舶电站及自动化》，姜锦范编著，大连海事大学出版社，2005 年。

《现代船舶电站》，张桂臣编著，大连海事大学出版社，2012 年。

教学参考书：

《船舶电气》，中国海事服务中心组织编写，电子电气专业，大连海事大学出版社，2012 年。

《船舶电气与自动化》，中国海事服务中心组织编写，轮机专业，大连海事大学出版社，2012 年。

《船舶电站及其自动化系统》，吴志良主编，大连海事大学出版社，2005 年。

2. 教学方法与手段

采用现代教学方法与手段进行理论与实践一体化教学，课程内理论环节与实训环节同步安排，先由任课教师现场讲解然后分组实训的组织形式。教学实施过程中，理论教学和实践教学要有机地融合起来。教师在教学中结合具体的工作任务或产品或案例进行知识讲解，引导学生分析、讨论，获取知识，提高其解决实际问题的能力。教师根据课程中各模块的重要性、实践性、难易程度等优化教学内容，合理安排教学时间，以学生为主体，教师的“教”为主导，突出学生的“学”和“做”，边讲边练，学做交替，通过现场讲解、“理论与实践周期交替互动”等多种教学方法，使教、学、做紧密结合，强化学生职业技能培养。充分利用课程网络教学资源，促进学生自主学习。理论与实践一体化教学和计算机多媒体、网络教学等先进手段相结合，理论联系实际，融知识学习、技能训练和职业素质养成于一体，培养和训练学生的实际操作、管理与维修技能，提高学生的岗位职业技能和岗位职业素养。

(1)尽可能运用信息技术来组织教学

船舶电站是一门比较抽象的专业课程，运用传统的教学手段难以达到教学效果，为此教师需要通过拍摄图片、从网络下载资料、制作动画等多种方法，将上课内容制成多媒体课件进行讲授，这样就能将抽象的、复杂的电磁感应现象、电气控制原理等一一展现出来，起到事半功倍的作用，提高教学质量和课堂效率。

(2)运用案例分析和启发式教学

例如自动空气断路器，教师采用案例分析法，由某轮在港装卸货期间(利用船方起货机作业)突然发生主开关跳闸，提出故障可能原因及过载保护。整个教学环节包括案例提出问题→列出解决问题所需的知识点→对每一知识点进行分析、讲解→总结。

十一、单片机原理与应用课程标准

课程类型:专业核心课程

适用专业:船舶电子电气技术专业

开设学期:第四学期

建议学时:48

(一)课程性质与作用

单片机原理与应用是船舶电子电气技术专业的专业核心课程之一。本课程教学模式是以就业能力培养为导向,开展做中学、做中教,教、学、做结合,理论与实践交替互动。这是一门理论性较强,实践技能要求较高的综合性课程。通过学习,使学生熟练掌握 MSC-51 系列单片机结构和原理、基本指令系统并能进行数值计算和控制程序设计,学习单片机 C 语言设计、单片机 I/O 接口设计、串行总线技术及微机系统在船舶自动装置中的应用,能够利用船舶技术资料,对一般故障进行分析判断和处理。前期课程计算机与局域网为本课程学习打下理论基础,后期课程船舶电站操作与维护、计算机与自动化训练等是本课程在技能方面的实践和延续。通过本课程和其他相关课程的学习与实践训练,使学生达到 STCW 公约马尼拉修正案和《中华人民共和国海船船员适任考试和发证规则》要求的 750 kW 以上船舶的电子电气员适任标准,培养具有可持续发展能力的高素质技能型人才。

(二)课程目标

通过教学和训练应使学生掌握单片微型计算机原理,了解单片机应用系统结构及工作特点、应用领域、发展趋势,掌握单片机开发基础知识,为学生日后能较好地使用和维护基于单片机的电气控制系统奠定基础。

1. 知识目标

认识单片机;掌握单片机组成和引脚、内部结构相关知识;掌握单片机的存储器组织相关知识;掌握 MCS-51 系统的组成;掌握数据传送类指令、算术运算类指令、逻辑运算及移位类指令、控制转移类指令、布尔变量操作类指令;熟练运用单片机基本指令;掌握单片机程序编制的方法和技巧,熟练编制源程序;掌握单片机基本程序的结构;掌握 80C51 单片机的中断系统;掌握 80C51 定时器、计数器的结构和特点;熟练运用定时器、计数器;掌握计算机串行通信基础知识;掌握 80C51 单片机串行接口的特点;掌握单片机输入、输出及其控制方式;认识显示器及键盘接口;学会单片机应用系统的设计。

2. 能力目标

通过学习,使学生掌握单片微型计算机原理,了解单片机应用系统结构及工作特点、应用领域、发展趋势,掌握单片机开发基础知识,能够对单片机系统常见故障,做出正确的分析判断并确定下一步应采取的措施。

3. 素质目标

①具有吃苦耐劳、爱岗敬业的职业素养;

②具有良好的组织、沟通、协调等人际交往能力和语言表达能力;

③具有团队精神和创新精神;

④具有良好的心理素质、克服困难的能力和创造能力；

⑤具有较强的集体意识和社会责任心。

(三)课程设计理念与思路

通过航运企业调研，课程专兼职教学团队以岗位能力为核心确定了课程目标，把单片机的结构、指令、设计、运用一一列出，并进行分类。同时根据高职学生的认知规律和职业技能培养目标，课程围绕单片机的原理、运用等真实工作任务设计学习情境，采用课程内容模块化教学和教、学、做结合的教学模式，发展学生职业能力。教学实施过程中，通过理论实践一体化教学、集中训练课等多种途径，采用工学结合、理论与实践交替互动等形式，充分利用校内实训资源、精品课程资源、校外实训资源等教学资源，提高学生适岗适任能力，培养学生综合职业素质。

1. 课程设计理念

见船舶电机与电气控制系统课程标准中的课程设计理念。

2. 课程设计主要思路

①校企合作共同制定人才培养方案和课程标准。组织高等职业教育教学专家、专业教师、航运公司技术专家共同制定人才培养方案和课程标准，根据船舶电气管理人员其真实工作任务所需要的知识、能力和素质要求确定教学内容，突出针对性和适用性。

②整合教学内容，科学设计学习工作任务。遵循高职学生职业能力培养基本规律，以船上真实工作任务及工作过程为依据设计学习情境，培养学生运用单片机进行设计的技能。

③采取工学交替、理论与实践交替互动的教学模式。通过独立的职业技能训练体系，在模拟和真实的学习情境中，以学生为主体，通过“工学结合”和“理论与实践交替互动”，使学生掌握“相关理论知识”和“相关实践知识”，达到“主要知识目标”和“主要能力目标”，引导学生在具体情境中探究与发现，培养学生操作、管理和维修单片机的实践能力，发展综合职业能力，以适应现代化船舶对电子电气管理人员的技能要求。

④坚持理论知识“必需、够用”、实践技能“必需、胜任”的原则。

⑤运用校内实训资源、精品课程资源、现代教育技术和校外实训资源等教学资源，按照教、学、做一体化实施教学，培养学生综合职业素质，提高学生适岗适任能力。

(四)课程内容结构安排

学习项目		学习任务	课时
1	单片机概述	任务一　单片机概述	2
2	单片机硬件结构	任务一　单片机的基本组成和引脚	4
		任务二　单片机的内部结构	
		任务三　单片机的存储器组织	

学习项目		学习任务	课时
3	单片机指令系统	任务一　MCS-51 指令系统概述	12
		任务二　数据传送类指令	
		任务三　算术运算类指令	
		任务四　逻辑运算及移位类指令	
		任务五　控制转移类指令	
		任务六　布尔变量操作类指令	
		任务七　单片机基本指令	
4	单片机程序设计	任务一　程序编制的方法和技巧	10
		任务二　源程序的编制	
		任务三　基本程序结构	
		任务四　程序设计	
5	中断与定时系统	任务一　80C51 单片机中断系统	6
		任务二　80C51 定时器/计数器	
		任务三　定时器/计数器应用	
6	单片机的串行接口	任务一　计算机串行通信基础	4
		任务二　80C51 单片机的串行接口	
7	单片机 I/O 接口设计	任务一　输入/输出及其控制方式	4
		任务二　显示器及键盘接口	
8	单片机应用系统设计	任务一　单片机应用系统设计过程	6
		任务二　数据采集系统的设计	
		任务三　单片机应用系统设计	
总计			48

(五)教学内容与要求

项目一		单片机概述	课时
			2
教学目标	知识目标	了解单片机特点、分类组成等知识	
	能力目标	具备常见型号单片机辨认能力并了解其特点	
	素质目标	①具有吃苦耐劳、爱岗敬业的职业素养 ②具有良好的组织、沟通、协调等人际交往能力和语言表达能力 ③具有团队精神和创新精神 ④具有良好的心理素质、克服困难的能力和创造能力 ⑤具有较强的集体意识和社会责任心	
学习任务		任务一　单片机概述	
相关知识		单片机特点、分类、组成	
教学设备与媒体		单片机实验箱、多媒体教学设备	
考核评价		①项目考核由过程性考核成绩和期末终结性考核成绩组成,过程性考核成绩占总成绩的 20%,期末终结性考核成绩占总成绩的 80% ②过程性考核包括课堂考勤、学习态度、作业、课堂互动等	

<table>
<tr><td colspan="2">项目二</td><td>单片机硬件结构</td><td>课时
4</td></tr>
<tr><td rowspan="3">教学目标</td><td>知识目标</td><td colspan="2">了解单片机组成和引脚、单片机内部结构、单片机存储器组织结构</td></tr>
<tr><td>能力目标</td><td colspan="2">具备常见型号单片机引脚功能辨认能力，了解单片机内部结构和存储器结构特点</td></tr>
<tr><td>素质目标</td><td colspan="2">①具有吃苦耐劳、爱岗敬业的职业素养
②具有良好的组织、沟通、协调等人际交往能力和语言表达能力
③具有团队精神和创新精神
④具有良好的心理素质、克服困难的能力和创造能力
⑤具有较强的集体意识和社会责任心</td></tr>
<tr><td colspan="2" rowspan="3">学习任务</td><td colspan="2">任务一　单片机的基本组成和引脚</td></tr>
<tr><td colspan="2">任务二　单片机的内部结构</td></tr>
<tr><td colspan="2">任务三　单片机的存储器组织</td></tr>
<tr><td colspan="2">相关知识</td><td colspan="2">单片机基本组成和引脚、单片机内部结构、单片机存储器组织结构</td></tr>
<tr><td colspan="2">教学设备与媒体</td><td colspan="2">多媒体教学设备、80C51 单片机</td></tr>
<tr><td colspan="2">考核评价</td><td colspan="2">①项目考核由过程性考核成绩和期末终结性考核成绩组成，过程性考核成绩占总成绩的 20%，期末终结性考核成绩占总成绩的 80%
②过程性考核包括课堂考勤、学习态度、作业、课堂互动等</td></tr>
</table>

<table>
<tr><td colspan="2">项目三</td><td>单片机指令系统</td><td>课时
12</td></tr>
<tr><td rowspan="3">教学目标</td><td>知识目标</td><td colspan="2">了解和掌握 MCS-51 指令系统</td></tr>
<tr><td>能力目标</td><td colspan="2">具备编写基本单片机指令能力</td></tr>
<tr><td>素质目标</td><td colspan="2">①具有吃苦耐劳、爱岗敬业的职业素养
②具有良好的组织、沟通、协调等人际交往能力和语言表达能力
③具有团队精神和创新精神
④具有良好的心理素质、克服困难的能力和创造能力
⑤具有较强的集体意识和社会责任心</td></tr>
<tr><td colspan="2" rowspan="7">学习任务</td><td colspan="2">任务一　MCS-51 指令系统概述</td></tr>
<tr><td colspan="2">任务二　数据传送类指令</td></tr>
<tr><td colspan="2">任务三　算术运算类指令</td></tr>
<tr><td colspan="2">任务四　逻辑运算及移位类指令</td></tr>
<tr><td colspan="2">任务五　控制转移类指令</td></tr>
<tr><td colspan="2">任务六　布尔变量操作类指令</td></tr>
<tr><td colspan="2">任务七　单片机基本指令</td></tr>
</table>

项目三	单片机指令系统	课时
		12
相关知识	MCS-51 数据传送类指令、算术运算类指令、逻辑运算及移位类指令、控制转移类指令、布尔变量操作类指令	
教学设备与媒体	多媒体教学设备、计算机	
考核评价	①项目考核由过程性考核成绩和期末终结性考核成绩组成，过程性考核成绩占总成绩的 20%，期末终结性考核成绩占总成绩的 80% ②过程性考核包括课堂考勤、学习态度、作业、课堂互动等	

项目四		单片机程序设计	课时
			10
教学目标	知识目标	了解和掌握单片机基本程序结构、程序编制的方法和技巧、源程序编制方法	
	能力目标	能正确地进行简单的单片机程序设计、下载和调试	
	素质目标	①具有吃苦耐劳、爱岗敬业的职业素养 ②具有良好的组织、沟通、协调等人际交往能力和语言表达能力 ③具有团队精神和创新精神 ④具有良好的心理素质、克服困难的能力和创造能力 ⑤具有较强的集体意识和社会责任心	
学习任务		任务一　程序编制的方法和技巧	
		任务二　源程序的编制	
		任务三　基本程序结构	
		任务四　程序设计	
相关知识		单片机基本指令、程序结构、程序编制方法和技巧、源程序编制方法	
教学设备与媒体		多媒体教学设备、计算机、单片机实验板和下载器	
考核评价		①项目考核由过程性考核成绩和期末终结性考核成绩组成，过程性考核成绩占总成绩的 20%，期末终结性考核成绩占总成绩的 80% ②过程性考核包括课堂考勤、学习态度、作业、课堂互动等	

项目五		中断与定时系统	课时
			6
教学目标	知识目标	了解掌握80C51单片机中断系统及80C51定时器/计数器	
	能力目标	能进行80C51单片机中断系统程序设计、80C51定时器/计数器的程序设计并能对简单故障进行分析排除	
	素质目标	①具有吃苦耐劳、爱岗敬业的职业素养 ②具有良好的组织、沟通、协调等人际交往能力和语言表达能力 ③具有团队精神和创新精神 ④具有良好的心理素质、克服困难的能力和创造能力 ⑤具有较强的集体意识和社会责任心	
学习任务		任务一　80C51单片机中断系统	
		任务二　80C51定时器/计数器	
		任务三　定时器/计数器应用	
相关知识		单片机基本指令和程序设计方法、80C51单片机中断系统、80C51定时器/计数器	
教学设备与媒体		多媒体教学设备、计算机、单片机实验板、下载器	
考核评价		①项目考核由过程性考核成绩和期末终结性考核成绩组成,过程性考核成绩占总成绩的20%,期末终结性考核成绩占总成绩的80% ②过程性考核包括课堂考勤、学习态度、作业、课堂互动等	

项目六		单片机的串行接口	课时
			4
教学目标	知识目标	了解掌握计算机串行通信基础、80C51单片机串行接口	
	能力目标	能够进行简单的80C51单片机串行接口程序设计并能对简单故障进行分析处理	
	素质目标	①具有吃苦耐劳、爱岗敬业的职业素养 ②具有良好的组织、沟通、协调等人际交往能力和语言表达能力 ③具有团队精神和创新精神 ④具有良好的心理素质、克服困难的能力和创造能力 ⑤具有较强的集体意识和社会责任心	
学习任务		任务一　计算机串行通信基础	
		任务二　80C51单片机的串行接口	
相关知识		单片机基本指令、计算机串行通信基础、80C51单片机的串行接口知识	
教学设备与媒体		多媒体教学设备、计算机、单片机实验板、下载器	
考核评价		①项目考核由过程性考核成绩和期末终结性考核成绩组成,过程性考核成绩占总成绩的20%,期末终结性考核成绩占总成绩的80% ②过程性考核包括课堂考勤、学习态度、作业、课堂互动等	

<table>
<tr><td colspan="2" rowspan="2">项目七</td><td rowspan="2">单片机I/O接口设计</td><td>课时</td></tr>
<tr><td>4</td></tr>
<tr><td rowspan="3">教学目标</td><td>知识目标</td><td colspan="2">了解单片机输入/输出接口及控制方式、显示器及键盘接口</td></tr>
<tr><td>能力目标</td><td colspan="2">能进行简单单片机输入/输出接口程序设计并能对简单故障进行分析处理</td></tr>
<tr><td>素质目标</td><td colspan="2">①具有吃苦耐劳、爱岗敬业的职业素养
②具有良好的组织、沟通、协调等人际交往能力和语言表达能力
③具有团队精神和创新精神
④具有良好的心理素质、克服困难的能力和创造能力
⑤具有较强的集体意识和社会责任心</td></tr>
<tr><td colspan="2" rowspan="2">学习任务</td><td colspan="2">任务一　输入/输出及其控制方式</td></tr>
<tr><td colspan="2">任务二　显示器及键盘接口</td></tr>
<tr><td colspan="2">相关知识</td><td colspan="2">单片机输入/输出接口及其控制方式、显示器及键盘接口</td></tr>
<tr><td colspan="2">教学设备与媒体</td><td colspan="2">多媒体教学设备、单片机试验箱、下载器</td></tr>
<tr><td colspan="2">考核评价</td><td colspan="2">①项目考核由过程性考核成绩和期末终结性考核成绩组成，过程性考核成绩占总成绩的20%，期末终结性考核成绩占总成绩的80%
②过程性考核包括课堂考勤、学习态度、作业、课堂互动等</td></tr>
</table>

<table>
<tr><td colspan="2" rowspan="2">项目八</td><td rowspan="2">单片机应用系统设计</td><td>课时</td></tr>
<tr><td>6</td></tr>
<tr><td rowspan="3">教学目标</td><td>知识目标</td><td colspan="2">掌握单片机应用系统设计过程及数据采集系统设计方法</td></tr>
<tr><td>能力目标</td><td colspan="2">能正确进行简单的单片机应用系统设计</td></tr>
<tr><td>素质目标</td><td colspan="2">①具有吃苦耐劳、爱岗敬业的职业素养
②具有良好的组织、沟通、协调等人际交往能力和语言表达能力
③具有团队精神和创新精神
④具有良好的心理素质、克服困难的能力和创造能力
⑤具有较强的集体意识和社会责任心</td></tr>
<tr><td colspan="2" rowspan="3">学习任务</td><td colspan="2">任务一　单片机应用系统设计过程</td></tr>
<tr><td colspan="2">任务二　数据采集系统的设计</td></tr>
<tr><td colspan="2">任务三　单片机应用系统设计</td></tr>
<tr><td colspan="2">相关知识</td><td colspan="2">单片机应用系统设计过程、数据采集系统设计</td></tr>
<tr><td colspan="2">教学设备与媒体</td><td colspan="2">多媒体教学设备、单片机试验箱、计算机、下载器</td></tr>
<tr><td colspan="2">考核评价</td><td colspan="2">①项目考核由过程性考核成绩和期末终结性考核成绩组成，过程性考核成绩占总成绩的20%，期末终结性考核成绩占总成绩的80%
②过程性考核包括课堂考勤、学习态度、作业、课堂互动等</td></tr>
</table>

(六)考核评价

完善的学生考核评价体系的建立是综合评判本课程教学效果和教学质量的重要指标之一。本课程的考试成绩采用百分制,由过程性考核成绩和期末终结性考核成绩组成。

1. 过程性考核成绩

占总成绩的20%,包括课堂考勤、学习态度、作业、课堂互动等,同时应注重学生动手能力、分析问题和解决问题能力的考核,对在学习和应用上有创新的学生应予及时鼓励,全面综合评价学生能力。

2. 期末终结性考核成绩

占总成绩的80%,采取闭卷笔试的方式进行,考试时间为120分钟。

(七)教学条件

课程目标、教学内容和学习情境实施必须依靠一定的教学条件,即实践条件、师资条件和其他辅助条件。这三个条件相辅相成,共同决定人才培养质量。

1. 实践条件

实践条件由实训课程资源构成,是决定课程目标能否实现的重要因素。实训课程资源包括理论实践一体化教材、实训指导书、教具、仪器设备等有形的物质资源,也包括模拟软件等无形的资源。实训课程资源不仅仅是为教师准备的,而且对学生适当开放,以用于学生的自主学习、主动探究。

(1)充分利用学校的实训课程资源

学校提供的实训课程资源包括实训场地及相应仪器设备、模拟软件、有关图书及报纸杂志、教学挂图、模型、实物标本、音像资料和多媒体课件等;学校的实训课程资源应能充分满足课程理论实践一体化教学需要,建立本专业开放实训中心,使之具备现场教学、实验实训、职业技能证书考证的功能,实现理论教学与实训合一、教学与培训合一、教学与考证合一,满足学生职业能力培养的需求。

(2)积极利用社会和航运企业课程资源

社会和航运企业课程资源有船舶、海港码头、图书馆、博物馆、展览馆、科技馆、高等院校等。此外,邀请校企合作单位有关机务管理专家、船厂专业技术人员来校演讲、座谈、授课、培养方案研讨等,也是利用社会和航运企业课程资源的重要方式。

2. 师资条件

见"船舶电子电气技术专业教学标准"十、人才培养的实施条件(二)师资要求。

3. 其他辅助条件

(1)广泛利用各种媒体资源

各种媒体资源,包括报纸、杂志、广播、电视、互联网等。特别是媒体关于海洋环境问题、海事案例等方面的报道等,用其作为学生课堂讨论的素材,时效性强,容易引起学生的关注和互动,对于学生的职业发展非常重要。但应注意信息源的可靠性和信息内容的真实性,以提高学生信息评价的意识和能力。

(2)大力开发信息技术资源

信息技术资源主要包括网络资源和多媒体课件两个方面。网络资源又包括互联网资源和校园网资源等,如国家、省级精品课程的上网资料,电子书籍、电子期刊、数据库、数字图书馆等。多媒体课件包括教学大纲、PPT课件、电子教案、实训指导书、习题库、试卷库、参考文献等。这些资源有利于学生自主性学习,有利于满足不同学生的需求。教师应与计算机专业人员合作,加大信息技术资源的开发。

(八)实施建议

1.教材使用

①教材及相应教辅资料应满足本课程标准要求。

②教材应充分体现高等职业教育特点,突出职业技能培养,特别要以船舶岗位具体工作任务为基础进行设计。此外,教材应符合科学性、先进性和教育教学的普遍规律,具有鲜明行业特色并恰当运用现代教学技术、方法与手段,教学效果显著,具有示范、辐射作用。

③教材与参考书

教材内容要体现先进性、通用性、实用性,要将本专业新知识、新技术、新工艺、新法规及时地纳入教材中,使教材更贴近本专业的发展变化和实际需要。

建议使用教材:

《单片机原理及应用技术》,李全利主编,高等教育出版社,2009年。

教学参考书:

《单片机原理及应用》,丁元杰主编,电子工业出版社,2004年。

《信息技术与通信导航系统》,中国海事服务中心组织编写,电子电气专业,大连海事大学出版社,2012年。

2.教学方法与手段

采用现代教学方法与手段进行理论与实践一体化教学,采取课程内理论环节与实训环节同步安排,先由任课教师现场讲解然后分组实训的组织形式。教学实施过程中,理论教学和实践教学要有机地融合起来。教师在教学中结合具体的工作任务或产品或案例进行知识讲解,引导学生分析、讨论,获取知识,提高其解决实际问题的能力。教师根据课程中各模块的重要性、实践性、难易程度等优化教学内容,合理安排教学时间,以学生为主体,教师的“教”为主导,突出学生的“学”和“做”,边讲边练,学做交替,通过现场讲解、“理论与实践周期交替互动”等多种教学方法,使教、学、做紧密结合,强化学生职业技能培养。充分利用课程网络教学资源,促进学生自主学习。理论与实践一体化教学和计算机多媒体、网络教学等先进手段相结合,理论联系实际,融知识学习、技能训练和职业素质养成于一体,培养和训练学生的实际操作、管理与维修技能,提高学生的岗位职业技能和岗位职业素养。

(1)尽可能运用信息技术来组织教学

单片机原理与应用是一门应用性比较强的专业课程,运用传统的教学手段难以达到教学效果,为此一方面教师在讲解理论知识时,需要通过拍摄图片、从网络下载资料、制作动画等多种方法,将上课内容制成多媒体课件进行讲授,这样就能将理论知识与实际操作结合起来,起到事半功倍的作用,提高教学质量和课堂效率。另一方面,讲过相关的知识点以后一定要加强实际操作的环节。

(2)运用案例分析和启发式教学

整个教学环节包括案例提出问题→列出解决问题所需的知识点→对每一知识点进行分析、讲解→总结。

十二、船舶通信系统课程标准

课程类型:专业核心课程
适用专业:船舶电子电气技术专业
开设学期:第四学期
建议学时:48

(一)课程性质与作用

船舶通信系统是船舶电子电气技术专业学生认识和维护船舶通信系统的重要专业课程,是一门理论性较强、实践技能要求较高的综合性课程。通过学习,使学生掌握船舶通信系统构成、船舶通信设备工作原理及维护和维修的方法。前期课程电工基础和电子技术为学生理解通信设备工作原理方面奠定一定的基础,后期课程通信与导航设备维护中的“通信设备维护”是本课程在技能方面的实践和延续。

(二)课程目标

通过学习,使学生掌握船舶通信系统构成及工作原理、通信设备组成和功能,掌握通信设备维护和维修基本知识并能对船舶通信设备进行有效的维护保养,对常见故障能够正确地进行分析判断并采取相应的处理措施,以满足现代船舶对电子电气员理论与实践技能的要求,为学生毕业后经实习即可胜任750 kW以上船舶的电子电气员工作奠定良好的基础。

1. 知识目标

通过学习,使学生了解和掌握通信系统分类与通信方式、船舶的通信特点及船舶电台的管理与识别,全球海上遇险与安全系统(GMDSS)的组成及功能,GMDSS设备配备要求,GMDSS遇险报警方式及GMDSS通信设备维修要求,国际移动卫星通信公司(Inmarsat),包括Inmarsat通信系统简介,Inmarsat-C船站组成、通信功能及维护,船舶保安报警系统组成和维护及Inmarsat-F船站组成、通信功能和维护,地面频率通信系统基础知识,中、高频(MF/HF)组合电台的组成、通信功能与日常维护和测试方法,船用VHF与VHF-DSC通信设备组成和通信功能,船用VHF与VHF-DSC通信设备日常维护和测试方法,海上安全信息播放系统知识,航行资料接收机(NAVTEX)与气象传真机(FAX)的组成、维护与测试,GMDSS定位与寻位系统基础知识,S-EPIRB与SART的组成、日常维护与测试,船舶通信天线种类、特点与维护,GMDSS备用电源的原理、维护与保养。

2. 能力目标

通过学习,使学生掌握船舶卫星通信设备和地面通信设备组成、工作原理、基本操作和测试方法,能对船舶通信设备设备常见故障做出正确的分析判断并确定应采取的措施。

3. 素质目标

①具有吃苦耐劳、爱岗敬业的职业素养;
②具有良好的组织、沟通、协调等人际交往能力和语言表达能力;
③具有团队精神和创新精神;
④具有良好的心理素质、克服困难的能力和创造能力;
⑤具有较强的集体意识和社会责任心。

(三)课程设计理念与思路

通过航运企业调研,课程专兼职教学团队以岗位能力为核心确定了课程目标,把船舶通信系统及设备的工作原理、操作、管理、维修过程、工作任务一一列出,并进行分类。同时根据高职学生的认知规律和职业技能培养目标,课程围绕船舶电子电气管理人员船舶通信系统的工作原理、操作、管理、维修过程等真实工作任务设计学习情境,采用课程内容模块化教学和教、学、做结合的教学模式,发展学生职业能力。教学实施过程中,通过理论实践一体化教学、集中训练课等多种途径,采用工学结合、理论与实践交替互动等形式,充分利用校内实训资源、精品课程资源、校外实训资源等教学资源,提高学生适岗适任能力,培养学生综合职业素质。

1. 课程设计理念

见船舶电机与电气控制系统课程标准中的课程设计理念。

2. 课程设计主要思路

①校企合作共同制定人才培养方案和课程标准。组织高等职业教育教学专家、专业教师、航运公司技术专家共同制定人才培养方案和课程标准,根据船舶电子电气管理人员真实工作任务所需要的知识、能力和素质要求确定教学内容,突出针对性和适用性。

②整合教学内容,科学设计学习工作任务。遵循高职学生职业能力培养的基本规律,以船上真实工作任务及其工作过程为依据设计学习情境,培养学生船舶通信系统的操作、管理、维修技能。

③采取工学交替、理论与实践交替互动的教学模式。通过独立的职业技能训练体系,在模拟和真实的学习情境中,以学生为主体,通过“工学结合”和“理论与实践交替互动”,使学生掌握“相关理论知识”和“相关实践知识”,达到“主要知识目标”和“主要能力目标”,引导学生在具体情境中探究与发现,培养学生操作、管理和维修船舶通信设备的实践能力,发展综合职业能力,使其达到现代化船舶对电子电气管理人员的技能要求。

④坚持理论知识“必需、够用”、实践技能“必需、胜任”的原则。

⑤运用校内实训资源、精品课程资源、现代教育技术和校外实训资源等教学资源,按照教、学、做一体化实施教学,培养学生综合职业素质,提高学生适岗适任能力。

(四)课程内容结构安排

学习项目		学习任务	课时
1	船舶通信系统	任务一　通信系统的分类与通信方式	6
		任务二　船舶通信的特点及船舶电台的管理简介	
		任务三　船舶电台的识别	
2	全球海上遇险与安全系统(GMDSS)	任务一　GMDSS 概述	6
		任务二　GMDSS 的基本组成及功能	
		任务三　GMDSS 设备配备要求	
		任务四　GMDSS 遇险报警的方式	
		任务五　GMDSS 通信设备的维修要求	

学习项目		学习任务	课时
3	国际移动卫星通信公司(Inmarsat)	任务一　Inmarsat 通信系统简介	10
		任务二　Inmarsat-C 船站的组成、通信功能及维护	
		任务三　船舶保安报警系统组成及维护	
		任务四　Inmarsat-F 船站的组成、通信功能及维护	
4	地面频率通信系统	任务一　地面频率通信系统简介	12
		任务二　中、高频(MF/HF)组合电台的组成和通信功能	
		任务三　中、高频(MF/HF)组合电台的日常维护和测试方法	
		任务四　船用 VHF 与 VHF-DSC 通信设备组成和通信功能	
		任务五　船用 VHF 与 VHF-DSC 通信设备日常维护和测试方法	
5	海上安全信息播放系统	任务一　海上安全信息播放系统简介	4
		任务二　航行资料接收机(NAVTEX)的组成、维护与测试	
		任务三　气象传真机(FAX)的组成、维护与测试	
6	定位与寻位系统	任务一　GMDSS 定位与寻位系统简介	6
		任务二　S-EPIRB 的组成、日常维护与测试	
		任务三　SART 的组成、日常维护与测试	
7	船舶通信天线与 GMDSS 备用电源	任务一　船舶通信天线种类、特点与维护	4
		任务二　GMDSS 备用电源的原理、维护与保养	
总计			48

(五)教学内容与要求

项目一		船舶通信系统	课时
			6
教学目标	知识目标	掌握通信的分类、通信的方式,了解船舶通信特点和船舶电台的管理规定	
	能力目标	通过识别码能识别各类船舶通信设备	
	素质目标	①具有吃苦耐劳、爱岗敬业的职业素养 ②具有良好的组织、沟通、协调等人际交往能力和语言表达能力 ③具有团队精神和创新精神 ④具有良好的心理素质、克服困难的能力和创造能力 ⑤具有较强的集体意识和社会责任心	

项目一	船舶通信系统	课时
		6
学习任务	任务一　通信系统的分类与通信方式	
	任务二　船舶通信的特点及船舶电台的管理简介	
	任务三　船舶电台的识别	
相关知识	通信的概念、船舶电台日常管理、船舶电台的编码规则	
教学设备与媒体	多媒体教学设备	
考核评价	①项目考核由过程性考核成绩和期末终结性考核成绩组成，过程性考核成绩占总成绩的20%，期末终结性考核成绩占总成绩的80% ②过程性考核包括课堂考勤、学习态度、作业、课堂互动等	

项目二		全球海上遇险与安全系统（GMDSS）	课时
			6
教学目标	知识目标	掌握GMDSS系统的组成及功能	
	能力目标	正确区分GMDSS各类通信设备	
	素质目标	①具有吃苦耐劳、爱岗敬业的职业素养 ②具有良好的组织、沟通、协调等人际交往能力和语言表达能力 ③具有团队精神和创新精神 ④具有良好的心理素质、克服困难的能力和创造能力 ⑤具有较强的集体意识和社会责任心	
学习任务		任务一　GMDSS概述	
		任务二　GMDSS的基本组成及功能	
		任务三　GMDSS设备配备要求	
		任务四　GMDSS遇险报警的方式	
		任务五　GMDSS通信设备的维修要求	
相关知识		GMDSS船舶通信系统概念、船舶通信设备报警的规定	
教学设备与媒体		GMDSS通信真机设备、多媒体教学设备	
考核评价		①项目考核由过程性考核成绩和期终结性考核成绩组成，过程性考核成绩占总成绩的20%，期末终结性考核成绩占总成绩的80% ②过程性考核包括课堂考勤、学习态度、作业、课堂互动等	

<table>
<tr><td colspan="2" rowspan="2">项目三</td><td rowspan="2">国际移动卫星通信公司(Inmarsat)</td><td>课时</td></tr>
<tr><td>10</td></tr>
<tr><td rowspan="3">教学目标</td><td>知识目标</td><td colspan="2">掌握 Inmarsat 卫星系统的组成,了解 Inmarsat-C 船站、船舶保安报警系统、Inmarsat-F 船站的组成和通信功能</td></tr>
<tr><td>能力目标</td><td colspan="2">具备 Inmarsat-C 船站、船舶保安报警设备、Inmarsat-F 船站的测试和日常维护能力</td></tr>
<tr><td>素质目标</td><td colspan="2">①具有吃苦耐劳、爱岗敬业的职业素养
②具有良好的组织、沟通、协调等人际交往能力和语言表达能力
③具有团队精神和创新精神
④具有良好的心理素质、克服困难的能力和创造能力
⑤具有较强的集体意识和社会责任心</td></tr>
<tr><td colspan="2" rowspan="4">学习任务</td><td colspan="2">任务一　Inmarsat 通信系统简介</td></tr>
<tr><td colspan="2">任务二　Inmarsat-C 船站的组成、通信功能及维护</td></tr>
<tr><td colspan="2">任务三　船舶保安报警系统组成及维护</td></tr>
<tr><td colspan="2">任务四　Inmarsat-F 船站的组成、通信功能及维护</td></tr>
<tr><td colspan="2">相关知识</td><td colspan="2">Inmarsat-C 系统和 Inmarsat-F 系统的组成和工作原理</td></tr>
<tr><td colspan="2">教学设备与媒体</td><td colspan="2">Inmarsat-C 和 Inmarsat-F 船站真机、多媒体教学设备、检修工具与测量仪表</td></tr>
<tr><td colspan="2">考核评价</td><td colspan="2">①项目考核由过程性考核成绩和期终结性考核成绩组成,过程性考核成绩占总成绩的 20%,期末终结性考核成绩占总成绩的 80%
②过程性考核包括课堂考勤、学习态度、作业、课堂互动等</td></tr>
</table>

<table>
<tr><td colspan="2" rowspan="2">项目四</td><td rowspan="2">地面频率通信系统</td><td>课时</td></tr>
<tr><td>10</td></tr>
<tr><td rowspan="3">教学目标</td><td>知识目标</td><td colspan="2">掌握地面通信系统组成及地面通信设备组成和通信功能</td></tr>
<tr><td>能力目标</td><td colspan="2">能够对地面通信设备组合电台和甚高频设备进行自测试和基本维护</td></tr>
<tr><td>素质目标</td><td colspan="2">①具有吃苦耐劳、爱岗敬业的职业素养
②具有良好的组织、沟通、协调等人际交往能力和语言表达能力
③具有团队精神和创新精神
④具有良好的心理素质、克服困难的能力和创造能力
⑤具有较强的集体意识和社会责任心</td></tr>
</table>

<table>
<tr><td rowspan="2">项目四</td><td rowspan="2">地面频率通信系统</td><td>课时</td></tr>
<tr><td>10</td></tr>
<tr><td rowspan="5">学习任务</td><td colspan="2">任务一　地面频率通信系统简介</td></tr>
<tr><td colspan="2">任务二　中、高频(MF/HF)组合电台的组成和通信功能</td></tr>
<tr><td colspan="2">任务三　中、高频(MF/HF)组合电台的日常维护和测试方法</td></tr>
<tr><td colspan="2">任务四　船用 VHF 与 VHF-DSC 通信设备组成和通信功能</td></tr>
<tr><td colspan="2">任务五　船用 VHF 与 VHF-DSC 通信设备日常维护和测试方法</td></tr>
<tr><td>相关知识</td><td colspan="2">中高频和甚高频无线电波的船舶途径和船舶特点</td></tr>
<tr><td>教学设备与媒体</td><td colspan="2">MF/HF 组合电台和 VHF 无线电设备真机、多媒体教学设备、检修工具与测量仪表</td></tr>
<tr><td>考核评价</td><td colspan="2">①项目考核由过程性考核成绩和期末终结性考核成绩组成，过程性考核成绩占总成绩的 20%，期末终结性考核成绩占总成绩的 80%
②过程性考核包括课堂考勤、学习态度、作业、课堂互动等</td></tr>
</table>

<table>
<tr><td colspan="2" rowspan="2">项目五</td><td rowspan="2">海上安全信息播放系统</td><td>课时</td></tr>
<tr><td>4</td></tr>
<tr><td rowspan="3">教学目标</td><td>知识目标</td><td colspan="2">掌握 NAVTEX 系统的组成、NAVTEX 接收机和气象传真机的组成和功能</td></tr>
<tr><td>能力目标</td><td colspan="2">掌握 NAVTEX 接收机和气象传真机的测试和维护方法</td></tr>
<tr><td>素质目标</td><td colspan="2">①具有吃苦耐劳、爱岗敬业的职业素养
②具有良好的组织、沟通、协调等人际交往能力和语言表达能力
③具有团队精神和创新精神
④具有良好的心理素质、克服困难的能力和创造能力
⑤具有较强的集体意识和社会责任心</td></tr>
<tr><td colspan="2" rowspan="3">学习任务</td><td colspan="2">任务一　海上安全信息播放系统简介</td></tr>
<tr><td colspan="2">任务二　航行资料接收机(NAVTEX)的组成、维护与测试</td></tr>
<tr><td colspan="2">任务三　气象传真机(FAX)的组成、维护与测试</td></tr>
<tr><td colspan="2">相关知识</td><td colspan="2">海上安全信息的概念和海上安全信息系统的构成</td></tr>
<tr><td colspan="2">教学设备与媒体</td><td colspan="2">NAVTEX 接收机和气象传真机真机设备、多媒体教学设备、检修工具与测量仪表</td></tr>
<tr><td colspan="2">考核评价</td><td colspan="2">①项目考核由过程性考核成绩和期末终结性考核成绩组成，过程性考核成绩占总成绩的 20%，期末终结性考核成绩占总成绩的 80%
②过程性考核包括课堂考勤、学习态度、作业、课堂互动等</td></tr>
</table>

<table>
<tr><td colspan="2" rowspan="2">项目六</td><td rowspan="2">定位与寻位系统</td><td>课时</td></tr>
<tr><td>6</td></tr>
<tr><td rowspan="3">教学目标</td><td>知识目标</td><td colspan="2">掌握 EPIRB 和 SART 设备的组成和功能</td></tr>
<tr><td>能力目标</td><td colspan="2">掌握 EPIRB 设备各开关的位置,掌握 EPRIB 和 SART 设备的测试方法,能找出 EPRIB 设备电池有效期和识别码并能正确安装和启动 SART 设备</td></tr>
<tr><td>素质目标</td><td colspan="2">①具有吃苦耐劳、爱岗敬业的职业素养
②具有良好的组织、沟通、协调等人际交往能力和语言表达能力
③具有团队精神和创新精神
④具有良好的心理素质、克服困难的能力和创造能力
⑤具有较强的集体意识和社会责任心</td></tr>
<tr><td colspan="2" rowspan="3">学习任务</td><td colspan="2">任务一　GMDSS 定位与寻位系统简介</td></tr>
<tr><td colspan="2">任务二　S-EPIRB 的组成、日常维护与测试</td></tr>
<tr><td colspan="2">任务三　SART 的组成、日常维护与测试</td></tr>
<tr><td colspan="2">相关知识</td><td colspan="2">COSPAS-SARSAT 卫星系统的构成和功能</td></tr>
<tr><td colspan="2">教学设备与媒体</td><td colspan="2">EPIRB 和 SART 真机设备、多媒体教学设备、检修工具及测量仪表</td></tr>
<tr><td colspan="2">考核评价</td><td colspan="2">①项目考核由过程性考核成绩和期末终结性考核成绩组成,过程性考核成绩占总成绩的 20%,期末终结性考核成绩占总成绩的 80%
②过程性考核包括课堂考勤、学习态度、作业、课堂互动等</td></tr>
</table>

<table>
<tr><td colspan="2" rowspan="2">项目七</td><td rowspan="2">船舶通信天线与 GMDSS 备用电源</td><td>课时</td></tr>
<tr><td>4</td></tr>
<tr><td rowspan="3">教学目标</td><td>知识目标</td><td colspan="2">掌握船舶通信天线的分类和特点及 GMDSS 备用电源的分类和维护方法</td></tr>
<tr><td>能力目标</td><td colspan="2">具备船舶通信天线和 GMDSS 备用电源基本检测和维护能力</td></tr>
<tr><td>素质目标</td><td colspan="2">①具有吃苦耐劳、爱岗敬业的职业素养
②具有良好的组织、沟通、协调等人际交往能力和语言表达能力
③具有团队精神和创新精神
④具有良好的心理素质、克服困难的能力和创造能力
⑤具有较强的集体意识和社会责任心</td></tr>
<tr><td colspan="2" rowspan="2">学习任务</td><td colspan="2">任务一　船舶通信天线种类、特点与维护</td></tr>
<tr><td colspan="2">任务二　GMDSS 备用电源的原理、维护与保养</td></tr>
<tr><td colspan="2">相关知识</td><td colspan="2">天线的作用和分类、船舶电源的分类、蓄电池的分类和维护方法</td></tr>
<tr><td colspan="2">教学设备与媒体</td><td colspan="2">船舶通信天线与蓄电池、多媒体教学设备、检修工具及测量仪表</td></tr>
<tr><td colspan="2">考核评价</td><td colspan="2">①项目考核由过程性考核成绩和期末终结性考核成绩组成,过程性考核成绩占总成绩的 20%,期末终结性考核成绩占总成绩的 80%
②过程性考核包括课堂考勤、学习态度、作业、课堂互动等</td></tr>
</table>

(六)考核评价

完善的学生考核评价体系的建立是综合评判本课程教学效果和教学质量的重要指标之一。本课程的考试成绩采用百分制,由过程性考核成绩和期末终结性考核成绩组成。

1. 过程性考核成绩

占总成绩的20%,包括课堂考勤、学习态度、作业、课堂互动等,同时应注重学生动手能力、分析问题和解决问题能力的考核,对在学习和应用上有创新的学生应予及时鼓励,全面综合评价学生能力。

2. 期末终结性考核成绩

占总成绩的80%,采取闭卷笔试的方式进行,考试时间为120分钟。

(七)教学条件

课程目标、教学内容和学习情境实施必须依靠一定的教学条件,即实践条件、师资条件和其他辅助条件。这三个条件相辅相成,共同决定人才培养质量。

1. 实践条件

实践条件由实训课程资源构成,是决定课程目标能否实现的重要因素。实训课程资源包括理论实践一体化教材、实训指导书、教具、仪器设备等有形的物质资源,也包括模拟软件等无形的资源。实训课程资源不仅仅是为教师准备的,而且对学生适当开放,以用于学生的自主学习、主动探究。

(1)充分利用学校的实训课程资源

学校提供的实训课程资源包括实训场地及相应仪器设备、模拟软件、有关图书及报纸杂志、教学挂图、模型、实物标本、音像资料和多媒体课件等;学校的实训课程资源应能充分满足课程理论实践一体化教学需要,建立本专业开放实训中心,使之具备现场教学、实验实训、职业技能证书考证的功能,实现理论教学与实训合一、教学与培训合一、教学与考证合一,满足学生职业能力培养的需求。

(2)积极利用社会和航运企业课程资源

社会和航运企业课程资源有船舶、海港码头、图书馆、博物馆、展览馆、科技馆、高等院校等。此外,邀请校企合作单位有关机务管理专家、船厂专业技术人员来校演讲、座谈、授课、培养方案研讨等,也是利用社会和航运企业课程资源的重要方式。

2. 师资条件

见“船舶电子电气技术专业教学标准”十、人才培养的实施条件(二)师资要求。

3. 其他辅助条件

(1)广泛利用各种媒体资源

各种媒体资源,包括报纸、杂志、广播、电视、互联网等。特别是媒体关于海洋环境问题、海事案例等方面的报道等,用其作为学生课堂讨论的素材,时效性强,容易引起学生的关注和互动,对于学生的职业发展非常重要。但应注意信息源的可靠性和信息内容的真实性,以提高学生信息评价的意识和能力。

(2)大力开发信息技术资源

信息技术资源主要包括网络资源和多媒体课件两个方面。网络资源又包括互联网资源和校园网资源等,如国家、省级精品课程的上网资料,电子书籍、电子期刊、数据库、数字图书馆等。多媒体课件包括教学大纲、PPT 课件、电子教案、实训指导书、习题库、试卷库、参考文献等。这些资源有利于学生自主性学习,有利于满足不同学生的需求。教师应与计算机专业人员合作,加大信息技术资源的开发。

(八)实施建议

1. 教材使用

①教材及相应教辅资料应满足本课程标准要求。

②教材应充分体现高等职业教育特点,突出职业技能培养,特别要以船舶岗位具体工作任务为基础进行设计。此外,教材应符合科学性、先进性和教育教学的普遍规律,具有鲜明行业特色并恰当运用现代教学技术、方法与手段,教学效果显著,具有示范、辐射作用。

③教材与参考书

教材内容要体现先进性、通用性、实用性,要将本专业新知识、新技术、新工艺、新法规及时地纳入教材中,使教材更贴近本专业的发展变化和实际需要。

建议使用教材:

《信息技术与通信导航系统》,中国海事服务中心组织编写,大连海事大学出版社,2012 年。

教学参考书:

《GMDSS 通信业务》,柳邦声主编,人民交通出版社,2013 年。

《GMDSS 设备操作与评估》,刘红屏主编,人民交通出版社,2013 年。

2. 教学方法与手段

采用现代教学方法与手段进行理论与实践一体化教学,采取课程内理论环节与实训环节同步安排,先由任课教师现场讲解然后分组实训的组织形式。教学实施过程中,理论教学和实践教学要有机地融合起来。教师在教学中结合具体的工作任务或产品或案例进行知识讲解,引导学生分析、讨论,获取知识,提高其解决实际问题的能力。教师根据课程中各模块的重要性、实践性、难易程度等优化教学内容,合理安排教学时间,以学生为主体,教师的“教”为主导,突出学生的“学”和“做”,边讲边练,学做交替,通过现场讲解、“理论与实践周期交替互动”等多种教学方法,使教、学、做紧密结合,强化学生职业技能培养。充分利用课程网络教学资源,促进学生自主学习。理论与实践一体化教学和计算机多媒体、网络教学等先进手段相结合,理论联系实际,融知识学习、技能训练和职业素质养成于一体,培养和训练学生的实际操作、管理与维修技能,提高学生的岗位职业技能和岗位职业素养。

(1)尽可能运用信息技术来组织教学

船舶通信系统是一门比较抽象的专业课程,运用传统的教学手段难以达到教学效果,为此教师需要通过拍摄图片、从网络下载资料、制作动画等多种方法,将上课内容制成多媒体课件进行讲授,这样就能将抽象的、复杂的船舶通信系统的原理一一展现出来,起到事半功倍的作用,提高教学质量和课堂效率。

(2)运用案例分析和启发式教学(略)

十三、船舶电航仪器课程标准

课程类型:专业核心课程
适用专业:船舶电子电气技术专业
开设学期:第四学期
建议学时:48

(一)课程性质与作用

船舶电航仪器是船舶电子电气技术专业的专业核心课程之一,是船舶电子电气员完成驾驶台电航仪器维护工作必须具备的基本知识。通过学习,使学生掌握船舶主要电航仪器的作用、基本原理、系统组成、使用方法与步骤、维护保养和设备故障判断与处理等知识。

本课程教学模式是以就业能力培养为导向,开展做中学、做中教,教、学、做结合,理论与实践交替互动。在学习本课程之前,学生应完成电工基础和电子技术的学习,最好对航海概论也有一定的了解。

本课程为后期课程通信与导航设备维护中的“导航设备维护”奠定理论基础。

(二)课程目标

通过学习,使学生掌握陀螺罗经的指北原理、误差与消除、结构与电路,船用测深仪、计程仪的原理和接口;船舶导航雷达的基本原理与组成、主要技术指标、误差校正方法、维护与保养,船载 GPS/DGPS 的定位原理与接口,综合驾驶台系统的基本配置、功能及维护,船舶自动识别系统(AIS)、船载航行数据记录仪(VDR)的基本原理与组成,掌握上述设备说明书的阅读方法,设备安装调试的一般知识、正常的维护保养,设备故障的初步分析、判断和相应的处理,以促使学生能满足现代船舶对电子电气员理论与实践技能的要求,为学生毕业后经实习即可胜任 750 kW 以上船舶的电子电气员工作奠定良好的基础。

1. 知识目标

通过学习,使学生了解和掌握:

①综合驾驶台系统与综合导航系统基本概念和基本配置;综合导航系统功能以及综合导航系统接口技术。

②船舶导航雷达:国际公约对船舶雷达配置的要求;雷达图像特点;雷达系统基本组成及其原理;雷达基本操作;雷达安装维护保养与误差校正。

③船载 GPS 卫星导航系统基本原理;GPS 卫星导航仪设备;GPS 卫星导航仪使用;GPS 卫星导航仪接口;DGPS 卫星导航系统。

④自动识别系统设施及基本原理;AIS 船载设备基本操作;AIS 船载设备安装与检验。

⑤船用陀螺罗经指北原理;陀螺罗经误差;陀螺罗经结构与电路。

⑥船用测深仪基本原理以及船用测深仪设备。

⑦船用计程仪基本原理以及 DS-50 型多普勒计程仪。

⑧船载航行数据记录仪组成及功能;船载航行数据记录仪操作、检验与管理;船载航行数据记录仪接口。

2. 能力目标

通过学习，使学生掌握陀螺罗经的指北原理、误差与消除、结构与电路，船用测深仪、计程仪的原理和接口，船舶导航雷达的基本原理与组成、主要技术指标、误差校正方法、维护与保养，船载GPS/DGPS的定位原理与接口，综合驾驶台系统的基本配置、功能及维护，船舶自动识别系统（AIS）、船载航行数据记录仪（VDR）的基本原理与组成。在此基础上，学生应能够理论联系实际，并掌握上述设备说明书的阅读方法，熟悉设备安装调试的一般知识、正常的维护保养，能对设备故障进行初步分析、判断，并确定下一步应该采取的具体措施。

3. 素质目标

①具有吃苦耐劳、爱岗敬业的职业素养；

②具有良好的组织、沟通、协调等人际交往能力和语言表达能力；

③具有团队精神和创新精神；

④具有良好的心理素质、克服困难的能力和创造能力；

⑤具有较强的集体意识和社会责任心。

（三）课程设计理念与思路

通过航运企业调研，课程专兼职教学团队以岗位能力为核心确定了课程目标，把船舶通信系统及设备和导航系统及设备的工作原理、操作、管理、维修过程、工作任务一一列出，并进行分类。与此同时，根据高职学生的认知规律和职业技能培养目标，课程围绕船舶电子电气管理人员船舶电航仪器的工作原理、操作、管理、维修过程等真实工作任务设计学习情境，采用课程内容模块化教学和教、学、做结合的教学模式，发展学生职业能力。教学实施过程中，通过理论实践一体化教学、集中训练课等多种途径，采用工学结合、理论与实践交替互动等形式，充分利用校内实训资源、精品课程资源、校外实训资源等教学资源，提高学生适岗适任能力，培养学生综合职业素质。

1. 课程设计理念

见船舶电机与电气控制系统课程标准中的课程设计理念。

2. 课程设计思路

①校企合作共同制定人才培养方案和课程标准。组织高等职业教育教学专家、专业教师、航运公司技术专家共同制定人才培养方案和课程标准，根据船舶电子电气管理人员真实工作任务所需要的知识、能力和素质要求确定教学内容，突出针对性和适用性。

②整合教学内容，科学设计学习工作任务。遵循高职学生职业能力培养的基本规律，以船上真实工作任务及其工作过程为依据设计学习情境，培养学生船舶通信与导航系统的操作、管理、维修技能。

③采取工学交替、理论与实践交替互动的教学模式。通过独立的职业技能训练体系，在模拟和真实的学习情境中，以学生为主体，通过“工学结合”和“理论与实践交替互动”，使学生掌握“相关理论知识”和“相关实践知识”，达到“主要知识目标”和“主要能力目标”，引导学生在具体情境中探究与发现，培养学生操作、管理和维修船舶电航仪器的实践能力，发展综合职业能力，以现代化船舶对电子电气管理人员的技能要求。

④坚持理论知识“必需、够用”、实践技能“必需、胜任”的原则。

⑤运用校内实训资源、精品课程资源、现代教育技术和校外实训资源等教学资源，按照教、

学、做一体化实施教学，培养学生综合职业素质，提高学生适岗适任能力。

（四）课程内容结构安排

学习项目		学习任务	课时
1	综合驾驶台系统（IBS）	任务一　综合驾驶台系统与综合导航系统基本概念 任务二　综合驾驶台系统与综合导航系统基本配置 任务三　综合导航系统功能 任务四　综合导航系统接口技术	4
2	船舶导航雷达	任务一　国际公约对船舶雷达配置的要求 任务二　雷达图像特点 任务三　雷达系统基本组成及其原理 任务四　雷达基本操作 任务五　雷达安装维护保养与误差校正	16
3	船载 GPS 卫星导航仪	任务一　GPS 卫星导航系统基本原理 任务二　GPS 卫星导航仪设备 任务三　GPS 卫星导航仪使用 任务四　GPS 卫星导航仪接口 任务五　DGPS 卫星导航系统	4
4	自动识别系统	任务一　自动识别系统设施及其基本原理 任务二　AIS 船载设备基本操作 任务三　AIS 船载设备安装与检验	4
5	船用陀螺罗经	任务一　船用陀螺罗经指北原理 任务二　陀螺罗经误差 任务三　陀螺罗经结构与电路	14
6	船用测深仪	任务一　船用测深仪基本原理 任务二　船用测深仪设备	2
7	船用计程仪	任务一　船用计程仪基本原理 任务二　DS-50 型多普勒计程仪	2
8	船载航行数据记录仪	任务一　船载航行数据记录仪组成及功能 任务二　船载航行数据记录仪操作、检验与管理 任务三　船载航行数据记录仪接口	2
总计			48

(五)教学内容与要求

<table>
<tr><td colspan="2" rowspan="2">项目一</td><td rowspan="2">综合驾驶台系统(IBS)</td><td>课时</td></tr>
<tr><td>4</td></tr>
<tr><td rowspan="3">教学目标</td><td>知识目标</td><td colspan="2">掌握综合驾驶台系统的基本概念、系统功能与配置、综合导航系统接口技术</td></tr>
<tr><td>能力目标</td><td colspan="2">会连接、调试和更换简单设备,具有分析处理一般故障的能力</td></tr>
<tr><td>素质目标</td><td colspan="2">①具有吃苦耐劳、爱岗敬业的职业素养
②具有良好的组织、沟通、协调等人际交往能力和语言表达能力
③具有团队精神和创新精神
④具有良好的心理素质、克服困难的能力和创造能力
⑤具有较强的集体意识和社会责任心</td></tr>
<tr><td colspan="2" rowspan="4">学习任务</td><td colspan="2">任务一　综合驾驶台系统与综合导航系统基本概念</td></tr>
<tr><td colspan="2">任务二　综合驾驶台系统与综合导航系统基本配置</td></tr>
<tr><td colspan="2">任务三　综合导航系统功能</td></tr>
<tr><td colspan="2">任务四　综合导航系统接口技术</td></tr>
<tr><td colspan="2">相关知识</td><td colspan="2">电工基础知识、各相关设备的工作原理与相互关系</td></tr>
<tr><td colspan="2">教学设备与媒体</td><td colspan="2">综合驾驶台系统、多媒体教学设备、检修器具、辅助设备</td></tr>
<tr><td colspan="2">考核评价</td><td colspan="2">①项目考核由过程性考核成绩和期末终结性考核成绩组成,过程性考核成绩占总成绩的20%,期末终结性考核成绩占总成绩的80%
②过程性考核包括课堂考勤、学习态度、作业、课堂互动等</td></tr>
</table>

<table>
<tr><td colspan="2" rowspan="2">项目二</td><td rowspan="2">船舶导航雷达</td><td>课时</td></tr>
<tr><td>16</td></tr>
<tr><td rowspan="3">教学目标</td><td>知识目标</td><td colspan="2">掌握国际公约对船舶雷达配置的要求,雷达显示方式的特点、图像的识别,雷达工作原理,基本操作,雷达安装维护保养的要求、方法、注意事项,雷达误差的测量和校正等</td></tr>
<tr><td>能力目标</td><td colspan="2">具备雷达使用、维护保养、故障检测、一般故障排查、雷达误差的测量和校正等能力</td></tr>
<tr><td>素质目标</td><td colspan="2">①具有吃苦耐劳、爱岗敬业的职业素养
②具有良好的组织、沟通、协调等人际交往能力和语言表达能力
③具有团队精神和创新精神
④具有良好的心理素质、克服困难的能力和创造能力
⑤具有较强的集体意识和社会责任心</td></tr>
</table>

项目二	船舶导航雷达	课时
		16
学习任务	任务一 国际公约对船舶雷达配置的要求	
	任务二 雷达图像特点	
	任务三 雷达系统基本组成及其原理	
	任务四 雷达基本操作	
	任务五 雷达安装维护保养与误差校正	
相关知识	电工基础知识、航海学基本概念、电磁波传播特点	
教学设备与媒体	船用雷达系统、雷达相关备件、雷达检测设备、多媒体教学设备	
考核评价	①项目考核由过程性考核成绩和期末终结性考核成绩组成,过程性考核成绩占总成绩的20%,期末终结性考核成绩占总成绩的80% ②过程性考核包括课堂考勤、学习态度、作业、课堂互动等	

项目三		船载GPS卫星导航仪	课时
			4
教学目标	知识目标	掌握GPS系统组成与工作原理、GPS卫星导航仪的组成与使用、GPS导航仪与其他设备的连接与设置、GPS导航仪维护保养及故障检修方法	
	能力目标	具备将GPS导航仪与其他设备进行有效连接与设置、GPS导航仪维护保养及故障检修的能力	
	素质目标	①具有吃苦耐劳、爱岗敬业的职业素养 ②具有良好的组织、沟通、协调等人际交往能力和语言表达能力 ③具有团队精神和创新精神 ④具有良好的心理素质、克服困难的能力和创造能力 ⑤具有较强的集体意识和社会责任心	
学习任务		任务一 GPS卫星导航系统基本原理	
		任务二 GPS卫星导航仪设备	
		任务三 GPS卫星导航仪使用	
		任务四 GPS卫星导航仪接口	
		任务五 DGPS卫星导航系统	
相关知识		卫星导航的基本知识、导航仪器数据传输的标准	
教学设备与媒体		多媒体教学设备、GPS导航仪、检修工具与测量仪表	
考核评价		①项目考核由过程性考核成绩和期末终结性考核成绩组成,过程性考核成绩占总成绩的20%,期末终结性考核成绩占总成绩的80% ②过程性考核包括课堂考勤、学习态度、作业、课堂互动等	

项目四		自动识别系统	课时
			4
教学目标	知识目标	熟悉自动识别系统的分类，掌握船载自动识别系统的基本原理、基本操作和设备安装与检验的知识	
	能力目标	能够对设备连接、报警信息、安装检验和常见故障进行分析处理	
	素质目标	①具有吃苦耐劳、爱岗敬业的职业素养 ②具有良好的组织、沟通、协调等人际交往能力和语言表达能力 ③具有团队精神和创新精神 ④具有良好的心理素质、克服困难的能力和创造能力 ⑤具有较强的集体意识和社会责任心	
学习任务		任务一　自动识别系统设施及其基本原理	
		任务二　AIS 船载设备基本操作	
		任务三　AIS 船载设备安装与检验	
相关知识		与 AIS 有数据输入、输出关系的航海设备工作原理和操作	
教学设备与媒体		AIS 系统、与 AIS 相关的航海设备、多媒体教学设备	
考核评价		①项目考核由过程性考核成绩和期末终结性考核成绩组成，过程性考核成绩占总成绩的 20%，期末终结性考核成绩占总成绩的 80% ②过程性考核包括课堂考勤、学习态度、作业、课堂互动等	

项目五		船用陀螺罗经	课时
			14
教学目标	知识目标	掌握陀螺罗经指北原理，典型陀螺罗经的系统组成与工作原理、设备安装、使用与维护保养的方法	
	能力目标	具备典型陀螺罗经的使用、安装、操作、维护保养和常见故障的判断、处理能力	
	素质目标	①具有吃苦耐劳、爱岗敬业的职业素养 ②具有良好的组织、沟通、协调等人际交往能力和语言表达能力 ③具有团队精神和创新精神 ④具有良好的心理素质、克服困难的能力和创造能力 ⑤具有较强的集体意识和社会责任心	
学习任务		任务一　船用陀螺罗经指北原理	
		任务二　陀螺罗经误差	
		任务三　陀螺罗经结构与电路	
相关知识		电磁基本原理、自整角机工作原理、航海学中相位的概念等	
教学设备与媒体		陀螺罗经、多媒体教学设备、检修工具与测量仪表	
考核评价		①项目考核由过程性考核成绩和期末终结性考核成绩组成，过程性考核成绩占总成绩的 20%，期末终结性考核成绩占总成绩的 80% ②过程性考核包括课堂考勤、学习态度、作业、课堂互动等	

<table>
<tr><td colspan="2" rowspan="2">项目六</td><td rowspan="2">船用测深仪</td><td>课时</td></tr>
<tr><td>2</td></tr>
<tr><td rowspan="3">教学目标</td><td>知识目标</td><td colspan="2">掌握船用测深仪的测深原理、典型测深仪的系统组成及作用，测深仪的安装、操作与使用方法，能够正确地进行维护保养、故障判断与处理等</td></tr>
<tr><td>能力目标</td><td colspan="2">具备对船用测深仪的维护保养能力以及常见故障的分析处理、典型船用测深仪的安装和使用能力</td></tr>
<tr><td>素质目标</td><td colspan="2">①具有吃苦耐劳、爱岗敬业的职业素养
②具有良好的组织、沟通、协调等人际交往能力和语言表达能力
③具有团队精神和创新精神
④具有良好的心理素质、克服困难的能力和创造能力
⑤具有较强的集体意识和社会责任心</td></tr>
<tr><td colspan="2" rowspan="2">学习任务</td><td colspan="2">任务一　船用测深仪基本原理</td></tr>
<tr><td colspan="2">任务二　船用测深仪设备</td></tr>
<tr><td colspan="2">相关知识</td><td colspan="2">水声学的一般知识、磁场和电场的基本概念等</td></tr>
<tr><td colspan="2">教学设备与媒体</td><td colspan="2">船用测深仪、多媒体教学设备、检修工具及测量仪表</td></tr>
<tr><td colspan="2">考核评价</td><td colspan="2">①项目考核由过程性考核成绩和期末终结性考核成绩组成，过程性考核成绩占总成绩的 20%，期末终结性考核成绩占总成绩的 80%
②过程性考核包括课堂考勤、学习态度、作业、课堂互动等</td></tr>
</table>

<table>
<tr><td colspan="2" rowspan="2">项目七</td><td rowspan="2">船用计程仪</td><td>课时</td></tr>
<tr><td>2</td></tr>
<tr><td rowspan="3">教学目标</td><td>知识目标</td><td colspan="2">掌握计程仪的组成与工作原理，船用计程仪的种类及使用方法，故障查找与设备安装、维护的方法</td></tr>
<tr><td>能力目标</td><td colspan="2">具备船用计程仪安装、使用、维护保养和故障诊断与排查的能力</td></tr>
<tr><td>素质目标</td><td colspan="2">①具有吃苦耐劳、爱岗敬业的职业素养
②具有良好的组织、沟通、协调等人际交往能力和语言表达能力
③具有团队精神和创新精神
④具有良好的心理素质、克服困难的能力和创造能力
⑤具有较强的集体意识和社会责任心</td></tr>
<tr><td colspan="2" rowspan="2">学习任务</td><td colspan="2">任务一　船用计程仪基本原理</td></tr>
<tr><td colspan="2">任务二　DS-50 型多普勒计程仪</td></tr>
<tr><td colspan="2">相关知识</td><td colspan="2">船用计程仪的发展史、相对计程仪和绝对计程仪概念、电磁感应原理、多普勒效应、相关技术处理等</td></tr>
<tr><td colspan="2">教学设备与媒体</td><td colspan="2">船用计程仪、多媒体教学设备、检修工具及测量仪表</td></tr>
<tr><td colspan="2">考核评价</td><td colspan="2">①项目考核由过程性考核成绩和期末终结性考核成绩组成，过程性考核成绩占总成绩的 20%，期末终结性考核成绩占总成绩的 80%
②过程性考核包括课堂考勤、学习态度、作业、课堂互动等</td></tr>
</table>

<table>
<tr><td colspan="2" rowspan="2">项目八</td><td rowspan="2">船载航行数据记录仪</td><td>课时</td></tr>
<tr><td>2</td></tr>
<tr><td rowspan="3">教学目标</td><td>知识目标</td><td colspan="2">掌握船载航行数据记录仪的主要功能、组成、原理、安装、检验和使用方法及常见故障处理方法</td></tr>
<tr><td>能力目标</td><td colspan="2">具备船载航行数据记录仪的安装、检验和使用的能力,能够对其常见故障进行分析判断及排除</td></tr>
<tr><td>素质目标</td><td colspan="2">①具有吃苦耐劳、爱岗敬业的职业素养
②具有良好的组织、沟通、协调等人际交往能力和语言表达能力
③具有团队精神和创新精神
④具有良好的心理素质、克服困难的能力和创造能力
⑤具有较强的集体意识和社会责任心</td></tr>
<tr><td colspan="2" rowspan="3">学习任务</td><td colspan="2">任务一　船载航行数据记录仪组成及功能</td></tr>
<tr><td colspan="2">任务二　船载航行数据记录仪操作、检验与管理</td></tr>
<tr><td colspan="2">任务三　船载航行数据记录仪接口</td></tr>
<tr><td colspan="2">相关知识</td><td colspan="2">相关航海仪器的作用和工作原理</td></tr>
<tr><td colspan="2">教学设备与媒体</td><td colspan="2">船载航行数据记录仪及其相关的航海仪器设备、多媒体教学设备、检修工具及测量仪表</td></tr>
<tr><td colspan="2">考核评价</td><td colspan="2">①项目考核由过程性考核成绩和期末终结性考核成绩组成,过程性考核成绩占总成绩的 20%,期末终结性考核成绩占总成绩的 80%
②过程性考核包括课堂考勤、学习态度、作业、课堂互动等</td></tr>
</table>

(六)考核评价

完善的学生考核评价体系的建立是综合评判本课程教学效果和教学质量的重要指标之一。本课程的考试成绩采用百分制,由过程性考核成绩和期末终结性考核成绩组成。

1. 过程性考核成绩

占总成绩的 20%,包括课堂考勤、学习态度、作业、课堂互动等,同时应注重学生动手能力、分析问题和解决问题能力的考核,对在学习和应用上有创新的学生应予及时鼓励,全面综合评价学生能力。

2. 期末终结性考核成绩

占总成绩的 80%,采取闭卷笔试的方式进行,考试时间为 120 分钟。

(七)教学条件

课程目标、教学内容和学习情境实施必须依靠一定的教学条件,即实践条件、师资条件和其他辅助条件。这三个条件相辅相成,共同决定人才培养质量。

1. 实践条件

实践条件由实训课程资源构成,是决定课程目标能否实现的重要因素。实训课程资源包括理论实践一体化教材、实训指导书、教具、仪器设备等有形的物质资源，也包括模拟软件等无形的资源。实训课程资源不仅仅是为教师准备的，而且对学生适当开放，以用于学生的自主学习、主动探究。

(1)充分利用学校的实训课程资源

学校提供的实训课程资源包括实训场地及相应仪器设备、模拟软件、有关图书及报纸杂志、教学挂图、模型、实物标本、音像资料和多媒体课件等；学校的实训课程资源应能充分满足课程理论实践一体化教学需要，建立本专业开放实训中心，使之具备现场教学、实验实训、职业技能证书考证的功能，实现理论教学与实训合一、教学与培训合一、教学与考证合一，满足学生职业能力培养的需求。

(2)积极利用社会和航运企业课程资源

社会和航运企业课程资源有船舶、海港码头、图书馆、博物馆、展览馆、科技馆、高等院校等。此外，邀请校企合作单位有关机务管理专家、船厂专业技术人员来校演讲、座谈、授课、培养方案研讨等，也是利用社会和航运企业课程资源的重要方式。

2. 师资条件

见“船舶电子电气技术专业教学标准”十、人才培养的实施条件(二)师资要求。

3. 其他辅助条件

(1)广泛利用各种媒体资源

各种媒体资源，包括报纸、杂志、广播、电视、互联网等。特别是媒体关于海洋环境问题、海事案例等方面的报道等，用其作为学生课堂讨论的素材，时效性强，容易引起学生的关注和互动，对于学生的职业发展非常重要。但应注意信息源的可靠性和信息内容的真实性，以提高学生信息评价的意识和能力。

(2)大力开发信息技术资源

信息技术资源主要包括网络资源和多媒体课件两个方面。网络资源又包括互联网资源和校园网资源等，如国家、省级精品课程的上网资料，电子书籍、电子期刊、数据库、数字图书馆等。多媒体课件包括教学大纲、PPT 课件、电子教案、实训指导书、习题库、试卷库、参考文献等。这些资源有利于学生自主性学习，有利于满足不同学生的需求。教师应与计算机专业人员合作，加大信息技术资源的开发。

(八)实施建议

1. 教材使用

①教材及相应教辅资料应满足本课程标准要求。

②教材应充分体现高等职业教育特点，突出职业技能培养，特别要以船舶岗位具体工作任务为基础进行设计。此外，教材应符合科学性、先进性和教育教学的普遍规律，具有鲜明行业特色并恰当运用现代教学技术、方法与手段，教学效果显著，具有示范、辐射作用。

③教材与参考书

教材内容要体现先进性、通用性、实用性，要将本专业新知识、新技术、新工艺、新法规及时地纳入教材中，使教材更贴近本专业的发展变化和实际需要。

建议使用教材：

《信息技术与通信导航系统》，中国海事服务中心组织编写，大连海事大学出版社，2012 年。

教学参考书：

《航海雷达》，张杏谷主编，大连海事大学出版社，2010 年。

《航海仪器》，关政军主编，大连海事大学出版社，2009 年。

2. 教学方法与手段

采用现代教学方法与手段进行理论与实践一体化教学，采取课程内理论环节与实训环节同步安排，先由任课教师现场讲解然后分组实训的组织形式。教学实施过程中，理论教学和实践教学要有机地融合起来。教师在教学中结合具体的工作任务或产品或案例进行知识讲解，引导学生分析、讨论，获取知识，提高其解决实际问题的能力。教师根据课程中各模块的重要性、实践性、难易程度等优化教学内容，合理安排教学时间，以学生为主体，教师的“教”为主导，突出学生的“学”和“做”，边讲边练，学做交替，通过现场讲解、“理论与实践周期交替互动”等多种教学方法，使教、学、做紧密结合，强化学生职业技能培养。充分利用课程网络教学资源，促进学生自主学习。理论与实践一体化教学和计算机多媒体、网络教学等先进手段相结合，理论联系实际，融知识学习、技能训练和职业素质养成于一体，培养和训练学生的实际操作、管理与维修技能，提高学生的岗位职业技能和岗位职业素养。

(1)尽可能运用信息技术来组织教学

船舶电航仪器是一门比较抽象的专业课程，运用传统的教学手段难以达到教学效果，为此教师需要通过拍摄图片、从网络下载资料、制作动画等多种方法，将上课内容制成多媒体课件进行讲授，这样就能将抽象的、复杂的船舶电航仪器的工作原理一一展现出来，起到事半功倍的作用，提高教学质量和课堂效率。

(2)运用案例分析和启发式教学

例如，GPS 不能定位，教师采用案例分析法，由某轮在正常航行过程中 2 台 GPS 先后出现不能定位的故障，分析故障可能原因，讲述维修的过程。整个教学环节包括案例提出问题→列出解决问题所需的知识点→对每一知识点进行分析、讲解→总结。

十四、电子电气员英语阅读课程标准

课程类型:专业核心课程

适用专业:船舶电子电气技术专业

开设学期:第四、第五学期

建议学时:128

(一)课程性质与作用

电子电气员英语阅读是船舶电子电气技术专业的专业核心课程之一,本课程教学模式是以就业能力培养为导向,理论与实践相结合的专业基础课。本课程从英语运用角度对学生进行专业英语运用能力的培养,是学生参加“中华人民共和国海员船员适任考试”的必考课程。本课程的主要教学任务是提高学生的专业英语使用水平,即通过本课程的学习使学生熟练掌握船舶电气设备、通信导航设备、计算机网络和自动化控制系统的主要部件、仪器仪表及修理工具的英文名称,掌握电气设备、通信导航设备、计算机网络和自动化控制系统的结构、工作原理及安全管理的英语基本术语和英语表达以及阅读英文资料的方法,掌握值班职责、船舶结构及各类法规、公约的英语表达法,掌握专业阅读和翻译技巧,能看懂专业英语资料,较熟练地用英语规范地书写各种专业文书。

(二)课程目标

通过学习,使学生新增专业词汇1500~2000个,能够熟练阅读和理解船电英文说明书、船舶相关业务资料及港口当局的文件资料,能够用英语顺利地填写轮机日志,能够拟写与船舶电气有关的修理单、物料单、事故报告及信函等,能够听懂并能较顺利地进行与本职工作有关的专业会话。

1. 知识目标

通过学习,使学生了解和掌握以下内容的专业英语:

①船舶驾驶常识以及船舶轮机常识;

②船舶电气的基础知识;

③轮机自动控制技术知识;

④船舶计算机基础知识及计算机网络知识;

⑤通信与导航设备;

⑥船舶管理知识(包括公约和法规等);

⑦船舶电子电气函电书写。

2. 能力目标

通过学习,使学生掌握船舶电气设备、通信导航设备、计算机网路和自动化控制系统的主要部件、仪器仪表及修理工具的英文名称,掌握电气设备、通信导航设备、计算机网络和自动化控制系统的结构、工作原理及安全管理英语资料和阅读方法;掌握值班职责、船舶结构及各类法规、公约的英语表达法,掌握专业阅读和翻译技巧,能看懂专业英语资料,较熟练地用英语规范地书写各种专业文书。

3. 素质目标

①具有吃苦耐劳、爱岗敬业的职业素养;

②具有良好的组织、沟通、协调等人际交往能力和语言表达能力;

③具有团队精神和创新精神;

④具有良好的心理素质、克服困难的能力和创造能力;

⑤具有较强的集体意识和社会责任心。

(三)课程设计理念与思路

通过航运企业调研,课程教学团队以岗位能力为核心确定了课程目标,根据国家海事局适任证书考试大纲,把船舶电子电气员英语课程所涉及的专业英语教学任务一一列出,并进行分类。与此同时,根据高职学生的认知规律和职业技能培养目标,课程围绕船舶电子电气员英语课程任务设计学习情境,采用课程内容模块化教学和教、学、练结合的教学模式,让学生在掌握相关专业英语知识的基础上,发展职业能力和英语综合应用能力。教学实施过程中,通过多媒体教学,采用工学结合、理论讲授与实践训练交替互动等形式,充分利用校内的专业实训资源、多媒体课件和现代教育技术等教学资源,提高学生专业英语适岗适任能力,培养学生职业英语综合素质。

1. 课程设计理念

见船舶电机与电气控制系统课程标准中的课程设计理念。

2. 课程设计主要思路

①校企合作共同制定人才培养方案和课程标准。组织高等职业教育教学专家、专业教师、航运公司技术专家共同制定人才培养方案和课程标准,根据船舶电子电气管理人员真实工作任务所需要的知识、能力和素质要求确定教学内容,突出针对性和适用性。

②整合教学内容,科学设计学习工作任务。遵循高职学生职业能力培养的基本规律,以船上真实工作任务及其工作过程为依据设计学习情境,培养学生船舶电子电气英语的阅读、翻译、写作和听说技能。

③采取工学结合、理论讲授与实践训练交替互动的教学模式。通过与课堂教学穿插进行的专业英语阅读、翻译、写作和听说技能练习,在模拟和真实的学习情境中,以学生为主体,通过"工学结合"和"理论讲授与实践训练交替互动",使学生掌握"相关的专业英语语言理论知识"和"相关的专业英语实践应用知识",达到"主要知识目标"和"主要能力目标",引导学生在具体情境中探究与发现,培养学生运用专业英语基本术语和英语表达法,熟练阅读和翻译专业英文资料,较熟练地用英语规范地书写各种专业文书,较顺利地进行与本职工作有关的专业会话的实践能力,发展综合职业能力,以达到现代化船舶对电子电气管理人员的技能要求。

④坚持理论知识"必需、够用"、实践技能"必需、胜任"的原则。

⑤运用校内的专业实训资源、多媒体课件和现代教育技术等教学资源,按照教、学、练一体化实施教学,培养学生综合职业素质,提高学生专业英语适岗适任能力。

(四)课程内容结构安排

学习项目		学习任务	课时
1	船舶概论	任务一　驾驶常识	8
		任务二　轮机常识	
2	船舶电气	任务一　电气基础知识	46
		任务二　异步电动机	
		任务三　电力拖动	
		任务四　船舶电力推进系统	
		任务五　船舶同步发电机	
		任务六　船舶电力系统	
		任务七　船舶自动化电站	
		任务八　船舶高压电系统	
3	轮机自动控制技术	任务一　自动控制基础知识	36
		任务二　船舶机舱辅助自动控制系统	
		任务三　微机控制型主机遥控系统(以 AC-Ⅳ主机遥控系统为例)	
		任务四　网络型主机遥控系统(以 AC-C20 为例)	
		任务五　集中监视与报警系统	
		任务六　火灾报警系统	
4	船舶计算机网络	任务一　计算机网络基础知识	8
		任务二　船舶计算机网络	
5	通信与导航设备	任务一　综合驾驶台系统(IBS)	12
		任务二　船舶导航系统	
		任务三　船舶通信系统	
6	船舶管理	任务一　与船舶电子电气设备相关的国际组织及其相关规范概述	14
		任务二　SOLAS 公约	
		任务三　STCW 公约	
		任务四　MARPOL 公约	
		任务五　2006 国际海事劳工公约	
		任务六　港口国监督程序	
		任务七　其他最新的与电子电气员专业相关的公约及法规	

学习项目		学习任务	课时
7	船舶电子电气函电书写	任务一　船舶电子电气设备与岸基来往英文业务函电	4
		任务二　船舶电子电气设备事故报告	
		任务三　船舶电子电气设备安全检查报告	
		任务四　船舶电子电气设备安装和调试许可报告	
		任务五　船舶电子电气设备维护安装日志	
总计			128

(五)教学内容与要求

项目一		船舶概论	课时
			8
教学目标	知识目标	掌握船舶轮机和驾驶基本常识的英语表达和专业术语	
	能力目标	掌握船舶轮机和驾驶基本常识的专业英语阅读和翻译技巧,能够看懂相关的专业英语资料,能够听懂并能较顺利地进行与本职工作有关的专业会话	
	素质目标	①具有吃苦耐劳、爱岗敬业的职业素养 ②具有良好的组织、沟通、协调等人际交往能力和语言表达能力 ③具有团队精神和创新精神 ④具有良好的心理素质、克服困难的能力和创造能力 ⑤具有较强的集体意识和社会责任心	
学习任务		任务一　驾驶常识	
		任务二　轮机常识	
相关知识		船舶的种类、结构及相关参数,驾驶台的设备配置,主推进动力装置(柴油机、轴系、螺旋桨等),船舶辅助设备(包括各种管系、各种泵、分油机、防污染设备、液压机械、船用锅炉、造水机、冷库和空调等)	
教学设备与媒体		多媒体教学设备	
考核评价		①项目考核由过程性考核成绩和期末终结性考核成绩组成,过程性考核成绩占总成绩的20%,期末终结性考核成绩占总成绩的80% ②过程性考核包括课堂考勤、学习态度、作业、课堂互动等	

<table>
<tr><td colspan="2" rowspan="2">项目二</td><td rowspan="2">船舶电气</td><td>课时</td></tr>
<tr><td>46</td></tr>
<tr><td rowspan="3">教学目标</td><td>知识目标</td><td colspan="2">掌握船舶电气的英语表达和专业术语</td></tr>
<tr><td>能力目标</td><td colspan="2">掌握船舶电气的专业英语阅读和翻译技巧,能够熟练阅读和理解船电英文说明书,能够拟写与船舶电气有关的修理单、物料单、事故报告及信函等,能够听懂并能较顺利地进行与本职工作有关的专业会话</td></tr>
<tr><td>素质目标</td><td colspan="2">①具有吃苦耐劳、爱岗敬业的职业素养
②具有良好的组织、沟通、协调等人际交往能力和语言表达能力
③具有团队精神和创新精神
④具有良好的心理素质、克服困难的能力和创造能力
⑤具有较强的集体意识和社会责任心</td></tr>
<tr><td colspan="2" rowspan="8">学习任务</td><td colspan="2">任务一　电气基础知识</td></tr>
<tr><td colspan="2">任务二　异步电动机</td></tr>
<tr><td colspan="2">任务三　电力拖动</td></tr>
<tr><td colspan="2">任务四　船舶电力推进系统</td></tr>
<tr><td colspan="2">任务五　船舶同步发电机</td></tr>
<tr><td colspan="2">任务六　船舶电力系统</td></tr>
<tr><td colspan="2">任务七　船舶自动化电站</td></tr>
<tr><td colspan="2">任务八　船舶高压电系统</td></tr>
<tr><td colspan="2">相关知识</td><td colspan="2">交流电路基础知识,电工仪表、工具;电力电子元器件及应用基础(二极管、三极管、晶闸管等),三相异步电动机的分类和结构,三相异步电动机的铭牌及基本参数,异步电动机的运行控制,电力拖动基础知识,船舶甲板机械的电力拖动与控制,船舶舵机的电力拖动与控制,电力推进系统的组成、分类及要求,电力推进系统的工作原理、安全保护,船舶同步发电机工作原理,船舶同步发电机的并联运行、管理及保护,船舶电力系统概述,船舶配电盘分类、组成及功能,船舶电力系统的保护,蓄电池的维护与保养,船舶自动化电站的基本功能,船舶电站的自动控制,船舶电站的综合保护,船舶自动化电站的操作和管理,船舶高压电系统与设备的电气参数,船舶高压电系统与设备的安全常识,船舶高压电系统的操作与管理</td></tr>
<tr><td colspan="2">教学设备与媒体</td><td colspan="2">多媒体教学设备</td></tr>
<tr><td colspan="2">考核评价</td><td colspan="2">①项目考核由过程性考核成绩和期末终结性考核成绩组成,过程性考核成绩占总成绩的 20%,期末终结性考核成绩占总成绩的 80%
②过程性考核包括课堂考勤、学习态度、作业、课堂互动等</td></tr>
</table>

<table>
<tr><td colspan="2">项目三</td><td>轮机自动控制技术</td><td>课时
36</td></tr>
<tr><td rowspan="3">教学目标</td><td>知识目标</td><td colspan="2">掌握船舶轮机自动控制技术的英语表达和专业术语</td></tr>
<tr><td>能力目标</td><td colspan="2">掌握船舶轮机自动控制技术的专业英语阅读和翻译技巧,能够熟练阅读和理解轮机自动控制技术英文资料,能够较熟练地用英语规范地书写各种与轮机自动控制技术有关的专业文书等,能够听懂并较顺利地进行与本职工作有关的专业会话</td></tr>
<tr><td>素质目标</td><td colspan="2">①具有吃苦耐劳、爱岗敬业的职业素养
②具有良好的组织、沟通、协调等人际交往能力和语言表达能力
③具有团队精神和创新精神
④具有良好的心理素质、克服困难的能力和创造能力
⑤具有较强的集体意识和社会责任心</td></tr>
<tr><td colspan="2" rowspan="6">学习任务</td><td colspan="2">任务一　自动控制基础知识</td></tr>
<tr><td colspan="2">任务二　船舶机舱辅助自动控制系统</td></tr>
<tr><td colspan="2">任务三　微机控制型主机遥控系统(以 AC-Ⅳ主机遥控系统为例)</td></tr>
<tr><td colspan="2">任务四　网络型遥控系统(以 AC-C20 为例)</td></tr>
<tr><td colspan="2">任务五　集中监视与报警系统</td></tr>
<tr><td colspan="2">任务六　火灾报警系统</td></tr>
<tr><td colspan="2">相关知识</td><td colspan="2">反馈控制系统,调节器的作用规律;可编程序控制器,燃油黏度自动控制系统,辅锅炉的自动控制,分油机自动控制系统,AC-Ⅳ主机遥控系统的组成、功能及基本操作,AC-Ⅳ主机遥控系统的参数设定、模拟试验,AC-Ⅳ主机遥控系统的故障诊断流程,电子调速器的工作原理及调整,AC-C20 遥控系统的硬件结构及其网络结构,AC-C20 系统驾驶台、集控室操作面板的组成、功能,AC-C20 遥控系统的工作模式,和遥控系统的参数设定方法,常用的传感器,集中监视与报警系统的功能与分类,网络型监视与报警系统的组成及原理,火灾检测方法及火警探测器,火灾报警系统的基本原理及相关动作,总线型火警监控系统的基本原理</td></tr>
<tr><td colspan="2">教学设备与媒体</td><td colspan="2">多媒体教学设备</td></tr>
<tr><td colspan="2">考核评价</td><td colspan="2">①项目考核由过程性考核成绩和期末终结性考核成绩组成,过程性考核成绩占总成绩的 20%,期末终结性考核成绩占总成绩的 80%
②过程性考核包括课堂考勤、学习态度、作业、课堂互动等</td></tr>
</table>

<table>
<tr><td colspan="2" rowspan="2">项目四</td><td rowspan="2">船舶计算机网络</td><td>课时</td></tr>
<tr><td>8</td></tr>
<tr><td rowspan="3">教学目标</td><td>知识目标</td><td colspan="2">掌握船舶计算机网络的英语表达和专业术语</td></tr>
<tr><td>能力目标</td><td colspan="2">掌握船舶计算机网络的专业英语阅读和翻译技巧，能够熟练阅读和理解计算机网络英文资料，能够较熟练地用英语规范地书写各种与计算机网络有关的专业文书等，能够听懂并较顺利地进行与本职工作有关的专业会话</td></tr>
<tr><td>素质目标</td><td colspan="2">①具有吃苦耐劳、爱岗敬业的职业素养
②具有良好的组织、沟通、协调等人际交往能力和语言表达能力
③具有团队精神和创新精神
④具有良好的心理素质、克服困难的能力和创造能力
⑤具有较强的集体意识和社会责任心</td></tr>
<tr><td colspan="2" rowspan="2">学习任务</td><td colspan="2">任务一　计算机网络基础知识</td></tr>
<tr><td colspan="2">任务二　船舶计算机网络</td></tr>
<tr><td colspan="2">相关知识</td><td colspan="2">商务计算机组成及应用基础，COMS、内存、显卡、声卡、网卡、硬盘、磁盘驱动器、电源、显示器、打印机等硬件设备的作用和安装，Windows 操作系统基础知识，常用网络应用软件操作(浏览器、邮件)，办公软件(Word、Excel)的基本使用，计算机网络及通信协议的基础知识与常见标准，船舶局域网的网络体系结构和硬件设备，船舶局域网的运行、维护和管理，船舶计算机网络安全的基本知识</td></tr>
<tr><td colspan="2">教学设备与媒体</td><td colspan="2">多媒体教学设备</td></tr>
<tr><td colspan="2">考核评价</td><td colspan="2">①项目考核由过程性考核成绩和期末终结性考核成绩组成，过程性考核成绩占总成绩的 20%，期末终结性考核成绩占总成绩的 80%
②过程性考核包括课堂考勤、学习态度、作业、课堂互动等</td></tr>
</table>

<table>
<tr><td colspan="2" rowspan="2">项目五</td><td rowspan="2">通信与导航设备</td><td>课时</td></tr>
<tr><td>12</td></tr>
<tr><td rowspan="3">教学目标</td><td>知识目标</td><td colspan="2">掌握船舶通信与导航设备的英语表达和专业术语</td></tr>
<tr><td>能力目标</td><td colspan="2">掌握船舶通信与导航设备的专业英语阅读和翻译技巧，能够熟练阅读和理解通信与导航设备的英文资料，能较熟练地用英语规范地书写各种与通信与导航设备有关的专业文书等，能够听懂并较顺利地进行与本职工作有关的专业会话</td></tr>
<tr><td>素质目标</td><td colspan="2">①具有吃苦耐劳、爱岗敬业的职业素养
②具有良好的组织、沟通、协调等人际交往能力和语言表达能力
③具有团队精神和创新精神
④具有良好的心理素质、克服困难的能力和创造能力
⑤具有较强的集体意识和社会责任心</td></tr>
<tr><td colspan="2" rowspan="3">学习任务</td><td colspan="2">任务一　综合驾驶台系统（IBS）</td></tr>
<tr><td colspan="2">任务二　船舶导航系统</td></tr>
<tr><td colspan="2">任务三　船舶通信系统</td></tr>
<tr><td colspan="2">相关知识</td><td colspan="2">综合驾驶台系统（IBS），船舶导航雷达，卫星导航系统；船舶自动识别系统（AIS），船载航行数据记录仪，船用陀螺罗经，船用测深仪、计程仪；电子海图显示与信息系统（ECDIS），GMDSS，Inmarsat 通信系统，MF/HF 组合电台组成、功能及维护，船用 VHF 通信设备及 VHF DSC 终端设备，NAVTEX 与气象传真机设备的组成及应用，S-EPIRB 与 9GHz SART 设备的组成及性能指标，船舶内部通信系统</td></tr>
<tr><td colspan="2">教学设备与媒体</td><td colspan="2">多媒体教学设备</td></tr>
<tr><td colspan="2">考核评价</td><td colspan="2">①项目考核由过程性考核成绩和期末终结性考核成绩组成，过程性考核成绩占总成绩的 20%，期末终结性考核成绩占总成绩的 80%
②过程性考核包括课堂考勤、学习态度、作业、课堂互动等</td></tr>
</table>

<table>
<tr><td colspan="2" rowspan="2">项目六</td><td rowspan="2">船舶管理</td><td>课时</td></tr>
<tr><td>14</td></tr>
<tr><td rowspan="3">教学目标</td><td>知识目标</td><td colspan="2">掌握船舶管理的英语表达和专业术语</td></tr>
<tr><td>能力目标</td><td colspan="2">掌握与船舶电子电气员专业相关的公约及法规的英语阅读和翻译技巧，能够熟练阅读和理解相关公约及法规的英文资料，能够较熟练地用英语规范地书写相关公约及法规要求的专业文书等，能够听懂并较顺利地进行与本职工作有关的公约及法规检查的专业会话</td></tr>
<tr><td>素质目标</td><td colspan="2">①具有吃苦耐劳、爱岗敬业的职业素养
②具有良好的组织、沟通、协调等人际交往能力和语言表达能力
③具有团队精神和创新精神
④具有良好的心理素质、克服困难的能力和创造能力
⑤具有较强的集体意识和社会责任心</td></tr>
<tr><td colspan="2" rowspan="7">学习任务</td><td colspan="2">任务一　与船舶电子电气设备相关的国际组织及其相关规范概述</td></tr>
<tr><td colspan="2">任务二　SOLAS 公约</td></tr>
<tr><td colspan="2">任务三　STCW 公约</td></tr>
<tr><td colspan="2">任务四　MARPOL 公约</td></tr>
<tr><td colspan="2">任务五　2006 国际海事劳工公约</td></tr>
<tr><td colspan="2">任务六　港口国监督程序</td></tr>
<tr><td colspan="2">任务七　其他最新的与电子电气员专业相关的公约及法规</td></tr>
<tr><td colspan="2">相关知识</td><td colspan="2">与船舶电子电气设备相关的国际组织及其相关规范，SOLAS 公约的总则、消防、救生和保安规则的有关内容；STCW 公约的总则和关于电子电气员的相关内容，MARPOL 公约的总则、防止油污染规则和防止船舶垃圾污染规则有关规定；2006 国际海事劳工公约关于休息与工作时间和居住条件有关规定，港口国监督程序与优先检查与扩大范围检查，其他最新的与电子电气员专业相关的公约及法规</td></tr>
<tr><td colspan="2">教学设备与媒体</td><td colspan="2">多媒体教学设备</td></tr>
<tr><td colspan="2">考核评价</td><td colspan="2">①项目考核由过程性考核成绩和期末终结性考核成绩组成，过程性考核成绩占总成绩的 20%，期末终结性考核成绩占总成绩的 80%
②过程性考核包括课堂考勤、学习态度、作业、课堂互动等</td></tr>
</table>

<table>
<tr><td colspan="2" rowspan="2">项目七</td><td rowspan="2">船舶电子电气函电书写</td><td>课时</td></tr>
<tr><td>4</td></tr>
<tr><td rowspan="3">教学目标</td><td>知识目标</td><td colspan="2">掌握船舶电子电气函电书写的英语表达和专业术语</td></tr>
<tr><td>能力目标</td><td colspan="2">掌握船舶电子电气业务文书和函电的英语书写技巧，能够用英语顺利地填写轮机日志，能够拟写与船舶电子电气业务有关的修理单、物料单、事故报告及信函等</td></tr>
<tr><td>素质目标</td><td colspan="2">①具有吃苦耐劳、爱岗敬业的职业素养
②具有良好的组织、沟通、协调等人际交往能力和语言表达能力
③具有团队精神和创新精神
④具有良好的心理素质、克服困难的能力和创造能力
⑤具有较强的集体意识和社会责任心</td></tr>
<tr><td colspan="2" rowspan="5">学习任务</td><td colspan="2">任务一　船舶电子电气设备与岸基来往英文业务函电</td></tr>
<tr><td colspan="2">任务二　船舶电子电气设备事故报告</td></tr>
<tr><td colspan="2">任务三　船舶电子电气设备安全检查报告</td></tr>
<tr><td colspan="2">任务四　船舶电子电气设备安装和调试许可报告</td></tr>
<tr><td colspan="2">任务五　船舶电子电气设备维护安装日志</td></tr>
<tr><td colspan="2">相关知识</td><td colspan="2">英文业务函电、事故报告、安全检查报告、设备安装和调试许可报告、设备维护安装日志</td></tr>
<tr><td colspan="2">教学设备与媒体</td><td colspan="2">多媒体教学设备</td></tr>
<tr><td colspan="2">考核评价</td><td colspan="2">①项目考核由过程性考核成绩和期末终结性考核成绩组成，过程性考核成绩占总成绩的20%，期末终结性考核成绩占总成绩的80%
②过程性考核包括课堂考勤、学习态度、作业、课堂互动等</td></tr>
</table>

(六)考核评价

完善的学生考核评价体系的建立是综合评判本课程教学效果和教学质量的重要指标之一。本课程的考试成绩采用百分制，由过程性考核成绩和期末终结性考核成绩组成。

1. 过程性考核成绩

占总成绩的20%，包括课堂考勤、学习态度、作业、课堂互动等，同时应注重学生动手能力、分析问题和解决问题能力的考核，对在学习和应用上有创新的学生应予及时鼓励，全面综合评价学生能力。

2. 期末终结性考核成绩

占总成绩的80%，采取闭卷笔试的方式进行，考试时间为120分钟。

(七)教学条件

课程目标、教学内容和学习情境实施必须依靠一定的教学条件，即实践条件、师资条件和其他辅助条件。这三个条件相辅相成，共同决定人才培养质量。

1. 实践条件

实践条件由实训课程资源构成,是决定课程目标能否实现的重要因素。实训课程资源包括理论实践一体化教材、实训指导书、教具、仪器设备等有形的物质资源,也包括模拟软件等无形的资源。实训课程资源不仅仅是为教师准备的,而且对学生适当开放,以用于学生的自主学习、主动探究。

(1)充分利用学校的实训课程资源

学校提供的实训课程资源包括实训场地及相应仪器设备、模拟软件、有关图书及报纸杂志、教学挂图、模型、实物标本、音像资料和多媒体课件等;学校的实训课程资源应能充分满足课程理论实践一体化教学需要,建立本专业开放实训中心,使之具备现场教学、实验实训、职业技能证书考证的功能,实现理论教学与实训合一、教学与培训合一、教学与考证合一,满足学生职业能力培养的需求。

(2)积极利用社会和航运企业课程资源

社会和航运企业课程资源有船舶、海港码头、图书馆、博物馆、展览馆、科技馆、高等院校等。此外,邀请校企合作单位有关机务管理专家、船厂专业技术人员来校演讲、座谈、授课、培养方案研讨等,也是利用社会和航运企业课程资源的重要方式。

2. 师资条件

见"船舶电子电气技术专业教学标准"十、人才培养的实施条件(二)师资要求。

3. 其他辅助条件

(1)广泛利用各种媒体资源

各种媒体资源,包括报纸、杂志、广播、电视、互联网等。特别是媒体关于海洋环境问题、海事案例等方面的报道等,用其作为学生课堂讨论的素材,时效性强,容易引起学生的关注和互动,对于学生的职业发展非常重要。但应注意信息源的可靠性和信息内容的真实性,以提高学生信息评价的意识和能力。

(2)大力开发信息技术资源

信息技术资源主要包括网络资源和多媒体课件两个方面。网络资源又包括互联网资源和校园网资源等,如国家、省级精品课程的上网资料,电子书籍、电子期刊、数据库、数字图书馆等。多媒体课件包括教学大纲、PPT 课件、电子教案、实训指导书、习题库、试卷库、参考文献等。这些资源有利于学生自主性学习,有利于满足不同学生的需求。教师应与计算机专业人员合作,加大信息技术资源的开发。

(八)实施建议

1. 教材使用

①教材及相应教辅资料应满足本课程标准要求。

②教材应充分体现高等职业教育特点,突出职业技能培养,特别要以船舶岗位具体工作任务为基础进行设计。教材应符合科学性、先进性和教育教学的普遍规律,具有鲜明行业特色并恰当运用现代教学技术、方法与手段,教学效果显著,具有示范、辐射作用。

③教材与参考书

教材内容要体现先进性、通用性、实用性,要将本专业新知识、新技术、新工艺、新法规及时地纳入教材中,使教材更贴近本专业的发展变化和实际需要。

建议使用教材:

《电子电气员英语》,中国海事服务中心组织编写,大连海事大学出版社,2012 年。

教学参考书:

《轮机英语阅读教程》,刘宁主编,大连海事大学出版社,2010 年。

2. 教学方法与手段

采用现代教学方法与手段进行理论讲授与实践训练交替互动的教学,课程内理论讲授环节和实践环节同步安排,穿插进行。在教学实施过程中,理论教学和实践训练要有机地融合起来。教师在教学中结合具体的教学任务或材料或案例进行知识讲解,引导学生分析、讨论,获取知识,提高其解决实际语言问题的能力。教师根据课程中各模块的重要性、实践性、难易程度优化教学内容,合理安排教学时间,以学生为主体,教师的“教”为主导,突出学生的“学”和“练”,边讲边练,学练交替,使教、学、练紧密结合,强化学生专业英语应用能力的培养。充分利用课程网络教学资源,促进学生自主学习。理论讲授与实践训练交替互动的教学和计算机多媒体、网络教学等先进手段相结合,理论联系实际,融知识学习、技能训练和职业素质养成于一体,培养和训练学生的专业英语阅读、翻译、写作和会话技能,提高学生的岗位职业技能和岗位职业素养。

(1)尽可能运用信息技术来组织教学

电子电气员英语是一门专业内容比较广泛的核心基础课程,涵盖了船舶概论、船舶电气、船舶自动化电站、轮机自动控制技术、船舶计算机网络、通信与导航设备和船舶管理等方面的专业英语内容,涉及轮机工程、船舶电子电气工程、航海技术和计算机技术等专业知识,运用传统的教学手段难以达到教学效果。为此,教师需要利用图片、动画、视频、网络资料等多种形式,将上课内容制成多媒体课件进行讲授,采用多媒体投影教学:课堂教学为主,突出英语听说领先原则,充分利用各种视听设备,加强听说训练,起到事半功倍的作用,提高教学质量和课堂效率。

(2)广泛使用启发式、直观式、讨论式及案例教学等教学方法进行启发式教学

每个任务结束后布置作业,作业题型以口述题、简答题为主,配合部分船电方面的报表、单据、信函等类型的书面作业。

参考文献

[1] 冯伯麟. 教育统计学. 北京:人民教育出版社,2005.

[2] 冯晋祥. 中外高等职业技术教育比较. 北京:高等教育出版社,2002.

[3] 国际海事组织. 73/78 国际防止船舶造成污染公约(MARPOL 73/78)(2002 综合文本). 北京:人民交通出版社,2002.

[4] 国际海事组织. 国际海上人命安全公约(SOLAS 74)(2004 综合文本). 北京:人民交通出版社,2005.

[5] 交通职业教育教学指导委员会. 交通运输类主干专业教学标准与课程标准. 北京:人民交通出版社,2011.

[6] 李伟军,叶飞. 基于灰色关联度的区间评价方法探讨. 系统工程与电子技术,2001,23(2).

[7] 李勇,胡一民. 未来 10 年中国高职航海教育发展趋势探究. 航海教育研究,2010(2).

[8] 李祖平. 交通职业教育发展战略研究. 北京:人民交通出版社,2005.

[9] 刘正江,李桢,王艳华. 2009—2010 年度全球海员人力资源述评. 航海教育研究,2011(1).

[10] 上海海事局《航运公司安全管理体系内部审核培训教程》编委会. 航运公司安全管理体系内部审核培训教程. 上海:上海交通出版社,2005.

[11] 沈以华,孙欣欣,刘艳,等. 职业技术院校质量管理体系实用指南. 北京:人民交通出版社,2002.

[12] 孙欣欣,胡一民. 基于企业调研的航海类专业学生素质培养再认识. 航海教育研究,2007(3).

[13] 吴玉良. 团队为王:凝聚群体的力量. 北京:中国物资出版社,2004.

[14] 徐新中,段庆礼. 国内安全管理规则与实施. 北京:人民交通出版社,大连:大连海事出版社,2003.

[15] 张敏强. 教育测量学. 北京:人民教育出版社,1998.

[16] 张延华. 充分发挥行业优势,促进高职教育发展[EB/OL]. http://61.153.17.52:8080/001/articleview.aspx? id=305. 2010-09-15/2010-10-11.

[17] 赵焕臣,许树柏,和金生. 层次分析法:一种简易的新决策方法. 北京:科学出版社,1988.

[18] 赵仁余. 海上交通工程. 上海:上海海事大学校内教材,2004.

[19] 中华人民共和国海事局. 1978 年海员培训、发证和值班标准国际公约马尼拉修正案. 大连:大连海事大学出版社,2010.

[20] 中华人民共和国海事局. 中华人民共和国海船船员培训合格证考试大纲. 大连:大连海事大学出版社,2012.

[21] 中华人民共和国海事局. 中华人民共和国海船船员适任考试大纲. 大连:大连海事大学出版社,2012.

[22] 中华人民共和国海事局. 中华人民共和国海船船员适任评估规范. 大连:大连海事大学出版社,2012.

[23] 周三多,陈传明,鲁明泓. 管理学:原理与方法. 上海:复旦大学出版社,1999.

[24] California Maritime Academy. Bridge Recourse Management with Simulator Seminar (Participant Guide). USA,1998.

[25] IMO Msc/Circ. 1023&MEPC/Circ 392. Guidelines for Formal Safety Assessment (FSA) for Use in the IMO Rule-Making Process. 5 April 2002: 35.

[26] IMO. Amendments to the Code for the Investigation of Marine Casualties and Incidents (Res. A. 849(20)). Resolution A. 884(21), 1999.

[27] IMO. Code for the Investigation of Marine Casualties and Incidents. Resolution A. 849 (20),1997.

[28] IMO. Guidance on Fatigue Mitigation and Management MSC/Circ. 1014, 2001.

[29] IMO. Marine Casualty and Incident Investigation. IMO Model Course. London, 2000.

[30] IMO. Reports on Marine Casulities and Incidents, MSC/Cir. 953/MEPC/Cir. 352,2000.

[31] J. Swift. Bridge Team Management. The Nautical Institute UK. Great Britain,1993.

[32] Maritime Simulation Rotterdam. Bridge and Engine Resource Management. Netherlands,2002.

[33] Orient Overseas Container Line LTD (OOCL). Handout for Bridge Resources Management Course. China,Hong Kong,2001.

[34] SAS Flight Academy. Bridge Recourse Management. Student Book Edition 6. Sweden,1997.